呂思勉文集

呂思勉論學叢稿

上海古籍出版社

圖書在版編目(CIP)數據

呂思勉論學叢稿 / 呂思勉著. —上海：上海古籍出版社,2020.3
（呂思勉文集）
ISBN 978-7-5325-9467-2

Ⅰ.①呂… Ⅱ.①呂… Ⅲ.①社會科學－文集 Ⅳ.①C53

中國版本圖書館 CIP 數據核字(2020)第 022286 號

呂思勉文集
呂思勉論學叢稿
呂思勉 著
上海古籍出版社出版發行
（上海瑞金二路 272 號　郵政編碼 200020）
　（1）網址：www.guji.com.cn
　（2）E-mail：guji1@guji.com.cn
　（3）易文網網址：www.ewen.co
江陰金馬印刷有限公司印刷
開本 890×1240　1/32　印張 24　插頁 5　字數 624,000
2020 年 3 月第 1 版　2020 年 3 月第 1 次印刷
ISBN 978-7-5325-9467-2
K·2758　定價：88.00 元
如有質量問題，請與承印公司聯繫

前　言

　　呂思勉先生，字誠之，筆名駑牛、程芸、芸等。一八八四年二月二十七日（清光緒十年二月初一日）誕生於江蘇常州十子街的呂氏祖居，一九五七年十月九日（農曆八月十六日）病逝於上海華東醫院。呂先生童年受的是舊式教育，六歲起就跟隨私塾教師讀書，三年以後，因家道中落而無力延師教授，改由父母及姐姐指導教學。此後，在父母、師友的幫助下，他開始系統地閱讀經學、史學、小學、文學等各種文史典籍。自二十三歲以後，即專意治史。呂先生夙抱大同思想，畢生關注國計民生，學習新文化，吸取新思想，與時俱進，至老彌篤。

　　呂先生長期從事文史教育和研究工作。一九〇五年起開始任教，先後在蘇州東吳大學（一九〇七年）、常州府中學堂（一九〇七年至一九〇九年）、南通國文專修科（一九一〇年至一九一一年）、上海私立甲種商業學校（一九一一年至一九一四年）等學校任教。一九一四年至一九一九年，先後在上海中華書局、上海商務印書館任編輯。其後，又在瀋陽高等師範學校（一九二〇年至一九二二年）、蘇州省立第一師範學校（一九二三年至一九二五年）、上海滬江大學（一九二五年至一九二六年）、上海光華大學和華東師範大學任教。其中，在上海光華大學任教最久，從一九二六年至一九五一年，一直在該校任教授兼歷史系系主任，並一度擔任該校代校長。一九五一年，高等學校院系調整，光華大學併入華東師範大學，呂先生遂入華東師範大學歷史系任教，被評爲歷史學一級教授。呂先生是教學與研究相互推動的模範，終生學而不厭，誨人不倦。

　　呂先生是二十世紀著名的歷史學家，對中國古代史的研究，做出了巨大的貢獻，取得了多方面的成就。他在中國通史、斷代史、社會史、文化史、民族史、政治制度史、思想史、學術史、史學史、歷史研究法、史籍讀法、文學史、文字學等方面寫下大量的論著，計有通史兩部：《白話本國史》（一九二三年）、《呂著中國通史》（上册一九四〇年、下册一九四四年）；斷代史四部：《先秦史》（一九四一年）、《秦漢史》（一九四七年）、《兩晉南北朝史》（一九四八年）、《隋唐五代史》（一九五九年）；近代史一部：《呂著中國近代史》（一九九七年）；專著若干種：《經子解題》（一九二六年）、《理學綱要》（一九三一年）、《宋代文學》（一九三一年）、《先秦學術概論》（一九三三年）、《中國民族史》（一九三四年）、《中國制度史》（一九八五年）、《文字學四種》（一九八五年）、《呂著史學與史籍》（二〇〇二年）；史學論文、札記及講稿的彙編三部：《呂思勉讀史札記》（包括《燕石札記》、《燕石續札》，一九八二年）、《論學集林》（一九八七年）、《呂思勉遺文集》（一九九七年）；以及教材和文史通俗讀物十多種，著述總量超過一千萬字。他的這些著作，聲名廣播，影響深遠，時至今日，在港臺、國外仍有多種翻印本和重印本。呂先生晚年體衰多病，計劃中的六部斷代史的最後兩部《宋遼金元史》和《明清史》，已做了史料的摘錄，可惜未能完稿，是爲史學界的一大遺憾。

　　《呂思勉論學叢稿》收輯各類文章共一〇二篇，大體分爲"史學"、"哲學"、"社會經濟文化"、"文學文獻文字"和"書信序跋自述"等五組，内部又按寫作和發表年代的先後加以編排。

　　"史學"和"哲學"二組收錄的是呂先生在一九一〇至一九五〇年間的部分學術文章，其中《古史紀年考》、《蒙古種族考》、《秦漢移民論》、《漢人訾產雜論》、《道家起原雜考》等，都是呂先生早年的重要論文，曾刊於《大中華》、《齊魯學報》等學刊及《古史辨》第七册中。《辯梁任公〈陰陽五行説之來歷〉》一文,發表於一九二三年的《東方雜誌》,反駁當時梁啓超主張陰陽五行起於戰國時代燕齊方士而由鄒衍首先傳播的説法,認爲梁氏此説"頗傷武斷",而"其誤在於信經而疑傳"。《中國文化東南早於西北説》、《古代人性論十家五派》、《西漢哲學思想》、《魏晉玄談》等篇,是二十世紀三十年代前後吕先生在上海光華大學、滬江大學的教學講稿。《中國古代哲學與道德的關係》和《古代印度與佛教》最初都發表在二十年代初期的《瀋陽高師周刊》上,也是因教學的需要而撰寫。《古代印度與佛教》是先生少數幾篇專門論述外國史的文章,文中對人種分布、民族遷移、東西方交通往還、印度宗教的興衰和傳播等叙述,頗爲簡明而扼要,對瞭解古代中印之間和東西方關係,很有參考價值。

"社會經濟文化"一組收輯的時論性文章共三十篇,内容涉及社會政治、經濟、文化、教育、生活等方方面面。吕先生是一位純正的學者,不參與實際的政治活動,但對社會變遷、民衆生計等現實問題極爲關心,其立言行事多爲社會民衆着想,常以一個歷史學者的立場參與一些社會問題的討論,發表自己的看法,本輯收録的《論文官考試之宜嚴》、《國體問題學理上之研究》、《田賦征收實物問題》、《因整理土地推論到住的問題》、《中國文化診斷一説》、《續説》、《學制芻議》、《新生活鑑古》、《如何根治貪污》等篇,都是吕先生爲謀求社會改革所寫而刊於當年各種報刊雜誌上的文章。《義州遊記》是吕先生所寫的惟一一篇遊記,一九二〇年先生利用國慶假期,偕同事遊朝鮮義州。是篇乃歷史學者之遊記,頗注意歷史沿革、中朝邊境的物産貿易以及風物人情,今日觀之,俱已成爲歷史矣。《從章太炎説到康長素梁任公》是一篇論述近世學術變遷、學術與政治的關係的長文章,文章雖是對章太炎、康有爲、梁啓超的評説,從中也可見吕先生的治學路徑和爲人處事的宗旨。

"文學文獻文字"一組收輯文學、文史教學、文字學等長短文章二十四篇。其中《小説叢話》、《〈詩經〉與民歌》、《新舊文學之研究》、《論基本國文》、《文學批評之標準》等篇,是先生存稿中爲數不多的有關詩文、小説等文學領域的理論批評文章。《整理舊籍之方法》、《乙部舉要》、《怎樣讀中國歷史》、《中學歷史教學實際問題》、《從我學習歷史的經過説到現在的學習方法》、《史學上的兩條大路》等,都是先生爲指導青年學生學習中國文史所寫的文章,有些原是在瀋陽高等師範學校、光華大學裏的演講稿。先生論治學方法,多切實可行,淺而不陋。如認爲讀中國史書,當注意治亂興衰和典章經制兩大方面;讀正史,先當用功"四史";讀先秦古書,不可不讀前人的注疏和校勘;又説"學問在空間,不在紙上",學者當就自己的"閱歷所及,隨處可與所治的學問相發明,正不必兢兢於故紙堆中討生活了"等,這些很具體的讀書方法,都是基於吕先生自己的治學經驗,實在是治學的"門徑之門徑,階梯之階梯"。吕先生對文字學素有研究,早年的代表作有《章句論》、《中國文字變遷考》、《字例略説》和《説文解字文考》(後合爲《文字學四種》,上海教育出版社,一九八五年版),本輯所收的三篇,均寫於二十世紀三十至五十年代,其中《論文字之改革》,是吕先生去世前數日才脱稿的最後一篇文章,原是《字例略説》的增補稿。文章對當年的文字改革提出了自己的看法,認爲"文字改革不能速,亦不能過恃政令之力",更不可"紊亂其自然之規律,而造出苦難耶"。

"書信序跋自述"一組共收輯文章二十一篇。其中《致廖仲凱、朱執信論學書》寫成於一九二〇年五月(刊於同年《建設雜誌》第二卷第六期),這是吕先生第一次發表的學術論文,也是他第一次以歷史學家的立場,參與當時學界的關於井田制的學術討論。《三上光華大學行政會書》,分别寫於一九二七、一九二八和一九四五年。一九二七、一九二八年,光華大學的初建正值日本侵華戰争的前夕,吕先生認爲中國同日本的戰争,祇是時間的遲早問題,而中國人也祇有打勝這一戰,才能立足於世界。因此學校的建設或社會的各項舉措,都應從這種實際情況出發。爲此他兩次上書光華大學行政會,對學校的建設和改革,提出自己的見解。抗戰爆發之後,光華校舍"悉成煨燼",學校不得不停辦。一九四五年抗戰勝利,光華大學復校,校領導合議復校之策,呂先生又第三次上書光華大學校務委員會,具體地申述了他的復校計劃。第一、二封上校行政會書,曾刊於《光華大學周刊》和光華學生所辦刊物《小雅》上,爲錢穆先生所激賞,譽爲"西京賈晁之論"。本輯所收的《自述》原名《三反及思想改造學習總結》,全文約一萬五千字,是呂先生自述的傳記文字,雖是思想改造的總結,實是研究呂先生的思想演變、學術觀點和生平經歷的重要資料。

李永圻　張耕華
二〇〇六年八月

目　錄

蒙古種族考 …………………………………………………… 1
歷史上之民兵與募兵 ………………………………………… 9
非攻寢兵平議 ………………………………………………… 20
《秦代初平南越考》之商榷 ………………………………… 34
論荊軻 ………………………………………………………… 44
論李斯 ………………………………………………………… 47
論秦二世 ……………………………………………………… 50
論魏武帝 ……………………………………………………… 53
論沮渠牧犍之死 ……………………………………………… 56
中國文化東南早於西北説 …………………………………… 61
古史紀年考 …………………………………………………… 68
四史中的穀價 ………………………………………………… 80
漢人訾産雜論 ………………………………………………… 88
秦漢移民論 …………………………………………………… 120
從民族拓殖上看東北 ………………………………………… 131
歷史上之遷都與還都 ………………………………………… 136
南京爲什麽成爲六朝朱明的舊都 …………………………… 143
論度量——論宋武帝與陳武帝 ……………………………… 148
東洋史上的西胡 ……………………………………………… 163

古代人性論十家五派 ………………………………………… 168

中國古代哲學與道德的關係 …………………………………… 177
古代之印度與佛教 …………………………………………… 186
辯梁任公《陰陽五行說之來歷》 …………………………… 190
西漢哲學思想 ………………………………………………… 203
魏晉玄談 ……………………………………………………… 235
訂戴 …………………………………………………………… 243
道教起原雜考 ………………………………………………… 249

論文官考試之宜嚴 …………………………………………… 259
國體問題學理上之研究 ……………………………………… 262
義州遊記 ……………………………………………………… 276
三十年來之出版界(一八九四—一九二三) ……………… 282
考試論 ………………………………………………………… 292
來皖後兩點感想 ……………………………………………… 309
論民族主義之真際 …………………………………………… 315
論南北民氣之強弱 …………………………………………… 321
思鄉原 ………………………………………………………… 328
倉儲與昏鈔倒換庫 …………………………………………… 330
田賦征收實物問題 …………………………………………… 335
改良鹽法芻議 ………………………………………………… 340
中國民族精神發展之我見 …………………………………… 343
蔡子民論 ……………………………………………………… 355
孤島青年何以報國 …………………………………………… 360
論祿米之制 …………………………………………………… 365
論外蒙古問題 ………………………………………………… 372
因整理土地推論到住的問題 ………………………………… 379
從章太炎說到康長素梁任公 ………………………………… 392
中國文化診斷一說 …………………………………………… 407
中國文化診斷續說——教育界的彗星 ……………………… 417

學制芻議	426
學制芻議續篇	431
讀書與現實	440
讀書的方法	442
新生活鑒古	445
如何根治貪汙	450
梁啓超新評價	457
全國初等小學均宜改用通俗文以統一國語議	460
小説叢話	469
新舊文學之研究	480
整理舊籍之方法	482
乙部舉要(一)	492
乙部舉要(二)	497
擬中等學校熟誦文及選讀書目	505
文質	523
怎樣讀中國歷史	524
文學批評之標準	533
反對推行手頭字提倡制定草書	536
叢書與類書	540
中學歷史教學實際問題	542
論基本國文	548
《古史家傳記文選》導言	565
從我學習歷史的經過説到現在的學習方法	577
史學上的兩條大路	585
魏晉"科斗文"原於蟲書考	590
國文教學貢疑	598
《詩經》與民歌	601
論文史	608

節注《説文》議 …… 611
論大學國文系散文教學之法 …… 614
論文字之改革 …… 627

致廖仲愷朱執信論學書 …… 641
讀《國語表解》後記 …… 655
答程鷺于書 …… 662
致光華大學行政會書 …… 683
再致光華大學行政會書 …… 689
評校《史通》序 …… 693
謝俠遜《象棋秘訣》序 …… 695
《新唐書選注》自序 …… 697
紀念伍博純君月刊專號序 …… 706
讀《崔東壁遺書》 …… 708
陳志良《奄城訪古記》跋 …… 712
陳登原《歷史之重演》叙 …… 714
童書業《唐宋繪畫論叢》序 …… 715
柳存仁《俞理初先生年譜》序 …… 717
柳存仁《上古秦漢文學史》序 …… 718
《古史辨》第七册自序 …… 723
童丕繩《春秋史》序 …… 725
沈子玄《逸周書集釋》序 …… 727
柳樹人《中韓文化》叙 …… 731
致光華大學校務委員會書 …… 733
方德修《東北地方沿革及其民族》序 …… 737
馬先之《左氏纂讀》跋 …… 738
自述 …… 741

蒙古種族考

蒙古自成吉思汗崛起，至忽必烈汗滅宋，先後僅七十年，聲威所加，歐亞二洲，無與抗顏行者。當時南北亞美利加尚未發見，非洲則在草昧榛狉之域，蒙古人之勢力，幾於混一歐亞，即幾於混一世界矣，此誠前古所未有也。然蒙古種族所自始，史籍闕焉不詳，一翻閱元史，直從太祖叙起，於先世事跡，一語不及，令人茫然不知蒙古部族之所由來，非特不及《北史》特列世紀之精詳，即較之《遼史》於契丹部族原始，尚於營衛志中加以考證者，亦覺疏密之相去，不可以道里計矣。是誠讀史者之一大缺憾也。

蒙古二字，自宋以前，史無聞焉。《秘史》爲元人自作之書，號稱最可信據，然亦但自稱其種族曰忙豁勒，而不詳其所由來。惟《松漠紀聞》云盲骨子，契丹事跡謂之朦古國，即唐書所紀之蒙兀部，溯源爲最遠矣。案《舊唐書》云："室韋，契丹之別類也。其北大山之北，有大室韋，傍望建河，源出突厥東北界俱輪泊，屈曲東流，經西室韋界，又東，經大室韋界，又東，經蒙兀室韋之北，落俎室韋之南，又東流，與那河忽汗河合，又東，經南黑水靺鞨之北，北黑水靺鞨之南，東流注於海。"洪文卿侍郎云：《唐書·地理志》：回鶻有延陁伽水，一曰特延勒泊，泊東北千餘里，有俱輪泊，泊之四面皆室韋。所謂北大山，必是大興安嶺，俱輪泊當即呼倫淖爾，爲黑龍江南源。《水道提綱》稱曰枯輪泊，此外湖泊，更無同音。又以唐時回鶻地望證之，故知是也。據此以考元之先世，在黑龍江南，即所謂望建河。唐後西南從克魯倫河斡難河。蒙兀《新唐書》作蒙瓦。尤與《秘史》忙豁音類。蒙兀、忙豁二音,一斂一縱,《秘史》於忙豁字旁皆注"中"字,明宜斂音口中,不宜縱音口外。忙豁斂音,即蒙兀矣。元時西域人拉施特而哀丁奉敕修史,亦稱蒙兀勒,不稱蒙古勒,謂蒙兀人自言部族得名,由來已久,與《松漠紀聞》之説,不謀而合。至今波斯人仍稱蒙古爲蒙兀兒。明時波斯書稱天山以北曰蒙兀里斯單。嘗面詢波斯使臣,詳審語音,實非古字。《瀛環志畧》云:"明嘉靖間,撒馬兒罕别莫卧爾,攻取中印度立國,勢張甚。謂莫卧兒即蒙古,實即蒙兀兒。萃中外之見聞以相印證,其爲蒙兀而不當作蒙古明甚。"案侍郎此説,考證蒙古之即蒙兀室韋,可謂精確詳盡,且猶有一至堅之證據,室韋出於鮮卑,鮮卑與靺鞨同族,靺鞨即滿洲人之祖也。今滿蒙語言固多相同者。此又可爲蒙古出於室韋之確證矣。然獨何以解於蒙古人自著之書?案《元秘史》云:"當初元朝人的祖,是天生一個蒼色的狼,與一個慘白色的鹿相配了,同渡過騰吉思名字的水,來到斡難名字的河源頭,不兒罕名字的山前住著,産了一個人,名字喚作巴塔赤罕。"狼鹿生人,語近荒誕,然玩其語氣,既指其播遷之所自,復詳其奠居之山川,此豈指獸類語耶。及一翻蒙文《秘史》原本,乃知所謂蒼色狼者,當譯音曰孛兒帖赤那,所謂慘白色鹿者,當譯音曰豁埃馬闌勒,蓋皆人名非畜類也。北人以狼爲猛獸,故以名男,鹿性馴,故以名女,猶中國人之以虎爲名矣。其開卷數語,當譯云"自天而生之孛兒帖赤那,及其妻豁埃馬闌勒,渡騰吉思海,營於斡難河之源不兒罕山"。則合矣。所謂自天而生者,猶中國古以天子爲感天而生也。明人之譯《秘史》,意在藉此考證蒙古語言,而不在於考其史事。别有考。故於人姓地名之旁,往往附釋其語意,傳寫者不察,遂誤以人名爲狼鹿耳。據此,則蒙古先世,當以孛兒帖赤那爲始祖,而其種族,實來自騰吉思海地方。所謂騰吉思海者,果何地乎?案《蒙古源流考》云:"土伯特智固木贊博汗,爲姦臣隆納木篡弑,其三子皆出亡。第三子布爾納齊諾,逃往恭博地方,即娶恭博地方之女。地方人衆,尊爲君長,生子必塔赤罕。"布爾納齊諾即孛兒帖赤那，必塔赤罕亦即巴塔赤罕也。然則蒙古先世，爲吐蕃王室之裔，所謂騰吉思海子者，即今西藏拉薩西北之騰吉里池，不而罕山即今外蒙古車臣土謝圖汗境上之布爾罕哈勒那都嶺。孛兒帖赤那蓋即吐蕃可汗之季子，因遭家國之變，自拉薩出奔，越騰吉里池而至今外蒙古地方者也。

夫蒙古先世出於吐蕃王室之說，據蒙古人所自述，章章如此，而其出於室韋分部之說，按之中國載籍，又確鑿如彼，果孰爲是而孰爲非耶。曰：皆是也。按蒙文《秘史》云："巴塔赤罕生塔馬察，塔馬察生豁里察兒蔑兒干，豁里察兒蔑兒干生阿兀站孛羅，阿兀站孛羅生撒里合察兀，撒里合察兀生也客爾敦，也客爾敦生挦鎖赤，挦鎖赤生合兒出，合兒出生孛兒只吉歹蔑兒干。孛兒只吉歹蔑兒干妻曰忙豁勒眞豁阿。"忙豁勒即蒙古二字之正譯，已見前。忙豁勒眞，猶言蒙古部人。豁阿，蒙古語美女之稱，忙豁勒眞豁阿，猶言蒙古部之美女，蓋遊牧人種男統未立，得姓之由，多從女系，孛兒只吉歹蔑兒干始娶蒙古部女，故其子孫皆以蒙古爲姓，猶金始祖函普娶靺鞨完顏部女，而其子孫遂以完顏爲姓也。

此外漢人記錄，又有謂蒙古先世，出自韃靼者。宋黃震《古今紀要逸編》云："韃靼與女眞同種，皆靺鞨之後，其居混同江者曰女眞，居陰山北者曰韃靼，韃靼之近漢者曰熟韃靼，遠漢者曰生韃靼。韃靼有二，曰黑曰白，皆事女眞。黑韃靼至忒沒眞叛之，自稱成吉思皇帝。又有蒙古國者，在女眞東北，我嘉定四年，韃靼始并其名，號稱大蒙古國。"孟琪《蒙韃備錄》云："韃靼始起，地處契丹西北，族出於沙陀別種，故歷代無聞。其種有三，曰黑、曰白、曰生。所謂白韃靼者，顏貌稍細，所謂生韃靼者，甚貧且拙，且無能爲。今成吉思皇帝及將相大臣，皆黑韃靼也。"案此二書，俱以爲韃靼有黑白二種。生熟乃近塞之稱，非種族之別，猶女眞係遼籍者稱熟，不係遼籍者稱生也。《蒙韃備錄》與黑白并列爲三種，誤。而成吉思汗則出於黑韃靼，特一以韃靼爲女眞同族，一以爲沙陀別種，一則但言成吉思汗出於韃靼，而不更言蒙古，一似韃靼即蒙古，一則謂蒙古別爲女眞東北之一國，成吉思汗特并其名以自號，一若毫無血統上之關係者然，爲相異耳。果如《古今紀要》之説，則蒙古與韃靼渺不相涉，成吉思汗何緣忽以其名自號？況循覽《秘史》，紀載蒙古先世事跡甚詳，曾未有於成吉思汗一族之外，別有所謂蒙古國者，至嘉定四年乃并其名以自號之説乎，此其説之謬誤，殆無俟辨。案帖木眞稱成吉思汗號事在宋開禧二年，黄氏蓋誤以稱汗爲改定國號而又誤後五年也。特所謂韃靼者，不特孟珙、黄震皆以爲蒙古所自出，即蒙古人亦恒以之自稱，《秘史》中所謂達達者是也。然則韃靼之與蒙古，亦必有種族上之關係可知矣。案《唐書》云，韃靼者，靺鞨別部之居陰山者也。李克用叛唐兵敗，奔其部。及討黄巢，乃將韃靼萬餘人南。又《蒙韃備録》云："韃人在本國時，金虜大定間，燕京及契丹地有謡言云，韃靼去，趕得官家没處去。葛酋雍宛轉聞之，驚曰：必是韃人爲我國患，乃下令，極於窮荒，出兵剿之。每三歲，遣兵向北剿殺，謂之減丁。迄今中原盡能記之。韃人逃遁漠北，怨入骨髓，至僞章宗立，明昌年間，不令殺戮，以此韃人稍稍還本國云。"據此參稽，則韃靼之所由來，又可瞭然矣。韃靼者，本靺鞨別部，自唐中葉後，始徙居陰山者也。故孟珙云歷代無聞。其時西突厥別部沙陀，亦適以遭吐蕃之難，來居是土，因所處之地相近，二種人遂相親交，故李克用兵敗，得往依之，及討黄巢，且能用其人。夫二種族既相親交，則昏姻互通，遂生新種，所謂白韃靼也。其距塞較遠之韃靼，不與沙陀通昏媾者，則仍爲單純之血系，所謂黑韃靼也。生熟韃靼，史雖不言其孰爲黑白，然大抵近塞者多白，遠塞者多黑，此可推測而知矣。韃靼種人，本處漠南，無由與室韋分部之蒙兀相接，孟珙所謂韃人在本國時也。自金人下減丁之令，歲歲出兵，向北剿殺，此種人遁逃奔走，不得安其居，乃有播遷漠北，與蒙兀相遇者。種族既同，聯結自易，故迄於金之季世，蒙古人復以達達自號也。蓋至此而蒙兀之與韃靼，亦已不復可分析矣。然則宋時之所謂蒙兀者尚非單純之室韋種人也。

又按《秘史》載元世系，始於孛兒帖赤那，而拉施特所作《蒙古史》,則所紀載尚在其前,其言曰:"相傳古時,蒙兀與他族戰,全軍覆沒,僅遺男女各二人。遁入一山,斗絶險巇,惟一逕通出入。而山中壤地寬平,水草茂美,乃携畜輜重往居,名其山曰阿兒格乃兗。二男,一名腦古,一名乞顏。乞顏義爲奔瀑急流,以其膂力邁衆,一往無前,故以稱名。乞顏後裔繁盛,稱之曰乞要特。乞顏變音爲乞要,曰特者,統類之詞也。後世地狹人稠,乃謀出山,而舊逕蕪塞,且苦艱險,繼得鐵礦,洞穴深邃,爰伐木熾炭,簀火穴中,宰七十牛,剖革爲筒,鼓風助火,鐵石盡熔,衢路遂闢。後裔於元旦鍛鐵於爐,君與宗親,次第搥之,著爲典禮。"《元史譯文證補》一。化鐵成路,語涉不經,然拉施特身仕宗藩之朝,親見搥鐵之典,其所記載,斷不能指爲虛誣。且乞要特即元史之奇渥温。拉施特所載,實爲有元帝室得氏之由,更不能指爲無據。然《秘史》爲元人自述先世事跡,最可信據之書,初無此一段文字,而《蒙古源流考》且明言布爾納齊諾爲吐蕃可汗之子,此何故歟?豈此一段事實,固智固木贊博汗先世之事耶?非也。案《隋書·突厥傳》云:"其先國於西海之上,爲鄰國所滅,男女無少長盡殺之。有一兒,年且十歲,以其小,不忍殺。刖足斷臂,棄大澤中。有牝狼每銜肉至其所,此兒固得不死。其後遂與狼交,狼有孕焉。負至於西海之東,止於山上。其山在高昌西北,有洞,牝狼入其中,遇得平壤茂草,地方二百餘里。後狼生十男,其後各爲一姓,阿史那其一也。子孫蕃育,漸至數百家,經數代,相與穴處,而臣於蠕蠕。"案此所傳,與拉施特所紀蒙古事,語殊相類。洪侍郎因謂蒙古襲突厥語以叙先德,又謂《秘史》謂狼鹿生人爲蒙古鼻祖,亦顯拾突厥唾餘。夫蒙古當拉施特作史時,正聲威昌熾之際,突厥雖大族,在蒙人視之,亦奔亡之餘,藩屬之列耳。竊其傳説,豈足自重?況拉施特修史時,西域宗王,盡出先時卷牘,資其考核,復命蒙古大臣諳掌故者,襄理其事,視之何等慎重,而肯剿竊異族荒誕無稽之説,以自亂其史實乎?且吐蕃贊普,固亦泱泱大國之君,蒙古先世果其胄裔,秉筆直書,豈尚不足爲榮,而自托於敗亡俘虜之餘耶?然此二事,實絶相類,雖欲不指爲一事之傳訛而不得也。此又何故乎？吾知之矣。此蓋由蒙古部族與韃靼混合而生也。韃靼種族與沙陀相混淆。其說既具於前矣。沙陀者，其先本名處月，爲西突厥別部，處月異譯，則爲朱邪。西突厥亡，是族人居金娑山之陽，蒲類海之陰，地有大磧曰沙陀，因號爲沙陀突厥。見《唐書》。蒲類海今巴里坤湖也。所謂沙陀者，以地望稱之，非其種族之名，其種族則固突厥也。惟其爲突厥也，故其先世之事跡，部族中必有能記之者，觀於元旦捶鐵之著爲典禮可知矣。此種傳說，此種典禮，當沙陀突厥與陰山以北之韃靼混合時，尚能守之，及其既與韃靼混合爲白韃靼，再與蒙古種族混合後，尚相承而勿替，故蒙兀人亦遂視爲本族之古史也。且成吉思汗一族，既同爲奇渥溫氏，則亦不能謂其血統與沙陀突厥無關係，而拉施特列此一段事實於蒙古全史之首，正不能誚其謂他人父矣。洪氏不知蒙兀與韃靼之關係，故讀此一段歷史，而輾轉生疑，既疑拉施特爲襲人成說以自叙先德，並疑《秘史》爲拾人唾餘，而不知茫昧傳說之古史，雖或難明，斷無虛構，苟能精心讀之，正見其字字皆寶也。

又案成吉思汗之興，得力於汪古部之協助者不少。當禮木合王罕先後敗亡時，漠南北部族，足與蒙古抗者，惟一乃蠻。乃蠻部長太陽罕，使約汪古部長阿刺忽失的吉惕忽里名見《秘史》即《元史》之阿剌兀思剔吉忽里，本紀作白達達部主。伐蒙古，阿刺忽失的吉惕忽里以告，成吉思汗因得先舉滅乃蠻，乃蠻亡而漠南北盡平，乃得專力以圖中原。嘉定四年，誓師伐金，四月，至大水濼。今察哈爾正藍旗牧地之大水淖爾。是夏，休士衆於汪古部。及秋，乃進兵。阿刺忽失的吉惕忽里親爲之向導，盡得邊地險要形勝，而金事遂不可支矣。夫金所恃以爲險者，外堡也，所謂外堡者，金大定間所築，東起長春達里帶石堡子，今嫩江西岸布特哈境。西抵鶴五河，在科爾沁右翼中旗北二百里見《蒙古遊牧記》。屬東北路招討司。起鶴五河堡子，西南至撒里乃。《金史·地理志》臨潢府下總管府有撒里乃之地，有行宮。臨潢故城在今巴林旗博羅和屯，撒里乃當在其北。屬臨潢路總管府。又西起坦舌，山西武川廳北，有塔集呼都克塔集，即坦舌異文，呼都克井也。東至胡烈么即《元史・太祖紀》之烏月營地，在撫州北。幾六百里，屬西北招討司，至明昌間，塞外之防益急，先後遣使繕加女墻副堤，以上皆見《金史・地理志》及《獨吉思忠傳》。而净州斗入天山，當外堡西頭，爲北族進路，形勢尤要。汪古部以一軍守其衝，净州今歸化城北。其責任不可謂不重。使阿剌忽失的吉惕忽里知蒙古之强，入告金廷，豫爲戒備，則章宗一代，於北方經畧。未嘗懈怠，固可豫爲之計，何至如後此之倉卒防秋？即當成吉思汗南伐時，汪古部長若不假以水草，恣其休牧，且躬爲之向導，以入長城，則蒙古兵遠來疲敝，且主客異形，亦安能得志若是之易？拉施特以汪古部歸順爲金亡之由，可謂有識矣。夫蒙古部族雖强，然當成吉思汗滅塔塔兒時，猶受金廷札兀忽里之職，見《秘史》。而金當承安泰和之際，亦尚席中原全盛之餘，必謂逆料蒙古之可以滅金，恐無論何人。無此先識也。然則阿剌忽失的吉惕忽里之傾心於成吉思汗，果何爲哉？蓋汪古亦白韃靼部族，蒙兀部衆，既與北徙之韃靼混合，則二者有種族之親焉，較之乃蠻之天各一方者，其疏戚自不可同日而語，而減丁之令，汪古部雖力不能報，未嘗不心焉痛之，故亟思假手於成吉思汗，以復同種被戮之仇也。然則燕京大定之謠，卒非減丁剿殺所能解免，而適以啓諸部族仇視之心，亦可見殺戮之不足以弭患矣。然蒙古與韃靼關係之密，則於此而益可見也。

　　如上所述，則蒙古蓋室韋、突厥、吐蕃三種人相混合之種族也。室韋出於鮮卑，鮮卑出於東胡，其入據中夏者，有慕容氏，有跖跋氏，有耶律氏，即女真滿洲高麗日本，亦皆與鮮卑同族。女真滿洲皆出鞣鞨，鞣鞨在兩漢時曰挹婁，周以前曰肅慎。高麗出於夫餘，夫餘出於濊。日本人自稱其種族曰大和，蓋亦自亞洲大陸東北方播遷而入三島者。今滿蒙、朝鮮、日本語系概相同，可爲種族相同之鐵證。東洋史上，善模效漢族之文明者莫此族人若也。如匈奴、突厥皆與漢族交涉甚多，然沐浴其文明較少。突厥與回紇同種。回紇爲鐵勒十五部之一，鐵勒，亦曰敕勒，乃漢時丁令二字之音轉，爲東洋史上最强武之種族。突厥之强，遠在匈奴契丹之上，女真滿洲無論矣，餘別有說。吐蕃，《唐書》以爲禿髮氏之後，則亦出於鮮卑，然據今西藏學家之言，則此說殊爲無據。今西藏學家言，藏人種族之由來，當以其古代經典所自述者，爲最可信據。據此，則藏人實印度阿利安人之分支，自希馬拉雅山之陘入藏者也。夫印度人，固亦世界史上之優等人種也，蒙人混合此三者之血統而一之，而別生新種，其爲優强，固無俟言矣。然今竟何如哉！一追懷成吉思汗之偉烈，而感不絕於予心也。

（原刊《大中華》第一卷第十一期，一九一五年中華書局出版）

歷史上之民兵與募兵

予既撰《非攻寢兵平議》；難者或曰：如子言，則兵終不可得而弭；兵終不可得而弭，則中國終不能不恃兵以自存。而欲恃兵以自存，則中國其危矣。何也？人才非一時所能造就也；國民怯戰之心，非一時所可變也；糧餉之儲，交通之具，非一時所能備也；現今戰事，最重器械；器械之精，端資學術；尤非一時所能深造也。此等即皆勿論，但養兵數十萬，已非今日財力所能堪矣；況於一船一砲之費，動累巨萬乎？夫不富強則不能戰，而非戰勝又不能富強，則中國其將淪胥及溺矣乎？應之曰：是不然。吾之所以非非攻寢兵者？謂以理言之，兵終不可盡弭。今之作弭兵之論者，於理已不甚圓，而尤不合目前之情勢，故辭而辟之，以見持論之不可偏於感情，走入極端耳。今人持論，人人知以偏任感情爲戒，其實皆躬蹈之而不自知。非謂中國當恃兵以自存也。中國素不主侵畧；海通以來，兵事之窳，且不敵歐洲一小國；其所以不亡者，亦自有故，而非必恃兵。然以立國百年之計言之，則兵終不可盡去。吾謂今後欲有兵之利而無其害，則莫如行民兵之制。行民兵之制，則國無養兵之費，可專力講求學術，發展交通，改良製造。此等事皆戰陳之本，而亦可以生利，非如養兵之純爲消耗也。此固不慮財力之不能勝矣。近今持民兵之論者甚多。其詳細規畫，自非兵學專家不能道。予少好讀史，近嘗反覆史事而深思其故，乃知民兵有利無害；民不能執兵，而別有所謂兵者，則害多利少。徵諸往史，固已昭然，而惜乎知此義者太少，乃有昔時之張皇練兵，致鑄成今日之大錯也。爰敢論其大畧,以告世之留心國是者焉。

自來讀史之人,有一謬見,即謂三代以前,皆兵民不分,至後世乃漸壞是也。吾則謂兵民合一之制,實始成於戰國之時,至後漢乃大壞。而兵民合一之時,即我國最強盛之時也。何以言之?案吾國古書言治制者,莫詳於儒家。儒家言有今古文之異;而政治制度,則其異同焦點之所在也。古文家之言兵:以"五人爲伍,五伍爲兩,四兩爲卒,五卒爲旅,五旅爲師,五師爲軍"。"王六軍,大國三軍,次國二軍,小國一軍。"今文家則以"師爲一軍"。"天子六師,方伯二師,諸侯一師。"雖其衆寡不同,然相去尚不甚遠。至於出軍之法,則今古文家言,皆有齟齬不可通者。古書言出兵之制,以《司馬法》及《春秋繁露》爲最備。《繁露》今文家言;《司馬法》、《漢書·刑法志》採之,蓋古文家言也。今案其法:《司馬法》以"四井爲邑,四邑爲丘,四丘爲甸。甸出戎馬四匹,兵車一乘,牛十二頭,甲士三人,步卒七十二人。井十爲通,通十爲成,成方十里。成十爲終,終十爲同,同方百里。同十爲封,封十爲畿,畿方千里。一同之地,提封萬井,定出賦六千四百井;戎馬四百匹,兵車百乘;此卿大夫采地之大者也,是爲百乘之家。一封三百一十六里,提封十萬井,定出賦六萬四千井;兵車四千乘,戎馬四千匹;此諸侯之大者也,是謂千乘之國。天子畿方千里,提封百萬井,定出賦六十四萬井;戎馬四萬匹,兵車萬乘,故稱萬乘之主"。如此法,諸侯之國,有甲士三千,步卒七萬二千,凡七萬五千人,恰倍三軍三萬七千五百人之數。天子之國,有甲士三萬,卒七十二萬,而六軍不過七萬五千人。《司馬法》又有一說:以井十爲通,通爲匹馬;三十家,十一人,徒二人。通十爲成;成百井,三百家,革車一乘,士十人,徒二十人。十成爲終;終千井,三千家,革車十乘,士百人,徒二百人。十終爲同;同方百里,萬井,三萬家,革車百乘,士千人,徒二千人。照此法計算,天子之國,亦有車萬乘,士十萬,徒三十萬。《繁露》之法:以百畝三口爲率,方里而二十四口。亦三分而除其一。故方百里之地,得十六萬口。凡出三軍七千五百人,加一軍以奉公家,適得萬人,則十六人出一人,而天子地方千里,當得千六百萬口,凡出九軍,更加三軍以奉王家,凡三萬人,則五百三十三人乃出一人。兵役之重輕,相去未免太遠。若謂諸書所言兵額皆誤,人民股役輕重實同。則如《司馬法》之説,天子之國,當得三十七萬五千人;如《繁露》之説,當得百萬;春秋以前,又未見其事也。古人言語,有看似説出確數,而其實但以代總括之辭者。如《尚書大傳》:"受命於周,退見文武之尸者千七百七十三諸侯。"一似真知此時天下諸侯之數矣。其實所謂千七百七十三者,乃即用如王制所設之法計算而得,其意自以代天下諸侯四字用,猶今言萬國耳。《史記》謂紂發兵七十萬以距武王,亦同此例。蓋即據《司馬法》所設之法計算,以代傾國之兵四字用,猶《孫子》言息於道路者七十萬家也。不可徑認作實事。予謂言古代兵制者,皆爲兵民合一之説所誤。善夫,江慎修之言曰:"説者謂古者寓兵於農,井田既廢,兵農始分,考其實不然。管仲參國伍鄙之法:制國以爲二十一鄉;工商之鄉六,士鄉十五。公帥五鄉,國子、高子各帥五鄉。是齊之三軍,悉出近國都之十五鄉,而野鄙之農不與也。五家爲軌,故五人爲伍。積而至於一鄉二千家,旅二千人,十五鄉三萬人爲三軍。是此十五鄉者,家必有一人爲兵。其中有賢能者,五鄉大夫,有升選之法,故謂之士鄉,所以別於農也。其爲農者,處之野鄙,別爲五鄙之法。三十家爲邑,十邑爲卒,十卒爲鄉,三鄉爲縣,十縣爲屬。五屬各有大夫治之。專令治田供税,更不使之爲兵。他國兵制,亦大畧可考。如晉之始惟一軍;既而作二軍,作三軍;又作三行,作五軍;既捨二軍,旋作六軍;後以新軍無帥,復從三軍。意其爲兵者,必有素定之兵籍,素隸之軍帥。軍之以漸而增也,固以地廣人多;其既增而復損也,當是除其軍籍,使之歸農。隨武子云:楚國刑屍而舉。商農工賈,不敗其業,是農不從軍也。魯之作三軍也:季氏取其乘之父兄子弟盡征之;孟氏以父兄及子弟之半歸公,而取其子弟之半;叔孫氏盡取子弟,而以其父兄歸公。所謂子弟者,兵之壯者也;父兄者,兵之老者也;皆其素在兵籍,隸之卒乘者,非通國之父子弟也。其後捨中軍,季氏擇二,二子各一,皆盡征之而貢於公。謂民之爲兵者盡屬三家,聽其貢獻於公也。若民之爲農者出田税,自是歸之於君。故哀公云二吾猶不足。三家之采邑,固各有兵,而二軍之士卒車乘,皆近國都。故陽虎欲作亂,壬辰戒都車,令癸巳至。可知兵常近國都,其野處之農,固不爲兵也。"予案《周官》大司徒:"令五家爲比,五比爲閭,四閭爲族,五族爲黨,五黨爲州,五州爲鄉。"而小司徒云:"乃會萬民之卒伍而用之。五人爲伍,五伍爲兩,四兩爲卒,五卒爲旅,五旅爲師,五師爲軍。以起軍旅,以作田役,以比追胥,以令貢賦。"則伍兩卒旅師軍之衆,即出於比閭族黨州鄉之人。至其職又云:"九夫爲井,四井爲邑,四邑爲邱,四邱爲甸,四甸爲縣,四縣爲都。"則但云"以任地事而令貢賦,凡稅斂之事",初不以之爲兵。則《周官》與《司馬法》,邱甸之制雖同,而所以用之者絶異。杜預注《春秋》作邱甲,以兩者并爲一談,非也。蓋古代所謂國家者,其重心在國。與今國字異義。國者,擇中央山險之地,建立一城,凡戰勝之族,皆聚居焉;而國以外則爲農人所居之地。此由古代之民,有征服及被征服之階級而然。其事甚長,當別論。予昔《辨胡適之論井田之誤》,嘗畧引其端。原文見《建設雜志》第二卷第六期。《周官》王城之外爲鄉,鄉之外爲遂,遂之外爲甸。鄉之比閭,遂之鄰里。皆以五起數,合於軍隊什伍之制。邱甸則以九起數,與井田之制相附麗。農不爲兵,即此可見。故天子之封地,雖百倍於諸侯,而其出兵亦不過數倍而止也。然則《司馬法》等書所言,皆鑿空之談乎?是又不然。蓋充兵與出賦有別。鄉之人,充兵而不出賦,甸之法,則出賦而不充兵。漢世民年二十三爲正卒,五十六乃免,則古人充兵之遺。出口錢以補車騎馬,則古代出賦之制。二者本判然相離。其舉全國之民,既責之以充兵,復責之以出賦者,蓋起於戰國之世。故蘇秦説六國之辭,於燕、齊、韓、趙,皆云帶甲數十萬,於楚則云百萬。於魏,則云蒼頭二十萬,奮擊二十萬,厮徒十萬。是時戰事,坑降斬級,動以萬計;蘇秦之説,斷非虛誣。蓋前此鄉以外之民,雖非必不能執兵,然特以之守衛本土而止,畧如後世之鄉兵,至此乃皆令其出征,故其數大相懸殊也。鞌之戰,齊侯見保者曰:勉之,齊師敗矣。可見出戰之兵雖敗,境内守禦之衆仍在。蘇秦説齊之辭曰:韓魏戰而勝秦,則兵半折,四境不守。張儀説齊之辭曰:四戰之後,趙之亡卒數十萬,邯鄲僅存。皆可見其傾國出門也。《周官》、《司馬法》,雖同爲戰國時書,然《周官》所述多古制,故鄉以外之民,尚不充兵。《司馬法》則專就六國制度立説,以向者鄉人所服之兵役,均攤之於全國人。《繁露》蓋孔子改定之制？孔子亦主全國皆充兵,不主限於鄉以內,故其計算之法,亦與《司馬法》同。按之古制,遂覺其齟齬而不可通也,然則兵民合一之制,實至戰國時始大成,固昭然明矣。

　　此等兵民合一之風,至後世猶有存者。漢制：郡國有材官車騎樓船。尉佐郡守,以立秋後講肄都試。《後漢書·光武紀注》引《漢官儀》。民年二十三爲正卒,一歲爲衛士,一歲爲材官騎士,習射禦騎馳戰陣,至五十六乃免。《漢書·高祖紀》引《漢官儀》。當時京師南北軍,皆由人民調發。見《通考》。戍邊之責,亦人人有之。《漢書·昭帝紀》注引如淳說。景帝以前,兵多調自郡國。武帝以後,乃多用謫發。據晁錯上兵事書所言,謫發之制,蓋始於秦,而漢人因之。綜《漢書》紀傳所載,所發者或爲"罪人",或爲"亡命",或爲"郡國惡少年",或爲"賈人"、"贅婿",或則身及父母太父母嘗"有市籍"者。此等在後世,皆不能執兵之人。而當時欲發即發,初不待更加教練,則其人能執兵可知。秦皇、漢武,世多并稱。其實始皇用兵,頗有爲中國開疆土絕外患之意。其用人亦能持法,所任皆宿將。章太炎說。至漢武則徒動於侈心,欲貴其椒房之親耳,衛青和柔自媚,天下無稱；霍去病少而侍中,貴不省士。所任如此,猶能累奏克捷,則以其兵固強,投之所向,無不如志也。中國兵威之盛,無過漢、唐。然漢代用兵,多以實力取勝。唐代則多乘人之弊。試以漢武深入擊匈奴,懸師征大宛,與太宗擒頡利、平西域比較可知。故漢武之時,雖舉國疲敝,而宣、元以後,遂安坐而致單于之朝。唐初雖形勢甚張,然高宗以後,突厥再張於北,吐蕃構釁於西,契丹小醜,亦且跳梁東北,中國竟無如之何矣。君子讀杜陵《兵車行》,更觀《漢志》述天水、隴西、安定、北地、上郡、西河之俗,而知中國內完統一之業,外奏開拓之功,必始於戰國而成於秦、漢,爲有由也。故曰：兵民合一之時,即中國最強盛之時也。

　　兵民合一之制之壞,實自後漢始。光武建武六年,罷郡國都尉官,并職太守,無都試之役。七年,遂罷輕車、騎士、材官、樓船。其後邊郡及衝要之處，雖或復置尉官，然全國人民皆習兵事之風，則自此大壞矣。晉武平吳，亦襲光武之政。兵民合一之制，益蕩焉無存。自此以後，藩鎮跋扈於南，異族恣睢於北，皆熟視而無如何。則以舉國之民皆弱，不能制異族之跳梁，不得不別有所謂兵者以防之；而所謂兵者，則握於強藩之手故也。故藩鎮之跋扈，異族之恣睢，皆民兵之亡爲之也。斯時也，胡、羯、鮮卑、氐、羌，紛紛割據北方，皆用其本族或他族之人爲兵，不用漢人。魏太武《遺臧質書》：" 吾今所遣鬥兵，盡非我國人。城東北是丁零與胡，南是氐羌。"可見五胡除本種人外，兼用他族人爲兵。高歡語鮮卑則曰：漢民是汝奴；夫爲汝耕，婦爲汝織，致汝粟帛，令汝溫飽，汝何陵之？其語華人則曰：鮮卑是汝作客，得汝一斛粟，一匹絹，爲汝擊賊，令汝安寧，汝何爲疾之？可見此時以漢人任耕，鮮卑人任戰。漢人乃益俯首帖耳受制於他族之下。其時亦有偶發漢人爲兵者，然每出輒敗北。如石虎伐燕，司、冀、青、徐、幽、并、雍之民，五丁取三，四丁取二；苻堅伐晉，民每十丁遣一兵是也。宋文帝之攻魏，亦以江南民丁，輕進易退致敗。使在秦、漢，則此等皆強兵矣。觀其每出輒敗，即可知其受制他族之由，君子讀兩晉南北朝之史，未嘗不嘆息於銅馬帝，以一時厭亂之情，遂壞秦、漢以來相傳之兵制也。雖然，兵之爲物，不可偏廢，而亦不可過恃者也。當時之中國，以人不知兵，見侮於異族；而當時之異族，亦以恃其虓闞，狂噬無已，終至不戢自焚。蓋自東西魏分爭以來，五胡皆死亡畧盡，當時五胡：胡、羯、氐、羌，皆居今內地；鮮卑則散處北邊。氐、羌居腹心之地而較寡弱，鮮卑衆盛而所處較偏，故胡、羯最先肆暴。冉閔亡石氏，大肆屠戮，幾無子遺，而胡羯不復振矣。踞遼東西之鮮卑，乘機侵入中原；氐、羌亦起而割據，與之相抗；則前後燕、前後秦之對立是也。前後秦亡，氐、羌亦不復振。惟鮮卑種落散佈甚廣，故前後燕亡，拓跋魏又繼之。案當時鮮卑種落，可大別爲四部：居東北方者爲慕容氏，居西北方者爲乞伏氏及禿髮氏，在正北方者爲宇文氏及拓跋氏。慕容氏既以侵入中原而亡。乞伏氏居隴西，禿髮氏居河西，皆山嶺崎嶇，種族錯雜之地，故僅能建一小國。宇文氏先爲慕容氏所破，北走爲後來之契丹。斯時在北邊者，惟一拓跋氏耳。拓跋氏部落，本亦不甚大。然是時小部散居，東起濡源，西至賀蘭，數實不少。魏道武乃悉收率之，故其勢遂不可禦。然太武雖併北方，其根本之地，仍在平城。自孝文南遷，乃分其衆之半入中國。至方鎮亂後，爾朱氏、宇文氏等紛紛南下，而鮮卑之留居平城者亦盡矣，故周齊之分爭，爲五胡之亂之結局也。乃不得不用漢人爲兵。夫充兵之人，既非當時異族之人所能給；

而養兵之費，又非當時凋敝之局所克任；則不得不藉漢人爲兵，而令其耕以自養；而府兵之制出焉。府兵之制，肇自後周，而沿於隋唐，論者又多美爲兵農合一。然所貴乎民兵者，乃民皆能爲兵，且民之外，別無所謂兵之謂；非兵亦能爲農之謂。當時之府兵，固別有其籍。且後周府兵，總數不滿五萬；唐十道設府六百三十四，而在關中者二百六十一；則民之不能爲兵者實甚多；去戰國、秦、漢之制，固已遠矣。夫民既不能爲兵，而强籍其若干人以爲兵，則雖令其耕以自養，其實仍與募兵無異。自有無養兵之費言之固不同，自民之外別有所謂兵者言之，則無不同也。故凡募兵之弊，唐室亦旋即蹈之。高宗而後，府兵之制，日以廢壞。玄宗時，至不能給宿衛。此即募兵名存實亡之弊也。府兵既名存實亡，則四裔之侵擾，不得不重邊兵以制之，而安史之亂起，中葉以後藩鎮割據之局成矣。宋有天下，鑒於唐室之弊，集兵權於中央。禁兵百萬，悉隸三衙，傾天下之財以養之。此特易其統率號令之權，其屯聚不散，與唐等耳。其弊也，擁兵雖多，而不可一戰。財力既盡，國亦隨之。故無兵則有西晉之禍，屯兵太多，則有晚唐之亂，北宋之弊。民兵既亡，兵制之無一而可如此。

　　中國以兵民分離而弱，而斯時之異族，則正以兵民合一而强。案遼之兵，以部族爲主幹。史稱"契丹舊俗，其富以馬，其强以兵。縱馬於野，弛兵於民。有事而戰，弝騎介夫，卯命辰集；糗糧芻茭，道在是矣。"又述其部族軍之制，謂"勝兵甲者，即著軍籍。番居內地者，歲時田牧平莽間；邊防之戶，生生之資，仰給畜牧。績毛飲潼，以爲衣食。各安舊風，狃習勞事；不見紛華異物而遷，故能家給人足，戎備整完。卒之虎視四方。强朝弱附。部族實爲之爪牙"焉。金初用兵，亦出部族。史稱"金之初年，諸部之兵，無他徭役，壯者皆兵。平居則聽以佃漁射獵，習爲勞事；有警則下令部內及遣使詣諸道孛堇征兵。凡步騎之仗糗，皆取給焉。"又云："原其成功之速：俗本鷙勁，人多沈雄。兄弟子侄，才皆良將；部族餘伍，技皆銳兵。加之地狹産薄；無事苦耕，可給衣食；有事苦戰，可致俘獲。勞其筋骨，以能寒暑，征發調遣。事同一家,是故將勇而志一,兵精而力齊。一旦奮起,變弱爲強,以寡制衆,用是道也。"及其得志之後,盡遷猛安謀克戶於中原,既失其強武之風,而又不能如漢人之勤事生產。博弈飲酒,悉成遊民。南遷以後,遂至一敗塗地矣。元初之兵,大別爲二:一曰蒙古軍,其本部族人;一曰探馬赤軍,則諸部族人也。其制:民年十五以上,七十以下,盡隷兵籍。孩幼稍長,又籍之爲漸丁軍,亦通國皆兵之制也。迨入中原後,兵制漸變,而其強弱亦迥殊矣,夫金、元入主中國後,未嘗不令其民爲兵也,抑且欲長令其民爲兵,以制漢人也;然其強弱遂一變者,何哉?兵與民雜居,則已於民之外別有所謂兵;兵民相對立,已失其民兵之性質矣。此更徵之明清之事而可明者也。

　　元、明兩朝之兵制,大畧相承。元制:總親兵者曰五衛,外有百千戶府,官皆世襲。此明內立五都督府,外立衛所之所由來也。元制,兵皆有籍,其法極嚴。明制亦然。元世祖既定中國,命宗王將兵鎮邊徼襟喉之地。河、洛、山東,據天下心腹,則以蒙古及探馬赤軍戍焉。此亦明制全國遍設衛所之所由來。抑元以蒙古族入主中原,所猜防者爲漢人;明以漢人驅逐胡元,所嚴防者爲北族。故明人北邊設防之密,猶之元人中原駐兵之多也。明於北邊,設防最密。今之長城,殆皆明所造,讀《明史・兵志》可見。元人於兵器極講究,故其兵有以技名者,如砲手軍、弩軍、水手軍是也。明代亦然,征安南得火器,特立神機營以肄習之。終明之世,視火器最重。諸邊皆不多發。又禁在外製造,以防漏洩。末年與清交戰,且藉歐洲教士之力,以製大砲焉。其沿江、沿海諸衛,造船規制,亦極詳密也。元、明兩代兵制之相承如此,即清代兵制,亦多模仿元、明,清之用旗兵駐防,即元世祖分兵鎮戍之意;其綠營之規制,則沿襲自明者也。綜觀歷代兵制,統馭之詳,兵籍之嚴,設防之密,械器之飭,無如元、明、清者。夫統馭詳,則將帥無自專之患;兵籍嚴,則行伍無缺額之虞;設防密,則不慮猝然之變;械器飭,則常有可恃之資。宜乎元、明、清三代,可以兵出而常勝;即以無道行之,亦必爲天下之所畏矣。夷考其實,則大不然。統馭之制雖詳,不免於上下相蒙，初不能收指臂相使之效也。名籍之制雖嚴，不免於名實不符，而明世之句軍，且大為民厲也。鎮戍之制雖密，然元不足以戢羣盜，明不能以禦外侮，而清末武昌起義，戡定全國，不逾二時，尤非前古之所有也。而區區械器之末，更無論矣。夫無兵之失，易見也，東漢、西晉是也。有兵而屯聚於一處，其失亦易見也，晚唐、北宋是也。有兵矣，兵散佈於各處，而不易為一人所擅矣；且令其耕以自養，而無糜餉之患矣；然而名存實亡，其失猶易見也，唐之府兵是也。若明之衞所，可謂盡得唐府兵之善，且終始能維持之，未至於名存而實亡者，然而卒亦未見其利，而徒見其弊者，何哉？君子觀於此，而知民兵既亡，兵制無一而可也。

蓋民兵之善，在其民皆為兵，而民之外別無所謂兵者；而其能耕以自食，則尚其次焉者也。天下之事，喜新鮮而惡陳腐。新鮮，則兵家所謂朝氣者也，陳腐，則兵家所謂暮氣者也。朝氣暮氣，不獨決機兩陣之時有之，即平時亦然。使軍隊發生暮氣者，莫如屯聚而不散。夫事，大積焉則必菀，菀則百弊生焉。集若干人而名之曰兵，而使之久久屯聚，則菀之謂也。其弊也，就事務言之，則所謂軍營積弊者是也。就精神言之，則所謂軍營習氣者是也。軍營積弊者，如兵有其額而無其人；或雖有其人，而實未嘗加以訓練，與白徒等；糧餉器械之資，則為將校所刻扣，所中飽，以致百事廢弛，而將亦無以令其下是也。軍營習氣者，兵之自視，畫然不同於凡人，而又無救民衞國之意。夫自視不同於凡人，則有自怙其力之心，倉卒將至於不可使令，有不復與齊民齒之意，約束之力稍懈，將至於無所不為。無救民衞國之誠，則視戰事初非其責，遇敵之強者，將逗撓而不進，望風而自潰。兵而至於如此，則已不可用矣。而推原其故，則皆由屯聚之久為之。蓋世間無論何項弊竇，皆須經歷若干時日，乃能發生。軍營積弊，中於其事，將校必任事稍久，乃能得作弊方法，乃能相勾結以行之。軍營習氣，生於其心，亦必在屯聚稍久之後。凡人之初任一事也，必視其事為可樂，謂由此誠可以建立功名，而竭誠以赴之。及其任之既久，則厭倦之情生；厭倦之情生，則視其事無復意味；於是矜奮自強之心息，偷安求樂之念起；而種種不正當之事作，所謂習氣者成矣。然推原其朔，則皆由屯聚之久爲之。故善治兵者，當使其兵散而弗聚；且得時時更執他業，而不專於爲兵。散時多，聚時少，則一切弊竇不及生。得時時更執他業，則厭倦之情不萌，而習氣無由成也。此則非行民兵之制不可矣。世之致疑於民兵者，多謂其教練不如募兵之久，其技藝將不如募兵之精。然就已往之事觀之，則技之精，初不足償其氣之暮。自昔著名軍隊，往往其軍雖舊，其人則新。每戰之後，必加淘汰，即無戰事，亦必時時招取新兵，漸易其舊，非真恃數十年之老兵以赴敵也。美國參與歐戰，兵多臨時編成，而亦能制勝疆場，此即兵重氣而不重技之明驗矣。且戰鬥之技，必須在軍中教練者甚少。苟能獎率有方，寓軍令於內政，人人皆精兵之資格，未始不可於民間養成。而不然者，即終歲屯聚不散，亦未必其技之遂精也，向之募兵是也。

　　獨是欲行民兵，必須推之以漸；且須先試之於若干地方，而後可及於全國。蓋天下之事，由人民自辦者，必能名實相符，且亦無他弊竇。若以官力強迫，則往往名不副實，或且至於騷擾。以中國土地之大，五方風氣之不齊，各階級人好惡之互異，斷非一時所能驟變。此而不論實際，但立一法，藉手於官吏或地方之豪健以行之，人民初不知爲何事，絕無鼓舞奮發之心，徒以徵召誅求爲苦；將不見其利，而適以召禍矣。故創辦之先，宜擇一二處利於推行之地先行之。試舉其例。如東三省之民，積以胡匪爲苦，未嘗不欲團結以自衛也；當道者顧靳不給以槍枝，使盜賊有所資，而良民不能抗，甚無謂也。誠能因其所欲，加以獎勸，予之援助；則數年之後，人人皆嫻於技；稍加訓練，即可成軍。不獨匪盜可絕，即論外患，亦有猛虎在山之勢矣。又如江浙兩省，長江以南浙江以北之民，實脆弱不可用，而淮北浙東之民，勇健剽悍，一宜於海，一宜於陸，誠能因勢而利導之，其功亦必較勝強行之於民風脆弱之地者萬萬也。語曰：善者因之，此之謂也。而尤要者，則政府只可獎率倡導，而必不可操刀代斫。最好詳立計劃，凡當兵之技，除必須在軍營中教練者外，一切皆但懸其目，聽人民自習之，政府但加以考驗獎賞而已。萬勿遽立章制,藉手於官吏或地方豪健者以行之。待其懸格既久,人民之嫺於技者日多,乃就其地征兵,而以短期集而訓練之焉,此則無弊之術也。後世善言民兵之利者,莫如王荊公。荊公之於保甲,可謂推行極力。然其成效如何,則固無人敢言。民兵之制,元祐之後,固已廢壞,然即不壞,亦未必能復燕雲而禦女真,此則讀史者皆無異辭者也。然一觀當時人民所自爲之事,如河北弓箭社者,則其成效可謂卓著。此何哉?一出人民自爲,一由政府強迫也。蓋人民自爲之事,非其所願欲,則必誠有所不得已。故其所立約束,皆能必行,而事不至於有名無實也。近今凡百事務,恆覺其弊多利少,即由皆非人民自爲之故。凡事無益則有損,名實之間,不可不察也。

難者曰:民兵者,足以資守禦,而不利於攻戰者也。今之言非攻者,固亦未嘗謂守禦當廢。子之言,所主者,亦與時賢等耳;而又非非攻寢兵。何也?應之曰:吾之言,所以異於時賢者若有二:一則時賢持論偏者,幾謂用兵爲今日不得已之舉;若世界太平,則兵竟可以不用。吾則謂世界進化,止有彼善於此,無至善之可言,故謂將來之用兵,少於今日,可也;較今日爲文明,可也;謂兵竟可以不用,則不敢作此說。夫持論須顧情實,不可徒作高論以自慰。謂世界可以太平,人類可止於至善,皆屬自欺之談;徒使人狂蕩而失其所守。謂兵竟可以不用,亦此類也。又其一,則持論不可膠固。非攻主守,固亦自有其理,然亦不可執之太過。墨子之非攻,特就事實立論,謂如當時之所謂攻者則不可耳,非謂一涉於攻,即爲非理,前篇已言之,若執此二字爲天經地義,但以攻守爲是非之準,而其他一切不論,則又謬矣。此兩篇之作,所以使當世之人,知兵終不能盡去,現今世界,去去兵之日尤遠;然以兵不能去,遂尤中國之將亡,辦屬過計之誨。俾談國是者,知目前所當趨向之鵠也。

(原刊《天籟報》滬江大學建校二十週年紀念特刊,
一九二六年出版)

非攻寢兵平議

此篇爲前歲之作，《天籟》徵文姑以塞責而已，思勉自識。

中國固右文之國也。數千年來，學士之論議，廟堂所設施者，皆主以文德服人，不尚兵力。自五口通商以來，兵出屢北，外人之侵削我者，且日益深入。於是國人之議論，幡然一變。謂居今之世，非尚武無以自存。於是有清末之張皇練兵。夫居今之世，而欲與人戰，非徒有兵而已也。而當時一切作戰之具，皆闕焉不備。又其時所謂練兵者，上焉者則欲藉是攬權勢、飽囊橐；下焉者則苟圖衣食而已；本無哀矜惻怛、救民衛國之誠；故其兵卒不可用，然亦既聚若干人而授之以利器矣。有所壅必有所洩，遂成今日軍人跋扈之局。我國民身受其害，創巨痛深；又目擊夫歐洲大戰，殺人之多，靡財之巨，爲亙古所未聞也。於是輿論又翻然一變，而非攻寢兵之說大盛。夫所貴乎深識之士者，爲其能遠覽古今而不爲一時之事所眩惑也。昔之張脈僨興，謂非殺人無以自存者固非；今之頹然自放，幾欲舉兵而盡去之者，又寧遽是邪？然今之人好爲究極之論，徒語今日兵未可去，未足以服其心也。頃讀《東方雜志》威爾遜、濮蘭德辯論之辭二十卷二十四號，於兵之果可去否，頗爲探原之論。感念吾國先民所言，深切著明，有什伯於此者。不揣檮昧，粗理其緒，與留心時事及好談國故者一商榷焉。

吾國學術，備於先秦。先秦諸子中，陰陽家頗雜迷信之談，不周人事，姑措勿論；道家、名家皆徒言空理，不及實事；兵家、縱橫家僅效一節之用；其綜攬全局，且治制素具，可舉而措之者，惟儒、墨、法三家耳。法家醉心富强，欲一其民於農戰，以求勝敵，實與兵家言相表裏。至於兵之"當用與否"，"能去與否"，未嘗及也。其及此者，厥惟儒、墨二家。墨家非攻而重守禦，其書具存，其旨易考。儒家於兵，頗乏徹底之論。且儒家最重仁，又尚德化；而《論語》記子所慎齊、戰、疾；《郊特牲》又記孔子之言曰："我戰則克，祭則受福。"舊說以此爲孔子引成語，而下文"蓋得其道矣"爲孔子之詞，似非。六經大義，亟稱堯舜禪讓，又推崇湯武革命；似並不免矛盾之談，謂其足與墨家旗鼓相當，已足啓人疑竇；況崇儒而黜墨乎？然吾謂墨家之學，本出於儒。特以救時之急，別樹一幟。故其所謂非攻寢兵者，不過聊以澹當時干戈之禍，爲愚俗人言之。至於探本窮原，論兵之當用與否，能去與否，則墨家初無其義，其說反在儒家，而墨子亦不之背也。此說大與時流異，亦爲昔人所未道，不得不畧論之。

　　墨家宗旨，曰尚賢，曰尚同，曰兼愛，曰天志，曰非攻，曰節用，曰節葬，曰明鬼，曰非樂，曰非命，而以其所謂貴義者行之。今其書除各本篇外，《法儀》則論天志，《公輸》則論非攻，《七患》、《辭過》則論節用，《三辯》則論非樂；《耕柱》、《魯問》二篇，雜記墨子言行，其旨亦不外此。《經》上下，《經說》上下，《大小取》六篇，爲名家言，墨家所以持論。《備城門》以下諸篇，則兵家言，墨家守禦之術也。其《非儒》、《公孟》二篇，皆專辟儒家；而《修身》、《親士》、《當染》三篇，顧絕與儒家言類。論者因謂此三篇係後人以儒書竄入，非墨子所固有。予案《淮南要畧》謂"墨子學儒者之術，受孔子之業，以爲其禮煩擾而不悅，厚葬靡財而貧民，服傷生而害事，故背周道而用夏政"，其說極確。墨道之出於夏，予《辯梁任公〈陰陽五行說之來歷〉》，已極言之。至其學出於儒，則知者尤鮮。予謂墨子之非儒，特以與其宗旨不同者爲限，其餘則不但不相非，且多相合。何以言之？案今《墨子》書引《詩》、《書》之文最多。予昔嘗輯之。然但及其與今《詩》、《書》之文同，及確爲《詩》、《書》佚文者。至

《墨子》書與今文家經說同處，則未能編考，故猶未克成書。夫與《詩》、《書》本文同，猶可委爲同本於古。至與今文家經説同，則實爲墨出於儒之鐵證矣。諸家中最重古籍者，厥惟儒家。墨家非儒，雖謂累壽不能盡其學；然特爲不達其義，不能致用者言之；至於學以愈愚，則初不之廢。《貴義篇》："子墨子南遊使衛，關中載書甚多。弦唐子見而怪之，曰：夫子教公尚過曰：揣曲直而已。今夫子載書甚多，何有也？子墨子曰：昔者周公旦朝讀書百篇，夕見漆十士。……翟上無君上之事，下無耕農之難，安敢廢此？翟聞之：同歸之物，信有誤者，然而民聽不鈞，是以書多也。今若過之心者，數逆於精微，同歸之物，既已知其要矣，是以不教以書也。而子何怪焉？"可以爲證。墨家三表之法，即曰"上本之古聖王之事"，而安得廢書不讀哉？然則墨子所引《詩》、《書》之辭，可決其出於儒家矣。又《公孟篇》："子墨子與程子辯，稱於孔子。程子曰：非儒，何故稱於孔子也？子墨子曰：是亦當而不可易者也。今鳥聞熱旱之憂則高，魚聞熱旱之憂則下。當此，雖禹湯爲之謀，必不能易矣。鳥魚可謂愚矣，禹湯猶云因焉，今翟曾無稱於孔子乎？"此可見墨子於孔子之論，不盡相非。今案墨子非儒之論，除本篇外，又見於《耕柱》、《公孟》二篇。其所非者：儒家之喪服喪禮，以其違節葬之旨也；儒家親迎之禮，以其尊妻侔於父兄，違尚同之旨也；儒家執有命之論，以其違非命之旨也；非其貪飲食，惰作務，以與貴儉之旨背也；非其徒古其服及言；非其君子若鍾，擊之則鳴，不擊則不鳴之説，以其與貴義之旨背也；非其循而不作，以如是，則不敢輕變當代之法，與墨子背周道之旨不合也。非其勝不逐奔，掩函弗射，以其不如非攻之論之徹底也。此外詆毀孔子之詞，則不必皆出墨子之口。讀古子部與讀後世集部之書異。子者，一家之學；集者，一人之書。集之學術，不必專於一家；子之著述，亦不必出自一手；凡治此一家之學者，有所造述，皆并入焉。近人每以讀集之法讀子，子書中語，有非本人所應道者，即斷爲僞。殊不知有心作僞者，必留意彌縫，安肯存此罅隙，以待後人攻擊乎？墨子生卒年歲，今難確考，要必後孔子不遠。今其書詆孔子者，其辭多誣,即可知爲後學所附益。然則《修身》、《親士》、《當染》三篇之大同於儒,初不足怪矣。此墨學原出於儒,後亦不盡立異之徵也。

儒家論兵之語,今見於儒書中者,僅東鱗西爪之辭。其首尾完具者,轉存於雜家之《呂覽》及《淮南王書》中。《荀子》晚出,雖儒其貌,實法其心。其真僞,予頗疑之。見《辯梁任公〈陰陽五行説之來歷〉》。法家言固與兵家言相表裏,故《荀子•議兵篇》,亦殆皆兵家言。兵家言亦多與儒家同者;然儒家言兵,欲以行義;兵家言兵,欲以勝敵;其術同,而所以用其術者不同,故兵果當用與否,能去與否,兵家初不之及。此二家之所以異也。《荀子》此篇,雖崇仁義,然兵家言固無不本之仁義者。荀子難臨武君之辭,乃以兵家言之精者難兵家言之粗者,非以儒家難兵家也。今案《呂覽》編次,最爲整齊。其書凡分八覽、六論、十二紀,《呂覽》編次,當從《史記•呂不韋列傳》,以"覽"居首,"紀"居末。梁玉繩謂世稱《呂覽》,舉其居首者言之是也。《序意》在十二紀之後,尤其確證。畢沅誤解《禮運》鄭《注》,謂以十二紀居首,爲《春秋》所由名。其實鄭《注》並無此意。《四庫提要》謂劉知幾撰《史通》内外篇,《自序》亦在内篇之末。因疑"紀"爲内篇,"覽"與"論"爲外篇雜篇,尤非。古人著書,序無不在全書之後者。《呂覽》並無内外雜篇之名,何得援唐人著述,鑿空立説乎?此書首"覽",而"覽"首《有始》,從天地開闢説起,亦可見其條理之整齊也。一篇之中,義皆相貫。其於首節之下,别立標題者,蓋後人所爲,用便識别,非其書本然也。《呂覽》編次,最不可解者,則十二紀下所附諸篇,似乎與"紀"渺不相涉。然古代行政統於明堂;十二紀與《禮記•月令》、《淮南•時則訓》大同。《淮南》明言此爲明堂之制;故因述每月所行之政,並及行政之義也。如《孟春紀》下四篇;曰《本生》,曰《重己》,皆言養生之理。曰《貴公》,曰《去私》,義如其題。蓋天下之本在身,春爲生之始,故《孟春》、《仲春》、《季春》三紀,皆論養生修己之道;而人我相對,人君又以治人爲職,故又推及觀人用人之方也。又如《孟秋》、《仲秋》二紀,皆論用兵之事,而《季秋紀》下言《順民》、《知士》、《審己》、《精通》,亦似乎不類。然《順民》、《知士》,乃作戰之本;《審己》者慎戰之理;《精通》言聖人行德乎己,而四荒咸飭其仁,亦不戰屈人之意,義實相貫也。義既相貫,即毋庸另加標題。故自《漢•志》以下,皆作二十六篇。至《玉海》引王應麟,乃有百六十篇之説。而諸標題,又多不與書意合者。如《先識覽》之《悔過》,乃承上篇《知接》而言,上篇言知者所接遠,愚者所接近,就耳目言。此篇則推廣之,及於心智。與悔過義全無涉。因篇中引秦穆孟明之事,遂以悔過名篇,實不免於滅裂也。知必後人所爲矣。今其書除《孟秋》、《仲秋》二紀似兵家言,《慎大》、《先識》、《審分》、《審應》、《離俗》諸覽及《士容》論雜、名、法家言,《士容》論又多農家言外,餘皆儒、道二家之言。至《淮南王書》,則雖稱雜家，而道家言實居十七八，昔人久有論列矣。予案吾國學術界，有一公案，蒙昧千年，迄無人能發其覆者，則神仙家竊取儒、道二家公有之說，冒托於道，而世亦遂徒知其與道家有關係，舉其所竊之術，不敢認爲儒家所有，並因此於儒道二家之間，立一至嚴之界是也。九流之學，流異源同。此說甚長，當別論之。儒家言哲理之辭，蓋備於《易》。《易》之義，實與《老子》相出入。魏晉人談玄學，率以《易》、《老》并稱，即其一證。今文《易》至永嘉之亂乃亡。神仙家蓋起於燕、齊之間，因其地常有海市，乃生所謂仙人不死之說？夫冀不死者俗情；謂人可不死者，天下之至愚也。此本不足語於道術，而其說亦至易破。徒以當時之人，不知光綫屈折之理，目睹海氣變幻，遂信其說之不誣。說既盛行，則雖智者亦不能無惑。故齊威宣、燕昭王、秦始皇、漢武帝，皆一時雄主，猶甘心焉。《左氏》載齊景公問晏子："古而無死，其樂如何？"古無爲不死之說者，景公所稱，亦神仙家言也。此事亦見《韓詩外傳》。景公亦齊有爲之主也。然其術屢試無驗；至漢武喟然嘆曰：世安有神仙？而怪迂之王，阿諛苟合之技窮矣。魏、晉以後，乃挾其服餌之術，以遊士大夫間。夫既與士大夫遊，則不能不稍有哲理以自文。然神仙家固一無所有也。適會其時，《易》、《老》之學盛行，遂剽取焉以自塗附。河洛圖書之存於道家，即其證也。宋儒好以圖書言《易》，清儒力攻之。然所能言者，《圖》《書》原出道藏，在儒家無傳授之跡耳；如何與《易》說不合，不能舉也。方東樹說。此說頗中肯也。西諺云：算帳只怕數目字。圖數皆言數之物，果與《易》無關，何以能推之皆合，且又可以之演範乎？然則此物爲儒家所故有，特後爲神仙家所竊，昭然明矣。《漢·志》：《易》家有《淮南》《道訓》二篇。《注》："淮南王安，聘明易者九人，號九師說。"今《淮南王書》，引《易》之辭最多。其首篇《原道訓》，或即《漢志》所謂《道訓》者？篇中甚稱道之精微廣大，無所不包，正與《老子》符合。按《漢志》：雜家，《淮南內》二十一篇，《淮南外》三十三篇。本傳："招致賓客方術之士數千人，作爲《內書》二十一篇，《外書》甚衆。又有中篇八卷，言神仙黃白之術，亦二十餘萬言。"今所傳《淮南王書》，正二十一篇，其爲內篇，似無疑義。然高誘叙：謂"⋯⋯與蘇飛、李尚、左吳、田由、雷被、毛被、伍被、晉昌等八人，及諸儒大山、小山之徒，共講道德，總統仁義，而著此書。其旨近《老子》，淡泊無爲，蹈虛守靜，出入經道。言其大也，則燾天載地；說其細也，則淪於無垠，及古今治亂存亡禍福，世間詭異瓖奇之事。其義也著，其文也富，物事之類，無所不載。然其大較，歸之於道。號曰《鴻烈》。鴻，大也；烈，明也；以爲大明道之言也。故夫學者不論《淮南》，則不知大道之深也。是以先賢、通儒、述作之士，莫不援採以驗經傳。……光祿大夫劉向，校定撰具，名之《淮南》。又有十九篇者，謂之《淮南外篇》"云云。述外篇篇數，與《漢志》不合。《漢志》天文有"《淮南・雜子星》十九卷"，卷數與誘所述外篇篇數卻符。然置《漢志》外三十三篇不言，而指其《雜子星》爲外篇，似終未合。今《淮南・要畧》，兩稱著二十篇。蓋《要畧》爲全書自敘，未計入。《要畧》云："……言道而不言事，則無以與世浮沈；言事而不言道，則無以與化遊息。"又云："今專言道，則無不在焉。然而能得本知末者，其唯聖人也。今學者無聖人之才，而不爲詳說。則終身顛頓乎混溟之中，而不知覺寤乎昭明之術矣。"可知此書之意，全以道與事相對舉。頗疑《要畧》一篇，固可計入可不計入；《原道》一篇，亦與全書可合可分；合此二篇計之，共二十一篇；去此二篇，則所餘者適得十九篇也。高《注》久非故物，此序詞意錯亂，其遭後人竄改，更無疑義。頗疑此序中本有專指《原道訓》之詞，又有別論十九篇之語，本無內外篇之名，今皆爲後人所亂矣。《漢志》言安聘明易者九人。高叙大山、小山，雖不能知爲何人，然稱號相同，或亦如《書》之大小夏侯，《詩》之大小毛公。一家之學，本可作一人計，則合蘇飛等八人，適得九人矣。《漢志》稱二十一篇者，或《道訓》雖入《易》家，而仍存於內篇中；或本作二十篇，而後人妄加一字也。書闕有間，證據太乏；雖有此疑，未敢自信；姑識之，以俟海內之博聞君子。

然則儒道二家哲學之説，實無大異同。《呂覽》、《淮南》與其謂多道家言，無寧謂多儒家語矣。孔子經世之道，備於《春秋》。尊孔子者，莫如孟子，孟子之言曰："《春秋》無義戰，彼善於此，則有之矣。"可見義戰二字，爲孔子論兵宗旨。《呂覽・孟秋紀》論兵之辭，第一語即曰："古聖王有義兵而無有偃兵。"與孟子合。其餘論兵之語，亦多與孟子合者。而《淮南・兵畧》，又與《呂覽》之言大同。然則此二篇實儒家論兵之語，存於今最完具者，可無疑矣。《史記・秦本紀》莊襄王元年："大赦罪人，修先王功臣，施德，厚骨肉，而布惠於民。東周君與諸侯謀秦，秦使相國呂不韋誅之。盡入其國秦，不絕其祀。以陽人地賜周君，奉其祭祀。"此所行者，皆儒家之義也。《書大傳》："古者諸侯始受封，則有采地。……其後子孫雖有罪黜，其采地不黜，使其子孫賢者守，世世以祠其始受封之人，此之謂興滅國繼絕世。"不韋所行，即興滅國繼絕世之義也。不韋進身，誠不以正。然自非孔子，誰能盡合禮義？伊尹負俎，百里自鬻，王伯之佐，皆有之矣。古之大賈，本不學無術者所能爲。不韋能招致賓客，又能行其所聞如此。使秦終相之，或能布德行化，不致如後來李斯之所爲，以過剛而致摧折，未可知也。淮南王之反也。《漢書》述其原因曰:"其羣臣賓客,江淮間多輕薄,以屬王遷死感激安。"又述其事曰:"后荼,愛幸。生子遷。爲太子。取皇太后外孫修成君女爲太子妃。王謀爲反具,畏太子妃知而內洩事。乃與太子謀,令詐不愛,三月不同席。王陽怒太子,閉使與妃同內,終不近妃。妃求去,王乃上書謝,歸之。"及淮南孽孫建發太子欲殺漢中尉。漢使逮捕太子。王欲發兵,未決,而太子謂王曰:"羣臣可用者皆前係,今無足與舉事者。王以非時發,恐無功。臣願會逮。"即自刑不殊。觀其父子一心,深謀積歲,所行者,蓋亦《春秋》大復仇之義矣?以下引儒家論兵之語,皆此二篇之辭,不再分別。

儒、墨二家論兵之書既明,乃可進較其義之長短。今案墨子救世之誠,誠可佩仰,然其持論則實粗淺。彼蓋特爲愚俗人說法,故但就事實立言,探本窮源之論,非其所及也。《墨子》非攻之論見於本篇及《魯問》、《公輸》二篇。《公輸篇》所記之事,殆誕謾不足信。《非攻》上篇言攻國之不義;中篇言其不利;下篇則並謂其上不中天之利,中不中鬼之利,與《天志》、《明鬼》之說相關聯。《魯問篇》雜記墨子言行,多涉非攻者,其義亦不外此。墨翟而後,主寢兵者,莫如宋鈃,《莊子·天下篇》離墨翟與宋鈃而二之;《荀子·非十二子篇》則以二子并舉。今案《莊子》論宋鈃、尹文,謂其"禁攻寢兵,救世之戰。以此周行天下,上說下教,……强聒不捨"。則其道正與墨子同。其別之於墨翟、禽滑厘者,得毋以墨之道大,宋、尹尚有所不能該者邪?今難質言。要其道大同,則可信也。宋鈃者,即《孟子》之宋牼。《孟子》記其將說罷秦楚之兵,而曰:"我將言其不利。"說亦與墨子同,而又益之以寡欲。《荀子·天論篇》:謂"宋子有見於少,無見於多。"《解蔽篇》謂"宋子蔽於欲而不知得。"《正論篇》記其言曰:"明見侮之不辱,使人不鬥。"又曰:"子宋子曰:人之情慾寡,而皆以己之情爲欲多,是過也。故率其羣徒,辨其談說,明其譬稱,將使人知情慾之寡也。"《莊子》謂宋鈃、尹文:"不累於俗,不飾於物,不苟於人,不忮於衆;……人我之養,畢足而止。"蓋即謂此?《墨子》但言攻之不義不利,以抑人好鬥之念;宋子則兼言見侮本不爲辱,人情本不欲多,以絕其爭心之萌;其說蓋益進矣。然問以兵果當用否,能去與否,墨子無辭也,墨子後學亦無辭也。《非攻》下篇:或以禹征有苗,湯伐桀,武王伐紂難墨子,墨子乃曰："彼非所謂攻也,謂誅也。"攻與誅之異究若何,墨子未嘗及。推其意,用兵得如禹、湯、武,亦足矣;是仍與儒家義兵之旨無異也。且其言曰:"今若有能以義名立於天下,以德求諸侯者,天下之服,可立而待也。天下處攻伐久矣! ……今若有能信效先利天下諸侯者:大國之不義,則同憂之,大國攻小國,則同救之。小國之城郭不全也,必使修之;布粟之絕則委之;幣帛不足則共之。以此效大國,則小國之君説。人勞我佚,則我甲兵強。寬以惠,緩易急,民必移。易攻伐以治我國,攻必倍。量我師舉之費,以爭諸侯之獘,則必可得而序利焉。督以正,義其名,必務。寬吾衆,信吾師,以此授諸侯之師,則天下無敵矣。"此則仍是行義以強其國,以求勝敵耳。然則墨子之所非,不過當時之所謂攻國。至於兵,則墨子非謂其竟不可用,亦非謂其竟可不用,與今之所謂無抵抗者絕異。特以上説下教,皆爲愚俗人説法,故但就眼前事實立論耳。其後由非攻變爲偃兵,一若兵竟可以不用者,則墨家末學之流失,非墨子之説本然也。

儒家則不然,不徒對一時立言,而兼爲探本窮原之論。故於墨家偃兵之説,特加以詰難。其言曰:"兵之所自來者上矣,與始有民俱。兵也者,威也;威也者,力也。民之有威力,性也。性者,所受於天也,非人之所能爲也。"又曰:"兵未嘗少選不用,貴賤長少賢不肖相與同,有巨有微而已矣。察兵之微:在心而未發,兵也。疾視,兵也。作色,兵也。傲言,兵也。援推,兵也。連反,兵也。侈鬥,兵也。三軍攻戰,兵也。此八者皆兵也,微臣之爭也。今世之以偃兵疾説者,終身用兵而不自知。"又曰:"凡有血氣之屬:含牙帶角,前爪後距;有角者觸,有齒者噬,有毒者螫,有蹄者趹。喜而相戲,怒而相害,天之性也。"《史記‧律書》:"自含血戴角之獸,見犯則校,而況於人,懷好惡喜怒之氣? 喜則愛心生,怒則毒螫加,情性之理也。"與此義同。皆以兵之原,出於人之性而無可如何。蓋古之原兵,本有二説:(一) 本諸人有鬥爭之心,(二) 謂由養人之物之不給。由前之説,則《吕覽》、《淮南》所道是也。由後之説,則法家主之。法家以爭奪之禍,皆原於養之不給,故最嚴度量分界,荀子者，在儒家爲後起，受法家之熏染最深。《荀子》書予頗疑其僞，見前。即謂不僞，而陽儒陰法，亦必無可逃也。故其言亦如是，《漢書·刑法志》，取以爲論兵之辭。其言曰："夫人，……爪牙不足以供耆欲，趨走不足以避利害，無毛羽以禦寒暑，必將役物以爲養。……故不仁愛則不能羣，不能羣則不勝物，不勝物則養不足。羣而不足，爭心將作。"此數語之義，全出《荀子·王制、富國》兩篇；特《荀子》以之論政，《漢書》則以之原兵耳。夫人之生，不能無資於物；養生之物不足，不能無爭奪之禍；儒家非不知之。《兵畧訓》："人有衣食之情而物弗能足也，故羣居雜處，分不均，求不贍則爭。"亦兼及此義。然其論兵之原，終以爲在彼不在此，則取其所重者耳。不見世之爭訟者乎？行千金之賄，廢窮年之業，以爭尺寸之地，較錙銖之財。計其所費，蓋什伯於所求矣！然終不肯以彼易此。夫固曰：非以爭利，將以求勝耳。此老於世故者人人所能言也。又不見夫易姓革命之際乎？當勝朝之末，天下雖云貧窘，顧養欲給求之物，必遠富於興朝勘定之初，然叔世競起稱兵，新朝轉思休息者，分之均不均異，故人心之平不平殊也。夫事生於心，故欲除去一事者，必先將人之心念除去。歷代暴君肆虐，人民非不奮起逐之，然不轉瞬而復立一君。則人心立君之念未除也。富者侵陵以甚，貧民亦時起肆劫奪，然不轉瞬而復爲之役，則其心未知貧富階級之可去也。今兵爭之禍亦亟矣！世之求息爭者，不曰定憲法，則曰省自治；又不然，則欲合全國之握兵者，使之會議於一堂；更不然，則謂何不合兵大戰，以圖速決，而焉用是遲疑審慎爲？不知事原於心，其遲速緩急亦然。人人有相賊殺猜忌之心，斷非空文所能約束，會聚所能銷弭；人人有彎弓盤馬，徘徊持重之心，亦決非厭亂望治之情，所能促之速戰也。然則鬥爭之繫於人心亦大矣。今觀《墨子》，則其所斤斤計較者，皆在物質之末。殊不知天下非物質不足之爲患，有物質而不能用之之爲患。《論語》："齊景公問政於孔子。孔子對曰：君君，臣臣，父父，子子。景公曰：善哉！信如君不君，臣不臣，父不父，子不子，雖有粟，吾得而食諸？"《顔淵》。已於斯義，闡發無餘。故荀子亦駁墨子曰："不足非天下之公患,特墨子之私憂過計也。天地之生萬物也固有餘,天下之公患,亂傷之也。"職是故,儒家之言致泰平,不徒重制民之產,而必兼重禮樂。禮樂者,所以消人鬥爭之心者也。然禮樂果興,兵爭遂可永絶乎?是又不能。何者?爭之原,固出於人性而無如何,人之有其相賊殺之性,猶其有相愛好之心。故《淮南》原兵,必以喜而相戲,與怒而相害并舉。以今科學之理言之,則是蓄力有餘,欲消耗之耳。佛謂淫殺同原,理正如此。信如是也,欲偃兵,非並《墨子》所謂兼愛者去之不可矣。禮樂雖能調和人之情感於一時,初不能絶其本根。此理《淮南》已早言之。《精神訓》。至於人情遷移,則禮樂之具雖陳,而其情亦異。此老聃所以有"失道而後德,失德而後仁,失仁而後義,失義而後禮,失禮而後信"之論,而儒家雖隆禮樂,亦時有不可專恃之辭也。如《論語・陽貨》載"子曰:禮云禮云,玉帛云乎哉?樂云樂云,鐘鼓云乎哉"是。此等議論,儒家甚多,斷不能以道家之薄禮樂,儒家之重禮樂,謂其根本不同也。要之,是非善惡,永相對待。無善則惡之名無自生,無惡則善之名亦不立。人之情,誰不欲有善而無惡?然即此一念,則已有所謂善,而惡亦隨之而起矣。古之聖人,其好善豈不如人?然終不敢謂天下可有善無惡者,正以人之願欲爲一事,事之能否又爲一事,不得蔽於情感,而抹殺事實也。此其所以爲聖也。

抑人之有心,必發爲事而後見。心藏難喻,事顯易徵,但言人心之好爭,而不能就事以明之,猶未足以服人也。吾謂即就事論,兵亦不能盡去。何則?兵也者,威也;威也者,力也。人至出力以作一事,即係用兵。然則欲去兵,除非天下之事,悉無障礙於人,不待出力以除之而後可。然果能乎不能乎?夫宇宙之化,無一息而不變;而人之情,則恒欲得一常行之道以爲安。耕農者必爲卒歲之圖;築室者欲作終身之計;規治制者欲立一法,行之百年;治學問者,冀得真理,萬世不變,皆是物也,夫宇宙自然之化,無一息而不變,則一切有爲之法,才建立而已非。特積不久則弊不彰,人不能見耳。及其久而弊著,固不能不出力以除之。出力即用兵矣。《恃君覽》:"凡人:三百六十節、九竅、五臟、六腑。肌膚欲其比也,血脈欲其通也,筋骨欲其固也,心志欲其和也,精氣欲其行也,若此,則病無所居,而惡無由生矣。病之留,惡之生也,精氣鬱也,故水鬱則爲汗,樹鬱則爲蠹,草鬱則爲蕢。國亦有鬱。……國鬱處久,則百惡并起,而萬災叢至矣。"《吕覽》此論以鬱之原,歸之主德不通,民意不達。蓋亦規誨人主之辭,初非究極之論。若言其極,則事之不免於鬱,實人性之好常有以致之,以其與大化之遷流不息背也。然欲人無守常之情,固不可得。居室者終歲必掃除,操琴瑟不調甚者,必改弦而更張之。夫掃除更張,豈不甚勞?然欲免於是,則必不圖安居,不製琴瑟而後可。何則?圖安居則必有若干時不事掃除,製琴瑟則必有若干時不事改弦矣。而不事掃除,不事改弦,則終必至塵穢積而不調甚也。故宇宙之真相,終古在一開一闔,一張一弛之中。夫其遷流之狀,誠如環之無端。然但就一事言之,固可見其盛衰消長之跡。世間一切可名之事;方其肇始,如草木之有萌蘖焉,固甚微也。自此日躋於盛,至其盛之既極,乃復日即於衰。正如人之登山,由麓至巔,則步步上升;由巔至麓,復步步下降。而其登峰造極之頃,即其舉武下降之時。董子所謂"中者天地之大極,長短之隆,不得過中"也。事至極盛之時,即其鬱而將變之候;至其大衰之日,即爲掃除更張之時。兵戈之作,恒於斯也。然則就事言之,兵之不能盡去亦審矣。而推其原,則仍出於人性之本然也。

　　故儒家之於兵也,只求所以減殺其禍者,而不求其竟不用。兵之禍而減殺至極,則所謂義兵是矣。世多以一用兵即必爲禍,亦淺者之談。兵固有害;亦有其利,利害相消,而利猶見其有餘,固不能謂其無利也。今即就粗者言之。夫既曰義兵,則決無賊虐之舉。故其言曰:"兵入於敵之境,則民知所庇矣,黔首知不死矣。至於國邑之郊,不虐五穀,不掘墳墓,不伐樹木,不燒積聚,不焚室屋,不取六畜。得民虜,奉而題歸之,以彰好惡。故克其國,不及其民,獨誅所誅而已矣。"又曰:"兵誠義,以誅暴君而振苦民,民之説,若孝子之見慈親也,若饑者之見美食也;民之號呼而走之,若强弩之射於深溪也,若積大水而失其壅堤也。"此與《孟子》言"誅其君而弔其民,若時雨降,民大悦"之義合。且也,欲言義兵,必先得民心。故其言又曰:"夫爲地戰者,不能成其事;爲身戰者,不能立其助,舉事以爲人者衆助之,舉事以自爲者衆去之,衆之所助,雖弱必強;衆之所去,雖大必亡。"又曰:"同利相死,同情相成,同欲相助。順道而動,天下爲向;因民而慮,天下爲鬥。故善用兵者,用其自爲用也;不善用兵者,用其爲己用也。"又曰:"父子兄弟之寇,不可與鬥者,積恩先施也。故良將之用兵也,常以積德擊積怨,以積愛擊積憎。"此又與《孟子》"得道者多助,失道者寡助,多助之至,天下順之;寡助之至,親戚畔之","率其子弟,攻其父母,未有能濟"之義合。又兵而出於義,則其用之不得不慎。故惟無戰,戰則必勝。以其戰則必勝也,乃反可幾於不戰。故其言曰:"兵貴不可勝。不可勝在己,可勝在彼。聖人必在己者,不必在彼者。"又曰:"全兵先勝而後戰,敗兵先戰而後求勝。"又曰:"兵不必勝,不苟接刃;攻不必取,不爲苟發。"皆言乎用之之慎也。又曰:"古之至兵,才民未合,而威已諭矣,敵已服矣,豈必用枹鼓干戈哉?"又曰:"敵雖有險阻要塞,銛兵利械,心無敢據,意無敢處。"又曰:"大兵無創,與鬼神通。五兵不利,天下莫之敢當。建鼓不出庫,諸侯莫不慴悷沮膽其處。"又曰:"修政廟堂之上,而折衝千里之外,拱揖指撝,而天下響應,此用兵之上也。兩軍相當,鼓錞相望,未至兵交接刃,而敵人奔亡,此用兵之次也。白刃合,流矢接,涉血屬腸,輿死扶傷,流血千里,暴骸盈場,乃以決勝,此用兵之下也。"此言義兵之戰無不勝,而幾於不戰也。又與《孟子》言"吾於武成,取二三策而已矣,以至仁伐至不仁,而何其血之流杵也"義合。然則從儒家之言,兵之禍亦憯矣,然終不謂其竟可不用者,則以事實固不能然。夫事之發,不發於發之日,必有其所由兆,兵也者,非至兩軍相接之時,而後發焉者也。人類之惡業,積之已久,至於無可彌縫,乃爲是潰敗決裂云爾。此正如患癰疽者,人徒見其血肉崩潰,呼號宛轉,以爲天下之至慘;而不知其病之伏處者已久;至此而哀之,固爲所見之晚;抑不如是,其禍將有更烈於此者也。夫使社會之組織，平和安固，如人之四體既正，膚革充盈焉；持是以與兵爭較，兵爭誠慘毒矣。若其種種罪惡，陳陳相因；積重如山，疾苦如海。而猶責以蹈常習故，禁其除舊佈新。持是以與兵爭較，吾未知其慘毒之孰爲酷烈也。故曰："履霜之屬，寒於堅冰；未雨之鳥，戚於漂搖；痹痨之疾，殆於疽癰；將萎之花，慘於槁木。"夫兵者兇器，戰者危事，聖人寧不之知？然終不作去兵之論者，則以利害之數，隱曲難明，非逕直之辭，所可武斷也。故曰："有以饐死者，欲禁天下之食，悖；有以乘舟死者，欲禁天下之船，悖；有以用兵亡者，欲偃天下之兵，悖。"又曰："夫兵不可偃，譬之若水火然，善用之則爲福，不善用之則爲禍；若用藥者，得良藥則活人，得惡藥則殺人。義兵之爲天下良藥也亦大矣！"又曰："聖人之用兵也，若櫛髮耨苗，所去者少，而所利者多。"天下事有共相，亦有異相，安得蔽以一概之論哉。至於專以攻爲不義，説尤無以自完。夫誠能無兵則已，亦既不能，攻與守則何擇？豈不義者來攻我，我則可拒之；往伐之則必不可乎？設彼終不來伐我，我遂將坐視其肆行不義，而不之正乎？故儒家之論，不以攻不攻辨是非，而以義不義爲準的。所謂"兵苟義，攻伐亦可，救守亦可；兵不義，攻伐不可，救守不可"也。故曰："凡爲天下之民長也，慮莫如長有道而息無道，賞有義而罰不義。今世之學者，多非乎攻伐，非攻伐而取救守，則長有道而息無道之術不行矣。"此誠明辯之論也。或謂攻不攻顯而易別，義不義初無定評。儒家樹義雖精，然人人得自托於義以攻人，又孰從而正之？夫用兵亦多術矣。善戰者致人不致於人，果使天下皆以攻人爲非，守禦爲是；彼善用兵者，獨不能致人之攻，既享其名，又竊其利乎？善夫！莊生之言曰："爲之斗斛以量之，則并斗斛而竊之。爲之權衡以稱之，則并權衡而竊之，爲之符璽以信之，則并符璽而竊之。爲之仁義以矯之，則并仁義而竊之。"夫用兵則亦多術矣！而豈持一概之論者，所能禁圄哉？

要而言之：墨子救世之誠，誠可佩仰，然其持論則實粗淺。此不獨非攻然，其他議論，亦莫不然。所以至後世而其術遂絕者，半亦由此。以社會進化，已歷殷、周而至秦、漢，而彼仍持夏道故也。然必謂墨子見不及此，則又不然。彼蓋爲救世起見，上説下教，日强聒於王公大人，匹夫徒步之士之前，此等人固將曰卑之無甚高論；故抹殺一切深奧之談，但就粗淺之義立説也。夫讀書者貴知人論世，誠不得以此遽詆墨子；然若執二千年前不能自圓其説之論，更欲張之於今日，則又傎矣。墨子之學，亦非必前無所承。《左氏》載華元、向戌，皆嘗合晉、楚之成。墨子：或曰宋人，或曰宋大夫，縱不必信，亦必與宋有關係。墨子用夏政，夏道尚忠。華元爲羊斟所陷，及歸，仍以子之馬然，爲之掩飾；登子反之牀而告之以情，皆所謂忠也。以楚莊之强，圍之至於易子析骸而卒不克，其守禦之術，亦不可謂不功矣。得毋夏道固未絶於宋，而墨子實承其餘緒與？果然，則墨子《非攻》之説，或遠祖華元、向戌。夫華元、向戌之所爲，則亦不過欲合晉、楚之成，稍澹當日干戈之禍而已，固未必有究極之論也。

（原刊《天籟報》滬江大學建校二十週年紀念特刊，
一九二六年出版）

《秦代初平南越考》之商榷

國史中所記四裔之事,近人研究,往往借資於外人,如馮君承鈞所譯諸書是也。觀其所考證,誠有勝於吾儕所自爲者,蓋域外地理,外國史家恒較中國爲熟,一也;文字語言亦然,二也;他種科學,足爲研究之助者,彼亦多所通曉,三也;山岩屋壁之藏,以及掘地所得,彼所根據,實較吾儕爲多,四也;其考證多用科學方法,搜輯備而抉擇精,五也;然亦間有所短,如鄂盧梭之《秦代初平南越》考,據《淮南子》,定始皇之用兵南越,即在其初平六國之時,而不知淮南此文,全不足據,蓋古代文字用少,事多本於口傳,古人又輕事重言,於事實不求審諦,故其傳述,往往去事實甚遠。此固不獨淮南爲然。求若存若亡之事,於文獻無徵之年,此等材料,誠不能捨而不用,然其用之,則非十分謹慎不可,此則凡治古史者,皆不可以不知此義也。余於此事,舊有札記數則,所據材料,畧與鄂盧梭同,而其論斷,適與相反,今亦不復重作,即將原文比而錄之,以就正於史學家焉。

一

《秦始皇本紀》,"三十三年,發諸嘗逋亡人、贅婿、賈人,畧取陸梁地,爲桂林、象郡、南海,以適遣戍"。"三十四年,適治獄吏不直者,築長城及南越地。"《六國表》畧同。其所戍所築,皆即所畧取之地,非中國與陸梁間之通道也,而《集解》引徐廣曰:"五十萬人守五嶺。"疏矣。

徐廣之言,蓋本於《淮南子》。《淮南子·人間訓》曰:"秦皇利越之犀角、象齒、翡翠、珠璣,乃使尉屠睢發卒五十萬,爲五軍。一軍塞鐔城之嶺,一軍守九疑之塞,一軍處番禺之都,一軍守南野之界,一軍結餘干之水,三年不解甲弛弩,使監祿無以轉餉。又以卒鑿渠而通糧道,以與越人戰,殺西嘔君譯吁宋,而越人皆入叢薄中,與禽獸處,莫肯爲秦虜。相置桀駿以爲將。而夜攻秦人,大破之,殺尉屠睢。伏屍流血數十萬,乃發謫戍以備之。"案此事亦見淮南王《諫伐閩越書》,《漢書·嚴助傳》。而無發卒五十萬之語。《漢書·嚴安傳》載安上書,則謂秦使尉屠睢將樓船之士,南攻百越,既敗,乃使尉佗將卒以戍越,《淮南王傳》伍被諫王之辭,又謂秦使尉佗逾五嶺攻百越,尉佗知中國勞極,止王不來。今按尉佗本傳,佗在秦時,僅爲龍川令,及任囂病且死,召佗,被佗書,行南海尉事,佗乃因以自王,安得有將兵攻越戍越之事?更安得當秦始皇時,即止王不來乎?發卒與謫發大異,且畧地遺戍,同在一年,即適築亦在其明年,安得有所謂三年不解甲弛弩者乎?古載籍少,《史記》又非民間所有,稱說行事,率多傳聞不審之辭。淮南諫書,自言聞諸長老,明非信史。嚴安、伍被之辭,蓋亦其類,徐廣不察,率爾援據,且謬以淮南所言發卒之數,爲《史記》所云謫戍之數,亦疏矣。

淮南王諫伐閩越之辭曰:"不習南方地形者,多以越爲人衆兵強,能難邊城,淮南全國之時,多爲邊吏;臣窮聞之,與中國異。限以高山,人跡所絕,車道不通,天地所以隔內外也。其入中國,必下領水,領水之山峭峻,漂石破舟,不可以大船載食糧下也。越人欲爲變,必先田餘干界中,積食糧,乃入伐材治船,邊城守候誠謹,越人有入伐材者,輒收捕,焚其積粟,雖百越,奈邊城何。"此雖言閩越,南越亦無以異,即有喪敗,安用發大兵爲備乎?兵有利鈍,戰無百勝,當時用兵南越,天時地利皆非所宜,偏師喪敗,事所可有,然以大體言之,則三郡之開,闢地萬里,越人固未嘗敢以一矢相加遺,安用局促守五嶺乎?

使一敗而至於據嶺以守，則三郡之不屬秦久矣，何以陳勝既起，任囂猶能挈南海以授趙佗，而佗既行尉事，南海猶多秦吏，而待佗稍以法誅之邪？《陳餘傳》載武臣等說諸縣豪傑之辭，謂秦南有五嶺之戍，蓋漢通南越，嶺道有五，故爲此辭者云爾，非必武臣當時語本如此。《趙佗傳》言佗檄橫浦、陽山、湟溪絕道聚兵以守，則似秦與南越往來，惟有三道耳。

漢武帝之通夜郎也，拜唐蒙爲中郎將，將二千人，食重萬餘人。《史記‧西南夷傳》。王莽之擊益州也，發天水、隴西騎士，巴蜀犍爲吏民十萬人，轉輸者合二十萬。猶以軍糧前後不相及，致士卒饑疫三歲餘，死者數萬。見《漢書‧西南夷傳》。知當時南方道路艱阻，運餉者恒倍蓰於士卒。始皇若發五十萬人以攻越，疲於道路者，不將逾百萬乎？又淮南諫書，言"自漢初定已來，七十二年，吳越人相攻擊者，不可勝數"，而《史記‧東越列傳》載：閩越圍東甌，東甌告急天子，天子問太尉田蚡，蚡對亦曰："越人相攻擊固其常。"《漢書‧高帝紀》十一年詔亦曰："粵人之俗，好相攻擊"，知當時越人，尚分散爲衆小部落，此其所以有百越之稱也，安用發大兵攻之，彼亦豈能聚大兵來攻，而待發大兵以守乎？

秦所遣謫戍之數，雖不可考，然必不能甚多。故任囂告趙佗，謂頗有中國人相輔，而陸賈說佗，亦謂"王之衆數十萬，皆蠻夷也"。《史記‧陸賈列傳》。《漢書‧兩粵傳》載佗報文帝書，言"西有西甌，其衆半羸，南面稱王。東有閩粵，其衆數千人，亦稱王。西北有長沙，其半蠻夷，亦稱王"。羸當作嬴。《史記》作其西甌駱裸國。師古曰"嬴，謂劣弱也"。竟未一考《史記》，疏矣。"其衆數千人"，《史記》作"千人衆"，東甌之降也，其衆四萬餘。《史記‧漢興以來將相名臣表》，建元三年，東甌王廣武侯望率其屬四萬餘人來降，處廬江郡。閩越強於東甌，衆不得較東甌爲少，知佗於西甌、閩粵、長沙，皆以中國之衆，與蠻夷分別言之，陸生所謂衆數十萬者，必不包中國人矣。漢高帝之王尉佗也，詔曰："前時秦徙中縣之民南方三郡，使與百粵雜處，會天下誅秦，南海尉佗，居南方，長治之，甚有文理，中縣人以故不耗減。"《漢書‧高帝本紀》十一年。則佗自王后,中國人在南方者,初無所損;而陸生不之及者,其數微,不足計也。知秦時所謫,其數必不能多矣。

《史記》所謂築越地者,蓋謂築城郭宮室也。中縣民初至,必不能處深山林叢,其勢固不能不築宮室以居,城郭以守。然則秦人之徙中縣民,其意雖欲使與越雜處以化之,實仍自爲聚落,故其數不耗減易知也。長沙開闢最久,蓋猶不免焉,而閩越無論矣。故尉佗於此,並以中國人與蠻夷分言之也。

漢人引秦事以譏切當世者甚多,而皆莫如晁錯之審。錯之論守備邊塞也,曰:"臣聞秦時,北攻胡、貉,築塞河上;南攻揚粵,置戍卒焉。夫胡、貉之地,積陰之處也,木皮三寸。冰厚六尺,食肉而飲酪。其人密理,鳥獸毳毛,其性能寒。揚粵之地,少陰多陽,其人疏理,鳥獸希毛,其性能暑。秦之戍卒不能其水土,戍者死於邊,輸者僨於道,秦民見行,如往棄市,因以謫發之,名曰謫戍。先發吏有謫及贅婿、賈人,後以嘗有市籍者,又後以大父母、父母嘗有市籍者,後入閭,取其左。"此即《史記》所謂發諸嘗逋亡人、贅婿、賈人,適治獄吏不直者也。然錯之言曰:"臣聞古之徙遠方以實廣虛也,相其陰陽之和,嘗其水泉之味,審其土地之宜,觀其草木之饒,然後營邑立城,制里割宅,通田作之道,正阡陌之界。先爲築室,家有一堂二內。門戶之閉,置器物焉。民至有所居,作有所用,此民所以輕去故鄉,而勸之新邑也。"秦之徙民,其慮之雖不能如是之備,然其適築越地,蓋猶存此意焉。錯又言:人情非有匹敵,則不能久安其處,故亡夫若妻者,欲縣官買予之。今案伍被言,尉佗止王南越,使人上書,求女無夫家者三萬人,以爲士卒衣補,秦始皇帝可其萬五千人。被言不諦,説已見前,然傳聞之辭,雖不盡實,亦不能全屬子虛,果若所言,則秦之徙民,得古之遺意者多矣。其迫而徙之雖虐,而既徙之後,固未嘗不深慮之而力衞之也。此其所以三郡之地,能永爲中國之土歟。

當時居越中者,中國人雖少,而越人之數,則初非寡弱。尉佗報文帝書,自稱帶甲百萬有餘。今案《漢書·地理志》,漢所開九郡,除珠崖、儋耳外，其餘七郡，口數餘百三十萬，而珠崖、儋耳，戶亦二萬三千餘，見於《賈捐之傳》。然則百萬雖虛辭，而淮南王謂越甲卒不下數十萬。吳王濞遺諸侯書，謂"寡人素事南越三十餘年，其王君不辭分其卒以隨寡人，可得三十餘萬"。《史記·吳王濞列傳》。則非誇飾之語矣。唐蒙謂夜郎所有精兵，可得十餘萬，案《漢志》，犍爲郡口四十八萬九千，牂牁郡口十五萬三千，則其辭亦不虛。《史記·西南夷列傳》謂滇小邑，又謂滇王其衆數萬人。又《建元以來侯者年表》，"湘成侯監居翁，以南越桂林監。聞漢兵破番禺，諭甌駱兵四十餘萬降侯。"知南方文化程度雖低，生齒數實不弱，蓋由氣暖而地腴使然。秦所徙中縣民，區區介居其間，而能化之以漸，使即華風，而未嘗自同於劗髮文身之俗，亦可謂難矣。抑秦之所以使之者，固自有其道，而後人過秦之論，有不盡可信者歟。

二

《史記·南越尉佗列傳》："秦時已併天下，畧定揚越，置桂林、南海、象郡，以謫徙民，與越雜處十三歲。"《集解》引徐廣曰："秦併天下，至二世元年十三年，併天下八歲，乃平越地。至二世元年六年耳。"案此所謂畧定揚越者，乃指秦滅楚後平江南之地言之。即秦所置會稽郡地，而非桂林、南海、象郡之地也。《楚世家》及《六國表》，皆謂秦始皇二十三年，王翦擊破楚軍，殺項燕。二十四年，虜其王負芻。而《秦始皇本紀》則云：二十三年，王翦虜荊王，秦王遊至郢陳。荊將項燕立昌平君，爲荊王，反秦於淮南。二十四年，王翦、蒙武攻荊，破荊軍，昌平君死。項燕遂自殺。二十五年，王翦遂定荊江南地，降越君，置會稽郡。其記負芻之虜，早於《表》及《世家》一年。而立昌平君及定江南地事，則《表》及《世家》無之。今案表既記負芻於始皇二十四年見虜，而於二十五年，又云秦滅楚，蓋指昌平君之亡；而《王翦傳》亦謂翦殺項燕後歲餘，乃虜荆王，與《表》及《世家》合。則《秦本紀》之記事，實誤移上一年，如此，則王翦定江南地，降越君，當在二十六年，正秦併天下之歲。至二世元年，正十三年也。會稽與桂林、南海、象郡之置，雖相距八年，然兩者同爲揚越之地，事實相因，故史原其始而言之耳。

項燕之死，《項羽本紀》亦與《六國表》及《世家》同，而《始皇本紀》獨相違異，未知孰是。案軍中奏報，往往不實。竊疑《表》及《世家》，均沿戰後奏報之辭，當時謂燕已死，而不知其實生。《始皇本紀》獨記立昌平君事，乃遂刪此語也。至《項羽本紀》則因燕與翦戰敗而死，與爲翦所戮無異，乃遂粗言之。古人多如此。然昌平君之反，則固當確有其事，《表》及《世家》皆謂考烈王二十二年，徙都壽春，命曰郢。此即《本紀》秦王遊至郢陳之郢。《世家》云，王翦、蒙武遂破楚國，虜楚王，滅楚，名爲楚郡。楚國亦指壽春言之，蓋即其地以立郡治。《本紀》記江南之定，在昌平君死後一年。《王翦傳》亦云，竟平荆地爲郡縣，因南征百越之君。則知平荆地與征百越，自屬兩事。蓋虜負芻之時，秦人雖破壽春，兵力實尚僅及淮北也。然則昌平君所據，必爲淮南無疑。徐廣曰，淮一作江，作江者恐非矣。

《尉佗傳》云：「自尉佗初王后，五世，九十三歲而國亡焉。」初王，謂佗自立爲南越武王，別於漢十一年遣陸賈立佗爲南越王言之也。其時在高帝五年，距二世元年，又七年矣。

三

世之言越裳氏者，多以爲在今越南之地，此爲王莽所誤也。賈捐之棄珠崖之時曰：「武丁、成王，殷周之大仁也，然地東不過江、黃，西不過氐、羌，南不過蠻荆，北不過朔方。是以頌聲並作，視聽之類，咸樂其生，越裳氏重九譯而獻。以至乎秦，興兵遠攻，貪外虛內，務欲廣地，不慮其害，然其地南不過閩越，北不過太原。」《漢書》本傳。尋賈氏之言，越裳必尚較閩越爲近，若謂在今後印度半島，未免不近情理矣。

以越裳在今越南之地者，蓋本於《後漢書》。《後漢書·南蠻傳》曰："交阯之南，有越裳國。周公居攝六年，制禮作樂，天下和平。越裳以三象重譯而獻白雉。曰：道路悠遠，山川岨深，音使不通，故重譯而朝。成王以歸周公。公曰：德不加焉，則君子不饗其質，政不施焉，則君子不臣其人。吾何以獲此賜也？其使請曰：吾受命吾國之黃耇曰：久矣，天之無烈風雷雨，意者中國有聖人乎。有則盍往朝之。周公歸之於王。"《注》曰："事見《尚書大傳》。"古人引用，多不盡仍原文，此事散見古書甚多。陳恭甫《尚書大傳輯校》輯之甚備。《後書》而外，咸無"交阯之南"四字，知非伏生原文矣。《後漢書》上文曰："禮記稱南方曰蠻，雕題交阯，其俗男女同川而浴，故曰交阯。其西有啖人國，生首子，輒解而食之，謂之宜弟。味旨則以遺其君。君喜而賞其父。娶妻美，則讓其兄。今烏滸人是也。"引《禮記·王制》，雜以《注》文。其啖人之國，見《墨子·魯問篇》。辭句亦有異同，不知爲此辭者所據《墨子》與今本異，抑引用改易，然"今烏滸人也"六字，則必爲此辭者所加。"其西"二字，其必其所改，承上文"故曰交阯"言之也"交阯之南"四字，亦同一例。

《漢書·平帝紀》，元始元年，春，正月，越裳氏重譯獻白雉一，黑雉二。詔使三公以薦宗廟。羣臣奏言，大司馬莽功德比周公，賜號安漢公。及大師孔光等皆益封。此事亦見莽傳，但云"風益州令塞外蠻夷獻白雉"而已。知越裳之名，必莽妄被之也。《後漢書·光武紀》，建武十三年，日南徼外蠻夷獻白雉白兔。《章帝紀》元和元年，日南徼外蠻夷獻生犀白雉。亦皆無越裳之名。《論衡·恢國篇》亦云越裳，蓋東漢人已受其欺矣。

越裳之地，當不遠於魯，何也？曰：其事傅諸周公，一也；其所貢者爲白雉，而夏翟爲《禹貢》徐州之貢，二也；《周頌譜·正義》引《大傳》越裳作越常。陳恭甫謂舊本如此。竊疑《魯頌》"居常與許，復周公之宇"，常即越裳。越爲種族之名，常其邑名，以越冠裳，猶之《史記·楚世家》謂熊渠封少子爲越章王，而其地後亦稱故鄣耳。《左氏》越有常壽過，疑即此國人。《毛傳》謂常爲魯南鄙，其地當近海濱，故以無別風淮雨，佔中國之有聖人也。

"別風淮雨"見《文心雕龍》。陳恭甫疑彥和見誤本《大傳》，此恭甫誤也。別風即飀風，後人不知，乃易貝爲具。凡風皆有定向，惟別風不然，一若東南西北同時并作者。東與西相背，南與北相背，故曰別。名之曰具，義亦可通。但古無是語耳。《輯校》云："《御覽·天部》一本引作天之無烈風，東西南北來也。下六字當是注文誤入《傳》。"是矣，而不悟此六字正是別風之義。轉以彥和所見爲誤本，不亦千慮之一失乎？淮雨蓋彙雨之省，言雨四面而至，意與別風之東西南北來同也。

　　越裳，《漢書》之《注》引張晏曰："越不著衣裳，慕中國化，遣譯來，著衣裳，故曰越裳也"，附會可笑。師古曰："王充《論衡》作越嘗。此則不作衣裳之字明矣。"《魯頌》鄭《箋》云："常或作嘗。在薛之旁。六國時，齊有孟嘗君，邑於薛。"鄭《箋》果是，則其地距魯甚近；而《御覽》引《大傳》云重譯。《文選》應吉甫詩《注》引作重三譯。王元長文《注》引作重九譯，賈捐之亦云九譯，則仲任所謂語增者耳。抑三與九亦但言其多，非如後世文字之必爲實數，不能因此遂斷爲遠國也。

四

　　《史記·南越尉佗列傳》："秦時已併天下，畧定揚越。"《漢書》"揚越"作"揚粵"。《集解》引張晏曰："揚州之南越也。"顏師古亦曰："揚州之分，故曰揚粵。"案此恐非也。《楚世家》云："熊渠甚得江漢間民和，乃興兵伐庸、揚粵，至於鄂。"《索隱》云："有本作揚雩，音吁，地名也，今音越。譙周作揚越。"案雩、吁、粵同從於聲。古粵越恆相假借。《方言》曰："揚，雙也。燕、代、朝鮮、洌水之間曰盰，或謂之揚。"《釋言》曰："越，揚也。"《禮記·聘義》鄭《注》同，叩之其聲清越以揚句《注》。《樂記》《注》則曰揚越也。非謂黃鍾大呂弦歌干揚也句《注》。然則揚越仍係一語。重言之，乃所以博異語，猶華、夏本一語，而連言之耳。博異語見《禮記·內則》。"刲之刳之"《注》。不特此也，即吳、越二字，亦係一音之轉。吳，大也。《方言》十三。於，亦大也。《方言》一。《淮南子·原道》"於越生葛絺"。《注》"於，吳也"。《荀子·勸學》"於越夷貉之子"。《注》"於越，猶言吳越。"然則吳之與越，於越之於揚越，亦皆同言異字耳。《公羊》定公五年，"於越者，未能以其名通也；越者，能以其名通也"。《解詁》曰："越人自名於越，君子名之曰越。"蓋諸夏之與蠻夷，有單呼累呼之別耳。

又不特吳越也，即吳、虞亦為一字。周之封虞仲與周章，非有二號，故《史記》分別言之曰："自大伯作吳，五世而武王克殷，封其後為二，其一虞，在中國，其一吳，在蠻夷。十二世而晉滅中國之虞，中國之虞滅二世，而蠻夷之吳興。"此中虞、吳字，非并作虞，則并作吳，故須分別言之。若如今本，字形既有別異，尚何必如此措辭哉？《詩經·絲衣》"不吳不敖"，《史記·武帝本紀》引作"不虞不驁"。越字在古為民族之名。大伯、仲雍之居南方，蓋即其所治之民以為號，而封之者因之。既以之封周章，則又變為國名，故其支派之受封於北方者，雖所君臨者非越民，而亦以吳為號也。

《漢書·地理志》："大伯初封荊蠻，荊蠻歸之，號曰句吳。大伯卒，仲雍立，至曾孫周章，而武王克殷，因而封之。又封周章弟中於河北，是為北吳。後世謂之虞。"案《吳越春秋》，虞仲作吳仲。《公羊》定公四年，晉士鞅、衛孔固帥師伐鮮虞。《釋文》：虞本作吳。《尚書大傳》曰："西方者，鮮方也。"《詩·瓠葉》"有兔斯首"。鄭《箋》曰："斯，白也。今俗語斯白之字作鮮，齊魯之間聲近斯。"然則西方之名，原於鮮白。鮮、西一字，鮮虞猶言西吳，疑本虞仲之後，為晉所滅，支庶播遷，君臨白狄者，故《世本》謂鮮虞為姬姓也。中山武公初立，事在趙獻侯十年。見《趙世家》及《六國表》。其時入戰國已久，然《春秋》昭公十二年，晉伐鮮虞志，谷皆責其伐同姓，則鮮虞之為姬姓舊矣。非以武公立也。武公，徐廣曰：定王之孫也。西周桓公之子。《索隱》以《世本》不言，疑為無據。然徐廣於此，不得鑿空，蓋自有所據，而小司馬時已無考耳。竊疑西吳之胤，或先此而絕，而西周公之後，入承其緒也。

孟子曰："舜生於諸馮，遷於負夏，卒於鳴條，東夷之人也。"而《史記·五帝本紀》曰："舜冀州之人。"下文"舜耕歷山，漁雷澤，陶河濱，作什器於壽丘,就時於負夏",無一爲冀州之地者,竊疑此處遭後人竄亂,非《史記》原文也。《正義》云:越州餘姚縣。顧野王云:舜後支庶所封,舜姚姓,故曰餘姚。縣西七十里,有漢上虞故縣。《會稽舊記》云:舜,上虞人。去虞三十里有姚丘,即舜所生也。周處《風土記》云:"舜東夷之人,生姚丘。"《孝經援神契》云:"舜生於姚墟。"緯侯之言,當有古據;漢世縣名,亦必非無因。竊疑歷山即湯放桀之處,與鳴條地正相近。說者或云在河東,或云在濮州,或云在嬀州,均無當也。有虞氏之虞,亦即吳耳。《墨子·尚賢上》:"古者堯舉舜於服澤之陽。"孫仲容《閒詁》曰:"服澤,疑即負夏。"案孫說近之。然則負夏亦澤名,鄭云衛地恐非是。

　　名有原同而流異者。夷裔、華夏、虞吳、揚越,皆是也。揚越既爲一語,則揚州猶言越州,亦以民族之名爲州名耳。然既爲州名,即自有其疆理,不得謂越人所居之處,皆可稱爲揚州。《禹貢》所載,蓋實東周時境域,然猶不及今閩廣。故知以《南越傳》之揚越爲取義於揚州者必非。《貨殖列傳》曰:"合肥受南北潮,皮革鮑木輸會也。與閩中、於越雜俗。九疑、蒼梧以南至儋耳,與江南大同俗,而揚越多焉。"此揚越與於越,各有地分,截然不可相溷。蓋其語原雖同,而自春秋以後,於越遂爲封於會稽之越之專稱耳。《自序》:"漢既平中國,而佗能集揚越,以保南藩,納貢職",亦以揚越言之,不曰於越。按其地分,似自《禹貢》荆州而南者,皆稱揚越,而在揚州分者,顧不然也。

(原刊《國學論衡》第四期,一九三四年十一月出版)

論荆軻

《史記》云：曹沫"以勇力事魯莊公。莊公好力。"記其盟齊桓於柯事，與《公羊》畧同。《國策》亦作曹沫《穀梁》作曹劌。《左氏》於柯之盟，不記魯劫盟事。而長勺之戰，記劌之謀，與持匕首以劫人者，殊不相類。故有疑沫與劌非一人者。然《呂覽・貴信》記劫齊桓事，與《公羊》大同，而亦作曹劌，則沫、劌確係一人。予謂史公所傳刺客，皆非椎埋之流，觀於荆卿而可知也。

《史記》言荆卿好擊劍，亦言其好讀書。又云："其爲人沈深好書，其所遊諸侯，盡與其賢豪長者相結。"而甞"以術説衛元君"。則遊士挾道術者也。蓋聶目攝，去不敢留；句踐怒叱，默而逃去；絕非不膚撓不目逃之流。其所善田光，鞠武稱其智深勇沈。高漸離，燕亡，變姓名爲人庸保，久之乃出，目已矐而猶思報秦，皆非逞血氣之勇者。田光度形已不逮，則自殺以激荆卿，尤能善用其勇之徵也。不徒田光、高漸離也，太子丹以見陵之怨，欲批秦王之逆鱗，則鞠武止之；不忍於樊於期，則武以爲不當結一人之交，不顧國家之大害；欲西約三晉，南連齊楚，北媾於單于，以爲後圖。其老謀深算又何如？太子丹雖曰："太傅之計，曠日彌久，心惛然恐不能須臾。"然其告荆軻曰："今計舉國不足以當秦，諸侯服秦，莫敢合從。丹之私計，以爲誠得天下之勇士使於秦，闕以重利；秦王貪，其勢必得所願矣。誠得劫秦王，使悉反諸侯侵地，若曹沫之與齊桓公，則大善矣；則不可，因而刺殺之，彼秦大將擅兵於外，而内有亂，則君臣相疑，以其間，諸侯得合從，其破秦必矣。"亦非徒奮短兵以求快意者。知《史記》云：丹以秦王遇之不善，乃怨而亡歸，歸而求報者，爲淺之乎測丈夫矣。荆軻既受命，必得樊於期首及督亢地圖；既得之，又欲待其客與俱；其愼重亦可想見。《史記》載魯句踐之言曰："嗟乎，惜哉！其不講於刺劍之術也！"《鹽鐵論》亦曰："荆軻懷數年之謀，而事不就者，尺八匕首，不足恃也。秦王操於不意，列斷賁育者，介七尺之利也。"似乎行刺之不成，技與器皆不無遺憾，亦非得實之言。荆軻固云："事所以不成者，以欲生劫之，必得約契以報太子也。"否則以軻之勇，輔之以秦舞陽，豈不足以劫秦政？夫諸侯之爲秦弱舊矣，合從之無成亦屢矣。即使當時列國有報秦之志，堅相約結，亦不敢必其有成，況於冀秦之君臣相疑，而於其間馳使以謀合從乎？喪君有君，事在旦夕，合謀結約，非經年累月不能成；成而能堅，堅而有勝與否，猶不可必。夫以秦之暴戾，太子豈不知其食言易如反手，顧望其爲齊桓公乎？抑秦之臣，豈有如管仲者哉？顧以爲刺殺之不如劫之使反諸侯侵地者，固知燕之君臣，處勢窮力竭時，未嘗不深量於彼我之間也。而軻之必欲生劫秦王，其意亦從可知矣。夫豈椎埋者流哉。推此言之，專諸、聶政所以剚刃於敵人之腹者，非寡慮也，其志固在於殺之也；荆軻必欲生劫其敵，以至於敗，非失計也，其志固不在於殺之也。孟子曰："禹、稷、顏子，易地則皆然。"吾於曹、荆、專、聶亦云。成而爲曹沫，不成而爲荆軻，則其所遭直者不同，而非其人有智愚勇怯之異也。若以成敗爲優劣，則尤淺之乎測丈夫矣。

  人雖至殘，肯自殺其子者卒罕。燕王之奔遼東，雖愚夫，亦能數日而知死處矣。必非殺太子丹而獻其頭，可以幸免，亦愚夫知之矣。丹所不忍於樊於期者，而其父竟忍於丹，又狂夫猜之矣。公子嘉能以代存趙於既亡之後，度亦賢公子也，豈勸人以不仁不知之事哉？乃嘉以是勸燕王，而燕王亦竟從之，何也？豈丹亦慷慨引決如樊於期，而嘉與燕王亦含垢忍恥，將別有所圖乎？秦燒天下《詩》《書》，諸侯史記尤甚，爲其有所刺譏也。遼東遺事，誰復知之？所傳之至今者，則其文畧不具之《秦記》耳。然則仁人志士，賫志九原，而其行事不白於後世者衆矣。

以秦舞陽之勇，年十三，殺人，人不敢忤視，而奉圖至陛，至於色變，彼豈有所愛於身哉？誠以所繫者重，慮其無成也。聶政言"多人不能無生得失，生得失則語洩。"所慮者亦在此。然則臨事而泰然，泰山崩於前而色不變者，不徒不愛其身，並無所顧慮於事之成敗矣。孟子曰："君子創業垂統，爲可繼也。若夫成功，則天也。君如彼何哉？強爲善而已矣！"《孟子·梁惠王》。君子亦爲其所得爲者而已矣，成敗利鈍，非所計也。其成也歟哉，天也，吾不貪天之功。其敗也歟哉？亦天也，吾無所怨於命。故曰："道之將行也與？命也；道之將廢也與？命也。公伯寮其如命何？"《論語·憲問》。此則所謂浩然之氣矣。其所行者，雖若一人之敵，其志則三軍可奪帥，而此不可奪也。其所行，若行險以徼幸，推其心，則居易以俟命也。夫是之謂大勇。

（原刊《光華大學半月刊》第二卷第二期，一九三五年一月出版
原題爲《荆卿燕丹》）

論李斯

蘇子瞻以李斯之亂天下,蔽罪於荀卿。姚姬傳又謂斯未嘗以其學事秦。蘇氏之意,蓋深疾夫高談異論者,而以是諷之;姚氏之言,則爲委曲變化,以從世好者發,意皆不在古人也。若但就其言而揚榷之,則姚氏之論,較近情實。

李斯學於荀卿,史公謂其"知六藝之歸"。其行事,則《史記》本傳敘述最得其要。《史記》言始皇聽斯計:"陰遣謀士,賫持金玉,以遊說諸侯。諸侯名士,可下以財者,厚遺結之;不肯者利劍刺之;離其君臣之計,秦王乃使良將隨其後。"此其併天下之功也。併天下之後,斯爲丞相,事之犖犖大者,蓋有八端:夷郡縣城一,銷兵刃二,廢封建三,去詩書四,同文書五,治離宮別館六,巡守七,攘四夷八也。斯之説秦王曰:"今諸侯服秦,譬若郡縣,夫以秦之强,大王之賢,由竈上騷除,足以滅諸侯,成帝業,爲天下一統,此萬世之一時也。今怠而不急就,諸侯復强,相聚約從,雖有黄帝之賢,不能并也。"一統蓋斯之素志,一統固儒家之義也。夷郡縣城,銷兵刃,廢封建,同文書,皆所以成一統,即與儒家之旨不背。去《詩》《書》百家語,若甚相背,實所以復三代政教相合、官師不分之舊。巡守所以鎮撫四方,攘夷狄亦所以安中國。所最不可解者爲營宫室。然王者當備制度,亦儒家所不廢。始皇特失之侈,此或始皇所自爲。至大營驪山,復作阿房,則趙高實爲之,斯且嘗進諫矣。然則秦之暴,斯固不能無罪,亦當薄乎云爾。視斯爲助桀爲虐之流,則過矣。斯從獄中上書曰:"臣爲丞相,治民三十餘年矣,逮秦地之狹隘。先王之時，秦地不過千里，兵數十萬，臣盡薄材，謹奉法令，陰行謀臣，資之金玉，使遊說諸侯；陰修甲兵，飾政教，官鬥士，尊功臣，盛其爵禄，故終以脅韓弱魏，破燕、趙，夷齊、楚，卒兼六國，虜其王，立爲天子，罪一矣。地非不廣，又北逐胡貉，南定百越，以見秦之強，罪二矣。尊大臣，盛其爵位，以固其親，罪三矣。立社稷，修宗廟，以明主之賢，罪四矣。更剋畫，平斗斛度量文章，佈之天下，以樹秦之名，罪五矣。治馳道，興遊觀，以見主之得意，罪六矣。緩刑罰，薄賦斂，以遂主得衆之心，萬民戴主，死而不忘，罪七矣。"其所謂罪一者，即秦取天下之事；二即攘四夷；三、四《史記》未之及；五爲同文書之類；六即治離宮別館也。趙高之譎李斯也，曰："關東羣盜多，今上急發繇，治阿房宮，聚狗馬無用之物，臣欲諫，爲位賤，此真君侯之事，君何不見？"李斯曰："固也，吾欲言之久矣。今時上不坐朝廷，上居深宮，吾有所言者，不可傳也。欲見無間。"於是趙高許爲李斯侯二世，而斯與去疾、劫卒以此死。斯居囹圄，猶曰："凡古聖王飲食有節，車器有數，宮室有度，出令造事，加費而無益於民利者禁，故能長久治安。今大爲宮室，厚賦天下，不愛其費，吾必見寇至咸陽，麋鹿遊於朝也。"可見斯治宮室，不過以備制度，而奢泰非其本心矣。秦之酷，實不如後世所言之甚。且六國之時，所以用其民者，曷嘗不極其力，特史不盡傳耳。秦之刑罰，雖較後世爲急，賦斂雖較後世爲重，安知較之六國，不見其緩且薄哉？況於秦之所行，非皆斯之意乎？《史記》云："人皆以斯極忠而被五刑死。"鄒陽上梁王書亦曰："李斯竭忠，胡亥極刑。"固非無由也。李由告歸咸陽，李斯置酒於家，百官長皆前爲壽，門廷車騎以千數。李斯喟然而嘆曰：嗟乎！吾聞之荀卿曰："物禁太盛。夫斯乃上蔡布衣，閭巷之黔首，上不知其駑下，遂擢至此。當今人臣之位，無居臣上者，可謂富貴極矣。物極則衰，吾未知所稅駕也。"惓惓不忘其師之言，至與中子俱執，要斬咸陽市，顧其子曰："吾欲與若復牽黃犬俱出上蔡東門逐狡兔，豈可得乎？"蓋其微時，嘗有是事。猶斯旨也。故斯生平學術，實未有以大異乎荀卿。古者學有專門，誦習之書少，而其體驗也深。先入之言，有終身不忘者，勢使然也。其論督責一書，專欲明申、韓之術，修商君之法，乃爲阿意求容，二世責斯之說，蓋皆趙高之言。高以此責斯，蓋正觀其能曲從與否，斯乃棄所學而阿之也。以此疑斯之學術，則又過矣。

斯之被禍，全誤於全軀保禄位之私。儒家之道，難進而易退，捨生而取義，而斯之辭荀卿也，曰："詬莫大於卑賤，而悲莫甚於窮困。久處卑賤之位，困苦之地，非世而惡利，自托於無爲，此非士之情也。"

其夙志如此。趙高賤人,學亦必出斯下,何足動斯;然斯竟爲所誑者,則長子"即位,必用蒙恬爲丞相,君侯終不懷通侯之印歸於鄉里"。"君聽臣之計,即長有封侯,世世稱孤,必有喬松之壽,孔墨之智。今釋此不從,禍及子孫"等語,有以動其心耳。斯非不知忠臣孝子之義,而曰:"嗟乎!獨遭亂世,既以不能死,安托命哉!"遂卒聽高,則非高之能誤斯,而斯自誤也。好生惡死,人之恒情,人亦孰不欲富貴,然求生而適以得死,求富貴而適以召危亡,以斯之智而猶如此,而安於義命,亦不必常得死與貧賤也。故知死亡貧苦,不以避而免,富貴老壽,不以求而得,君子所以浩然安於義命也。

(原刊《光華大學半月刊》第二卷第三期,一九三五年二月出版)

論秦二世

秦之亡也，二世有罪焉爾乎？抑亦勢已處於無可如何，而不足爲二世咎乎？曰：二世，昏愚之主也。秦之亡，固勢處必然。二世即賢明，亦終不可免。然無二世，其亡必不若是其速也。《始皇本紀》："二世皇帝元年，年二十一。"其後別出《秦紀》，則曰"二世生十二年而立。"統觀二世所爲，固不似年長之人，亦不似成童之子。二世逾年改元，立時正二十歲。"十二"二字，蓋二十之倒誤也？

二世之昏愚，有可見者數事。趙高之謀害李斯也，謂斯曰："關東羣盜多，今上急發繇治阿房宮，聚狗馬無用之物，此真君侯之事，君何不見？李斯曰：固也，吾欲言之久矣。今時上不坐朝廷，吾有所言者，不可傳也。欲見無間。"高乃曰："君誠能諫，請爲君侯上間語君。"於是待二世方燕樂，使告丞相，上方間，可奏事。丞相至宮門上謁，如此者三，二世怒曰："吾嘗多閑日，丞相不來，吾方燕私，丞相輒來請事，丞相豈少我哉？且固我哉？"此純然童騃耽於逸樂，不能自克之情。獨不知己方燕私，丞相何以輒知之乎？真所謂猶有童心者矣，一也。二世既怒李斯，趙高乃乘間進讒，謂"丞相長男李由爲三川守，楚盜陳勝等皆丞相傍縣之子，以故楚盜公行，過三川，城守不肯擊。高聞其文書相往來"云云。夫斯之在秦，富貴極矣。當時遊士，惟富貴之求，而不復知有鄉里舊矣。趙高之言，其爲誣罔，顯而易見。而二世竟不能察，二也。斯之短高也，二世恐斯殺之，乃私告高。證以漢文帝與申屠嘉、鄧通之事，可見當時相權之重，即可見當時相位之尊。

使宦者案丞相，乃當時必不容有之事，而二世竟以斯屬高。斯從獄中上書，高使吏棄去不奏，又使其客詐爲御史謁者侍中，更往覆訊斯，此在後世君權積重之世，固不足怪。其在當時，真乃非常之事。二世亦絕不能察，顧曰："微趙君，幾爲丞相所賣。"及斯死，竟拜高爲丞相。閹人弄權，前此或有之。與士大夫齒者，曾有之乎？及竟使之總攬百揆，是全不知有故事也。二世嘗從趙高學斷獄矣，試問所學何事，三也。扶蘇既死，二世與蒙恬安能相容？有兵力可畏者蒙恬，非扶蘇也。而二世聞扶蘇死，即欲釋恬，是直未知何者爲憂患，豈獨慮患之疏而已？四也。《本紀》云：二世夢白虎囓殺其左驂馬，卜曰："涇水爲祟。"二世乃齋於望夷宮，欲祠涇，沈四白馬。《李斯傳》云："高自知權重，乃獻鹿，謂之馬。二世問左右：此乃鹿也？左右皆曰：馬也。二世驚，自以爲惑，乃召太卜令封之。太卜曰：陛下春秋郊祀，奉宗廟鬼神，齋戒不明，故至於此。可依盛德而明齋戒。於是乃入上林齋戒，日遊弋獵。有人行入上林中，二世自射殺之。趙高教其女婿咸陽令閻樂劾不知何人賊殺人移上林。高乃諫二世曰：天子無故賊殺不辜人，此上帝之禁也，鬼神不享，天且降殃，當遠避宮以禳之。二世乃出居望夷之宮。"二說未知孰是？要之不離乎禨祥巫祝者近是。二世之死，《斯傳》謂"趙高詐詔衛士，令士皆素服，持兵内鄉，入告二世曰：山東羣盜兵大至。二世上觀而見之，恐懼。高即因劫令自殺"。《本紀》則云："使郞中令徐廣曰：一云郞中令趙成。案成，高之弟。爲内應。詐爲有大賊，令樂召吏發卒追劫，二世自殺。"蓋皆居望夷宮使然，五也。斯之短高也，二世曰："朕少失先人，無所識知，不習治民，而君又老，朕非屬趙君，當誰任哉？且趙君爲人，精廉強力，下知人情，上能適朕，君其勿疑！"其不識不知，惟高是賴之情形如見。高之惑二世，蓋全以逸樂中其心，故其責李斯曰："吾願肆志廣樂，長享天下而無害，爲之奈何？"有此一念，乃不得不殘殺能與己抗者，高乃教之嚴法刻刑，令有罪者相坐，滅大臣而遠骨肉。貧者富之，賤者貴之，盡除先帝故臣，更置己所親信。而高得藉以立威。有此一念，乃慮人窺見其短長，高乃教以天子稱朕，固不聞聲，錮之禁中，而高得藉以擅權。有此一念，乃得導之以泰侈，而作阿房，治馳道，外撫四夷，一切并起，賦役不得不益重，刑罪不得不愈酷矣。不惟此也，殺機一動，則雖無害於己之人，亦或肆殘賊焉以爲快。漢諸帝之死，皆出宮人令得嫁。蓋自古相傳之法，而二世謂先帝後宮非有子者，出焉不宜，皆令從死。葬始皇，既已下，或言工匠爲機藏，皆知之，藏重，即洩。大事畢，已藏，閉中羨，下外羨，門盡閉，工匠藏者無複出。此等豈始皇之世所有哉？況於李斯乎？蓋皆趙高爲之。多殺以威下，使莫敢出氣也。而二世之從之如景響，甚矣其昏愚也。

專制之世，君主之知愚賢否，於國家之治亂安危，所繫甚大。往史載君主之性行，多不如臣下之詳。秦、漢之世，史乘尚近傳說，往往故甚其辭。亡秦之罪，一切歸諸趙高，而二世之爲何如人，遂因之不顯，亦論史者之闕也。故畧説其狀如上。

（原刊《光華大學半月刊》第二卷第三期，一九三五年二月出版

原題爲《二世》）

論魏武帝

從古英雄,堅貞坦白,無如魏武者。予每讀《三國志注》引《魏武故事》所載建安十五年十二月己亥令,未嘗不愴然流涕也。他且勿論,其曰:"合兵能多得耳,然常自損,不欲多之;所以然者,兵多意盛,與强敵争,倘更爲禍始。"自清末至民國,軍人紛紛,有一人知念此者乎?其引齊桓、晉文及樂毅、蒙恬之事,自明不背漢,可謂語語肝膈。且曰:"孤非徒對諸君説此也,常以語妻妾,皆令深知此意。孤謂之言:顧我萬年之後,女曹皆當出嫁,欲令傳道我心,使他人皆知之。"以衆人之不知也,使豪傑獨抱孤忠,難以自明如此,豈不哀哉?又曰:"然欲孤便爾委捐所典兵衆,以還執事,歸就武平侯國,實不可也。何者?誠恐己離兵,爲人所禍也。既爲子孫計,又己敗則國家傾危,是以不得慕虛名而處實禍。"又曰:"前朝恩封三子爲侯,固辭不受,今更欲受之,非欲復以爲榮,欲以爲外援,爲萬安計。"從古英雄,有能如是坦白言之者乎?夫惟無意於功名者,其功名乃真。公初僅欲作郡守,後又欲以泥水自蔽,絶賓客往來之望,雖至起兵討卓之後,猶不肯多合兵是也。惟不諱爲身謀者,其爲公家謀乃真。使後人處公之位,必曰所恤者國家傾危,身之受禍非所計,更不爲子孫計也。然其誠否可知矣。

《董昭傳》載昭説太祖建封五等曰:"大甲、成王未必可遭,今民難化,甚於殷、周,處大臣之勢,使人以大事疑己,誠不可不重慮也。明公雖邁威德,明法術,而不定其基,爲萬世計,猶未至也。定基之本,在地與人，宜稍建立，以自藩衛。"此即太祖欲受三子侯封以爲外援之説，意在免禍，非有所圖；且太祖早自言之矣，何待昭之建議。乃傳又載昭之言曰："自古以來，人臣匡世，未有今日之功。有今日之功，未有久處人臣之勢者也。明公忠節穎露，天威在顔，耿弇牀下之言，朱英無妄之論，不得過耳。昭受恩非凡，不敢不陳。後太祖遂受魏公、魏王之號，皆昭所創。"《荀彧傳》云：建安"十七年，董昭等謂太祖宜進爵國公，九錫備物，以彰殊勳，密以諮彧。彧以爲太祖本興義兵以匡朝寧國，秉忠貞之誠，守退讓之實；君子愛人以德，不宜如此。太祖由是心不能平。會徵孫權，表請彧勞軍於譙，因輒留彧，以侍中光禄大夫，持節，参丞相軍事。太祖軍至濡須，彧疾留壽春，以憂薨。明年，太祖遂爲魏公矣。"一似太祖之爲魏公、魏王，實爲篡逆之階，董昭逢之，荀彧沮之者，此則誣罔之辭矣。太祖果欲代漢，易如反掌，豈待董昭之逢，亦豈荀彧所能沮，欲篡則竟篡矣，豈必有魏公、魏王以爲之階？《昭傳注》引《獻帝春秋》，謂太祖之功，方之吕望、田單，若泰山之與丘垤，徒與列將功臣，并侯一縣，豈天下之所望？此以事言爲極確，即以理論爲至平，開建大國，并封諸子，使有磐石之安宜也，於篡奪乎何與？《彧傳》之説既全屬訛傳，即《昭傳》之辭，亦附會不實。然謂公忠節穎露，耿弇、朱英之謀不得過耳，則可見太祖當時守節之志甚堅，爲衆人所共知，故雖附會者，亦有此語也。己亥令所言之皆實，彌可見矣。

《郭嘉傳》：嘉薨，太祖臨其喪，哀甚，謂荀攸等曰："諸君年皆孤輩也，惟奉孝最少。天下事竟，欲以後事屬之，而中年殀折，命也夫！"《注》引《傅子》載太祖與荀彧書亦云："欲以後事屬之。"此太祖之至心，亦即公天下之心也。然其事卒不克就，身死未幾，子遂篡奪，豈郭嘉外遂無人可屬哉？人之心思，恒爲積習所囿。父死者必子繼，處不爲人臣之勢，則終必至於篡奪而後已。人人之見解如此，固非一二人之力所能爲也。太祖即有所屬，受其屬者，亦豈能安其位哉？然而太祖之卓然終守其志，則可謂難矣。英雄固非衆人之所能移也。

《蜀志·李嚴傳注》云:"《諸葛亮集》有嚴與亮書,勸亮宜受九錫,進爵稱王。亮答書曰:吾本東方下士,誤用於先帝,位極人臣,祿賜百億,今討賊未效,知己未答,而方寵齊、晉,坐自貴大,非其義也。若滅魏斬叡,帝還故居,與諸子并升,雖十命可受,況於九邪!"如亮之言,使其爲魏武帝,豈有不受九錫者哉?而李嚴當日,豈有勸亮爲帝之理與?而以魏武帝之受九錫,進王封,必爲篡奪之階,其誣亦可知矣。

論沮渠牧犍之死

史事之委曲難知，無如元魏之甚者。《魏書·沮渠蒙遜傳》云：世祖遣李順迎蒙遜女爲夫人，會蒙遜死，牧犍受蒙遜遺意，送妹於京師，拜右昭儀。世祖又遣李順拜牧犍使持節侍中都督涼、沙、河三州西域羌、戎諸軍事車騎將軍，開府儀同三司，領護西戎校尉涼州刺史河西王。牧犍尚世祖妹武威公主。牧犍淫嫂李氏，兄弟三人傳嬖之。李與牧犍姊共毒公主，上遣解毒醫乘傳救公主，得愈。上徵李氏，牧犍不遣，厚送，居於酒泉。上大怒。既克，猶以妹婿待之。其母死，以王太妃禮葬焉，又爲蒙遜置守冢三十家，改授牧犍征西大將軍，王如故。初官軍未入之間，牧犍使人斫開府庫，取金銀珠玉及珍奇異物，不更封閉，小民因之入盜，臣細蕩盡。有司求賊不得。真君八年，其所親人及守藏者告之，上乃窮竟其事。搜其家中，悉得所藏器物。又告牧犍父子多畜毒藥，前後隱竊殺人，乃有百數。姊妹皆爲左道，明行淫佚，曾無愧顏。始罽賓沙門曰曇無讖，東入鄯善，自云能使鬼治病，令婦人多子，與鄯善王妹曼頭陁林私通，發覺，亡奔涼州。蒙遜寵之，號曰聖人。曇無讖以男女交接之術，教授婦人。蒙遜諸女、子婦，皆往受法。世祖聞諸行人言曇無讖之術，乃召曇無讖。蒙遜不遣，遂發露其事，拷訊殺之。至此，帝知之。於是賜昭儀沮渠氏死。誅其宗族，惟萬年及祖皆牧犍兄子以前先降得免。是年，人又告牧犍猶與故臣民交通，謀反，詔司徒崔浩就公主第，賜牧犍死。牧犍與主訣良久，乃自裁，葬以王禮，諡曰哀王。及公主薨，詔與牧犍合葬。公主無男有女,以國甥親寵,得襲母爵爲武威公主。此中疑竇甚多。夫以魏法之酷,使牧犍早有毒公主之事,降下之日,待之安得如是其厚?河西中毒,聞於代北,遣醫往救,猶獲全濟,毒藥殺人,有如是其緩者乎?《外戚傳》言:世祖平涼州,頗以公主通密計助之,故寵遇差隆,詔李惠之父蓋尚焉。然主死之後,仍詔其與牧犍合葬,則其恩義未絕可知。牧犍之亡,自以兵力不敵,何待密計?公主亦未聞其聰敏能與聞政事,又何密計之能通?然則太武伐牧犍時,詔公卿爲書讓之,以烝淫其嫂、公行酖毒、規害公主爲其罪狀,乃誣罔之辭,抑此書辭猶不知其果爲當日原文,抑出後來附益也?府庫所藏,巨細蕩盡,有司求賊不得可也,並斫開府庫者而不知,無是理也。所親人及守藏者欲告牧犍,豈不能於此時告之?即謂不然,有司豈不能拘而問之?《本紀》言:太武入姑臧,收其府庫珍寶不可勝計,然則《蒙遜傳》語純爲虛辭矣。《釋老志》言曇無讖習諸經論於姑臧,與沙門智嵩等譯涅槃諸經十餘部,又曉術數禁咒,歷言他國安危,多所中驗。蒙遜每以國事諮之。神䴥中帝命送讖詣京師,惜而不遣,既而懼魏威責,遂使人殺讖。讖死之日,謂門徒曰:今時將有客來,可早食以待之。食訖而走使至,時人謂之知命。智嵩亦爽悟,篤志經籍,後乃以新出經論於涼土,教授辯論幽旨,著涅槃義記,戒行峻整,門人齊肅,知涼州將有兵役,與門徒數人欲往胡地,道路饑饉,絕糧數日,弟子求得禽獸肉,請嵩強食,嵩以戒自誓,遂餓死於酒泉之西山,弟子積薪焚其屍,骸骨灰燼,惟舌獨全,色狀不變,時人以爲誦說功報。《釋老志》之言固難盡信,然與所謂發露其事,拷訊殺之者,何大不相類也?況蒙遜諸女、子婦皆與讖淫通,蒙遜欲殺讖,何患無辭,而必發露其淫佚之事乎?諸行人亦何敢以此術聞於世祖哉。《李順傳》言讖有方術,世祖詔順令蒙遜送之京邑,順受蒙遜金,聽其殺之,世祖克涼州後聞而嫌順。與前文所言世祖克統萬賜諸將珍寶雜物,順固辭,惟取書數十卷者,未免判若兩人。《傳》又言順凡使涼州十有二返,世祖稱其能,而蒙遜數與順遊宴,頗有悖慢之言,恐順東還洩之朝廷,尋以金寶納順懷中,故蒙遂罪釁得不聞報，崔浩知之，密言於世祖，世祖未之信。大延五年議征涼州，順議以涼州乏水草，不宜遠征，與崔浩廷諍，浩固執以爲宜征。世祖從浩議，及至姑臧，甚豐水草，世祖與恭宗書以言其事，頗銜順，謂浩曰：卿昔所言，今果驗矣。浩曰：臣之所言虛實，皆如此類。《浩傳》言涼州之役，世祖命公卿議之，奚斤等三十餘人皆曰其地鹵斥，略無水草，大軍既到，不得久停，彼聞軍來，必完聚城守，攻則難拔，野無所掠。於是尚書古弼李順之徒皆曰自溫圉河以西，至於姑臧城南，天梯山上，冬有積雪，深一丈餘，至春夏消液，下流成川，引以溉灌，彼聞軍至，決此渠口，水不通流，則致渴乏，去城百里之內，赤地無草，又不任久停軍，奚斤等議是也。世祖乃命浩以其前言與斤共相難抑，諸人不復餘言，惟曰彼無水草。浩曰：《漢書·地理志》稱涼州之畜爲天下饒，若無水草，何以畜牧？又漢人爲居，終不於無水草之地築城郭立郡縣也。又雪之消液，才不斂塵，何得通渠引漕溉灌數百萬頃乎？李順等覆曰：耳聞不如目見，吾曹目見，何可共辯。浩曰：汝曹受人金錢，欲爲之辭，謂我目不見，便可欺也。世祖隱聽聞之，乃親出見斤等，辭旨嚴厲，形於神色，羣臣乃不敢復言。然則謂順受賕者，崔浩之辭也。抑此說亦非其實。夫浩所言者，涼州不得無水草，所該甚廣，而順等則專指姑臧城外而言，所攻在於姑臧城外，若無水草，軍馬自難久停。涼州水草縱饒，何益於事？至於雪之消液，究竟才不斂塵，抑可通渠引漕灌溉，更不待辯而自明矣。況言涼州無水草，發自奚斤，主之者三十餘人，又安得獨責順也。然則世祖果嫌順，必非以涼州無水草之議，順之受金，自屬虛誣，而讖之死，是否以其有男女交接之術，更不待辯矣。然則牧犍果曷爲死哉？曰牧犍之死在真君八年三月。是時蓋吳之亂方定，蓋吳者，盧水胡，與沮渠氏同族。《蒙遜傳》：蒙遜子秉以父故，拜東雍州刺史，險詖多端，真君中與河東蜀薛安都謀反，送至京師，付其兄弟，扼而殺之。安都者，與薛永宗同舉義，永宗則與蓋吳同舉義者也。沮渠氏與西域關係頗密。魏晉以降，所謂胡者，種類極雜，而要以西域胡之程度爲最高。蓋吳之黨曰白廣平,白亦西域姓也。蓋吳之舉義也,應之者有散關氐,有李閏羌,有屠各,有蜀,有新平安定諸夷酋,吐京朔方諸胡及諸山民,蓋幾合北方諸族而與魏爲敵矣。《釋老志》言涼州自張軌後,世信佛教,敦煌地接西域,村塢相屬,多有塔寺。大延中涼州平,徙其國人於京邑,沙門佛事皆俱東,像教彌增矣。世祖即位,富於春秋,銳志武功,每以平定禍亂爲先,雖歸宗佛法,敬重沙門,而未存覽經教,深求緣報之意,及得寇謙之道,帝以清净無爲有仙化之證,遂信行其術。時司徒崔浩博學多聞,帝每訪以大事,浩奉謙之道,尤不信佛,與帝言,數加非毀,常謂虛誕爲世費害,帝以其辯博,頗信之。會蓋吳反杏城,關中騷動,帝乃西伐,至於長安。先是長安沙門,種麥寺内,禦騶牧馬於麥中。帝入觀馬,沙門飲從官酒,從官入其便室,見大有弓矢矛盾,出以奏聞。帝怒曰:此非沙門所用,當與蓋吳通謀,規害人耳。命有司案誅一寺,閱其財產,大得釀酒具及州郡牧守、富人所寄藏物,蓋以萬計。又爲窟室,與貴室女私行淫亂。帝既忿沙門非法,浩時從行,因進其説,詔誅長安沙門,焚破佛像,勅留臺下四方,一依長安行事。然則佛法之廢,實因蓋吳舉義而見疑忌,謂由崔浩進説者,亦誣。牧犍之見殺,其故更不問可知矣。所以誣之以淫亂者,以是時沙門適有淫亂之跡,而曇無讖先以見召爲蒙遜所殺,遂以是誣牧犍而并及於讖。其實讖之見召及其見殺,自以其與聞國政,或借佛教之力以結援於柔然及西域故也。此與所謂斫開府庫多畜毒藥者,同爲莫須有之辭。鮮卑習於淫亂,太武既以是誣沮渠氏,後人乃又億測讖之見求,必以其通於房中術之故,誣人者轉以自誣矣,豈不詭哉!

　　牧犍之平也,《本紀》言徙涼州民三萬餘家於京師,則其所徙者頗衆,而涼州人多不服魏。據《魏書》、《北史》列傳,宗欽、段承根皆與崔浩同死,承根父暉以欲南奔見誅,張湛與浩甚密,贈浩詩、頌,浩常報答,及浩被誅,湛懼,悉燒之,閉門卻掃,慶弔皆絶,僅而得全。湛兄銚,浩禮之亦與湛等。浩乃蓄志反魏者,牧犍既有異圖,其故臣民與之交通,宜也。秉無論矣,即萬年與祖,初雖背國,後仍以謀叛魏見誅，然則沮渠氏之不服魏者，亦非牧犍一人也。牧犍死，魏仍以王禮葬之，則雖以與故臣民交通見誅，而實未嘗聲其罪。所以然者，魏自知竊據，最諱言人之叛之，其殺崔浩以史事爲名，亦由是也。

中國文化東南早於西北説

中國民族之由來,昔人無道及者,此無怪其然也。蓋古之人率以其國爲天下;又開化較晚之族,其古事,率有鄰近之族,爲之記載,足資考證,而中國又無之,此民族由來一問題,所以無從發生也。自世界大通,歐人東來,震於中國立國之古,文化之偉,競思研究其起原,而中國人亦知本國以外,尚有極大之土地,於是中國民族,究爲土著,抑自外來,如其土著,本居國內之何所,如自外來,來自國外之何方?此等問題,相繼而起矣。

中國人對此問題,既素不措意,則著手之初,不能不以外人之論爲憑藉,亦勢使然也。薈萃外人之論,加以研究者,前推蔣智由之《中國人種考》,刊載《新民叢報》中,後上海亦有單行本。後有何炳松之《中華民族起原新神話》,見《東方雜志》第二十六卷第二期。而國人對此之議論,則晷見繆鳳林《中國民族由來論》。《史學雜志》第二卷第二三四期。要皆就古史記載,曲加附會,其爲不合,無俟深論。近十餘年,掘地之業,稍見發達,則又有據之以立説者。夫以中國幅員之廣大,民族之錯雜,文化之悠久,發掘之業,方在萌芽,遽欲據以立論,似亦未免早計。然窺豹一斑,善用之,未始不可以測其全體。抑書籍所載,雖遠較民族起原爲晚,然執筆者之所記,本不限於執筆之時,而後一期之情形,亦有足據以推測其前一期者。然則書籍固未可專恃,亦非遂不足用也。

近數年來,對於中國民族由來問題,著有專書者,爲曾君松友。書名《中國原始社會之探究》,在商務印書館《史地小叢書》中。其論頗受瑞典考古學家安特生氏(J. G. Andersson)之影響。案近年發掘成績,當分人類遺骸及器物兩端論之。人類遺骸,最大之發見爲北京人。先是民國紀元前九年,德國古生物學家施羅瑟氏(Max Schlosser)曾在北平得一臼齒,臆爲原人之遺,爲文艷稱其事。謂人類元始,或可於中國求之;以此臼齒買自藥肆,來歷不明,科學家不之重也。民國十至十二年間,澳洲古生物學家兹丹斯基氏(Dr. O. zdansky)在河北房山縣周口店得化石,寄交瑞典阿不薩拉(Uppsala)大學韋滿教授(Wirnan)。十五年,施氏又得前臼齒及臼齒各一,研究結果,斷爲人類之遺。是年,瑞典皇太子來華,世界考古學會會長也,北京學術團體開會歡迎,安特生氏即席公佈此齒名北京齒(Peking Tooth),而名生是齒者曰北京人(Pekingman)。明年,步林博士(Dr. B. B. Bohlin)又得下臼齒一,協和醫學院解剖學教授步達生博士(Dr. Davidson Black)加以研究,亦斷爲人齒,而名生是齒者曰北京種中國猿人(Sinanthropus Pekinensiso)。是歲,北平地質調查所續行發掘。明年,楊君鍾健、裴君文中又得數齒,及不完之牙牀二,及數頭骨。又明年,裴君又得頭骨一,及齒十餘。於是所謂北京人者,遂爲科學家所共仞而無疑義矣。以上據繆鳳林《中國民族由來論》。然是否中國人之祖,羌無左證也。故言中國人之遺骸者,不得不求之於仰韶村及沙鍋屯。仰韶村,地屬河南澠池縣,沙鍋屯,地屬遼寧錦縣,與河南安陽之小屯,山東歷城之城子崖,山西之夏縣,察哈爾之萬泉,暨甘肅之臨夏導河、寧定、民勤鎮番,青海之貴德及青海沿岸,同爲近來發掘事業之最著名者,署見衛聚賢《中國考古小史》中。商務印書館本。仰韶、甘、青,皆得陶器甚多。安特生氏以其與安諾、Anau,在俄屬土耳其斯坦阿思嘉巴Askabad附近。蘇薩 Susa,波斯舊都,在西南境,近海。陶器相似,斷言中國民族,來自新疆,曾氏益暢其説,謂古代中亞,氣候溫暖,宜於生存,後直冰期,爲冰所掩没,居人乃向外移,西南行者,經小亞細亞入非洲,西行者入歐洲,東北行者入外蒙古西伯利亞及美洲,南行者入印度及南洋羣島,東南行者入中國臺灣及日本。冰期既逝,中亞氣候漸復其舊，遠出者或復歸，或遂散播，此爲舊石器之高期；久之，還歸者復四出，或向北歐，或由里海至兩河間，或入非洲，或走蒙古西伯利亞、北美。其走巴勒哈什湖、伊犁河畔者，則中國民族也。此時西北山嶺，氣候宜人，草木暢茂，禽獸繁殖，人以田獵爲業。迨入塔里木河流域而知漁，時當新石器之初期，及其中期，乃達甘、青、寧夏之境，至末期，則向綏遠、陝西，東至山西、河南，西南入川邊，此時漸事農牧，其文化中心在甘肅。及石銅兼用之世，則進入湖北、安徽、山東，而其文化中心在河南，故在甘、青境所發掘者，可分爲新石器及紫銅器兩期，仰韶村、沙鍋屯畧同，而小屯、殷墟，則入於銅器時期也。曾君謂中國有無始石器時代未明。舊石器，西北及外蒙，皆有發見，然與中國民族無涉。言中國民族者，當自新石器時代爲始。案安特生氏，初以仰韶彩陶，與歐洲新石器時代彩陶相似，與安諾彩陶尤酷似，而疑兩者同出一原，質之德國考古學家施米特氏（H. Schmidt），嘗在安諾研究者。施氏不以爲然。顧安特生氏不捨所見，及其考古甘肅，又謂其陶器益似安諾、蘇薩，因此斷言中國民族，當新石器時代，居於新疆，深受西方文化影響。及其進於農耕，文明遂大發達，久之，乃道南北兩山間，而入黃河之谷焉。此曾氏之論所本也。顧安氏之見，頗有不以爲然者，繆鳳林氏、金兆梓氏皆然。金氏所著論，曰《中國人種及文化由來》。見《東方雜誌》二十六卷二十四號。其說曰斯坦因（Sir Aurel stein）考古新疆，得漢、唐時物甚多，而漢以前中國古物，絕無所有，以此斷中國民族西來之謬。且謂自漢以前，中國與西域無交通。又彩陶之術，起自巴比侖，據西方史家考索，巴比侖彩陶遺址，約在西曆紀元前三千五百年，在小亞細亞者，則在二千五百年至二千年之間，在希臘者，在二千年至一千年之間，然則自巴比侖傳至小亞細亞及希臘，爲時逾一千至三千年，中國河南、甘肅皆無銅器，度其爲時，必在西曆紀元前二千五百年以上，何以其傳播反速？抑安諾、蘇薩皆有銅器，範金之術，何以不與彩陶之技并傳乎？夫文化苟自西來，則必愈東而愈薄，安特生氏固云，甘肅陶器，彩繪圖案，皆勝河南，然又云，陶質之薄而堅，及其設色琢磨，皆在河南之下，因此不敢斷兩者之相同，而謂河南之陶，別爲一系，然則必謂其技來自西方，不已誣乎。抑且中國文化，果受西方影響甚深，則種族之間，亦必有關係，何以仰韶、沙鍋屯之人骨，據步達生氏之研究，又謂其與今日之華北人相同乎？此皆金、繆二氏之言，不能謂其無理者也。日本濱田耕作云，安特生云，原中國人在新石器時代，自土耳其斯坦入中國西北境，經甘肅至河南。珂羅掘倫（Bernhard Karlgren）瑞典言語學家。則謂中國民族，久已先入中國，兩者當以珂氏說爲善。此文化實至新石器末期，乃與西方人同時侵入，然不久即爲土著所同化。又安特生氏謂彩陶文化，在西元前三千年左右，亦太早，其末期實當在週末也。見所著《東亞文化之黎明》，汪馥泉譯，黎明書局本。

近來美國人類學家多謂三百萬年以前，北極一帶，氣候甚暖，哺乳動物，皆生於是。其後氣候稍變，動物亦南遷，此時中亞之地，尚屬低平，爲半熱帶森林所掩蔽。其時已有猿類，大抵棲息林中，後須彌山今譯喜瑪拉雅隆起，中亞氣候又變，林木漸稀，於是猿類仍依榛莽，人類遂入平地，人猿之分，實由於此。夫動物既由北而南，則原人當奠居中亞之先，或亦先至蒙古；邇來美國亞洲探險隊，三至蒙古，謂世界大動物，皆原於是，遂疑中國人來自蒙古者焉。此說陸君懋德主之。見所著《中國文化史》，刊載於《學衡雜志》第四十一期。然在蒙古，雖有極古時代之器物，且各時代器物皆有，而人類遺骸，迄無所得。而北京人年代之古，實足與爪哇猿人相當。爪哇猿人。Pithecanthronpus 爲民國紀元前二十一、二十年間，荷蘭軍醫杜波瓦（Fugen Dubois）在爪哇中部突林尼 Trinil 地方所發見，考其骨骼，已能直立，然尚未能語言，蓋介於人與猿之間，故名之曰猿人焉。其時代，當在洪積世初期，距今約百萬年。又有所謂皮爾當猿人（Piltdownman or Eoanthropus），以發見於英蘇塞（Sussex）之皮爾當地方得名，則其時代較晚。北京猿人，介於兩者之間，距今約七十萬年，見曾松友《中國原始社會之探究》。則此說亦未可遽定也。亦繆君說。濱田耕作云：一八八六年以來，薩文珂甫氏（Savenkov）德倍伊氏（DeBay）即在葉尼塞河上流，發見類於歐洲自摩斯梯期（Mousterian）至奧利納克期（Aurignaocian）之舊石器。納爾遜氏（NilsC. nelson）亦於戈壁中發見摩斯梯期石器及類於亞休爾期（Acheulean）石器之物。然是否漢族之祖，亦難斷言。

中國民族元始果自何來，目下固尚難斷定，惟就現在所知言之，則予頗贊成衛君聚賢有史以前由南而北之說。見衛君《吳越史地研究會成立記》。其實文化之由南而北，尚不限於有史以前，觀下文可知。蓋人類開化，必於氣候溫暖、物產饒足之區。西洋文化，埃及最早，次之者爲巴比侖，繼乃傳入波斯，又繼之以叙利亞、希臘、迦太基，則其明證。故謂中國文化，西北山嶺之區反早於東南江海之會，無是理也。此事就有史以前及有史以後之遺跡求之，其消息皆可徵窺焉。日本濱田耕作云：當西曆紀元前數世紀至後一世紀之間，所謂斯基脫（Scythians）文化者方盛於西方。斯基脫文化，亦稱斯基脫西伯利亞文化，其北爲高加索山及黑海北之草原，屬青銅器時代。前乎此者，有新石器時代，其彩陶與甘、青所發見者頗相似。後伊蘭文化北來，成希臘人所謂基姆梅利人時代。Cimmerians 又後乃成斯基脫 Scythians 時代。西元前二世紀，薩爾馬的人 Sarmatians 據其地，亦斯基脫人同族也。斯基脫藝術於繪畫動物殊長。或謂商、周銅器中所繪龍蛇饕餮，與此同原於伊蘭，其說殊不足據。而大洋洲所刻木器，轉與中國所畫動物相類，此實中國藝術獨自發達者也。又山東、遼寧石器中，有所謂有孔石斧者，陝西亦有之。而朝鮮、日本及太平洋沿岸，亦有有孔石廚刀。又中國所獨有之鬲，亦見於遼東。仰韶鬲甚多，而甘、青前三期無鬲，鼎亦少。至第四期乃有鬲，五六期則多矣。足徵製鬲之法，自東南而西北也。民國十八年，貔子窩碧流河濱得彩陶，與安特生所見絕不同，亦爲石器時代遺跡。濱田耕作謂此時代可上推至西元前數千年云。此等石器，亦見於朝鮮平安南道。可見濱海之區，自有其文化也。以上據《東亞文化之黎明》。不特此也。民國十九年，南京古物保存所在棲霞山西北甘夏鎮發掘，得石器及陶片；其後二十四年，在武進之奄城，金山之戚家墩；二十五年，在吳縣石湖旁兩古城，衛氏稱爲吳城越城。平湖之乍浦，海鹽之澉浦，杭縣之古蕩及紹興；均得有陶片。杭縣及紹興、餘杭、吳興等縣，又有新石器時代之石器。古蕩尤多。此項陶片，文理皆成幾何形，與河域所見絕異，轉與貔子窩香港所得相類。河域陶器，皆爲條文及席文，絕不如此幾何形之美，此有史以前，中國文化，南高於北之鐵證。抑此項陶片，河域不見，惟安陽之殷墟獨有之。殷墟人像，又有文身者。河南各發掘之所，皆無銅器，殷墟獨有。此又可見殷墟之文化，受諸東南，實有史以前及有史之初期，文化自東南而西北之鐵證也。以上據衛聚賢《中國考古小史》、《吳越史地研究會成立記》及其在杭縣之講演。案冶金之術，古代本南優於北，蚩尤屍造兵之名，九黎之酋長也。春秋時，鄭伯朝於楚，楚子賜之金，既而悔之，與之盟，曰：無以鑄兵。《漢書·地理志》言吳越之士，輕死好用劍。干將莫邪等有名之兵器，皆出南方，北方則有寓兵於農之策。寓兵於農者，以農器代兵器，見《六韜·農器篇》，蓋緣兵器難得之故。大抵河域之人，長於用鐵，江域之人，長於用銅。古以銅為兵器，鐵為農器。江域之人，所以長於用銅者，自緣其文化早開之故。河域之人之長於用鐵，則以江域地肥，火耕水耨，河域較瘠，非深耕易耨不可也。河域開化，晚於江域，而後來轉凌駕其上，疑其原因正在於此。

以上所言，皆有史以前事。而史籍所記，亦有足徵者。近世史家，論古代文化者，率以為北優於南。惟蒙君文通撰《古史甄微》，頗知東南文化之悠久，今約舉其說，並參以鄙見，以見有史之初期，固與史前時代發掘所得之結果，足相印證焉。案古代帝皇，最早者為盤古，此人人所知，其實盤古即《後漢書·南蠻傳》中之槃瓠，乃苗族先祖，而《三五曆》等所傳天地開闢，盤古生其中，及其死又以一身化為萬有之說，則印度人稱梵天之辭，吾族襲取之，而附會於盤古者。此事甚長，當別論。故盤古並非漢族古史中人物，據之殊不足考漢族之古初。次於盤古者為三皇，三皇之義，取於天地人。儒家雅言，實為燧人、伏羲、神農，予別有考。緯侯有人皇出暘谷分九河之說，足徵其在東方。此人皇，注家以為燧人，當有所本。與燧人併稱者為有巢氏，治石樓山，在琅邪南，見《遁甲開山記》，說亦當有所據。伏羲之後，為任、宿、須句、顓臾，皆在今山東。而神農氏之都在魯，則明見《左氏》，更無足疑矣。黃帝與蚩尤戰於涿鹿之野，涿鹿，或說在上谷，或說在涿郡，疑皆以後世地名言之，若論古據，則《世本》在彭城之說，似可存參。其後堯作遊成陽，舜漁雷澤，孟子言舜生於諸馮，遷於負夏,卒於鳴條,爲東夷之人。而今浙江之地,舜之傳説故跡尤多,雖不審諦,附會亦必有其由。竊疑古者文明之地,本在東南,堯遭洪水之災,乃稍徙而西北,故堯舜皆都晉陽,禹亦因之。其後雖失冀方,夏都仍在陽城也。《漢書·郊祀志》云:三代之居,皆在河洛之間,故嵩高爲中岳,而四岳各如其方。然則以陽城爲天下之中,乃自夏以來,前此天下之中,實爲泰岱。故《爾雅·釋地》,有中有岱嶽之説。又云,距齊州以南戴日爲丹穴,北戴斗極爲空同,東至日所出爲大平,西至日所入爲大蒙。齊固有中訓。齊州,蓋即《禹貢》之青州,在九州中實位東北。然《堯典》有肇十有二州之文,十有二州者,北有幽并,東北有營,假使西方不如《禹貢》之恢廓,則青州固天下之中也。古之王者,因名山以升中於天,升中於天而鳳皇降,龜龍假,符瑞見則臻乎大山。仲尼夷吾之所知者,七十有二家,其不得而數者萬數也。人死者魂神必歸於岱山。見《後漢書·烏桓傳》。然則泰山者,萬物之所以成始而成終也,非古文化之中心,而能有是乎。且中國古俗,如食之主於植物也,衣之有卉服黃衣黃冠及其制之寬博也,貨幣之廣用貝也,皆足徵其起於東南江海之會焉。故曰,中國文化,始於東南也。

(原刊《光華大學半月刊》第五卷一至四期,
一九三六年出版,吕思勉講,吕翼仁記)

古史紀年考

上　篇

　　《史記·三代世表》："太史公曰：'五帝三代之記，尚矣。自殷以前，諸侯不可得而譜，周以來乃頗可著。孔子因史文，次《春秋》，紀元年，正時日月，蓋其詳哉！至於序《尚書》，則略，無年月。或頗有，然多闕，不可錄。故疑則傳疑，蓋其慎也。余讀《諜》、《記》，黃帝以來，皆有年數。稽其《曆》、《譜》、《諜》、《終始五德之傳》，古文咸不同，乖異。夫子之弗論次其年月，豈虛哉？於是以《五帝系諜》、《尚書》，集世紀黃帝以來訖共和，爲《世表》。'"此節所稱古書，凡有五種，記一也。蓋史籍之通名。譜二也。《十二諸侯年表》云："於是譜十二諸侯。"《索隱》引劉杳云"三代系表，旁行斜上，並效周譜。"此語本於桓譚，見《南史·王僧孺傳》、《史通表曆篇》亦引之。則譜者表之舊體，表者譜之新名。鄭康成作《詩譜》，亦用旁行斜上之體；後世所講家譜者，雖非《周官》小史所職，然其體例，固當沿自先秦；而皆以譜名可證也。諜三也。《説文·言部》："諜，軍中反間也。"義無所取。段懋堂《注》謂《太史公書》假諜爲牒。案《片部》"牒，札也"。亦書籍之通名，非譜錄之專號。竊疑牒與葉同從枼聲，故亦同可假爲世字。太史公言《系諜》正猶《周官》言《系世》也。"余讀《諜記》"，蓋言讀《世本》及《史記》。"於是以

《五帝系諜》、《尚書》，集世紀黃帝以來訖共和爲《世表》"，"集世紀"之世字，蓋係衍文。觀《索隱》釋此句云："按《大戴禮》有《五帝德》及《帝系篇》，蓋太史公取此二篇之《諜》及《尚書》，集而紀黃帝以來爲《系表》"可見。《呂不韋列傳》云："使其客人人著所聞，集論以爲八覽，六論，十二紀"，集論集紀，語法正同也。曆四也。《十二諸侯年表》云："太史公讀《春秋》，《曆》，《譜》，《諜》。"又曰："漢相張蒼，曆譜五德。"又曰："曆人取其年月。"蓋以曆法考古史之年月，即張壽王，劉歆等所用之法也。終始五德之傳，五也。此即《十二諸侯年表》所謂"數家隆於神運"者。《漢書·律曆志》言安陵桮育治《終始》，言黃帝以來三千六百二十九歲。蓋治《終始》者必言帝王嬗代，因亦考究及其年數矣。五家所說，蓋俱不足憑，故孔子序《尚書》，棄而弗取，而史公亦守其法，紀年斷自共和也。

《韓非·說難》云："《記》曰：'周宣王以來，亡國數十，其臣弑君而取國者衆矣。'"獨言宣王以來，知厲王以前，史記存者已少也。故共和當爲古史存亡一大界。《詩譜》云："夷，厲以上，歲數不明"，則據《太史公書》爲說也。

《自序》云："維三代尚矣，年紀不可考。蓋取之《譜》《諜》舊聞。本於茲，於是畧推，作《三代世表》第一。幽厲之後周室衰微，諸侯專政。《春秋》有所不紀，而《譜》《諜》經畧。五霸更盛衰。欲睹周室相先後之意，作《十二諸侯年表》第二。"可見《世表》、《年表》之成，有資於《譜》《諜》者甚多；而共和以前，年代無考，亦愈可見矣。

《晉世家》云："靖侯以來，年紀可推。自唐叔至靖侯五世，無其年數。"《漢書·律曆志》言："《春秋》殷曆，皆以殷魯自周昭王以下無年數，故據周公、伯禽以下爲紀。"此即所謂"自殷以前，諸侯不可得而譜，周以來乃頗可著"者。其年代，亦或出共和以前。然史公不爲之表者，蓋以可著之國大少；抑《秦本紀》與《年表》，既已不同，而《始皇本紀》後重叙秦先君立年，又相乖異；即一國所傳，其牴牾不可合如此，況衆國哉？史公不爲之表，亦所謂疑則傳疑也。

中　篇

　　史家年紀,雖始共和,然自堯舜以降,歷年大畧,儒家固猶能言之。《孟子·公孫醜下篇》曰:"五百年,必有王者興。""由周而來,七百有餘歲矣。"《盡心下篇》曰:"由堯舜至於湯,五百有餘歲。""由湯至於文王,五百有餘歲。""由文王至於孔子,五百有餘歲。""由孔子而來,至於今,百有餘歲。"二說相合。上溯止於堯舜,蓋《尚書》之傳也。《韓非子·顯學篇》云:"殷周七百餘歲,虞夏二千餘歲。而不能定儒墨之真,今乃欲審堯舜之道於三千歲之前,意者其不可必乎?"七百餘歲,實但指周,而兼言殷者,古人足句圓文之例。先言虞夏二千餘歲,後言堯舜在三千歲前者,餘二千即言三千,亦古人語法如是;抑三當爲二,字之誤也。其言堯舜至周,歷年較孟子少長,然上溯同止於堯舜,則知年代可知,畧始於此。刪書斷自唐虞,固非無因而然也。

　　劉歆以曆法推古年歲:唐七十,虞五十,夏四百三十二,殷六百二十九,周八百六十七,凡二千有四十八歲。後漢安帝時,尚書令忠皆其"橫斷年數,損夏益周,考之表紀,差繆數百。"見《續漢書·律曆志》。杜預、何承天亦皆議其術之疏。見《續漢書·注》。然其數與孟子所言,相去初不甚遠。由其所據皆儒家言也。張壽王、李信治黃帝調曆,言黃帝至元鳳三年六千餘歲;寶長安、單安國、栖育治終始,言黃帝以來三千六百二十九歲;則相去甚遠,不可合矣。《漢·志》言壽王移帝王錄,舜、禹年歲不合人年。又言化益爲天子,代禹。驪山女亦爲天子,在殷、周間。蓋其所據,乃史公所謂言不雅馴者,無怪其與儒書不可合也。然所謂"古文咸不同乖異"者,則可見一斑矣。

　　以儒家言與百家言相較,儒家所言,似近信史。然如孟子所言,亦辜較之辭耳,其詳不可得而聞也。帝王年代,散見《尚書》者:《堯典》言堯在位七十載而咨四岳。舉舜之後,二十八載乃殂落。又言

"舜生三十徵庸,二十在位,五十載陟方乃死。"《無逸》言殷中宗之享國,七十有五年。高宗五十有九年。祖甲三十有三年。自時厥後,罔或克壽,或十年,或七八年,或五六年,或四三年。文王受命惟中身,厥享國五十年。《洛誥》言"惟周公誕保,文武受命,惟七年。"《呂刑》言穆王享國百年。皆史公所謂"或頗有"者也。《史記》言堯立七十年得舜。二十年而老,令舜攝行天子之政,薦之於天。堯辟位凡二十八年而崩。舜年二十以孝聞。年三十,堯舉之。年五十,攝行天子事。年五十八,堯崩。年六十一,代堯踐帝位。踐帝位二十九年,南巡狩,崩於蒼梧之野。《五帝本紀》。西伯蓋即位五十年。詩人道西伯:蓋受命之年,稱王而斷虞芮之訟;後七年而崩。周公行政七年,反政成王。《周本紀》。皆與《尚書》合,故知史公全用《書》說。

《史記》言武王即位,修文王緒業。九年,上祭於畢。東觀兵,至於盟津。還師歸。居二年,東伐紂,克殷。後二年,問箕子。此即《洪範》所謂"惟十有三祀,王訪於箕子"者。下云:"武王病,天下未集,羣公懼,穆卜。周公乃祓齊,自爲質,欲代武王。武王有瘳。後而崩。"此後字,蓋指十四年。則與《書》"文武受命惟七年"合,與《管子·小問》:"武王伐殷,克之,七年而崩"亦合。《封禪書》曰:"武王克殷二年,天下未寧而崩",乃約畧之辭。正不必如疏家曲解,謂武王之七年,乃並文王崩之歲計之也。

古人言語,多舉成數。非必不知其確數,蓋當時語法然也。高宗享國五十有九年,《史記·魯世家》作五十五,二者必有一誤。若《漢石經》殘碑作百年,則以成數言之。蓋漢師傳經,於此等處,猶不甚計較也。《後漢書·郎顗傳注》引《帝王世紀》曰:"高宗饗國五十有九年,年百歲也",則強合二說爲一。《生民詩疏》云:"《中候握河紀》云:'堯即政七十年受《河圖》。'《注》云'或云七十二年。'"緯書多用今說,蓋七十年爲經文,七十二年則經說也。

《呂覽·制樂篇》云:"文王在位五十一年。"《韓詩外傳》卷三云:"文王即位八年而地動,已動之後四十三年,凡莅國五十一年而終。"

說亦必有所本。

古人於帝王年壽,與其在位年數,似不甚分別。《書》言文王受命惟中身,蓋以其享國年數言之;爲西伯七年而受命,受命七年而崩。厥享國五十年,則以其年壽言之。武王既克殷,西歸,至於周,告周公曰:"自發未生,於今六十年。"《史記·周本紀集解》:"徐廣曰:此事出《周書》及《隨巢子》。"案見今《周書·度邑篇》。蓋自文王生時起數,然則文王年不過五十左右;武王伐殷,當年三十餘;其崩,亦不過四十。《中庸》言"武王末受命",亦據其在位之年言之,其據其年壽言也。周公攝政時,年亦不滿四十。如是,則於殪戎殷及東征,情事皆合。若信《大戴禮記》文王十五生武王;《小戴禮記》文王九十七而終,《毛詩》亦云文王九十七而終。武王九十三而終之説,則文王崩時,武王年八十三,克殷時年八十七;周公爲武王同母弟,武王年九十三而崩,周公極少亦當餘七十,而猶能誅紂伐奄,有是理乎?《無逸》歷舉殷先哲王之壽考者,以歆動成王,而於武王之克享遐齡,顧不之及,有是理乎?《無逸》歷舉大王、王季、文王,而惟言文王享國五十年,於武王則不之及,明大王、王季,並壽命不長,武王運祚尤促也。

堯立七十年得舜,蓋亦以其年壽言之,辟位凡二十八年而崩,則堯年九十八。若如《中候握河紀》之説,言七十實七十二,則堯年適百歲。舜年六十一踐帝位,踐帝位三十九年而崩,三十九年,蓋自踐帝位之翼年起計,古人自有此除本計法。如是,舜年亦適百歲。《繹史》引皇甫謐言伏羲、黃帝、少昊在位皆百年,神農百二十,顓頊七十八,帝嚳七十。未知何據。羲、農、黃帝、少昊皆成數,帝嚳亦可云成數,顓頊獨不然。然《史記·五帝本紀集解》、《藝文類聚》九、《太平御覽》七十九引《世紀》并同。帝嚳、《集解》、《類聚》引亦同。《御覽》八十引作七十五,又引陶弘景云六十三,《路史》後記亦作六十三。七十八加六十三,更加摯九年,凡百五十,蓋合三人爲成數也。《大戴記·五帝德》:"宰我問於孔子曰:'昔者予聞諸榮伊,黃帝三百年。請問黃帝者,人邪?抑非人邪?何以至於三百年乎?'孔子曰:'生而民得其利百年,死而民畏其神百年,亡而民用其教百年,故曰三百年。'"《文王世子》:"文王謂武王曰:'我百,爾九十,吾與爾三焉。'"皆以其年爲本百歲。然則古者帝王在位久者,皆以百年爲言,仍是擧成數之習;特其所謂成數者,乃百而非十,在後世語言中少見,人遂從而怪之耳。《尚書》之言堯舜,蓋先億定其年爲百歲,然後以事跡分隸之。古者三十而有室,四十曰强仕,過三十即可言四十,故舜以三十登庸。相堯亦歷一世,中苴居喪二年,則踐位必六十一。除本計之,則在位三十九年;自攝政之初數之則五十;而堯之擧舜,不得不在七十時矣。然如此,則堯年止九十八,故又有如《中候》之説,以七十爲七十二也。

　　説雖紛歧,董理之,固可微窺其本。《尚書餘論》云:"《太平御覽·皇王部》引《帝王世紀》:'舜年八十一即真,八十三而薦禹,九十五而使禹攝政。攝五年,有苗氏叛,南征,崩於鳴條。'馬氏《繹史》引《世紀》:"'舜以堯之二十一年甲子生,三十一年甲午徵用,七十九年壬午即真,百歲。'誕妄無足辨。"案其以某事隸某年不可信,其百歲之説,仍有所據也。然則堯舜以前,帝王年歲,蓋全不足據。惟運祚短促者,亦必無百歲之名,則凡有百歲之説者,仍可以是而決其運祚之非促耳。

　　殷中宗享國年數,恐亦據其壽命言。何者?中宗雍己弟,雍己小甲弟,兄弟三人更王,即令兩兄皆短祚,中宗踐位時,亦必非甚少,更閲七十五年,年必將近百歲。此固非人所無,然古言帝王年壽,與其在位年數,既多相混,則中宗享國年數,謂係據其年壽,究較近情。祖甲、高宗享國年數,皆近情實,或真係在位之數也。祖甲,今文以爲大甲,此與年歲無關,可以勿論。

　　《周本紀》言"穆王即位,春秋已五十矣",又言"穆王立五十五年崩",則穆王之年,當百有五。此亦非人所無。《僞孔傳》云:"穆王即位,過四十矣。"《疏》云:"不知出何書。"案《僞傳》多同王肅,肅説或用今文,此言亦必有本。然則穆王之年,僅九十餘耳。《吕刑》言幼子童孫,亦可見穆王之老壽。又厲王立三十年用榮夷公,三十四年,告召公能弭謗。三年而國人相與叛襲王。此三年,不知并三十四年計之?抑自三十五年起計?然相差不過一年,總可云有確實年紀者。史事固彌近彌詳也。

文王受命七年而崩，經師無異說也。劉歆鑿空以爲九年。賈逵、馬融、王肅、韋昭、皇甫謐皆從之。見《詩·文王疏》。蓋以《周書·文傳》有"文王受命之九年，在鄗召大子發"之語云然。此因文王崩時，武王秘喪伐紂，後復自諱其事，致後人誤將文王之死，移後二年也。別見《惟周公誕保文武受命惟七年》條。

　　《論衡·年壽》曰："儒者說曰：'太平之時，人民侗長，百歲左右，氣和之所生也。'《堯典》曰：'朕在位七十載，'求禪得舜。舜徵三十歲。在位，堯退而老，八歲而終。至殂落，九十八載。未在位之時，必已成人。今計數百有餘矣。又曰：'舜生三十徵用，二十在位，五十載陟方乃死'，適百歲矣。文王謂武王曰：'我百，爾九十，吾與爾三焉。'文王九十七而薨，武王九十三而崩。周公，武王之弟也。兄弟相差，不過十年。武王崩，周公居攝七年，復政退老，出入百歲矣。召公，周公之兄也。至康王之時，尚爲大保，出入百有餘歲矣。聖人稟和氣，故年命得正數。氣和爲治平，故大平之世多長壽人。百歲之壽，蓋人年之正數也。猶物至秋而死，物命之正期也。物先秋後秋，則亦如人死或增百歲，或減百也。先秋後秋爲期，增百減百爲數。物或出地而死，猶人始生而夭也。物或逾秋不死，亦如人年多度百至於三百也。傳稱老子二百餘歲。召公百八十。高宗享國百年，周穆王享國百年，並未享國之時，皆出百三十四十歲矣。"此節推論，殊未得古代傳說真相，仲任固多野言。然古人論事，多雜己意，而不求其真，則於此可見。其於人壽，挾一百年爲正數之成見，亦於此可見也。

下　篇

　　古人言數，雖不審諦，未有矯誣誇誕之說也。自讖緯興，乃自曆元以後，悉妄造古帝王年代以實之，而不合人年之弊大起矣；然其說又相牴牾；不可不一理而董之也。

《廣雅·釋天》云："天地闢設，人皇已來，至魯哀公十有四年，積二百七十六萬歲。分爲十紀：曰九頭、五龍、攝提、合雒、連通、序命、循蜚、因提、禪通、流訖。"《書序疏》云："《廣雅》云：自開闢至獲麟，二百七十六萬歲，分爲十紀，則大率一紀二十七萬六千年。十紀者：九頭一也，五龍二也，攝提三也，合雒四也，連通五也，序命六也，循蜚七也，因提八也，禪通九也，流訖十也。"《校勘記》云："流訖，《毛本》改疏仡。"案《廣雅》作流記，王念孫校改爲疏訖。《廣雅注》引《帝王世紀》曰："自天地闢設，人皇以來，迄魏咸熙二年，凡二百七十二代，積二百七十六萬七百四十五年。"案七百四十五，爲自獲麟之翼年至咸熙二年年數。司馬貞補《三皇本紀》云："《春秋緯》稱自開闢至於獲麟，凡三百二十七萬六千歲。分爲十紀：凡世七萬六百年。當作紀卅七萬七千六百年。一曰九頭紀，二曰五龍紀，三曰攝提紀，四曰合雒紀，五曰連通紀，六曰序命紀，七曰修飛紀，八曰因提紀，九曰禪通紀，十曰流訖紀。"二説十紀之名相同，而年數互異。案《續漢書·律曆志》，載靈帝熹平四年，蔡邕議曆法，謂"《元命苞》、《乾鑿度》皆以爲開闢至獲麟二百七十六萬歲"，《詩·文王疏》引《乾鑿度》，謂"入天元二百七十五萬九千二百八十歲"，文王以西伯受命，則《廣雅》實據《元命苞》、《乾鑿度》以立言。《路史餘論》引《命曆序》，謂"自開闢至獲麟，三百二十七萬六千歲"，則《三皇本紀》所本也。《漢書·王莽傳》："莽改元地皇，從三萬六千歲曆號也。"莽子臨死，莽賜之諡，策書曰："符命文：'立臨爲統義陽王。'"此言新室即位三萬六千歲後，爲臨之後者，乃當龍陽而起"，《後漢書·隗囂傳》："移檄郡國，言莽'矯托天命，僞作符書，下三萬六千歲之曆，言身當盡此度。'"即指此。三百二十七萬六千者，三萬六千與九十一相因之數，則《命曆序》實據莽所下曆。《三皇本紀》又云："天地初立，有天皇氏，十二頭，立各一萬八千歲。地皇十一頭，亦各萬八千歲。人皇九頭，凡一百五十世，合四萬五千六百年。"《注》云："出《河圖》及《三五曆》。"案三統曆以十九年爲章，四章七十六年爲蔀，二十蔀千五百二十年爲紀，三紀四千五百六十年爲元。兩"萬八千"，合爲三萬六千；四萬五千六百，則一元十倍之數；蓋一據三統曆，一據莽所下曆。人皇兄弟九頭，而《廣雅·年紀》，始自人皇；十紀之名，一曰九頭；明司馬氏所稱天皇、地皇,與其所稱人皇,原本非一。《繹史》引《三五曆記》云:"天地混沌如雞子,盤古生其中。萬八千歲。天地開闢,陽清爲天,陰濁爲地。盤古在其中,一日九變。神於天,聖於地。天日高一丈,地日厚一丈,盤古日長一丈。如此萬八千歲,天數極高,地數極深,盤古極長。"亦合兩"萬八千歲"爲三萬六千,蓋小司馬所稱天皇、地皇出《三五曆》,人皇本《河圖》也。參看《緯書三皇之說》條。

《繹史》又引《春秋元命苞》云:"天地開闢,至《春秋》獲麟之歲,凡二百二十六萬七千年。分爲十紀:其一曰九頭紀,二曰五龍紀,三曰攝提紀,四曰合雒紀,五曰連通紀,六曰叙命紀,七曰循蜚紀,八曰因提紀,九曰禪通紀,十曰疏仡紀。"紀名與《廣雅》、《三皇本紀》同,而年數又異,與《續志》所載《元命苞》之言不符,恐不足據。

《三皇本紀》云:"蓋流訖當黃帝時,制九紀之間。"案《禮記·祭法正義》云:"《春秋命曆序》:'炎帝號曰大庭氏,傳八世,合五百二十歲。黃帝,一曰帝軒轅,傳十世,二千五百二十歲。次曰帝宣,曰少昊,一曰金天氏,則窮桑氏,傳八世,五百歲。次曰顓頊,則高陽氏,傳二十世,三百五十歲。次是帝嚳,傳十世,四百歲。'"(《詩·生民疏》云:"鄭信讖緯,以《命曆序》云:'少昊傳八世,顓頊傳九世,帝嚳傳十世。'"《左氏》文公十八年疏云:"顓頊傳九世,帝嚳傳八世。"均與《祭法正義》不同,未知孰是。)合僅四千二百九十年,黃帝傳二千五百二十歲,《校勘記》云:"二千,《閩本》、《宋本》作一千",則更少千歲。加以帝堯至獲麟,安能盈一紀之數?《列子·楊朱篇》云:"大古至於今日,年數固不可勝紀,但伏羲以來三十餘萬歲",其言似有所本。疑《命曆序》之流仡紀,當以伏羲爲始也。

《禮記》標題下《正義》云:"《易緯·通卦驗》云:'天皇之先,與乾曜合元。君有五期,輔有三名。'"《注》云:"君之用事,五行代王,(代字從今本《通卦驗》。)亦有五期,輔有三名,公卿大夫也。"又云:"遂皇始出握機矩。"《注》云:"遂人,在伏羲前,始王天下也。"則鄭以天皇爲上帝,五期之君爲五帝,繼天立治,實始人皇,與《廣雅》同。《三五曆》

天皇地皇之説,非其所有也。《正義》又云:"《六藝論》云'遂皇之後,歷六紀九十一代至伏羲';譙周《古史考》:'燧人次有三姓至伏羲';其文不同,未知孰是。或於三姓而爲九十一代也。方叔璣《注六藝論》云:'六紀者:九頭紀、五龍紀、攝提紀、合洛紀、連通紀、序命紀,凡六紀也。九十一代者:九頭一,五龍五,攝提七十二,合洛三,連通六,序命四,凡九十一代也。'但伏羲之前,及伏羲之後,年代參差,所説不一。緯候紛紜,各相乖背;且復煩而無用;今并畧之。"如《六藝論》之説,則自伏羲至獲麟,尚有四紀,凡百十萬四千年,較列子之説更長矣。譙周之説,見於《曲禮正義》,云:"伏羲以次有三姓,始至女媧。女媧之後五十姓至神農。神農至炎帝,一百三十三姓。"《曲禮正義》又引《六藝論》云:"燧人至伏羲一百八十七代",又與標題下所引不同。又引宋均注《文耀鉤》曰:"女媧以下至神農七十二姓。"

《書疏》引《雒師謀注》云:"數文王受命至魯公末年,三百六十五歲。"又云:"本唯云三百六十耳。學者多聞周天三百六十五度,因誤而加。遍校諸本,則無五字也。"案《乾鑿度》謂"入天元二百七十五萬九千二百八十歲而文王受命",若益三百六十歲;更益春秋二百四十二年,僅得二百七十五萬九千八百八十二年,較二百七十六萬年,尚少百十八,則《雒師謀注》與《乾鑿度》不同。依《乾鑿度》,文王受命,當在春秋前四百七十八歲也。若依《世經》,則文王受命九年而崩;武王即位十一年;周公攝政七年;其明年,爲成王元年,命伯禽俾侯於魯;伯禽至春秋,三百八十六年;文王受命,在春秋前四百十三年也。

《史記·十二諸侯年表集解》引徐廣曰:"自共和元年,歲在庚申,訖敬王四十三年,凡三百六十五年。共和在春秋前一百十九年。"又《周本紀集解》引徐廣曰:"自周乙巳至元鼎四年戊辰,一百四十四年,漢之九十四年也,漢武帝元鼎四年封周後也。"案《六國表》,起周元王,訖秦二世,凡二百七十年,元王元年,至赧王五十九年乙巳,凡二百二十一年。依《史記·年表》,共和至赧王,凡五百八十六年;至漢武帝天漢四年,則七百四十五年也。張守節《正義論史例》云:"太史公作《史記》，起黃帝、高陽、高辛、唐堯、虞舜、夏、殷、周、秦；訖於漢武帝天漢四年，合二千四百一十三年。"張氏此言，自共和以後，當以《史記》本書爲據。共和以前，除舜在位三十九年，見於本書外，《集解》引皇甫謐："黃帝百，顓頊七十八，嚳七十，摯九，堯九十八。"又引《竹書紀年》：謂"夏有王與無王，用歲四百七十一年。""自湯滅夏，以至於受，用歲四百九十六年。"（《正義》引《竹書》曰："自盤庚徙殷，至紂之滅，七百七十三年"，七百之七，當係誤字。）周"自武王滅殷，以至幽王，凡二百五十七年。"《正義》皆無異說，亦未嘗別有徵引，似當同之。若依此計算：則自黃帝至周幽王，合一千六百十八年；東周以下，依《史記》本書計算，至天漢四年，共六百七十四年；合共二千二百九十二年，校二千四百一十三，尚少一百二十一，未知張氏何所依據也。又《水經·瓠子河注》：謂"成陽堯妃祠，有漢建寧五年成陽令管遵所立碑，記堯即位至永嘉三年，二千七百二十有一載"。《北史·張彝傳》，言"彝上《曆帝圖》。起元庖犧，終於晉末，凡十六代，一百二十八帝，歷三千二百七十年。"亦未知其何據。

　　《竹書》出於汲冢，所記即未必信，究爲先秦古書也。然此書真本，恐無傳於後；唐人所據，已爲僞物，更無論明人所造矣。何也？魏史必出於晉，晉史於靖侯以前，已不能具其年數，顧能詳三代之歷年，豈理也哉？況晉又何所受之與？受之周與？周何爲秘之，雖魯號稱秉周禮者，亦不得聞，而獨以畀之唐叔也？且韓亦三晉之一也，何以韓非言唐虞以來年數，其不審諦，亦與孟子同也？豈魏又獨得之晉與？然魏人亦未有能詳言古代年數者。豈晉史又閟之生人，而獨以藏諸王之冢中與？於情於理，無一可通。故《竹書》以有共和以前之紀年，即知其不可信，更不必問其所紀者如何也。

　　即就其所紀者論之；其僞仍有顯然可見者。《路史》引《易緯稽覽圖》曰："夏年四百三十一，殷年四百九十六"，此爲造《竹書》者所本。其改夏年爲四百七十一者，億謂羿之代夏，凡四十年，故云有王與無王也。云"西周二百五十七年"者，《漢書·律曆志》云："春秋殷曆，皆以殷魯自周昭王以下亡年數,故據周公、伯禽爲紀。"《律曆志》謂伯禽四十六年。自此以下,依《史記·魯世家》:考公四,煬公六,幽公十四,魏公五十,厲公三十七,獻公三十二,慎公三十,武公九,懿公九,伯御十一,至孝公之二十五年,而犬戎殺幽王,凡二百七十三年。作《竹書》者,謂啓殺益,大甲殺伊尹,蓋抹去周公攝政之七年。更益武王二年,則二百七十五。今本作五十七,蓋七五二字互訛也。輾轉推尋,皆可得其所本,尚可信爲真古物哉?

(原刊《古史辨》第七册中編,一九三九年四月改定)

四史中的穀價

上海米價超過四十元，大家喊着生活難了。確實，生活是艱難的。然而生活之難，並不自今日始。我們的歷史，雖只短短幾千年；社會上的情況，變化無方，不能用古事來作比方的，雖然很多；然目前情況，能搜得過去相類的事情，以資比較的，亦還不少。不過歷史是有進化性的，不可誤以爲古事全和現在的相同；更不可誤以爲現在的事情和其變遷的結果，一定會和古代的事情，走上同一路徑罷了。我的留意於物價，是從前清末年濫鑄銅圓的時候起的。那時候，社會上的工資、物價，還大部分用銅錢計算。銅元一濫發，價格跌落，物價就比例上升，做生意的人，以銀兩或銀圓買進，而以銅元賣出，因銅元價格的繼續跌落，往往至於虧本。尤其是靠工資生活的人，收入的是銅幣，而物價則因大商店的進本，多是銀兩或銀圓，按照成本，批給小商店；小商店再批給零賣商；各按成本，換成錢碼賣出，就較原價高出好幾成。轉瞬而加倍，不多時就三倍、四倍。繼續上升，更無限制。於是一班靠工資生活的人，就幾乎不能生活了。我看到這種現象，開始感到幣價的漲跌，影響人民生活極大，就想搜集材料，以研究歷代的幣價。貨幣是和一切貨物，處於相對的地位，要研究幣價的高低，非搜集一切物價的記錄不可。這在歷史上，材料頗形缺乏。其中只有穀價，記載比較多些。我於是以穀價爲標準，衡量歷代的幣價。因此，對於歷代的穀價，也知道了一些。這種問題，關涉的方面很廣，計算的方法又多。個人搜集的力量有限，我又不是研究經濟學的人，自然所搜集的材料,去完備甚遠;研究的方法,更說不上精密。然以我歷年所搜輯的資料,倘使整理排比,署附說明,已可寫成兩厚册。惜乎現在都在淪陷區的破屋中。書簏被人打開,拋棄滿地,經一個不甚識字的人,替我胡亂拾起來,胡亂裝在箱子裏,借一家人家兩間屋子堆着。我的書籍、稿本,總算起來,存留的,還有五分之二。然所存留的是什麼? 所亡失的是什麼? 全然不可知了。此項稿本,是在古書上搜輯而成的,倘使亡失,倒還不足深惜。倒是歷年來在報紙上搜輯所得的;以及聞諸故老,未曾見於記載的,或者不易再得,或竟無法再得,幾乎是無可恢復的損失了。現在要我談起穀價和幣價來,我只能據記憶所及,約署翻檢書籍,說一個大概,是很不精密的。而手頭又只有一部四史。據此而談,其材料自然更形貧乏了。但是,這雖說不上知識,趣味或者還有一些。主編的先生屬我爲新年號作文,就把這寫出一節,以供大衆的消遣罷。

歷史上穀價可考的,起於戰國之世。《史記・貨殖列傳》述計然的話,計然,據說是越王勾踐時人,還是范蠡的老師,則其時可算在春秋之末。但這種說法,大抵是戰國時人所托,未必真是計然講的,說穀價每石二十個銅錢,則穀的生產者農民受害。九十個銅錢,則農民以外的消費者受害。貴不過八十,賤不過三十,則生產者和消費者,都得其利。《漢書・食貨志》載李悝的話,說農民一家五口,種一百畝田,每畝收粟一石半,共得一百五十石。除去什一之稅十五石,還剩一百三十五石。吃,一個人一月一石半,五人全年,合計九十石。還剩四十五石,每石賣錢三十,共得錢一千三百五十文。古人最重祭祀,地方上的公共祭典,如社祭等,再加上家裏的祭祀,共計費錢三百文。還剩一千零五十文。衣服,每人每年通扯三百文,五個人就要一千五百,已經不够四百五十文了。而疾病、死亡以及田稅以外的賦稅,還不在內。李悝說:這是農民所以困苦而不樂意種田的原因。李悝說穀價,以每石三十文計算,也和計然相合。當時已有糧食商人。看《管子・輕重》諸篇可知。大概起碼的米價,爲農民所得,自此以上,則都是販賣囤塌的人的利益了。

每石賣錢八十，已經超過最低的價格一倍又三分之二，而計然還認爲正常，至少還是可以容忍的價格。可見當時的糧食商，對於生產者和消費者的剝削，已經很深了。一個月吃一石半，就是一天吃五升，照現在的量算起來，無論何人，都沒有這般大的肚子。所以要知道古代穀的消費量，先要知道古代的權量。古代的權量，也是一個考據問題，現在不暇細講，我只用楊寬先生考證的結果，則秦漢時的量，當近代的量的五分之一。在秦漢時，斛是量法，不是權法。十升爲斗，十斗爲斛。一百二十斤爲石。石的多少，恰好和斛相等，所以十斗之數，也有稱爲斛的，也有稱爲石的。一天吃五升，就是現在的一升。而把穀打成糙米，又要打個六折，見《後漢書·伏湛傳》注引《九章算術》。然則古代食米五升，等於現在一升。若食穀一升，則僅得現代的六合。在壯年勞力的人，並不能飽。李悝計算農家的食糧，以每人每日五升爲率，大約因五口之家，是以一夫上父母，下妻子爲標準的。父母是老年人，子是小孩，妻是女人，其食量，都比壯年男子要少些，所以勉強夠吃，全換了壯年男子，便不行了。《漢書·趙充國傳》：充國計畫屯田以禦西羌，請留兵一萬零二百八十一人，每月要穀二萬七千三百六十斛，則一個人一天，要吃八升八合多。《三國志·管寧傳》注引《魏畧》，當時有兩個窮人，一個喚做焦先，一個喚做扈累，都由官給口糧養活，每人每天五升。焦先因不夠吃，有時只好替人做工。又引《魏氏春秋》：有一個人，綽號喚做寒貧的，也由官給一天五升的口糧養活，則因不能做工，而有時要向人討飯。《莊子·天下篇》也說，五升之飯，先生吃不飽，弟子也是要餓肚子的。這是莊子述宋鈃、尹文的話。宋鈃、尹文都是墨家。墨家的自奉，是極薄的，所以他們自述所需，一天只要五升米的飯。都是五升穀吃不很飽的證據。然則李悝計算農家的食糧，以每天每人五升爲率，雖有老弱婦女和壯年男子通扯，也是一個很低的生活標準了。官發口糧，以每人每日五升爲率，大概就是依據通行的最低生活標準而定的。照此計算：則《史記》、《漢書》上的一石穀，等於現在的二斗。其價爲三十文，則現在的一石穀，在當時值錢一百五十文。

把穀舂成糙米,打一個六折,則穀一石,等於糙米六斗,糙米一斗之價,當得二十五文,一石之價,等於二百五十文了。計然、李悝認爲每石三十文爲穀的低價。《後漢書·明帝紀》永平十二年,粟斛三十;又《劉虞傳》載虞爲幽州牧時,穀石三十;都認爲豐登的現象。則自戰國至漢末,穀價的標準,迄未大變。

穀價的昂貴,見於記載的,最早爲漢高祖二年。《漢書》本紀說"米斛萬錢",《食貨志》說"米至石萬錢",《貨殖列傳》說"米石至萬",三說符合。然《食貨志》又說"漢興米石五千",則僅得萬錢的一半。這是由於古人對於數字的觀念不甚確,所以好舉成數,超過五千,就說一萬。然漢初的米價,曾貴至五千以上,則無疑了。此後見於《食貨志》的有元帝初元二年,齊地飢,穀石三百餘。又《馮章世傳》:元帝永光二年,京師穀石二百餘,邊郡四百,關東五百。又說:王莽末年,洛陽以東,米石二千。《王莽傳》載田況的話相同。《後漢書·范升傳》,載升在王莽時,對王莽手下的大司空說:當時穀賈,斛至數千。《後漢書·光武紀》建武二年,說王莽末,"黃金一斤,易粟一斛"。《第五倫傳》注引《東觀記》,則說"米石萬錢"。漢時黃金一斤,值銅錢一萬,二說相合。則王莽的末年,穀價和漢高祖初年相仿了。《張暉傳》說章帝建初年間,南陽大餓,米石千餘。《安帝紀》永初二年《注》引《古今注》,說當時州郡大飢,米石二千。《龐參傳》說,永初四年,因羌亂更甚,且連年年景不好,穀石萬餘。《西羌傳》亦說永初年間,湟中諸縣,漢時的湟水,就是現在青海的大通河。湟中,就是大通河流域。粟石萬錢。《虞詡傳》注引《續漢書》說:他做武都現在甘肅的成縣。太守,初到任時,穀石千錢。三年之後,每石僅八十錢。《循吏第五倫傳》說,他做張掖現在甘肅的張掖縣。太守的時候,歲飢,穀石數千。《西南夷傳》說,景毅做益州現在雲南的晉寧縣。太守,初到任時,米斛萬錢,不多幾年,就每斛數十文了。見於前後《漢書》的穀價如此。大約在漢末董卓擾亂以前,穀價最高不過每石萬錢。《後漢書·董卓傳》上,才說董卓擾亂時,穀石數萬,《三國志·董卓傳》,則說穀一斛至數十萬。案《後漢書》又説李傕郭汜專政時，穀一斛五十萬。《獻帝紀》興平元年，亦有此語。興平元年，爲董卓死的後年，正是李傕、郭汜霸據京城之時，則穀斛數十萬，自係董卓死後的事。《三國志》把董卓擾亂，和李傕、郭汜的擾亂，看做一件事，在這一時期中，就穀價最貴時立說，就不免"舞不別白"，不如《後漢書》的完全了。讀書所以要取各種書籍，互相校對呀！《三國志・魏武帝紀》說：興平元年，穀一斛五十餘萬錢。這是指當時兗州之地，即現在山東的西南部而言，和長安情形，恰相仿佛。超過漢初和莽末，又有好幾十倍。可見後漢末年兵禍的慘酷。

以上都是說穀貴的情形。至於穀價的賤，則無過於前漢宣帝時，《食貨志》說穀石五錢，《本紀》記其事於元康四年，只得李悝所說的下價六分之一。現在的一石穀，在當時僅值二十五個銅錢。無怪農民要叫苦了。我國歷代都有常平倉，當秋收穀價低廉時，由官收買其一部分，以提高其價格，到明年青黃不接時，則照平價出賣，以壓低穀價，使商人不能操縱市場而牟大利，而生產者和消費者都受到保護。常平倉就是創立於此時的。在公家一方面，則因出賣時的價格，仍較收買時畧昂，本身仍畧有餘利，只要開辦時投下一筆資本，以後即無須續籌經費維持。論其立法之意，實可稱法良意美。但在古代，穀物的市場還小，公家的資本相形之下，覺得雄厚，則可收控制之效。到後世，穀物的賣買愈盛，則公家的資本，相形之下，愈覺微薄。收買一些，發賣一些，市場之中，全不覺得有這麼一回事。就不過充平糶之用，聊以救濟貧民，全不能盡控制市價的責任了。

宣帝時穀石五錢，可謂極賤。然《趙充國傳》說張掖以東，粟石百餘，亦在宣帝時候。這可見交通不便，各地方的米穀，受不能互相流通之害，可見交通便利是使各地方的物價，趨於平均的一個有力的因素。又可見歷史上所說穀貴，穀賤，都是指一隅之地而言之，並非全國普遍的現象了。

講穀價既畢，即可因此而推論到漢人的財產。歷史上有一個很有名的故事，就是所謂漢文帝惜中人十家之產。事情是這樣的:《漢書・文帝紀》說,有一天,文帝想要造一個臺,召匠人估計,說是"值百金"。文帝說:"百金,中人十家之產也",就此不要造了。然則漢時,一個中人之家的產業,其估價爲十金。漢朝的黃金,是以斤計算的,黃金一斤,等於銅錢一萬。則中人之產的估價,等於銅錢十萬,以穀石三十計,等於穀三千三百三十三石有餘。以當時的穀一石,等於現在的兩斗計算,則等於現在的穀六百六十六石有餘了。漢朝本有訾選之法。"訾"就是現在家資的"資"字。訾選,是計算一個人的家產,滿到若干,才能夠用他做公務員。其意,是以爲有家產的人要廉潔些。《漢書・景帝紀》後元二年的詔書,述當時所行之法,是訾算十以上乃得官。景帝把他改做訾算四。《注》引服虔之說,說十算就是十萬。《哀帝紀》綏和二年,受水災的地方,百姓訾產不滿十萬的,都免除其租賦。《平帝紀》元始二年同。《揚雄傳》載他自序的話,說"家產不過十金"。《後漢書・梁統傳》說:統的曾祖父橋以家訾十萬徙茂陵。漢武帝的墳,在今陝西興平縣東北。初置邑,後來設茂陵縣。漢朝盆帝的陵,都要設置一個邑,移徙有家訾的人,住居其中的。都可見漢代計算財產,以錢十萬爲一個標準。出使匈奴,抗節不屈的蘇武,回國時,還有跟隨他出去的六個人,一同回來;漢朝賞賜每人銅錢十萬,就是賞賜他一個中人的家產。蘇武則賜錢百萬,等於中人家產的十倍,要算一個富翁了。漢朝的賞賜,要算厚的,但在通常情形之下,超過黃金百斤,或銅錢百萬的時候也很少。至於當時的富豪,則其家產盡有十倍百倍於平民的,做《白頭吟》的卓文君,她的父親,分給她的錢,就有一百萬。那她父親的家訾,一定有幾百萬了。王莽時,現在山東的日照縣地方,有位呂老太太,家資有好幾百萬。她的兒子在縣裏當公務員,給縣長枉殺了。呂老太太就散財交結了一班勇士,共入海島中爲海盜,攻破縣城,把縣長殺掉。此事見於《後漢書・劉盆子傳》。又《樊宏傳》說他的父親名字喚說重,借給人家的錢,就有幾百萬。則他的家資,一定要在千萬以上。《史記》的《魏其武安侯列傳》,說魏其侯的好朋友灌嬰,家資有幾千萬。灌嬰是漢時著名的豪傑。漢時所謂豪傑,實在就是現在上海所謂"白相人"、"老頭子"之流,其家產之多,至於如此。亦可見土豪、劣紳、江湖上人的勢力了。後漢時專權的外戚梁冀,管通報的門公,就因人家要送他門包,而積產千金。梁冀得罪後,抄沒其家產,把他發賣,共合錢三十多萬了。這更可見得貪官汙吏的可怕了。漢朝有個文學家,喚做枚乘。枚乘的兒子枚皋,也是一個文學家。枚乘是淮陰人,枚皋是他客遊商丘時娶了妾所生的兒子。枚乘東歸時,枚皋的生母,不肯隨他同行。枚乘發怒,分給枚皋幾千個銅錢,讓他跟隨着他的生母過活。這是家產不滿十金的。在當時,要算夠不上中人之家的資格了。

有家產的人,自然不能動用本錢,要靠利息過活。然則秦漢時的利率是如何的呢?據《史記·貨殖列傳》一切事業,利率都以什二計算。什二是十分之二,就是現在的週年二分利。那麼,家資十萬,利息每年可得兩萬個銅錢。農民五口之家,種田一百畝,收穀一百五十石,一石估計值三十個錢,共計四千五百個銅錢,不及他四分之一。所謂中人之家,其資產,就等於有田四百餘畝了。漢時所謂封君,對於他的人民,平均每戶可收稅錢二百。千戶的封君,一年可收錢二十萬。和存本錢千貫,用週年利息二分放出的人一樣。在當時就算做富豪。一貫是一千,千貫就是一百萬,所以當時的富豪,家產是中人之家的十倍。

當時的工資,現無可考。漢朝的人民,都有當兵的義務。據《漢書·昭帝紀》元鳳四年《注》引如淳說,漢朝的法律,人民從本鄉調到縣城裏去當兵的,本來以一個月爲期。但是事實上,有人不願去,也有窮人,回到本鄉,無事可做,願意住在縣裏當兵的。於是挨次當兵的人,就自己不去,而出錢雇他,留在縣中,代自己當兵。其雇資爲每月二千個銅錢,還有:全國個個人都有戍邊三日的義務。事實上不能人人到邊上去三日,已去的人,亦不能三天便回來。於是該去的人,每人出錢三百交給官,由官發給戍邊的人。已去的人,就在邊上留住一年。照前一說,受雇的人,年可得錢二萬四千,比農夫一家五口,種田百畝的,加出五倍有餘。照後一說,一年可得錢三萬六千,恰恰是八倍。如其工資都是如此,大家倒都願意做工,而不願意種田了。須知這種生活,是要離開本鄉的。姑勿論旅居跋涉之苦,即單就經濟而論,除去道途之費,及一身在外的開支,也一定不會比種田多的。所以還只有窮人肯去啊!依此推論起來,貧民在本地受雇的工資,也一定不會比自耕農的收入多。漢朝錢價貴,計算資產,古人雖然多用銅錢的數目字表示,實際上的收入,並不都用錢。所以前文所說的焦先,官給他一天五升口糧,就要叫他去掩埋死人,這就是出了口糧,雇他當差。而焦先因五升口糧不夠吃,還時時替人做工。《魏畧》上說他替人做工,"飽食而已,不取其直"。可見民間雇工,喫飯而外,還有工資的。假如照自耕農的收入計算:一年一百五十石,就是一個月十二石半,共得一千二百五十升,一天該得四斗多。除吃掉五升外,還得給他三斗多穀。如只照一家五口,天天喫飯的標準計算,則一個人每天吃五升,除做工的人,業經在雇主家喫飽外,還得給他兩斗穀。工資的升降,大約不出此兩數之間了。漢朝有一個嚴君平,歷史上稱爲高士。他在成都賣卜,每天賣到一百個錢,就不再賣了。事見《漢書·王貢兩龔鮑傳》。作史的人,是以他這種行爲爲清高,所以把他記下來的。讀史的人,亦都稱其清高。然他的所得,已經八倍於自耕農了。不花什麼氣力,而還得清高之名,到底是江湖遊士好做啊!

(原刊《知識與趣味》第二卷第一期,一九四〇年一月版)

漢人啙產雜論

一、論古人日食之率及
　　漢代啙產利率顧直

《史記·貨殖列傳》引計然之言曰："夫糶，二十病農，九十病末。上不過八十，下不過三十，則農末俱利。"《漢書·食貨志》載李悝盡地力之教曰："今一夫挾五口，治田百畝，歲收畝一石半，爲粟百五十石；除十一之稅十五石，餘百三十五石。食，人月一石半，五人終歲爲粟九十石，餘有四十五石，石三十，爲錢千三百五十。除社閭嘗新春秋之祠，用錢三百，餘千五十。衣，人率用錢三百，五人終歲用千五百。不足四百五十。不幸疾病死喪之費，及上賦斂，又未與此。此農夫所以常困，有不勸耕之心，而令糶至於甚貴者也。"案計然言糶，以三十爲最下之價。而李悝言農家之入，以石三十爲率。蓋糶糴之利盡歸商賈，農夫所得，塵此區區而已。假使取三十、八十之中，石得五十，則四十五石之糶，可多得九百錢，反贏四百五十，足勉支疾病死喪之費矣。故知農夫之困，商賈實爲之也。

李悝言食人月一石半，是日五升也。趙充國《屯田奏》："願留萬二百八十一人，用穀月二萬七千三百六十三斛。"則日八升八合餘。嚴尤諫王莽伐匈奴，計一人三百日食，用糒十八斛。則日六升。蓋屯田者皆壯男，而一家五口，兼有婦女老弱，故其數不同。《三國志・管寧傳注》引《魏畧》：官廩焦先屢累寒貧，皆日五升。蓋自戰國至後漢，計人日食之率如此。屢累以五升不足食，頗傭作以裨糧。寒貧則頗行乞。蓋官給廩或不足，或兼以粟易他物，故然。非老弱者五升猶不得飽也。莊周述宋鈃、尹文之言曰："五升之飯足矣。先生不得飽，弟子雖飢，不忘天下。"亦指壯者言之，非老弱也。見《天下篇》。《三國魏志・鄧艾傳》：艾言：淮南北屯田，六七年間，可積三千萬斛。此則十萬之衆五年食也。則人年六十斛，月得五斛。

如李悝所計，一夫五口之家，終歲之用，不足四百五十。粟石三十，是當更得十五石，乃可足其用也。疾病死喪之費，歲以四百五十計，亦至縠矣。然則五口之家，必得粟百八十石，乃可勉支。以一人言之，養生送死之費，當歲得粟三十六石。秦漢一石，約當今之二斗，則以今之量言之，當得七石二斗也。《後漢書・伏湛傳注》引《九章算術》曰："粟五十，糲率三十。一斛粟得六斗米爲糲。"然則一人養生送死之費，當得今粗米四石三斗二升。石以五元計，不過二十一元六角。一家五口，僅百有八元而已。亦云儉矣。

粟價自六國至兩漢，似無大差。觀《後漢書・明帝紀》，書永平十二年，粟斛三十。又《劉虞傳》言："虞爲幽州牧，民悅年登，穀石三十。"皆以三十爲下糶可見。兩漢之錢，當遠多於六國時，然其流通，亦當遠在六國時上。姑以幣賈無甚升降言之，則自戰國至漢末，人民生計，可謂未曾大變也。如此，則可推論漢人之訾產焉。如計然說，取其中價，粟石五十計之，則漢時有訾千者，等於有粟二十石，即等於今之粟四石。石以五圓計，猶今有訾二十圓也。黃金一斤直錢萬，漢世亦似無大變，則有一金者，等於有粟二百石，猶今有訾二百圓矣。文帝言："百金中人十家之產。"是一中人之家，其訾產，等於今之二千圓也。《漢書・景帝紀》：後二年五月詔："今訾算十以上乃得官。"服虔曰："十算，十萬也。"《哀帝紀》：綏和二年，"水所傷縣邑及他郡國災害什四以上,民訾不滿十萬,皆無出今年租賦。"《平帝紀》:元始二年,"天下民訾不滿二萬,及被災之郡不滿十萬,勿租稅。"揚雄自謂家產不過十金。《後漢書•梁統傳》:統曾祖橋,以訾十萬徙茂陵。蓋皆以中人之家爲率。

《漢書•伍被傳》:被爲淮南王畫策,詐爲丞相御史請書,徙家產五十萬以上者朔方。此猶今之有訾產萬圜者也。《酷吏傳》:尹齊病死,家直不滿五十金。以是爲儉,知漢世官吏,訾產多在今萬圜以上矣。劉德家產過百萬,則以振昆弟賓客食飲,曰:"富,民之怨也。"此以今之二萬圜爲率也。卓王孫分與文君錢百萬,亦猶今分與二萬圜矣。《平當傳》:祖父以訾百萬,自下邑徙平陵。此在民間已爲高訾。漢世諸陵,所以多鬥鷄走狗之徒也。多於百萬者:《武帝紀》:元朔二年,"徙郡國豪傑及訾三百萬以上於茂陵。"《王章傳》:"妻子徙合浦,以採珠致產數百萬。"《後漢書•劉盆子傳》:"吕母家素豐,訾產數百萬,"《樊宏傳》:族曾孫准,以先父產業數百萬讓孤兄子。《前書•張湯傳》:"湯死,家產直不過五百金。"又云:"皆所得奉賜,無他贏。"足見漢時奉賜之厚。《後書•和帝陰皇后紀》:永初四年,鄧大后詔赦陰氏徙者歸故郡,還其訾財五百餘萬。《前書•楊敞傳》:子惲,"初受父財五百萬,及身封侯,皆以分宗族。後母無子,財亦數百萬,死皆予惲,惲盡復分後母昆弟;再受訾千餘萬,皆以分施。"《王嘉傳》:嘉奏封事言,"孝元皇帝時,外戚訾千萬者少。"又言:"成帝時,史育家訾不滿千萬。"《酷吏傳》:王温舒死,家累千金。《貨殖傳》:"成都羅裒賈京師,隨身數十百萬,爲平陵石氏持錢,往來巴蜀,數年間,致千餘萬。"《叙傳》:班況訾累千金,徙昌陵。《後書•梁冀傳》:"客到門不得通,皆請謝門者,門者累千金。"周燮等《傳》:荀恁訾財千萬,父越卒,悉散與九族。《獨行傳》:李元訾財千萬。見《李善傳》。《种暠傳》:父爲定陶令,有財三千萬。《前書•竇嬰傳》:灌夫家累數千萬。《杜周傳》:子延年,居九卿位十餘年,賞賜賂遺,訾數千萬。《酷吏傳》:寧成稱"仕不至二千石,賈不至千萬,安可比人乎!乃貰貸陂田千餘頃,假貧民,役使數千家。數年,致產數千萬"。《貨殖傳》:宛孔氏家致數千金。刁間起數千萬。臨淄姓偉訾五千萬。《後漢書‧樊宏傳》:父重年八十餘終。"素所假貸人間數百萬。"貸於人者至數百萬,其所有者亦必數千萬矣。《前書‧張良傳》:良自言"不愛萬金之訾,爲韓報仇强秦。"《貨殖傳》:"師史能致七千萬。師古曰:"七千萬,即萬萬也。"王莽時,雒陽張長叔薛子仲,訾亦十千萬。"又曰:"自元成迄王莽,京師富人,杜陵樊嘉、茂陵摯網、平陵如氏苴氏、長安丹王君房、豉樊少翁、王孫大卿,爲天下高訾。嘉五千萬,其餘皆巨萬矣。"《楚元王傳》:"功費大萬百餘。"《注》引應劭曰:"大萬,億也。大,巨也。"案《詩‧伐檀》毛《傳》,以萬萬爲億。鄭《箋》以十萬爲億。《疏》云:"今數萬萬爲億,古十萬爲億。"蓋毛《傳》雖自名古學,實爲時人所僞托,故不覺露出馬脚也。《後漢書‧鮮卑傳》,言:"青徐二州,給歲錢二億七千萬。"此語當本漢時計帳,知漢世以萬萬爲億,巨萬即萬萬矣。《遊俠傳》言:"石顯訾巨萬。"《佞幸傳》言:"其賞賜賂遺,訾一萬萬。"亦巨萬即萬萬之徵也。《梁冀傳》言:"扶風人士孫奮,居富而性吝嗇,冀因以馬乘遺之,從貸錢五千萬。奮以三千萬與之。冀大怒,乃告郡縣,訐奮母爲其守臧婢,云盜白珠十斛,紫金千斤以叛。遂收考奮兄弟,死於獄中,悉沒訾財億七千餘萬。"《方術傳》:折像父國,有訾財二億。此又逾於萬萬。梁冀之誅也,收其財貨,縣官斥賣,合三十餘萬萬。董賢之誅也,縣官斥賣其財,凡四十三萬萬。則合今六千餘萬、八千餘萬矣。

家訾之少者:《漢書‧元帝紀》:初元元年,"以三輔大常郡國,公田及苑可省者振業貧民,訾不滿千錢者,賦貸種食。"《貢禹傳》:禹自言"家訾不滿萬錢"是也。案《枚乘傳》言:"乘在梁時,取皋母爲小妻。乘之東歸也,皋母不肯隨。乘怒,分皋數千錢,留與母居。"枚皋分訾不過數千,貧民家訾之不及千宜矣。然貢禹又自言有田百三十畝,則漢時計訾者,田畝不與焉。蓋距井授之世猶近,未以土田爲人所私有也。《遊俠傳》言:"石顯當去,留牀席器物數百萬直欲以與萬章。"《後書‧和帝紀》:永元五年詔,言"郡國上貧民,以衣履釜鬵爲訾。"亦漢世計訾以財物而不以田畝之證。衣履釜鬵,雖云瑣屑,然較之後世之併計田宅,甚或專計丁糧者,則其取民爲已寬矣。故知政之流失,久而愈甚也。

《貨殖列傳》言:"封者食租稅,歲率户二百。千户之君,則二十萬。"又言:"子貸金錢千貫者,比千乘之家。"則漢世利率通行者爲什二。故曰:"他雜業不中什二,則非吾財。"言其不足事也。又曰:"貪賈三之,廉賈五之。"此三五即參伍,乃動字。《漢書音義》謂"貪賈未當賣而賣,未可買而買,故得利少而十得三。廉賈貴而賣,賤乃買,故十得五",非也。未當賣而賣,未可買而買,此乃拙,非貪也。又曰:"吳楚七國兵起時,長安中列侯封君行從軍旅,賣貸子錢。子錢家以爲侯邑國在關東,關東成敗未決,莫肯與。惟無鹽氏出捐千金貸,其息什之。三月,吳楚平,一歲之中,則無鹽氏之息什倍",此什倍乃子母侔也。《索隱》云:"出一得十倍",非也。如李悝所計,穀石三十,農民之家,終歲所費,爲百五十石,不足四百五十,都計錢四千九百五十耳。是訾二萬四千七百五十之息也。更益以疾病死喪及上賦斂之所費,亦以四百五十計,是訾二千二百二十之息也。然則農夫五口百畝之入,等於事末業者二萬六千九百七十之訾耳。農夫安得不困,末業安得不抒。中人之產十金,以什二計,歲得息二萬,四倍於農夫終歲之入而有餘矣。但所謂訾者,衣履釜鬵牀席器物之類,不皆可以生息耳。

《漢書·王貢兩龔鮑傳》云:"嚴君平卜筮於成都,裁日閱數人,得百錢,足以自養,則閉肆下帘而授《老子》。"夫日得百錢,則歲三萬六千矣。是八農夫終歲之所入,猶得爲儉乎?《詩》言:"握粟出卜。"《三國志·陶謙傳注》引謝承書,言:"趙昱年十三,母病,握粟出卜。"一似襲用成語者。然《鹽鐵論·散不足篇》,訾當時飲食之侈曰:"負粟而往,易肉而歸。"蓋時錢賈貴,所費不能及一錢也,亦曷怪出卜者之握粟乎?君平日閱數人而得百錢,則來卜者人必出錢二三十,倍於下糴一石之賈矣,猶得曰居貧乎?然則君平江湖術士之豪耳。不然,何山不可居,而必於成都之市邪!

《史記·蕭相國世家》:"高祖以吏繇咸陽,吏皆送奉錢三。何獨以五。"《集解》引李奇曰:"或三百,或五百也。"顏師古注《漢書》亦曰:

"他人皆三百,何獨五百。"案下文又言高祖益封何二千户,以帝嘗繇咸陽時,何送我獨贏奉錢二也。曰二,曰三,曰五,文甚明白,何以知三謂三百,五謂五百?《索隱》引劉氏曰:"時錢有重者一當百",何所據邪?或曰,《高祖紀》:"呂公善沛令,避仇從之客,因家沛焉。沛中豪傑吏聞令有重客,皆往賀。蕭何爲主吏,令諸大夫曰:'進不滿千錢,坐之堂下。'"夫令有重客,賀錢猶及千,豈有故人饋賻,乃以錢三五者歟?不知本紀述高祖微時事,皆怪異之談,非故爲是以惑人,則傳者所增飾耳,安可據爲典要邪!不獨《高祖紀》,凡古書所謂百金千金云者,固有實事,亦未嘗無恢侈之談,要當分別觀之,不可盡信爲實然也。

《漢書·昭帝紀注》引如淳曰:"更有三品:有卒更,有踐更,有過更。古者正卒無常,人皆當迭爲之,一月一更,是謂卒更也。貧者欲得顧更錢者,次直者出錢顧之,月二千是謂踐更也。天下人皆直戍邊三日,亦名爲更,律所謂繇戍也;不可人人自行三日戍,又行者當自戍三日,不可往便還,因便往,一歲一更,諸不行者出錢三百入官,官以給戍者,是謂過更也。"《溝洫志》:"治河卒非受平賈者,爲著外繇六月。"蘇林曰:"平賈,以錢取人作卒,顧其時庸之平賈也。"如淳曰:"律說,平賈一月得錢二千。"《卜式傳》:"乃賜式外繇四百人。"蘇林曰:"外繇,謂戍邊也,一人出三百錢,謂之過更,式歲得十二萬錢也。"《平帝紀》:元始元年,"天下女徒已論歸家,顧山錢月三百。"如淳曰:"令甲,女子犯罪,作如徒六月。顧山遣歸,一說以爲當於山伐木,聽使入錢顧功直,故謂之顧山。"蓋准過更之直。然則漢世顧功,平賈月二千,惟戍邊及山伐者,月三千也。君平居肆之人,倖於遠行作苦者矣。此江湖遊食之士所以多歟?

《後漢書·和熹鄧皇后紀》:"舊大官湯官經用,歲且二萬萬。大后敕止日殺,省珍費,自是裁數千萬。"《宦者傳》:呂強上疏,言"後宮采女,數千餘人,衣食之費,日數百金。"夫歲二萬萬,則是下糶六百六十六萬六千六百六十六餘石之賈也。家致百五十石,四十四萬四千四百四十四家,乃足奉之矣。數人而食一金,是人食數千錢,若以爲三千,則是日食下糶百石之價也,亦云侈矣!

《後漢書·循吏傳》:劉寵爲會稽太守,"征爲將作大匠。山陰縣有五六老叟,自若邪山谷間出,人齎百錢以送寵。寵爲人選一大錢受之。"《吳志·劉繇傳注》引《續漢書》云:"爲選受一大錢,故會稽號寵爲取一錢太守。"案《續書》之說是也。《後書》蓋措語偶誤。若人選受一大錢,則當云取五六錢太守矣。送太守不過百錢,安得送一亭長,乃人人三百錢邪?或曰:送劉寵者,山谷間叟也;送高祖者,豪吏也。多少縣殊,又何足怪?不知秦漢間吏民之所以贈遺官吏者甚厚,竟有借之以定產業者,《漢書·遊俠傳》:"原涉,父哀帝時爲南陽太守。天下殷富,大郡二千石死,官賻斂送葬,皆千萬以上。妻子通共受之,以定產業。"又《後漢書·張禹傳》:父歆,終於汲令。"汲名人賻送,前後數百萬,悉無所受。"縣令如此,況於太守邪?又《田叔傳》:"爲魯相,卒。魯以百金祠,少子仁不受。"百金,亦百萬矣。安得與尋常贈遺比。《後漢書·朱暉傳》:"爲郡吏。太守阮況,嘗欲市暉婢,暉不從。及況卒,暉乃厚贈送其家。人或譏焉。暉曰:'前阮府君有求於我,所以不敢聞命,誠恐以財貨汙君。今而相送,明吾非有愛也。'"《注》引《東觀記》曰:"暉爲督郵,況當歸女,欲買暉婢。暉不敢與。後況卒,暉送其家金三斤。"夫金三斤,亦不過三萬錢耳,而人以爲厚,暉亦自謂不薄矣。安得送一亭長,人人致錢三百邪?或曰:郭解徙茂陵,諸公送者出千餘萬,明當時豪傑致饋賻頗厚,高祖固亦其倫也。然高祖雖曰豪傑,其交遊似尚非郭解之比。且解之致千餘萬,亦以贈送者多,非必人人所遺皆厚。又解所與往還,必多長者,亦非如高祖,所狎者不過刀筆吏之類也。

二、論前漢賞賜

漢世金錢,準諸穀賈,實較後世爲貴。故其饋遺賞賜所用之數亦微。如前辯高帝繇咸陽，吏皆送奉錢三，蕭何獨以五，爲三錢五錢是也。《景帝紀》：遺詔賜吏二千石黃金二斤，吏民户百錢。當下糶之賈三又三分石之一。此已爲厚惠。《武帝紀》：大始三年，"賜行所過户五千錢"。則必以供億勞費特甚耳。隨蘇武還者六人，以老歸家，不過人賜錢十萬。征大宛者，士卒賜僅直四萬錢。然則韓信王楚，召下鄉亭長賜百錢，亦不爲菲矣。而哀帝賜董賢家蒼頭奴婢，至人十萬，何其侈也。《丙吉傳》："掖庭宮婢則，令民夫上書，自陳嘗有阿保之功。詔免則爲庶人，賜錢十萬。"《王嘉傳》："嘉奉封事，言元帝嘗幸上林，後宮馮貴人從，臨獸圈，猛獸驚出；貴人前當之。元帝嘉美其義，賜錢五萬。"然則董賢家蒼頭奴婢之功，侔於微時之阿保，而倍於冒死以免其君者邪！

韓信予下鄉亭長錢百，而賜所從食漂母千金。此等厚意，固不可以尺度量，其報之，自亦不可以多寡計也。元帝賜馮貴人錢五萬耳。而《外戚傳》言："趙飛燕譖許皇后、班婕妤挾媚道，咒詛後宫，詈及主上。考問婕妤。婕妤對曰：'妾聞死生有命，富貴在天，修正尚未蒙福，爲邪欲以何望？使鬼神有知，不受不臣之愬；如其無知，愬之何益？故不爲也。'上善其對，憐閔之，賜黃金百斤。"成帝之淫侈，固非元帝之恭儉，然亦豈有善妾媵一言，而賜以百金者？使其愛憐之如此，亦不終棄之長信宮矣。此殆班氏自誇之辭，非其實也。古人言語，好舉成數，而傳述故事者，又多好張大其辭，所謂百金千金，未必皆係實數。武帝欲襃卜式以諷示天下，不過賜金四十斤。見《食貨志》。本傳同。桑弘羊亦不過黃金再百。亦見《食貨志》。趙食其、常惠、遂成賜金百斤，見《衛青傳》。以有軍功。昭帝時，雋不疑賜錢百萬，則以發覺劉澤之叛耳。見本紀始元元年及本傳。蘇武著節老臣，賜錢不過百萬。見本紀始元六年及本傳。其後尹翁歸、朱邑子皆賜黃金百斤，以奉祭祀。黃霸亦賜黃金百斤。見本紀元康四年、神爵元年、四年及本傳。元康四年，又賜功臣適後黃金人二十斤。則以宣帝特重循良故也。召信臣循聲侔於霸，裁賜黃金四十斤。趙充國有平羌之功，及乞骸骨，賜黃金六十斤。陳湯建不世之勳，累遭挫折，亦僅賜黃金百斤。《元帝紀》竟寧元年及本傳。段會宗即誅烏孫番丘，賞與湯同。劉常爲大常，病免，賜金百斤。《百官公卿表》綏和四年。王延世以治河功，賜黃金再百。《溝洫志》。杜延年爲北地太守，璽書賜黃金二十斤，徵入爲御史大夫，賜黃金百斤。疏廣受青宮師傅，乞骸骨，加賜黃金二十斤。皇太子贈以五十斤。薛廣德與於定國、史高俱乞骸骨，皆賜黃金六十斤。彭宣之免，賜黃金五十斤。貢禹爲御史大夫，數月卒，賜錢百萬。韋賢乞骸骨，賜黃金百斤。夏侯勝遷太子太傅，賜黃金百斤。卒官，太后賜錢二百萬。以師傅之恩故也。張敞徵拜膠東相，孫寶拜廣漢太守，皆以綏靖地方，皆賜黃金三十斤。蕭育望之子。以江中多盜賊，拜南郡太守，加賜黃金二十斤。馮奉世平羌，賜黃金六十斤。子野王，以王舅不宜備九卿，出爲上郡太守，加賜黃金百斤。張禹成帝師，與王鳳并領尚書，乞骸骨，不許，賜黃金百斤。及罷，又賜黃金百斤。孔霸，元帝師，徵爲給事中，加賜黃金二百斤。子光爲尚書，以周密謹慎，賜黃金百斤。史丹病乞骸骨，賜黃金五十斤。傅喜上將軍印綬，以光禄大夫養病，賜黃金百斤。嚴延年爲涿郡太守，三歲，遷河南太守，賜黃金三十斤。陳立徙天水太守，勸民農桑，爲天下最，賜黃金四十斤。《西南夷傳》。許嘉爲車騎將軍，輔政，策免，賜黃金二百斤。《外戚傳》。王商乞骸骨，賜錢百萬。《元后傳》。和親侯王歙使匈奴，購求得陳良、終帶，賜錢二百萬。《匈奴傳》。是知漢世，無論有勳勞，抑係親戚師友，賞賜罕逾百金者。王莽乞骸骨，哀帝賜黃金五百斤，已非常典矣。其以一時應對之善而受賜者：袁盎引卻慎夫人坐，慎夫人賜金五十斤。虞丘壽王對汾陰得寶鼎，賜黃金十斤。東方朔諫起上林苑，賜黃金百斤。諫内董偃宣室，賜金三十斤。王閎數奏昌陵不可成，爲天下除大害。成帝借以侯淳于長，賜黃金百斤。《成帝紀》永始二年。郅都諫景帝毋自持兵救賈姬。上與太后亦不過各賜金百斤而已。乃《高帝紀》，田肯説非親子弟莫可使王齊者，賜金五百斤。太公家令説太公，上朝，擁彗迎門卻行，上賜黃金五百斤。《荆燕吳傳》：劉澤用金二百斤爲田生壽。太后賜張卿千金，張卿又以其半奉田生。《鄒陽傳》：梁孝王賚以千金，令求方畧解罪於上。而《高帝紀》及《項籍傳》、《陳平傳》且謂帝出黃金四萬斤與平以間疏楚君臣。以口舌得金，何其易也，曷怪士之競鶩於遊説哉！竊謂此等皆古人言語，好舉成數，遊士喜以多金相誇燿。傳説者又從而侈之，非其實也。其稍稍賜與，以致積多，自然不在此例。如《張禹傳》言："天子數加賞賜，前後數千萬"是也。韓安國解梁王於上，太后更賜直千金，亦非一時事。《東方朔傳》言："朔之詼諧逢占射覆，其事浮淺，行於衆庶，童兒牧豎，莫不眩燿。而後世好事者，因取奇言怪語，附著之朔。"竊謂正非獨朔如此也。

《漢書·武帝紀》："元狩六年，賜丞相以下至吏二千石百金。"宋祁曰："新本無百字。"案無之者是也。自丞相至二千石不得無差等。

漢世賞賜，亦有甚多者，皆非常典也。高后崩，遺詔賜諸侯王各千金。文帝元年，賜大尉勃金五千斤，本傳同。丞相平、將軍嬰金二千斤，各千斤，見本傳。本紀云："邑各三千戶，金二千斤。"各字但指邑言。朱虛侯章、襄平侯通金千斤，《高五王傳》云："益封朱虛侯、東牟侯各二千戶，黃金千斤。"案此亦當各五百斤也。典客揭金千斤。昭帝時，燕剌王旦賜錢三千萬，廣陵王錢二千萬，黃金二百斤。紀元鳳五年。本傳同。宣帝地節元年賜廣陵王黃金千斤。本傳云："賜胥黃金前後五千斤。"諸侯王十五人，黃金各百斤。列侯在國八十七人，黃金各二十斤。蓋直人心搖動之時，厚賜以事要結也。其時霍光賞賜，前後黃金七千斤，錢六千萬，雜繒三萬匹。蔡義爲丞相，亦以定策功，加賜黃金二百斤。案平帝時，中山衛姬拜爲中山孝皇后，上書謝恩，因陳丁、傅舊惡。是時人心亦動搖殊甚；王莽秉政，豈不可厚賜以事要結？然莽裁以太后詔加賜中山王及太后黃金各百斤而已。制節謹度之君，究非不學無術者比也。

《外戚傳》："武帝賜異母姊錢千萬，奴婢三百人，公田一頃。"此以其起自貧賤，爲立產業，與尋常橫賜，小有不同。宣帝賜舅無故、武，旬月間以巨萬計，亦然。昭帝時，外祖順成侯姊君姁賜錢才二百萬，視此則甚薄矣，可見霍光之專也。竇嬰，吳楚反時拜大將軍，賜金千斤。此亦非常典。又蘇武嘉兄，爲奉車都尉，從至棫陽宮，扶輦下除，觸柱折轅，劾大不敬，伏劍自刎。賜錢二百萬以葬。蓋以死非其罪，故有此厚賜也。

嬖幸之賞賜，有不可以常格論者。文帝賞賜鄧通，巨萬者以十數。武帝寵韓嫣，賞賜擬鄧通。新垣平賞賜累千金。欒大妻衛長公主，齎金十萬斤。公孫詭初見梁孝王賜千金。皆嬖幸，非術士也。衛青以母昆弟貴，數日間賞賜累千金。此時之青，特外嬖耳。後雖爲大將軍，而史稱其以和柔自媚，蓋仍以嬖幸自居。定襄之役，功不多不益封，猶賜千金，亦以嬖幸視之，非以軍法論也。張放賞賜以千萬數，徵爲侍中光祿大夫，爲丞相翟方進所奏。成帝不得已，遣就國，賜錢五百萬。亦凡諸侯所無。然帝崩，放思慕哭泣，遂至於死。犬馬戀主之誠，賢於衛青之猥瑣，霍去病之驕縱者遠矣。霍光奏昌邑王罪狀，謂其使中御府令賜昌邑侍中君卿金千斤，取十妻，恐轉失之誣也。

《高帝紀》：「帝疾甚，呂后迎良醫，賜黃金五十斤，罷之。」《外戚傳》：傅太后誣馮太后，謂馮太后女弟習，寡弟婦君之謂醫徐遂成曰：「武帝時，醫修氏刺治武帝，得二千萬耳。今愈上，不得封侯，不如殺上，令中山王代，可得封。」案呂后所迎醫，高帝未嘗令治疾。修氏雖治武帝獲愈，賞賜亦不能至二千萬。此等傳說，疑亦不足信也。

漢時國家有事賞賜臣下者：惠帝即位，外郎不滿二歲，賜錢萬。謁者、執楯、執戟、武士、騶比外郎。賜給喪事者，二千石錢二萬，六百石以上萬，五百石二百石以下至佐史五千。視作斥土者，將軍四十金，二千石二十金，六百石以上六金，五百石以下至佐史二金。昭帝自建章宮徙未央宮，大置酒，賜郎從官帛及宗室子錢，人二十萬。元帝初元二年，立皇太子，賜列侯錢各二十萬，五大夫十萬。其加惠功臣後嗣者：元康四年，蒯成制侯周緤、赤泉嚴侯楊喜、猗氏敬侯陳遬、吳武嚴侯楊武、昌圉侯旅卿之後，各賜黃金十斤，復家。《高惠高后文功臣表》。惟衛青之孫，賜錢五十萬。《外戚恩澤侯表》。

《漢書·陸賈傳》言：賈使南越，趙佗賜賈橐中裝直千金。它送六千金。賈有五男,乃出所使越橐中裝賣千金,分其子,子二百金。令爲生產。蓋時重南方之物,故賈能以立產業。佗所贈者,在南中未必甚貴也。傳又言賈爲陳平畫呂氏數事,平用其計,乃以五百金爲絳侯壽。厚具樂飲太尉,太尉亦報如之。平乃以奴婢百人,車馬五十乘,錢五百萬遺賈,爲食飲費。太尉是時,未必貪平金,平遺賈亦不能如此之厚,此皆策士傳說,不足信也。

三、論後漢三國祿賜及賜人民

讀史者率言兩漢之世,黃金多於後世。其實後漢與先漢不同,先漢之世,賞賜多用黃金。後漢則僅建武五年,賜竇融璽書,賜黃金二百斤。《融傳》載王莽時漢兵長驅入關,王邑薦融,拜波水將軍,賜金千斤。是時光武以融爲涼州牧,所賜反裁及莽時五之一。朱祐破延岑,賜黃金三十斤。肅宗即位,諸貴人當徙居南宮,明德馬后各賜白越三千端,雜帛二千匹,黃金十斤。太后崩,肅宗所生母賈氏策書加貴人,御府奉雜帛二萬匹,大司農黃金千斤,錢二千萬。建和二年,桓帝加元服,賜河間、渤海二王黃金各百斤,彭城諸國王各五十斤。公主、大將軍、三公、特進、侯、中二千石、二千石、將、大夫、郎、吏、從官四姓及梁鄧小侯、諸夫人以下帛各有差。朱儁爲交趾刺史,定梁龍之亂,賜黃金五十斤而已。餘賜皆用錢穀布帛。《三國魏志·文帝紀注》引《魏書》:延康元年二月辛亥,賜諸侯王將相以下,大將粟萬斛,帛千匹,金銀各有差等。黃初三年,黃龍見鄴西漳水,其時中山恭王兗爲北海王,上書贊頌。詔賜黃金十斤。齊王芳嘉平五年,賜刺費禕之郭修子銀千鉼,絹千匹。《蜀志·張飛傳》:益州既平,賜諸葛亮、法正、飛及關羽金各五百斤,銀千斤,錢五千萬,錦千匹。《吳志·呂蒙傳》:破關羽,賜錢一億,黃金五百斤。諸葛恪東興之捷,賜金一百斤,繒布各萬匹。餘亦多以錢穀布帛。蓋金銀以聚而見其多,散而見其少。每經一次喪亂,府藏金銀,必散之民間,不易復聚也。

士大夫禄賜，經制可考者：《續漢書•百官志》百官受奉例：大將軍三公奉月三百五十斛，中二千石奉月百八十斛，二千石奉月百二十斛，比二千石奉月百斛，千石奉月八十斛，六百石奉月七十斛，比六百石奉月五十斛，四百石奉月四十五斛，比四百石奉月四十斛，三百石奉月四十斛，比三百石奉月三十七斛，二百石奉月三十斛，比二百石奉月二十七斛，一百石奉月十六斛，斗食奉月十一斛，佐史奉月八斛；凡諸受奉者皆半錢半穀。《注》引荀綽《百官表注》曰："漢延平中，二千石奉錢九千，米七十二斛，真二千石月錢六千五百，米三十六斛，比二千石月錢五千，米三十四斛，千石月錢四千，米三十斛，六百石月錢三千五百，米二十一斛，四百石月錢二千五百，米十五斛，三百石月錢二千，米十二斛，二百石月錢一千，米九斛，百石月錢八百，米四斛八斗。"《禮儀志》："立春，遣使者齎束帛以賜文官。"《注》引《漢官名秩》曰："賜司徒司空帛四十匹，九卿十五匹。"又引《古今注》曰："建武八年立春，賜公十五匹，卿十匹。"又引《漢官名秩》述臘賜之制曰："大將軍三公臘賜錢各三十萬，特侯十五萬，卿十萬，校尉五萬，尚書丞郎各萬五千，千石六百石各七千，侍御史謁者議郎尚書令五千，郎官蘭臺令史三千，中黃門羽林虎賁士二人共三千。"《何敞傳注》述臘賜之制則曰："大將軍三公錢各二十萬，特進侯十五萬，卿十萬，校尉五萬，尚書三萬，侍中將大夫各二萬，千石六百石各七千，虎賁羽林郎二人共三千：以爲祀門户直。見《漢官儀》也。"《百官志注》引蔡質《漢儀》曰："侍郎遷縣令，詔書賜錢三萬。"《光武十王傳》曰："自中興至和帝時，皇子始封薨者，皆賻錢三千萬，布三萬匹。嗣王薨，賻錢千萬，布萬匹。"《章帝八王傳》曰："自永初以後，戎、狄叛亂，國用不足。始封王薨，減賻錢爲千萬，布萬匹。嗣王薨，五百萬，布五千匹。"《羊續傳》云："舊典，二千石卒官賻百萬。"布帛賈難審知。穀，漢世斛石相近，斗食歲百三十二斛，佐史歲九十六斛，不足農夫一家五口之人。百石歲百九十二斛。如前所計，農家歲得百八十斛，可足衣食社間嘗新疾病死喪之費。然居城市者，所費不能無稍多，則下吏之禄頗薄。大將軍三公歲奉四千二百斛,當農夫二十八家之入。一家五口,足食百四十人。

後漢特賜,宗室最厚。東平憲王永平五年上疏歸職,加賜錢五千萬,布十萬匹。六年,帝幸魯,征蒼,從還京師。明年,皇大后崩,既葬,蒼乃歸國,特賜布二十五萬匹。十五年,行幸東平,賜錢千五百萬,布四萬匹。建初元年,地震,蒼上便宜。報書,賜錢五百萬。六年,求朝,特賜裝錢千五百萬。其餘諸王悉千萬。及歸,車駕祖送,賜錢布以億萬計。薨,賜錢前後一億,布九萬匹。阜陵質王延,建初中以逆謀貶爲侯。章和元年,復爲王,加賜錢千萬,布萬匹。中山簡王焉之薨,以竇太后爲東海出,而焉與東海恭王彊同母,加賻錢一億。又《明德馬皇后紀》:"廣平、巨鹿、樂成王車騎樸素,無金銀之飾。帝以白太后,太后即賜錢各五百萬。"

其賞賜羣臣,唯軍功爲稍襃,餘則穀罕逾千斛,錢罕及百萬者。吳漢平蜀,振旅,還至宛,詔令過家上冢,賜穀二萬斛。馮緄平荆州,詔書賜錢一億。度尚破朱蓋、胡蘭,賜錢百萬。張綱定廣陵之亂而卒,拜子續爲侍郎,賜錢百萬。陳球斬朱蓋,段熲破太山、琅邪賊,皆賜錢五十萬。張奐督幽、并、涼三州,三州清定,論功當封。奐不事宦官,故賞不行,惟賜錢二十萬。董卓以六郡良家子爲羽林郎,從中郎將張奐爲軍司馬,共擊漢陽叛羌,破之,拜郎中,賜縑九千匹。《後漢書》、《三國志》本傳同。其死事者:溫序爲隗囂別將苟宇所拘劫,伏劍死,賻穀千斛,縑五百匹。馬賢及二子皆戰歿,賜布三千匹,穀三千斛。《西羌傳》。九真太守兒式戰死,賜錢六十萬。《南蠻傳》。

開國之初,割據之國來降者,竇融賜金二百斤,已見前。盧芳降,賜繒二萬匹。

《明帝紀》:永平六年,王雒山出寶鼎,賜三公帛五十匹,九卿二千石半之。《章帝紀》:建初七年,飲酎高廟,禘祭光武皇帝、孝明皇帝,賜公錢四十萬,卿半之。此爲國有慶典行賞者。

以勤勞而賜者:《韓棱傳》:竇氏敗,棱典其事,深竟黨與,數月不休沐。棱時爲尚書令。帝以爲憂國忘家,賜布三百匹。《文苑傳》:黃香出爲東郡太守，復留爲尚書令，賜錢三十萬。

以清廉賜者：祭肜在遼東幾二十年，衣無兼副。永平十二年，徵爲太僕。顯宗既嘉其功，又美肜清約，拜日，賜錢百萬，馬三匹，衣被刀劍，下至居室什物，大小無不悉備。此亦以軍功，非但以清廉也。《張堪傳》：「帝嘗召見諸郡計吏，問其風土及前後守令能否。蜀郡計掾樊顯進曰：『漁陽太守張堪，昔在蜀漢，仁以惠下，威能討姦。前公孫述破時，珍寶山積，卷握之物，足富十世。而堪去職之日，乘摺轅車，布被囊而已。』帝聞，良久嘆息，方征堪，會病卒。帝深悼惜之。下詔褒揚，賜帛百匹。」《賈逵傳》：「逵母嘗有疾。帝欲加賜，以校書例多，特以錢二十萬，使潁陽侯馬防輿之。謂防曰：『賈逵母病，此子無人事於外，屢空，則從孤竹之子於首陽山矣。』」則純以清廉被賜者也。

以循良賜者：祭肜遷襄賁令，政清，增秩一等，賜縑百匹。《循良傳》：衛颯爲桂陽太守，征還。光武欲以爲少府，會颯被疾，不能拜起。敕以桂陽太守歸家，須後詔書。居二歲，載病詣闕自陳困篤，乃收印綬，賜錢十萬。《南蠻傳》：武陵太守李進，在郡九年，得其情和。梁太后臨朝，賜錢二十萬。《酷吏傳》：樊曄，永平中，顯宗追思曄在天水時政能，以爲後人莫之及，詔賜家錢百萬。此則恩及其身後者已。

湖陽公主奴殺人，董宣治之。光武初欲筆殺之，後乃賜錢三十萬。《酷吏傳》。而明帝時，館陶公主爲子求郎，不許，賜錢千萬。強項令冒死以存國法，不如婦人一言，如何不令志士氣短也。光武解酅陽圍，置酒高會，賜來歙妻縑千匹。歙守酅陽誠有功，然不曰賜歙而曰賜其妻，則知此非軍賞也。樊宏卒，子儵嗣。儵弟及從昆弟七人賜錢合五千萬。元和三年，肅宗北巡，過真定，會諸郭，賜粟萬斛，錢五十萬。知漢於姻戚亦至厚。

以諫諍及啓沃賜者：光武時，郅惲上書諫獵，賜布百匹。又賈逵條奏《左氏》大義長於二傳者，賜布五百匹。桓榮以說《尚書》，賜錢十萬。劉毅上《漢德論》、《憲論》，賜錢三萬，拜議郎。《鍾離意傳》：顯宗即位徵爲尚書。時交阯太守張恢，坐臧千金徵，遂伏法，以資物簿入大司農，詔班賜羣臣。意得珠璣，悉以委地，而不拜賜。帝嗟嘆，更以庫錢三十萬賜意。此雖非直諫，亦以口舌蒙賞者也。

以隱逸廉退賜者：鄭均不應辟舉。建初六年，公車特徵，再遷尚書。後以病乞骸骨，拜議郎，告歸，因稱疾篤。時前安邑令毛義，比徵辭病。元和元年，詔告廬江太守東平相，賜穀各千斛。見《均傳》，亦見劉平等《傳》首。淳于恭不應辟舉，隱黔陬山數十年。建初元年，肅宗下詔美恭素行，告郡賜帛二十匹，遣詣公車，除爲議郎。後遷侍中騎都尉，卒官，亦賜穀千斛。江革爲諫議大夫，病歸，詔齊相，縣以見穀千斛賜巨孝。及卒，詔復賜穀千斛。劉般以束脩至行，建武十九年，賜錢百萬，繒二百匹。索盧放，建武末徵不起，光武使人興之，見於南宮雲臺，賜穀二千斛，遣歸。樊英拜五官中郎將，數日，稱疾篤。詔以爲光祿大夫，賜告歸，令所在送穀千斛。《方術傳》。周黨，建武中徵爲議郎，以病去職。復被徵，著短布單衣穀皮綃頭，待見尚書。及引見，伏而不謁，自陳願守所志；許之，賜帛四十匹。時博士范升奏毀黨。詔曰："自古明王聖主，必有不賓之士。伯夷叔齊，不食周粟；大原周黨，不受朕祿，亦各有志焉。"夫隱逸之士，其行誠高，然此乃鄉黨所宜矜式；政事則當食功，不當以虛名濫廩祿也。且虛譽隆洽之士，往往非行之至者；行之至者，必其悃愊無華，名不出於鄉里者也。本欲以砥厲廉隅，或反至崇獎虛僞，故風聲所樹，不可以不慎。

以忠義見賜者：永初二年，劇賊畢豪等入平原界，縣令劉雄討之，戰敗。賊執雄，以矛刺之。小吏所輔，以身代雄。賜錢二十萬。又肅宗賜朱勃子穀二千斛，亦以其能終於伏波也。

免官時賜者：韋彪爲大鴻臚，策免，令中臧府賜錢二十萬。劉愷以司徒致仕，加賜錢三十萬。第五倫罷司空，加賜錢五十萬。鄧彪、張酺以大尉乞骸骨，皆賜錢三十萬。

賜裝錢者：張酺以侍中虎賁中郎將出爲東郡太守，意不自得，上疏辭，詔賜裝錢三十萬；才及建初中東平王裝錢五十之一耳。太守與國王尊等,此何理也。

諸王賻典已見前。安帝永初四年,新野君薨,賻錢三千萬,布三萬匹。《皇后紀》及《安帝紀注》引《東觀記》同。桓帝母孝崇匽皇后。崩,賻錢四千萬,布四萬匹。楚王英母許太后薨,賜錢五百萬。樊宏卒,賻錢千萬,布萬匹。鄧弘卒,遺言悉以常服,不得用錦衣玉篋。太后追思弘意,不加贈位衣服,但賜錢千萬,布萬匹。梁商薨,賜錢二百萬,布三千匹;皇后錢五百萬,布萬匹。其非宗戚,則錢無滿百萬者。宋弘為大中大夫卒,賜錢十萬。郭賀以河南尹卒,賜車一乘,錢四十萬。韋彪卒,賜錢二十萬,布百匹,穀三千斛。承宮以侍中祭酒卒,肅宗賜以冢地。妻上書乞歸葬鄉里,復賜錢三十萬。杜詩爲南陽太守徵,會病卒。司隷校尉鮑永上書,言詩貧困無田宅,喪無所歸,詔使治喪郡邸,賻絹千匹。劉愷以太尉乞骸骨卒家,賜錢五十萬,布萬匹。鍾離意以尚書僕射卒,賜錢二十萬。宋均欲以爲司徒而病篤,賜錢三十萬。周榮爲山陽太守,以老病乞身,卒於家,詔特賜錢二十萬。周舉以光禄大夫卒,加賜錢十萬。戴憑以侍中領虎賁中郎將卒,賜錢二十萬。其楊震,順帝即位,賜錢百萬,孫賜薨於司空,賜錢三百萬,布五百匹,則爲罕見之舉。馮焕以怨者詐作璽書死獄中,玄菟太守姚光則被殺,見《馮緄傳》。僅各賜錢十萬而已。歐陽歙以臧罪死獄中,歙掾陳元上書追訟之,乃賻縑三千匹,蓋其獄亦實冤。

張綱言:"文明二帝,中官常侍,不過數人。近幸賞賜,裁滿數金。"然桓帝時,單超、徐璜、具瑗賜錢各千五百萬,左悺、唐衡各千三百萬。雖曰謀誅外戚有功,亦已侈矣。然猶曰誅外戚有功也。左雄乞歲以千萬給奉阿母,而罷山陽君之封,則尤爲無名矣。竇武之誅,朱瑀賜錢五千萬,而桓榮玄孫典,獻帝即位,三公奏其前與何進謀誅閹宦,僅賜錢二十萬。

賜人民者:穀以十斛帛以十匹爲最多。後漢之世,屢有賜鰥寡孤獨篤癃貧不能自存者穀之事。明帝永平十二年、十七年、十八年,章帝即位,和帝永元三年十二年,殤帝立爲太子,安帝元初元年五年,建光元年,延光元年,皆三斛。光武建武三十年,明帝永平三年,章帝建初三年四年,元和元年,和帝永元八年,順帝永建元年,鴻嘉元年,永和二年,行幸長安所過。桓帝建和元年皆五斛,建武三十一年六斛。惟明帝即位時十斛。順帝永建四年則賜帛人一匹。又有加賜貞婦者:安帝元初元年帛人一匹,五年穀十斛。延光元年,順帝永建元年,桓帝建和元年,皆三匹。此外惟桓帝延熹二年,至自長安,賜長安民粟人十斛,園陵人五斛,行所過縣三斛而已。以偏災賜者:和帝永元十三年,安帝延光元年,桓帝永康元年,皆人三斛。永壽元年二斛。養老者:順帝陽嘉二年,賜民年八十已上米人一斛,肉二十斤,酒五斗;九十以上,加賜帛人二匹,絮三斤。桓帝建和二年,加元服,賜年八十已上米酒肉;九十已上,加帛二匹,綿三斤。賜孕婦者:章帝元和二年詔曰:"令云:人有產子者,復勿算三歲。今諸懷妊者,賜胎養穀人三斛,復其夫勿算一歲,著爲令。"又有以祥瑞賜者:章帝二年五月,以比有鳳皇黃龍鸞鳥等瑞,賜天下高年鰥寡孤獨帛人一匹,令天下大酺五日。賜洛陽人當酺者布户一匹,城外三户共一匹,賜博士員弟子見在大學者布人三匹。九月,詔鳳皇龍所見亭部,先見者賜帛人二十匹,近者三匹,太守三十匹,令長十五匹,丞尉半之。和帝永元三年,賜京師民酺,布兩户共一匹。十二年,賜博士員弟子在大學者布人三匹。安帝延光三年,濟南上言鳳皇集臺縣丞霍收舍樹上,賜臺長帛五十匹,丞三十匹,尉半之,吏卒人三匹。

小吏之賜:明帝永平十五年,賜天下郎從官,二十歲已上帛百匹,十歲已上二十匹,十歲已下十匹。官府吏五匹,書佐小吏三匹。十八年,賜郎從官視事十歲已上者帛十匹。章帝元和二年,耕於定陶,詔賜三老孝弟力田帛人一匹。衛颯征還引見,賜食於前,從吏二人,亦不過賜冠幘錢人五千而已。

人民以移徙賜者:前漢景帝五年,募民徙陽陵,賜錢二十萬。武帝建元三年,賜徙茂陵户錢二十萬。昭帝始元四年,徙三輔富人雲陵,賜錢户十萬。後漢明帝永平元年,募士卒戍隴右,賜錢人三萬;五年,發遣邊人在內郡者,賜裝錢人二萬;九年,詔郡國死罪囚減罪,與妻子詣五原、朔方,佔著所在,死者賜皆妻父若男同產一人復終身;其妻無父兄獨有母者,賜其母錢六萬,又復其口算。

　　三國時賞賜可考者:魏文帝賜北海王、先主賜諸葛亮、法正、張飛、關羽;孫權賜呂蒙金已見前。文帝將篡位,黃龍見譙,召見殷登,賜穀三百斛。本紀《注》引《魏書》。南陽郡山賊擾攘,欲劫質太守東里袞。功曹應余,獨身捍袞,遂免於難。余顛沛殞斃。太祖賜穀千斛。《高貴鄉公紀》甘露三年《注》引《楚國先賢傳》。陳留王景元元年,賜司馬文王錢千萬。帛萬匹。固讓乃止。文帝遣甄弘使公孫康,賜車牛絹百匹。見《公孫度傳注》引《魏名臣奏議》。袁渙卒,太祖賜穀二千斛。一教以大倉穀千斛賜郎中令之家,一教以垣下穀千斛與曜卿家。外不解其意。教曰:"以大倉穀者官法也,以垣下穀者親舊也。"脂習見,太祖問其居處,以新移徙,賜穀百斛。《王修傳注》引《魏畧》。劉放稱疾免,賜錢百萬。本傳《注》引《張資別傳》。邯鄲淳作投壺賦千餘言,奏之。文帝以爲工,賜帛千匹。《王粲傳注》引《魏畧》。孫禮與全琮戰芍陂,賜絹七百匹。滿寵以不治產業,家無餘財,賜田十頃,穀五百斛,錢二十萬。徐邈身後,嘉平六年,與胡廣、田豫并賜家穀二千斛,錢三十萬。吳士燮子廞爲質,病卒,妻寡居,詔所在月給奉米,賜錢四十萬。呂蒙禽黃祖將陳就,賜錢千萬。甘寧以健兒百餘人入曹公營,賜絹千匹。本傳《注》引《江表傳》。朱據典軍吏劉助發呂壹罪,賞百萬。又蜀後主降後,晉封爲安樂公,賜絹萬匹。譙周卒,賜錢十五萬。《本傳注》引《晉陽秋》。孫皓降晉,賜號歸命侯,歲給穀五千斛,錢五十萬,絹五百匹,綿五百斤。

四、論漢世贈遺

　　漢世非獨賜與,士大夫之間,其相贈遺亦頗厚。《漢書‧朱建傳》:建母死,貧未有以發喪。陸賈爲見辟陽侯。辟陽侯乃奉百金稅。列侯貴人,以辟陽侯故,往賻凡五百金。《韓安國傳》:坐法失官家居。以五百金遺田蚡。《主父偃傳》:大臣皆畏其口,賂遺累千金。《後漢書·楊震傳》:遷東萊太守,當之郡,道經昌邑。故所舉荆州茂才王密爲昌邑令,謁見。至夜,懷金十斤以遺震。震子秉,自爲刺史二千石,計日受奉,餘禄不入私門。故吏齎錢百萬遺之,閉門不受。觀此數事,即知當時士大夫間相饋遺之厚。所以然者,一則仕途奔走,互相結托;一則爲遊俠者,好以施與立名也。《後漢書·方術傳》:富人王仲,致産千金,謂公沙穆曰:"方今之世,以貨自通。吾奉百萬與子爲資,何如?"此奔走結托之倫也。《第五倫傳》:倫上疏言:"竊聞衛尉廖,以布三千匹,城門校尉防,以錢二百萬,私贍三輔衣冠,知與不知,莫不畢給。又聞臘日,亦遺其在洛中者錢各五千。"此貴遊之以施與立名者也。《漢書·東方朔傳》,館陶公主近幸董偃,推令散財交士。令中府曰:"董君所發,一日金滿百斤,錢滿百萬,帛滿千匹,乃白之。"此或言之過甚,然士之可以貨取則信矣。此慕榮利者所以多喜奔走與。

《宣元六王傳》,言淮陽憲王欽,遣人持黄金五十斤送朱博。博與王書,言趙王使謁者持牛酒黄金三十斤勞博,博不受。復使人願尚女,聘金二百斤,博未許。博之言不盡可信;然當時貴遊之間相贈遺之數,則畧可考見矣。《後漢書·獨行傳》:言雷義嘗濟人死罪。罪者後以金二斤謝之,義不受。《續漢書·五行志注》引《風俗通》,言洛陽男子夜龍,從兄陽求臘錢。陽與錢千。龍意不滿。民間饋遺假貸,則其數不過如此耳。又《張奐傳》,言董卓慕之,使其兄遺縑百匹。奐惡卓爲人,絶而不受。

五、論漢世購賞

秦漢時賞賜人民者雖微,而有所購求,則其爲數頗巨。項籍言:

"吾聞漢購我頭千金,邑萬户。"《張耳陳餘傳》言:"秦滅魏,購求耳千金,餘五百金。"《韓信傳》:"令有生得廣信君者,購千金。"《季布傳》:"項籍滅,高祖購求布千金。"讀者或疑千金五百金等爲舉成數或誇張之辭。然吳王遺諸侯書曰:"能斬捕大將者,賜金五千斤,封萬户。列將三千斤,封五千户。裨將二千斤,封二千户。二千石千斤,封千户。皆爲列侯。其以軍若城邑降者:卒萬人,邑萬户,如得大將:人户五千,如得列將:人户三千,如得裨將:人户千,如得二千石",則必非傳述約署之辭矣。《後漢書·西羌傳》:購得杜琦首封列侯,賜錢百萬。羌胡斬琦者,賜金百斤,銀二百斤。漢陽太守趙博,遣刺客杜習刺殺琦。封習討姦侯,詔錢百萬。《周亞夫傳》:漢購吳王亦千金。《趙充國傳》:"斬大豪有罪者一人,賜錢四千萬。中豪十五萬。下豪二萬。大男三千。女子及老小千錢。"《後漢書·齊武王傳》:王莽購伯升邑五萬户,黃金十萬斤。《李忠傳》:從世祖攻巨鹿。王郎遣將攻信都。信都大姓馬寵等開城内之。世祖言:"將軍可歸救老母妻子,宜自募吏民,能得家屬者,賜錢千萬。來從我取。"《三國蜀志·關羽傳注》引《蜀記》:"羽與徐晃宿相愛,遥共語,但説平生,不及軍事。須臾,晃下馬,宣令:得關雲長頭,賞金千斤。"《吳志·鍾離牧傳注》引《會稽典録》:揭陽縣賊率曾、夏等,衆數千人,歷十餘年。以侯爵雜繒千匹,下書購募,絶不可得。觀此,知購募之重者,大約爲金千斤。惟王莽之購伯升爲獨侈也。

六、論漢世喪葬之費

李悝計農家之用,歲不足四百五十,而疾病死喪之費及上賦斂不與焉。疾病死喪之費,似頗難預計者。然疾病之費不可知;死喪之費,則求之於史,猶畧有可考也。《漢書·成帝紀》:河平四年,"遣光禄大夫博士嘉等行舉瀕河之郡,爲水所流壓死,不能自葬,令郡國給棺櫬葬埋,已葬者予錢人二千。"《哀帝紀》:綏和二年"河南潁川郡水出,賜死者棺錢,人三千"。《平帝紀》:元始二年,"郡國大旱蝗,賜死者一家六屍以上,葬錢五千。四屍以上三千。二屍以上二千。"《後漢書‧光武帝紀》:建武十二年,"地震,南陽尤甚。賜郡中居人壓死者棺錢,人三千。"《安帝紀》:元初二年,"遣中謁者收葬京師客死無家屬,及棺椁朽敗者。其有家屬尤貧無以葬者,賜,錢人五千。"建光元年,京師及郡國二十九雨水,郡國三十五地震,或坼裂。遣光祿大夫案行,賜死者錢人二千。延光元年,京師及郡國二十七雨水,大風殺人。詔賜壓溺死者,年七歲以上錢人二千。《順帝紀》:永建三年,京師地震。濮陽地陷裂。詔實覈傷害者,賜年七歲以上錢人二千。一家被害,郡縣爲收斂。陽嘉元年,望都蒲陰狼殺女子九十七人,詔賜狼所殺者錢人三千。永和三年,京師及金城、隴西地震,二郡山岸崩,地陷。遣光祿大夫案行金城、隴西,賜壓死者年七歲以上人二千。一家皆被害,爲收斂之。《桓帝紀》:建和三年,詔京師厮舍,死者相枕,郡縣阡陌,處處有之。其有家屬而貧無以葬者,給直人三千,喪主布三匹。永壽元年,詔被水死流失屍骸者,令郡縣鉤求收葬,及所唐突壓溺物故,七歲以上,賜錢人二千。永康元年,六州大水。渤海海溢。詔州郡溺死者,七歲以上錢人二千。一家皆被害者,悉爲收斂。合此諸文觀之,似棺賈三千,櫬價二千,葬費千餘。據元始二年詔六屍者葬錢人八百餘,四屍者七百餘,二屍者千。元初二年詔云,尤貧無以葬者,賜錢人五千。除棺價三千外,尚餘二千,當係葬錢也。建和三年所給,似仍係棺錢。蓋衣率用錢三百;死者之衣,若悉如生者,則千錢尚餘七百,以給他費,亦粗足矣。《後漢書‧獨行傳》:王忳嘗詣京師,於空舍中見一書生,疾困。愍而視之,書生謂忳,要下有金十斤,願以相贈。死後乞藏骸骨。未及問姓名而死。忳即粥一斤,營其殯葬。一金直錢萬,書生葬費,當稍浮於貧民也。《前漢書‧王莽傳》:徐鄉侯劉快起兵敗死,莽命弔問死傷,賜亡者葬錢五萬。似不應如此之厚。豈五萬爲五千之誤,抑故施厚惠,以要結人心與?

七、論漢世臟盜振恤

漢世黃金一斤直錢萬。而文帝言百金中人十家之產,則一家之產,不過錢十萬耳。而當時爲臟盜者,乃動至百千萬。案《漢書·蕭望之傳》:丞相司直繇延壽奏望之受所監臟二百五十以上。師古曰:"二百五十以上,當時律令坐罪之次。若今律條言一尺以上,一匹以上矣。"《王子侯表》:承鄉侯德天,"坐恐猲國人受財臟五百以上免。"《景武昭宣元成功臣表》:梁期侯當千,大始四年,"坐賣馬一匹,價錢十五萬,過平臟五百已上免。"《高惠高后文功臣表》:希泉侯毋害,"坐詐紿人,臟六百免。"《陳萬年傳注》引如淳曰:"律主守而盜,直十金棄市。"故薛宣謂楊湛,念十金法重,不忍相暴章。翟義出爲南陽都尉,以他事召宛令劉立,至,以主守盜十金,賊殺不辜,收縛傳送鄧獄。然則匡衡爲人劾奏監臨盜所主守直十金以上,亦危矣。《後漢書·吳祐傳》,嗇夫孫性,私賦民錢,市衣以進其父。《注》引《續漢書》曰:"賦錢五百,爲父市單衣。"蓋漢世錢貴,故其論臟之數亦微。《光武紀》:建武十八年,詔"今邊郡盜穀五十斛,罪至於死,開殘吏妄殺之路,其蠲除此法,同之內郡"。夫明帝時粟斛三十,則五十斛才千五百錢,此固爲下糴。然即李悝所云上糴八十計之,亦僅四千錢耳。《三國吳志·顧雍傳注》引《吳書》,言:"雍母弟徽嘗出行,見營軍將一男子至市行刑,問之何罪,云盜百錢。"法雖酷,固有由也。乃《前》、《後漢書》所載臟不過萬六千者,僅一獄掾之妻。《漢書·薛宣傳》:"池陽令舉廉吏獄掾王立,府未及召。聞立受囚家錢,宣召讓縣。縣案驗獄掾,乃其妻獨受係者錢萬六千,受之經宿,掾實不知。"大臣爲人劾奏賣買私所附益不過十萬三千者,僅一蕭望之。餘則皆在數十百萬以上。《後漢書·第五倫傳》:曾孫種,遷兗州刺史,收中常侍單超兄子濟陰太守匡賓客親吏四十餘人。六七日中,糾發其臟五六十萬。此僅六七日中所舉發耳,其全數必不止此。

《漢書・景武昭宣元功臣表》：湘成侯益昌，"坐爲九真太守，盜使人出買犀奴婢，臧百萬以上，不道誅。"《張湯傳》：皇太后同母弟苟參，爲水衡都尉，死。子伋爲侍中。參妻欲爲伋求封；湯受其金五十斤，許爲求比上奏。弘農太守張匡坐臧百萬以上，狡猾不道，有詔即訊。恐下獄，使人報湯，湯爲訟罪，得踰冬月，許謝錢二百萬。《王尊傳》：爲安定太守，出教告屬縣，言治五官掾張輔，盡得其百萬姦臧。《後漢書・冲帝紀》：永嘉元年，中郎將趙序坐事棄市。《注》引《東觀記》曰："取錢三百七十五萬。"《漢書・宣元六王傳》："朱博詐淮陽憲王，言已見中書令石君求朝，許以金五百斤。"《外戚恩澤侯表》：平丘侯王遷，坐平尚書聽請受，臧六百萬，自殺。《後漢書・朱儁傳》：太守尹端，以儁爲主簿。熹平二年，端坐討賊許昭失利，爲州所奏，罪應棄市。儁乃贏服閒行，輕齎百數金，到京師賂主章吏，遂得刊定州奏，端坐輸作左校。此皆在千萬以下者也。《漢書・周勃傳》：下廷尉，以千金與獄吏。《韓安國傳》：王恢下廷尉，當逗撓，當斬；行千金丞相蚡。《丙吉傳》：子顯，爲太僕十餘年，與官屬大爲姦利，臧千餘萬。《何並傳》：潁川鍾元爲尚書令，領廷尉，用事有權。弟威爲郡掾，臧於金。《佞幸傳》：淳于長受許后金錢乘輿服御物，前後千餘萬。《後漢書・鍾離意傳》：交阯太守張恢，坐臧千金，徵伏法。《章帝八王傳》：清河孝王慶中傅衛訢，私爲臧盜千餘萬。《蓋勳傳》：拜京兆尹。時長安令楊黨，父爲中常侍，恃勢貪放。勳案得其臧千餘萬。《杜喬傳》：漢安元年，使徇察兗州，表奏陳留太守梁讓，濟陰太守氾宮，濟北相崔瑗等臧罪千萬以上。《黨錮傳》：蔡衍遷冀州刺史，劾奏河間相曹鼎臧罪千萬。《董卓傳注》引《典畧》，載卓表張讓等，一書出門，高獲千金，下數百萬。《儒林傳》：歐陽歙在汝南，臧罪千餘萬。邵陵令任嘉，在職貪穢，因遷武威太守；後有人奏嘉臧罪千餘萬。《逸民傳》：林丹，建武末，沛王輔等五王居北宮，皆好賓客，更遣請丹，不能致。信陽侯陰就，詭說五王，求錢千萬，約能致丹，而別使人要劫之。《西羌傳》：任尚與鄧遵爭功，又詐增首級，受賕枉法，臧千萬以上，檻車征棄市。《漢書·公孫賀傳》：子敬聲。征和中，擅用北軍錢千九百萬。《外戚恩澤侯表》：陽城侯田延年，坐爲大司農，盜都内錢三千萬，自殺。《酷吏傳》：“茂陵富人焦氏、賈氏，以數千萬陰積貯炭葦諸下里物。昭帝大行時，方上事暴起，用度未辦。延年奏言商賈或預收方上不祥器物，冀其疾用，欲以求利，非民臣所當爲，請没入縣官。奏可。富人亡財者皆怨。出錢求延年罪。初，大司農取民牛車三萬兩爲僦，載沙便橋下，送致方上，車直千錢。延年上簿，詐增僦直車二千，凡六千萬，盜取其半。焦、賈兩家告其事，下丞相府。丞相議奏延年主守盜三千萬，不道。《後漢書·蓋勳傳》：中平元年，北地羌、胡與邊章等寇亂隴右。刺史左昌，因軍興斷盜數千萬。《章帝八王傳》：蠡吾侯悝，自勃海王貶爲瘦陶王，食一縣。後因中常侍王甫求復國，許謝錢五千萬。《皇甫嵩傳》：中常侍張讓私求錢五千萬，嵩不與。《楊震傳》：光和中，黄門令王甫，使門生於郡界辜榷官財物七千餘萬。此皆在千萬以上者也。《冲帝紀》：永嘉元年，南陽太守韓昭坐臧下獄死。《注》引《東觀記》曰：“强賦一億五千萬。”《徐璆傳》：遷荆州刺史。時董太后姊子張忠爲南陽太守，因勢放濫，臧罪數億。璆到州，舉奏忠臧餘一億。《橋玄傳》：大中大夫蓋升，與靈帝有舊恩；前爲南陽太守，臧數億以上。此皆在萬萬以上者也。惟《陳蕃傳》載王甫讓蕃之言曰：竇武“旬月之間，誉財億計”。武即非清廉，斷不能於旬月之間，致此巨誉，當係誣詆之辭耳。《前書·翟方進傳》：“爲昌陵令。是時起昌陵，營作陵邑。貴戚近臣子弟賓客，多辜榷爲姦利者。方進部掾史覆案，發大姦臧數千萬。”《後書·虞詡傳》：遷尚書僕射。是時長吏二千石聽百姓謫罰者輸贖，號爲義錢。托爲貧人儲，而守令因以聚斂。詡上疏曰：“元年以來，貧百姓章言長吏受取百萬以上者，匈匈不絕。謫罰吏人，至數千萬。”此皆非一人所得，然一人所得，亦必不少矣。

顏師古注《蕭望之傳》：言二百五十以上，爲當時律令坐罪之次。《匡衡傳注》亦曰：“十金以上，當時律定罪之次。若今律條言一尺以上，一匹以上。”《薛宣傳注》曰：“依當時律條，臧直十金，則至重罪。”然則張忠臧罪數億，而徐璆僅奏其臧餘一億者，蓋亦據律令而言。當時律令，蓋無二億以上之條也。《後書·桓帝紀》：建和元年，詔“長吏臧滿三十萬而不糾舉者,刺史二千石以縱避爲罪"。《王龔傳》:子暢,拜南陽太守,豪黨有釁穢,莫不糾發。更爲設法,諸受臧二千萬以上不自首實者,盡入財物。則論官吏豪右臧罪,律令之條,遠較論小吏以下爲寬。然猶無二億以上之條,可見當時臧盜爲數之多,遠出情理之外也。以布帛論臧者,不過尺匹。而《三國魏志·曹爽傳注》引《魏畧》,言蔣濟爲護軍時,有謠言,欲求牙門,當得千匹;百人督五百匹。其爲數亦不菲矣。論臧之數曰二百五十,曰五百,而翟宣爲相府辭訟例,不滿萬錢,不爲移書,重責人之罪,而輕爲人平反,何其戾也。

《蓋勛傳注》引《續漢書》曰:中平元年,黃巾賊起。故武威太守酒泉黃儁被征失期。梁鵠欲奏誅儁。勛爲言,得免。儁以黃金二十斤謝勛,終辭不受。事後之謝,雖與要挾受臧者不同;然使其風稍長,羣冀事後之謝,而爲人道地,亦開臧穢之路也。

官吏臧穢雖可鄙,然《貨殖傳》言吳楚兵起,長安中列侯封君行從軍旅,齎貸子錢。貢禹上書元帝,言陛下過意征臣,臣賣田百畝,以共車馬。《後漢書·朱儁傳》:同郡周規,辟公府,當行。假郡庫錢百萬,以爲冠幘費。則漢時服官從軍者,私所費亦不少矣。

聽謫罰者輸贖而號爲義錢,托爲貧人儲,是以爲振恤之款也。漢時從事振恤,其數可考者:成帝永始二年詔曰:"關東比歲不登,吏民以義收食貧民,入穀物助縣官振贍者,已賜直。其百萬以上,加賜爵右更;欲爲吏,補三百石;其吏也,遷二等。三十萬以上賜五大夫,吏亦遷二等,民補郎。十萬以上,家無出租三歲。萬錢以上一年。"此雖云賜直,且有加惠,然當其收食及入穀物之初,或未嘗計及於此,所以稱爲義舉也。《卜式傳》:式持錢二十萬與河南太守,以給徙民。亦屬義舉。

八、論漢世賣爵贖罪

《史記·平準書》:"請置賞官,命曰武功爵,級十七萬,凡直三十餘萬金。"臣瓚引《茂陵中書》,爵止十一級。師古疑《茂陵中書》說之不盡。案《茂陵中書》無說之不盡之理。"級十七萬,凡直三十餘萬金",此十一字顯有訛誤;然則級數當從臣瓚說爲十一也。《漢書·惠帝紀》元年,民有罪,得買爵三十級以免死罪。《注》引應劭曰:"一級直錢二千,凡爲六萬。若今贖罪入三十匹縑矣。"《漢書·食貨志》:文帝從晁錯之言,令民入粟拜爵。孝景時,上郡以西旱,復修賣爵令,而裁其賈以招民。《成帝紀》:鴻嘉三年,令民得買爵,級千錢。較惠帝時適減半,蓋亦所謂裁其賈者。武功爵有罪得減二等。若按惠帝時入錢六萬之制減半,則級得三萬。十一級凡三十三萬。疑"級十七萬"四字,爲"級十一"或"級三萬"之誤。"凡直三十餘萬金"之"金"則衍字也。《索隱》引顧氏案"或解云:初一級十七萬,自此以上,每級加三萬,至十七級,合成三十七萬也"。似近鑿空。

或曰:《漢書》言文帝從晁錯言,令民入粟邊,六百石爵上造,稍增至四千石爲五大夫,萬二千石爲大庶長,各以多少級數爲差。夫四千石,以下糶石三十乘之,爲錢已十二萬;以上糶八十乘之,則三十二萬矣。萬二千石,以石三十乘之,爲錢三十六萬;以八十乘之,則九十六萬矣。明武功爵級十七萬不爲多,而各級糶賈,不得相等也。然昔時,穀物買賣不甚盛,民之入粟與出錢大異,不可不知。或又言靈帝賣關內侯至五百萬。見《後漢書》本紀中平四年。《續漢書·五行志》同。明武功爵級十七萬不爲多。然漢人重侯封,關內侯與武功爵,又不可併論也。

漢世贖罪之制:《淮南王傳》載膠西王端議:贖死金二斤八兩。《後漢書》:明帝即位,詔"天下亡命,殊死以下得贖論。死罪入縑二十匹,右趾至髡鉗城旦舂十匹,完城旦舂至司寇作三匹,其未發覺詔書到先自告者,半入贖"。章帝建初七年詔同。明帝永平十五年詔,二十匹作四十匹,三匹作五匹。章帝章和元年詔,右趾至髡鉗城旦舂七匹,餘同。皆與《惠帝紀注》引應劭之言相近。《武帝紀》,天漢四年,大始二年,令死罪入贖,錢五十萬,減死一等。《蕭望之傳》:"望之言:聞天漢四年,常使死罪人人入五十萬錢,減死罪一等。豪强吏民,請奪假貸,至爲盜賊以贖罪。"蓋一時之苛政,不可以常法論也。《景帝紀》:元年,廷尉與丞相議:"吏受所監臨財物,賤買貴賣,無爵罰金二斤。"《張釋之傳注》引如淳曰:"宫衛令:諸出入殿門公車司馬門者皆下,不如令,罰金四兩。"又曰:"乙令蹕先至而犯者,罰金四兩。"二斤二萬錢,四兩錢二百五十耳。《景武昭宣元成功臣表》:將梁侯楊僕,元封四年,坐爲將軍擊朝鮮畏懦,入竹二萬箇以贖。完爲城旦。新疇侯趙第,大始三年,坐爲大常鞫獄不實,入錢百萬贖死。完爲城旦。皆非常法。《東方朔傳》:隆慮公主病,以金千斤錢千萬爲昭平君豫贖死罪。《後漢書・獨行傳》:公孫述欲殺譙玄。玄子瑛,願奉家財千萬,以贖父死。則更不可以常理論矣。

靈帝時賣官,公千萬,卿五百萬,二千石二千萬,四百石四百萬,《後漢書・靈帝紀》光和元年及《注》引《山陽公載記》。《山陽公載記》曰:"其以德次應選者半之,或三分之一。"《後書・崔駰傳》:崔烈因傅母入錢五百萬,得爲司徒。及拜日,天子臨軒,百僚畢會。帝顧謂親幸者曰,"悔不小靳,可至千萬。"程夫人於旁應曰:"崔公冀州名士,豈肯買官;賴我得是,反不知姝耶。"此所謂以德次應選減半者也。又《羊續傳》:中平六年,靈帝欲以續爲大尉;時輸三公者,皆輸東園禮錢千萬,令中使督之,名爲左騶。關内侯五百萬,假金印紫綬,傳世。見《靈帝紀》中平四年及《續漢書・五行志》。刺史二千石及茂才孝廉遷除,皆賣助軍修宫錢。大郡至二三千萬,餘各有差。《後漢書・宦者傳》。《三國魏志・公孫瓚傳注》引《魏畧》曰:"吏遷補州郡者,皆責助治宫錢,或一千萬,或二千萬。"《後書・宦者傳》曰:"巨鹿太守河内司馬直新除,以有清名,減責三百萬。"則以德次應選減責之法,亦與公卿同。《劉陶傳》云:"徙京兆尹,到職,當出修宫錢直千萬",則京兆亦與州郡無異也。《續漢書・五行志》曰:"詣闕上書佔令長,隨縣好醜,豐約有賈",則並粥及令長。而曹嵩且以貨賂中官及輸西園錢一億萬,《後書・宦者傳》。位至太尉。

九、論漢世穀帛之賈

自戰國至兩漢,粟賈無甚差殊,大率爲三十至八十,已見前。今舉其異常者。

《漢書·高帝紀》：二年，"關中大饑，米斛萬錢。"《食貨志》："漢興，以爲秦錢重難用，更令民鑄莢錢。黃金一斤。而不軌逐利之民，畜積餘贏，以稽市物，痛騰躍。米至石萬錢，馬至匹百金。"《貨殖列傳》：宣曲任氏，其先爲督道倉吏。秦之敗也，豪傑爭取金玉，任氏獨窖倉粟。楚漢相距滎陽，民不得耕種，米石至萬。而豪傑金玉，盡歸任氏。三說符會。然《食貨志》又云："漢興，接秦之弊，諸侯并起，民失作業而大饑饉，凡米石五千。"則崖得其半。蓋古人言數，不甚精確，浮於五千，則以萬言之耳。然即以五千論，亦已百六十餘倍於下賈，六十餘倍於上賈矣。

《食貨志》："宣帝即位，用吏多選賢良，百姓安土，歲數豐穰，穀至石五錢。"本紀書其事於元康四年。然《趙充國傳》，充國言今張掖以東，粟石百餘，芻稿束數十；則張掖穀賈，二十倍於關中矣。

《食貨志》："元帝二年，齊地饑，穀石三百餘。民多餓死。琅邪郡人相食。"

《馮奉世傳》：永光二年，"是時歲比不登，京師穀石二百餘，邊郡四百，關東五百。"

《食貨志》："王莽末年，雒陽以東，米石二千。"《王莽傳》田況上言同。《後漢書·范升傳》："王莽大司空王邑，辟升爲議曹史。升奏記邑，言穀價騰躍，斛至數千。"《光武紀》建武二年曰："王莽末，天下旱蝗，黃金一斤，易粟一斛。"《第五倫傳注》引《東觀記》，言時米石萬錢，人相食。倫獨收養。漢世黃金一斤直錢萬，則二說符會也。

《後漢書·張暉傳》："建初中，南陽大饑，米石千餘。"

《安帝紀》：永初二年，廩河南、下邳、東萊、河內平民。《注》引《古今注》曰："時州郡大饑，米石二千，人相食。老弱相棄道路。"

《龐參傳》："永初四年，羌寇轉盛，兵費日廣；且連年不登，穀石萬餘。"《西羌傳》："永初湟中諸縣，粟石萬錢。"

《虞詡傳》：遷武都太守。《注》引《續志》曰："詡始到，穀石千，鹽石八千。視事三歲,米石八十,鹽石四百。"

《循吏第五訪傳》:遷張掖太守,"歲饑,粟石數千。"

《西南夷傳》:景毅爲益州太守,"初到郡,米斛萬錢。少年間,米至數十。"

《董卓傳》:"又壞五銖錢,更鑄小錢,貨賤物貴,穀石數萬。"《三國魏志》本傳作穀一斛至數十萬。案《後書・卓傳》述李傕、郭汜在長安時情形云:"穀一斛五十萬,豆麥二十萬,人相食啖,白骨委積。"《獻帝紀》興平元年,亦有是語。則其事自在傕、汜入長安後,卓鑄小錢時,尚未至此。《三國志》蓋要其終言之也。

《三國魏志・武帝紀》:興平元年,"是歲穀一斛五十餘萬錢,人相食。"案此指兗州之域言之。

兩漢穀賈,見於史者,畧具於此。興平時之情形,非復可以常理論。然一兵荒動至數千。而如宣帝時,張掖穀賈二十倍於關中。可見其不相流通之狀。宣帝時穀石五錢,耿壽昌以此立常平倉於邊郡,而永光二年,京師穀石二百餘,邊郡四百。可見公家制馭之無術,商賈操縱之可畏也。漢初穀賈之翔踴,蓋非獨民失作業,亦與更半兩爲莢錢有關。元和中,穀貴,縣官經用不足。尚書張林言,穀所以貴,由錢賤故也。可盡封錢,一取布帛爲租,以通天下之用。《後漢書・張晧傳》。林必有所見而云然。惜史載其語不詳,而漢世錢賈升降,亦不盡可考耳。

《三國魏志・胡質傳》引《晉陽秋》:質之爲荊州也,其子威自京都省之。十餘日,告歸。臨辭,質賜絹一匹,爲道路糧。當時絹價幾何不可知,度必不能甚貴。然足爲道路糧者,威之來也,無車馬僮僕,自驅驢單行;其去也,每至客舍,自放驢取樵炊爨,食畢,復隨旅進退。往還如是。蓋誠以爲易食之資耳。然則絹一匹可足自許至荊州之食也。

《三國魏志・閻溫傳注》引《魏畧・勇俠傳》:言趙岐逃之河閒,常於市中販胡餅。孫賓碩問之曰:"自有餅邪?販之邪?"岐曰:"販之。"賓碩曰:"買幾錢?賣幾錢?"岐曰:"買三十,賣亦三十。"然則一胡餅之賈,等於粟一石之下糶矣,可見熟食之貴。《鹽鐵論》所以以熟食遍市爲侈也。見《散不足篇》。

《食貨志》:新莽時,羲和魯匡,請法古令官作酒。一釀用粗米二斛,曲一斛,得成酒六斛六斗。是則酒四升,當用粗米一升一合餘也。《昭帝紀》:始元六年,"賣酒升四錢。"

穀賈往史多有記載,布帛之賈則難知。今案《三國魏志·田豫傳注》引《魏畧》云:"鮮卑素利,數來客見,多以牛馬遺豫。豫轉送官。胡以爲前所與物顯露,乃密懷金三十斤遺豫,豫受之。胡去之後,皆悉付外,具以狀聞。詔褒之,賜絹五百匹。豫得賜,分以其半藏小府。後胡復來,以半與之。"豫分絹之半以與胡,似計其賈與金三十斤畧相當者。此説如不誤,則金一斤直絹八匹餘,黃金一斤直錢萬,則絹一匹,直錢千二百也。

十、論漢世馬賈

《漢書·食貨志》言:"馬至匹百金。"此蓋以成數言之,不必其果直百金也,然其賈必已甚貴矣。《後漢書·靈帝紀》:光和四年,"初置騄驥厩丞,領受郡國調馬,豪右辜榷。馬一匹至二百萬。"視漢初之賈又倍之。《武帝紀》:元狩五年,"天下馬少,平牡馬,匹二十萬。"亦僅光和賈十之一耳。《景武昭宣元功臣表》:梁期侯當千,大始四年,坐賣馬一匹,賈錢十五萬,過平臧五百已上免。則大始時馬之平賈,又不及十五萬也。是知漢初之賈,乃因幣制驟變,人心不安;光和之賈,則因在上者誅求過急,皆去常情甚遠。《吳志·孫皓傳注》引《江表傳》,言何定使諸將各上好犬,皆千里遠求,一犬至直數千匹。御犬率具纓,直錢一萬,與靈帝事頗相類。可見誅求之害。《後漢書·杜林傳注》引《東觀記》云:"馬援從南方還時,林馬適死。援令子持馬一匹遺林。林受之。居數月,林遣子奉書,送錢五萬。"五萬之數,蓋與馬一匹之賈畧相當。然則馬一匹之價,侔於下糴千六百六十六石有餘。一夫挾五口,治田百畝,得粟百五十石。十一家力耕,猶不能奉戰馬一匹之費也。此古人所以重用兵歟。

(原刊《齊魯學報》第一期,一九四一年一月出版)

秦漢移民論

上

《王制》言地邑民居，必參相得。《管子》曰："地大而不爲，命曰土滿；人衆而不理，命曰人滿。"《霸言》。若是乎，人之與地，不可不加以調劑也。然欲事調劑，必不免於移徙，而移徙之事，行之無弊甚難。故自晉以後，能行之者遂寡；惟秦、漢去古近，其事尚時有所聞耳。

秦、漢時之移民，其首要者，蓋爲强幹弱枝之計。秦始皇甫定六國，即徙天下豪富十二萬户於咸陽。漢人論議，凡事皆懲惡亡秦，獨於此則承之。高祖甫滅項氏，即徙諸侯子關中；五年後九月。後復以婁敬言徙齊、楚大族是也。九年十一月。《漢書·地理志》曰："漢興，立都長安，徙齊諸田，楚昭、屈、景及諸侯功臣家於長陵。後世世徙吏二千石，高訾富人及豪傑併兼之家於諸陵，蓋亦以强幹弱枝，非獨爲奉山園也。"則婁敬之策，漢且世世行之矣。章邯破邯鄲，皆徙其民河内，夷其城郭，見《張耳陳餘傳》。此則所謂弱枝之策也。

非獨王室如此也，即諸侯亦競務徠民以自强。《史記·吴王濞列傳》曰："孝惠、高后時，天下初定，郡國諸侯，各務自拊循其民：吴有豫章郡銅山，濞則招致天下亡命者，益鑄錢；煮海水爲鹽；以故無賦，國用富饒。"又曰："其居國以銅、鹽故，百姓無賦；卒踐更，輒與平賈。

歲時存問茂材，賞賜閭里。佗郡國吏欲來捕亡人者，訟共禁勿予。如此者四十餘年，以故能使其衆。"《淮南衡山列傳》亦言：淮南厲王"聚收漢諸侯人及有罪亡者匿與居。爲治家室。賜其財物、爵祿、田宅，爵或至關內侯。奉以二千石所不當得。欲以有爲"。二王之所爲，誠屬別有用心。然如歲時存問茂材，賞賜閭里；爲治家室，賜以財物、爵祿、田宅；則固拊循其民者所應爲。《高祖功臣侯表》言："天下初定，大城名都散亡，户口可得而數者十二三，是以大侯不過萬家，小者五六百户。後數世，民咸歸鄉里，户益息，蕭、曹、絳、灌之屬，或至四萬。小侯自倍。"其所以能如此者，諸侯王之各自拊循，必有力焉。此雖非移民，其效亦與移民等。齊悼惠王之封也，諸民能齊言者皆與齊，廣強庶孽之謀，固與強本弱枝無二致矣。

移民實邊之事，漢世亦屢有之。文帝始從晁錯言，募民徙塞下。武帝元朔二年，募民徙朔方十萬口。元鼎六年，分武威、酒泉地置張掖、敦煌郡，徙民以實之。平帝元始四年，置西海郡，徙天下犯禁者處之。皆規模頗遠。案《食貨志》言：武帝徙貧民於關以西，及充朔方以南新秦中七十餘萬口。應劭曰："秦始皇遣蒙恬攘卻匈奴，得其河南造陽之北千里地，甚好。於是爲築城郭，徙民充之，名曰新秦。"則武帝所行，實踵始皇成規。漢高祖立趙佗詔曰："前時秦徙中縣之民南方三郡，使與百粵雜處。今天下誅秦，南海尉佗居南方長治之，甚有文理，中縣人以故不耗減。"則秦於北胡、南越之地，皆嘗移民以實之矣。實非全用謫戍也。

《後漢書·明帝紀》云："永平八年，詔三公募郡國、中都官死罪繫囚，減罪一等，勿笞，詣度遼將軍營，屯朔方、五原之邊縣。妻子自隨，便占著邊縣。父母，同產欲相代者恣聽之。其大逆無道、殊死者，一切募下蠶室。亡命者令贖罪各有差。凡徙者賜弓弩衣糧。"又云："九年，詔郡國死罪囚減罪，與妻子詣五原、朔方，占著所在。死者皆賜妻父若男同產一人復終身。其妻無父兄獨有母者，賜其母錢六萬。又復其口賦。"其所以待之者頗優，欲相代者恣聽，且賜及其妻父母，無非冀其占著所在，勿萌去志耳。

後漢舊制，邊人不得內移，見《後漢書·張奐傳》。建武時，徙雁門、代、上谷、定襄、五原之民以避胡，建武九年、十年、十五年、二十年。蓋有所不得已也。故南單于甫降，即命雲中、五原、朔方、北地、定襄、雁門、上谷、代八郡之民，歸於本土。二十六年。明帝永平五年，發遣邊人在內郡者，賜裝錢人五萬。所以待之者亦頗厚。

移民之政，最爲根本之計者，則調劑土滿與人滿也。漢景帝元年，詔曰："閒者歲比不登，民多乏食，夭絕天年，朕甚痛之。郡國或磽狹，無所農桑毈畜，或地饒廣，薦草莽，水泉利而不得徙，其議民欲徙寬大地者聽之。"可謂知本矣。然徒曰欲徙者聽，民尚未必能自徙也。《漢書·武帝本紀》元狩四年，有司言關東貧民徙隴西、北地、西河、上郡、會稽，凡七十二萬五千口，《平準書》云："徙貧民於關以西，及充朔方以南新秦中，七十餘萬口。衣食皆仰給縣官，數歲。假予產業。使者分部護之，冠蓋相望。"其後"山東被河菑，及歲不登數年"，又令"饑民得流，就食江、淮間，欲留留處。遣使冠蓋相屬於道護之"。平帝元始二年，罷安定呼池苑，以爲安民縣。募徙貧民。縣次給食，至徙所，賜田宅什器，假與犁牛種食。則其所以維護之者，可謂周至矣。然其行之果善與否，亦殊難言也。伍被爲淮南王劃策，欲詐爲丞相御史請書，徙郡國豪傑任俠；及有耐罪以上，赦令除其罪；家產五十萬以上者，皆徙其家屬朔方之郡；《淮南衡山列傳》。以恐動其民。可知漢世移民之弊深矣。

漢世恩澤，莫如徙諸陵者之厚。據《漢書·本紀》：武帝元朔二年，徙郡國豪傑及訾三百萬以上於茂陵。大始元年，又徙吏民豪傑於茂陵、雲陵。宣帝本始元年，募郡國吏民訾百萬以上徙平陵。元康元年，徙丞相、將軍、列侯、吏二千石訾百萬者杜陵。成帝鴻嘉二年，徙郡國豪傑訾五百萬以上者五千戶於昌陵。其所徙者多高訾。豪傑訾或不必中徙。然郭解徙茂陵，諸公送者出千餘萬，豈有豪傑任俠，而以乏財爲患者哉？然其所以賜之者：則景帝五年，募民徙陽陵，賜錢二十萬。武帝建元三年,賜徙茂陵户錢二十萬,田二頃。昭帝始元三年,募民徙雲陵,賜錢、田宅。四年,徙三輔富人雲陵,賜錢户十萬。宣帝本始二年,以水衡錢爲平陵徙民起第宅。是繼富也,國何賴焉?徒使"五方雜厝,風俗不純"而已。"其世家則好禮文,富人則商賈爲利,豪傑則遊俠通姦",《漢書·地理志》語。秦人敦樸之風,自此散也。

秦、漢時之移民,本有爲化除惡俗者。《史記·貨殖列傳》言秦末世遷不軌之民於南陽;《漢書·地理志》云:秦既滅韓,徙天下不軌之民於南陽。武帝元狩五年,徙天下姦猾吏於邊是也。所忠言世家子弟富人,或鬥雞走狗馬,弋獵博戲,亂齊民,乃徵諸犯令,相引數千人,名曰株送徒,《平準書》。其行之雖虐,其意則猶是也。主父偃説武帝曰:"天下豪傑兼并之家,亂衆民,皆可徙茂陵,内實京師,外消姦猾,此所謂不誅而害除。"成帝時,陳湯言:"天下民不徙諸陵三十餘歲矣。關東富人益衆,多規良田,役使貧民。可徙初陵,以强京師,衰弱諸侯。又使中家以下,得均貧富。"是則充奉陵邑之意,亦欲以摧浮淫兼并之徒。然《漢書·宣帝紀》言:帝微時喜遊俠,鬥雞走馬,數上下諸陵,周遍三輔,則弋獵博戲之風,有愈甚耳。即以摧兼并論,亦豈易言哉?《後漢書·賈復傳》:子宗,建初中爲朔方太守。舊内郡徙人在邊者,率多貧弱,爲居人所僕役,不得爲吏。宗擢用其任職者。與邊吏參選,轉相監司,以謫發其姦。或以功次補長吏。故各願盡死。匈奴畏之,不敢入塞。徙人貧弱者爲居人所僕役,徙人富豪,而國家又優假之,則又將僕役居人矣。不能齊之以禮,裁之以法,雖日事遷徙,奚益哉。《漢書·李廣蘇建傳》言:李陵征匈奴時,關東羣盜妻子徙邊者,隨軍爲卒妻婦,大匿車中。亦可見徙邊者之流離失所。

《後漢書·光武帝紀》:建武十六年,郡國大姓及兵長羣盜,處處并起。攻劫在所,害殺長吏。郡縣追討,到則解散,去復屯結。青、徐、幽、冀四州尤甚。冬,十月,遣使者下郡國。聽羣盜自相糾摘。吏逗留、回避、故縱者皆勿問,聽以擒討爲效。其牧、守、令長,坐界内盜賊而不收捕者,又以畏愞捐城委守者,皆不以爲負,但取獲賊多少爲殿最。唯蔽匿者乃罪之。於是更相追捕,賊并解散。徙其魁帥於它郡,賦田受稟,使安生業。自是牛馬放牧,邑門不閉。史言其效或大過,然一時有摧陷廓清之功,則必非盡誣。所以然者,惡人必有黨與,黨與不能盡去,故惡人雖其居,即無能為也。吳漢平史歆、楊偉、徐容之亂,徙其黨與數百家於南郡、長沙;趙熹守平原,平原多盜賊,熹討斬其渠帥,餘黨當坐者數千人,請一切徙京師近郡;可知當時多以此為弭亂之策,然亦特弭亂之策而已,久安長治之規,要當別有在也。

《後漢書·樊宏傳》:族曾孫准,永平初,連年水旱災異,郡國多被飢困。准上疏曰:"伏見被災之郡,百姓雕殘,恐非振給所能勝澹。雖有其名,終無其實。可依征和元年故事,遣使持節慰安。尤困乏者,徙置荊、揚孰郡。既省轉運之費,且令百姓各安其所。今雖有西屯之役,宜先東州之急。如遣使者與二千石隨事消息,悉留富人,守其舊土。轉尤貧者,過所衣食,誠父母之計也。"征和元年之事,漢書不載。觀此,知其曾有徙貧民而留富人之舉,其所以撫綏之者,亦頗備也。

中

後漢之末,喪亂弘多,疆場之役,一彼一此,乃競務移民以自利。《三國·魏志·張遼傳》:從攻袁尚於鄴,尚堅守不下。太祖還,使遼與樂進拔陰安,徙其民河南。《鍾繇傳》:自天子西遷,洛陽人民單盡;繇徙關中民,又招納亡叛以充之;數年間,民戶稍實。太祖征關中,得以為資。是太祖初基,實務移民以自益也。《張既傳》:張魯降,既說太祖拔漢中民數萬戶,以實長安及三輔。《和洽傳》:太祖克張魯,洽陳便宜,以時拔軍徙民,可省置守之費。太祖未納。其後竟徙民棄漢中。《杜襲傳》:隨太祖到漢中。太祖還,拜襲駙馬都尉,留督漢中軍事。綏懷開導,百姓自樂出,徙洛、鄴者八萬餘口。是當時之視得人,實重於得地。《張郃傳》云:別督諸軍降巴東、巴西二郡,徙其民於漢中;而《蜀志・張飛傳》云:郃別督諸軍下巴西,欲徙其民於漢中,則郃意本僅欲得其民,非欲得二郡之地也。其後三國相爭,視民亦不減於視地。《曹仁傳》:仁入襄陽,使將軍高遷等徙漢南附化之民於漢北。《王基傳》:襲步騭於夷陵,納降數千口。於是移其降民,置夷陵縣。《陳留王紀》:咸熙元年,勸募蜀人能內移者,給廩二年,復除二十歲。《蜀志・後主傳》:建興六年,諸葛亮拔西縣千餘家,還於漢中。十四年,徙武都氐王苻健及氐民四百餘戶於廣都。延熙十七年,姜維出隴西,拔狄道、河間、臨洮三縣民,居於綿竹、繁縣皆是。吳人當初興時,地狹民寡,尤以虜掠爲急。孫策破皖城,得袁術百工及鼓吹部曲三萬餘人,皆徙詣吳。《本傳》注引《江表傳》。策表用李術爲廬江太守。策亡之後,術不肯事權,而多納其亡叛。權移書求索。術報曰:"有德見歸,無德見叛,不應復還。"權大怒,攻屠其城,徙其部曲三萬餘人。《孫權傳》建安五年注引《江表傳》。建安十二年,西征黃祖,虜其人民而還。十三年,復征黃祖,虜其男女數萬口。權傳於建安二十五年,特書南陽陰、酇、築陽、山都、中廬五縣民五千家來附。赤烏六年,諸葛恪征六安,破魏將謝順營,收其民人。恪傳言恪欲出軍,諸大臣同辭諫恪。恪乃著論以諭衆意,言"今以魏比古之秦,土地數倍;以吳與蜀比古六國,不能半之。今所以能敵之者,以操時兵衆,於今適盡,而後生者未悉長大,正是賊衰少未盛之時。自本以來,務在產育。今者賊民歲月繁滋,但以尚小,未可得用耳。若復十數年後,其衆必倍於今。而國家勁兵之地,皆已空盡。惟有此見衆,可以定事。若不早用之,端坐使老,復十數年,畧當損半,而見子弟,數不足言。若賊衆一倍,而我兵損半,雖使伊、管圖之,未可如何"。此時用兵形勢,與戶口登耗關係之大,可以想見。無怪袁淮欲捐淮、漢以南,以避吳之鈔掠矣。見《魏志・齊王紀》正始七年注引《漢晉春秋》。

此時移民,頗多一切不顧利害之舉。《魏志・辛毗傳》:文帝欲徙冀州士家十萬戶實河南。時連蝗,民饑,羣司以爲不可,而帝意甚盛。毗與朝臣俱求見。帝知其欲諫,作色以見之;皆莫敢言。毗曰:"陛下欲徙士家,其計安出?"帝曰:"卿謂我徙之非邪?"毗曰:"誠以爲非也。"帝曰:"吾不與卿共議也。"毗曰:"陛下不以臣不肖,置之左右,厠之謀議之官,安得不與臣議邪?臣所言非私也,乃社稷之慮也,安得怒臣?"帝不答,起入內。毗隨而引其裾。帝遂奮衣不還。良久乃出,曰:"佐治,卿持我何大急邪?"毗曰:"今徙,既失民心,又無以食也。"帝遂徙其半。觀毗諫爭之切,可知當時移徙詒患之深。《盧毓傳》:文帝以譙舊鄉,故大徙民充之,以爲屯田。而譙土地磽瘠,百姓窮困。毓愍之,上表徙民於梁國就沃衍。失帝意。雖聽毓所表,心猶恨之。遂左遷毓,使將徙民,爲睢陽典農校尉。毓心在利民,躬自臨視,擇居美田,百姓賴之。觀此,而文帝之愎諫可知矣。《張既傳》:爲雍州刺史。太祖徙民以充河北。隴西、天水、南安三郡民相恐動,既假三郡人爲將吏者休課,使治屋宅,作水碓。民心遂安。《楊阜傳》:轉武都太守。劉備取漢中,以逼下辯。太祖以武都孤遠,欲移之,恐吏民戀土。阜威信素著,前後徙民、氐,使居京兆、扶風、天水界者萬餘户。徙郡小槐里,百姓襁負而隨之。《蔣濟傳》:太祖問濟曰:"昔孤與袁本初對官渡,徙燕、白馬民,民不得走,賊亦不敢鈔。今欲徙淮南民,何如?"濟對曰:"百姓懷土,實不樂徙,懼必不安。"太祖不從,而江、淮間十餘萬衆皆驚走吳。案事在建安十八年,見《吳志・孫權傳》。俱見移民之非易也。

《杜襲傳》:爲西鄂長。縣濱南境,寇賊縱橫。時長吏皆斂民保城郭,不得農業。野荒民困,倉庾空虛。襲自知恩結於民,乃遣老弱各分散就田業,留丁強備守。吏民嘆悅。會荆州出步騎萬人來攻城。襲乃悉召縣吏民任拒守者五十餘人,與之要誓。其親戚在外,欲自營護者,恣聽遣出。皆叩頭願致死。於是身執矢石,率與戮力。吏民感恩,咸爲用命。臨陳斬數百級。而襲衆死者三十餘人,其餘十八人盡被創。賊得入城。襲帥傷夷吏民,決圍得出。死喪畧盡,而無反背者。遂收散民,徙至摩陂營。吏民慕而從者如歸。此喪亂之際,民無所依,故易與之俱徙。《管寧傳》言:胡昭居陸渾山中,縣民孫狼等作亂,縣邑殘破,陸渾長張固,率將十餘吏卒,依昭住止,招集遺民,安復社稷,同此理也。當時士民,率多流竄山谷,所謂山越,實多華人,予別有考。《鄭渾傳》:遷左馮翊。時梁興等署吏民五千餘家爲寇鈔。諸縣不能禦,皆恐懼,寄治郡下。議者悉以爲當移就險。渾曰:"興等破散,竄在山阻,雖有隨者,率脅從耳。今當廣開降路,宣喻恩信。而保險自守,此示弱也。"乃聚斂吏民,治城郭,爲守禦之備。遂發民逐賊,明賞罰,與要誓,其所得獲,十以七賞。百姓大悦,皆願捕賊;多得婦女財物。賊之失妻子者,皆還求降。渾責其得他婦女,然後還其妻子。於是轉相寇盜,黨與離散。又遣吏民有恩信者,分佈山谷告喻。出者相繼。乃使諸縣長吏,各還本治,以安集之。令長亦欲徙而守險,無怪民之爭保山澤矣。此亦亂世民之移徙者也。惜開闢山澤之法,尚未盡善,亂定旋復棄之耳。然山澤之因此而開闢者,亦當不少也。

下

安土重遷,人之情也。然當喪亂之際,死亡迫於眉睫,人亦孰不欲遷徙以自安?所以猶不樂徙者:則以上之所利,非必民之所利;或雖爲民所同利,而迫蹙驅遣,所以徙之者非其道耳。職是故,喪亂之際,民之自行移徙者,實較官所移徙爲多。觀後漢之末,民徙交州及遼東西者之多而可知矣。邊方之開闢充實,實有賴焉。自清之季,喪亂頻仍,民之移居關東者日益衆。至今日,都計關東之民,漢人居十五分之十四。日本強據關東,國際聯盟派員調查,其所撰報告,猶以是爲關東當屬中國之證焉。是則喪亂於内,而拓殖於外也。故曰:禍兮福所倚,福兮禍所伏。

秦、漢距部族之世近,故其人民之移徙率成羣,而其士大夫亦多能爲之率將。田疇入徐無山，數年間，百姓歸之者至五千餘戶。邴原在遼東，一年中，往歸者數百家。皆見《三國志》本傳。管寧至遼東，廬於山谷。越海避難者，皆來就之，旬月而成邑。《三國志》本傳注引《傅子》。王烈之在遼東也，東城之人，奉之若君，《管寧傳》注引《先賢行狀》。皆以此也。然士大夫究有黨援，故亂平後多復歸；小民則不然。《管寧傳》曰：「中國小安，客人皆還，惟寧晏然，若將終焉。」客人指士大夫言，不該凡細民也。此邊徼之開闢，所以多食貧居賤者之功與？

當時士大夫之流徙者，族黨之間，亦率能互相救恤，此宗法社會之遺風也。許靖之在交趾也，袁徽與荀彧書，稱其每有患急，常先人後己，與九族中外，同其飢寒。《三國志》本傳。晉世陽裕，爲慕容皝所擒。史稱其性謙恭清儉，剛簡慈篤。士大夫流亡羈絕者，莫不經營收葬，存恤孤遺。士無賢不肖，皆傾身待之。是以所在推仰，猶有其遺風焉。諸賢之於齊民，所以能爲之立約束，興教化者，亦以其去部族之世近，民素聽從耳。故知社會必固有綱紀，然後賢者能因而用之。若真一盤散沙，雖有管、商，亦無以善其後也。慕容廆之據遼東西也，流亡士庶，襁負歸之。廆乃立郡以統流人。冀州人爲冀陽郡，豫州人爲成周郡，青州人爲營丘郡，并州人爲唐國郡。及皝，罷成周、冀陽、營丘等郡，仍以渤海人爲興集縣，河間人爲寧集縣，廣平、魏郡人爲興平縣，東萊、北海人爲育黎縣，吳人爲吳縣，悉隸燕國。所以必如其故郡區處之者，亦以其民固有綱紀也。觀此，可知僑置郡縣之所由來。

《漢書·地理志》：京兆尹新豐縣，高祖七年置。《高帝本紀》：十一年四月，令豐人徙關中者，皆復終身。《注》皆引應劭曰：「大上皇思土欲歸豐，高祖乃更築城市里如豐縣，號曰新豐。徙豐民以充實之。」此乃傳說繆悠之辭。實則豐人之從高祖入關者，與以田宅，爲築市里耳。高祖之爲漢王而之國也，楚與諸侯子慕從者數萬人，豐人安得不成市里？又高祖稱蕭何之功曰：「舉宗而從我」，高祖戚黨之從者，又安得不多邪？此亦喪亂之際，民之成羣遷徙者也。

《地理志》言河西諸郡，「酒禮之會，上下通焉，吏民相親，是以其俗風雨時節,穀糴常賤,少盜賊,有和氣之應,賢於內郡,此政寬厚,吏不苛刻所致。"夫豈天之獨厚於邊郡?亦豈吏至邊郡則賢?蓋地廣民希,水草宜畜牧使然也。《鹽鐵論・未通篇》:御史曰:"內郡人衆,水泉薦草,不能相澹。地勢溫濕,不宜牛馬。民蹠來而耕,負檐而行,勞罷而寡功。是以百姓貧苦,而衣食不足。老弱負輅於路,而列卿大夫,或乘牛車。孝武皇帝平百越以爲囷圃,卻羌、胡以爲苑囿,是以珍怪異物,充於後宮。駒騄、駃騠,實於外廐。匹夫莫不乘堅良,而民間厭橘柚。"由此觀之,邊郡之利亦饒矣。以珍怪異物、駒騄、駃騠爲利,未之敢聞。匹夫乘堅良,民間厭橘柚,恐亦言之大過。乘者厭者,豈真齊民邪?文學曰:"往者未伐胡、越之時,縣賦省而民富足。溫衣飽食,藏新啗陳。布帛充用,牛馬成羣。農夫以馬耕載,而民莫不騎乘。當此之時,卻走馬以糞。其後師旅數發。戎馬不足,牸牝入陳。故駒犢生於戰地,六畜不育於家,五穀不殖於野。民不足於糟糠,何橘柚之可厭?"案《平準書》言孝武初之富庶曰:"衆庶街巷有馬,阡陌之間成羣,而乘字牝者,擯而不得聚會。"而元狩四年,衞青、霍去病之擊胡,漢軍馬死者十餘萬匹。《匈奴列傳》言:匈奴雖病遠去,而漢亦馬少,無以復往。其軍如此,況於民間騎乘?故知御史之言,必非其實也?然其言畜牧之利則真矣,可與《漢志》之言參觀也。近世關東之民,自山東徙者最多。其勤苦不如其在故鄉之時,而富樂過之,亦以新土地廣民希,利源未盡辟也。

然新土之利,亦有未易言者。《三國・魏志・倉慈傳》:太和中,遷敦煌太守。郡在西陲,以喪亂隔絕。曠無太守二十歲。大姓雄張,遂以爲俗。前太守尹奉等,循故而已,無所匡革。慈到,抑挫權右,撫卹貧羸,甚得其理。舊大族田地有餘,而小民無立錐之土。慈皆隨口割賦,稍稍使畢其本直。豪强兼并,豈二十年中所能爲?則敦煌土地之不均舊矣。此即先漢之末,"穀糴常賤,有和氣之應"之地也。故知無政,則舊邦汙俗,漸染新邦,若置郵而傳命也。《倉慈傳》又曰:西域雜胡,欲來貢獻,諸豪族多逆斷絕。既與貿遷,欺詐侮易,多不得分明,胡常怨望。慈皆勞之。欲詣洛陽者,爲封過所。欲從郡還者,官爲平取。輒以府見物,與共交市。使吏民護送道路。由是民夷僉然,稱其德惠。然則中外交市之利,亦爲豪右所專矣。而曰：匹夫乘堅良，民間厭橘柚，乘者果匹夫？厭者信齊民邪？《梁習傳》：領幷州刺史。時承高幹荒亂之餘，胡、狄在界，張雄跋扈。吏民亡叛，入其部落。邊方無政，吾民有反爲人用者矣。楚、漢分争，而冒頓控弦之士三十餘萬；隋末雲擾，而突厥控弦之士至百萬；其中豈無華民歸之者邪？耶律阿保機立漢城以并八部，德光遂用之，以反噬燕、雲矣。

（原刊《齊魯學報》第二期，一九四一年七月出版）

從民族拓殖上看東北

中國民族，以移殖之强，同化力之大，聞於天下，國人亦頗有此自豪，然這兩者的强大，該有其限度的；而在限度以內的成功，亦該有其理由，籠統的誇贊與自負，殊不是一回事。

中國民族，最初孕育其文化，究在何處，現在尚難質言，及其爲較高度的發展，而形成其民族性，則在於黃河流域，似無可疑。自此以降，南向長江流域，更遠向粤江閩江流域，更南向中南半島及南洋；其北向者，正面向漠南北，右向今東北九省，* 左向今新疆省逐步發展，亦有翔實的史實可徵。以其成績較之，北進者似不如南進。春秋時楚地不到湖南，顧棟高《春秋大事表》有此論。湖南的開闢，該在吳起相楚悼王"南平百越"之時，雲貴的初通，則在莊蹻溯牂牁江而王滇之日；與燕開上谷、漁陽、右北平、遼西、遼東五郡，今遼寧、安東及遼北省南境。大畧同時，燕在東北，已能置郡，楚在湖南卻不能，則似東北之開闢，程度尚較西南爲有進。其後秦逐匈奴出河南，今河套。與其開桂林、南海、象郡，今廣東西及越南。及閩中郡，今福建。大畧同時。漢武帝再取河南，立朔方郡，開河西，今甘肅省西北境。通西域，今新疆。與其再平南越秦桂林、南海、象郡。及閩越，秦閩中郡。亦先後無幾，此爲西元前四世紀至二世紀之事，距今約二千至二千三百年。在自此以後的長時期中，南方

---

* 編者按：一九四五年日本投降後，政府曾將原東北（遼寧、吉林、黑龍江）三省劃分爲遼寧、遼北、安東、吉林、松江、合江、黑龍江、嫩江及興安等九省，簡稱"東九省"。

雖亦係逐漸開拓，大體可云無所波折，北方則正面漠南之地，雖屢開建爲郡縣，亦屢遭破壞。中國勢力之確立者，仍以明以來之長城爲限，東北則迄未能越過遼河、松花江間的分水界，西北郡縣的設置，亦僅六十餘年，亡清光緒八年，西元一八八二年，置新疆省。而到如今，漢人在新疆還是少數民族，此外漢人移殖出去，而後來消失於無形的，還不知凡幾，如古代的朝鮮，普通都以爲和今韓國人同族，其實不然，據《方言》：朝鮮和北燕言語相同，而今韓國人初非和中國同語系，即其鐵證，箕子封於朝鮮，斷不會是現在半島之地，所以近來史家，大都承認其本區在內地，隨北燕之開拓而東北徙，然則古代的朝鮮人，至少是和中國人同語系的民族遷徙向東北的，而自東漢以後，即逐漸沒入穢貊之中了，所以漢人的移殖，也是有成功有失敗的，有時候能同化人，有時候被人同化。人總是人，說有一個種族，能力特別優強，這只好任德國的社會黨，日本的軍閥去主張，無論科學與常識，都不能承認這句話。然則中國人移殖和同化的力量，究竟強弱大小如何？與其爲籠統的誇獎和自負，還不如從事實上作一番忠實檢討的好。

要檢討一個民族移殖力的強弱、同化力的大小，必須注意於其社會進化的程序，立乎今日而回溯既往，凡一民族文化的高度發展，必在其進入農耕之後，因爲必如此，其生活乃較富裕，人口乃可以有大量的增加；且和土地關係密切，其文化乃有固定性。中國爲東方文明之國，實以其進於農耕之早，而其移殖於外之能否成功，亦以其所移殖之地，農業能否確立爲斷，其向南移殖，最早最大的成功，實爲長江中下流之湖水區域，而西南的山嶽地帶，則其成功較晚而亦較小，其和南洋交通，怕亦已有二千餘年。因爲《呂覽》、《淮南王書》業經說及海外的情形了。而移殖的成功，則只可說自十五世紀以後，亦因前去者多是估客，此後乃漸有從事於農、漁、林、礦等業者之故。北方移殖的成績，亦可以此推之。遼河流域，在農業上自最適宜，故其成功最早而最大，漠南地方次之，天山南北路又次之。以區域的接近論，漠南自尤在遼河流域之上，然其水利較遜，又與好侵畧之遊牧人密邇，其建設的速度，不能和遊牧人受打擊後復盛的速度相競爭，建設未至於大成，實力尚未充足，遊牧人的侵畧，倒又來了，此爲漠南郡縣，屢興屢廢的原因。天山南路，居國爲多，北路雖係牧地，居其地的牧人，並不如在蒙古地方的強大，故其受侵畧之患較少。然以交通論，則不徒非漠南之比，並非遼河流域之倫。自臯蘭越黃河，出玉門關，到達新疆省中，藉溝渠、雪水以資灌漑而可以耕作之地，實遠非昔時農民之力所能勝。所以其他雖多居國，而漢人從事於此者，不過如漢唐盛時之田卒，或者遭亂播遷的少數人民，不久即泯歿無聞了。松花江流域，並不較遼河流域爲瘠薄，然其農業的開發，卻延了二千餘年，亦因其間的分水界，非昔時農民所能逾越之故。然其土地之肥沃，水利之饒足，則遠非漠南及天山南北路所及，一旦此種限制打破，其進步倒又一日千里了。然則拓殖事業之成敗，乃其成功之大小遲速，全係其本身所有之力，及其所對抗之力相消而孰有餘之問題，籠統誇獎及自負，或則譏評與自餒，根本全不是這回事。

知此，乃可與論近數十年來中國人對於東北的拓殖，論者都說亡清以偏私之見，把東北封鎖，而中國人還能將它突破，即可見其移殖力之強，其實這話亦是要加以補充的。東北的大爲開闢，亦自近數十年以來，在亡清光緒二十三年（一八九七年）中東鐵路開始建造以前，移殖東北的人，並不能算甚多；且皆偏於遼寧，入吉、黑者甚少，鐵路開始建造，需用勞力驟增，入東北者乃驟盛，鐵路竣工，其人與其地既已相習，乃多留而營田，而吉、黑二省，乃日以開闢。而據日本滿鐵會社所作統計，則東北移者之大盛，乃自民國八年以來，自此至民國十三年，年達四十萬，然仍以春來冬返者爲多，十四年其數增至五十萬，十五年至六十萬，十六年滿百萬，十七年以後，又超過之，自"九一八"變起乃銳減，而留居者之超過冬歸者，亦自十四年始。此蓋內地之災荒、爭戰，有以驅之，然鐵路四通，打破交通上之困難，使移住之民，能達到其力所不能達之處，要爲最大之原因。此外如開礦、製鐵、伐木及諸種新式工業之興起；因運輸之容易，消費之增加，固有之農工業，亦受其刺激。官家固從事放墾，私人之多田者，如旗地、蒙旗牧地，乘官家放墾時，領得多數土地者。及以此企業者，亦競事招徠；榨油、釀酒、製造麵粉等業，相競增資，或且改用新法；貨物之運載船，起卸，都市交通沿綫之服務，亦需要多人，都是盛大的投資，使移住者有事業可做，自然民之趨之，若水之就下了。雖然如此，移殖者仍以從事於農耕爲最多。據滿鐵會社的統計，其數實達百分之八十五，世界上將來的情形不可知，截至今日爲止，則欲確實佔領土地者，仍必爲能久居其地之人，而能久居其地者，則必從事於農業。我國歷代盛時，疆域非不廣大，然多並非實際的佔領，如漢朝設西域都護，以維持天山南北兩條通路，只可稱爲綫的佔領。唐朝設西域都護府以管理漠南北，又於西域設四鎮，只可稱爲點的佔領。此等佔領，雖身在其地，並不能確立勢力，而要有別一種勢力，以爲其後盾而維持之，到維持之勢力亡，其本身即不得不撤退了。語云：禍兮福所倚，福兮禍所伏。五十年來，國內的災荒和戰爭，外國的掠奪和剝削，可謂極人世間的悲慘，卻因此而造成了我民族等於東北的確實佔領，這種犧牲，還不算得無代價罷？我國民亦可破涕爲笑了。

我將我民族所以能開發東北的原因，作一番忠實的檢討，這並不是說我民族移植和同化的力量不算強大，世界上任何豐功偉績，原總是在一定條件下成功的。我所欲告我國人者，則欲求一事之成功，必先造成其所以成功的條件。如欲移民墾邊，則便利其交通，使本欲移殖而不能前往者，可以前往，實爲第一要義；而廣大的地區內，擇定若干居民點，並供給一定之力，使移居者有所憑藉，以與自然搏鬥，開發資源。此即蘇聯所謂欲開發不毛之處，當先在其中作成若干據點，而更以綫聯絡之說。東北的已事，即其明證。西北情勢的緊急，實不下於東北，且或過之，所以救之者，實不可不如沃焦捧漏，而其當如何救法，觀於東北，就可以知其當務之急了。再者，某處地方，當歸某民族佔領，此乃自然形勢所造成，非可以人力強行改變。清朝以私意封鎖東北，其所得者爲何？則限民虛邊，造成帝俄和日本的侵佔而已。當日本勢盛時，蘇俄亦不得不退避三舍，將中東鐵路轉讓。然侵畧者終於無成。至今日，其所得者又爲何？違反自然情勢之事，遲早總要受到制裁，雖不知其禍之來自何方，至自何時，以何形式而出現，然其必至而不可免，實爲閱歷有得之言，天下本無一勞永逸之事，不徒侵畧，即爲防患起見，說造成某種形勢，而即可恃之以爲安，也是徒然的。同理，懦弱退讓者，其罪惡，亦與恃強侵佔者相等，因爲同時違反自然的情勢，而足以造成撓亂的根源呀！再者在昔時的情勢下，農耕已爲經濟最高的階段，今則不然。使他人從事工業，而我則從事農業，必處處受其剝削，事事爲所統制矣。當抗戰以前，日寇之所求於我，及其所已行於東北者，原不過如此，況且所謂工業化，原不過使用機械以代人力之義，並非專指製造，在今日，農業亦當使用機械，亦即在工業範圍之內，我此文雖推重農業，只是追溯既往，並非謂此後所當務者，仍與既往相同，此亦不可不知。

(原刊一九四六年三月二十六日《文匯報》)

歷史上之遷都與還都

查考我國的歷史，遷都之事多，而還都之事少；即或有之，亦和現在的還都，意義大不相同；所以我們這一次的還都，確可以說是空前的盛事。

唐虞以前，都邑已不可深考了。夏代都城，究在何處，亦還是問題，但《世本》說禹都陽城，又說桀都陽城，則夏代的都邑，似乎無多遷徙，但夏代有太康失國的一個動亂，其都城又不能全無變動，《左氏》襄公四年說：羿因夏民以代夏政，夏民爲羿所因，夏之都城，必曾一度爲羿所據，而哀公元年，又說少康祀夏配天，不失舊物，則少康恢復夏業時，似乎把舊都也恢復過來，而仍還居於其地，這一個推測如確，少康便是歷史上可考的光榮還都的第一人了。殷代的都邑，遷徙最多，其中盤庚的涉河南治亳，《史記》上說他是回復成湯的舊居，這也可稱爲還都，盤庚也是殷代的賢君，如此，在三代以後，倒已有足資紀念的還都兩次了。但夏殷兩代，年代究竟太遠了，史料傳者太少，其時之真相如何，究竟不易評論。

因不能還都而蒙受極大的損失的，歷史上最早可考的，便要推東周。東周平王元年，爲西元前七七〇年，下距秦始皇盡滅六國的前二二一年，凡五百四十九年，其時間不可謂不長。西周之世，西畿應爲聲明文物之地，然直至戰國時，論秦者尚稱其雜戎狄之俗，在秦孝公變法自強以前，因此爲東方諸侯所排擯，不得與於會盟之列，可見西周之亡，西畿之地，遭受破壞的殘酷。當西畿未失之時，周朝合東西兩畿之地，猶足以當春秋時之齊、晉、秦、楚，此其所以在西周時，大體上，能夠維持其爲共主的資格。到西畿既失之後，形勢就大不相同了。昔人論周之東遷，恒以爲莫大之失策，誠非無所見而云然。

三代以下，秦朝運祚短促，自不會有還都之事。前漢二百十年，亦始終未能移都。莽末大亂，後漢光武起，不光復舊物而建都洛陽。這就繼承漢的基業說，也可以說是未能還都。光武所以不都長安，大概因赤眉亂後，三輔之地，破壞得利害了，修復遷移，所費太巨之故。這未嘗非愛惜民力之意，然通前後而觀之，則光武的不能還都，中國在國勢上，實頗受到損失。中國在前代，建國的重心，實在黃河流域。當這時期，能向西、北兩方面拓展，則規模遠大，而國勢可以盛強，若退居河南，徒和當時富力的重心山東相聯絡，則未免易即於晏安，而國勢亦漸以陵替。這一點，近人錢賓四君考論得最爲深切著明，詳見其所著之《國史大綱》，商務印書館本。茲因限於篇幅，不能備引，然原書殊有參考的價值，甚望得之者能夠一讀。後漢末年，董卓亂政，爲東方州郡所討伐；卓乃迫脅獻帝，還都長安，此乃所以避兵鋒，作負隅之勢，並非能恢復前漢的規模，自然說不上還都。董卓敗後，李傕、郭汜攻陷長安，獻帝爲所劫持，更不自由，後乃設法逃歸洛陽。這亦是逃難而已，更說不上還都，既非能夠還都，自然不能自立，所以不久，又被曹操劫遷到許昌去了。曹魏篡漢，還都洛陽，而西晉因之，迄亦未能再振。懷愍之難，洛陽、長安相繼淪陷，而中國在北方的政權遂中斷。

東晉元帝，以西元三一七年立國江東，自此至五八九年陳亡，凡約二百七十三年，迄未能光復舊物。其中惟桓溫於三五六年擊破姚襄，曾一度恢復洛陽。當時溫曾抗表請還都舊京。然此時河南破壞已甚，不易立足，遑論進取？自非有不世出之署者，不易爲此非常之舉。當時東晉的朝廷，則何足以語此？而且桓溫的請還都，亦非真有恢復中原之意，不過上流的勢力，全在其手中，如果還都，則中央的政權，亦必歸其掌握罷了。所以晉朝諸臣所籌畫者，倒是如何拒絕他的請求。桓溫此時的實力，還未能迫脅晉朝北遷，還都之說，自然成為空論。到三六五年，洛陽就又為前燕所陷了。四一六年，劉裕破後秦，又恢復洛陽。其明年，并復長安，晉南北朝時中國之兵威，實以此時為最振。但裕已年老，後方又有問題，駐節北方，經畧趙魏之議，終於不能實行。師還未幾，長安再陷。宋文帝時，屢次北伐，皆遭慘敗，馴至胡馬飲江，洛陽自亦無從保守了。這是有可以恢復的機會，因內部的矛盾而失之的。

宋、齊、梁、陳四朝，南方的形勢，迄較北方為弱，然都城則從未動搖過。惟五四九年，臺城嘗為侯景所陷，侯景此時，名義上雖係梁臣，實係北來的勢力，這亦不啻都城陷於敵手了。元帝立國江陵，賴王僧辯和陳武帝之力，得以恢復建康。此時理應即行還都。然濡滯不決，遂使敵國生心，漢奸作倀。元帝之侄岳陽王詧，聯合西魏，乘江陵兵備空虛，將其攻陷。此時敵我兵力懸殊，元帝理應出走，即不能達到建康，暫避在今湖南境內，亦是無妨的，西魏未必再有兵力進取。乃又不能決計，而徒為不足恃之守備，這不可謂非失策了。岳陽王自此立國江陵，在其境內稱帝，望北朝則稱臣，這是十足的一個偽組織了。王僧辯和陳武帝，立元帝之子敬帝於建康，南朝的統緒，賴以不墜，然又出了一個漢奸：梁武帝之子貞陽侯淵明，先以戰敗為東魏所俘，此時東魏已為齊所篡，又發兵送之來，王僧辯拒戰不勝，竟降之，把他迎接進來，奉之為君，而廢敬帝為太子。王僧辯是削平侯景的元勳，陳武帝的資望，還在他之下，乃固一戰不勝，甘心從逆，這和現在汪兆銘、陳公博等以黨國要人而甘心附敵，頗有些相像，而此時建康的政府，亦不能不謂為偽組織了。幸得陳武帝密定大計，討殺王僧辯，廢黜淵明，重立敬帝，而南朝乃得恢復其獨立。然還有一班漢奸，勾結敵兵，大舉入犯，業經渡江打到建康了。此時的形勢，可謂極其危急。幸又得陳武帝奮其智勇，百姓齊心，將士效命，把他們一舉殲滅。這一次的戰役，和民國十六年國民政府保衛首都的龍潭戰役，頗為相像。然龍潭戰役，究竟還是鬩牆之爭，這一次則其所打擊的直接是異族,其關係實更爲重大了。所以陳武帝實在是一個民族偉人。

拓跋魏的根據地,本在平城。自孝文帝遷都洛陽,乃能大接受中國的文化。這本是鮮卑民族的一個大進步。但因其屬於北邊,措置不甚妥帖,又其南遷的政府,腐敗不堪,遂至引起北方武力的再度南下。洛陽累遭兵燹。孝文帝旋爲高歡所逼,棄之而入關,臨行時,望着黃河向臣下説道:此水東流,而朕西上,若獲還復舊都,卿等之力也。則其意未嘗不渴望着還都。然此時關中全在宇文氏之手,安有容其展佈的餘地?孝文一入關,即爲宇文泰所弑,往後諸君,自然更不必説起了。此時西方的重點,仍在長安,東方則在晉陽及鄴,洛陽初無關輕重。及隋唐三世,乃又以長安爲西都,洛陽爲東都,恢復到周、漢時代的舊觀。

隋朝運祚短促,不足論。到唐代,屬外的聲威,也恢復到漢朝的老樣子了。唐朝的盛運,大約自貞觀至開元,天寶以後,則長安全失其長駕遠馭的作用了。同一都邑,而盛衰前後不同,此中原因固多,然有一點,關係甚爲重要,而讀史者能注意到的頗少,今特爲指出之。案漢唐盛時,守衛皆非僅在邊境。漢朝對漠南北,屢次出兵,威稜遠憺,使其地的野蠻民族,無從養成氣力,固不必論。唐朝的出兵,雖不如漢朝的頻數,然平突厥、薛延陀後,亦設立兩都護府,以管理漠南北之地。此外漢朝設立西域都護,以維護天山南北兩條通路;唐朝設立西域四鎮,亦在西域地方,造成四個據點。此等綫的維護,點的佔據,固然不足語於民族同化。然拓殖的大業,管理夷狄而即在夷狄之地,防其跋扈,制止其互相吞併及勾結;把小變消弭了,大變自無從發生,此即古語所謂守在四夷。所以唐初邊境上的守兵,是極少的。到開元時,雖看似武功煊赫,然此等規模,業已失墜,於是爲了要控制四夷,保衛邊境,不得不設立節度使,藩鎮之權重,而內地守備空虛,就引起安史之亂,此後節鎮遍於內地,所憂者專在蕭牆之內了。長安的形勢,足以長駕遠馭,誠如錢賓四君所云,然亦須國家之政策,有以與之配合,斷非徒恃都邑之形勢而已足。此點,凡侈談都邑的形勢者,皆不可不注意及之。

唐朝安史亂時，玄宗奔蜀。其後僖宗又以黃巢之亂奔蜀。代宗以吐蕃入犯，曾一度幸陝州。德宗以朱泚背叛奔興元，李懷光叛，再奔奉天。僖宗自蜀還後，又爲叛臣所逼，奔寶鷄。昭宗亦曾數次播遷。後皆復還長安，然此等亦只是逃難，並非遷都，既非遷都，自然無所謂還都了。

當外敵憑陵之際，都城有宜於遷徙的，有不宜於遷徙的。敵人的力量，本屬有限，我一搖動，所損失者甚大。且在專制之世，國民向不問國事，抗敵的意志，縱或堅強，因沒有組織，無路以自效於國家，反攻的整備，即非旦夕所可完成。因一個動搖，勢如崩山，淪陷之區，勢必加廣，倘使能夠堅持一下，這種損失，都是可以免掉的。在此情形之下，自以堅守爲是，這是宋朝澶淵之役，明朝土木之役，寇萊公、于忠肅公之功所以不可沒。若都城實不能守，而政府必堅守之以與之俱亡，則一朝淪陷，國政反失其中樞，退守反攻，更加無人策畫，糜爛之局，遂益無從收拾，則自以在適當時期，脫出爲是，此明思宗之煤山殉國，所以雖然壯烈，而論者仍譏爲失計。當明末，滿人雖席方興之勢，其實力實極有限。試看他乘南都之荒淫，諸將之不和，流寇之不成氣候，宜若可以席卷中原，然仍只能打到江南及陝西爲止，此後的進展，全然是一班漢奸替他效力，便可知明思宗當日，如其遷都南京，其局面，必不至如後來弘光帝之糟了。

中國歷代，所謂南北分裂，總是以長江流域和黃河流域對抗的，若南嶺以南，則根本未能爲輕重於天下。據此以與異族對抗的，當自宋之益王、衛王始，然其細已甚了。明唐王據福建，桂王據滇桂，聲勢始稍壯。太平天國起於廣西，討伐幾遍十八行省，事雖無成，其聲勢，又非桂王之比了。辛亥革命之成功，雖若係於武漢的起事，然其根原，實在來自南方的。此次抗戰，又以西南西北爲根據地，卒奏克捷之烈，而有今日光榮還都。這是世運的轉變，要合前後而觀之，然後才知其偉大。

大凡一個國家，總有其一個或若干個重要地點，此等重要地點，或爲財富之所萃，或爲兵力之所存，或爲文化之所寄。其中文化一端，尤爲重要。因爲這是民族的靈魂，雖無形而其力量實極偉大。羅馬帝國之所以衰亡，斷不能謂其和羅馬之喪失，沒有關係。大食帝國文治武功之燦爛，至近世乃漸即衰微，其和報達之遭受蹂躪，亦決不能是沒有關係的。不必文明的大國，即較落後的民族，亦是如此。五胡之中，鮮卑慕容氏，程度要算最高，然自侵入中原以後，其在遼西的許多根據地，一時喪失，即其極意經營的龍城，亦不能保持，則其亡也忽焉。拓跋魏的文化，要比慕容氏落後得多，然平城之一據點，保存較久，則其命運亦較長。契丹泱泱大風，一朝瓦解，亦因天祚帝荒於遊畋，置國家之重心臨潢一帶於不顧之故。歷代侵入中國的異族，知道要保存其根據地的，莫如女真，金世宗惓惓於上京舊俗，要想加以保持，尚未有何等設施。到清朝，就要封鎖東北，不許漢人移殖，然仍爲漢族偉大的移殖力所突破。若元朝，雖失其在中國之地，然蒙古地方，依舊保存，則至今日仍不失爲一大族。此可見每一民族根據地關係之重要。此等重要地點，幅員廣大，人口衆多，文化分佈平均之國，要多一些。所以洛陽、長安，在中國所發生的作用，不如羅馬、報達等在西方的重要。然其中仍有最重要的，如現在的首都南京即是。因爲在現在，全國財富和文化的重心，還在長江下游一帶，這一帶，我們必須保持，民族的精神，才覺健全，而亦易發揮其威力，所以這一次的還都，是有極偉大的意義的。

還都之事，歷史上雖非無有，然其意義，都是和現在不同的，所以這一次的還都，確是空前的盛事。所以能成此偉烈，則（一）由民族主義的昌盛。全國人民，抗敵的意志，一致堅强，所以任何地方，都成爲抗敵有力的根據地。首都雖然淪陷，不怕沒有憑藉，以圖恢復。（二）亦由於當局領導的得法。以中國之大，斷不是任何一個國家，所能夠毁滅的。有時國土淪陷而不能恢復，不是他人力量的强大，倒是自己意志薄弱。或則恢復之圖，長期停頓，如東晉、南朝之所爲。

或則靦顔事敵,如南宋之所爲。一經洩氣,自然現有的力量,無從發揮,新增的力量,無從培養了。我們這一次所以克奏偉績,就在抗戰始終沒有一日停頓過。所以敵人的力量,雖亦不可不謂之相當強大,終於給我們打倒了。此等政策的轉變,亦即歷史文化偉大的轉變,身當其境者不自覺,將來的史家,自能言之。

(原刊《啓示》第一卷第一期,一九四六年出版)

南京爲什麼成爲六朝朱明的舊都

國府還都,普天同慶。《正言報》諸君,要我寫一篇文字,畧述南京的文獻。南京的文獻,一時無從說起的,因爲言其大者,則人人所知,無待贅述;言其詳細,則數萬字不能盡,既非報紙之篇幅所能容,亦非研究時事者知識之所急。

都邑的選擇,我是以爲人事的關係,重於地理的。南京會成爲六朝和明初的舊都,這一點,怕能言其眞相者頗少。讀史之家,往往把史事看得太深了,以爲建都之時,必有深謀遠慮,作一番地理上的選擇,而不知其實出於人事的推移,可謂求深而反失之。所以我在這裏,願意說幾句話,以證明我的主張,而再附述一些我對於建都問題的意見。

南京爲什麼成爲六朝的都邑?東晉和宋、齊、梁、陳,不過因襲而已。創建一個都邑,不是一件容易的事情;又當都邑創建之初,往往是天造草昧之際,人力物力,都感不足,所以總是因仍舊貫的多,憑空創造的少,這是東晉所以建都南京的原因。至於宋齊梁陳四代,則其政權本是沿襲晉朝的,更無待於言了。然則在六朝之中,只有孫吳的建都南京,有加以研究的必要。

孫吳爲什麼要建都南京呢?長江下流的都會,是本來在蘇州,而後來遷徙到揚州的。看秦朝會稽郡的治所,和漢初吳王濞的都城,就可知道。孫吳創業,本在江東,其對岸,到孫策死時,還在歸心曹操的陳登手裏,自無建都揚州之理。然則爲什麼不將根據地移向長江上流,以便進取呢？須知江東定後,他們發展的方向,原是如此的,然其兵力剛進到湖北邊境時,曹操的兵,已從襄陽下江陵,直下漢口了。上流爲曹操所據,江東斷無以自全,所以孫權不能不連合劉備,冒險一戰。赤壁戰後,上流的形勢穩定了,然欲圖進取,則非得漢末荊州的治所襄陽不可。而此時荊州,破敗已甚,龐統勸劉備進取益州,實以"荊州荒殘,人物凋敝"爲最大的理由。直至曹魏之世,袁淮尚欲舉襄陽之地而棄之,見《三國魏志·齊王紀》正始七年《注》引《漢晉春秋》。其不能用爲進取的根據可見。然吳若以全力進取,魏亦必以全力搏擊,得之則不能守,不得則再蹈关羽的覆轍,所以吳雖得荊州,並不向這一方面發展,孫權曾建都武昌,後仍去之而還江東,大概爲此。居長江下流而圖發展,必先據有徐州。關於這一個問題,孫權在襲取关羽時,曾和呂蒙研究過,到底取徐州與取荊州,熟爲有利？呂蒙說：徐州,北方並無重兵駐守,取之不難,然其地爲"驍騎所騁",即七八萬人,亦不易守,還是全據長江的有利。如此,才決計襲取荊州。可見在下流方面,孫吳亦不易進取,而曹魏在這方面的壓力卻頗重,原來劉琮降後,曹操要順流東下,不過一時因利乘便之計。若專欲剿滅孫吳,自以從淮南進兵爲便,所以赤壁戰後,曹操曾四次征伐孫權,建安十四年,十七年,十九年,二十一年。都是從這一方面來的,而合肥的兵力尤重。孫吳所以拒之者,實在今濡須口一帶,此爲江東的生死所繫,都金陵,則和這一帶聲勢相接,便於指揮。又京口和廣陵相對,亦爲長江津渡之處,曹丕曾自將自此伐吳,此路亦不可不防,居金陵與京口相距亦近,有左顧右盼之勢,孫權所以不居吳郡而居金陵,其理由實在於此。此不過一時戰事形勢使然,別無深意。東晉和宋齊梁陳四朝,始終未能恢復北方,論者或謂金陵的形勢,欲圖進取,尚嫌不足。後來宋高宗建都臨安,或又嫌其過於退嬰,謂其形勢尚不如金陵,此等議論,皆太偏重地理。其實南朝之不能恢復,主因實在兵力之不足,當時兵力,南長於水,北長於陸,水軍之力,雖猶足防禦,或亦可乘機爲局部的進取,然欲恢復中原,則非有優良的陸軍,作一兩次決定勝負的大戰不可。這和這一次對日戰役，雖可用游擊戰術，牽制敵人，使成泥足，然欲恢復失地，則非有新式配備的軍隊不可一般，與都城所在之地何與。且身臨前敵，居於適宜指揮之地，乃一將之任，萬乘之君，初不必如此。孫權雖富有謀畧，實仍不脫其父兄剽悍輕率之性質，觀建安二十年攻合肥之役可知。此其所以必居金陵。若宋高宗，則初不能自將，居金陵與居臨安何異？小國寡民之世，則建都之地，要爭出入於數百里之間，至大一統之世則不然，漢高祖欲都洛陽，留侯説："其小，不過數百里，田地薄，四面受敵，不如關中，沃野千里，阻三面守，獨以一面制諸侯。"此乃當統一之初，尚沿列國并立時代之習，欲以都畿之地，與他人對抗，故有此説。若大一統之世，方制萬里，都在一個政府統制之下，居長安與居洛陽，又何所擇？然則政治及軍事的指揮，地點孰為適宜，必計較於數百千里之間，亦只陸恃馬力，水恃帆力之世為然。今有輪船、火車、飛機、摩托、電信，數千里之間，又何足計較？昔時的地理形勢，早給現在的交通工具打破了，而還多引前人之説，以論今日之事，寧非夢囈？

　　明初爲什麼要建都南京呢？那是由於其起兵之初，還没有攘斥胡元的力量，而只是要在南方覓一根據地，那麼自濠州分離別爲一軍而渡江，自莫便於集慶。元集慶路。太祖的取天下，其兵力，用於攘斥胡元者實少，用於勘定下流之張士誠、上流之陳友諒者轉多。胡元遁走以後，南方之基礎已固，又何煩於遷都？論者或謂明之國威，以永樂時爲最盛，實由成祖遷都北平使然，此亦不考史實之談，論其實，則永樂時之邊防，實較洪武時爲促。明初，北方要塞，本在開平，今多倫。自成祖以大寧界兀良哈而開平衞勢孤，宣宗乃移之於獨石，自此宣、大遂成極邊，北方的邊防綫，成爲現在的長城綫了。明初胡元雖退出北平，然仍佔據漠南北，爲中國計，欲圖一勞永逸，必如漢世發兵絶漠，深入窮追，然度漠之事，太祖時有之，成祖時則未之聞。其後有也先之難，俺答之患，中國何嘗不都北平？現在還有説欲圖控制東北，非都北平不可的，寧非夢囈？

自中國歷代兵爭之成敗觀之,似乎北可以制南,南不可以制北,故論建都之地者,多謂北勝於南。而同一北方,則又謂西勝於東,汴梁不如洛陽,洛陽不如長安,此皆以成敗之原因,一斷之於軍事,而言軍事之成敗,則又一斷之於地理形勢,殊爲失實。只有黃梨洲所見能與衆不同,他在《明夷待訪錄》上說:"秦漢之時,關中風氣會聚,田野開闢,人物殷盛,吳楚方脫蠻夷之號,故不能與之爭勝。今關中人物,不及吳會久矣。東南粟帛,灌輸天下,天下之有吳會,猶富室之有倉庫匱篋也。千金之子,倉庫匱篋,必身守之,而門庭則以委之僕妾,捨金陵而弗都,是委僕妾以倉庫匱篋,昔日之都燕,則身守夫門庭矣,曾謂治天下而智不千金之子若歟?"他知道天下之"重",在財力,在文化,而不單在兵事,其識可謂勝人一籌。孫中山要定都南京,理由亦在於此。試問三十五年來,領導全國,以從事於革命者,南方乎?北方乎?而尚有盛唱遷都北平之論者,寧非夢囈?

總而言之:在今日謂全國的政治、軍事,必在某地乃可以指揮,乃便於指揮,實無其事。講指揮,是什麼地方都可以的,都便利的。所爭者,則當建國之初,萬端待理,必得公忠體國,時時到處巡閱,使人心振奮,而吏治及軍紀亦可以整飭。如此,我仍維持去歲五都并建的主張(見十二月十九日《正言報》),即首都仍在南京,而西南之重慶,東南之泉州,西北之蘭州,東北之北平,并建爲陪都;而且擴充巡閱所及之地,西南則崑明、大理,西北則迪化、寧夏,東北則瀋陽、長春、張北。

還有一端,在今日倒也值得一提的。古人有治,首重風化。以今語言之,即國家之所注重者,不徒在政治、軍事,而尤重視社會風紀,人民道德,此義論政之家,久已視爲迂腐,然在今日國家職權擴大之時,似亦不可不加考慮。欲善風俗,必有其示範之地,以理以勢言之,自以首都爲最便,故京師昔稱首善之區。自教化二字,國家全不負責以來,人口愈殷繁,財力愈雄厚之地,即其道德風紀愈壞,京師幾成爲首惡之地。人總是要受社會影響的,居淫靡之地,精神何能振作?所耗費既多,操守安得廉潔?吏治之不飭,道德和風紀之敗壞,實爲之厲階。值此官僚政治爲舉世所詬病之秋,安可不爲改弦更張之計?然欲圖更化,舊都邑實不易著手,則首都所在,似以改營新都爲宜。昔時論建都者,多注重於政治軍事,而罕注重於化民成俗,有之者,則惟漢之翼奉,唐之朱樸,宋之陳亮。翼奉當漢元帝時,他對元帝說:文帝稱爲漢之賢君,亦以其時長安的規模,尚未奢廣,故能成節儉之治,若在今日,亦"必不能成功名",他主張遷都成周,重定制度,"與天下更始"。朱樸,當唐末亦説"文物資貨,奢侈僭偽已極",非遷都不可。陳亮當宋高宗時,上書説:"錢塘終始五代,被兵最少,二百年之間,人物繁盛,固已甲於東南,而秦檜又從而備百司庶府,以講禮樂於其中,士大夫又從而治園囿臺榭,以樂其生;干戈之餘,而錢塘遂爲樂國矣。"窺其意,宴安鴆毒,實爲不能恢復的大原因。三家之言,皆可謂深切著明,而陳亮之言,實尤爲沉痛。我國今日,正當百孔千瘡之際,和種種困難搏鬥,實與和敵人作戰無殊,安得不想改良環境,以圖振作士氣呢?且使官司庶府,完好無缺,尚不免棄之可惜,今日者等是重建,又何不捨舊圖新?在南京附近之地,別建新邑呢?芻蕘之言,有謀國之責者,倘不視爲河漢?

(原刊一九四六年五月三日《正言報》)

論度量
——論宋武帝與陳武帝

什麼叫度量？度是尺一類的東西，所以定長短的，量是升斗一類的東西，所以定多少的。總而言之，是所以定物之大小。這解釋誰不知道？然而普通言語中所用的度量兩字，卻並非這個意思。普通言語中所謂度量，非以指物而指人，且非指人的身體，而係指人的心境。一個人，和其胸襟寬大，能夠容納異己，不和人分派角立，而總把人家看作自己人，這個人，在我們語言中，就稱之爲度量大。反之則稱爲度量小。這亦是人人懂得的，看起來，似乎平淡無奇。然而人的事業成就之大小，甚至有無成就，都是決之於此，決不可以輕視。

章太炎先生曾經有過一句感慨的話。他說：「中國的人才，愈到後世愈衰落了。所以當異族憑陵之際，出而主持國事的，只會做趙匡胤、做秦檜，卻不會做魏武帝、做宋武帝。」後者是能安內，亦能攘外的，前者卻只會誅鋤異己，以求得苟安了。這話可謂很有道理。這種成就的大小，就是決之於其度量的大小的。

魏武帝的度量，是相當大的。歷史上說他因圖篡漢而逼死荀彧等，全是不正確的話。我在《三國史話》中，業經替他辯白過了。若宋武帝，則實在並不是什麼度量大的人。他於事業，雖亦有相當的成就，只是時會爲之。倘使他的度量再大一些，則其所成就，必尚不止於此。這話怎樣說呢？原來當五胡十六國之世，北方較強大而又佔據中原之地的,只有前後趙、前後燕、前後秦六國。前後趙東西對立,前趙爲後趙所併。後趙亡後,前燕、前秦又東西對立,而前燕爲前秦所并。後趙和前秦,都曾一度統一北方。後趙的石虎,一味淫虐,不能再圖進取。前秦的統一,還要比後趙徹底些。苻堅的爲人,亦較有大志。公元三八三年的淝水戰役,他傾國入犯,是有意於統一全中國的。倘使這時候,沒有一支善戰的北府兵,加以打擊,漢族的全被異族所征服,怕不待胡元之世了。淝水之戰後,前秦瓦解,北方又分爲後燕、後秦兩國。看似東西對立,仍和前後趙、前燕前秦對立的局面一樣。實則北方累經喪亂之後,元氣大傷,國勢都已衰微不振了。於是後魏崛起於塞外,後燕爲其所破,分而爲南北燕,都變成了小國;後秦亦爲後魏所破,其北邊又爲夏所侵擾,國力亦更疲敝了。而後魏之強,亦不過恃一好戰的道武帝,逞其野蠻之氣,強迫其衆以作戰,乘敵之弱,而取勝於一時。道武帝死後,明元帝繼立,其才畧遠非道武之比,國勢亦中衰了。這時候,南方如能振作,恢復北方,實在並不甚難。講到南方內部,則其土地甲兵,北方除短暫的統一時期外,本尚不能與之相比。而其名義之正,足以維繫人心,更非僭偽諸國所及。自晉朝東渡以後,北方喪亂時起,可乘的機會很多。其所以不能恢復,非因時勢艱難,實由內部矛盾深刻之故。原來元帝立國建康,即今之南京,對於長江上流,即今湖南北、江西地方,實非其控制之力所及,乃皆使重臣居之。而這些重臣,都只求逞個人的野心,而並不想替民族禦侮。王敦、桓溫算是兩個最有能力的人,眼光也都只看着國內,想攘奪建康的政權。這和北洋軍閥時代,皖系、直系、奉系,沒有一些世界眼光,只想攘奪北京的政權,正是一樣。到孝武帝之世,才有一支北府兵,興於現在的鎮江地方。這一支軍隊中,可謂俊人如林,所以苻堅傾國入犯,竟被他打敗。東晉中央政府的聲勢,自此一振。上流最後的軍閥桓玄,因這一支軍隊的首領劉牢之倒戈,獲遂其篡竊之願。他得志之後,立刻把這一支軍隊解散,以爲沒有問題了;然仍給這一支軍隊中的人物起義所打坍;這一派人物,於是掌握了全國的政權；而其首領，便是宋武帝。所以宋武帝是南方一個新興的優勝的派系的首領，而興起於北方諸國衰微不振之時的。倘使他度量大，能用人，合羣策羣力以向北方，恢復中原，決非難事。惜乎宋武帝度量太小，和他并肩而起的人，一個個都被他謀害或排擠掉；所信任的，只是自己手下名位較低的戰將。雖亦有相當的能力，資格聲望，都不免差一些，不足以獨當一面。所以恢復之業，卒不能成。他所倚爲心腹的，是個策士一流的劉穆之，自己出去用兵時，後方的事情，都是付托給他。他以四一〇年滅南燕，因邪教餘黨盧循、徐道覆在後方作亂而還，把他們平定了。四一三年又遣兵平定了現在的四川。到四一六年，又自己帶兵出去，把後秦滅掉。於是長安、洛陽一時恢復。那時候的涼州，就是現在的甘肅和寧夏、青海一部分之地，雖有許多小國分立，都是無甚力量的。北燕自更不及南燕。只有後魏，打破了後燕之後，佔據了現在河北省的大部分、河南省的北部和山西全省，倒是一個較爲強大之國。然而正值中衰之日，亦決不能和宋武帝抵抗的。宋武帝滅後秦之後，本亦有意在北方留駐幾年，經營這一帶地方。倘使這一着而能夠做到，北方的恢復，就真正不成問題了。不幸這時候劉穆之忽然死了。宋武帝對於後方的事情，放心不下，只得撤兵而回。那麼，新定的關中如何呢？他對於資格聲望和自己差不多的人，是向來不肯重用的。所用的，都是些自己手下的人，不足以互相統攝。只得留了一個小兒子，和一班戰將，留守其地。這如何守得住呢？於是實力不足，性情卻很剽悍的赫連勃勃，乘機南下。留守諸將，心力不齊，內部鬨爭，不暇禦外，長安就再失陷了。宋武帝登城北望，流涕而已，終於無力再舉。恢復之圖，自此成爲畫餅。這是何等的可憐？

雖然如此，宋武帝不甚徹底的成功，但是他的成就，也不是徼幸而致的。原來東晉的積弱，固由於兵力之不足，上流的將帥和中央政府矛盾的深刻；亦由於經濟的困窘。當桓玄在上流跋扈、國內和平岌岌不可保持之日，中央的財政就窮極無聊。官員不論大小，都只能每天領到七升米的口糧。晉朝的度量衡，還沿襲着古制，只抵得現在五分之一。如此，七升米只有現在的一升四合了，這如何可以過活？其中別無門路的，自然苦得和現在的公務員一樣。然而豪門資本卻極活躍，這時候，並不能將現款匯存國外，亦不能到外國去買賣產業。乃挾其封建勢力，加緊的向農村剝削。當時太湖流域，是全國精華所萃，國計民生都是靠它支持的。見《宋書・孔靖傳論》。可憐，老百姓卻給他們剝削得不成樣子。當時的邪教徒，所以能夠在這一帶地方作亂，弄得元氣大傷，就是這一班豪門資本的作祟。宋武帝平定桓玄之後，首先整飭綱紀。對於這一種惡勢力，儘量加以懲治。這件事情，就是劉穆之幫他辦的。在《宋書・劉穆之傳》裏，說得很爲明白。所以劉穆之雖有策士的才能，卻不是一個不懂得政治，而只會使些陰謀詭計的策士。而宋武帝，也不只是一個軍事上的首領，而對於政治亦是有相當的能力。如其只靠兵力和策畧，而政治一塌糊塗，那就連宋武帝這點成就也不會有了。

　　宋武帝雖因度量不足，事業的成就受到限制，然而，南北朝之世，卻有一個度量很大的人。其事業，雖因所遭遇的時勢，十分艱難，從表面上看來，所成就的，還不如宋武帝之大，然此乃時勢爲之；論其人格及能力，實在遠出宋武帝之上。若非此人，漢族的全爲異族所壓服，眞不待胡元之世了。這個人是誰？那就是陳武帝。

　　陳武帝是吳興長城縣人。長城就是現在浙江的長興縣。他服官嶺外，做了廣州刺史蕭映的僚佐。當南北朝之世，現在的越南，還隸屬於中國。其地稱爲交州。因距離中央政府遠，服官其地的人，率多貪汙暴虐，以致時時激起民變。梁武帝時，有個喚做李賁的，起而背叛中國，兵鋒頗銳，征討之兵多失利。陳武帝卻把他打平了，因此做了高要太守。今廣東高要縣。

　　梁武帝在位，年代最久。當其時，南朝平安無事，北朝卻龍爭虎鬥，終至分爲東西兩國。倘使南方而早有豫備，這時候，欲圖恢復，自更有機可乘。苦於梁武帝並非其人。他確是個學者，而且篤信佛教，似乎應該胸襟寬大，不甚計較利害，無如他生性狹窄，也犯了個度量太小的毛病。這只要看他屬於重要的州郡，都要派自己的子、孫、弟、侄去充當刺史、太守；他的子、孫、弟、侄，好的不過是個庸才，壞的則貪汙暴虐，無所不至，竟沒人敢告訴他，便是個確實的證據。他既無恢復的豫備，卻又想乘機僥幸。當東魏高歡死後，其專制河南的大將侯景，不服他兒子，舉地來降，梁武帝便想乘機恢復北方，派自己的侄兒貞陽侯淵明去接應他。兵力既已腐敗，淵明又非將帥之才，一戰而敗，爲魏所禽。侯景也敗退到梁朝境內。又不聽候梁朝的處置，而自用兵力，襲據壽陽，<small>今安徽壽陽</small>。梁朝亦不能加以制裁。不久，侯景竟興兵造反，渡江攻擊臺城，<small>建康宮城</small>。各地方援兵雲集，都互相觀望，不能一戰。到後來，只得和侯景講和，開城放他入內。梁武帝以八十六歲的高齡，并飲食亦受其裁節，終至餓死。偏信自己子弟的結局，至於如此，真是悲慘絕倫了。

　　梁武帝既死，侯景立其太子簡文帝爲皇帝。這自然是有名無實的，京城裏的大權，都在侯景手裏。梁武帝的子孫，做大州刺史的本不少。其中最有實力的，是他的第七個兒子湘東王繹。此時做着荊州刺史，佔據着現在湖北的江陵。其餘或在侯景造反紛亂中坍臺，或給湘東王吞併了。只有梁武帝的孫兒岳陽王詧，做雍州刺史，佔據了湖北的襄陽，他投降了西魏，西魏擁護着他，因此未爲湘東王所吞併。侯景既據建康之後，次第攻破了現在江蘇、浙江兩省中長江以南、浙江以北之地。又把江蘇、安徽兩省中長江以北的義兵，也都打破了。雖然因爲他暴虐，各地方的人民，寧死不和他合作，反抗的還是紛紛不絕，然而不過是游擊式的，正式的軍隊，幾乎沒有了。廣大的面，雖然不能控制，點與綫，可以說暫時被他控制着。他便要派遣軍隊，溯江而上了。他的軍隊，順利地通過了江西，直達湖北。攻破了郢州，就是現在的武昌。又進攻巴陵。此時荊州的形勢，可說是很爲危險。幸而湘東王手下，有個大將，喚做王僧辯，把他的兵，打得大敗，恢復了郢州。即向現在的江西追擊。

讀史的人，都說西南之地，影響到大局，是近世的事。如明桂王據雲、貴、兩廣，以拒清兵；太平天國起於廣西；孫中山革命之始，亦從西南着手；此後護國、護法，以及最近的抗戰，都以西南爲根據。的確，西南的影響於大局，是從近代開始的。然這只是說運用西南的地方。至於起自西南的人物，建立關係全局的大功業，則當第六世紀時，業經開始了。當侯景亂梁之日，寧州，就是現在云南的曲靖縣，這是當時的中國在現在雲南省裏第一個重要的去處，其刺史徐文盛，即率兵數百人，北上赴難。在湘東王手下，也算是一個重要的軍官。這也是一個桀出的人物。惜乎他的意志，還嫌不彀堅強。侯景的兵西上時，湘東王派他去抵禦。他的家小，先被侯景所俘虜，侯景至此送還了他，他便喪失了鬥志，因此兵敗下獄而死。王僧辯代將，才算把侯景打敗。陳武帝的爲人，就大不相同了。

陳武帝亦起自偏隅，他的兵力，亦很有限，何以能建立不世之勳呢？那就是由於他抗敵意志的堅強，和其待人的豁達大度。當李賁造反之時，做交州刺史的，也是梁朝的宗室，名喚蕭諮。他被李賁所逐，逃到廣州。梁朝駐扎在廣州的，還有一個武官，官名爲南江督護。做這官的，先是盧安興。他手下有幾員勇將，那便是杜天合、杜僧明兄弟和周文育。這時候，盧安興死了。他的兵由他的兒子盧子雄統帶，而杜僧明做他的副手。蕭諮逃到廣州後，朝命盧子雄進攻交州。其時正值初夏，疫癘方興，交、廣之地，是不利行軍的。子雄請等到秋天。而蕭諮和蕭映不肯，強迫他進兵，子雄不得已，率兵上道。走到如今的合浦縣，兵士因患病者多，都逃散了。子雄不得已還兵。蕭諮就誣他通敵。朝命賜死。軍中不服，奉其弟子畧爲主，進攻廣州。這可說是蕭諮、蕭映等一班紈袴子弟，既不懂得兵機，而又性情急躁，恣意橫行所撞出來的大禍，倘使當時沒有陳武帝，怕不但交州不恢復，連廣州也要有問題了。幸得陳武帝統兵來援，把一班叛將，打得大敗。杜天合戰死，杜僧明、周文育均被擒。陳武帝打算把廣州先安定下來，俘獲了杜僧明、周文育，不但不加迫害，而且都引用他們，做不重要的兵官。他的事業的基礎，就建立在這個眼光遠大、豁達大度上了。到侯景攻破臺城之後，廣州刺史，業經換了元景冲。你道這元景冲是誰？他乃是北朝好戰的道武帝的六世孫。他的父親，喚做元法僧。是當北方喪亂之日，來投南朝，想借南朝之力，回去撈些油水的。梁武帝亦頗想利用他，因資助他的兵力不足而無成。這時候，元法僧已經死了，元景冲卻被任爲廣州刺史。他本是北朝人，豈有效忠於南朝之理？而正因其本係北人，和侯景卻易於勾結。侯景便想利用他，樹立自己在嶺外的勢力。陳武帝起兵把他討平。這時候，人心都是看重親貴的，陳武帝乃迎接梁朝的宗室定州，<small>今廣西鬱林縣</small>刺史蕭勃，做廣州刺史。誰想這蕭勃又反對陳武帝。陳武帝派杜僧明帶了兩千個兵做先鋒，駐扎在如今廣東、江西的邊界上，要想北出。蕭勃不知何故，倒要想阻止他。陳武帝不聽，蕭勃便派個心腹去做曲江縣的縣令，叫他和當時割據南康的蔡路養合力，阻止陳武帝。陳武帝把蔡路養打敗了。又有一個高州，<small>今廣東陽江縣</small>刺史李遷，名爲出兵勤王，實圖割據地盤，佔據着吉安一帶，和陳武帝相持。陳武帝也把他打敗了，直進兵江西的北部。此時正值王僧辯向東追擊侯景，陳武帝的兵，便和他在今江西德化縣境相會，其時爲五五二年。

　　侯景的政權，是完全建立在武力上的。巴陵一敗，兵力銷耗了大半，自然站立不住。大兵東下，很快就把他平定了。當他從巴陵敗還之日，便更倒行逆施，把簡文帝廢弒，而立了他的侄兒豫章王棟。旋又廢之而自立。於是湘東王亦正位江陵，是爲梁元帝。梁元帝在這時候，總算是名正言順的，理應可以自立。然而他因度量太小而又失敗了。梁武帝的第六個兒子，喚做邵陵王綸。他在少年時候，也是很不謹飭的。援臺的時候，卻還算出力。惜因兵力不濟而敗。他在長江下流，不能立足，逐步退卻到郢州。梁元帝忌他，派王僧辯把他逼走。他逃到今應山縣境的汝南，被西魏攻殺了。於是今之湖北省，自漢水以東，全入於西魏。梁元帝不敢抵抗。到後來，卻又有一個兵最精而援臺最不出力的柳仲禮，投降了侯景。侯景派他西上，他又投降了梁元帝。這正和現在的僞軍反正一樣,原是不可輕信,不該輕赦的。梁元帝卻又想利用他,以從事於内爭。竟用他做雍州刺史,叫他去攻擊岳陽王。岳陽王大懼。便把王妃、世子,送到西魏去做個質當,請求救援。西魏爲之出兵,擊擒柳仲禮。如此,梁元帝又危險了。乃亦以兒子爲質於西魏,西魏乃收兵而還。梁武帝的第八個兒子武陵王紀,是久做益州刺史,雄據四川天府之國的。當侯景篡位之後,他亦自稱爲帝,舉兵東下。梁元帝遣兵拒之於峽口。又暗中嗾使西魏,進取益州。武陵王腹背受敵,兵敗而死。益州因此亦入於西魏。梁元帝在此時,因爲内爭,業經失地萬里了。即使寶位可以坐穩,也得"内疚神明,外慚清議"。他卻志得意滿,甘心做西魏的尾巴。難道相信西魏要用他做反齊基地,定要援助他,替他誅鋤異己麼?真要排除異己,自己手下,也總該有一兩個心腹人。梁元帝卻其實没有。王僧辯總算是他最得力的大將了。然而有一次,他竟因發怒,用刀把他砍傷。當時王僧辯悶絕在地,元帝還把他送下監獄。後來因岳陽王的兵逼近了,才把他赦出,再用他的。有一個唤做王琳的,他的姊妹,都入元帝的後宮,可説是最親切的裙帶關係了。王琳自然是個不成器的小子。可是他在白相人社會中,卻有些地位。他倒確是有幾個心腹黨徒的。他亦頗能夠打仗。平侯景之時,頗有戰功。他的軍隊,紀律壞得實在不成話了,王僧辯不能制止,言之於元帝。元帝把他唤到江陵,下之於獄。他手下的人造反了。攻陷了湘州。今長沙。元帝這個人,是吃硬不吃軟的。你若無拳無勇,對他再忠赤些,他也會辜負你。你若有實力,能夠脅迫他,威嚇他,他倒又屈伏了,於是又把王琳赦出任用。王琳這個人除掉是元帝的小舅子之外,是別無地位的,其不會背叛,自然可以相信。元帝卻還猜疑他,把他調到嶺外。於是在江陵附近,有些戰鬥力的軍隊一支也没有了。當他做皇帝的時候,自巴陵以東,至於建康,江北之地,業已失盡。巴陵以西,算有一部分地方,在於江北,也只到現在湖北的荆門縣爲止。自此以西,四川之地,又已失去了。他卻對於敵國,還是坦然不疑。當建康平定之後,便發生還都與否的問題。他手下的人，分爲兩派：一派主張還都，一派則主張不必。他贊成了不還都的一派。這大約因江北已失，江陵、建康，同是赤露，而建康又經兵燹，破壞太甚，就拿來做戰爭的根據，也是無用的。而且這時候，東魏已爲高齊所篡，和南朝時有些邊疆上的問題，西魏則在形式上還是和好的，雖然業經攫取廣大的權利而去。這也不能算絕無理由。國際之無信義久矣，梁朝的專務內爭而又無用如此，難道西魏定要他做尾巴麼？

　　長江下游，自侯景平定後，是王僧辯坐鎮建康總持大局，而陳武帝居京口_{今鎮江。}以禦北齊的。漢姦首先發難的，是侯景的北道行臺郭元建，他本來駐扎在新秦，_{今六合。}侯景平後，奔齊，發動了齊兵七萬，還攻新秦，被陳武帝赴援所擊卻。不久廣陵地方_{今江都}有一個義民起義，被齊兵所圍攻，陳武帝正在赴援，王僧辯此時大約對齊已有綏靖的意思了，和齊國信使往還，允許把廣陵割讓，陳武帝只得退還，這是五五二年之事。不久，因王琳部下反抗，王僧辯被征往上流，陳武帝代鎮揚州，這時候，梁元帝如能把王僧辯留在下流，而將下流之事，全交給陳武帝，西魏之兵，未必敢貿然入犯，至少不敢以輕兵深入，無如梁元帝不敢輕易信任人，他和陳武帝的關係，自然較王僧辯爲淺。到五五三年，郭元建又想從安徽地方，渡江襲擊建康，報達江陵，梁元帝又派王僧辯東下，坐鎮姑熟。_{今安徽當塗縣。}於是上流地方，全然空虛了，梁元帝自以爲甘心做西魏的尾巴，西魏決不會和他無端啟釁，孰知兩國之間本無信義，以利害論，佔有其地，總比借人家來做禦敵基地好，西魏見江陵附近，守備空虛，遠方雖有強兵，短時間赴援不及，遂生覬覦之心，這一年九月裏，突然興兵五萬入犯，路過襄陽，岳陽王詧又起兵隨從着他，兵至江陵二十八日而城陷，_{事在十一月中。}梁元帝被俘，爲敵所殺。梁元帝落得如此下場，原只是咎由自取，無足深惜，然而老百姓卻因他外交政策的錯誤而受累了，江陵十餘萬人被西魏悉數虜作奴婢，得免的只有二百餘家。

　　這是當時漢族退守南方以來，中央政府被少數族摧毀的第一次，幸虧陳武帝和王僧辯在下流，迎立元帝的小兒子敬帝於建康，漢族的朝廷才算維持不墜。然而福無雙至，禍不單行，西魏既逞凶於西，高齊又造禍於東，漢族政府的命運，這時候真是千鈞一髮，非有天賜智勇，度量邁衆之人，斷不能挽此危局了。

高齊的南犯，性質和西魏是不同的，西魏是有深謀遠慮的，他發動自己的力量，取得江陵，將岳陽王遷於其地，而把襄陽取去，又另派軍隊，駐守江陵，而冊岳陽王爲帝。如此，岳陽王在名義上是高升了，實際上已不成爲國，是西魏一舉而兼滅了江陵和襄陽，較之利用他們做尾巴以作禦齊基地，更進一步了，若北齊，則其政府頗爲腐敗，並不能乘南方之危，發動大兵進取，只是想利用幾個漢奸，從中取利而已。雖然如此，以是時南北實力的懸絶，漢奸的衆多，其情形還是很危險的。

王僧辯在梁元帝時，所建立的功業，不算不大，地位也不算不高，論理，他對於自己的晚節，應該深自愛惜，然而私心太重，專替一己打算的人，總是靠不住的，到利害關頭，就不免要動搖了。五五五年，北齊利用前此被俘的貞陽侯的無恥，派兵送他回國來做皇帝，王僧辯派老將裴之橫，拒之於東關，在今安徽巢縣境。以力盡援絶而敗。東關離江南很近，南朝這時候，並不是更無兵力，王僧辯爲什麼派他以孤軍禦敵，而不豫籌救他，這是很可疑的。沒有證據的罪狀，我們且不必論他，而到這時候他確是動搖了，便派人和貞陽侯接洽，以（一）齊兵不渡江，（二）立敬帝爲太子爲條件，允許迎立他。齊國的軍隊，是腐敗的，未必肯渡江力戰；引狼入室，放虎自衛的計劃，未必有多大把握，於是貞陽侯也答應了。王僧辯就在這條件之下，把他迎入建康。貞陽侯既即僞位，宣佈大赦，只有蕭詧和宇文泰是例外，這不是知道國恥家讎，只是以齊人之外交爲外交而已，可謂做尾巴的極致矣。

蕭淵明是以七月入建康的。九月裏，陳武帝派大將侯安都走水路，自己走陸路，去襲擊王僧辯。王僧辯猝不及防，和其兒子，逃登城樓，拜伏乞命，大失體面，到底被陳武帝明正其罪，把他誅戮了。於是廢淵明，復立敬帝，南朝又恢復了獨立的地位。

陳武帝的大功，還不在於誅戮王僧辯。當時敵國睥睨，漢奸踴躍，加以王僧辯這樣一個有大權的軍人，斷不能沒有徒黨的，於是內憂外患，相逼而來了。王僧辯死後，他的兄弟王僧智，佔據了吳郡。女婿杜龕，佔據了吳興。後來王僧智不能立足，也逃到杜龕那裏去了。還有一個張彪，本來是討侯景的義兵，立場很正的，卻因王僧辯很敷衍他，也起兵在浙東擾亂。還有一個韋載，是久隨王僧辯的，這時候，正做義興太守，今宜興縣。也起兵抗拒陳武帝。張彪的擾亂，比較不關重要。杜龕和韋載，都是處於當時的腹心之地的，不能不從速戡定。陳武帝乃派自己的侄兒蒨，就是後來的陳文帝，去攻杜龕，周文育去攻韋載。杜龕是個粗人，無能爲的，被困了。韋載卻饒有智勇，他搜尋到陳武帝的舊兵數十人，都長於弩射，他派親信人監視着他們，和他們約明："倘使發十支弩箭而沒有兩支命中，便處以死刑"，這班人技術真好，居然發無不中。周文育不能取勝，陳武帝只得自己去。剛得了初步的勝利，反動的叛將，倒又勾結着齊兵，渡江而來了。

叛將是誰？一個是王僧辯的親戚徐嗣徽，另一個是侯景的舊將，爲梁元帝所赦用，後來又叛奔北齊的任約。他倆乘江南守備空虛，以五千人渡江而來，直逼建康。這時候，留守建康的是侯安都，只用三百人，就把他們打敗了。可是因爲衆寡懸殊，雖然戰勝，不能驅逐他們，臺城西北的石頭城，爲其所據。北齊又續發五千人，佔據了姑熟，做了個後方的兵站。另派一萬人，馬一萬匹，並運米三萬石，從胡墅今浦口渡江，輸入石頭。

這真是危急存亡的時候，陳武帝的豁達大度，乃在此時顯出作用來。他派韋載的族弟入城，告訴韋載以誅戮王僧辯之故。韋載這時候，大約也被國家民族的大義感動了，便開誠投降。陳武帝坦然，就把義興交給韋載的族弟，而將韋載引置左右，使參謀議。派周文育移兵往討杜龕，而自己回兵禦敵。

陳武帝問韋載以禦敵之策。韋載説："我們飽經戰亂，雖然戰於境内,敵兵反飽,我兵反飢,這是一個很危險的形勢。東路一帶,是我們僅有的資源,倘使敵兵散入其地,加以破壞,我們就大事去了。現在得趕快築壘,守住要道,不讓他們進入東路,一面派兵截斷他們的糧道,才能把形勢轉變過來。"這的確是個良謀,陳武帝立刻採用了它。便派韋載去築城,派兵守東路。派侯安都夜襲胡墅,燒毀了敵人的糧船。又派另一個將領,喚做周鐵虎的,用水兵斷其運輸之路。於是齊人的接濟,只得從胡墅上流的采石磯而來,徐嗣徽見形勢緊急了,留兵守着石頭城,自己帶着一支兵到采石磯去迎接。不久,就和任約帶了齊國的水兵萬餘人回來。陳武帝把他打得大敗。把石頭城圍困起來。又把他的汲道斷絕了。城中一合水要換一升米。叛將和敵兵,到這時候再難支持了,乃派人求和。

這些叛將和敵兵,本該把他徹底擊潰的。在當時的形勢之下,或者也非不可能。然而南朝的國勢,實在衰敝極了。倘使兵連禍結,總覺得形勢是不利的。所以舉朝文武,都願與北齊言和,而敵帥在這種不利的形勢下,也還敢提出"要以陳武帝的子姪爲質"的條件。

主持國事的人,到底是"公忠體國"的?還是只計算自己和親戚嬖幸幾個家族的利益?到這時候,就遇見了試金石了。陳武帝這個時候,並沒有兒子在身邊。姪兒中可以作質的,只有個年未弱冠的陳曇朗,當時尚在京口。陳武帝對衆説道:"敵國的和議,是靠不住的。但是我在這時候,堅持不許,諸位一定疑心我愛惜自己的子姪。我現在就把這個姪兒棄之於敵國。將來敵人如其背盟,還是要仰仗諸公的力量,一心作戰的。"這種真誠的言辭,慷慨的態度,真足使百世之下,讀之者感動流涕了。陳武帝怕曇朗畏懼逃走,牽動大局,自己到京口去,把他迎接了來,送到敵國。和議既定,乃釋放齊兵出城。陳武帝陳列着大兵,監視他們渡江北去。這是五五五年冬天的事情。

到明年,齊人果然背盟了,三月裏,徐嗣徽、任約和齊國大將五人,帶了敵兵十萬,從蕪湖東北的裕溪口,渡江而南。這自非南兵所能阻禦。北兵便從蕪湖直到現在的秣陵關。跨據秦淮河,建橋而渡。

這一來，建康的形勢危急了。周文育、侯安都等本來被派出去禦敵的，只得收兵而回，救援根本之地。

陳武帝又暗中抽出精兵三千，令其渡江，到現在的瓜步鎮去，燒毀了敵人的糧船。齊兵因此大飢，至於殺驢馬而食。然而恃其兵多，還是不肯就退，直越過鍾山而來。

齊人不但恃其兵多。這時候，南軍雖然戰於國內，也是士不宿飽的。江南本是稻米的產區，然而這時候，陳武帝軍中，還不如現在在東北作戰的國軍，仍有大米喫，而只有些麥粉。看這一端，便可推測其窘況了。也再不如現在駐扎在各地的軍隊，可以廉價買肉喫，僅僅乎有後方運來的三千隻鴨。不患寡而患不均，鴨肉雖少，對於各軍隊的待遇，卻是很平均的。掌管軍食的人，把鴨都宰殺了，切成了塊，很平均的，點明瞭塊數，和麥粉拌在一起，用荷葉包起來，蒸成了麥飯，分發給各兵士。這是各軍隊都一樣的，誰也不能獨多。麥粉蒸鴨，真是我們民族戰爭的紀念食品了。雖然在當日，僅求充飢，味不必美，該比我們現在喫桂爐燒鴨，清湯整鴨有味兒些罷？

戰爭的時機到了，趁天未明時，人人吃飽，出兵大戰，首尾齊舉，把齊兵打得大敗。

在陣上，把任約打死了，把徐嗣徽活捉了。敵國大將五人和其餘的將領四十一人，也都被生擒了。這一次，再沒有像岡村寧次、周佛海一般苟延殘喘，幸遭赦免的機會。都給陳武帝把他們明正典刑。陳曇朗也就在這種情形下，作爲野蠻的報復主義的犧牲品，也算是"爲國捐軀"了，該比現在每天花二百美元，住在外國旅館中的貴婦人，心安理得些罷？

經過這一次自力的勝利戰爭以後，北朝再不敢正視南朝，南朝便算危而復安，絕而後續了，這真是陳武帝的大功。他所以能成此大功，與其說是他戰畧、戰術的卓絕，還不如說是由於他有過人的度量。因此之故，在他手下，就決無所謂派系。只有本來和他敵對，而後來歸附他的人，決沒有本合他在一起，而分裂出去的人。前文所述及的周文育、韋載，不過是他所用敵將的兩個，他手下這種人多着呢！趙甌北先生的《廿二史札記》，曾經把他們的名氏一一列舉出來。讀者如不厭其詳，盡可以按其所舉，把《陳書》的列傳翻閱，現在爲避免辭費，恕不一一列舉了。然而現在，我們已可得到評量英雄的試金石。"一個人能夠成功與否？就要看他的度量如何。"

因爲叙述陳武帝，使我猛然記起一件五十年前的事來。那時我年僅十餘齡，讀袁子才的《小倉山房文集》，其中有一段漢高祖論，大意是說：漢高祖滅掉項羽之後，對外妥協太早了。倘使他當時發一個命令，令韓信、彭越、英布等北向以攻匈奴，則匈奴可以早摧，而諸臣的才力，有一用之之途，內部的矛盾，反可以消弭了。袁子才並不是什麼史學家，這一篇又是他十餘齡時的少作，自然於史事不能盡合，然而其中仍含有甚大的道理，所以五十年前所讀的書，我至今沒有忘掉。"南國是吾家舊物"，不要看輕了前代的偏安，當時並無外援可得，南方較之北方，在種種方面，都居於劣勢的地位，而能靠自力站定，也是不容易的。最早據南方自立的吳大帝，度量便不在小，謂予不信，有詩爲證：

　　野曠呂蒙營，江深劉備城。寒天催日短，風浪與雲平。灑落君臣契，飛騰戰伐名。維舟倚前浦，長嘯一含情。

這是我國第一大詩人杜子美，生當唐玄宗的時候，遭逢了安史之亂，流離到川楚地方，看見了呂蒙破荆州，陸遜敗劉備的遺跡，而感慨起來的。確實，在吳大帝當日，能推心置腹，信任周瑜、魯肅、呂蒙、陸遜一班人，也是不容易的，他固然不是什麼理想人物，然而較之唐玄宗，確是值得紀念得多了。他亦能使南方粗安，唐玄宗卻怎樣呢？這更有詩爲證：

　　天寶末年時欲變，臣妾人人學圓轉。中有太真外祿山，二人最道能胡旋。祿山胡旋迷君眼，兵過黃河疑未反。太真胡旋感君心，死棄馬嵬念更深。從茲地軸天關轉，五十年來制不禁！

这是唐朝最以通俗著名的詩人白樂天，看見一種西域來的舞技，喚作"胡旋舞"的而感賦的。的確，外有驕將，內有嬖婦人，他們是窮奢極欲，盛極一時了，老百姓卻因此鑄定了苦命五十年，而還沒有什麼轉機，天下可交給這等人嗎？

（原刊《現實周報》第三、四、五、六期，《現實新聞雙周報》第九期，
一九四七年八月八日至十月出版）

東洋史上的西胡

循名責實，是一件最緊要的事情，不論什麼事情，不察其實，總是要喫虧的，新疆事變，已經一年半了，還没有能够順利的了結。這件事，有些報道，把其原因歸之於哈薩克人的好侵畧，這顯然是不對的，蘭州的《中國天下》，載有一篇黄震遐的《新疆問題的總分析》，去年上海的《前綫日報》，今年的《世界文化雜志》，都把他轉載了。他這篇文字，指出這一次的新疆事變，是一個民族問題，他率直的說：漢人在新疆是少數民族，新疆的多數民族是突厥人，而其中最主要的是維吾爾族；新疆自古就不屬於漢族的文化圈，而屬於突厥伊斯蘭文化圈，可謂能觸着實際，而袪除我們自大的偏見了，我於此，還想補充説幾句話。

新疆在很早的時代，就是西方文化在東方的根據地，與漢族的文化，以互不相同的性質，互相補益，還不始於伊斯蘭。新疆和中國交通，起於二世紀之末，即漢武帝時。其時天山南路諸國，其種有塞、有氐羌，塞種的文化，顯然較氐羌爲高，其人數，亦較氐羌爲衆，所以經過兩漢四百年，氐羌種的行國，在西域就不可見了。在這時代，中國文化的流行，可考的有龜兹王絳賓，《前漢書》上説他是慕效中國的；還有新、漢間的莎車王賢，《後漢書》亦説他本是中國的侍子，也參用些中國的典法；此外就很少可考的了。漢人移殖的，《北史·于闐傳》說：自高昌以西，諸國人等，皆深目高鼻，惟此一國，貌不甚胡，頗類華夏。這句話，被近代的考古家證實了。在新疆地方所發見的繪畫、塑像等，所描摹的，大抵係西洋人物，獨于闐縣即克里雅河流域不然，這可見在當時，塞種仍為其地的主要民族了。到九世紀中葉，回紇為點戛斯所破，遁走河西，進入天山南路，新疆的民族，才發生一個大變動。然新疆各地方的政權，雖逐漸為回紇人所取得，而其血統，則漸與久居其地的塞種相混淆。維吾爾實即元代畏吾兒的異譯，畏吾兒亦即回紇的異譯，顯而易見。現在的維吾爾人，深目高鼻，顯呈西洋種的狀態，可見其血統的成分，塞種仍較回紇為多。

東西洋的交通，自古以來，即有海陸兩道，在近代新航路發見以前，中西文化的交流，由陸道者實較多。此為眾所共知，無待申說。中西文化的交流，新疆自然是最大的孔道。以政治論，中國似乎自漢以後，總控制著新疆，其實西方人在東方政治上活躍者亦不少，不過不大受人注意罷了。所謂胡者，最初當係專指正北方的匈奴等族而言。然在前三、四世紀時，中國人即貤其名以稱東北方的烏丸，鮮卑之先，謂之東胡。及與西域交通，又貤其名以稱西域人，謂之西域胡或西胡，匈奴和東胡，都是東方人種，文化上一經同化，即無形跡可見，西域胡則不然，其漸漬中國文化雖深，而深目高鼻的形狀，不能驟改，所以所謂胡者，到後來，幾乎變為西域種人的專稱，此說詳見予所撰《燕石札記》中，* 此處不暇贅述。我們現在所當知的，則西域人在中國政治上活躍者，實不為少。如晉世冉閔大誅胡羯時，史稱高鼻多須，多有濫死，可見亂華的五胡中，西域人實不在少數。其後拓跋魏專制北方，在四四六年，有蓋吳者，起而叛之，一時趨勢甚盛。蓋吳為盧水胡人，其勇將有白廣平，白亦西域姓。八世紀初，即唐玄宗開元時，北邊有康待賓、康願子，相繼叛變，積年乃平。康姓大抵係出於康居的。至七五五年，安祿山反，遂以分唐朝盛衰之界。安祿山是柳城胡，本姓康，其母嫁虜將安延偃，祿山隨去，乃冒姓安，安乃西域昭武九姓之一，其人至東方，仍以國為氏。九世紀後半，沙陀在中國開始

---

* 編者按：又見《呂思勉讀史札記・胡考》。

得勢，沙陀爲西突厥的處月部，突厥雖看似北族，實則其根據地金山，即今阿爾泰山，已密邇西域。若考其開國的神話，則其起源之地，實在高昌國西北山，乃今新疆吐魯番境，及其得志之後，分爲東西兩部。東部控制着漠南北，西部則控制着整個的西域，其疆域實較東突厥爲廣，而運祚亦東較突厥爲長。所以突厥，我們雖以其和東部關係較切，覺得他是東方之國，以他的本身論，實在是個西域之國，不過在一個時期中，曾向東方發展罷了。至於處月部即沙陀之居地，則在金娑山蒲類海之間，蒲類海即今之巴里坤湖，其爲西域之國，更無疑義了。他自九二三年起，至九五〇年止，佔據了中原之地，凡二十八年。以一支客軍，而在中國能夠如此，其在政治上活躍的力量，亦不可謂之不大了。

　　西胡不但在中國政治上有勢力，即其在北族中亦然，在東洋史上，侵畧地帶爲漠南北，佔據漠南北最早的大民族是匈奴。匈奴是沒有受到什麼西域的影響的，匈奴爲中國所逐，鮮卑繼起而據其地。初時還不見他受到什麼西域的影響，然到四世紀中葉，鮮卑拓跋氏和其別部柔然劇烈競争時，所謂高車者，卻嶄然見頭角了。高車爲中國人稱之之名，其本名作敕勒，亦作鐵勒，即漢時的丁令，本在匈奴的西北，《北史》述其分佈的地域，則自焉耆之北起，直至咸海、里海之北，實爲西域的一大民族，當拓跋氏和柔然争鬥時，其部衆已彌漫於漠南北之地。此非短時期所能散佈，度其東遷，至遲應在第三世紀中。柔然乃一小部，安能與拓跋氏敵？然始終維持着對抗的局面，則實緣其得高車之衆使然。西胡在漠南北，開始顯出身手了。高車是時政治組織，尚極落後，諸小部各自爲政，不能聯合，所以柔然能驅而用之。柔然則世有可汗，又能模仿中國的兵法，以部勒其衆，其政治組織，較之高車進步多了。六世紀初，高車叛柔然，互相攻伐，柔然理應便宜些，然亦竟不能大得志，則緣高車得"嚈噠"之援。故嚈噠，亦作悒怛，實"于闐"二字的異譯。其族有一妻多夫之習，蓋本後藏高原的民族，自于闐出蔥嶺，而至後來吐火羅之地的。當其入于闐時，即已濡染西域的文化,到吐火羅後,則純粹一西域之國了,所以能威壓波斯,在西洋史上,留下極大的名譽。自高車叛柔然後,又數十年,而突厥繼起,五五二年,柔然遂爲所滅。爾後至七四四年,突厥雖中經破敗,然大體上實佔據着漠南北。至七四四年後,而回紇乃代之而興。回紇亦鐵勒諸部之一,至九世紀中葉,爲黠戛斯所破。突厥可汗頡利之敗,史稱其以任用諸胡,疏遠宗族;回紇之寖衰,史亦謂其由沾染胡風,漸趨奢侈;可見西域文化,於北族影響之深。黠戛斯即漢之堅昆,元以後的吉利吉思,地在今唐努烏果海境,其以此摧破回紇,正和突厥之興於金山同。至其人之屬於白種,則觀《唐書》的記載,可以明白無疑。自回紇敗之,漠南北才無強部,約歷半世紀而契丹太祖乃興,其疆域據《遼史》所載,北至臚朐河,即今克魯倫河,又曾西征回紇,至於河西;黠戛斯等,亦通朝聘;然實僅羈縻而已,要到十三世紀初,成吉思汗興,滅乃蠻,而東胡的勢力,才算再振。回紇奉摩尼教,乃蠻亦奉摩尼教,其所用之文字,仍爲回紇文,所以以民族論,乃蠻與回紇,確屬一系。然則自三世紀中高車侵入漠南北起,至十三世紀初,乃蠻滅亡爲止。西胡在漠南北政治勢力的活躍,實在一千年左右,此中即不能說全是西胡的政治勢力,至少該和北族平分秋色。因爲北族的強悍,實藉西胡的文明。自十七世紀末至十八世紀中葉約八十年間,即清康、雍、乾三朝,在伊犁的衛拉特能爲蒙古之患,而蒙古不能侵犯衛拉特,亦同此理。這可見西域的文明,自有其不可侮之勢力了。

天山南路,地勢和北路及漠南北不同,天山北路和漠南北,都是適宜遊牧之地,南路則或引溝渠,或借雪水,以資灌漑,無論其爲山麓或沙漠中的泉地,和別處交通,都不甚便,故適於發展定居的文明。回紇自移居南路之後,文明大有進步者以此,然衰敝的回紇,自不能抵禦精強的大食,故其後天山南路,又爲大食的勢力所侵入。此即興於十一世紀初之喀拉汗國。其與回紇爭鬥之跡,已不可深考。然觀回紇已棄其摩尼教而信奉伊斯蘭教,又捨其舊有的文字而用阿拉伯文,則回紇無疑爲此來自西方的新文化所征服。但回紇的用阿拉伯文,並非純用阿拉伯文,乃用阿拉伯文字母,拼寫自己的語言,這實和朝鮮人用中國字以造諺文相像。就諺文論之,豈得謂中國與朝鮮為同文之國?所以今之維吾爾族,實仍保有其獨立的語言,在信奉回教諸民族中,屹然自成為一族,既已信奉回教,其文化自然和諸回教民族是接近的,須知回教的文化,亦是世界上最有價值的文化,大食帝國的版圖,並不狹於羅馬,其文化或且超過之,在近代西歐諸國勃興之前,大食實為西洋文化的中心,正和中國為東洋文化的中心一樣,今雖暫落西歐諸國之後,然有此深厚的根柢,將來自必有其前途。文化的進步,正與生物的進化一樣,必與異種相媾合,而其變化乃大。當今之時,中、蘇、西歐等文化,實同具有向此回教民族—區域推進的機會,而要把自己的文化向他人推進,則必先認識他人的真相,所以如黃氏文中所說的新班超主義者,現在是不適用的。

中國人每自誇其同化異族能力之強,其實此語亦嫌籠統,中國人所同化的異族固多,被異族同化的,亦何嘗沒有?朝鮮、越南,在中國統治之下都頗久,中國何嘗能將其民族同化?這亦不是說中國人沒有能力。中國人同化異族之力,確是相當大的。然人總是人,其能力之大,總有一個限度。西域的政治,被中國控制逾二千年,然漢人在其地仍係少數民族,其地之文化,仍屬於突厥伊斯蘭之一圈,此自有其客觀的原因,無足為輕。然至今日,則客觀的條件,漸漸變了。所以在今日,正是中國文化向新疆推進的好機會。不過當以推進文化為主,不可再以新班超等主義,視政治之力為萬能。而要推進自己的文化,並當先認識他人的文化,明白其真相,承認其價值,不可盲目的抱着一種優越感,而反陷於無知而已。

(原刊《永安月刊》第八十四期,一九四七年出版)

古代人性論十家五派

古代思想家論人性，説頗紛紜。王仲任著《論衡本性篇》，曾有評論，大體可分爲以下十家：

（一）世碩等　《本性篇》："周人世碩，以爲人性有善有惡，舉人之善性，養而致之，則善長；惡性，養而致之，則惡長。如此，則性各有陰陽善惡，在所養焉。故世子作《養書》一篇。密子賤、漆雕開、公孫尼子之徒，亦論性情，與世子相出入，皆言性有善有惡。"

（二）孟子　孟子主性善，其書今存。仲任評之曰："……若孟子之言，人幼小之時，無有不善也。……紂之惡，在孩子之時，食我之亂，見始生之聲，孩子始生，未與物接，誰令悖者。……唐虞之時，可比屋而封，所與接者，必多善矣。……然而丹朱傲，商均虐。……且孟子相人以眸子。……心清而眸子瞭，心濁而眸子眊。人生目輒眊瞭。……非幼小之時瞭，長大與人接，乃更眊也。……孟子之言情性，未爲實也。……"

（三）告子　告子之説，今見孟子書。仲任評之曰："……無分於善惡，可推移者，謂中人也。……故孔子曰：中人以上，可以語上也；中人以下，不可以語上也。告子之以決水喻者，徒謂中人，不指極善極惡也。孔子曰：性相近，習相遠也。夫中人之性，在所習焉。習善而爲善，習惡而爲惡也。至於極善極惡，非復在習。故孔子曰：惟上智與下愚不移。性有善不善，聖化賢教，不能復移易也。孔子道德之祖，諸子之中最卓者也，而曰上智下愚不移，故知告子之言，未得實也。……"

（四）孫卿　孫卿主性惡,書亦今存。仲任駁之曰："……若孫卿之言,人幼小無有善也,稷爲兒,以種樹爲戲,孔子能行,以俎豆爲弄。……禀善氣,長大就成。……孫卿之言,未得爲實。……劉子政非之曰：如此,則天無氣也,陰陽善惡不相當,則人之爲善安從生。"

（五）陸賈　《本性篇》："陸賈曰：天地生人也,以禮義之性,人能察己所以受命則順,順之謂道。……性善者不待察而自善,性惡者,雖能察之,猶背禮畔義。……故貪者能言廉,亂者能言治,盜跖非人之竊也,莊蹻刺人之濫也,明能察己,口能論賢,性惡不爲,何益於善,陸賈之言,未能得實。"

（六）董仲舒　董子論性,見《繁露‧深察名號》及《實性》兩篇。《深察名號篇》曰："……性之名非生與,如其生之自然之資謂之性,性者,質也。詰性之質於善之名,能中之與,既不能中矣,而尚謂之質善,何哉？……衺衆惡於內,弗使得發於外者,心也。……天兩有陰陽之施,身亦兩有貪仁之性。……陰之行不得乾春夏,而月之魄常厭於日光,乍全乍傷,天之禁陰如此,安得不損其欲而輟其情以應天,天所禁而身禁之。……禁天所禁,非禁天也。必知天性不乘於教,終不能衺,察實以爲名,無教之時,性何遽若是。案此言深有理致,原人之狀態,實非吾曹所知也。故性比於禾,善比於米,米出禾中,而禾未可全爲米也。善出性中,而性未可全爲善也。善與米,人之所繼天而成於外,非在天所爲之內也。天之所爲,有所至而止,止之內謂之天性,止之外謂之人事《實性篇》止之內謂之天,止之外謂之王教。……性有似目,目臥幽而瞑,待覺而後見,當其未覺時,可謂有見質,而不可謂見。今萬民之性,有其質而未覺,譬如瞑者待覺,教之然後善,當其未覺,可謂有質,而不可謂善《實性篇》"以繭爲絲,以米爲飯,以性爲善,此皆聖人所繼天而進也,非性情質樸之所能至也。"又曰："善,教誨之所然也,非質樸之所能至也。"又曰："性者,天質之樸也,善者,王教之化也。無其質,則王教不能化,無其王教,則質樸不能善。"所謂質樸,意與質同。荀子謂性者本始材樸,老子謂樸散而謂器,即今俗語所謂胚也。……性而知同瞑之未覺,天所爲也。效天所爲,爲之起號,故謂之民,民之爲言,固猶瞑也。……天地之所生,謂之性情,性情相與爲一,瞑情亦性也,謂性已善,奈其情何?……身之有性情也,若天之有陰陽也。言人之質而無其情,猶言天之陽而無其陰也。……名性不以上,不以下,以其中名之。……天生民性,有善質而未能善,於是爲之立王以善之,此天意也。民受未能善之性於天,而退受成性之教於王,王承天意,以成民之性爲任者也。……春秋之辭,內事之待外者,從外言之,今萬民之性,待外教然後能善,善當與教,不當與性,與性……非春秋爲辭之術也。……或曰:性有善端,心有善質,尚安非善,應之曰:……繭有絲而繭非絲也,卵有雛而卵非雛也。……或曰:性也善。或曰:性未善,則所謂善者,各異意也,性有善端。……善於禽獸則謂之善,此孟子之言,循三綱五紀,通八端之理,忠信而博愛,敦厚而好禮,乃可謂善,此聖人之善也。……夫善於禽獸之未得爲善也,猶知於草木而不得名知。……聖人之所命,天下以爲正。……孟子下質於禽獸之所爲,故曰性已善,吾上質於聖人之所善,故謂性未善。……"《實性篇》大畧相同,而曰:"善,教誨之所然也,非質樸之所能至也,故不謂性,性者……無所待而起,生而所自有也。"意尤顯豁。仲任評之曰:"董仲舒……曰:天之大經,一陰一陽,人之大經,一情一性,性生於陽,情生於陰,陰氣鄙,陽氣仁,曰性善者,是見其陽也;謂惡者,是見其陰者也。若仲舒之言,謂孟子見其陽,孫卿見其陰也,處二家各有見可也,不處人情性,……情性同生於陰陽,其生於陰陽,有渥有泊,玉生於石,有純有駁。……"

(七)劉向 《本性篇》:"劉子政曰:性生而然者也,在於身而不發,情接於物而然者也。出形於外,形外則謂之陽,不發者則謂之陰。"仲任評之曰:"……子政之言……不據本所生起,苟以形出與不發見定陰陽也,必以形出爲陽,性亦與物接,造次必於是,顚沛必於是,惻隱不忍,不忍,仁之氣也;卑謙辭讓,性之發也,有與接會,故惻隱卑謙,形出於外,謂性在內,不與物接,恐非其實。不論性之善惡,徒議外內陰陽，理難以知。且從子政之言，以性爲陰，情爲陽，夫人稟情，竟有善惡否也。"案：劉向之說，又見荀悅《申鑒》。《申鑒雜言下》述向之說曰："性情相應，性不獨善，情不獨惡。"而其答或人之難曰："好惡者，性之取捨也，實見於外，故謂之情爾，必本乎性矣。"悅論性主向，其釋性情，亦當祖述向說，則向所謂性情者，原是一物，從兩面言之。仲任之難，似失向意也。

（八）揚雄　揚子論性之說，見《法言修身篇》曰："人之性也，善惡混，修其善則爲善人，修其惡則爲惡人。氣也者，所以適善惡之馬也歟？"

（九）王充　《本性篇》："自孟子以下至劉子政，……論性情竟無定是。惟世碩、公孫尼子之徒，頗得其正。……實者、人性有善有惡，猶人才有高有下也。高不可下，下不可高，謂性無善惡，是謂人才無高下也。稟性受命，同一實也。命有貴賤，性有善惡，謂性無善惡，是謂人命無貴賤也。九州田土之性，善惡不均，故有黃赤黑之別，上中下之差；水潦不同，故有清濁之流，東西南北之趨。人稟天地之性，懷五常之氣，或仁或義，性術乖也；動作趨翔，或重或輕，性識詭也；面色或白或黑，身形或長或短，至老極死，不可變易，天性然也。余固以孟軻言人性善者，中人以上者也；孫卿言人性惡者，中人以下者也；揚雄言人性善惡混者，中人也。若反經合道，則可以爲教，盡性之理，則未也。"

（十）荀悅　荀悅論性之語，見《申鑒雜言下》篇："或問性命，曰：生之謂性也，形神是也，所以立生終生者之謂命也，吉凶是也。""或問天命人事，曰：有三品焉，上下不移，其中，則人事存焉爾。……孟子稱性善；荀卿稱性惡；公孫子曰，性無善惡；揚雄曰，人之性，善惡混；劉向曰，性情相應，性不獨善，情不獨惡；曰：問其理，曰：性善則無四凶，性惡則無三仁。人無善惡，文王之教一也，則無周公、管、蔡，性善情惡，是桀、紂無性，而堯、舜無情也。性善惡皆渾，是上智懷惠，而下愚挾善也，理也未究矣，惟向言爲然。""或曰：仁義性也，好惡情也，仁義常善,而好惡或有惡,故有情惡也。曰:不然,好惡者,性之取捨,實見於外,故謂之情爾,必本乎性矣。仁義者,善之誠者也,何嫌其常善,好惡者,善惡未有所分也,何怪其有惡,凡言神者,莫近於氣,有氣斯有形、有神,斯有好惡喜怒之情矣。故人有情,由氣之有形也,氣有白黑,神有善惡,形與白黑偕,情與善惡偕。故氣黑非形之咎,情惡非情之罪也。或曰:人之於利,見而好之,能以仁義爲節者,是性割其情也。性少情多,性不能割其情,則情獨行爲惡矣。曰:不然,是善惡有多少也,非情也。有人於此,嗜酒嗜肉,肉勝則食焉,酒勝則飲焉,此二者相與争,勝者行矣,非情欲得酒,性欲得肉也。有人於此,好利好義,義勝則義取焉,利勝則利取焉,此二者相與争,勝者行矣,非情欲得利,性欲得義也。……""或曰:請折於經。曰:《易》稱乾道變化,各正性命,是言萬物各有性也,觀其所感,而天地萬物之情可見矣,是言情者,應感而動者也。昆蟲草木,皆有性焉,不盡善也;天地聖人,皆稱情焉,不主惡也。又曰:爻象以情,言亦如之,凡情意心志者,皆性動之別名也。情見乎辭,是稱情也;言不盡意,是稱意也;中心好之,是稱心也;以制其志,是稱志也,惟所宜名稱其名而已,情何主惡之有。故曰:必也正名。""或曰:善惡皆性也,則法教何施。曰:性雖善,待教而成;性雖惡,待法而消,唯上智下愚不移,其次善惡交争,於是教扶其善,法抑其惡。……""或曰:法教得則治,法教失則亂,若無得無失,縱民之情,則治亂其中乎?曰:凡陽性升,陰性降,升難而降易,善,陽也;惡,陰也。故善難而惡易。縱民之情,使自由之,則降於下者多矣。曰:中焉在?曰:法教不純,有得有失,則治亂其中矣。純德無慝,其上善也;伏而不動,其次也;動而不行,行而不遠,遠而能復,又其次也;其下者,遠而不近也。凡此皆人性也,制之者則心也。……"

以上十家,可分下列五派:

(一)無善無不善說　告子主之。孟子載告子之言曰:"生之謂性。"又曰:"性無善無不善也。"又曰:"性猶湍水也,決諸東方則東流,決諸西方則西流,人性之無分於善不善也,猶水之無分於東西也。"凡事皆因緣際會所成,離開一切因緣,即無是物,又何從評論,人性因行為而見,行為必有外緣,除去外緣,行為便毀,性又何從而見。然因行為而論性,則業已加入外緣。故捨行為而論性,只在理論上可以假設,在實際上,人不能感覺是境。夫性猶水也,行為猶流也,決則行為之外緣也,東西則善惡也。水之流,不能無方向;人之行,不能無善惡。然既有方向,則必已加入一決之原因;既有善惡,則必已有外緣。問無決之原因時,水之流向如何? 全無外緣之時,人之行為善惡如何? 固無以為答也。必欲答之,只可曰:是時之水,有流性而無方向之可言;是時之性,有行為之可能,而無善惡之可言而已矣。佛家所謂無明生行也,更增一詞,即成贅語,告子之説,極穩實也。孟子駁之曰:"水信無分於東西,無分於上下乎? 人性之善也,就水之就下也,人無有不善,水無有不下。今夫水,搏而躍之,可使過顙;激而行之,可使在山,是豈水之性哉? 其勢則然也。人之可使為不善,其性亦猶是也。"誤矣。水之過顙在山,固由搏激而然,然不搏不激之時,亦自有其所處之地勢,此亦告子之所謂決也。禹疏九河,瀹、濟、漯而注之海,決汝、漢,排淮、泗而注之江,固決也。亞洲中央之帕米爾高原,地勢獨高於四方,對於四面之水,亦具決之作用也。月球吸引,能使水上升;地球吸引,能使水下降,皆告子之所謂決也。設想既無地球,亦無月球,而獨存今日地面之水,試問此水,將就何方,孟子能言之乎? 故孟子之難,不中理也。

(二)性有善有惡說　世子等主之,董子謂天兩有陰陽之施,人亦兩有貪仁之性,蓋即是說。孟子載公都子述或人之言,謂:"性可以為善,可以為不善。"蓋亦是說。其謂"文、武興,則民好善;幽、厲興,則民好惡。"即世子養其善性,則善長;養其惡性,則惡長之說也。揚子善惡混之說,實祖述之。此說必得董子之言,乃為完備。蓋善惡乃因其所施之事而見,或為比較上程度問題,實非性質問題。謂善惡有性質之異,而人性之中,含是絕不相同之二物,於理固不可通也。董子説性之善惡，本諸陰陽，而其論陰陽也，則謂爲一物而二面，譬諸上下、左右、前後、表裏。見《春秋繁露·基義篇》。則舉此固不能無彼，而二元對立之弊免，抑偏主性善性惡之説，亦不待攻而自破矣。夫一物而有兩面，謂爲有此面而無彼面固不可，謂爲有彼面而無此面亦不可。彼此相消而適等於無，則仍是無善無不善耳。故董子之説，與告子不相背也。故董子亦曰：如其生之自然之資謂之性。蓋告子之説，就本體界立言，董子之説，則就現象界立言也。夫就本體方面言之，性之善惡，實無可説，告子之言，最爲如實矣。就現象界言之，則(1) 有善，(2) 有惡，(3) 人皆有求善去惡之心，實爲無對不爭之事實。夫既有善，又有惡，又有求善去惡之心，則人之性，果善邪？果不善邪？就其有求善去惡之心而言之，而謂之善，則孟子之説是也。就其惡必待去，善必待求，不能本來無惡言之，而謂之惡，則荀子之説是也。謂善惡爲絕對不同之物，人之性中，或則含善之原素，或則含惡之原素（有性善、有性不善説），此爲極幼稚之論，謂一人之性，兼含善惡兩原素，其幼稚亦與此同。謂善惡實一物而兩面，則人性雖兼有善惡，乃吾人就人性而被以二名，而非一人之身，含有善惡不同之兩性。矛盾之譏，可以免矣。然此説亦有難於自解者，蓋既曰人性有善有惡，而其所謂善惡者，又係一物而兩面，則有善有惡，即係無善無惡；既曰無善無惡，何以人人皆有去惡求善之心邪？董子則曰：人之去惡求善之心，與其有善有惡之性，同出於天然而無可説者也。若欲説入實體界，則將成告子之言；若就現象界立言，則但能云人性有善有惡，又皆有去惡求善之心，同爲現象界之事實；吾人只能就此事實，加以描寫，不能爲之説明也。於是董子描寫人性之有善有惡曰：天兩有陰陽之施，人亦兩有貪仁之性，描寫人之有求善去惡之心，則曰：天道禁陰，人之道，損欲輟情。損欲輟情，亦爲生來固有之性，非由外鑠。故曰：禁天所禁，非禁天也。即謂禁性所禁，非禁性也。世每有以爲惡爲率性者，觀此可以憬然悟矣，蓋不能無惡，因人之性，欲去惡就善，亦人之性也。夫謂天兩有陰陽之施，人亦兩有陰陽之性，此以一心而開真如生滅兩門也。謂人生來有去惡就善之性質，此則真如之所以能熏習無明也。"告子曰：性猶杞柳也，義猶杯棬也，以人性爲仁義，猶以杞柳爲杯棬。孟子曰：子能順杞柳之性，而以爲杯棬乎？將戕賊杞柳，而後以爲杯棬也。如將戕賊杞柳而以爲杯棬，則亦將戕賊人以爲仁義與？率天下之人而禍仁義者，必子之言夫。"斯難也，以去惡務善，亦出於人之本性之義告之，則難解矣。杞柳杯棬之喻，不如董子繭絲卵雛之善，故來孟子之難也。

（三）性善說　孟子主之。孟子之所謂性善，與荀子之所謂性惡，與性無善無不善說，及性有善有不善說，實不相背，前已言之。孟子曰："乃若其情，則可以謂善矣，乃所謂善也。若夫爲不善，非才之罪也。惻隱之心，人皆有之；羞惡之心，人皆有之；恭敬之心，人皆有之；是非之心，人皆有之。惻隱之心，仁也；羞惡之心，義也；恭敬之心，禮也；是非之心，智也。仁義禮智，非由外鑠我也，我固有之也，弗思耳矣。故曰：求則得之，捨則失之。或相倍蓰而無算者，不能盡其才者也。"孟子之所謂才，即董子之所謂質樸，荀子之所謂材樸，此即告子之所謂性，本無善惡可言，而孟子稱爲善者，以其情可以爲善也。孟子之所謂情，就四端言之，即董子所謂損欲輟情，人生來所有去惡就善之性也。求則得之，捨則失之，則董子待教而後善之說也。就其知求善則謂之善，此孟子之說；就其必待求而後善，而謂其本非善，則荀之說也。陸賈謂天生人以禮義之性，即四端固有之說，謂人能察己所以受命則順，即求則得之之說，與孟子合。"察"該行爲言，仲任之難，不中理也。

（四）性惡說　荀子主之。觀前文可明，不更贅說。

（五）有性善有性不善說　《孟子》"公都子曰：……或曰：有性善，有性不善。是故以堯爲君而有象，以瞽瞍爲父而有舜，以紂爲兄之子，且以爲君，而有微子啓、王子比干。"王仲任係主此說者。仲任之見解爲唯物的，其視精神現象，皆原於生理，故謂性之善惡，猶才有高下，命有貴賤。仲任所謂命，乃就我可以得富貴、貧賤、壽夭之資格而言之，與世俗所謂命者異。其視先天的原因，重於後天的原因，故謂高不可下,下不可高。譬諸面色白黑,身形長短之至老極死,不可變易。荀悅之論,亦屬此派。此派就常識言之,亦可通;就哲學上論,則不可通,以善惡並非異物,亦難定界限也。此派之意,蓋尊重先天的勢力者也。

(本文寫於一九一四年前後)

中國古代哲學與道德的關係

近來人都説，中國的文明比較古代爲退化，乍一聽得，頗不相信；因爲我們現在所住的房屋，著的衣服，吃的食品，以及一切用的東西，都比古時候爲精美；怎麼倒説退化呢？老實説，物質的文明果真比古時候進步，但是精神的文明，也有不如古人的地方，無論什麼事情，總有個哲學上的根據。怎樣叫哲學上的根據？就是這件事情，爲什麼要如此？這句話，似乎是很靠不住的。爲什麼呢？因爲有許多人，他的做事，似乎是漫無思索，並不問其所以然的。然而不然。這等人，在咱們看著他，似乎是漫無思索。其實他的做事，仍舊有他的所以然之故。譬如從前有些人是很頑固的，見了外洋的東西，不問什麼，一概拒絶。郭嵩燾第一個帶了小輪船回到家鄉湖南去，有些人便大動公憤，聚衆把它拆掉。吾鄉有個老先生，生平是不用洋貨的。他有個朋友，也是如此。有一天，不知怎樣，他這位朋友，忽而照了一張小照，送去給這位老先生看。老先生還不曾看，便正顔厲色的責備道：你也弄這個麽？他的朋友大慚。這種人，在咱們看了他，似乎他的舉動，是絶無所以然之故的了。其實不然。他正和他"不作無益害有益"、"毋或作爲淫巧，以爲上心"、"爲機械變詐之巧者，無所用恥焉"、"有機事者必有機心"等等的宗旨相一貫。正惟他的舉動，必有一個"所以然"之故，所以他必不能忽然變爲開通。倘使一個人的舉動，可以無"所以然"之故，那就仁愛之人，可以極端相暴，廉潔的人，可以極端詐欺，天下倒也不怕有什麼頑固黨了。由此看來，可以見得無論什麼人，總有他的一種見解，橫亙在胸中。遇有新發生的問題，他便把這種見解，做是非的尺去量。量下來以爲是的就贊成，以爲非的就反對。這種尺固然也是逐漸造成的，不是生來就有的；也是隨時改變的，不是一成不變的。然而在一定的時間內，總不得有急劇顯著的變化。這便是他的哲學。

一個人如此，一個民族亦然。有甲所視爲當然之理，乙絕不能認識的，就有甲民族甲社會人人共喻之理，乙民族乙社會絕不能瞭解的，這便是一民族一社會的哲學。一個人的哲學，必然要影響於其行爲。一民族的哲學，也必然要影響於其民族全體及各分子的行爲。

凡人的行爲，不是自由的；不是絕無標準，而是可以預測的。現在有一個人，我若曉得他腦子裏所懷抱的見解，他的哲學。我便能決定他對於某事一定贊成，對於某事一定不贊成，譬如專抱着"毋或作爲淫巧"思想的人，我便可以預料他，倘然看見了輪船，一定要想拆毀。然則倘能知道一民族所懷抱的見解，哲學。也就可以預測他的行爲了。同樣，看了一個人或一個民族的行爲，也可以測定他的哲學思想了。這便是哲學與道德的關係。所以我看了中國人行爲的錯誤，以道德爲不道德，以不道德爲道德，想要實踐道德，反而做出不道德的事情來。我只怪他的哲學所抱的見解。錯誤。然則中國古代的哲學，到底怎樣呢？倘使古代的哲學，比現在好，古人的道德，就一定比現在好了；若古代的哲學，比現在壞，則古人的道德，就一定比現在壞了。依我看來，我民族現在的哲學，確有不如古人的地方。我現在且談談古人的哲學。

現在的所謂學問，是從事於部分的。所謂哲學，也不過把各科學之所得，再行聯結起來。以求其共通的原理。至於最後的、最根本的。最大的可以包括一切的。原理，在認識論上，已經證明其不可知了。倘使要知，除非是佛家的所謂"證"。在知識上，是決沒有這一天的。然而這一層道理，是古人所不曉得的。既不承認那"最後的"、"最大的"爲不可知；則自然想求得那"最後的"、"最大的"，俾其餘一切問題，均可不煩言而解。所以古人的求學問，反是從那最高深玄遠的地方講起。如今人開口就說"宇宙觀"、"人生觀"，其實這兩個問題，原是一個。因爲咱們

（人）是宇宙間的一物，要是曉得了宇宙的真相如何，咱們所以自處之道，自然不煩言而解。所以古代的人生觀，都是從他的宇宙觀來的。要講宇宙觀，劈頭便有一個大問題，便是"萬物從何而來"？古人對這一個問題的解答，是以為"凡物是生於陰陽兩性的結合的"這是從人類繁殖上想出來的。所以說："天地絪縕，萬物化醇。男女構精，萬物化生"，"有天地，然後有萬物，有萬物，然後有男女"，"物本乎天，人本乎祖"。

　　這種思想，總可以算是合理的。但是陰陽還是兩個，人的對於事物，所想推求的，總是"最後的"、"惟一的"。一定要是"惟一的"，才能算是"最後的"。然而"陰陽之所從出"，又是一個什麼東西呢？這個問題，我敢說是人的知識，決不能知道的。佛家所謂"惟證相應"。因為咱們的意識，所能知道的現象，一定是兩相對立的。而亦僅限於兩，因為僅限於兩，所以無論如何相異的東西，總能求得其中一個共通的原理。因為必須有兩，所以最後的一個原理，是無從知道的。這種道理，佛家的唯識論，說得明白。那"惟一的"最後的。就永遠不能入於吾人意識區域之內。但是"一"雖非吾人所能知，而在理論上，卻可承認其有。因為"一"之名是與"非一"相對而立的。固然必有所謂"非一"，乃有所謂"一"。亦必有所謂"一"，乃有所謂"非一"。"一"與"非一"，是同時承認其一，即不能否認其二的。"非一"是人人所能認識的，那麼"一"在理論上，也不能不承認其成立了。這正和有與無的問題一樣，真的"無"，是吾人不能想象的。吾人所能想象的，不是佛家所謂"斷空"，就是所謂"對色明空"。"斷空"和"對色明空"，都不是真空。但是"無"雖非吾人之意識所能知，而在理論上，仍可承認其有。因為"無"之名，對"有"而立，否認"無"，就是否認"有"，"有"是人人認識，不能否認的，所以也就不否認"無"。所以古人在陰陽兩性之上，又假設了一個惟一的東西，這個便是所謂"太極"。所以說：易有太極，是生兩儀。"兩儀"、"陰陽"是人人所能認識的，"太極"卻是不能認識，僅從理論上承認其有的。然則兩儀是"有"，太極是"無"了。所以說："有"生於"無"。"無"怎樣會生出"有"來呢？這便是哲學中最困難的一個問題。而古代的宇宙論，也就以此爲中堅了。現在先要問一句話：便是"古代的哲學，到底是唯心論？還是唯物論？"我敢説是唯物論，而且和希臘的唯物論，很爲相近的。希臘人説萬物的本源是"水"，"水之稀薄的是火和風"，"濃厚的是金和土"。又説："地水火風同是萬物的本源"，"因其互相愛憎的關係"，"可就把萬物造出來啦"。中國人説：萬物的本源是氣。《乾鑿度》説："夫有形生於無形，則乾坤安從而生？故有太易，有太初，有太始，有太素。太易者，未見氣也。太初者，氣之始也。太始者，形之始也。太素者，質之始也。氣形質具而未相離，謂之渾沌。"易義疏八論之一。這種説法，和 Democritus 的原子論，很爲相像。Democritus 説：宇宙萬物，皆原子所構成。中國人亦説：宇宙萬有，皆氣之所構成。Democritus 説：原子變化而成萬物，由於他固有運動的性質。因運動而生衝突，因衝突而變形。中國人説：宇宙的最初，謂之太易，易就是變動不居的意思。一切萬有，都是由這動力而生的。這種動力自其本體而言之，謂之"元"。自其變動之狀態而言之，則謂之"易"。所以《易經》上説："大哉乾元，萬物資始，乃統天。"《公羊》何《注》也説："變一爲元。元者，氣也；無形以起，有形以分；造起天地；天地之始也。"現在普通的意見，總以爲中國人是很敬重天地的，把天地就算做萬物的本質，其實不然。在古代的哲學上，看了天地，不過是和萬物相同的一物。天地的成爲天地，正和禽獸草木的成爲禽獸草木一樣。這是因爲古人説萬有的本原，只有一種氣。無論什麽東西，凡可指爲有的，都是這一種氣之所構成。那麽，天地也不過宇宙間的一種氣，道循一種定律，而成爲天地罷了。和禽獸草木的道循一種定律，而成爲禽獸草木，有什麽兩樣呢？這種説法，和"有天地然後有萬物"，"物本乎天"的説法，仍不相背。因爲此物出於彼物，彼物不就是此物的真原因。譬如人，是父母所生，然父母和子女，仍同爲宇宙間的一物。天地和萬物的關係，正如父母和子女的關係一樣。有這種説法，所以才有"齊物論"。因有一種動力，而生所謂氣，因氣而生形，因形而生質，那就什麽東西都有，成爲萬象森羅的世界了。先有形而後有質，這種思想，在吾人頗難瞭解。其實這也和希臘人的思想,是一樣的。亞里斯多德說:形是"原動",質是"被動"。形是"能造",質是"所造"。譬如吾人的造屋,是先有了一間屋的形狀在肚子裏,然後用磚瓦木石等去實現它,不是有了磚木瓦石,才實現出屋的形狀來的。造屋固然是人為的事,然而天然物形質的關係,也正和這個一樣。譬如從桃種變成桃樹,就是桃種的質,向著桃樹的形而起的變化。

這種說法,固然不是徹底的議論。其於華嚴理事無礙觀門,可謂未達一間。然而中國古人的思想,也正是如此。所以照咱們現在說,液體的東西,總比氣體為濃厚。而照古人說,則火比水為顯著,所以古人說五行生成的次序是一曰水,二曰火,三曰木,四曰金,五曰土。他的原理是"以微著為漸。……五行之體:水最微,為一。火漸著,為二。木形實,為三。金體固,為四。土質大,為五。"《尚書·洪範疏》,案此說本於《白虎通》,乃今文家義也。從輕微不可見的氣,變成極博大的土,只是由於一種動力,這種動力,也算得偉大而可驚的了。這種動力並不是從無氣而有氣,從有氣而有形,從有形而有質;在形質之中,再由微至著:(一)水、(二)火、(三)木、(四)金、(五)土,到造成了最博大的土,就止息的。它的運動,是終古不息的。一方面,固然由微而至著;一方面,也由著而仍至於微。氣固可以成形質,形質亦可以復返於氣。大概古人的意思,以為物質凝集的最緊密,就有質可觸;次之就有形可見;再次之,就并形而不可見,而但成為一種氣了。所以說:精氣為物,遊魂為變。古人的所謂"精",就是物質凝集得極緊密的意思,老子:"窈兮冥兮,其中有精,其精甚真。"案"真"與"闐"同訓,實也。《禮器》:"德產之致也精微",鄭《注》:"致,致密也。"即偽緻字。《公羊》莊十年,"粗者曰侵,精者曰伐"。粗與精為對詞。只是宇宙間的一種氣,凝集而成形質,形質仍分散而為氣。這種凝而復散,散而復凝的作用,是無時而或息的。所以說:"易不可見,則乾坤或幾乎息矣"。用現在的話解釋起來,"易"就是"動","乾坤"就是"現象",就是咱們所能認識的,只是動的現象。這種運動,到底會有一天忽然停止麼?這是咱們不得而知的。果真到了這一天,實體的世界,也許還存在,然而早已出於吾人認識區域之外了,在吾人認識中的世界,就算是消滅了。古人的世界觀如此。總而言之,他徹始徹終,只是把一個"動"字,説明世界的現象。

我們且進而觀這種宇宙觀,影響於人生觀者如何?就可以見得哲學和道德的關係,也就可見得古代的哲學和中國民族道德的關係如何了。

古代哲學,影響於道德上很大,一時也説不盡許多,我現在,且隨意説幾樣:第(一)是自强不息的道理,因爲宇宙的徹始徹終,只是一個"動"。所以人得了它,也要自强不息。所以《易經》開宗明義,就説"天行健,君子以自强不息。"第(二)是法自然。這種天然的動力,是很大而無可抵抗的。所以中國古代的哲學,有一特色,便是只想利用自然,不去抵抗自然。這種思想,影響於行上,就成爲一種妥協性。梁任公説:"最富於妥協性的是中國人","凡事皆以柔道行之"。這句話,真可以表明中國人的特色了。第(三)就是循環的道理。因爲宇宙之間,是動而不息的,所以没有一件東西能够常住。既然没有一件東西能够常住,自然好的不能終於好,壞的不能終於壞。所以説:"禍兮福所倚,福兮禍所伏";所以要"知白守黑,知雄守雌"。第(四)是慎獨的道理:古人所説的"獨",不是"羣"的對詞。獨,訓"童",是"微細"的意思。因爲宇宙萬物,都是由微而至著,所以要講慎獨,講謹小,講慎微。反之,就是要"尚積"。第(五)就是"反本"、"抱一"、"貴虛"、"貴無"、"中庸"等等道理。這幾種道理,是名異而實同的。"一"就是"無",剛才已經説過了。"無"是"有之所從出",自然是"可反之本",也是不待言而可明的。至於儒家的所謂"中庸",也就是道家之所謂"一"。爲什麽呢?"不偏之爲中,不易之謂庸"這兩句話,是人人懂得的。一條綫上,自然只有一點是中點。人生在世,總要求得一個自處之道,而這自處之道,是貴乎"中"的。爲什麽呢?"中"就是"一","一"就是"無",惟其"無",才能無所不有。倘使偏在一方面,得了這邊的利益,就失了那邊的利益了。但是這個"中",仍是時時變動,沒有定形的。譬如一條綫,他的長短,是終古不變的。那就這條綫上的中點,也終古不變。倘使這條綫,是時時變動的;忽而這端伸張,忽而那端縮短;那就這條綫上的所謂中點,也要時時變動了。一個人在世界上,好比一點在一條綫上。因爲世界是動而不已,沒一息停止的,所以咱們自處之道,也是息息變換,沒一息可以固定的,所以執中正是無中可得,執一正是無一可執。所以"一",就是"中","中"就是"無",只此才是常道,才是"不易之庸"。所以執中又惡無權,因爲無權的中,就是綫的長短已經變動了,而所謂中點還不曾變動。

在先要有人問我們,什麼是"天經地義","萬古不變"的道理?恐怕大家都要答不上來?現在明白古代哲學,就可以答覆他啦。什麼道理萬古不變,獨有"宇宙物質無一時一刻不變動的"這個道理,是"天經地義"、"萬古不變"的,其餘都要變的了!所以易兼"變易""不易"二義。大概宇宙間的現象,無一時一刻而不變,這個道理,是很容易見得的。比方我現在是三十七歲,再活上幾十年,當然是要死的。就是這講臺、火爐,等等,雖然壽命比我長些,也終久得變壞消滅的,但是人死,並不是死的那一天,突然死的。老實說,現在我身上的細胞,無一時一刻,甚至於一秒鐘,不在新陳代謝,其餘講臺、火爐等等,亦是如此。不過這種變動,不是肉眼所能見罷了。然則天下更有哪一件事,是天經地義,萬古不變的呢?"宇宙的現象,是常動不息;咱們所以自處之道,也貴乎變動不居。"這個道理是不錯的。後世的哲學,也許講得比古人精密些。列國的哲學,也有講得比中國徹底的地方。印度哲學,就講得比中國精,所以佛教一入中國,舉國上下十分歡迎,歐洲現代的哲學,依我看來,也還不及印度。但在有實驗的一點,卻比中國和印度都勝。但是這一層道理,卻是古今中外講哲學的人所同認。所以天下事最忌是固執。中國現在一班守舊的人,固執着已不能行的事情,定要保守,一班淺躁的人,又固執了一兩件外國的事情,和自己腦子裏想出來的主意,硬要推行,不肯仔細思想,這是最大的壞處。其實古人是最善變的,中國這一個國家民族，所以能植立在世界上幾千年，步步的發榮滋長，很有許多地方，是得善變的好處。這都是古代的哲學思想，能普及於全民族，因而影響其行爲上的良果。這一層道理太長，現在不及詳論了，但是我要說一句："這種善變的精神，似乎後世不如古代。"所以中國到了近世，內部並無甚進步，對外則屢次吃人家的虧。這便是我覺得後世的精神文明，不及古人之處。所以今天德育部裏，叫我來講演道德，我卻要講起古代的哲學來。

雖然如此，古代的哲學，也不是只有好處，並無壞處的。即如中國的專制政治，也是由古代哲學造成的；古人信萬物一本說，所以認君主專制，爲當然的治法。《公羊》何《注》說："故春秋以元之氣，正天之端；以天之端，正王之政；以王之政，正諸侯之即位；以諸侯之即位，正竟內之治。諸侯不上奉王之政，則不得即位，故先言正月而後言即位。政不由王出，則不得爲政，故先言天而後言正月也。王者不承天以制號令則無法，故先言春而後言王。天不深正其元，則不能成其化，故先言元而後言春。五者同日並見，相須成體；乃天人之大本，萬物之所繫；不可不喜也。"這正和董子所謂："春秋深探其本，而反自貴者始。故爲人君者，正心以正朝廷；正朝廷以正百官；正百官以正萬民；正萬民以正四方。"一鼻孔出氣，都替君主專制政體，立了一個極深的根據。但照古人說來，就是"王"也要法"天"，"上"也是統於"元"的。所以一方面，雖然看得天下之本，繫於人君一人。又一方面，還有"見羣龍之首"之義。後人卻只取得一方面，也不能全怪古人。

還有其餘一切制度，如宗法等等，也都和古代的哲學有甚深的關係，一時也說不盡了。總而言之，人的行動，是不能沒有所以然之故的。他這所以然之故，便是他的哲學。一個人如此，一個民族，也是如此。考求中國人的道德觀念，和哲學思想的關係，便可以見得道德和哲學的關係。天下的事情，最貴的是應時變化，就是變化到和環境適合。諸君既然畧知道中國人的道德觀念，其來源如此之遠；而又畧知道古代的哲學思想,就應該深切研究,把它們揀別一番,哪樣合於近代思想,有利益的,把它挑出來,設法發揮;哪一樣不合於近代思想,有弊害的,設法鏟除,則今人不及古人的地方,可以回復而且可以超過古人了。

（原刊《瀋陽高師周刊》第三十一、三十二期,一九二一年出版）

古代之印度與佛教

東洋諸國開化之早，中國而外，無如印度。印度者海之義也。以印度河流，汪洋似海，故古代之波斯人，以是名之。其後遂移以稱其地之人種焉。中國所謂天竺身毒，皆其譯音也。

印度古代住民，極爲複雜。其啓文明之端緒者，則阿利安人也。阿利安人，本居錫爾、阿母兩河間，其後乃西南徙而入波斯，更自阿富汗入印度。其遷徙也，蓋在邃古之世，其開化亦甚早。惜其古史之闕畧，在今有史諸國中爲最甚。故其邦國之狀況，及其與異族戰爭之事，均未由稽其詳。今史家約畧分之。自西曆紀元一千五百年以前，其事跡皆見於吠陀中，謂之吠陀時代。自此以後，至西元前一千年，謂之叙事詩時代。西元前一千年以後，則謂之哲學時代。

印度古代住民，在阿利安人以前者，最著者有三：第一爲從西藏及緬甸遷入之黃色人種。次則訶拉力種（Kolaria），從喜馬拉雅山東峽路遷入。又次則達羅毗荼種（Dravias）從西北峽路遷入。此三種族中，以達羅毗荼族程度爲最高，能立酋長，事農牧，亦粗知貿易建築。時先入之黃色人種，已爲訶拉力種所破。迨達羅毗荼族入，而訶拉力種，乃復爲所破焉。然達羅毗荼族與訶拉力種，仍幷居於印度。迨阿利安人遷入，而此兩種人者，復悉爲所破。其遁居山林者，阿利安人謂之歹腥斯（Dasyns），譯言敵人也。被俘者，謂之歹赦斯（Dasas），譯音奴隸也。其諸部落，分爲三等，全服者爲上蕃，面從而非心服者爲中蕃，不服者爲下蕃。當此時代，阿利安人之蹤跡，亦未出恒河流域也。此爲吠陀時代。

及叙事詩時代，乃由印度河流域進入於恒河流域，分建許多小國，各國有君長，語言風俗及宗教，均不甚統一。亦時有戰爭，均散見於當時之叙事詩中。而印度河流域之狀況，則絕無可考焉。

哲學時代，阿利安人之勢力愈擴張，遂南下而入於半島部。其時最著之國，在恒河流域，則有摩揭陀。亦作摩揭提。在尼爾尼達、奇斯得那兩河間則有案達羅。摩揭陀頻婆沙羅王，與釋迦牟尼同時，後爲其子阿闍世所弑。阿闍世始築華子城。亦作華氏城，在今巴得拿。其後優陀延王，遂自故都王舍城徙都焉。王舍城在今巴哈爾西南。周烈王時，頻婆沙羅之後，爲難陀王朝所篡。傳九世，其末王名陀難陀，與亞歷山大同時，則盜賊蜂起，王室之威靈墜地。西元前三一六年，遂爲孔雀朝所滅。

印度之有外寇，蓋始於前六世紀之末，波斯王大流士，始侵入旁遮普之地，蹂躪印度河以西。迨前三三〇年，馬其頓王亞歷山大滅波斯，越四年，遂侵印度。北印度霸主波路王（Porrus）起而禦之，戰敗被擒。於是印度西北境，盡入馬其頓版圖。王欲窮極亞細亞東境，進兵中印度，至恒河士卒疲敝，又苦暑，乃還。前三二三年，亞歷山大王卒。其屬地遂分裂，部將塞留孤，據叙里亞自立，中國稱之爲條支。其後東方又分裂爲巴克特利亞（Bacteria）及帕提亞（Parthia）兩國。巴克特里亞，即中國所謂大夏，其帕提亞，則所謂安息也。

方亞歷山大之侵入印度也。毗舍利族頻婆沙羅王之妃，即此族人。有旃陀羅笈多者，來降，隸麾下，旋獲罪，亡去。收緝羣盜，畧取恒河流域地，遂滅難陀朝。是稱毛利耶朝，即所謂孔雀朝者也。進畧西北二印度，盡逐亞歷山大所置戍兵。塞留孤聞之怒，起兵伐印度，旃陀羅笈多與戰，勝負畧相當，乃議和。塞留孤以女妻旃陀羅笈多，且畀以印度河以東之地，時前三一二年也。於是旃陀羅笈多盡服西北中三印度，國勢稱盛。

據塞留孤使臣所記，當時印度全境，有國百十八，其小國，均服屬於大國爲附庸。摩揭陀國，有兵六十萬，馬三萬，大象九千。其東之加里哈國，有兵六萬，馬千，象七百。案答羅國，有城三十，步兵十萬，騎兵二千，象千。其西之蘇臘悉得臘國，今古直拉德。有步兵十五萬，騎兵五千，象千六百。都城臨海，適當海上貿易之冲云。又云：印度人民，大概可分爲七種：一士，二農，三牧人，四工，五兵。六王所派巡察各地方之官。七朝臣也。其人民之性質，堅忍而樸誠，夜不閉户，獄訟甚簡云。

㤗陀羅笈多以前二九一年卒，子頻頭沙羅立，前二六五年卒。次子阿育(亦稱阿輸迦)殺兄蘇私摩及諸弟，爭亂者數年。至前二六〇年，始自立。阿育王在位時，威令南抵奇斯得耶河，北越印度河，爲孔雀朝盛世。又數傳，至漢吕后稱制之五年，前一八三年爲大臣弗沙密多亦作富沙密多羅。所篡，是爲參迦朝。宣帝本始三年，前七一參迦朝亡。康維阿朝代興，成帝河平三年，前二六年爲案答羅所并。

印度古代，本有阿利安人與非阿利安人之分。阿利安人，多爲地主，事戰争，服商賈。非阿利安人，則爲田奴，服賤役，然未有種姓之分也。其時所崇拜者，爲天日風雷水火等自然之神。户别自祀，家長尸之。一部落有祀事，則酋長主祭，爲衆祈福，未有專司祭祀之人也。迨後祭祀儀式，日益繁縟，恒人不解皆習，始有以明於祭禮世其家者。又部落既大，事戰争者與事實業者，亦日益分途，而種姓之别起矣。種姓之别：一曰婆羅門，譯言净行，掌祭祀。二曰刹帝利，譯言地主，即戎事。三曰毗舍，譯言商賈，事農商。四曰首陀，譯言奴隸，服賤役。前三者皆阿利安人，首陀則非阿利安人也。婆羅門和刹帝利其部無甚軒輊，後婆羅門人附會古代所傳之《吠陀》，婆羅門教之經典，初只有梨具吠陀，後又有嗟馬吠陀耶柔縷吠陀阿它纏婆吠陀，合稱四吠陀。謂己之種姓，由耶羅延天婆羅門教所尊造化之神。之口而生，故主教民。刹帝利族由其兩臂而生，故主執干戈以衛社稷。毗舍族由其腹生，故主力耕以給口實。首陀族由其兩足而生，故卑屈，爲人所踐踏。於是婆羅門之位置，迥出於其他種姓之上矣。

印度學術，至西曆紀元前一千年左右，始大發達，所謂哲學時代也。哲學而外，文學、天文、數學、形學、醫學等，亦均發達。前七世紀末，數論派興，是為佛教之先河。後百年，北印度婆羅門喬答摩，創尼夜耶學派，立五分作法，亦為佛學所取資，或謂希臘之三段論法，實竊取諸此云。凡諸學術，皆婆羅門主之。然專私已甚，其所教化，蔽諸阿利安人，而非阿利安人，則擯不得與。又自神種姓，蔑視他族，於是他族浸以不平，而佛教乘之而起矣。

佛教教主釋迦牟尼。姓瞿曇氏，名薩婆悉達。亦作喬達摩·悉達多。中印度迦比羅幡窣都國<small>譯言黃城，亦作迦羅維衛。又作劫伐羅伐窣都。在今波羅奈東北，普特羅西北，哥羅克堡附近</small>。白淨王<small>亦譯淨飯王</small>。太子也。母曰摩耶夫人，以周昭王二十四年四月八日生。睹鳥啄傷蟲，念眾生可憫，互相吞食，又感人生不能離生老病死四苦，遂有出家之念。年十九，棄國入雪山<small>今喜馬拉雅山</small>。修苦行，已悟其非，棄之。年三十五而成正覺，周歷諸國，從事說法者四十五年，然後入般涅槃焉。<small>佛之生卒年歲，未暇細考，姑據最普通之說。</small>

印度諸國中，首先皈依佛教者，為摩揭陀國之頻婆沙羅王。孔雀朝之阿育王，尤崇信之。佛滅度後，五百比丘大會於王舍城南毗婆羅山之七葉窟，結集佛說，是為王舍城結集。後百年，比丘七百，復會於毗舍離城，是為毗舍離結集。於時佛教尚僅行於恒河附近，前二三一年<small>秦始皇十六年</small>。阿育王大會一千比丘於華氏城，結集佛說。於是北至大夏，南至錫蘭緬甸，遠暨敘利亞埃及希臘，莫不沾被佛教矣。迨參迦朝興，崇信吠陀，迫害佛教，在中天竺地方，焚燒寺院，殺戮僧尼無數，於是婆羅門教一時復盛。然佛教之在北天竺者，亦尚未衰。至案答羅朝滅康維阿朝，迫害佛教愈甚，婆羅門教益昌。佛教嗣後遂北以大月氏為中心，傳天山南路以及於震旦。南以師子國<small>今錫蘭島</small>。為中心，傳後印度羣島，以及南洋羣島焉。

（原刊《瀋陽高師週刊》，一九二二年出版）

辯梁任公《陰陽五行說之來歷》

梁任公先生學問淵博，論古尤多特識。惟此篇頗傷武斷。
此篇之誤，在過信經而疑傳，故謂"陰陽兩字相連，表示無形無象兩種對待性質，自孔子或老子始。孔老以前之書，確實可信者：曰《詩》，曰《書》，曰《禮》，曰《易》之《卦辭》、《爻辭》。《儀禮》全書無陰陽二字。三經陰陽字，不過自然界中粗淺微末之象，不含深義"又謂"《十翼》出孔子手，最可信者，莫如《彖》《象》，《彖》《象》中陰陽二字，僅《乾》、《坤》兩卦各一見，《繫辭》、《說卦》、《文言》諸傳，言之較多，然傳中多有子曰字，論體例，應爲七十子後學者所記也。"愚案信經疑傳，自昔已然，於今爲烈。以今人讀書，分別古近真僞尤嚴。經傳相較，經自當較古；其出孔子手或爲孔子以前古書，亦較可信；傳必較後起，且爲後人竄亂亦較易也。然愚謂二者之可信與否，相去實極有限。何則？經固多有古書爲據，然其文辭則十之六七必出孔子或孔門弟子手筆。試觀《堯典》、《禹貢》，轉校殷《盤》周《誥》爲平順易解可知。《大傳》之《卿雲歌》固必非舜時歌辭，《書》之《甘誓》又豈夏時誓語乎？若謂經爲孔子手定，傳爲弟子後學所記故其可信不如經，則古時簡牘繁重，書寫艱難，孔子刪訂實在晚年，豈能字字皆由親筆。儒家言孔子修《春秋》，筆則筆，削則削，子夏之徒不能贊一辭，不謂五經皆如此也。不但此也，在孔子當日所身親鑒定其文辭者，固經而非傳，而後人諷籀，則傳之爲用且較大於經。何則？經猶今學校之教科書，傳則學生筆錄教員所講之語，故其古近亦相去無幾。教科書死物，教員所講則活物也。吾儕今日若但有經而無傳，則經之意義何在，將人人莫名其妙；若但有傳而無經，猶可得許多義理。請言《詩》：今之詩，究係何語？讀之究有何義？恐徒讀經文者必不能解；而一讀《韓詩外傳》，則可得許多義理矣。此在今日，論者必訾《韓詩》等爲迂腐之談，昧於作詩者之本意。而不知詩之作義本不可知。陳樸園謂"三家所傳，多爲誦義"。陳蘭甫謂"孔門弟子言詩，多不與本義合。蓋由習熟之至，隨時隨地皆覺與詩義相會通，不覺其脫口而出，故初不必盡拘"。蓋猶未敢決言《小序》之爲僞，故爲此調停之説；而不知《小序》之説《詩》皆能得其作義，即其據古書附會之確據也。近來鄭君振鐸在《小説月報》中有文論之，甚暢。然近人好執其所謂文學眼光尋繹白文，謂得詩人本意，此則又將與朱子之作《集傳》、王柏之作《詩疑》等。夫自今人言之，則據文學以言《詩》，固爲天經地義矣。然在朱子、王柏當日，據其所謂義理者以言《詩》，又何嘗非天經地義乎？《詩》之要者莫如風，風詩本於謡辭。謡辭作者本不能確指其人，且往往增減離合，非復一人之作，更何從得作者之意？且即後世之作詩者，亦有率然而成，不自知其作意云何者矣，而況於謡辭？然使時代相近，則辭中寄慨之意，固人人可得之。此初無待推求。古代陳詩可觀民風由此。若其時代遥遠，則人之心思，社會之事物全變，其意實無從推想。試問讀《芣苢》者，孰能知爲婦人傷夫有惡疾之作乎？至於《雅》、《頌》，似皆有本事可求，與《風》不同。然古史茫昧，向來所傳實亦未必可信。即如《殷武》，向以爲頌高宗之辭，固可通。然魏默深以爲宋襄公自頌其伐楚之功，與《魯頌》之《泮宮》同，亦未嘗不可通。《易》言高宗伐鬼方，不言伐荆楚。鬼方在西不在南，予別有考，則舊説殆不如魏氏説之確也。夫《雅》、《頌》之本義且不可知，而況於風？故愚謂説《詩》謹守三家之成法；不問作者爲誰，亦不問作詩之意若何；但論我讀此詩有何感慨，引之以證何種義理，則最通。如近人指"月出皎兮"爲男女相悦之辭，吾不知其誠證何在；然若自有男女相悦之情，誦此詩以見意，固無不可也。所謂《詩》無達詁也。若必挾持成見，強作解人，自謂得古人之意於千載之後，在今日此種風尚正盛時，固覺其爲不易之義，及數十百年之後，則又一《小序》、《集傳》、《詩疑》而已矣。三家説《詩》，亦間有傳其作義者，如《芣苢》、《柏舟》、《小弁》、《大車》之類是也。此必先秦舊説，然其確否亦無可證也。請言《書》：《書》者，乾燥無味之古史耳，讀之究有何義理？然《孟子》與《大傳》多相複重；趙邠卿謂孟子通五經，尤長於《詩》、《書》；今《萬章》一篇暢論禪讓之理，雖多"托古"之談，亦或"重疑"之義；《論衡·奇怪篇》辟感生之説曰："聖人重疑，因不復定。世士淺論，因不復辨。儒生是古，因生其説。"《史通·疑古篇》亦同斯意，予謂此説尚較托古改制之説爲妥穩。然民主之大義存焉。蓋皆誦述《書》説也。愚昔致廖仲愷、朱執信兩君書，辨胡君適之井田之説，曾及此義。原書見《建設雜志》第二卷第六期。今節錄一段於下。原書云：

孟子好言《春秋》，人多知之，至其道三代以前事多用《書》說，則知者較鮮。僕謂《萬章上篇》等所言，殆無一非用《書》說者。試舉兩事證之：其一，孟子言"帝使其子九男事之，二女女焉。"百家之書，惟《淮南子・泰族訓》亦云："堯屬舜以九子。"此外《呂氏春秋・去私篇》，則云："堯有子十人。"《求人篇》則云："妻以二女，臣以十子。"《莊子・盜跖篇》云："堯殺長子。"《韓非子・說疑篇》："其在記曰：堯有丹朱，而舜有商均。啟有五觀，商有大甲，武王有管、蔡。五王所誅，皆父子兄弟之親也。"今案丹朱見殺，他無可徵。《書・皋陶謨》："無若丹朱傲"，《說文》引作"㒼"，又引《論語》曰："㒼蕩舟"，與下"罔水行舟"合，則㒼蓋堯長子被殺者。儒家文堯、舜、禹之篡弑爲禪讓，不得不爲之諱，乃《書》說中去其一子。古文家無相傳之口說，而別以古書爲據，遂不覺露出馬腳。《初學記・帝王部》引《書大傳》："舜耕於歷山，堯妻以二女，屬以九子也"，與《孟子》同，則《孟子》之言係用《書》說可見。其二，《小戴記・檀弓篇》："舜葬於蒼梧之野。"各書皆同。惟孟子云："舜卒於鳴條。"此語不知何自而來。案《史記・五帝本紀》："舜耕於歷山，漁雷澤，陶河濱，作什器於壽丘，就時於負夏。"《索隱》引《書傳》："販於頓丘，就時負夏。"而自"耕稼陶漁以至爲帝，亦見《孟子・公孫丑上篇》。三文隱隱相符。因悟孟子、史遷同用《書》說。《史記》不言舜卒於鳴條者，分敘在後。《索隱》引《書傳》僅兩句者，以釋《史記》，故不具引，或《大傳》文本不具也。《史記》一書，爲後人竄亂處極多。近人崔氏適著《史記探原》備論之，而猶有未盡。下文"南巡狩，崩於蒼梧之野，葬於江南九疑，是爲零陵"云云，必後人竄改。或史公先有卒於鳴條之說，更記此以廣異聞，淺人睹兩說不同，輒刪其一。不然，史遷最尊信儒家，由見義至高，而六藝無可考信，即懷疑莫決。彼其問古文安國，實爲伏生嫡傳；安得於此忽刪師說而用異文哉？然則《五帝本紀》述堯舜禪讓事全與孟子同，非史公用孟子，乃孟子用《書》說矣。鳴條者，湯戰桀之地。《呂氏春秋・簡選篇》："殷湯登自鳴條，乃入巢門。"《淮南子・主術訓》："湯困鳴條，禽之焦門。"《修務訓》："湯整兵鳴條，困夏南巢；譙以其過，放之歷山"是也。其地與南巢相近，所謂"東夷"之地，舜死蒼梧，有被迫逐之嫌，劉知幾即極疑之，故今文《書》說爲之諱。《戴記》今古文雜，故又諱之不盡也。此外孟子之說與《書傳》同者尚多，皆顯而易見，無待備徵。其似相違異者，惟《大傳》以江、淮、河、濟爲四瀆，而《孟子・滕文公下篇》言江、淮、河、漢一事。然此漢字或濟字之訛，古人河漢連稱，《莊子》"吾驚怖其言猶河漢而無極"是也，故傳寫致誤。又古者江、淮、河、濟，其流相通，故不妨互舉。試觀上篇"疏九河，淪濟、漯，決汝、漢，排淮、泗"，即明繫以江、淮、河、濟并舉可知。下言"而注之江"，故上變江言漢也。《史記》與《大傳》違異者，惟《周本紀》述文王稱王之年及受命後七年中事。然其言文王受命之年稱王，明著之曰"詩人道西伯"，則所用蓋三家《詩》説，以廣異聞。上文必更有六年伐崇稱王之説，與《書傳》同，淺人以爲違異而刪之矣。至記受命後七年中事之不同，則明係傳寫之訛，非本有異。試觀《詩·文王》、《記·文王世子》、《左》裏三十一年《義疏》同引《大傳》此文，尚皆小有乖異，可知也。

上書中論羿事，畧本《癸巳類稿·羿證》。各書言舜葬蒼梧之野者，《今之尚書經説考》備徵之。惟樸園此書不甚精，仍多羼入古文説處。請言《禮》：《禮》尤乾燥無味之書也；然一讀《戴記》中《冠義》、《昏義》諸篇，則冠昏諸禮，其義固極淵永矣。請言《易》：《易》之哲理存於《繫辭》。然今《繫辭》中，"繫辭"字及"辭"字甚多，似皆指《卦》、《爻》、《彖》、《象》之辭言之，而今《繫辭》，據《釋文》，王肅本實作《繫辭傳》，司馬談《論六家要指》引今《繫辭》之文，謂之《易大傳》。則今《繫辭》蓋《易》之傳，與伏生之《書大傳》等也。《公羊春秋》，則非常異義尤多，無待深論。若但讀今之所謂經文，則真斷爛朝報矣。後人致嚴於經、傳之別，一若經爲孔子手定，一字無訛，傳爲弟子後學所記，必不免誤者，殊不知經雖孔子鑒定，與傳同爲後學所傳。謂其所傳之經可信，則其所傳之傳亦可信也；謂其所傳之傳不可信，則其所傳之經亦不可信也。是以古文未興以前，儒家稱引，經傳初不立別。"漢儒引《春秋》，皆今《公羊傳》之辭；當時所謂《春秋》者，實合今之《春秋經》與《公羊傳》而名之。"愚謂今所謂經文，乃從《公羊》中摘出者耳。崔氏適《春秋復始》論之甚詳。愚謂不但《春秋》如此，即他經亦如此。《尚書》今文只二十八篇，而今《書》辭散見羣籍者甚多，一若真有百篇之《書》者，蓋皆《書傳》之文也。《孟子·梁惠王》下篇對齊宣王好勇之問曰："《詩》云：王赫斯怒，爰整其旅，以遏徂莒，以篤周祜，以對於天下。此文王之勇也，文王一怒而安天下之民。《書》曰：天降下民，作之君，作之師，惟曰其助上帝，寵之四方。有罪無罪，惟我在；天下曷敢有越厥志？一人橫行於天下，武王恥之。此武王之勇也，而武王亦一怒而安天下之民。""此文王之勇也，""此武王之勇也，"句法相同。自此以上，皆當爲《詩》、《書》之辭。然"一人橫行於天下，武王恥之，"實爲後人議論。蓋上爲《書》辭，此十一字則傳者之辭，孟子引傳文，又以"此武王之勇也"六字總束之也。引傳語而亦謂之《書》，可見經與傳無甚區別矣。佚詩之散見羣籍，《戴記》所詮之義，多出《禮經》之外，理亦同此。蓋删詩止於三百，定禮止於十七，然爲删定所遺者未嘗不誦説及之，門人弟子因從而記之也。而《易傳》之與經并列者無論矣。梁先生知佛家之經云"佛説"者，未必真佛親口所説，而何獨致疑於儒家之傳哉？若謂傳爲後人竄亂，經亦何嘗無竄亂，《僞古文尚書》一案固眯學者之目千餘年矣。然此特今人之學，僅能揀剔魏晉人之僞品耳。若以史家之眼光，視古書爲史料，則由此等而上之，別東漢人之所爲於西漢人之外，別西漢人之所爲於春秋戰國時人以外，別春秋戰國時人所爲於西周以前之人之外，其勞正未有艾。如此揀剔，傳固相需甚殷，經亦相遇非疏。第分別部居，正自多術；初不能作一概之論，謂經皆可信而傳盡可疑也。

至謂商周以前所謂陰陽者，不過自然界中粗淺微末之辭，不含深義，亦必不然。學術以愈研索而愈精，亦以愈分析而愈細。宇宙之大，究竟有無邊際？有無始終？此等疑義，在今人已知爲知識所不及，置諸不論不議之列，而在古昔則不然。學術之萌芽，其所致疑者，大抵皆宙果有初，宇果有際諸義；而當時之宗教哲學則皆對此疑義而有以釋之者也。吾國古者宗教哲學之釋此疑義也，蓋全本諸人事以爲推。故曰："天地絪緼，萬物化醇；男女構精，萬物化生。"又曰："物本乎天，人本乎祖。"夫本諸人以爲推，則其以萬有緣起歸諸陰陽二力審矣。故以"宇宙間兩種力相對待，相摩盪，爲萬有之緣起"，爲孔子之哲學者必誣。梁先生惟偏執《詩》、《書》、《禮》及《易》之《卦辭》、《爻辭》爲古書，而其餘皆所擯棄，故有此疑。而不知《老子》固亦古書也。《老子》之爲古書，有二證焉：其文辭甚古，一也。全書多三四字韻語，乃未有散文前之韻文，一，所用名詞多與他書異，如不言男女而言牝牡，其一端也，二。全書之義，女權皆優於男權，與後世貴男賤女者迥別，二也。《禮記·禮運》："孔子曰：我欲觀殷道，是故之宋；而不足徵也，吾得《坤》《乾》焉。"説者謂殷《易》首坤，此亦女權之遺跡也。然後世朝鮮、夫餘、句驪諸國皆殷俗，予別有考。而史稱朝鮮婦人貞信，俗不淫盜。夫餘、句驪尤惡妒婦；既殺又屍諸山上，母家重請，乃葬之。則殷時女權，墜落已久。《易》之先《坤》於《乾》，特存其遺跡於簡策耳。今古籍中於"牝以牡爲下"之義反復稱道者，惟《老子》一書，即此亦足徵其古舊也。梁先生謂欲言《老子》，其可據者宜莫如《史記·老子韓非列傳》；以此篇所言之不足據也，則并《老子》而疑之。而不知此篇本最不可據之書也。何則？魏晉間神仙家之說盛行，即後世所謂道教。愚謂道家之說絕不如是，仍只可謂之神仙家，惟其所言與前此之神仙家又有別，稱之曰新神仙家，最爲確當也。古書爲其竄亂者甚多。即以《史記》論，太史談《論六家要指》"凡人所生者神也"以下一段，必此曹所竄也。此篇"名耳字伯陽"五字，即神仙家之說。"孔子適周"一段取諸《莊子》，具如梁先生所言。又古書爲人竄亂，有有意改易者，亦有無意傳訛者；而無意傳訛之中，後人校識之語混入正文者實多。如此篇"或曰老萊子"二十五字，爲一人識語，此人蓋未審老萊子與老子究爲一人抑二人，而姑記識焉者也。"蓋老子"二十三字，爲一人識語，純然神仙家言也。"自孔子死之後"七十字，爲一人識語，此人所據蓋即《史記·封禪書》之類也。《史記·封禪書》亦僞物。"世莫知其然否"六字即決非西漢人語。"老子，隱君子也"六字，爲一人識語，意在褒美老子者也。"世之學老子者"二十七字，爲一人識語，鑒於儒道之不相容而致慨焉者也。"李耳無爲自化"十字，爲一人識語，意亦在褒美老子者也。此篇之全不可據如此，則老子世系一段非必史公原文亦明矣。即謂他皆後人竄易，獨此一段爲史公原文，亦不能以此致疑於老子之年代。何則？古有女十四而事人，男年過五十而始有丈夫子者。以傳世之多少，計人年代之久近，本不足憑，況古傳世系或多脫落：如舜禪於禹，而禹爲黃帝玄孫，舜爲黃帝九世孫，其世數之不可信明甚，然豈得以此遽謂舜、禹同出黃帝爲虛言邪？至謂《曾子問》之老聃與著《道德經》之老聃不相類，則鄭《注》固不以爲一人也。梁先生又以孔、孟、墨子俱不道及老子爲疑，則九流之學根本相同，道家尤兼該衆家，本無所用其詰難。抑人揚己，戰國時始然，春秋時並無此風氣。且《論語》"或曰以德報怨"，說者固以爲老氏之言矣。又今所傳諸子多雜異家之説，而其本人之説反或不全。故今某子中有某説，不得即執謂其人之學術如是；而今某中無某子説，亦不得即執謂其人之學術不如是也。"上將軍""偏將軍"等，誠戰國時語。然古"以今言道古事"者甚多。《老子》一書誠未必無後人羼入，或仍其意而易其辭之語，然其大體要爲古書，不能執此偏端致疑也。若謂孔子所以形容宇宙間兩種力者，有剛柔、動静、消息、屈伸、往來、進退諸名，而未嘗專於陰陽，則其故有二：陰陽，乃虚設之兩名，由歸納宇宙間種種見象得之。而宇宙間見象，爲人所名目者，有剛柔，動静，消息，屈伸，往來，進退諸種，此諸種見象雖可歸納之而立陰陽之名，然當陳述諸見象時，不得概代之以陰陽二字。一也。古人修辭，義取變換，"立天之道，曰陰與陽。立地之道，曰柔與剛。立人之道，曰仁與義。"義讀如我，音轉爲邛，乃韻語也。同義而變換其辭，以便諷誦者，古書中其例多矣。二也。

《荀子‧非十二子篇》，"子思、孟軻案往舊造説謂之五行"之説，誠爲可疑。然予謂此頗足爲子思孟軻傳五行説之佐證。何則？今《荀子》書似係雜湊而成。其書同《韓詩外傳》、《二戴記》、《説苑》、《新序》處最多，並有同《尚書大傳》、《春秋繁露》、《公羊》、《左》、《國》、《楚辭》處。其樹義精卓，足成一家言者，惟《天論》、《解蔽》、《正名》、《性惡》等數篇。然其持論多刻覈而重實利；初非儒家純粹之談，轉似法家後起之説。吾往讀其非象刑之論而疑之，及讀《漢書‧刑法志》，其持論全與荀子同，乃恍然有悟。蓋仲尼制法，刑止於五，而所蘄者爲象刑。漢文廢肉刑詔所稱，即今文家義也。此較諸今人之僅言廢死刑者，尤有進矣。夫以古代用刑之酷，一讀《漢‧志》，未有不爲之惻然流涕者也。乃自漢文廢肉刑以來，二千餘年，雖或議復，而卒不果。儒家之義，旁薄鬱積，以植其基。而緹縈以一少女，慷慨激發以成其功。如此崇高粹美之文明，誠足使百世之下聞者莫不興起也。漢承秦敝，網密刑殘，然所苦者皆無告之小民，而豪傑務私，初非三尺之法所能正，豈徒不能正，蓋有與法吏狼狽以陵虐小民者矣；抑更有不待狼狽，而其陵虐小民，法吏且視爲固然者矣。仁人君子有激而雲，遂欲以嚴刑峻法繩豪暴而挽末流之失。此蓋一時法學之家議論如此。而其實行之者，則王莽也。夫王莽則固事事托之於古者也。然則《荀子》書中非象刑之論，蓋亦不知何人所造而托之荀子者矣。性惡之論，爲荀子重禮之本，亦其非象刑之原，然實非儒家之説。儒家論禮，謂因人情而爲之節文，非謂其性惡，有待於爲也。且其論禮，謂有度量分界然後能羣，能羣然後能勝物，亦先利之談，與管子論法最相似，與孔子"不患寡而患不均"之義相背。其論湯、武非篡，似同孟子，而實近名法家言。《正論篇》。論擅寵萬乘之國而無後患之術，則幾於鄙夫矣。《仲尼篇》。其主法後王，則王莽之所以務法《周官》也。今《樂論篇》大同《小戴·樂記》，而多增入辟墨子語，添造痕跡顯然可見。《非十二子》亦見《韓詩外傳》，而止十子，無子思、孟軻，事同一律。然則《荀子》者，古學既興之後，集衆説而爲之，乃較早之《孔子家語》耳。其同《新序》、《説苑》，尚可諉爲劉向已見《荀子》，其同《韓詩外傳》、《書大傳》、《春秋繁露》，何説之辭？謂諸儒襲《荀子》，則諸儒早見《荀子》矣，何待劉向得之中秘？謂其各不相襲，所本者同，又無解於其性惡非象刑之論，與儒家之義不相容也。況今所傳劉向序，其爲僞造，正復顯然。然《孟子》書多同《大傳》，而造作者即以造五行之説誣之，並誣及其師子思，則子思、孟軻亦傳《尚書》之學可見。吾故謂《非十二子》足爲子思、孟軻傳五行説之佐證也。至謂《中庸》、《孟子》中不見此義，則今所傳諸子多不能具其人學術之全，吾前既言之矣。

　　梁先生以五行怪誕之説全蔽罪於《吕氏春秋》，吾亦未之敢承。胡君適之撰九流不出王官論，於《漢·志》論墨家之詞攻擊尤烈，吾謂胡君實未解《漢·志》之語也。案《漢·志》原文云："墨家者流，蓋出於清廟之守。茅屋采椽，是以貴儉。養三老五更，是以兼愛。選士大射，是以上賢。宗祀嚴父，是以右鬼。順四時而行，是以非命。以孝視天下，是以上同。"驟觀之，誠有如胡君所駁者，而不知此皆古代明堂行政之典。蓋古者生計程度甚低，天子只有房屋一所，名曰明堂；後世之宗廟學校等等悉包括焉。説本阮氏元。茅屋采椽，明堂之制也。案以茅屋采椽與五采之服爲宫室衣服不稱，始於《論衡·語增篇》。後世袁準《正論》襲之，清袁枚又襲之，自謂辯駁駿快，使人無可置喙矣。而不知"醴酒之用，玄酒之尚；割刀之用，鸞刀之貴；筦簟之安，藁鞂之設"；"禮也者，反本修古，不忘其初者也。"漢武時，公玉帶上《黄帝明堂圖》，猶存茅蓋之制，豈其圖真黄帝時制哉？後世宫室雖麗，而古代天子之居必嘗有茅屋采椽之時,則固無可疑矣。行其制,固所以昭示儉德也。養三老五更,學校與明堂合也。老人之老,故曰兼愛。選士大射,後世行於澤宮,然選士本以助祭,明堂既與清廟合,其即在明堂宜也。此義漢時董仲舒發之,而成郡國選舉之制;浸變遷而成隋、唐後之科舉;貴族世官之制由此而破。謂爲上賢,洵不誣也。宗祀嚴父,清廟明堂合一之制也,祖考爲人鬼,故曰右鬼。順四時而行,即《呂覽》、《戴記》、《淮南子》所載之法。古之言天言命,蓋有二義:儒道諸家所說,以宇宙之原爲一種動力。故曰:"《春秋》以元之氣,正天之端,""天不深正其元,則不能成其化。"又曰:"大哉乾元,萬物資始;乃統天。"故曰:"穀神不死,是謂玄牝。玄牝之門,是謂天地根。綿綿若存,用之不勤。"穀者,空虛之義。神者,動力之謂。《易》曰:"知變化之道者,其知神之所爲乎?"言神即變化,變化者,動力之謂也。又曰:"唯神也,故不疾而速,不行而至。"言神之無乎不在,即謂宇宙之間無往而非此動力所彌綸也。曰:"陰陽不測之謂神,"言此項動力尚在陰陽二力之先。因此動力,乃分陰陽,所謂"易有太極,是生兩儀"。陰陽由此而分,則此項動力之無所謂陰陽也審矣。不死者,不息也。玄者,深遠之意。案玄爲黑色,深遠之處必暗黑不可見,故曰天玄。《後書·張衡傳注》:玄,深也。牝,猶後世言女,言母,物之所由生。宇宙之所由生,故曰玄牝。綿綿若存,用之不勤,言其力爲人所不能見,而無時或息也。夫如儒道諸家之義,則天地亦受一種自然力之宰制,故一切皆有定則可求,故曰"先天而天弗違"也。人之生也,亦由此種動力所鼓蕩。因宇宙間一種動力之鼓蕩,而使若干物質凝集而成人,一切物之成皆然,所謂精氣爲物也。精者,物質凝集緊密之謂。《公羊》:"犢者曰侵,精者曰伐";《禮記》:"德產之致也精微。"故曰"大凡物生於天地之間皆曰命"也。自其力之鼓蕩言之則曰命;自人之受此鼓蕩之力而成爲人言之則曰性。性生本一字,故告子曰"生之謂性",而孟子曰"猶白之謂白"也。人之生也,由此動力鼓蕩而成,其失其生也亦然。故曰:"夫物芸芸,各歸其根,歸根曰静,動力之對。是謂復命。"復,反也,與鼓蕩成人之動力作用相反。然則人之生及其駁之失其生也,皆出於自然而非吾之所能自主;一切物亦莫不然。即天地亦然。故一言命,即有前定之義焉。此儒道諸家之所謂命也。莊、列發揮此義最透。墨家則不然。《天志》、《明鬼》諸篇所謂天神所謂人鬼者,皆有喜怒欲惡如人,而能賞善罰惡。《月令》諸書所載某月行某令,蓋即所謂順四時而行;蓋天之有四時,不啻默示人以某時當行某事,所謂"陰隲下民"者此也。誤行他令,即致災變,則天降之罰。"鯀湮洪水,汩陳其五行,帝乃震怒,不畀洪範九疇",正同此理。夫天且能鑒人之善惡而賞罰之,而又何前定之有?故曰"順四時而行,是以非命"也。然則墨家所非之命,蓋儒道諸家所謂前定之命。若夫鑒人之善惡而賞罰之,如《表記》所謂"夏道尊命"者,則固不之非矣。向、歆時,墨家之學已晦,儒道諸家之義益張。一言命,即人人視爲前定之義,故不煩分別命字之爲何義,而但曰是以非命也。言天言命,至於儒道諸家之説,天人感應之理,已不可通。然猶過而存之,則所謂"道並行而不相背",此孔子所以爲大也。漢時變復之家,乃謂人在氣中,猶魚能在水。魚能鼓水,人亦能動氣。故災祥由於善惡,喜怒足致寒温。則以天人感應之理,牽合自然之天,前定之命矣。以孝視天下,即爲民父母之説。孟子言伯夷大公,天下之父,"天下之父歸之,其子焉往。"鮑叔亦云:"管仲民之父母,將欲治其子,不可棄其父母。"即孝治上同之説也。《淮南子》謂墨子棄周道而用夏政。孫淵如《墨子後叙》因此推論墨道皆原於禹,説甚精當。吾更得一證焉。后羿篡夏之事,《史記》無文。左氏有之,而亦不詳其故。《僞古文尚書》謂由太康好畋,似以羿之惡移之太康,純然鑿空。今案《墨子·非樂篇》:"啓乃淫溢康樂,野於飲食。將將銘莧磬以力。湛濁以酒,渝食於野,萬舞翼翼。章聞於天,天用弗式。"文雖不甚可解,然謂夏之亡由啓之荒於樂,則固大畧可見。與《離騷》"啓九辯與九歌兮,夏康娛以自縱。不顧難以圖後兮,五子用失乎家巷"之言合。或夏祚中絶實由好樂太過,後世遂以好樂爲禁戒,而墨子非樂之論亦有所本與?《論語》:"子曰:禹,吾無間然矣。菲飲食,而致孝乎鬼神;惡衣服,而致美乎黻冕;卑宫室,而盡力乎溝洫。"致孝乎鬼神,致美乎黻冕,則《漢·志》宗祀嚴父之説也。古祭服最美。卑宫室,則茅屋采椽之謂也。

《表記》："子曰：虞夏之道，寡怨於民；殷周之道，不勝其敝。"又曰："虞夏之質，殷周之文，至矣。虞夏之文，不勝其質；殷周之質，不勝其文。"儒家謂夏尚忠，殷尚質，周尚文。《管子·樞言篇》："日益之而患少者惟忠，日損之而患多者惟欲。"忠與欲爲相對之詞。質者，具其事而不文；忠則寡欲而事且不具矣。故夏道尤樸於殷。殷周對舉，則殷質周文；四代并言，則又殷周文而虞夏質也。夏早於殷五百歲，孟子曰："由堯舜至於湯，五百有餘歲。"又直大水之後，生計益蹙而迷信益深，正不足怪。縱不必一切政令皆出明堂，然古制之遺留者必甚多。《禮記·禮運》："孔子曰：我欲觀夏道，是故之杞；而不足徵也，吾得夏時焉。"所謂夏時者，鄭《注》以《夏小正》之屬當之，而亦不能質言。《月令》諸篇之順四時而行者，得毋亦其説與？且明堂行政之典，散見古書者極多。如《管子·幼官圖》其一也。管子書誠多後人攙雜，然此篇則未必是戰國以後物。此篇行令亦按五行，而不分十二月。"期三百有六旬有六日，以閏月定四時成歲"，明見《堯典》，則此篇得毋堯以前之遺制與？則其源益遠矣。然則梁先生解威侮五行爲威侮五種應行之道，汩陳其五行爲一切物質不能供用，殆必非是。因不信《左氏》所載子產之詞，遂斷言鄒衍以前無陰陽五行之説，則愈疏矣。

夫學術必歷久而後昌。陰陽之家，太史公既以之與儒、墨、名、法、道德并列；而據梁先生所計，《漢志》載其書至千三百餘篇，逾總數十之一。今文家經説，能脱之者十無二三。夫豈鄒衍至漢，區區一二百年間所能有？先秦學術，恐無能遺陰陽五行者。何則？百家之學，流異原同。其原惟何？古代未分家之哲學是已；而古代之哲學又原於古代之宗教也。夫其不能無迷謬之談，固然。然豈得謂遂無精深之哲理哉？《漢志·數術畧》諸家，蓋與《諸子畧》之陰陽家本無區別。所以析爲二畧者，以校書者之異其人；抑言數術者在《數術畧》，據數術以言哲理者在《諸子畧》也。《漢·志》論形法家之辭曰："形法者：大舉九州之勢以立城郭室舍。形人及六畜骨法之度數，器物之形容，以求其聲氣貴賤吉凶。猶律有長短而各徵其聲，非有鬼神，數自然也。"後世以人之貴賤賢愚定於骨法，蓋出於此。夫其流失，誠不免於迷謬。然不龜手之藥一也，或以霸，或不免於洴澼絖，豈得以此並咎前人哉？夫以失其義陳其數之數術家，陳義之卓絶猶如此，況於專論哲理之陰陽家乎？惜其書俱亡耳！使其猶存，則必有足饜人心者矣。且使陰陽家之書而具存，誠亦不能無迷謬之説；然此當以其由迷信進入哲學而歌頌之，不當以其雖談哲學，猶未能全脱迷信而抹殺之也。北方之黃土，孰若三江雲夢土質之腴？然無黃土，是無兗、豫、雍、冀也。人之胃腸，苟小於今日，則疾病可少。然剄今人之腹，而割截其胃腸，焉可爲也？新舊之遞嬗，若寒暑之迭乘，必非一日而大遠於其故，此蓋進化之公例矣。陰陽五行之説徒爲後人迷信之資，而於古陰陽數術之哲理，一字不復能道，此可責後人之弗克負荷耳。醫、卜、星、相之流徒爲糊口之計，其術恒隨世俗爲轉移。書中即有陰陽五行之説，恐漢唐時物已存十一于千百矣，何況先秦？醫書言陰陽五行者，莫過《素問》，然以此當黃帝《内經》，説出皇甫謐，殊不足信也。執此曹之書，而謂古陰陽數術之家其言如是，又失實之談也。蓋古者陰陽數術之學與天文數學關係極深。此在後世，久成專門，通者絶鮮，故其學不能昌大，抑更不能改進。然執此遂謂其學盡誣則不可。何則？據數理以談哲學，今世固亦有之，且皆認爲正當之途，精深之術矣。後世治此學者亦非全無其人，如揚子雲、邵康節是也。其説固亦不免迷謬，亦不得謂無精深處也。梁先生以陰陽五行爲後世迷信之本，欲辭而辟之，其意甚盛。然因此并罪古代之陰陽五行，則似可不必。何者？迷信之説，必有所附。有陰陽五行，則附於陰陽五行；無陰陽五行，彼又將轉附他説也。佛説之爲迷信所附亦久矣，又可因此而辟佛乎？

　　予年十三，始讀梁先生所著之《時務報》。嗣後除《清議報》以當時禁遞甚嚴，未得全讀外，梁先生之著述殆無不寓目者。粗知問學，實由梁先生牖之，雖親炙之師友不逮也。念西儒吾愛吾師，尤愛真理之言。王仲任亦以孔子之論多有可疑,責時人之不知問。敢貢所疑,以求進益。倘梁先生不棄而辱教之,則幸甚矣。至於陰陽五行之說,自愧所見甚淺。欲粗陳之,而其說頗長。今也未暇,請俟異日。

(原刊《東方雜志》第二十卷第二十號,一九二三年十月出版)

西漢哲學思想

一、總　論

　　吾國哲學可分爲七時期：古代宗教與哲學混合不分，爲一時期。東周以後，王官之學散爲九流，一方面承襲古代之哲學思想，加以經驗事實而得之哲理，遂成周秦諸子之學，是爲第二期。兩漢時代統一於儒術爲第三期。第三期之學術，太偏於講究制度，且與當時社會上種種迷信混合，於是推求原理之哲學起而矯之，是爲魏晉時代之玄學，爲第四期，玄學與佛學接觸後，佛學大昌，是爲第五期。佛學太偏於出世，而矯之之宋學興，是爲第六期。宋學太偏於主觀，且太重智而輕情，及清代，又有攻駁之者。而自遼、金、元、清入主中原以來，國人屢受異族之壓迫，對於秦漢以後之政治制度，社會組織根本懷疑，因此亦推求□□□□□，此是爲第七期。自此以後遂與歐洲哲學接觸矣。

　　周秦諸子之後，魏晉玄學之前，從大畧言之，可稱儒學獨盛時代。然細別之，亦當分爲三期：秦用商鞅之法，以取天下，始皇任李斯，李斯雖荀卿弟子，然荀卿明禮，其學本近於法；李斯趨時，益棄儒任法爲治。燔詩書百家語，若有欲學，以吏爲師，正法家之主張也。見《管子·法禁》、《韓非子·問辨篇》。是爲法家專行時代。漢初懲秦之失，易干涉爲放任，斯時去戰國未遠，九流之學者，皆有其人，然自蓋公教曹參以清靜爲治，孝惠高後之世，皆沿襲其政策，孝文好刑名家言，其治亦以清淨爲主，上有竇太后，下有史談、汲黯等，皆尊黃老之學。陳平，史亦謂其修黃帝老子術。是爲諸學并行，黃老獨盛時代。武帝立五經博士，爲置弟子員，設科射策，勸以官祿，以文學爲官者，超遷亦異等倫。見《史記·儒林傳》公孫弘奏。利祿之路既開，舉世之趨向乃漸出於一途矣，自此以後，遂成儒學獨盛時代。

世謂武帝之崇儒，乃所以便專制，非也。儒家雖崇君權，而發揮民權之義亦甚切，至後世，此等説皆湮没不彰，而發揮君權之説乃獨盛者，則以其學發達變化於專制政體之下故耳。無論何種學術，莫不因其所遭之環境而起變化，決無綿歷千祀，仍保其故態者。設使武帝而崇他家之學，至於後世其主張君權亦必與儒家等，或且過之。況九流之學，主張民權之切至，又豈有過於儒家者邪？平心論之，九流之學，實未有主張君主專制者，必爲便於專制計，與其提倡學術，不如提倡宗教之爲得也。即欲傅合學説，法家之學亦遠較儒家爲便也。漢文立太子詔曰："朕其不德……天下人民未有愜志，今縱不能博求天下賢聖有德之人，而嬗天下焉，而曰豫建太子，是重吾不德也。"蓋寬饒謂五帝官天下，三王家天下，皆儒家義也，其便於專制之處安在？後世儒家之尊君抑臣，豈漢武所能逆睹哉？然則漢武之崇儒何也？曰：崇儒乃當時自然之趨勢，特文景等皆未及行，至武帝乃行之耳。當戰國之世，諸侯競舉，兵革不息，欲求安民必先統一，是則秦始皇行之矣。民新脱鋒鏑，死者未葬，創痍者未起，爲治之要首在休息，是則漢文景行之矣。夫既庶而富，既富而教，此非儒家之私言，乃爲治者之公論也。故當時賈誼、董仲舒皆以興禮樂教化爲急。文景亦非謂此不當務也，謙讓未遑云爾，武帝爲多欲而侈大之人，則毅然行之矣。夫欲興禮樂明教化，九流之中，固維儒家能之，則當此時安得不用儒家哉？此猶楚漢之際，運籌帷幄則由張良，馳説諸侯則用酈生矣。惟秦始皇帝則亦有意於此矣。始皇帝曰："吾前收天下書，不中用者皆去之,悉召文學、方術士甚衆,欲以興太平,方士欲練以求藥。"所謂文學士則儒生也,興太平則制禮樂明教化之謂也。夫始皇豈重儒之人哉,然欲興禮樂明教化,則固不得不用也,故曰:儒學之行乃當時自然之趨勢也。

漢代儒學者有今古文之別,此事與哲學亦頗有關係。今文之學出於漢初,其書即以當時通行之文字書之,其後乃有自謂得古書爲據,而訾漢初諸師之所傳爲誤且不備者,此今古文之名所由立也。古文經之來源,見於《漢書・藝文志》、《楚元王傳》、劉歆。《景十三王傳》、魯共王。許慎《說文解字序》、《論衡》之案書、正說二篇。經典釋文等後出,彌不足信,《史記》中涉古文經,事皆後人僞竄,讀近人崔氏適《史記探原》可見。《藝文志》有《尚書古文經》四十六篇,《禮古經》五十六卷,《春秋古經》十二篇,《左氏傳》三十卷,《論語》古二十一篇,《孝經古孔氏》一篇,《易》無古經,而志亦云以中《古文易經》校施、孟、梁、邱經者。秦人焚書《易》爲卜筮之書,不去,志蓋謂中秘自有此經也。《古文尚書》志云:"出孔氏壁中……孔安國悉得其書以考二十九篇,得多十六篇。安國獻之。遭巫蠱事,未列於學官。"《禮古經》志云:"出於魯淹中,及孔氏學七十篇,文相似。多三十九篇,及《明堂陰陽》、《王史氏記》。"七十當作十七。《論語》、《孝經》志亦謂得見孔壁。案《景十三王傳》僅言共王於孔壁中得古文經,《楚元王傳》載劉歆移讓太常博士謂:"……共王……得古文於壞壁之中,《逸禮》有三十九(疑當作三十有九)《書》十六篇。"說與志合,則淹中孔壁非二事,歆不及《論語》、《孝經》者,以僅欲立《逸禮》及《古文尚書》,故下文云:"及《春秋》左氏邱明所修。"意不蒙上孔壁得書言,則歆亦不謂《春秋》得見自孔壁也。《藝文志》本歆《七畧》,其說固宜與歆合。許序謂《春秋》得自孔壁,《左氏傳》爲張蒼所獻。《論衡》又謂孔壁所得係《左氏傳》其說已齟齬不可通矣。然猶可曰此等傳譌古人恒有不足校也。然即不論此,其說亦有不可通者。古書之出,以孔壁爲大宗,據《史記・五宗世家》共王卒於武帝元光五年,孔子世家安國爲今皇帝博士,遷臨淮太守,蚤卒。《漢書・倪寬傳》寬詣博士受業，受業孔安國，補廷尉史，廷尉張湯薦之。《百官公卿表》：湯遷廷尉在元朔三年，安國爲博士必在三年以前。使其年甫二十，至巫蠱禍作，亦已踰五十，此時尚在，安得云早卒耶。孔壁得書，在漢代實爲一大事，魯共王實爲發見之人，果有此事，本傳安得不詳言之？今乃言之甚畧，且上文已云共王好治宮室，下文正可接敍得書事。而初不之及，直至敍其後世事畢，乃補出數語，其爲沾綴，痕跡顯然。《景十三王傳》不足信，則此事見於《漢書》者，惟《藝文志》及《楚元王傳》兩處耳，移讓太常博士固歆之言，即志亦本諸歆之《七畧》者也，然則二者皆歆之言也，以如此大事而終前漢之世惟歆一人言之，他人曾不齒及，豈理也哉？《孔子世家》云：“孔子葬魯城北泗上，弟子及魯人往從冢而家者百有餘室，因名曰孔里，魯世世相傳，以歲時奉祀孔子冢，而諸儒亦講禮、鄉飲、大射於孔子冢，孔子冢大一頃，故所居堂，弟子內，後世因廟藏孔子衣冠琴車書，至於漢二百餘年不絕。高皇帝過魯以太牢祠焉，諸侯卿相至嘗先謁，然後從政。”聲靈赫濯如此，共王安敢遽壞其宮；若壞其宮，豈得劉歆外無一人提及哉。況項籍死，漢高祖攻魯至城下，猶聞弦誦之聲，則當楚漢之際，魯未嘗破壞，諸儒未嘗失職也。藏書於壁度必因秦火而然，挾書之律除於惠帝四年，諸儒何不早出之，豈十餘年事更無一人能憶耶。若謂藏書之事係一二人所爲，則古代簡策繁重，一二人之力豈能及此耶，然則孔壁得書殆子虛烏有之談也。許氏謂《左氏傳》獻自張蒼，《史記·張丞相列傳》不言其事，殆因其好書無所不觀而托之。又《河間獻王傳》謂獻王所得“皆古文先秦舊書：《周官》、《尚書》、《禮》、《禮記》、《孟子》、《老子》之屬，皆經傳、說，記七十子之徒所論。”此三語文義不相屬，老子固非七十子之徒所論也，其不足據亦屬顯然。古文經可疑之處尚多，今始正於此，然其不足信亦已可見矣。

　　古文經之僞既見，則僞經之所由作可推，其與哲學之關係亦可明。蓋漢代社會極不平等，富者田連阡陌，又專川澤之利，筦山林之饒；貧者無立錐之地，而營煮鹽冶鐵等大工商業者，亦皆兼并貧民。

漢代學者久欲救治之，然皆徒能言之，其實行之者則王莽也。夫以當時之社會而欲實行經濟革命，夫非托之於古不可明矣。欲托之於古，而博士之所傳勢不能盡與吾之理想合。事事而與之爭，勢且不勝，則莫如一舉而毀之；一舉而毀之，則莫如訾其所傳爲誤且不備，而以合於吾之理想者別造爲僞書，此古文經之所由作也。職是故，今古文之同異重要之點，全在政治制度。古文家言備於《周官》；今文家言要在《王制》，合此二書及許慎之《五經異義》觀之，而今古文政見之異同可見，而於其哲學亦思過半矣。雖然《周官》爲瀆亂不驗之書，其說與羣經皆不合，即與諸子書亦多不合。以吾之所然爲真，而謂舉世之所傳皆僞，勢亦且不勝也，則不得不創六經皆先王舊典，莫備無過於周公之時，孔子特修其殘缺。而猶不能備之說，於是六經皆周制之一端，其與《周官》不合，不足以難《周官》矣。今文家視六經皆以爲孔子之製作，古文家則以爲周之舊典，其說創於劉歆，見《漢書‧藝文志》。其後逐步進化，而《周禮》爲經禮，《儀禮》爲曲禮，《春秋》且多周公之舊例矣。道統之思想成於宋儒，發揮於韓愈，其遠源實道自劉歆也。又讖之爲物，亦與古文經同時競起，張衡所謂"通人考核，僞起哀平"也。所以然者，欲篡漢則必托之符令，欲托之符令，則不得不取社會固有之迷信。造作豫言（讖）而雜以經說（緯）以成所謂讖緯者矣。緯說多同今文，即其造作時，古文經說尚未盡出之證也。西漢之世立君所以爲民，天下非一人私有之義，時時見於詔令奏議，皆今文家説也。自讖緯起，則有天下者皆受之於冥冥不可之天，其享國之短長一決之於曆數，而民視民聽之義漸泯矣。

二、賈誼晁錯

漢初諸儒之書傳於今者，有陸賈《新語》二卷，案《漢志》儒家陸賈二十七篇，《賈傳》云："賈時時前説稱詩書，高帝罵之，曰：'乃公居馬上得之,安事詩書。'賈曰:'馬上得之,寧可以馬上治乎,且湯武逆取而以順守之,文武并用,長久之術也。昔者吳王夫差智伯極武而亡,秦任刑法不變,卒滅趙氏。向使秦以并天下,行仁義,法先聖,陛下安得而有之?'高帝不懌,有慚色,謂賈曰:'試爲我著秦所以失天下,吾所以得之者,及古成敗之國。'賈凡著十二篇,每奏一篇,高帝未嘗不稱善,左右呼萬歲,稱其書曰《新語》。"案《本傳》所謂十二篇,當即在《志》之二十七篇中。賈名有口辯,以客從高祖定天下,居左右,常使諸侯,嘗兩使南越。又爲陳平盡呂氏,平用其計,與絳侯深相結,則亦縱橫家之流。傳載其對高帝之語,頗合儒誼。當天下已平之時,而稱說詩書,論順守之道,亦時務宜然,其書入之儒家固不足怪也。《隋志》有《新語》二卷,今本卷數與之合,篇數亦合賈本傳。然《漢書》司九十三事皆與今本合,而是書之文悉不見於《史記》、《論衡·本性篇》引陸賈語,今本亦無。說本清《四庫書目提要》,案本傳高帝命著秦所以失天下,吾所以得之者及古成敗之國。而司馬遷取之以作《史記》,則其書必多載史事,今本殊不然,亦其非真之一證也。則其書殆不足信,惟馬總《意林》、李善《文選》注所引皆與今本相應,則其僞尚在南北朝以前耳,十二篇中惟首篇陳義稍深,餘皆無可觀。

　　陸賈之書既不足信,則《漢志》儒家之書,傳於今者當以賈誼《新書》爲最早。案《漢志》儒家賈誼五十八篇,《隋書》及《舊唐書》志皆稱《賈子》,《新唐書志》始稱《賈誼新書》。與今本名同,今本凡五十六篇盧文弨校本,闕問孝禮容語上。頗與《漢志》復,故昔人疑誼書已亡,後人割裂《漢書》爲之。然與《漢書》不復諸篇,皆非後人所能爲,且《漢書》所載,亦非直録原文。首云:臣竊惟事執可爲痛哭者一,可爲流涕者二,可爲長太息者六,而下文舉可爲長太息者僅三,全篇文義不貫之處甚多,細看自見。《贊》曰:"凡所著述五十八篇,掇其切於世事者著於傳云。"則班氏所著,實掇自誼書,今誼固未必舊本,然要不得謂後人反取自《漢書》也。李夢陽序云:士夫家傳鈔一切出吏手,吏苦其煩也,輒減落其字句,久之,眩惑踰行竄其字句,復訛之,此今本桀缺之由,至於編次雜亂無首尾,則古書固多如此也。不足疑也。

　　《漢書》本傳云:"賈誼洛陽人也,年十八,以能誦詩書屬文,稱於郡中,河南守吳公聞其秀材,召置門下,甚幸愛。文帝初立,聞河南守吳公治平爲天下第一,故與李斯同邑,而嘗學事焉,徵以爲廷尉。廷尉乃言誼年少頗通諸家之書,文帝召以爲博士。是時誼年二十餘,最爲少。每詔令議下,諸老先生未能言,誼盡爲之對,人人各如其意所出諸生,於是以爲能。文帝說之,超遷,歲中至太中大夫。誼以爲漢興二十餘年,天下和洽,當改正朔,易服色制度,定官名,興禮樂,乃草具其儀法,色上黃,數用五,爲官,名悉更奏之,文帝謙讓未皇也。然諸法令所更定,及列侯就國,其說皆誼發也。於是天子議以誼任公卿之位,絳、灌、東陽侯馮敬之屬盡害之,乃毀誼……於是天子疏之,不用其議。以誼爲長沙王太傅。誼既以適去,意不自得,及渡湘水爲賦,以弔屈原。……後歲餘,文帝思誼,徵之至入見,上方受釐坐宣室。上因感鬼神事,而問鬼神之本,誼具道所以然之故,至夜半,文帝前席,既罷,曰:吾久不見賈生,自以爲過之,今不及也。乃拜誼爲梁懷王太傅。梁王以墜馬死,誼自傷爲傅無狀,常哭泣。後歲餘亦死。……年三十三。"案賈生之學,博適衆家而最長於禮。禮、法固近,故最爲曾事李斯之吳公所賞也。

《新書・服疑篇》極言貴賤之服不可齊同。《等齊篇》極言諸侯之制不宜與天子齊等。其說曰:"人之情,不異面目狀貌同類。貴賤之別,非天根著於形容也。所以別貴賤尊卑者,等級、勢力、衣服、號令也。"而訾當時之人主恃面形之異。形貌惟近習然後能識,則下惡能不疑其上。此禮家之精言,亦法家之要義也。蓋後世專制政體,行之已久,君臣之義,深入於人人之心,除卻革命,更無敢覬覦非分者,不待衣服……人爲之識別而後尊,所慮者,在上者過於壓制,下情無由上達,不在在下者之暗干非分,古代君臣之分,不如後世之懸殊,僭越篡弒,習爲固然,苟有僭越篡弒之事,社會之秩序必亂,所慮者與後世不同,故禮家斤斤於等級之間也。《俗激篇》曰:"夫立君臣,等上下,使父子有禮,六親有紀,此非天之所爲,人之所設也。……人之所設,弗爲不立,不植則僵,不循則壞。"其視之急切如此。此自今古異宜,不得以今人之見妄議古人也。

此等思想,固與法家相近,然賈生極訾商君遺禮義,棄仁恩,並心於進取。又曰:"夫禮者,禁於將然之前,而法者,禁於已然之後。……法之所用易見,而禮之所爲生者難知。禮云禮云,……貴絕於未盟,而起敬於微眇,使民日遷善遠罪而不自知也。"此數語爲禮家恒言,而賈生誦之。其論階級,謂天子如堂,羣臣如陛,衆庶如地,其意乃欲(一)爲主上豫遠不敬。(二)禮貌羣臣而勵其節,冀化成俗定則,"爲人臣者,……利不苟就,害不苟去。"以是爲聖人之金城,其意亦與法家之專恃形軀勢迫者異也。本書中傅職、保傅、佐禮、容經、官人、胎教、立後義八篇,皆純粹禮家言。《審微篇》曰:"善不可謂小而無益,不善不可謂小而無傷,……輕始於敖微,則其流必至於大亂。"亦絕惡未萌,禁於將善之意也。

《瑰瑋篇》謂"黻文繡纂組害女紅,……故以文繡衣民而民愈寒,以褍民民必暖,而有餘布帛之饒矣。……故曰:苦民而民益樂也。"又謂制度定則,"淫侈不得生,知巧詐謀無爲起,則民離罪遠矣。……故曰:使愚而民愈不罹法網。"此則殊類法家矣。蓋禮法兩家,思想雖有不同,實極相近也。

禮法相近,名法則幾於同物矣。刑名法術皆原於道,故賈子之説與道家名家相近者極多。如《道術篇》謂"道也者所從接物也,……術也者,所從制物也。"釋道術兩字極明析。又曰:"明主者,南面而正,清虛而静,令名自宣,疑命之誤。令物自定",此則純然道家名家言矣。《六術》、《道德説》兩篇以道德性神明令爲德之六理,而以道仁義忠信密六德以配之,亦古哲學之精詣,然謂"六理無不生也,生而六理存乎所生之内,……内度成業,……謂之六法,……外遂六術,……謂之六行,……凡人弗能自至",故有六藝之教,此則道德雖根諸天然,仍必以人爲輔成,仍禮家之口吻也。然亦可見百家之學,本無不合矣。《鵬賦》之宇宙觀及人生觀,殊近莊、列。

禮家之制節謹度,所以足財用也,法家亦同此意。《孼產子篇》

曰："夫一人耕之,十人聚而食之,欲天下之無饑,胡可得也。百人作之,不能衣一人,欲天下之無寒,胡可得也。饑寒切於民之肌膚,欲其無爲奸邪盜賊,不可得也。"此即《大學》"生之者衆,食之者寡,爲之者疾,用之者舒"之意,亦即《孟子》有恒產而後有恒心之說。賈子恒欲驅民歸於本業,亦儒法二家之公言也。

《憂民篇》曰："五歲小康,十歲一凶,三十歲而大康,蓋曰大數也。"案預測豐凶之說,見於《史記·貨殖傳》,傳此生計學家言,蓋古農家言也。見前。《大政》上下篇暢發民本之義,謂"……災與禍,……非粹於天,……必在士民,……故夫民者,至愚而不可欺也,至賤而不可簡也,……自古至於今,與民爲仇者,有遲有速,而民必勝之。"此義儒家恒言之,法家亦恒言之。又欲以三表五餌制匈奴,則縱橫家之言也。爲漢草具儀法,色尚黃,數用五,則鄒子五德終始之說。信乎,賈生之能通諸家之書也。

稍後於賈誼而學與之近者,有晁錯。錯潁川人,學申韓刑名於軹張恢生所,師古曰:軹縣之儒生姓張名恢。與洛陽宋孟及劉帶同師,以文學爲太常掌故,爲太子舍人門大夫,《漢書》云:孝文時天下亡治《尚書》者,獨聞齊有伏生,故秦博士治《尚書》,年九十餘,老不可徵,乃請太常使人受之。太常遣錯受《尚書》伏生所,還,因上書稱說。詔以爲太子舍人門大夫。案晁錯受《書》伏生所,《書》之可信與否爲一問題,即謂可信,而錯之學術,與《尚書》亦了無關係。遷博士。上書言皇太子宜知術數,拜太子家令。舉賢良對策高第。遷中大夫,以佑景帝,削七國,衣朝衣斬東市。案錯之學術,洞中事情。史稱錯言宜削諸侯事及法令可更定者,書凡三十篇,惜俱不傳。使其猶在,必不讓賈生也。今其言之存於本傳者,言兵事,論守備邊塞,皆深通兵家言。文中屢引兵法,多同《管子》參患、霸形等篇,可知爲古兵家言也。在《食貨志》者,論重農貴粟,深得法家農家之意。其論皇太子宜知術數書謂:"人主所以尊顯功名,揚於萬世之後者,以知術數也。故人主知所以臨制臣下,而治其衆,則羣臣畏服矣。知所以聽言受事,則不欺蔽矣。"尤名法之要義也。

三、淮南王書

　　淮南王安,厲王長子。長,高帝少子。母故趙王張敖善人。高帝八年,從東垣過趙,趙王獻美人,厲王母。幸有身,及貫高等謀反事覺,并逮治王,盡捕王母兄弟美人繫之河內。厲王母亦繫,告吏曰:曰得幸,上有子,吏以聞。上方怒趙,未及理。厲王母弟趙兼,因辟陽侯言呂后,呂后妒,不肯白。辟陽侯不强爭。辟陽侯已生厲王,恚即自殺。吏奉厲王詣上,上悔,令呂后母之。十一年立爲淮南王,心怨辟陽侯,孝文三年,自袖金椎椎殺辟陽侯。文帝赦之,後以驕恣不軌,徙蜀嚴道邛郵,不食死。八年封子安爲阜陵侯,子勃爲衡山王,賜爲廬江王良前薨無後。勃景帝四年徙王濟北,徙二年薨,而安及勃武帝時皆以謀反誅。

　　淮南之謀反,史以爲武帝無太子有覬覦心,此非事實。王有女陵,慧有口辯,爲中詗長安,約結上左右。太子遷取皇太后外修成君女爲妃,王畏其知而內洩事,與太子謀,令詐不愛,三月不同席。王陽怒太子,閉使與妃同內,終不近妃。妃求去,王乃上書謝,歸之。史又言淮南、衡山初相責望,禮節間不相能,後乃除前隙,約束反具。此亦僞飾以掩人耳目者。父子兄弟一心爲反計,所與謀者,伍彼等亦非常人,且淮南反謀覺,王再欲發,太子皆止之,其爲謀亦至審慎,斷非天下無事時徼幸覬大位者也。史曰其羣臣賓客江淮間多輕薄,以厲王遷死,感激安。蓋漢時報仇之風氣甚盛,安之處心積慮,實欲爲父報仇漢朝耳。此以事跡及安爲人推較而可知者也。史稱安爲人好書鼓琴,不喜弋獵狗馬馳騁,亦欲以行陰德,拊循百姓,流名譽。又述安言,再自稱行仁義,則安實一沈静好學躬行仁義之人,謂爲處心積慮謀干大位,毋乃不類。從古真有學問,真好學問之人,無慕世俗之榮利,冒險輕躁以求之者。使淮南王而深謀深計,暗干天位,則此公例破矣,故不得不辯之也。

《漢志》雜家《淮南子·内篇》二十一篇,《外篇》三十三篇。《本傳》"招致賓客方術之士數千人,作爲《内書》二十一篇,《外書》甚衆。又有《中篇》八卷,言神僊黄白之術,亦二十餘萬言。"今所傳《淮南王書》凡二十一篇,其爲《内篇》似無疑義。然高誘《序》謂"與蘇飛李尚左吴田由雷被毛被伍被晉昌等八人,及諸儒大山小山之徒,共講論道德,總統仁義,而著此書,其旨近老子淡泊無爲,蹈虛守静,出入經道;言其大也,則燾天載地,其細也,則論於無垠,及古今治亂存亡禍福,世間詭異瑰奇之事,其義也著,其文也富,物事之類,無所不載,然其大較歸之於道,號曰鴻烈。鴻,大也;烈,明也,以爲大明道之言也。故夫學者,不論《淮南》則不知大道之深也。是以先賢、通儒、述作之士,莫不援求以驗經傳。劉向校定,撰具名之淮南。又有十九篇,謂之《外篇》。"述《外篇》篇數與《漢志》不合。《漢志》天文有《淮南雜子星》十九卷,卷數與誘所述《外篇》篇數卻符。然合《漢志》外三十三篇不言顧以其所謂《雜子星》者當外篇,於理終有可疑。案《漢志》易家有淮南王《道訓》二篇,《注》曰:"淮南王安聘明易者九人,號九師法。"今《淮南要畧》爲全書自序,其言曰:"言道而不言事,則無以與世浮沉,言事而不言道,則無以與化游息。"又曰:"今專言道則無不在焉,然而能得本知末者,其惟聖人也。今學者無聖人之才,而不爲詳説,則終身顛頓乎混溟之中,而不知覺寤乎昭明之術矣。"可見淮南此書,實以道與事對舉。今《要畧》兩稱著二十篇云云,蓋以本篇爲全書自叙,故不數之。若更去其首篇《原道訓》,則所餘者適十九篇矣。《高注》久非故物,《淮南子》、《隋書》及新、舊《唐志》皆作二十一卷,許慎、高誘兩注并列。舊《唐志》又有《淮南鴻烈音》二卷,何誘撰《新唐志》亦題高誘,《宋志》仍云二十二卷,高注則云十三卷。晁公武《讀書志》據《崇文總目》云亡三篇。李淑《邯鄲圖志》則云亡二篇,而洪邁《容齋隨筆》稱所存者二十一卷,與今本同。蓋其書自宋以後有佚脱之本,而仍有完本。高似《孫學畧》云二十篇者,以《要畧》爲淮南自序除去計之,四庫亦以爲非完本,非也。《音》二卷,實出何誘新《唐志》,并題高誘者誤。今本篇數仍完,而注則許、高二家刪合爲一矣。此序詞意錯亂,必爲後人竄改無疑。頗疑高序實以十九篇與《原道訓》分論。"言其大也,則燾天載地,說其細也,則論於無垠"等,爲論《原道訓》之語。"及古今治亂存亡禍福,世間詭異奇瑰之事,其義也著,其文也富,物事之類,無所不載"等,爲論其餘十九篇之語,本無外篇之名,後人既混其論兩者之語而一之,乃忘臆"其餘十九篇"不在本書之內,遂又加入"謂之外篇"四字也。《漢志》言安聘明易者九人,高叙所舉大山、小山,或亦如《書》之大、小夏侯,《詩》之大、小毛公。一家之學,可作一人論,則合諸蘇飛李尚等適得九人矣。得毋今書首篇之《原道訓》,即《漢志》所謂《道訓》者?《漢志》雖採此篇入易家,而於雜家仍未省。又或《漢志》本作二十篇,而爲後人所改邪?書闕有間,更無堅證,誠未敢自信,然竊有冀焉者。九流之學,同本於古代之哲學,而古代之哲學,又本於古代之宗教,故其流雖異,其原則同,前已言之。儒家哲學蓋備於《易》,《易》亦以古代哲學爲本,其雜有術數之談,固無足怪,然遂以此爲《易》義則非也。今所謂漢易者,大抵術數之談耳。西漢今文之學長於大義,東漢古文之學,則詳於訓詁名物,今施、孟、梁丘之易皆亡,今文家所傳《易》之大義已不可見,《淮南王書》引易之處最多,見繆稱、齊俗、氾論、人間、泰族諸篇。皆包舉大義,無雜術數之談者,得毋今文《易》義,轉有存於此書中者邪?《淮南》雖號雜家,然道家言實最多,其意亦主於道,故有謂此書實可稱道家言者。予則謂儒道二家,哲學之說本無大異同,自《易》之大義亡,而儒家之哲學不可得見。魏晉以後,神僊家又竊儒道二家公有之說,而自附於道,於是儒家哲學之說,與道家相類者,儒家遂不敢自有,悉舉而歸諸道家,稍一援引,即指爲援儒入道矣。其實九流之學,流異源同,凡今所指爲道家言者,十九固儒家所有之義也。魏晉間人談玄者,率以易老并稱,即其一證,其時言易者皆棄數而言理,果使漢人言易悉皆數術之談,當時之人,豈易創通其理,與老相比,其時今文《易》說未亡,施孟、梁丘之易皆亡於東西晉間。其理固與《老子》相通也。河洛圖書之存於道家，亦其一證。宋人好以圖書言《易》，清儒極攻之，然所能言者，圖書在儒家無授受之跡耳。如何與《易》說不合，不能言也。方東樹說。方氏攻漢學多過當誤會之語，然此說則平情也。西諺云：算帳只怕數目字，圖書皆言數之物，果其與《易》無涉，何以能推之而皆合，且又可以之演範乎？然則此物亦儒家所固有，而後為神僊家所竊者耳。明乎此，則知古代儒道兩家之哲學，存於神僊家即後世之所謂道家。書中者必甚多。果能就後世所謂道家之書廣為搜羅，精加別擇，或能輯出今文《易》說，使千載湮沉之學，渙然復明，而古代哲學亦因之而益彰者也。臆見所及，輒引其端，願承學之士共詳之。

此書亦如《呂覽》，合眾書之說而成。其中《天文》、《地形》兩篇，蓋與鄒衍一派之說有關。《主術》、《氾論》二篇，為法家言。《兵畧》為兵家言，餘皆儒道二家之說也。苞蘊宏富，詞繁不殺，先秦遺說，存於此書者甚多。漢代諸子中第一可寶之書也。

四、董 仲 舒

漢代發揮儒學大義者，莫如董仲舒。仲舒廣川人，少治《春秋》。孝景時為博士。武帝即位，以賢良對策為江都易王相。仲舒治國以《春秋》災異之變，推陰陽所以錯行。故求雨閉諸陽縱諸陰，其止雨反是而行之。一國未嘗不得所欲，中廢為中大夫。先是遼高廟長陵高園殿災，仲舒居家推讓其意，草藳未上，主父偃竊其書而奏焉，上召視諸儒，仲舒弟子呂步舒不知其師書，以為大愚，於是，下仲舒吏當死，詔赦之，仲舒遂不敢復言災異。相膠西病免。凡相兩國，輒事驕王，正身率下，數上疏諫爭，教令國中所居而治，及去位歸居，終不問家產業，以修學著書為事，年老以壽終於家。

《漢書》云："仲舒所著，皆明經術之意，及上疏條教，凡百二十三篇，而説春秋事得失，聞舉《蕃露》、《清明》、《竹林》之屬復數十篇，十餘萬言，皆傳於後世，掇其切當世施朝廷者著於篇。"今存本傳所載《賢良策》三篇，《對膠西王問》。《對膠西王問》，《繁露》亦載之。及《春秋繁露》一書。據顏注，《玉杯》、《繁露》、《竹林》皆其所著書名，今以《繁露》爲總名，《玉杯》、《竹林》爲篇名，未解何故。此書蓋亦攟拾從識，已非仲舒所著書之全豹，然其中暢發《春秋》之義者甚多，居今日猶可窺見《春秋》之義，以考儒家哲學之條貫者，獨賴此書之存，而何君之解詁，尚其次焉者也。

　　仲舒之學，一言蔽之曰：天人合一而已。其對策，開口即言"臣謹案春秋之中視萬世已行之事，以觀天人相與之際，甚可畏也。"然所謂天人合一，此乃《春秋》之義，非仲舒所自創也。古代哲學思想，以陰陽二力爲萬物之原，而推本陰陽所由來，則又假設一不可知之太極，前已言之。儒家之思想，則亦若是而已矣。儒家之哲學思想，言原理者，蓋在於《易》，其引而致之於人事者，則《春秋》是也。《易》之大義，今日已無具體之書可考，《春秋》之大義，則見於《繁露》者最多也。

　　構成世界之原動力，春秋命之曰元。所謂"……春秋變一詔之元。元猶原也。其義……隨天地終始。……元者……萬物之本，……在乎天地之前"也。見《重政篇》。此種動力爲宇宙之所由成，亦即萬事萬物所必循之原則，人人皆當遵守之，故曰"惟聖人能屬萬物於一而繫之元，……終不及本所從來而遂之，不能成其功"也。見《重政篇》。故曰："以元之深，正天之端，以天之端，正王之政，以王之政，正諸侯之位。"見《二端篇》。若具萬事萬物一切遵守此最初之原理而弗渝，則天下可以大治。故曰："以爲人君者，正心以正朝廷，正朝廷以正百官，正百官以正萬民，正萬民以正四方，四方正，遠近莫敢不壹於正，而亡有邪氣奸其間者，是以陰陽調而風雨時，羣生和而萬民殖，五穀熟而草木茂，天地之間被潤澤而太豐美，四海之内，聞盛德而皆徠臣，諸福之物，可致之祥，莫不畢至，而王道終矣。"見《漢書·董仲舒傳》中對策。

　　元存乎天地之前，非人所能致，人之所能知者，則天地而已。因天地之運行有常，而知其受支配於元。即假名支配天地，令不失常之力曰元。則遵循天地之道，即遵循元之道，所謂正本之義也。故曰："道之大原出於天，天不變，道亦不變。"天地受支配乎元，即天地之運行，無時不循元之原理。人而常遵守天道，亦即遵守元之原理也。元之義既隨天地終始，則遵守元之道者，固無往而不合理也。故曰："道者，萬世無弊。弊者，道之失也。"

　　元爲渾然之一境，只可從推論之餘，假立此名，固非認識之所及。認識之所及，則陰陽而已。《繁露》之論陰陽，其根據有在於天象者。《陰陽出入篇》曰："……初薄大冬，陰陽各從一方來，而移於後，陰由東方來西，陽由西方來東，至於中冬三月，相遇北方，合而爲一，謂之日至。別而相去，陰適右，陽適左。適左者，其道順，適右者，其道逆，逆氣左上，順氣右下，故下暖而上寒，以此見天之冬右陰而左陽也。……冬月盡而陰陽俱南還，陽南還出於寅，陰南還入於戌，陰陽所始出地入地之見處也。至於仲春之月，陽在正東，陰在正西，謂之春分。春分者，陰陽相半也。故晝夜均而寒暑平。陰日損而隨陽，陽日益而鴻，故爲暖熟，初得大夏之月，相遇南方，合而爲一，謂之日至。別而相去，陽適右，陰適左，適左由下，適右由上，上暑而下寒，以此見天之夏右陽而左陰也。……夏月盡而陰陽俱北還，而入於申，陰北還而入於辰，此陰陽之所出地入地之見處也。至於中秋之月，陽在正西，陰在正東，謂之秋分。秋分者，陰陽相半也，故晝夜均而寒暑平。陽日損而隨陰，陰日益而鴻，故至於季秋而始霜，至於孟冬而始寒，小雪而物咸成，大寒而物畢藏，天地之功終矣。"《陽尊陰卑篇》曰："陽行於順，陰行於逆，逆行而順，順行而逆者陰也。是故天以陰爲權，以陽爲經。陽出而南，陰出而北。經用於盛，權用於末。故陰夏入居下不得任歲

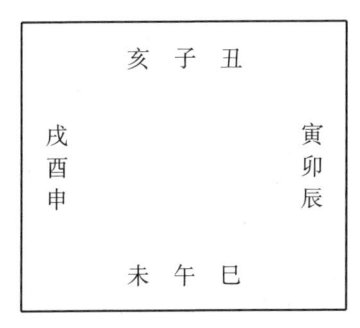

時辰圖

事,冬出居上置之空處也。養長之時伏於下,遠去之弗使得爲陽也,無事之時起之空處,使之備是故……爲政而任刑,謂之逆天。"

《循天之道》篇曰:"北方之中用合陰而物始動於下,南方之中用合陽而養始美於上。其動於下者不得東方之和不能生,中春是也;其養於上者,不得西方之和不能成,中秋是也。……中者,天下之終始也,……和者,天地之所生成也。……和者,天之正也,陰陽之平也,其氣最良。……中者,天下之太極也,日月之所至而卻也。長短之隆,不得過中,天地之制也。"此言大可爲《中庸》"致中和,天地位焉,萬物育焉"注脚。

《基義篇》曰:"凡物必有合,合必有上,必有下,必有左,必有右,必有前,必有後,必有表,必有里,有美必有惡,有順必有逆,有喜必有怒,有寒必有暑,有晝必有夜,此皆其合也。陰者陽之合,妻者夫之合,子者父之合,臣者君之合。……陰道無所獨行,其始也,不得專起,其終也,不得分功。……"陰陽之説,非儒家所創,乃古代哲學上固有之説也。其最初之思想,蓋以男爲陽,女爲陰,因而推之,則天爲陽,地爲陰,日爲陽,月爲陰。……馴致一切反對之現象,爲人所認識者,皆以陰陽分之,如《基義篇》所述。此時陰陽之思想,其基本蓋在生物之男女性。男女構精,萬物化生,然生育之責,則由女子獨任之,因此推想,則以爲天地之生萬物亦如此。於是有陰道無所獨行,其始也不得專起,其終也不得分功之説。野蠻時代男權獨張,而天上地下又若天尊而地卑也,於是有陽尊陰卑之義。始本因男權之盛,而推想天尊地卑,繼乃即本天尊地卑之義,而推之於人事,《順命篇》云:"天子受命於天,諸所受命者,其尊皆天也,雖謂受命於天亦可"是也。智識漸進,乃本曆象以言陰陽,則有如《陰陽出入》、《循天之道》二篇所説,陽煖而陰寒,人莫不好煖而惡寒,遂有陽爲德,陰爲刑之説。馴致以"善之屬盡爲陽,惡之屬盡爲陰矣。亦見《陽尊陰卑篇》。重男輕女,尊君抑臣,不徒非今日社會所宜,亦本非究極之理。儒家之説,亦隨順當時之社會而已,至於任德不任刑,及尚中和二説,則仍爲哲學上卓絕之誼。

《繁露》之說陰陽如此，其說五行，見《五行對》。五行之義，五行相生治水，五行求雨止雨諸篇，乃漢儒通常之論，不再贅述。春秋之以元統天，及其陰陽五行之義，亦當時哲學上普通之說，其所難者，則在將一切人事，根據於一種最高之原理，一一判明其當如何措置，且明示據亂爲治，逐漸進步，以至於太平世之理。其中條理完密，包括宏富，所謂萬物之聚散皆在春秋。而儒家所以尊爲治亂世之法程也。《精華篇》曰："《春秋》之爲學也，道往而明來者也。……弗能察寂若無能，察之無物不在，是故爲春秋者，得一端而多連之，見一空而博貫之，則天下盡矣。"此之謂也。

《春秋》之論事，徹始徹終，故重正本而貴謹小。以重正本之義也，故凡事皆重意志而輕行爲。《玉杯篇》曰："《春秋》之論事，莫重乎志。……禮之所重者在其志，志敬而節具，則君子予之知禮，志和而音雅，則君子予之知樂，志哀而居約，則君子予之知喪。……志爲質，物爲文，……質文兩備，然後其禮成。……不能備而偏行之，寧有質而不文。"可知正本、重志、尚質三義，實相聯貫也。《精華篇》曰："《春秋》之聽獄也，必正其事而原其志。"仲舒之《對策》曰："秦師申商之法，行韓非之說，誅名而不察實，爲善者不必免，而犯惡者未必刑也。是以百官皆飾空言虛辭，而不顧實。外有事君之禮，內有背上之心。"於此可見儒法之異點。蓋儒法同重正名，然儒之正名，欲以察其實，法家遇名實不能合符處，不免棄實而徇名。司馬談所以譏其專決其名，而失人情也。我國風俗，論事則重"誅心"，斷獄則貴"晷跡原心"，皆受儒家之學之影響也。董子正名之論，見《深察名號篇》。

謹小之義，亦與正本相通。《王道篇》曰："制惡譏微，不遺大小。善無細而不舉，惡無細而不去，進善誅惡，絕諸本而已矣"是也。蓋亂之所由生，恒在細微之處，特常人不及察耳。然精密論之，非絕細微之惡，禍根固終不能絕。禍根不絕，終不免潛滋暗長，至於將尋斧柯也。故《二端篇》曰："覽求微細於無端之處。"《仁義篇》曰："觀物之動而先覺其萌，絕亂塞害於將然而未行之時，《春秋》之志也。"《對策》

曰："……聖人莫不以晦致明，以微致顯，是以堯發於諸侯，舜興乎深山，非一日而顯也，蓋有漸以致之矣。……積善在身，猶長日加益而人不知也；積惡在身，猶火之銷膏而人不見也"，亦此義。

"《春秋》紀纖芥之失，反之王道"。《王道篇》。夫王道者，天道也，故曰："事各順於名，名各順於天，天人之際，合而爲一。"《深察名號篇》。質而言之，則幾微之事，皆當求合乎自然而已。人之行爲，求合於自然有兩難題，一感情問題，一智識問題也。自智識問題言之，則本欲求乎自然，但不知如何爲合於自然之問題也。此問題也，大而顯著之處，固夫人而不慮其淆惑，所難者，近似之際，細微之處耳。故《春秋》貴別嫌明微。《玉英篇》曰："《春秋》有經禮，有變禮爲如。同而。安性平心者經禮也，至有於性雖不安，心雖不平，於道無以易之，此變禮也。……明乎經變之事，然後知輕重之分，可與適權矣。"此即所謂"義"也。故曰："脅嚴社而不爲不敬靈，出天王而不爲不尊上，辭父之命而不爲不承親，絕母之屬而不爲不孝慈，義矣夫。"《精華篇》。

感情問題所難者，即明明合於自然，即順於理性之事，而爲感情所不安，明明不合乎自然，即反乎理性之事，而爲感情所甚欲是也。此雖可以義斷之，然感情之爲物，不可久抑，強制感情而從事焉，終非可長久之道也。儒家於此，乃提出義亦人之所欲。即合理之事，本亦順於感情，理性與感情相一致。之説，以提撕而警覺之。《身之養重於義篇》曰："天之生人也，使之生義與利。利以養其體，義以養其心，心不得義不能樂，體不得利不能養。體莫貴於心，故養莫重於義。"此之謂也。故逢丑父殺其身以免其君，事至難而《春秋》非之也。

事之是非然否，以感情爲最初之標準，即合乎人之感情者，謂之善，反乎人之感情者，謂之惡。然有時順乎一時之感情，其所得之結果，將大與所欲者相背，順乎一人之感情，其所得之結果，將貽衆人以所大不欲，則不得不以理性抑感情，順乎人人之所欲，則"仁"之謂，以理性抑一人一時之感情，則義之謂也。故仁者目的，義者乎段也。目的無時離手段而可達，故仁與義，亦終不相離焉。夫順自己之感情，順一時之感情，此人人所能，所難者，以理性抑感情，以保全遠大之利耳。故"《春秋》以仁安人，以義正我。"《仁義篇》。行背乎義，而終致有害於仁者，則順一時之感情爲之也。此則利之謂也。故曰："凡人之性，莫不善義，然而不能義者，利敗之也。"《玉英》。故曰："仁人者，正其道，不謀其利，修其理，不計其功。"對膠西王。此據《繁露》。《漢書》作"正其誼，不謀其利，明其道，不計其功。"又曰："萬民之從利也，如水之走下，以教化提防之，不能止也。"《對策》。

《爲人者天》及《人副天數》二篇，以人情性、形體皆出於天。《王道通》三篇曰："喜氣爲暖而當春，怒氣爲清而當秋，樂氣爲太陽而當夏，哀氣爲太陰而當冬。四氣者，天與人所共有也，非人所能畜也，故可節而不可止也。節之而順，止之而亂"，所謂節之者，則《陰陽義篇》所謂"使喜怒必當義乃出"也。所謂止之而亂者，則《天道施篇》所云："民之情不能制，其欲使之度禮，目視正色，耳聽正聲，口食正味，身行正道，非奪之情也，所以安其性也"是也。漢武之策仲舒曰："性命之情，或夭或壽，或仁或鄙，習聞其道，未燭厥理。"仲舒對曰："命者，天之令也，性者，生之質也，情者，人之欲也。或夭或壽，或仁或鄙，陶冶而成之不能粹美，有治亂之所生，故不齊也。……堯舜行德，則民仁壽，桀紂行暴，則民鄙夭。夫上之化下，下之從上，猶泥之在鈞，惟陶者之所爲，猶金之在鎔，惟冶者之所鑄。"又其對策謂："彊勉學問，則聞見博而知益明，彊勉行道，則德日進而大有功。"此仲舒對修爲之宗旨也。仲舒論性之說於後，與漢儒論性之說并述之，可參看。

仲舒推陰陽五行，其說頗有類乎迷信者，然《暖燠孰多篇》謂禹湯水旱"皆適遭之變，非禹湯之過，毋以適遭之變，疑平生之常，則所守不失，則正道益明。"則亦未嘗廢人事而任機祥也。以天爲有人格，有喜怒欲惡如人，視人所爲之善惡而賞罰之，此自幼稚時代之思想。墨家之說如此，見前。哲學進步之後，已棄此等說勿用，而治亂足以召災祥之見，猶未盡蠲，則以氣之感應說之。《同類相動篇》曰："平地注水，去燥就濕，均薪施火，去濕就燥。百物去其所與異，而從其所與同,故氣同則會,聲比則應。案"水流濕,火就燥","同聲相應,同氣相求"皆見《易》文言。又董子謂:"春秋之道,奉天而法古。""王者有改制之名,無改道之實。"見《楚莊王篇》。《白虎通》謂"王者有改道之文,無改道之實。如君南面,臣北面",文與實不與,亦《春秋》義,而"君南面,臣北面",《易》、《緯》、《乾鑿度》論ības不易之義,亦以爲譬。見《周易正義》八篇之一。此可見《易》、《春秋》之說相表裏也。天地之陰氣起,而人之陰氣應之而起,人之陰氣起,天地之陰氣亦宜應之而起,明於此,欲致雨則動陰以起陰,欲止雨則動陽以起陽,故致雨非神也,而精其神者,其理微妙也。非獨陰陽之氣可以類進退也,雖不祥禍福所從生,亦由是也,無非已先起之,而物以類應之而動者也。"即此說也。《天地陰陽篇》曰:"天地之間,有陰陽之氣常漸人者,若水若常漸魚也。"此爲漢代變復家之通說。王充嘗駁之,見《論衡·變動篇》。以爲人主一人之氣甚微,何能動天地而致災變? 然此篇又謂"今氣化之淖非直木也,而人主以象動之無已時。……世治而民和志平而氣正,則天地之化精,而萬物之類起,世亂而民乖,志僻而氣逆,則天地之化傷災害起"。則本不謂君主一人所爲,仲壬之諍,未爲得也。

儒道二家之說,小異大同。今世所認爲道家言者,實多儒道二家之公言,前章已言之,證以董生之書而益信也。《正貫篇》曰:"明於情性,乃可與論爲政。"《離合根》、《天地之行》兩篇,皆言君法天,臣法地,而曰:"天高其位而下其施,藏其形而見其光,高其位,所以爲尊也,下其施,所以爲仁也,藏其形,所以爲神,見其光,所以爲明。……爲人主者,內深藏所以爲神,外博觀所以爲明也,任羣賢,……受成不自勞於事,所以爲尊也,泛愛羣生,不以喜怒賞罰,所以爲仁也。故爲人主者,以無爲道,不私爲寶。"皆儒道二家相通之處。《深察名號篇》曰:"欲審曲直莫如引繩,欲審是非莫如引名。事各順於名,名各順於天,天人之際,合而爲一。"《考功名篇》曰:"不能致功,雖有賢名不予之賞,官職不廢,雖有愚名不予之罰。賞罰用於實,不用於名;賢愚在於質,不在於文。"《度制篇》曰:"孔子曰:不患寡而患不均。故有所積重,則有所空虛矣。大富則驕,大貧則憂,憂則爲盜,驕則爲暴,此衆人之情也。聖者則於衆人之情,見亂之所從生,故其制人道而差上下也。使富者足於示貴而不至於驕,使貧者足以養生而不至於憂。……凡百亂之源,皆出嫌疑纖微以漸寖稍長至於大。聖人章其疑者,別其微者,絕其纖者",皆足通儒與名法之郵。《王道篇》曰:"故明王視於冥冥,聽於無聲,天覆地載,天下萬國,莫敢不悉靖,共職受命者,不示臣下以知之至也。故道同則不能相先,情同則不能相使。……由此觀之,未有去人君之權,能制其勢者也。未有貴賤無差,能全其位者也。"此則儼然道法家言矣。此外立元神,保位權,通國身諸篇,亦皆類道法家言,《循天之道》篇,暢論養生之理,則并與世所指爲神僊家言者近矣。九流之學,流異源同如此。《漢書》本傳曰:"自武帝初立,魏其武安侯爲相,而隆儒矣。及仲舒對册,推明孔氏,抑黜百家,立學校之官,州郡舉茂才孝廉,皆自仲舒發之。"案謂漢代儒術之獨盛,全由漢武一人之力,其誤前已辨之。然謂漢武之獨崇儒術,與仲舒極有關係,亦確係事實。仲舒之言曰:"春秋大一統者,天地之常經,古今之通誼也。今師異道,人異論,百家殊方,指意不同,是以上亡以持一統,法制數變,下不知所守,臣愚以爲諸不在六藝之科,孔子之術者,皆絕其道,勿使并進,邪辟之說滅息,然後統紀可一,而法度可明,民知所從矣。"此漢代學校選舉,偏主儒術之所由來也。夫衆論當折衷於一是,此本無可非議,特人之知識,大概相同,未有衆人皆謬,而一家獨能見其至是者。不知聽衆說并行,互相辯論,分途研究,以求至是,而欲宗一家而黜其餘,此則舊時學者之蔽也。然思想恒緣環境而生,後世言論,失之統一,故人思異論之美,古代議論,失之複雜,使人無所適從,故學者多欲立一標準以免逢午耳。前說墨子尚同之義,已論之,兹不贅。

五、桑 弘 羊

漢至武帝始"罷黜百家,表章六經",自此以後,儒家之學遂獨盛,前此則九流之學，仍并行，故宣帝詔："漢家自有制度，本以霸王道雜之"也。惜當時通諸家之學者，其説多不傳於後，幸有《鹽鐵論》一書，頗有考見漢代治法家之學者之緒論焉。此書爲汝南桓寬所記。昭帝時車千秋爲丞相，桑弘羊爲御史大夫。始元五年，令三輔太常舉賢良各二人，郡國文學高第各一人。六年二月，詔有司問郡國所舉賢良文學，民所疾苦。罷鹽鐵、榷酤，秋七月，罷榷酤官。此書所記即當時賢良文學與有司辯論之語也。書凡六十篇，末篇爲寬自述意見之語，其餘五十九篇，皆兩方面辯論之詞也。一方爲賢良文學凡六十餘人，其名見於末篇者，爲賢良茂陵唐生、文學魯萬生、中山劉子雍、九江祝生。一方面爲御史大夫丞相吏御史，而車丞相括囊不言，亦見於末篇。賢良文學所陳皆儒家之義，有司一方面，御史大夫發言最多，多法家之義。桓寬譏輂丞相御史阿意道諛，則有司一方面爲辯論之主者，實桑弘羊也。兩方之論，桓寬是賢良文學，而非有司，蓋寬亦儒家者流也。予以兩方之言各有其理，若就純理立論，則予謂御史大夫之言，理由實較强。蓋吾國當部落時代，本爲若干自給自足之小共產社會，其後競爭日烈，互相吞并之事日多，又生計進步，商業日漸盛大，而共產制度遂漸破壞，此時發生兩問題：（一）狹義農業用之土地當如何分配，此爲井田問題。（二）（a）供廣義農業用之土地古代本作爲公有，人民但依一定之規則，即可使用，如斧斤以時入山林，數罟不入汙池，……是也。（b）工業之大者，古由國家設官經營，（c）商業之大者，皆行於國外，行於國內者，國家管理之甚嚴，故無以工商之業兼併平民者。共產制度既壞，供廣義農業用之土地漸次爲私人所佔，工業之大者，漸次由私人經營，商業與政府及人民之關係亦日密切。此等人遂皆成爲兼併之徒。於斯時也，將（1）恢復古者共產社會之制度乎？（2）抑將各種大事業收歸國有，既可增加國家之收入，又可抑制豪强之兼併乎？儒家則主前者，法家則主後者。商業之必要，儒家並非不知。觀孟子與陳相之辯論可知。然生計既經進步之後，當合全國而成一大分工合力之規模，不容再域於一地方而謀自給自足，則似見之未瑩。《鹽鐵論‧水旱篇》賢良謂："古者千家之邑，百乘不離畦畝而足乎田器，工人不斲伐而足乎陶冶，不耕田而足乎粟米。"故從儒者之論，非將社會生計退化數百年，則其想象之社會無從維持，此於事爲不可行，從法家之論，則國計民生兼有裨益，頗得近代社會政策之意，故曰：二家之理論，實以法家爲長也。惟此係就理論言，若論事實，則桑弘羊之所爲確不免藉平準之名以行聚斂之實。又官制之器，多不便用，見《鹽鐵論‧水旱篇》。實係剝削平民，其政治上之罪惡，亦不容爲之諱也。

此書兩方面互相譏刺之言，皆無足取，人身攻擊之辭甚多，甚至有司詆孔子，賢良文學罵商鞅，則更無謂矣。其餘則各有理由。但儒家之學，後世盛行，故賢良之學之言，自今觀之，多係通常之論，法家之學，則其後終絕，保存於此書中者，實爲吉光片羽。漢代法家學說之可考者，幾乎獨賴此書焉。今故摘其尤要者於左，所謂物稀爲貴，非於當時兩方辯論有所左右袒也。

大夫曰：管子云，國有沃野之饒，而民不足於食者，器械不備也。《本議》第一。

大夫曰：王者塞天財，禁關市，執準守時，以輕重御民，豐年歲登，則儲積以備乏絕，凶年惡歲，則行幣物流有餘而調不足也。《力耕》第二。

大夫曰：賢聖治家非一室，富國非一道。昔管仲以權譎伯而范氏以強大亡，使治家養生必於農，則舜不甄陶而伊尹不爲庖。故善爲國者，天下之下我高，天下之輕我重，以末易其本，以虛蕩其實，……中國一端之縵，得匈奴累金之物，而損敵國之用。《力耕》第二。

大夫曰：燕之涿薊，……富冠海內，皆爲天下名都，非有助之耕其野而田其地者也。居五諸侯之衢，跨街衝之路也。故物豐者民衍，宅近市者家富。富在術數，不在勞身，利在勢居，不在力耕也。《通有》第三。

大夫曰：今吳、越之竹、隋、唐之材，不可勝用，而曹、衛、梁、宋，採棺轉屍。江湖之魚，萊黃之鮐，不可勝食，而鄒、魯、周、韓藜霍蔬食。天下之利無不澹，而山海之貨無不富也。然百姓匱乏，財用不足,多寡不調,而天下財不散也。《通用第三》。

大夫曰:民大富則不可以祿使也。大強則不可以威罰也。《錯幣第四》。

大夫曰:夫權利之處,必在深山窮澤之中,非豪民不能通其利。……太公曰:一家害百家,百家害諸侯,諸侯害天下。……今放民於權利,罷鹽鐵以資暴強,……則強禦日以不制,而并兼之徒奸形成也。《禁耕第五》。

大夫曰:鐵器兵刃,天下之大用也,非眾庶所宜事也。《復古第六》。

大夫曰:共其地居是世也,非有災害疾疫,獨以貧窮,非惰則奢也。無奇業旁入而猶以富給,非儉則力也。今日施惠說爾行刑不樂,則是開無行之人,而養惰奢之民也。《授時第三十五》。

大夫曰:文學言王者立法,曠若大路,今馳道不小也,而民公犯之,以其罰罪之輕也。千仞之高,人不輕淩,千鈞之重,人不輕舉,商君刑棄灰於道而秦民治。《刑德第五十五》。

御史曰:明理正法,奸邪之所惡,而良民之福也。……無法勢雖賢人不能以為治。《申韓》第五十六。

大夫曰:射者因勢,治者因法。……今欲以敦樸之時,治抏弊之民,是猶遷延而拯溺,揖讓而救火也。《大論》第五十九。

以上僅舉其最要者,賢良文學主儒,有司主法,亦僅以宗旨言之,其中徵引各家學說者,兩方面皆頗多。九流遺說多藉是而可考見。如《論鄒篇》論鄒子鹽鐵,《針石篇》引公孫龍其一例也。實古書中之瑰寶也。

六、漢儒言災異者

《漢書》曰:"漢興,推陰陽言災異者,孝武時有董仲舒、夏侯始昌;昭、宣則眭孟、夏侯勝;元、成則京房、翼奉、劉向、谷永;哀、平則李尋、田終術。"仲舒說,已見前。

眭弘字孟，魯國蕃人也。……從嬴公受《春秋》，以明經爲議郎，至符節令。孝昭元鳳三年正月，泰山萊蕪山南……有大石自立……是時昌邑有枯社木卧後生；又上林苑院中大柳樹斷枯卧地，亦自立生，有蟲食樹葉成文字曰：公孫病已立。孟推《春秋》之意，以爲石柳皆陰類，下民之象，泰山者岱宗之岳，王者易姓告代之處，……此當有從匹夫爲天子者。枯社木復生，故廢之家公孫氏當復興者也。孟意亦不知其所在，即說曰先師董仲舒有言，雖有繼體守文之君，不害聖人之受命……漢帝宜誰差天下，求索賢人，嬗以帝位，而退自封百里，如殷周二王后，以承順天命，孟使友人内官長賜上此書，……皆伏誅。

夏侯始昌魯人也，通五經；以齊《詩》、《尚書》教授，……明於陰陽，先言柏梁臺災日至期日，果災。

族子勝……字長公。初魯共王分魯西寧鄉，以封子節侯別屬大河，大河後更名東平，故勝爲東平人，從始昌受《尚書》及洪範五行，傳，說災異，後事蘭卿，又從歐陽氏問，爲學精熟，所問非一師也……徵爲博士光祿大夫……昌邑王……數出，勝當乘輿前，諫曰：天久陰而不雨，臣下有謀上者，陛下出，欲何之。王怒，謂勝爲妖言，縛以屬吏，吏白大將軍霍光……是時光與車騎將軍張安世謀，欲廢昌邑王，光讓安世以爲洩語，安世實不言，乃詔問勝，勝對言，在《洪範傳》曰：皇之不極厥罰，常陰時，則下人有伐上者，惡察察言，故云臣下有謀，光、安世大驚，以此益重經術士，後十餘日，光卒與安世白太后，廢昌邑王，尊立宣帝，光以爲羣臣奏事東宮，太后省政，宜知經術，白令勝用《尚書》授太后，遷長信少府……宣帝初即位，欲褒先帝，詔丞相御史曰……孝武皇帝……廟樂未稱……其與列侯二千石博士議。於是羣臣大議廷中，皆曰，宜如詔書。……勝獨曰：武帝……亡德澤於民，不宜爲立廟樂。公卿共難勝曰：此詔書也。勝曰：詔書不可用也。人臣之誼，宜直言正論，非苟阿意順，指議已出口，雖死不悔。……下獄。……四年夏，關東四十九郡同日地動。……大赦，勝出，爲諫大夫。……後爲長信少府，遷太子太傅。……年九十卒。

京房字君明，東郡頓丘人也。治《易》，事梁人焦延壽。延壽字贛，贛貧賤以好學得幸梁王，王共其資用，令極意學成，爲郡史察舉，補小黄令。以候司先知，奸邪盜賊不得發。……贛常曰：得我道以亡身者，京生也。其説長於災變，分六十卦，更直日用事，以風雨寒温爲候，各有占驗。房用之尤精。好鐘律，知音聲。初元四年以孝廉爲郎。永光建昭間，西羌反，日蝕，又久青無光，陰霧不精。房數上疏，先言其將然，近數月，遠一歲，所言屢中。天子説之。數召見，問房。對曰：古帝王以功舉賢，則萬化成，瑞應著，末世以毁譽取人，故功業廢而致災異。宜令百官各試其功，災異可息。詔使房作其事。房奏考功課吏法。上令公卿朝臣與房會議温室，皆以房言煩碎，令上下相司，不可許。上意鄉之。時部刺史奏事京師，上召見，諸刺史令房曉以課事，刺史復以爲不可行。唯御史大夫鄭弘光禄大夫周堪初言不可，後善之。是時中書令石顯顓權，顯友人五鹿充宗爲尚書令，與房同經議論相非。……上令房上弟子曉知考功課吏事者，欲試用之。房上中郎任良姚平，願以爲刺史，試考功法，臣得通籍殿中，爲奏事，以防雍塞。石顯五鹿充宗皆疾房，欲遠之建言宜試房爲郡守。元帝於是以房爲魏郡太守。……得以考功法治郡。房自請願無屬刺史，得除用他郡人，自第吏千石以下，歲竟乘傳奏事。天子許焉。……房去月餘，竟徵下獄……棄市……房本姓李，推律自定爲京氏。……

翼奉字少君，東海下邳人也。治齊詩，與蕭望之匡衡同師。……好律曆陰陽之占。元帝初即位，諸儒薦之，徵待詔宦者署，數言事宴見，天子敬焉。時平昌侯王臨以宣帝外屬侍中稱詔，欲從奉學其術，奉不肯與言，而上封書曰：臣聞之於師，治道要務，在知下之邪正。……知下之術，在於六情，十二律而已。北方之情好也，好行貪狼，甲子主之。東方之情怒也，怒行陰賊，辛卯主之。貪狼必待陰賊而後動，陰賊必待貪狼而後用，二陰并行，是以王者忌子卯也，《禮經》避之，《春秋》諱焉。南方之情惡也，惡也廉貞，寅午主之，西方之情喜也，喜行寬大，己酉主之。二陽并行，是以王者吉午酉也。詩曰：吉日庚午。上方之情樂也，樂行奸邪，辰未主之，下方之情哀也，哀行公正，戌丑主之。辰未屬陰，戌丑屬陽，萬物各以其類應，今陛下明聖，虛靜以待物至，萬事雖衆，何聞而不諭，豈況乎執十二律而禦六情，於以知下參實，亦甚優矣，萬不失一，自然之道也。乃正月癸未日加申，有暴風從西南來。未主奸邪，申主貪狼，風以大陰，下抵建前，是人主左右邪臣之氣也。平昌侯比三來見臣，皆以正辰加邪時，辰爲客，時爲主人。以律知人情，王者之秘道也，愚臣誠不敢以語邪人。上以奉爲中郎，召問奉來者以善日邪時，孰與邪日善時？奉對曰：師法用辰不用日。辰爲客，時爲主人。見於明主侍者爲主人。辰正時邪，見者正，侍者邪。辰邪時正，見者邪，侍者正。忠正之見，侍者雖邪，辰時俱正。大邪之見，侍者雖正，辰時俱邪。即以自知侍者之邪，而時邪辰正，見者反邪，即以自知侍者之正。而時正辰邪，見者反正，辰爲常時，時爲一行，辰疏而時精，其效同功，必參五觀之，然後可知，故曰察其所繇，省其進退，參之六合五行，則可以見人性，知人情難用，外察從中甚明。故詩之爲學，情性而已。五性不相害，六情更興廢。觀性以歷，觀情以律，明主所宜獨用，難以二人共也。……惟奉能用之，學者莫能行。是歲關東大水，郡國十一饑疫又甚。……明年二月戊午，地震。其夏齊地人相食，七月己酉，地復震。……奉奏封事曰：臣聞之於師曰：天地設位，懸日月，布星辰，分陰陽，定四時，列五行，以視聖人，名之曰道。聖人見道，然後知王治之象。故畫州土，建君臣，立律曆，陳成敗，以視賢者，名之曰經。賢者見經，然後知人道之務，則《詩》、《書》、《易》、《春秋》、《禮》、《樂》是也。《易》有陰陽，《詩》有五際，《春秋》有災異，皆列終始，推得失，考天心，以言王道之安危，至秦乃不說，傷之以法，是以大道不通，至於滅亡。……臣奉竊學齊《詩》，聞五際之要，十月之交篇知日蝕地震之效，昭然可明，猶巢居知風，穴處知雨。……臣聞人氣內逆，則感動天地，天氣見於星氣日蝕，地變見於奇物震動。所以然者，陽用其精，陰用其形，猶人之有五臟六體，五藏象天，六體象地，故藏病則氣色發於面，體病則欠申動於貌。今年太陰建於甲戌,律以庚寅初用事,曆以甲午從春,曆中甲庚,律得參陽,性中仁義,情得公正貞廉,百年之精歲也。正以精歲本首王位,日臨中時接律,而地大震,其後連月久陰,雖有大令,猶不能復,陰氣盛矣。古者朝廷必有同姓,以明親親,必有異姓,以明賢賢。……今左右亡同姓,獨以舅后之家爲親,異姓之臣又疏,……陰氣之盛,不亦宜乎!臣又聞未央、建章、甘泉宮才人各有百數,皆不得天性,若杜陵園,其已御見者,臣子不敢有言。雖然,太皇太后之事也,及諸侯王園與其後宮,宜爲設員,出其過制者,此損陰氣,應天救邪之道也。今異至不應,災將隨之。其法大水,極陰生陽,反而大旱,甚則爲火災,春秋宋伯姬是矣。……明年夏四月,乙未,孝武園白鶴館災。奉以爲祭天地於雲陽汾陰,及諸寢廟,不以親疏迭毀,皆煩費違古制。又宮室苑囿,奢泰難供,以故民困國虛,亡累年之畜,所繇來久,不改其本,難以末正。乃上疏曰:……漢德隆盛,在於孝文……如令處於當今,因此制度,必不能成功名。……臣願陛下徙都於成周……遷都正本,衆制皆定。……歲可餘一年之畜。……如因丙子之孟夏,順太陰以東行,到後七年之明歲,必有五年之餘畜。然後大行考室之禮,雖周之隆盛,亡以加此。……奉以中郎爲博士諫大夫,年老以壽終。……

　　李尋字子長,平陵人也。治《尚書》與張儒鄭寬中同師。寬中等守師法教授,尋獨好洪範災異。又學天文月令陰陽,事丞相翟方進。方進亦善爲星曆,除尋爲吏,數爲翟侯言事。帝舅曲陽侯王根爲大司馬票騎將軍,遇厚尋。是時多災異,根輔政,數虛已問尋。尋見漢家有中衰厄會之象,其意以爲且有洪水爲災,乃説根曰:《書》云:天聰明,蓋言紫宮極樞通位帝紀,太微四門,廣開大道,五經六緯,尊術顯士,翼張舒布,燭臨四海,少徵處士,爲比爲輔,故次帝廷女宮在後,聖人順天,賢賢易色,取法於此,天官上相上將皆顓而正朝,憂責甚重,要在得人。……根於是薦尋。哀帝即位,召尋待詔黃門,使侍中衛尉傅喜問尋災異。……尋對曰;……日者衆陽之長……人君之表也。……君不修道,則日失其度,晻昧亡光,各有云爲……月者衆陰之長……妃后大臣諸侯之象也。……五星者，五行之精，五帝司命，應王者號令，爲之節度。……夫以喜怒賞罰，而不顧時禁，雖有堯舜之心，猶不能致和。……故古之王者，尊天地，重陰陽，敬四時，嚴月令，順之以善政，則和氣可立致。……今朝廷忽於時月之令。諸侍中尚書近臣，宜皆令通知月令之意。……上雖不從尋言，然採其語，每有非常，輒問尋，尋對屢中，遷黃門侍郎。以尋言且有水災，故拜尋爲騎都尉使護河堤。初，成帝時，齊人甘忠可詐造天官曆《包元太平經》十一卷，以言漢家逢天地之大終，當更受命於天，天帝使真人赤精子下教我此道。忠可以教重平夏賀良容丘丁廣世東郡郭昌等，中壘校尉劉向奏忠可假鬼神罔上惑衆，下獄治服，未斷病死。賀良等生挾忠可書，以不敬論。後賀良等復私以相教。哀帝初立，司隸校尉解光亦以明經通災異，得幸，白賀良等所挾忠可書。事下奉車都尉劉歆，歆以爲不合五經，不可施行。而李尋亦好之。……時郭昌爲長安令，勸尋宜助賀良等。尋遂白賀良等，皆待詔黃門，數召見，陳說漢曆中衰，當更受命。成帝不應天命，故絕嗣。今陛下久疾，變異屢數，天所以譴告人也。宜急改之易號，乃得延年益壽，皇子生，災異息矣。得道不得行，咎殃且亡，不有洪水將生，災火且起，滌蕩民人。哀帝久寢疾，幾其有益，遂從賀良等議。……大赦天下，以建平二年爲太初元年，號曰陳聖劉太平皇帝。漏刻以百二十爲度。……後月餘，上疾自若，賀良等復欲妄變政事，大臣爭以爲不可許。賀良等奏，言大臣皆不知命，且退丞相御史，以解光李尋輔政。上以其言亡驗，遂下賀良等吏……皆伏誅。尋及解光減死一等，徙敦煌郡。

　　向字子政，本名更生。年十二，以父德任爲輦郎，既冠以行修飭擢爲諫大夫。是時宣帝循武帝故事，招選名士俊材，置左右，更生以通達能屬文辭，與王褒張子僑等並進對，獻賦頌凡五十篇。上後興神僊方術之事，而淮南有枕中鴻寶苑秘書，書言神僊使鬼物爲金之術，及鄒衍重道延命方，世人莫見。而更生父德，武帝時治淮南獄，得其書，更生幼而讀誦，以爲奇，獻之。言黃金可成。上令典尚方鑄作事，費甚多,方不驗,上乃下更生吏。吏劾更生鑄偽黄金當死。更生兄陽城侯安民上書入國户半,贖更生罪。上亦奇其材,得踰冬減死論。會初立《穀梁》、《春秋》,徵更生受穀梁講五經於石渠。後拜爲郎中給事黄門,遷散騎諫大夫給事中元帝初即位,太傅蕭望之爲前將軍少傅,周堪爲諸吏光禄大夫,皆領尚書事。……薦更生宗室忠直明經有行,擢爲散騎宗正給事中,與侍中金敞拾遺於左右……爲許史及恭顯所譖訴,堪更生下獄及望之皆免官。……其春地震,夏客星見昴卷舌間。上感悟,下詔賜望之爵關内侯奉朝,請。秋徵堪。向欲以爲諫大夫,恭顯白皆爲中郎。冬,地復震。時恭顯許史子弟侍中諸曹皆,側目於望之等,更生懼焉。乃使其外親上變事……宜退恭顯……進望之等……書奉,恭顯疑其更生所爲,白請考奸詐,辭果服,遂逮更生繫獄,……坐免爲庶人,而望之亦坐使子上書自冤前事。恭顯白令詣獄置對,望之自殺。天子甚悼恨之,乃擢周堪爲光禄勛。堪弟子張猛光禄大夫給事中,大見信任。恭顯憚之,數譖毁焉。更生見堪猛在位,幾已得復進,懼其傾危,乃上封事。……推春秋災異以救今事……恭顯見其書,愈與許史比而怨更生等。……左遷堪爲河東太守,猛槐里令。後三歲……徵堪……拜爲光禄大夫,秩中二千石,領尚書事。猛後爲太中大夫給事中。……會堪疾,喑不能言而卒。顯誣譖猛,令自殺於公車。更生傷之,乃著疾讒、擿要、救危及世頌凡八篇。依興古事,悼已及同類也。遂廢十餘年。成帝即位,顯等伏辜,更生乃復進用,更名向。向以故九卿召拜爲中郎使領護三輔都水。數奏封事,遷光禄大夫。是時,帝元舅陽平侯王鳳爲大將軍,秉政,依太后專國權,兄弟七人,皆封爲列侯。時數有大異,向以爲外戚貴盛,鳳兄弟用事之咎。而上方精於詩書,觀古文。詔向領校中五經秘書。向見《尚書·洪範》箕子爲武王陳五行陰陽休咎之應,向乃集合上古以來歷春秋六國至秦漢符瑞災異之記,推跡行事,連傳禍福,著其占驗,比類相從,各有條目,凡十一篇,號曰洪範五行傳論奏之。……久之,營起昌陵,數年不成,復還歸延陵,制度泰奢,向上疏諫。……向睹俗彌奢淫,而趙衛之屬,起微賤,踰禮制,向以爲王教,由內及外,自近者始,故採取詩書所載賢妃貞婦,興國顯家可法則,及孽嬖亂亡者,序次爲《列女傳》凡八篇,以戒天子,及採傳記行事,著《新序》、《說苑》凡五十篇,奏之。數上疏言得失,陳法戒,書數十上,以助觀覽,補遺闕。……時上無繼嗣,政由王氏出,災異寖甚。……向……上封事極諫,……以向爲中壘校尉。……元延中,星孛東井,蜀郡岷山崩雍江。向……復上奏。……向自見得信於上,故常顯訟宗室,譏刺王氏及在位大臣,……上數欲用向爲九卿,輒不爲王氏居位者及丞相御史所持,故終不遷,居列大夫官前後三十餘年。年七十二卒。……案《漢書·劉向傳》詞多不實,淮南獄起,劉德甫數歲,安得治之。劉奉世說。向受《穀梁》,說亦誣妄,見近人崔氏適《春秋復始》。向免爲庶人後,猶自上封事,其初何以必使外親邪?

谷永字子雲,長安人也。……少爲長安小史,後博學經書。建詔中,御史大夫繁延壽聞其有茂材,除補屬舉爲太常丞,數上疏言得失。建始三年冬,日食地震,同日俱發,詔舉方正直言極諫之士,太常陽城侯劉慶忌舉永,……對奏,天子異焉,特召見永。其夏,皆令諸方正對策,……永對畢,因曰:臣前幸得條對災異之效,……陛下委棄不納,而更使方正對策,背可懼之大異,問不急之常論,……是故皇天勃然發怒,甲已之間,暴風三溱,……上特復問永,永對曰:日食地震,皇后貴妾專寵所致。……是時上……委政元舅大將軍王鳳,議者都歸咎焉。永和鳳方見柄用,陰欲自托,乃復曰:……不可歸咎諸舅,……時對者數千人,永與杜欽爲上第焉。……由是擢爲光祿大夫。永奏書謝鳳,……鳳遂厚之,數年,出爲安定太守。時上諸舅皆修經書,任政事。平阿侯譚年次當繼大將軍鳳輔政,尤與永善。陽朔中鳳薨。……以音爲大司馬車騎將軍,領尚書事,而平阿侯譚位特進,領城門兵,永聞之,與譚書曰:……宜深辭職,譚得其書,大感,遂辭讓……由是譚、音相與不平。永遠爲郡吏,恐爲音所危,病滿三月免。音奏請永補營軍司馬,永數謝罪自陳,得轉爲長史。……永復說音曰：……音猶不平，薦永爲護苑使。音薨，成都侯商代爲大司商代爲大司馬衛將軍，永乃遷爲涼州刺史。……時有黑龍見東萊上，使尚書問永，……永對曰：……今陛下輕奪民財，不愛民力，聽邪臣之計，去高敵祁陵，損十年功緒，改作昌陵，……大興徭役，重增賦斂，……五年不成，而後反故，……公家無一年之畜，百姓無旬日之儲，上下俱匱，無以相救……願陛下追觀夏商周秦所失之，以鏡考已行。……至上此對，上大怒，……明年徵永爲大中大夫，遷光祿大夫給事中。元延元年爲北地太守。時災異尤數，……永對曰：……臣聞天生蒸民……不私一姓，明天下乃天下之天下，非一人之天下也，王者躬行道德，承順天地，……籍稅取民，不過常法，……失道妄行，逆天暴物，……峻刑重賦，百姓愁怨，……上天震怒，災異屢降，……對奏，天子甚感其言。永於經書泛爲疏達，……其於天官，《京氏易》最密，故善言災異，前後四十餘事，畧相反覆，專攻上身無後宮而已。黨於王氏，上亦知之，不甚親信也。永所居任職，爲北地太守。歲餘，衛將軍商薨，曲陽侯根爲驃騎將軍，薦永，徵入爲大司農。歲餘，永病三月，有司奏請免。……數月卒於家。

（本文寫於一九二五年）

魏晉玄談

虛無之風，始於魏之正始中，明帝崩，曹真子爽，字昭伯。錄尚書，齊王立，加侍中。與太尉司馬宣王併受遺詔，輔幼主。爽用丁謐計，尊宣王爲太傅，而實奪之權，宣王遂稱疾避爽，爽引南陽何晏、字平叔，進孫，少以才秀知名，好老莊言，作道德論及諸文賦，著作凡數十篇，今存者惟《論語集解》而已。鄧颺、字玄茂。李勝、字公昭。沛國丁謐、字彥靖、父斐。東平畢軌、字昭先。爲腹心，後爽敗，諸人皆夷三族。夏侯玄字太初，尚子，爽之姑子也，爽誅，尚與中書令李豐謀誅景王，夷三族。案《三國志》注引《魏氏春秋》曰："初，夏侯玄、何晏等，名盛於時，司馬景王亦預焉。晏嘗曰：惟深也，故能通天下之志，夏侯泰初是也；惟幾也，故能成天下之務，司馬子元是也；惟神也，不疾而速，不行而至，吾聞其語，未見其人，蓋欲以神況諸己也。"可見清談之風，司馬氏亦與焉。今史所傳爽等之事，皆政爭失敗後之誣詞，不盡可信也。

王弼之事，見《魏志·鍾會傳》，傳云："會弱冠，與山陽王弼并知名，弼好論儒、道，辭才逸辯，注《易》及《老子》，爲尚書郎，年二十餘卒。"注：弼字輔嗣，何劭爲其傳曰：弼幼而察惠，年十餘，好老氏，通辯能言。父業，爲尚書郎。時裴徽爲吏部郎，弼未弱冠，往造焉。徽一見而異之，問弼曰：夫無者，誠萬物之所資也，然聖人莫肯致言，而老子申之無已者何？弼曰：聖人體無，無又不可以訓，故不說也，老子是有者也，故恒言無所不足。尋亦爲傅嘏所知，於時何晏爲吏部尚書，甚奇弼，嘆之曰：仲尼謂後生可畏，若斯人者，可與言天人之際乎？……淮南人劉陶善論縱橫，爲當時所稱。每與弼語，嘗屈弼。弼天才卓出，當其所得，莫能奪也。性和理樂游宴，解音律，善投壺，其論道附會文辭，不如何晏，自然有所拔得多晏也，頗以所長笑人，故時爲士君子所疾。弼與鍾會善，會論議以校練爲家，然每服弼之高致。何晏以爲聖人無喜怒哀樂，其論甚精，鍾會等述之，弼與不同，以爲聖人茂於人者神明也，同於人者五情也；神明茂，故能體冲和以通無；五情同，故不能無哀樂之應物。然則聖人之情應物，而無累於物者也。今以其無累，便謂不復應物，失之多矣。弼注《易》，潁川人荀融，難弼大衍義，弼答其意白，書以戲之曰：夫明足以尋極幽微，而不能去自然之性，顏子之量孔父之所預在，然遇之不能無樂，喪之不能無哀，又嘗挾斯人以爲未能以情從理者也。而今乃知自然之不可革，是足下之量，雖已定乎胸懷之內，然而隔踰旬朔，何其相思之多乎？故知尼父之於顏子，可以無大過矣。弼注《老子》，爲之指畧，致有理統。注《易》，往往有高麗言。太原王濟好談病老莊，嘗云：見弼《易》注，所悟者多……弼之卒也，晉景王聞之，嗟嘆者累日。……孫盛曰：《易》之爲書，窮神知化，非天下之至精，其孰能與於此，世之注解，殆皆妄也。況弼以附會之辨，而欲籠統玄旨者乎？故其叙浮議，則麗辭溢目；造陰陽，則妙賾無間，至於六爻變化，羣象所效，日時歲月，五氣相推，弼皆擯落，多所不關，雖有可觀者焉，恐將泥夫大道。《博物記》曰：初，王粲與族兄凱俱避地荊州，劉表欲以女妻粲，而嫌其形陋而用率，以凱有風貌，乃以妻凱，凱生業……蔡邕有書近書卷，末年載數車與粲，粲亡後，相國椽魏諷謀反，粲子與焉，既被誅，邕所與書，悉入業。業字長緒，位至謁者僕射，子宏，字正宗，司隸校尉。宏，弼之兄也。《魏氏春秋》曰：文帝既誅粲二子，以業嗣粲。弼所注《易》及《老子》，皆存。弼之《易》注，與何晏之《論語集解》，同爲談玄家所注之經。

晉初以風流著稱者，有竹林七賢，七賢者，山濤、阮籍、嵇康、向秀、劉伶、阮咸、王戎也。濤字巨源，河內懷人，性好莊、老，每隱身自晦，與嵇康、呂安善，後遇阮籍，便爲竹林之游，著忘言之契，與宣穆后有中表親，是以見景帝入仕，晚爲吏尚典選甚久，稱爲知人。王戎字濬冲，琅邪臨沂人，渾之子也。阮籍與渾爲友，戎少籍二十歲，亦相與爲竹林之游，仕歷司徒尚書，與時舒卷，無謇諤之節，然亦號爲知人。戎性好利，天下謂之膏肓之疾。阮籍字嗣宗，陳留尉氏人，瑀之子也。博覽羣籍，尤好莊、老。曹爽輔政，召爲參軍，以疾辭，屏於田里，歲餘而爽誅，時人服其遠識，後乃入仕。籍本有濟世志，屬魏晉之際，天下多故，名士少有全者，由是不與世事，酣飲爲常。籍不拘禮法，然發言玄遠，不臧否人物，著《達莊論》、《大人先生傳》。子渾、字長成，有父風、少慕通達，不飾小節。咸字仲容，任達不拘，與叔父籍，爲竹林游，當世禮法之士，譏其所爲。山濤舉咸典選，武帝以咸沉酒浮虛，遂不用。與從子修特相善，每以得意爲歡。二子瞻，字千里，讀書不甚研求，而默識其要，遇理而辯，辭不足而旨有餘。見司徒王戎，戎問：聖人貴名教，老、莊明自然，其旨同異。瞻曰：將無同。戎咨嗟良久，即命辟之，時人謂之三語椽。孚字遙集，蓬髮飲酒，不以王務關懷。修字宣子，好易老，善清言，嘗有論鬼神有無者，皆以人死者有鬼；修獨以爲無。曰："今見鬼者云，著生時衣服，若人死有鬼，衣服有鬼邪？"案此論王仲任嘗持之。性簡任，不修人事，絶不喜見俗人，遇便捨去。王衍當時談宗，自以論易畧盡，然有所未了，研之終莫悟。每云："不知比没當見能通之者否？"衍族子敦，謂衍曰："阮宣子可與言。"衍曰："吾亦聞之，但未知其竁竁之處，定何如耳？"及與修談，言寡而旨暢，衍乃嘆服焉。族弟放，字思度，少與孚齊名，中興爲太子中舍人庶子。嘗說：老、莊不及軍國。明帝甚友愛之。裕字思曠，放弟，雖不博學，論難甚精。嵇康字叔夜，譙國銍人，好老、莊，常修養性服食之事，著《養生論》。又以爲君子無私，所與神交者，惟陳留阮籍、河内山濤，豫其流者，河内向秀、沛國劉伶、籍兄子咸、琅邪王戎，遂爲竹林之游，世所謂竹林七賢也。山濤將去選官，舉康自代，康乃與濤書告絶。東平呂安，服康高致，每一相思，輒千里命駕，康友而友之。後安爲兄所枉訴，以事繫獄，辭相證引，遂復收康。初，康居貧，嘗與向秀共鍛於大樹之下以自贍給，鍾會徑造，康不爲之禮，而鍛不輟，良久，會去，康謂曰："何所聞而來？何所見而去？"會曰："聞所聞而來，見所見而去。"

會以此憾之，及是言於文帝，遂並害之。康善談理，又能屬文，作《聲無哀樂論》。向秀字子期，河内懷人，清悟有遠識，少爲山濤所知，雅好老、莊之學，爲《莊子注》，郭象又述而廣之。嵇康善鍛，秀爲之佐，相對欣然，傍若無人。又共呂安灌園於山陽。劉伶字伯倫，沛國人也，與阮籍、嵇康相遇，欣然神解，攜手入林，未嘗措意文翰，惟作《酒德頌》一篇。泰始初，對策盛言無爲之化，時輩皆以高第得調，伶獨以無用罷。

　　七賢之後，言風流者以王、樂爲稱首。王衍，戎從弟，字夷甫，初好論縱橫之術。魏正始中，何晏、王弼等祖述老、莊之論，以爲天地萬物皆以無爲本，無也者，開物成務，無往而不存者也。陰陽恃以化生，萬物恃以成形，賢者恃以成德，不肖恃以免身。故無之爲用，無爵而貴矣。衍甚貴之，惟裴頠以爲非，著論以譏之，而衍處之自若，妙善玄言，惟談老、莊爲事，選舉登朝，皆以爲稱首，矜高浮誕，遂成風俗焉。仕歷三公，東海王越討石勒，衍在軍中，越薨，衆推爲元帥，軍敗，爲勒所擒，以其名高，夜，排墻殺之。樂廣，字彦輔，南陽淯陽人，善談論，每以約言析理，厭人之心。父方參夏侯玄軍事，王戎聞廣爲玄所貴，舉爲秀才，衛瓘逮見，正始諸名士亦奇之。是時王澄、胡毋輔之等，亦皆任放爲達，或至裸體，廣聞而笑曰："名教内自有樂地，何必乃爾。"成都王穎與長沙王乂構難，以憂卒。

　　其時務爲放達者，尚有謝鯤、胡毋輔之、畢卓、王尼、羊曼等，即溫嶠、庾亮、桓彝等，以功業節概著稱者，亦皆好莊、老，務曠達，蓋一時之風氣然也。

　　諸家著述傳於今者，除王弼之《易注》、《老子注》，郭象之《莊子注》外，又有張湛之《列子注》，此不徒注出張湛，即正文疑亦張氏摭拾舊文，益以己見而成之也。今節錄阮籍《達莊論》於下，以見當時務玄談者之宗旨焉：

　　　　……天地生於自然，萬物生於天地……自然一體，則萬物經其常，入謂之幽，出謂之章，一氣盛衰變化而不傷，是以重陰雷電,非異出也,天地日月,非殊物也。故曰:自其異者視之,則肝膽楚越也;自其同者視之,則萬物一體也。……故以死生爲一貫,是非爲一條也。……彼六經之言,分處之教也;莊周之云,致意之辭也。……然後世之好異者,不顧其本,如言我而已矣,何待於彼,殘生害性,還爲仇敵,斷割肢體,不以爲痛,目視色而不顧耳之所聞,耳所聽而不待心之所思,心欲奔而不適性之所安,故疾痛萌則生意盡,禍亂作則萬物殘矣。至人者,恬於生而靜於死,生恬則情不惑,死靜則神不離,故能與陰陽化而不易,從天地變而不移,生究其壽,死循其宜,心平氣治,消息不虧……

此即萬物畢同畢異,泛愛天地萬物一體之説也。

嵇康之《養生論》,殊有理致,今錄如下,以見當時養生家之理論,且可窺見其對於物質之思想焉:

世或有謂神僊可以學得,不死可以力致者,或云上壽百二十,古今所同,過此以往,莫非妖妄者,此皆兩失其情。試粗論之:夫神僊雖不目見,然記籍所載,前史所傳,較而論之,其有必矣。似特受異氣禀之自然,非積學所能致也。至於導養得理以盡性命,上獲千餘歲,下可數百年,可有之耳,而世皆不精,故莫能得之。何以言之,夫服藥求汗,或有不獲,而愧情一集,渙然流離,終朝未餐,則囂然思食,而曾子銜哀,七日不飢,夜分而坐,則低迷思寢;内懷殷憂,則達旦不暝,勁刷理鬢,醇醴發顔,僅乃得之,壯士之怒,赫然殊觀,植髮衝冠。由此言之,精神之於形骸,猶國之有君也,神躁於中,而形喪於外,猶君昏於上,國亂於下也。夫爲稼於湯,世偏有一溉之功者,雖終歸於焦爛,必一溉者後枯,然則一溉之益,固不可誣也。而世常謂一怒不足以侵性,一哀不足以傷身,輕而肆之,是猶不識一溉之益,而望嘉穀於早苗者也。是以君子知形恃神以立,神須形以存,悟生理之易失,知一過之害生,故修性以保神,安心以全身,愛憎不栖於情,憂喜不留於意,泊然無感,而體氣和平。又呼吸吐納,服食養身,使形神相親,表裏俱濟也。夫田種者,一畝十斛,謂之良田,此天下之通稱也。不知區種可百餘斛,田種一也。至於樹養不同,則功敗相懸,謂商無十倍之價,農無百斛之望,此守常而不變者也。且豆令人重,榆令人瞑,合歡蠲忿,萱草忘憂,愚智所知也。薰辛害目,豚魚不養,常世所識也。鈆處頭而黑,麝食柏而香,頸處險而瘦,齒居晉而黃,推此而言,凡所食之氣,蒸性染身,莫不相應,豈惟蒸之使重,而無使輕;害之使暗,而無使明;薰之使黃,而無使堅;芬之使香,而無使延哉?故神農曰:上藥養命,中藥養性者,誠知性命之理,因輔養以通也。而世人不察,惟五穀是見,聲色是耽,目惑元黃,耳務淫哇,滋味煎其腑臟,醴醪煮其腸胃,香芳腐其骨髓,喜怒悖其正氣,思慮消其精神,哀樂殘其平粹。夫以蕞爾之軀,攻之者非一塗,易竭之身,而内外受敵,身非木石,其能久乎?其自用甚者,飲食不節,以生百病,好色不倦,以致乏絕,風寒所災,百毒所傷,中道夭於衆難,世皆知笑,悼謂之不善持生也。至於措身失理,亡之於微,積微成損,積損成衰,從衰得白,從白得老,從老得終,悶若無端,中智以下,謂之自然,縱少覺悟,咸嘆恨於所遇之初,而不知慎衆險於未兆,是猶桓侯抱將死之疾,而怒扁鵲之先見,以覺痛之日,爲受病之始也。害成於微,而救之於著,故有無功之理,馳騁常人之域,故有一切之壽,仰視俯察,莫不皆然,以多自證,以同自慰,謂天地之理,盡此而已矣。縱聞養生之事,則斷以所見,謂之不然,其次,狐疑雖少,庶幾莫知所由。其次,自力服藥,半年一年,勞而未驗,志以厭衰,中路復廢。或益之以畎澮,而洩之以尾閭,而欲坐望顯報者。或抑情忍欲,割棄榮願,而嗜好常在耳目之前,所希在數十年之後,又恐兩失。内懷猶預,心戰於内,物誘於外,交賒相傾,如此復敗者。夫至物微妙,可以理知,難以目識,譬猶預章生七年,然後可覺耳。今以躁競之心,涉希静之塗,意速而事遲,望近而應遠,故莫能相終。夫悠悠者,既以未效不求,而求者以不專喪業,偏恃者以不兼無功,追術者以小道自溺。凡若此類,故欲之者,萬無一能成也。善養生者,則不然矣,清虛靜泰,少私寡欲,知名位之傷德,故忽而不營非欲而強禁也。識厚味之害性,故棄而不顧,非貪而後抑也。外物以累心不存,神氣以醇泊獨著,曠然無憂患,寂然無思慮,又守之以一,養之以和,和理日濟,同乎大順,然後蒸以靈芝,潤以醴泉,晞以朝陽,終以五弦,無爲自得,體妙心元,忘歡而後樂足,遺生而後身存。若此以往,庶可與羨門比壽,王喬爭年,何爲其無有哉。

清談之風,自正始至南朝之末,迄未嘗絕,當時反對之者,亦有其人。今舉其著者如下:

傅玄字休奕,北地泥陽人,晉武帝即位,玄以散騎常侍上疏,謂:

> 近者魏武好法術,而天下貴刑名;魏文慕通達,而天下賤守節。其後綱維不攝,而虛無放誕之論,盈於朝野,使天下無復清議。

玄著述甚多,史稱其"撰論經國九流,及三史故事,評斷得失,各爲區例,名爲《傅子》,爲內外中篇,凡有四部六錄,合百四十首,數十萬言,並文集百餘卷,行於世。"今僅存四庫從《永樂大典》輯出之本,殘闕已甚。其《貴教篇》謂:

> ……商、韓、孫、吳,知人性之貪得樂進,而不知兼濟其善,於是束之以法,要之以功,使天下惟力是恃,惟爭是務,恃力務爭,至有探湯赴火,而忘其身者,好利之心獨用也,懷好利之心,則善端沒矣。中國所以常制四夷者,禮義之教行也。失其所以教,則同乎夷矣;失其所以同,則同乎禽獸矣。不惟同乎禽獸,亂將甚矣。何者、禽獸保其性然者也,人以智役力也,以智役力,而無教節,是智巧日用而相殘無極也,相殘無極,亂孰大焉。

似玄並刑名之學而反對之。然其《通志篇》謂:"……有公心、必有公道,有公道,必有公制。""聽言必審其本,觀事必校其實,觀行必考其跡。""夫商賈者……其人甚可賤,而其業不可廢,蓋衆利之所死,而積僞之所生,不可不審察也。"又謂:"明君止欲而寬下,急商而緩農,貴本而賤末,朝無蔽賢之臣,市無專利之賈,國無擅山澤之民;一臣蔽賢,則上下之道壅;一商專利,則四方之資困;民擅山澤,則併兼之路開。而上以無常役,下賦物非民所生,而請於商賈,則民財日暴賤,民財暴賤而非常暴貴,非常暴貴則本竭而末盈,末盈本竭而國富民安者,未之有也。"其意實與法家之綜核名實爲近。《晉書》本傳載其上疏欲定制:"……通計天下若干人爲士,足以副在官之吏;若干人爲農,三年足有一年之儲;若干人爲工,足其器用;若干人爲商,足以通貨……",尤此等整齊嚴肅之思想之表現也。其《假言篇》謂:"天地至神,不能同道而生萬物;聖人至能,不能一檢而治百姓。故以異政同者,天地之道也。因物制宜者,聖人之治也。既得其道,雖有詭常之變,相害之物,不傷乎治體矣。"其思想亦與道家合。

(本文寫於一九二五年)

訂　戴

戴東原作《原善》、《孟子字義疏證》，以攻宋儒。近人亟稱之，謂其足救宋儒之失，而創一新哲學也。予謂戴氏之説，足正宋學末流之弊耳。至其攻宋學之言則多誤。宋學末流之弊，亦有創始之人，有以召之者，戴氏又不足以知之也。宋學之弊，在於拘守古人之制度。制度不虛存，必有其所依之時與地。而各時各地，人心不同。行諸此時此地，而犁然有當於人心者，未必其行諸彼時彼地，而仍有當於人心也。欲求其有當於人心，則其制不可不改。是以五帝不襲禮，三王不沿樂。此猶夏葛而冬裘，其所行異，其所以求當同也。宋之世，去古亦遠矣。民情風俗，既大異於古矣。古代之制，安能行之而當於人心乎？宋儒不察，執古之制，以爲天經地義，以爲無論何時何地，此制皆當於理。畧加改變，實與未改者等，而欲以施之當時。夫古之社會，其不平等固甚。宋時社會之等級，既不若古之嚴矣，在下者之尊其上，而自視以爲不足與之并，亦不若古之甚矣，宋儒執古之制而行之，遂使等級之焰復熾，與人心格不相入。戴氏之言曰："今之治人者，視古聖賢體民之情，遂民之欲，多出於鄙細隱曲，不屑措諸意，而及其責以理也，不難舉曠世之高節，著於義而罪之。尊者以理責卑，長者以理責幼，貴者以理責賤，雖失謂之順；卑者、幼者、賤者以理争之，雖得謂之逆。於是下之人，不能以天下之同情，天下所同欲，達之於上。上以理責其下，而在下之罪，人人不勝指數，人死於法，猶有憐之者。死於理，其誰憐之？"夫使尊者、長者、貴者，威權益增；而卑者、幼者、賤者，無以自處，是誠宋學之弊，勢有所必至。由其尊古制，重等級，有以使之然也。東原又謂："今處斷一事，責詰一人，莫不曰理者。於是負其氣，挾其勢位，加以口給者理伸，力弱，氣懾，口不能辭者理屈。"此則由人類本有強弱之殊，理特具所借口耳。不能以此爲提倡理者之罪也。至於以理責天下之人，則非創宋學者之所爲，而爲宋學末流之失。戴氏又謂"理欲之說行，則讒說誣辭，得刻議君子而罪之，使君子無完行。"夫以宋儒克己之嚴，毫釐不容有歉，因推此以繩君子而失之嚴，事誠有之。至於小人，則宋儒曷嘗謂其欲可不遂，而不爲之謀養生送死之道哉？橫渠見餓莩，輒咨嗟，對案不食者經日。嘗以爲欲致太平，必正經界。欲與學者買田一方試之，未果而卒。程子提倡社會，朱子推行社會。凡宋儒講求農田、水利、賦役之法，勒有成書，欲行之當世者，蓋數十百家。其老未嘗行，其書亦不盡傳，然其事不可誣也。鄉曲陋儒，抱《性理大全》，侈然自謂已足，不復知世間有相生相養之道；徒欲以曠世之高節，責之人民，此乃宋學末流之失，安可以咎宋學乎？宋儒所謂理者，即天然至善之名，戴氏所謂必然之則也。戴氏稱人之所能爲者爲"自然"，出於血氣。其所當止者爲"必然"，出於心知，與宋儒稱人之所能爲而不必當者爲氣質，爲欲，所當善者爲義理，爲性，有以異乎？無以異乎？夫特異其名而已。戴氏則曰："吾所謂欲者，出於血氣。所謂理義者，出於心知。血氣心知，皆天之所以與我，是一本也。宋儒謂理出於天，附著湊泊於形體。形體者氣質，適足爲性之累。是二之也。"夫宋儒曷嘗謂氣質非出於天哉？謂"義理氣質，同出於天，則氣質不應爲義理之累。宋儒謂氣質爲義理之累，是二之也。"然則戴氏所謂血氣者，任其自然，遂不足爲心知之累歟？謂任血氣之自然，不足爲心知之累，則戴氏所謂"耳目鼻口之欲，必以限制之命節之"之說，爲不可通矣。謂性必限之以命；而聲色臭味當然之則，必以心爲之君，則宋儒之說，戴氏實未有以易之也。若曰："民之秉彝，好是懿德。心知之自然能好懿德，猶耳目鼻口之自然能好聲色臭味。以是見義理之具於吾心，與宋儒謂義理之性原於理，而理出於天者不同。"則宋儒固亦未嘗不謂理懸於吾心也，特本之於天耳。即戴氏謂義理之性，天然具於吾之心知，而摧厥由來，亦不能謂其不本之於天也。戴氏謂："飲食能爲身之養者，以其所資以養之氣，與所受之氣同。問學之於德性亦然"是也。安得謂宋儒"更增一本"乎？

戴氏曰："宋儒所謂理，即老氏所謂真宰，釋氏所謂真空也。老釋自私其身，欲使其身離形體而長存。乃就一身分爲二，而以神識爲本。推而上之，遂以神爲有天地之本。以無形無跡者爲有，而視有形有跡者爲幻。宋儒以理當其無形無跡者，而以氣當其形體。故曰心性之郛廓。"老氏、釋氏是否自私其身？是否歧神與形而二之？今不暇及。宋儒之辟釋氏也，曰："釋氏本心，吾儒本天。"其所謂理，與老、釋之所謂神識非同物，則彰彰明矣。宋儒蓋病老釋以萬物爲虛，獨吾心所知見者爲實，則一切皆無定理，猖狂妄行，無所不可，故欲以理正之。宋儒所謂理者，乃事物天然之則，即戴氏所謂"有物必有則"，而其所謂義理之性，則吾心之明，能得此天然之則者，即戴氏所謂"能知不易之則之神明"也。安得視爲虛而無薄之物乎？

戴氏謂"老、釋内其神而外形體。舉凡血氣之欲，悉起於有形體以後，而神至虛靜，無欲無爲。宋儒沿其說。故於民之飢寒愁怨、飲食男女，常情隱曲之感。咸視爲人欲之甚輕。古之言理也，就人之情欲求之，使之無疵。今之言理也，離人之情欲求之，使之忍而不顧。故用之治人，則禍其人。夫人之生也，莫病於無以遂其生。欲遂其生，亦遂人之生，仁也。欲遂其生，至於戕人之生而不顧，不仁也。不仁實始於欲遂其生之心。無此欲，必無不仁矣。然使無此欲，則於天下之人，生道窮促，亦將漠然視之。己不必遂其生，而遂人之生，無是情也。故欲不可無，節之而已。謂欲有邪正則可，以理爲正，以欲爲邪，則不可也。"此爲戴氏主意所在，自比於孟子不得已而言者。吾聞朱子之言曰："飲食，天理也。要求美味，人欲也。"則朱子所謂天理，亦即欲之出於正者。與戴氏謂"欲其物，理其則"同。未嘗謂凡欲皆不當於理也。人之好生，乃其天然不自己之情。自有人類以來，未有能外之者也。世固有殺身以成仁，亦有殺以止殺者。彼以爲不殺其身，不殺殺之可以止殺之人，則於生道爲有害。其事雖出於殺，其心仍以求夫生也。自有人類以來，未有以死爲可歆，生爲可厭者。戴氏以爲宋學者不欲遂其生爲慮，可謂杞人憂天之墜矣。若謂欲遂人之生者，先不能無自遂其生之心，則又有説。世無不肯捨其身而可以救人者，蓋小我之與大我，其利害時有不同。於斯時也，而無捨己救人之心，亦如恒人，徒存一欲遂其生之念，則終必至於戕人之生而不顧。此成仁之所以必出於殺身；而行菩薩行者，所以必委身以飼餓虎也。彼行菩薩行者，寧不知論各當其分之義，固不當食肉以自養，亦不必委身以飼虎哉？不有純於仁之心，固無以行止於義之事。彼行止於義者，其心固純於仁。所以止於義者，以所能行之仁，止於如此；不如此，則轉將成爲不仁；故不得已而止於此，而非其心之遂盡於此也。心之量，苟適如其分而已，及其行之，未有能盡乎其分者。而戴氏所謂戕人之生以遂其生之禍作矣。故以純乎理責恒人，宋儒未嘗有此；其有之，則宋學末流之失也。至於以純乎理自繩其身，則凡學問，未有不當如此者。抑天下之人，使皆進於高節則不能。誘掖天下之人，使同進於高節，則固講學問者，所當同具之志願。而非至天下之人，真能同進於高節，天下亦決無真太平之望也。

戴氏謂"老、釋以其所謂真宰真空者爲已足，故主去情欲勿害之，而不必問學以擴充之。宋儒之説，猶夫老釋之説，故亦主靜。以水之清喻性。以其受汙濁喻氣質。宋儒所謂氣質，即老、釋所謂情欲也。水澄之則清，故主靜，而易其説爲主敬存理"云云。主靜之説，發自周子。其説曰："立天之道，曰陰與陽。立地之道，曰柔與剛。立人之道，曰仁與義。"又曰："聖人定之以中正仁義而主靜，立人極焉。"蓋以人之所行，不越仁義。而二者名異而實同。義所以行仁，而仁則所以爲義立之體。無義固無以行仁，無仁亦無所謂義。當仁而仁，正其所以爲義；當義而義，亦所以全夫仁，所謂中也。止於中而不過，則所謂靜也。何以能靜，必有持守之方焉，則程子所謂主敬也。主敬而事物至當不易之則宋儒所謂理。存焉矣。宋儒所謂靜，非寂然不動之謂也。戴氏之說，實屬誤會。

戴氏謂："宋儒詳於論敬，而畧於論學。"此亦宋學末流之失。若程、朱，則"涵養須用敬，進學在致知"，兩端固幷重也。抑進學亦必心明而後能之，故反身自勘之學，終不能不稍重於内。戴氏曰："聖人之言，無非使人求其至當，以見之行。求其至當，即先務於知也。凡去私不求去蔽，重行不先重知，非聖學也。"此說與程、朱初無以異。又曰："聞見不可不廣，而務在能明於心，一事豁然，使無餘蘊。更一事而亦如是。久之，心知之明，進於聖知，則雖未學之事，豈足以窮其知哉？"此說亦與朱子一旦豁然貫通之說同。蓋天下事物，窮之不可勝窮，論明與蔽者，終不得不反之於心也。然與戴氏力主事物在吾心之外；謂心知之資於事物以益其明，猶血氣之資於飲食以益其養者，則未免自相矛盾矣。

戴氏謂："心之能悅懿德，猶耳目鼻口之能悅聲色臭味。接於我之血氣，辨之而悅之者，必其尤美者也。接於我之心知，辨之而悅之者，必其至是者也。"夫口之同嗜易牙，目之皆姣子都，耳之皆聰師曠，亦以大致言之耳。鴟梟嗜鼠，即且甘帶，人心之異，有不翅其若是者矣。謂義理之尤美者，必能爲人所悅，其然，豈其然乎？乃戴氏又曰："理也者，情之不爽失者也。凡有所施於人，反躬而靜思之，人以此施於我，能受之乎？凡有所責於人，反躬而靜思之，人以此責於我，能盡之乎？以我絜之人則理明。"故曰："去私莫如強恕。"夫人心之不同，如其面焉。固有此視爲不能受，彼視爲無難受；此視爲不能盡，彼視爲無難盡者矣。若曰："公則一，私則萬殊，人心不同如其面，只是私心。"則非待諸私欲盡去之後不可，因非凡人所能持以爲是非之準也。凡人而度其所能受以施諸人，度其所能盡以責諸人，適見其一人一義，十人十義，樊然淆亂而已矣。戴氏曰:"心之所同然,始謂之理,謂之義。未至於同然者,存乎其人之意見,非理也,非義也。凡一人以爲然,天下萬世皆曰:是不可易也。此之謂同然。"此説安能見之於實?如戴氏之所云,亦適見其自謂義理,而終成其爲意見而已矣。

(本文寫於一九二八年)

道教起原雜考

一、黄　老　君

　　道家之學，與神僊家之言，相去亦遠矣，而後世併爲一談，何也？曰：道家之學，托諸黄帝，而老子傳之，世遂以黄、老并稱，方士崇奉黄帝，耳熟黄、老之名，遂自附於老子耳。

　　曷言乎道家之學，托諸黄帝，而老子傳之也？案《老子書》辭義最古；全書皆三四言均語，一也。間有散句，乃後來所加。書中但有牝牡雌雄字，無男女字，稱名特異，二也。全書之義，女權皆優於男權，三也。此必非東周後人所能爲，蓋自古相傳之辭，至老子乃著之竹帛者耳。其辭出於誰某不可知，然必托之黄帝，故漢人恒以黄老并稱。今《列子書·天瑞篇》引《黄帝書》二條，黄帝之言一條，《力命篇》亦引《黄帝書》一條。《天瑞篇》所引，有一條與《老子書》同，其餘亦極相類。《列子》雖僞物，亦多採擷古籍而成，非盡僞造也。故知道家言必自古即托之黄帝者也。

　　曷言乎方士耳熟黄、老之名，遂自附於老子也？《三國志·張魯傳》《注》引《典略》，謂張修使人爲奸令祭酒，主以《老子》五千文使都習。夫張修之道，與老子何涉？此誠令人大惑不解者也。讀《後漢書》之《靈帝紀》，乃恍然矣。《紀》云：延熹八年正月，遣中常侍左悺之苦縣祠老子。十一月,使中常侍管霸之苦縣祠老子。九年七月,祠黃、老於濯龍宮。《論》曰:前史稱桓帝好音樂,善鼓琴,飾芳林而考濯龍之宮,設華蓋以祠浮屠、老子,斯將所謂聽於神者乎?前史,謂《東觀記》也。《襄楷傳》:"楷上疏曰:聞宮中立黃、老、浮屠之祠。此道清虛,貴尚無為;好生惡殺,省欲去奢。今陛下嗜欲不去,殺罰過理,既乖其道,豈獲其祚哉?或言老子入夷狄為浮屠;浮屠不三宿桑下,不欲久生恩愛,精之至也;天神遺以好女,浮屠曰:此但革囊盛血,遂不盼之。其守一如此,乃能成道。今陛下淫女艷婦,極天下之麗;甘肥飲美,單天下之味;奈何欲如黃、老乎?"又《楚王英傳》:晚節更喜黃、老學,為浮屠齊戒祭祀。永平八年,詔令天下死罪皆入縑贖。英遣郎中令奉黃縑白紈各三十匹詣國相,國相以聞。詔報曰:楚王誦黃、老之微言,尚浮屠之仁慈。潔齊三月,與神為誓。何嫌何疑,當有悔吝?其還贖,以助伊蒲塞、桑門之盛饌。然則是時,黃、老、浮屠,轇葛不清舊矣。然《續漢書‧祭祀志》曰:桓帝即位十八年,好神僊事。延熹八年,初使中常侍之陳國苦縣祠老子。九年,親祠老子於濯龍。文罽為壇飾,淳金釦器,華蓋之坐,用郊天樂也。此與《後書》所紀同,而濯龍之祠,《紀》言黃、老,《志》但言老子,則除苦縣為老子鄉里,故特祠之之外,《三國‧魏志‧倉慈傳》《注》曰:案《孔氏譜》:孔乂,字元雋,孔子之後。曾祖疇,字元矩,陳相。漢桓帝立老子廟於苦縣之賴鄉,畫孔子像於壁。疇為陳相,立孔子碑於像前。今見存。疑老子廟成於延熹八年,故特祠之也。其餘皆當兼祠黃、老。八年一年之中,而遣祠老子者再,則其祠黃帝必甚數,必不止九年一祭。史特記九年之祭者,以其禮獨隆耳。《東觀記》考濯龍與祠老子對舉,則濯龍之祠,所重當在黃帝。其因黃帝而牽及老子之跡,猶隱然可見也。《三國‧魏志‧武帝紀》:"建安二十五年,王崩於洛陽。"《注》引《世語》曰:"大祖自漢中至洛陽,起建始殿,伐濯龍祠而樹血出。"《曹瞞傳》曰:"王使工蘇越徙美梨。掘之,根傷,盡出血;越白狀。王躬自視而惡之,以為不祥,還,遂寢疾。"則濯龍實為妖妄之府,至漢末,猶有此等妖言也。黃帝無書,而老子有五千文,故張修使其下習之耳。其取五千文,蓋特取其為老子之書,而非取其書中之義。抑其所取者,亦方士神巫之所謂老子,非道術之士之所謂老子也。《後書‧逸民傳》曰:"矯慎,少學黃、老,隱遁山谷,仰慕松、喬道引之術。汝南吳蒼遺書曰:蓋聞黃、老之言,乘虛入冥,藏身遠遁。亦有理國養人,施於爲政。至如登山絶跡,神不著其證;人不睹其驗。吾欲先生,從其可者,於意何如?"此道術之士,隱遁之流,神僊之家,並自托於老子之證。仲長統《卜居論》曰:安神閨房,思老氏之玄虛,呼吸精和,求至人之仿佛,亦以老子與神僊家并稱。漢世方士,雖多以飛升遐舉爲言,然其道實雜而多端。言登山絶跡者可以自托於老子,固不能禁祠祭巫鬼者不之托。抑言他道者可自黃帝而及老子,又不能禁祠祭巫鬼者不因此而及彼也。此黃、老所由以道術之名,一變而爲神巫方士之祖也。

《後書·陳愍王寵傳》:景平二年,國相師遷,追奏前相魏愔,與寵共祭天神,希冀非幸,罪至不道。檻車傳送愔、遷北寺詔獄。愔辭與王共祭黃老君,求長生福而已,無他冀幸。劉攽《刊誤》曰:黃老君不成文,當云黃帝、老君。《刊誤補遺》曰:《真誥》云:大洞之道,至精至妙,是守素真人之經。昔中央黃老君秘此經,世不知也。則道家又自有黃老君。《真誥》未必可信,中央黃老君似指天神言之,正合遷之所奏。然遷以誣告獲罪,足徵愔與愍王所祭,實非《真誥》所云。云求長生福,所祀者蓋亦方士所謂黃、老也。黃老君固不成文,增一帝字,黃帝二字,則成文矣,老君何人乎?蓋方士之譾陋者,初不問黃、老爲誰,貿然於其下加一君字耳。史言黃、老道者甚多,乍觀之固似成文,然果以黃爲黃帝,老爲老子,其道又豈可奉祀者邪?

《後漢書·循吏傳》云:延熹中,桓帝事黃、老道,悉毀諸房祀。惟特詔密縣存故大傅卓茂廟,洛陽留王渙祠焉。又《欒巴傳》云:好道。遷豫章大守。郡土多山川鬼怪,小人嘗破資產以祈禱。巴素有道術,能役鬼神。乃悉毀諸房祀,翦理奸誣。於是妖異自消。百姓始頗爲懼,終皆安之。《三國·魏志武帝紀》《注》引《魏書》,言大祖擊黃巾時,黃巾移之書曰:昔在濟南,毀壞神壇,其道乃與中黃大乙同,似若知道,今更迷惑。《後漢書·皇甫嵩傳》言張角奉事黃、老道,則角與桓帝,所事正同,即欒巴之所好,恐亦不外乎此也。《三國志·張魯傳》言：魯以鬼道教民，大都與黃巾相似。魯之治，頗留意於人民生計，豈唱此道者以淫祀無福，妄耗民財，思有以革除之，乃爲是以毒攻毒之計與？然桓帝則必非能知此義者也。

觀於桓帝、欒巴、楚王、陳王、張角、張魯等所奉，而後漢之世所謂黃、老者可知已。然竊疑其猶不始此。《史記·儒林列傳》曰："孝景不任儒者，而竇太后又好黃、老之術，故諸博士具官待問，未有進者。"《魏其武安侯列傳》言："太后好黃、老之言，而魏其、武安、趙綰、王臧等務隆推儒術，貶道家言，是以竇太后滋不說魏其等。"竇太后多與政事，助梁王以謀繼嗣，絕非知足知止之人。《儒林列傳》又曰："竇太后好《老子書》，召轅固生問《老子書》。固曰：此是家人言耳。太后怒曰：安得司空城旦書乎？乃使固入圈刺豕。景帝知太后怒而固直言無罪，乃假固利兵。下圈刺豕，正中其心。一刺，豕應手而倒。太后默然，無以復罪，罷之。"太后所問，果爲今老子書，固雖不好道，豈得目爲家人言？疑太后所問老子書，亦有巫鬼之辭，屢雜其中矣。怒而使之刺豕，理亦殊不可解。豈其所謂家人言者，有刺豕之戒，而固不之信，乃以是困之與？然則《老子書》之爲人所附會也舊矣。

《後漢書·獨行傳》云：向栩，性卓詭不倫。恒讀《老子》，狀如學道，又似狂生，好被髮著絳綃頭。徵拜侍中。會張角作亂，栩上便宜，頗譏刺左右，不欲國家興兵。但遣將於河上北向讀《孝經》，賊自當消滅。中常侍張讓譖栩：不欲令國家命將出師，疑與角同心，欲爲內應。收送黃門北寺獄，殺之。案《三國吳志·孫策傳》《注》引《江表傳》，言策欲殺于吉，諸將連名陳乞。策曰：昔南陽張津，爲交州刺史。捨前聖典訓，廢漢家法律。嘗着絳帕頭，鼓琴燒香，讀邪俗道書，云以助化。卒爲南夷所殺。此甚無益，諸君但未悟耳。《注》考桓王前亡，張津後死，謂策以此曉譬諸將，自不可信。然特托之於策爲誣，述張津事必非虛語。栩好著絳綃頭，津則著絳帕頭；栩欲讀《孝經》以滅賊，津則讀道書以助化：其所爲亦頗相類。抑張角謠言蒼天已死，黃天當立，無論從相生相勝之說，黃皆不得代蒼，蓋本言赤天已死，漢人奏報諱之,乃改赤爲蒼。《靈帝紀》曰:角自稱黃天。其部帥三十六萬,皆着黃巾。《續漢書・五行志》注引《物理論》曰:黃巾被服純黃,不將尺兵,肩長衣,翔行舒步,所至郡縣無不從。夫其着黃巾者,以黃天旣立也。然則向詡着絳綃頭,張津着絳帕頭者,漢行猶未改也。角之起也,殺人以祠天,亦見《皇甫嵩傳》。此東夷用人之舊,而被髮亦東夷之俗。然則張讓疑向詡與角同心,不爲無因。謂其欲爲角內應固誣,而詡所好之道,是否即張角所事之黃、老道,則殊難斷其不然矣。又《三國魏志・管寧傳》《注》引《魏略》曰:寒貧者,本姓石,字德林,安定人也。建安初,客三輔。是時長安有宿儒欒文博者,門徒數千,德林亦就學。始精詩書,後好內事,於衆輩中最玄默。至十六年,關中亂,南入漢中。不治產業,不畜妻孥,常讀《老子》五千文及諸內書,晝夜吟咏。此人所信何道,亦殊可疑,而與向詡皆常讀《老子》,此又老子爲邪教牽引之一證矣。

《論衡・道虛篇》曰:世或以老子之道,爲可以度世。恬淡無欲,養精愛氣。夫人以精神爲壽命,精神不傷,則壽命長而不死。老子行之,逾百,度世爲眞人矣。此亦神僊家附會老子之一證。

二、于吉神書

《後漢書・襄楷傳》:延熹九年,楷自家詣闕上疏,有云:臣前上琅邪宮崇受于吉神書,不合明聽。十餘日,復上書曰:前者宮崇所獻神書,專以奉天地,順五行爲本,亦有興國廣嗣之術。其文易曉,參同經典。而順帝不行,故國胤不興。孝冲、孝質,頻世短祚。《傳》曰:初順帝時琅邪宮崇詣闕上其師于吉於曲陽泉水所得神書百七十卷。皆縹白素朱介,青首朱目,號《大平清領書》。其言以陰陽五行爲宗,而多巫覡雜語。有司奏崇所上妖妄不經。乃收藏之。後張角頗有其書焉。此文頗相矛盾。楷前疏明言自上,何後疏又云宮崇獻神書而順帝不行邪？疏云其文參同經典，而傳謂其多巫覡雜語，亦又不讎。楷前疏臣前上云云十六字，語意未完；且與上下文皆不銜接。後疏前者宮崇云云五十二字，盡刪之，於文義亦無所闕。蓋作史者於成文每多刪併。當時必有僞爲楷文，稱揚于吉神書者，范氏不察，誤合之於楷疏也。

于吉爲孫策所殺，見《三國吳志·孫策傳》《注》引《江表傳》。《後漢書·襄楷傳》《注》亦引之，而其文不全。《注》又引《志林》曰：初順帝時，琅邪宮崇指闕上師于吉所得神書於曲陽泉水上。白素朱界，號《大平青領道》。凡百餘卷。順帝至建安中，五六十歲。于吉是時，近已百年。年在耄悼，禮不加刑。又天子巡狩，問百年者就而見之。敬齒以親愛，聖王之至教也。吉罪不及死，而暴加酷刑，是乃謬誅，非所以爲美也。記于吉事與《後漢書》畧同，而卷數互異。似是書卷帙，後來又有增加。自稱百歲，乃方士誣罔之辭，吉安能授宮崇於五六十歲之前，又惑吳人於五、六十歲之後？古書卷帙率少；又縑帛價貴，無論其爲百餘卷，抑百七十卷，皆不易造作。然則謂吉以是書授崇，崇以是書上順帝，恐皆子虛烏有之談也。《後漢書》《注》曰：神書即今道家《大平經》也；其經以甲乙丙丁戊己庚辛壬癸爲部，每部一十七卷。恐即造作是書者，妄托之於宮崇、于吉，並附會之於襄楷耳。于吉之死，《三國志》《注》又引《搜神記》，與《江表傳》大相逕庭。又《江表傳》記策語：謂昔南陽張津，爲交州刺史，捨前聖典訓，廢漢家法律，常著絳帕頭，鼓琴燒香，讀邪俗道書，云以助化，卒爲南夷所殺。而《志林》推考桓王前亡，張津後死。裴氏案大康八年廣州大中正王范上《交廣春秋》，亦謂建安六年，張津猶爲交州牧。孫策死於建安五年。足見此等記載之不足憑矣。范氏書雜採之，又安可信邪？

襄楷事跡，亦見《三國·魏志·武帝紀》《注》引《九州春秋》。云：陳蕃子逸，與術士平原襄楷，會於冀州刺史王芬坐。楷曰：天文不利宦者，黃門常侍當族滅矣。逸喜。芬曰：若然者，芬願驅除。於是與許攸等結謀，欲因靈帝北巡行廢立。據其所記，則楷仍《後漢書》所稱善天文陰陽之術者耳。楷兩疏皆端人正士之言；陳蕃舉其方正，鄉里宗之；中平中，與荀爽、鄭玄俱以博士徵；豈信于吉神書者耶？

《楷傳》言：楷疏上，即召，詔尚書問狀。楷曰：臣聞古者，本無宦官。武帝末春秋高，數遊後宮，始置之耳。後稍見任。至於順帝，遂益繁熾。今陛下爵之，十倍於前。至今無繼嗣者，豈獨好之而使之然乎？尚書上其對，詔下有司處正。尚書承旨奏曰：宦者之官，非近世所置。漢初張澤爲大謁者，佐絳侯誅諸呂。孝文使趙談參乘，而子孫昌盛。楷不正辭理，指陳要務，而析言破律，違背經藝，假借星宿，僞托神靈，造合私意，誣上罔事。請下司隸，奏楷罪法，收送洛陽獄。帝以楷言雖激切，然皆天文恒象之數，故不誅。猶司寇論刑。案《漢書·成帝紀》：建始四年，春，罷中書宦官。《注》引臣瓚曰：漢初中人有謁者令。孝武加中謁者令爲中書謁者令，置僕射。宣帝時，任中書官弘恭爲令，石顯爲僕射。元帝即位數年，恭死，顯代爲中書令，專權用事。至成帝，乃罷其官。《百官公卿表》記成帝建始四年更名中書謁者令爲中謁者令，而不記武帝加中謁者令爲中書謁者令之事，然《蕭望之傳》言：望之以爲中書政本，宜以賢明之選，自武帝遊宴後庭，故用宦者，非國舊制，則贊言確有所據。武帝所用，乃中書宦官，而非宦官始自武帝，宦官實自古所有，楷不應並此不知。且宮崇之書，順帝時有司既奏其妖妄不經矣，楷果嘗上其書，豈得云所言皆天文恒象之數邪？《楷傳》之不足信，愈可見矣。

三、太平道五斗米道

《三國志·張魯傳》：祖父陵，客蜀，學道鵠鳴山中，造作道書，以惑百姓。從受道者，出五斗米，故世號米賊。陵死，子衡行其道。衡死，魯復行之。益州牧劉焉，以魯爲督義司馬，與別部司馬張修將兵擊漢中大守蘇固。魯遂襲修殺之，奪其衆。《後漢書‧劉焉傳》曰：與別部司馬張修將兵掩殺漢中大守蘇固，斷絕斜谷，殺使者。魯既得漢中，遂復殺張修而併其衆。案《靈帝紀》：中平元年，秋七月，巴郡妖巫張修反，寇郡縣。《注》引劉艾《紀》曰：時巴郡巫人張修療病，愈者雇以五斗米，號爲五斗米師。則修生嘗反叛，後乃降於焉。焉死，子璋代立。以魯不順，盡殺魯母家室。魯遂據漢中，以鬼道教民，自號師君，其來學道者，初皆名鬼卒。受本道已信，號祭酒，各領部衆。多者爲治頭大祭酒。皆教以誠信，不欺詐。有病，自首其過。大都與黃巾相似。諸祭酒皆作義舍，如今之亭傳。又置義米肉，縣於義舍。行路者量腹取足。若過多，鬼道輒病之。犯法者三原，然後乃行刑。不置長吏，皆以祭酒爲治。民夷便樂之。雄據巴、漢，垂三十年。《注》引《典畧》曰：熹平中，妖賊大起。三輔有駱曜。光和中，東方有張角，漢中有張修。駱曜教民緬匿法。角爲大平道。修爲五斗米道。大平道者，師持九節杖爲符祝。教病人叩頭思過，因以符水飲之，得病或日淺而愈者，則云此人信道。其或不愈，則爲不信道。修法畧與角同。加施靜室，使病者處其中思過。又使人爲奸令祭酒。祭酒主以老子五千文使都習。號爲《後漢書》《注》引無此字。奸令，爲鬼吏，主爲病者請禱。請禱之法：書病人姓名，說服罪之意。作書三通：其一上之天，著山上；其一埋之地；其一沈之水；謂之三官手書。使病者家出米五斗，以爲常，故號曰五斗米師。實無益於治病，但爲淫妄。然小人昏愚，競共事之。後角被誅，修亦亡。及魯在漢中，因其民信行修業，遂增飾之。教使作義舍，以米肉置其中，以止行人。又教使自隱，有小過者，當治道百步，則罪除。又依月令，春夏禁殺，又禁酒。流移在其地者，不敢不奉。《後漢書‧劉焉傳》及《注》引《典略》均畧同。裴松之云：張修應是張衡，非《典略》之失，則傳寫之誤。案此言誤也。魯之教既云因修而增飾之，安得又云受諸父祖？修之事跡，信而有徵。陵、衡若父子相傳，其道不爲不久，何以《典略》數妖賊不之及？且陵、衡之道，果行之何地乎？行之漢中歟？何以漢中人但知有修？行之蜀中歟？何以蜀中轉不聞有是法也？疑魯增飾修法，諱所自出，自謂受諸父祖，傳者誤信之，承祚亦誤採之耳。《蜀志・二牧傳》、《後書・劉焉傳》均云魯母挾鬼道，出入焉家，不云其父。疑魯之左道，幼即受諸其母，故能增飾修法也。

魯，沛國豐人，則是東方人也，何以陵學道於蜀？此亦可疑之一端。或曰：流移訪道，事所恒有。《三國志》謂魯之道大都與黃巾相似，正足徵其原出東方，謂其傳自父祖，或不誣也。然魯之道，實與角並不相似；角言蒼天已死，黃天當立。《後漢書・皇甫嵩傳》。自稱黃天泰平。《三國志・孫堅傳》。蒼天疑當作赤天，漢人諱而改之，然則角所依托者，實當時五德終始之説，而修則於天之外兼事地水，可謂絶不相蒙。《後漢書・皇甫嵩傳》云：角遣弟子八人，使於四方，以善道教化天下。《孫堅傳》云：托有神靈，遣八使以善道教化天下。青、徐、幽、冀、荆、揚、兗、豫八州之人，莫不畢應。遂置三十六方，方猶將軍號也。大方萬餘人，小者六七千，各立渠帥。及其事露，則馳敕諸方，一時俱起。《楊震傳》言：角等執左道，稱大賢，以誑耀百姓。天下襁負歸之。震孫賜，時在司徒，召掾劉陶告曰：張角等遭赦不悔，而稍益滋蔓。今若下州郡捕討，恐更騷擾，速成其患。且欲切勅刺史二千石：簡别流人，各護歸本郡，以孤弱其黨；然後誅其渠帥；可不勞而定，何如？陶對曰：此孫子所謂不戰而屈人之兵，廟勝之術也。賜遂上書言之。會去位，事留中。后帝徙南宫，閲録故事，得賜所上張角奏，及前侍講注籍，乃感悟，下詔封賜臨晉侯，邑千五百户。《抱朴子・道意篇》言：張角、柳根、王歆、李申之徒，錢帛山積，富逾王公，縱肆奢淫，侈服玉食。伎妾盈室，管弦成列。刺客死士，爲其致用。威傾邦君，勢陵有司。亡命逋逃，用爲窟藪。然則角乃漢時所謂豪傑大猾之流，專以誑誘流移爲事。而魯則修其政教，頗有與民相保之規。《典略》云：流移在其地者，不敢不奉，明其道本行諸土著。魯之敗也，左右欲悉燒寶貨倉庫。魯曰：本欲歸命國家，而意未達。今之走，避鋭鋒，非有惡意。寶貨倉庫，國家之有。遂封藏而去。其本無覬覦非分之心審矣，安得與角之欲代漢而興者同日語邪？符咒治病，左道所同，以是而謂修之法與角相類,亦見卵而求時夜者流也。或曰:角奉黃、老道,而魯使人習老子五千文,此亦其相類之一端也。然黃、老道爲時人信奉已久,故角與魯皆從而依附之,亦不足爲其相類之證也。別見黃老君條。

(原刊《齊魯學報》第二期,一九四一年開明書店出版)

論文官考試之宜嚴

共和告成，亦既半歲矣。而朝野上下，猶儵焉若不可終日者，寧不曰：新經破壞之後，秩序尚未全復乎？夫欲恢復秩序，固貴有寬裕之財政，縝密之計劃，而尤貴有運用此財政，實行此計劃之人。若是乎，今後之行政官吏，其關係於國家之治亂安危者，殆非淺鮮也。

國家之行政，所以能敏活周密者，一由其有適當之機關，一由其有司此機關之人也。語曰："徒善不足以為政，徒法不能以自行"，蓋謂此矣。中國數千年來，吏治之所以腐敗，而國家一切政務，皆墮壞於冥漠之中者，固由無適當之機關，亦由無司此機關之人也。今者破壞之事既終，建設之事方始，凡舊弊之宜除者，不知其凡幾也；新猷之當舉者，不知其凡幾也；因此次革命而破壞之秩序，當計其回覆者，又不知其凡幾也。夫如是，則今後之行政，非極敏活周密，殆不足以措國家於奠安，而躋之於盛強之域，而國家之所以求得此等行政之才者，亦不可不思矣。

孟子之告齊宣王曰："今有璞玉於此，雖萬鎰，必使玉人雕琢之；至於治國家，則曰姑捨汝所學而從我。"子產之告子太叔曰："吾聞學而後入政，未聞以政學者也。"中國向者之治制，其謬萬端，而其尤甚，則未有若任用行政官吏而不問其人之有無此項學識與否者也。為學校，為科舉，則學非所用，用非所學；為選舉，為徵辟，則有名無實，上下相蒙，甚至明目張膽，開捐納之例以斂財；故有身任要職，並普通文義，亦不能解者，而知識無論也。夫人必有欲善其事之心，而後有能舉其事之實；亦必先知其所事者為何事，而後有欲善其事之心。今也舉一國之官吏,而皆不知所仕者爲何職,所當事者爲何事,則其人除飲食男女以外無所知,聲色貨利以外無所好,禽息獸處以外無所能,亦無怪其然矣。語曰:哀莫大於心死。向者之官吏,皆心先死而後其行事乃隨之腐敗者也。而其所以心死之由,則任用之始,不問其人之有無學識實致之。嗚乎,痛哉!

中國數千年來,有一謬論,謂人才由於天之篤生,而非可以養成。用人之得當與否,由於君相之有無知人之明,而非可設一定之格以求之。蘇軾之學校貢舉狀,即代表此等謬論者也。其言曰:"得人之道,在於知人;知人之法,在於責實。使君相均有知人之才,朝廷有責實之政,則胥吏皂隸,未嘗無人,況學校貢舉乎?雖用今之法,臣以爲有餘;使君相無知人之才,朝廷無責實之政,則公卿侍從,常患無人,況學校貢舉乎?雖復古之制,臣以爲不足矣。"又曰:"以文章而言之,則策論爲有用,詩賦爲無益。自政事言之,則詩賦策論,均爲無用矣。雖知其無用,然自祖宗以來莫之廢者,以爲設法取士,不過如此也。"此其言,幾於明目張膽主張探籌取士之論矣。殊不知不可養而成者,爲非常之才;可養而成者,爲通常之才;國家之任用高等官吏也,初不必設一定之格以拘之;而其任用普通官吏也,則必不可無一定之法。何則?高等官吏者,決定一國之大計,而籌劃其措施之方針者也,此其事固有待於學識,然非必人人所可學而能;故其任用之也,初無待於試驗。若夫普通之官吏,則其所執行者,上官之命令也,其所措施者,通常之政務也,其職務既有一定之範圍,則其任用之也,即當以其人有無此項學識爲斷,從未聞有不問其學識之有無,而遽貿然任用之者也,亦未聞有一定範圍之職務,不學而能者也。縱謂國家之官吏,除智識外又必有其才能與道德心,智識可以試驗而知,才能與道德心非可以試驗而得;然必其人先有一定之智識也,而後其才能有可用,而其道德心亦有所藉以自效;否則雖有才能,適足爲害,而其道德心,亦虛存其願而已。語曰:"勤於求賢,逸於任人。"如蘇軾之論,則爲國家者,初不必容心於求賢,但於任用之後,察其善惡能否而已。

而不知國家之事，所敗壞者已多矣，況乎以少數高等官吏之力，察多數普通官吏之善惡能否，欲其識悉靡遺，又爲至難之事哉？

專制之世，不論擁如何龐大之土地，臨莅如何多數之人民，所以防察監制一國之官吏者，皆爲君主一人。自君主以外，皆欲詐欺君主，以營私舞弊者也。此語驟聆之，似甚可駭，然自事實上言之，雖未必盡然；自理論上言之，實如是。法家之立説，即全部皆以此爲精神者也。善讀《韓非》者自知，且即自事實上言之，亦十八九然矣。故其時之行政，只能以清静不擾爲主義；否則利必不勝其弊，漢文帝宋仁宗，皆以此獲美名於後世者也；新皇帝、王荆公，皆以此獲惡名於後世者也。今者五洲大通，萬國林立，爲國家者，日生存於競爭之中，斷不能僅如向者之清静不擾，以求苟安；又别有監督機關，以防止官吏之濫用其權力。則自今以後，國家之行政，當爲積極的進行，而不當爲消極的防弊，蓋可知矣。夫欲爲積極的進行，則如向者之官吏，但能機械地倚幕友胥吏以奉行故事者，必不足以集事。而其任用之初，必不能不考求其有此相當之學識與否，又可知矣。

凡一事也，所以能綱舉目張者，必由其有多數之人才，萃處其中，爲之籌劃，爲之執行也。中國今日行政事務之繁重，不待言矣，而又當法律未大定之際，人民自治之能力，未甚發達之時，處處須藉行政官吏之力，爲之活用，爲之助長，非有至敏活周密之才，斷不足以善其事者也。然一事也，所以招致人才者，亦必有其道，鴟鴞集而鳳凰舉，稂莠去而嘉穀植，使羣不才者萃處其中，則有才者必將高蹈遠引，羞與爲伍；即不然，而羣不才者亦將排而去之；亦必將牽掣迫脅，使之不能善其事而後已。此歷代叔季之秋，山林所以多隱逸之士，而《循吏傳》中乃寂焉無一二人物也。前清末造之仕途，可謂下流衆惡之所歸，使不能嚴加淘汰，則有才者必將以入仕途爲恥，否亦不能安於其位，雖浹汗大號以求賢，而賢人亦卒不可得也。及其風氣之既成，而思所以變之，則難矣。故當民國肇造之時，不可不慎也。

（本文寫於一九一二年）

國體問題學理上之研究

民國成立，於今四年，而國體問題，忽喧豗於一部分人之口。於是全國上下，紛紛論議。有就法律上立論，謂在共和國體之下，而倡言君位之宜復，實無殊於革命者。有就事實上立論，謂倡導此問題之人，實別有用心者。此等論議，吾亦誠不能爲倡導此說者辯其誣，然彼其所以號召天下者，則固明明曰研究學理也。夫天下事之是非，不徒存於勢之強弱，固不能以其勢之強也，而遽媚爲是。亦豈能以其勢之非弱也，而即斥爲非。今彼以研究學理號召天下，而吾斥之曰無殊革命，目之曰別有用心，豈徒不足以服其心，抑亦非所以昭示我國民好事研究之至意也。無已，則亦姑與之爲學理上之研究。

抑吾爲此文，而先有一言，欲爲讀者諸君告者，則凡事皆貴有研究是也。夫人之所以異於動物者，以其有理性耳。理性者，研究之謂也。惟其有理性也，故其作事，能深思遠慮，而不爲目前之利害所制。我國民向者之失敗，則亦曰：無研究而已矣。不知專制政體與立憲政體之別，果何在也，而侈言憲政，又不知民主國體與君主國體之異，果何若也，而侈言共和，一哄而浮慕其名，而莫或深知其實，羣起而欲達其目的，而未嘗一考其手段，故其結果，其所得者，悉不如其所預期；不徒不如其所預期也，而意外之變故，且百出而未有已，是則無研究之害也。故今者有人而提倡研究主義也，勿論其所主張者是非如何？抑其提倡此問題也，果別有用心與否？而吾固甚歡迎之。今者國體問題贊成之者，固以爲勢在必行，反對之者，亦幾以爲無庸置議，而吾猶斤斤焉，欲與之爲學理上之研究者，職是故也。

　　夫今之主張君主立憲者，則豈不曰：一國自有一國之國情，他國之已事，非吾所能效法乎哉？夫吾則亦最贊成此論者也。雖然，諸君既發此論，則其於中國之國情研究自必甚深，顧何以一讀其所論，則膚淺浮薄，一若於中國之歷史，毫無所知者，則又何也。君憲之論，發於美儒古德諾氏，其最要之點，則曰：總統選舉之際，不免爭亂耳。然中國選舉總統，方止一次，何以知其將來必有爭亂，則其所取鑒者，美洲諸國之歷史，而非我國之歷史也。既曰，須適切我國之國情，而又盡捨其歷史而取證於他人之歷史，甚可怪也。夫民族之演進有一公例焉，曰：其所取之道，爲紆而非徑。故當其進行之時，波譎雲詭，危險萬狀。在他人視之，幾以爲求福而得禍，即其人自視，亦幾於不敢自必，而及其後也，卒能以夷化險，撥雲霧而見青天，此老氏禍福倚伏之論之所以爲至也。中國之革君主而行民主，自表面而觀之，誠若求福而得禍者，然一考其實，則自有其種種之積弊，與君主之制爲緣。欲去此等積弊，勢不得不先去君主，而此等積弊既去，則君主之制，亦無自而存。且民主之制，初非由歐美之外鑠，我自有至深厚之根柢，磅礴鬱積，蓄之既兩千餘年，至今日乃起而實行之者也。謂予不信，請舉歷史以爲證。

　　欲知我國人共和思想蓄積之深，則不可不先知我國人對於君主之思想。夫我國人對於君主之思想，蓋嘗經一大變矣。其始之視天子也，非如後世之思想，謂其事天如父，而天亦視之如子云爾，蓋誠以爲天之子孫也。中國古代君主之名稱甚多，而惟天子及帝皇用諸共主。以此帝上束下也。上指天神而言，又諦也，天神去人民遠，必審諦而後知之也。皇，大也，始也。惟天爲大，又萬物之所由始也，即物本乎天之義。欲究此說，則不得不溯源於古代之宗教。蓋吾國古代，有兩大宗教焉。一曰八卦，一曰五行。五行起源於燕齊之間，而八卦盛張於秦隴之際。五行之說，與道家有密切之關係，道家托始於黃帝，而黃帝邑於涿鹿之阿。其後齊景公謂晏子，古而不死，其樂如何？亦即道家之說。蓋此教在燕齊之間，綿延勿絕也。伏羲始畫八卦，文王推而演之。二君所居，皆在秦隴，又啓罪有扈氏以威侮五行，則有扈氏必信奉八卦教者，地亦在今陝西也。而兩者之得勢力於中原也，則五行教實爲尤古。唐虞夏殷四代，並不見有八卦之說，蓋皆信奉五行教者也。自周有天下,然後八卦教盛行,五行教復避處於燕齊之間。據其說,則世界萬物,一切皆本於天神。天神之最神者曰耀魄寶,居北辰,而衆星拱之,所謂昊天上帝也。此外別有五方帝,分主四時之化育,居東方者曰青帝靈威仰,蒼龍七宿也,下準此。主春生。居南方者曰赤帝赤熛怒,主夏長。居中央者曰黃帝含樞紐,主季夏萬物盛大。居西方者曰白帝白招拒,主秋成。居北方者曰黑帝葉光紀,主冬藏。惟昊天上帝則無所司,我國古代,政尚無爲。以此,蓋神權最盛之時,君主但司宗教,不理民事,猶今西藏之達賴也。物非春不生,非夏不長,非季夏不盛大,非秋不成,非冬不藏,非閉藏則無以爲生。四時之運行,萬物之所由化育也。而五帝實主之,五帝又同隸於上帝,則上帝者,萬物之父也。此猶基督教謂世界萬物,皆天主所造矣。故曰物本乎天。夫世界萬物,既一切托始於天神,則統治萬物之權,自亦惟天神有之。然其所謂統治者,非必褻其尊而躬降臨焉,以臨莅下民也。於是有感生之說,謂子萬民而有天下者,其先悉天帝之子孫。天命玄鳥,降而生商,及履帝武敏歆之詩是也。簡狄、姜嫄,皆帝嚳妃。然殷周并祖契稷而不祖帝嚳者,以二人皆感天而生。簡狄、姜嫄,自爲契、稷母,而帝嚳則非契稷父也,祭天必以始祖配,與神不歆非類,正是一義。五帝之德,既不能獨成萬物,則一姓之後,自亦不能終有天下,於是有五德迭代之說。周爲木德,故代殷,秦謂周得火德,從所不勝,欲以水德代之,則爲閏位,而正統必有待於炎漢矣。孔子感北方玄冥之精而生,黑不代蒼,故僅爲素王。此等思想,當時蓋甚普及於社會,故漢高可以斬白帝子愚惑其民,即張角猶訛言黃天當立也。一姓受命之初,所以必斤斤於改正朔服色者以此。而舉其說從根柢摧破之者,則實爲孔門之教義。孔子曠觀千古,知小康時代之不可不立君也,而又知君權之不可以無限也。於是倡爲主權在民之說。曰:民爲貴,社稷次之,君爲輕。又曰:得乎邱民爲天子,此其陳義可謂獨有千古矣。然當時社會,沈溺於舊說者既久,驟進以此等新說,云胡能信。則不得不委曲其詞,將天與民打成一橛。曰:立君所以爲民,而其主權則仍出於天,特其所以立之廢之者,皆一以民意爲歸耳。故曰:天視自我民視,天聽自我民聽,又慮其無徵不信也,則又文致堯舜禪讓之事以實之。曰:古之人既有如此者矣。堯舜三代之事,為儒家所文致,康南海論之最詳。然不必南海,劉知幾已疑之矣。彼其所疑者為情實,蓋堯者,耄荒無能為,中央之權,皆操於舜。而經營四方之事,則禹實為之。舜在中央,其勢切近,故先篡,然實力究不敵禹,故復為禹所逐,而走死於蒼梧之野。至禹則王室權力,業已鞏固,不復可動搖,故益遂為啓所殺矣。然則師錫有鰥,直無異暴民之迫脅,而九男事之之外,更加以二女女焉。則更甚於朱全忠之囚唐諸王矣。一年成聚,二年成邑,三年成都,亦可想見當時勢力之大也。此其學說之組織,至為辛苦,而其壁壘,則亦至為堅固。有詰之者曰:堯舜禹皆聖人也,聖人之所傳者,必為聖人,既文致堯舜為聖人,即不得不承認禹為聖人矣。何以禹不傳賢而傳子,則曰:天與賢,則與賢,天與子,則與子也,故曰:唐虞禪,夏後殷周繼,其義一也。其在啓固然矣。自啓以後,有夏繼世之主,不必皆如啓之賢也,而何以天下不之廢,則曰:繼世而有天下者,天之所廢,必若桀紂者也。觀此知桀紂之惡,亦為孔門所文致。故曰:紂之不善,不如是之甚也。夫人民之心理,於其時主,必不能無所缺望,而同時亦必有其所欲奉戴之人。藉曰:天之愛民果如是其甚也,何以我所欲去之人,不為我去之,而我所欲樹之人,又不為我樹之也。於此而無以為答,則人民之感情,將時時與吾之教義相衝突,而吾之說可以立破。於是又巧借舊說以自解,曰:匹夫而有天下者,德必若舜禹,而又有天子薦之也。此其立說之完密,幾如常山蛇陣,首尾相應矣。既不顯然與舊說相反對,而又能利用舊說以藏身,故不轉瞬而其說遂風行於天下。符讖之說,魏晉而降,遂以式微,此則我孔子創製設教之力也。自是以後,我國之國體,雖仍為君主,而民主之思想,則實已確立。其奉戴君主也,常挾一有德之條件,以為之附隨,苟即其義而演繹之。則曰:君主而有德也,為臣民者,固當服從。而不然者,則亦可廢黜。君主之繼嗣而賢也,為臣民者,固有擁立之義,而不然者,則亦有更易之權。此等思想,固存之於人人之心中,特未嘗實行之耳。而此次之改君主為民主,則其實行之第一次也。孔子之教義存於經,而其刪剩之義,則存於緯,經與緯原相輔而行,後人議鄭君以緯說經,非也。且如郊禘等古義,非得緯說,何以解之,亦將如王肅等之向壁虛造乎。

然則我國民何以發明此教義兩千餘年，迄未之實行，而今乃忽起而實行之也。曰：世變爲之也。世變之起也，莫知其然而然，而徵諸前史，固有歷歷不爽者，以我國之歷史觀之，每兩千年必一大變，自秦以降，迄於今，二千餘年，而自戰國上溯之，至於有信史之時代，五帝也。太史公作《史記》，始於五帝，蓋皆藏之金匱石室者，可稱信史，此外則所謂言不雅馴，薦紳先生難言之也。亦兩千年，自此以往，更上溯之。至於有傳疑之史之時，其紀年雖不可據，然以世界歷史開闢之年歲參校之，則亦當在兩千年左右，無可疑也。埃及開化，在今六千年前，吾國開化最早，當與埃及相伯仲。夫治化之遞嬗，一質一文而已。自五帝迄秦，實爲我國治化，由質入文之時，自秦迄今，則爲由文反質之日，而自今以往，則復將由質而入於文，社會之治制，息息相關，蓋未有一現象焉，能離他現象而獨立者；國體問題，關係雖大，則亦諸種現象中之一現象而已。謂其獨能離他現象而孤行，未之聞也。觀於由文返質之日，君主之制之長存，則知由質入文之時，君主之制之必廢。謂予不信，請舉自秦以降，吾國治化之由文返質，及其與君主國體之關係以明之。

　　吾國自秦以降，治化之由文返質，可以兩事徵之，一曰國內之有停滯而無進化，一曰對外之主保守而不進取。

　　曷言乎對外之主保守而不進取也，吾國今日，巍然以一大國聞於世界，然其疆域，則皆自秦以前所確定，而自秦以後，則曾未能增益尺寸之土也。在吾國今日，本部而外，又擁有滿蒙回藏數萬方里之土地，此等地方，自秦以前，不特未隸版圖，或且未通聲氣，顧謂我國之疆域，悉確定於秦以前，毋乃近誣，雖然，諸君勿徒狃於目前之現象也。試以自秦以降兩千年之歷史通觀之，其始終團結不解者，則內地十八省耳。而內地十八省，則固自秦以前所確定者也。此其故何哉？若欲窮源竟委而論之，則將累萬言而不能盡，夫固非此篇之所許，無已，則姑舉自秦以前與自秦以後之兵力一比較之。夫我國自秦以前，則眾國分建，如歐洲中古時代之俄羅斯德意志耳。更進而上之，則部落錯居，若森林中之日耳曼，北海濱之諾曼耳。然而兵力強盛，橫絶亞東，雜居內地之夷蠻戎狄，無一不為我所征服。自秦以降，版圖式郭，戶口殷闐，巍然為一大國矣。而兵力之盛，轉遠不如前。塞外強悍之種族，真為我所征服者，不過一匈奴，此外如後魏之服柔然，則固鮮卑人種之強，而非我漢族之強也。拓跋氏是時，尚未同化於中國，遼金元清亦然，一同化於中國，遂無能為矣。有唐威烈，與漢并稱，然其所征服之大國，不過一突厥。此外皆小國耳。而其服突厥也，實乘頡利之失政，部落之分攜，而非必盡由於兵力，一遇吐蕃回紇，遂進退失據矣。漢之服匈奴，與唐之服突厥大異，漢之服匈奴，服之於方張之日者也，其時匈奴尚未衰亂，自失漠南後，即欲遠走漠北，使漢兵深入，罷極而取之，亦未為失計。然漢以衛、霍等出自椒房之親，不恤士卒之將，橫絕大漠而攻之，猶能累致克捷。而李陵且能以步卒五千，絕漠深入，為古今中外所無有焉。至唐之攻突厥，則兵不過至陰山口耳。薛延陀之敗，突厥之再亡，雖亦嘗至漠北，然皆乘其衰亂，且多雜用蕃兵，彼自攜離，非我之果強盛也。五代以後，屈辱之歷史，可以勿論，此何故哉？蓋秦漢時代，承戰國以前競爭劇烈之餘，舉國皆兵之制猶存，而斯民尚武之風氣亦最盛，一朝有警，賈人贅婿，弛刑閭左，咸可從軍，而其民一聞徵調，亦皆荷戈而趨，樂於效死，故能用之所向無敵。自秦以後，民兵之制既廢，所謂兵者，純恃市井招募之徒，而此等人則名雖為兵，而實不可謂之兵，康南海謂中國之兵，特異於齊民，別為一種人耳。其性質與各國可驅以任戰之兵大異，說最精確。見所著《歐洲十一國遊記》。則雖謂舉國無一兵可也。夫至舉國無一兵，而猶欲開疆拓土，以發揚國威，有是理乎？且國土之展拓，初非徒恃乎兵力。而必恃社會之活動，有以為之後勁。吾國自秦之前，社會活動之風最盛，故每征服一地，即能進而同化之。如春秋時代之於長江流域，吳楚之進化。戰國時代之於南嶺以南是也。莊蹻始通滇，秦嘗取南越地。自漢以降，社會活動之風大減，故雖一度以兵力征服之地，不轉瞬，即復為他人所有，漠南屢空，而今猶旰食於蒙匪。朝鮮越南，久列郡縣，今反為他人據之，以為我患，其明徵矣。此何故哉？社會之活動與停滯為之也。此其對外主保守而不思進取之鐵證也。

曷言乎內治之有停滯而無進化也，試一觀我國戰國以前社會之情狀與今日之歐洲諸國，有以異乎？無以異乎？以言乎教育，則黨庠術序，遍於鄉閭，與歐洲今日之教育普及者，無以異也。以言乎政治，則狗彘雞豚，纖悉必及，與歐洲今日綜理微密之治，無以異也。以言乎法律，則象刑之治，易爲刑書，五刑遞衍，乃至三千。與歐美今日日趨繁重之法，無以異也。自漢以來，論治者率尚德化，法律雖繁，而及於社會上之效力甚鮮。自實際言之，蓋反視前簡矣。治化之由文反質，由此可以類推。以言乎宗教，篤信者則奉爲天經地義，而少數之有思想者，則從而反對之。與歐洲今日宗教哲學之爭，無以異也。以言乎學術，則王官之學，散在四方，諸子百家，互相騰躍，與歐洲今者分科并進之風，無以異也。以言乎機械，則輸攻墨守，各炫新奇，機事機心，日出無已，與歐洲今日之日有發明者，無以異也。以言乎文學美術，則先進後進，文質迥殊。小說九百，肇自虞初。里巷歌謠，採於王府。與歐美今日文藝之盛，無以異也。建章之宮，千門萬户，驪山之葬，下涸三泉。與歐美今日建築之術，無以異也。魑魅魍魎，象於禹鼎，三年刻楮，可以亂真。與歐美今日雕刻之技，無以異也。凡若此者，枚舉之而不可窮，使因此而強爲附會，謂歐美今日之所有者，悉爲吾國所已有焉。斯固吾之所最不取，然以言乎社會之情形，則雖欲謂之不相類而不可得矣。乃自秦以後，所行者遂翩其反而，不特未能增所本無，抑且至於喪其固有，是何也？則社會動靜之殊也。蓋天下之理，不外乎陰陽二者之相對待，而其見諸人事者，則爲動靜。靜則翕以合其質，動則闢以出其力，張而不弛，固非勢之所能，弛而不張，亦非理之所許。卧者思起，勞者思息，其事雖異，其理實同。吾國自五帝以降，迄於戰國，曰由質而趨於文，皆爲闢以出力之時代，社會之疲弊已甚，不得不有此清靜寧一者，以大休息之。他且不論，即以人民之負擔論，什一之征，既三倍於後世三十取一之稅，而此外，則又有布縷之征焉，有力役之征焉，又當于田賦出兵焉。其負擔之重，已遠非後世所及。然此猶平世則然。及乎戰國，則暴君汙吏，慢其經界，其時宮廷之衰侈，外交使命之頻數，遊士食客之繁多，國家之費用，蓋又十倍於古昔，不於民取之，將焉取之。而且一有大戰役，死亡動輒十數萬或數十萬，壯者死於兵革，存者皆其遺孤，屢見於當時人之言論。則能事生產之民，又垂垂盡矣。孟子之言水深火熱，言猶解倒懸，非故甚其詞，實當時之情實也。此等社會，安得不一切厭棄，視聲明文物如芻狗，而惟思休息。自今以降，世變既殊,而我眠珠已久之驪龍,亦將揚鰭鼓鬣,軒然起大波於海上矣。然其所由來,則皆前此之清靜寧一,有以畜其力也,此其內治有停滯而無進化之鐵證也。

吾言至此,而吾國自秦以降,迄於今日,社會之情狀,畧可明矣。而此其爲事,莫不與君主專制,有甚深微妙之關係。蓋君主專制,常視天下爲一人一家所私有,惟其視天下爲一人一家所私有也,則嘗利民之弱而不利民之強,利民之愚而不利民之智,惟利民之弱而不利民之強也,則不得不盡去其兵,而其勢遂無由以進取。惟利民之愚,而不利民之智也,則不得不因陋就簡,而治化遂無由以日隆。且君主專制,以一身而任天下之重,運用既有所難周,監察尤有所不及,大權旁落,既深尾大不掉之憂,利器假人,尤有倒戈相向之懼,則不得不一切放下,但求一日之苟安。吾國自秦以降,其治化之由文返質,政體使之然也。而此種政體之久持而不變,則亦惟由文返質政體使之然也。而此種政體之久持而不變,則亦惟由文返質之社會爲能容之。蓋全國之民,既皆厭棄政治,莫或願與聞其事,則一人一家之據爲私有者,自得以久假而不歸也。外人譬我國人爲睡獅,殆信然矣。歷代四裔之禍,真所謂睡獅不如吠犬。君主之制與由文返質之治,其關係之密若此,今後治化,復將由質而入於文,而謂其能久存乎? 凡共和國之國,常忌兵權之集中,君主之國則否,故強弱迥殊,此亦君憲論者所持爲口實也。然吾國之情勢,則適得其反,國情之不易言如此。且不徒觀諸國內而見爲然也。即觀諸世界而亦知其無不然,吾謂吾國今後之治化,將由質而入於文,而歐洲之治化,則將由文而複返於質,此非吾之譫言也。在淺識之士聞此,必且駭然曰:世界之運,只有進化,更無循環,以歐洲今日之文明,安得謂其將復返於質,雖然彼未嘗觀於歷史也。語曰:不知來,視諸往,日暈而風,礎潤而雨,理有必至,勢有固然。惟沈幾觀變之士,乃能深鑒於未形,而不爲目前之富貴氣象所懾。夫人情不甚相遠也,即結合而成國家社會,亦何獨不然。吾蓋觀於歐洲今日之國爭,而知其與我國春秋戰國之間,極相類也。昔顧亭林嘗論之矣,曰:"春秋時猶尊禮重信,而七國則絕不言禮與信矣。春秋時猶宗周王,而七國則絕不言王矣。春秋時猶嚴祭祀,重聘享,而七國則無其事矣。春秋時猶論宗姓氏族,而七國時則無一言及之矣。春秋時猶宴會賦詩,而七國則不聞矣。春秋時猶有赴告策書,而七國則無有矣。邦無定交,士無定主,皆變於此一百三十三年之間。"《左傳》之終至顯王三十五年也,此等變遷,昔嘗莫明其故。觀於此次歐洲之戰役而恍然矣。蓋自德破比之中立以攻法,而公法為不足守矣。自意背同盟以攻德奧,而盟約為不足恃矣;彼豈好為之哉?世變迫之也。春秋戰國之變遷,亦如是乎。世變之亟,不亦重可畏哉?夫歐洲諸國,前此之地丑德齊,莫能相尚,敦槃玉帛,貌守平和,則春秋時代齊晉秦楚之相持也。自今以後,國際競爭,日益劇烈,二等以下之國,咸將無以自存,而號稱世界最強之國,亦將更起迭僕而終併於一,則猶由春秋以入戰國,魯衛陳蔡宋鄭先亡,而六國亦終不能自立也。春秋時代之戰爭,兵數尚不甚衆,且皆如蘇軾所云,犯其偏師,獵其遊卒而已。至戰國,則出兵動數十萬,坑降斬級,動以萬計,無一非互賭其國命之戰矣。此其原因固甚多,而諸小國之先亡,而無為之緩其衝,其大者也。歐洲今後之情形,亦正類此。而或反望此次之戰爭,為最後之兵燹,寧非夢囈。夫以歐洲今日之勢均力敵,而莫能相勝,在吾人觀之,誠不能知其鹿死誰手,然其結局,終必歸於統一,此則歷史之成例,天演之至理,質諸鬼神而無疑,百世以竢聖人而不惑者也。聞者猶疑吾言乎?世變之起,恒兆於至微,而其後遂沛乎莫之能禦,掀天動地之事業,其動也,雖夸父不能挽,其靜也,雖萬牛莫能移。而其始則皆起於人心之至微而已矣。人心之由文而入於質也,其徵兆多端,而其最彰明校著者,則莫如厭倦,向之所深嗜篤好,執著之為必不可無者,及其既厭倦也,則皆將棄之,惟恐不速。尺腹既果,視珍饌如糟糠,血氣既衰,對彼姝如灰土,皆是道矣。請更以吾身歷之事證之。往者吾嘗晝夜孜孜,以從事於鈔書矣。祁寒盛暑,罔敢或輟,即有小病,亦嘗不肯自休也。自乙巳迄於今,所手鈔者蓋亦百數十冊。謂為無用,是誠無用。然以言乎蠹魚之業,亦未必遂一無足取,且亦十年來辛苦所存也。自他人視之,宜若何千金享之者。乃吾今夏家居,董理書籍,睹其叢雜而不可理也,且自悼其糜精神日力於此而無所用也,則舉其大部分而拉雜摧燒之，今所存者，蓋不及其半耳。雖一時未忍棄擲，然更閱十年或數十年，自覺其勞精神日力而無所成，即成之而亦無所用也。更甚於今日，則終亦必盡舉而拉雜摧燒之，一如今日，可預決也。即使竭畢生之精力，著成一書，藏之名山，傳之其人，其結果終亦相等耳。何也？我不自燒，人將燒之也。秦政姑勿論，自漢以後，書籍之亡失者，已不知凡幾矣。豈其書盡無足取哉？社會之心理，羣趨於厭倦，一人之力，固無如何也。此何故哉？心理厭倦爲之也。天下雖大，一人之積也，社會之變故雖繁頤，無數人之心理所合成也。而所深嗜篤爲，執著之以爲必不可無者，及其既經厭倦，蓋有拉雜摧燒之，一如吾今日之於手鈔之冊者矣。此吾國春秋戰國之治，所由復返於文景，而亦今後之歐洲所必有之情狀也。夫今日之宰制世界者，則黃人與白人耳。白人之厭倦既甚，其好靜不好動，一如吾國秦漢以來，而吾適以由質入文之治承之，則斯時吾國盛強，可以橫絕於天下。

　　問者曰：如子言，子其有侵畧歐洲，統一世界之野心乎？應之曰：非然也。侵畧人國，乃野蠻人之所好。吾中華人，文明進化，既四千載，而何至如此。若云統一世界，則爲期尚遠，白人固未必有此能力，黃人亦何敢作此夢想。吾但以世運觀之，而知其必然耳。抑吾觀諸世界之已事，而知中國治化，苟由質而入於文者，則其盛強，必將橫絕於天下，無可疑也。夫策國之興盛者，必曰富強。以今歐洲諸國一隅之地，而其富強至於如此。中國擁有二萬萬方里之土地，四萬萬之人民，而其富強轉達不逮者，何哉？豈大固不可以敵小，衆固不可以敵寡乎？非也。大而不能用其大，則失其所以爲大。衆而不能用其衆，則失其所以爲衆也。大小衆寡，不專以形論。如德國今者之戰，出兵千萬，而吾舉國之兵不及百萬，則與德戰，必不能勝，是非衆不勝寡，乃數十萬人不勝千萬人耳。吾國今後，苟能由質入文，其所以治理其國者，一如今日之歐洲，則以吾之一省，即可以敵彼之一國。以今日之德意志一國之力，可敵全歐，吾則可以力戰世界而不懼。以今日之歐洲諸國，作戰期年，國內曾無疲困之相者，吾則可以十倍之而不疲矣。其盛強安得不橫絕於天下。蘇軾欲捐全秦以委夏，使如戰國時之秦，若未嘗有中國之援者，正是此意。然謂吾爲此語，爲有蹂躪世界之野心，則殊不然。蓋國家之興盛，與以兵力蹂躪他人,絕非同一之問題耳。然而吾國今後之所以自處者,則從可知矣。

或曰,君主國體之可反對,誠如子說矣。然凡事不惟其名而惟其實。君主國體之可反對,亦以其實權存焉。而爲國家進步之障耳。苟其實行憲政,則一國的實權,將不存於君主而存於內閣與議會,雖有君主,一如今者英國日本之徒擁虛名矣,而可以避選舉時之紛爭,又何爲而不善。應之曰,是誠然也,然中國苟有君主,果能如英國日本,亦成爲守府之主乎?是不可不深察也。大抵名實二者,交相爲用,實之所在,固不必復爭其名,而名之所存,亦足以坐致其實。彼日本英國之君主,所以能成爲守府之主者,亦以其君權本不甚尊焉耳。若如我國,則尊君之義,盛行固已兩千餘年,天澤之分大明,黼座之尊無對,一言及君主,即儼然有大權獨攬之思。雖或失德之主,流毒萬民,而臣下猶爭爲之盡力,此豈能如英國日本之君主,政由寧氏,祭則寡人者哉?非謂我國之君主,必人人懷抱野心也。社會之情勢,固將迫之使然。今者國體雖曰共和,而內閣制卒易爲總統制,其明徵矣。不然,既獲厚實,復享美名,彼王莽、曹操、司馬懿、劉裕、蕭道成、蕭衍、陳霸先、高歡、宇文泰、楊堅、李淵、朱溫、石敬瑭、劉知遠、郭威、趙匡胤之倫,其知豈盡出日本幕府下哉?且今之主張君憲者,曰,可以避選舉時之紛爭也。彼固自以爲深察國情也,而以吾觀之,則又不察國情之甚。吾請歷舉自秦以後,開國之主繼承之際之往事以折之。秦始皇長子扶蘇,爲李斯所殺,而二世亦死於趙高之手。漢高死後,呂后專權,讀史者多謂少帝非惠帝子,賴平勃之力,劉氏危而復安。然史明言此說出於漢大臣之陰謀,則其果爲呂氏子之見誅,抑劉氏子之被賊,究疑莫能明矣。而要其繼承之際,不能無亂,則一也。新莽篡漢,不恤自殺其子。光武於開國諸君中,最稱令主,猶替郭后,立陰麗華,廢太子彊而立明帝,亦幸而海內初定,人心厭亂,東海又懷退讓之節,故未有變耳。魏武欲立陳思而不果,致其後帝室藩王,互相猜忌,名爲分封,實同幽禁,求爲匹夫而不可得。而吳大帝亦廢其太子和，又殺其弟霸。晉武帝時，齊王盛植私黨，覬覦儲位。以惠帝親武帝子故，不遂所欲，然其後諸王喋血京師，卒釀成五胡亂華之禍。宋武帝子少帝，爲徐羨之、傅亮、謝誨所弑，齊武帝與高帝，并起艱難，實亦可稱爲劫造之主，故無恙。及其子，即見篡於蕭鸞。梁武帝身爲侯景所逼，餓死臺城，諸子坐視莫救，而日事擁兵相屠。岳陽王詧，至召異族以屠戮其兄，爲千古未有之慘禍焉。陳武帝無子，主兄子臨江王蒨。北魏道武帝，始入中國，身見弑於其妾。齊文宣始篡魏，子殷，見屠於孝昭。周孝閔始篡西魏，爲宇文護所弑。隋高祖偏信獨孤後，廢太子勇，立煬帝，以亂天下，而身亦不得其死。李淵雖爲唐高祖，而創業實出太宗，二人可并稱開國之主，太宗登位，既由玄武門之變，其太子承乾，性質絕類隋太子勇，而承乾既廢，魏王亦誅，其事又絕類吳大帝之於和與霸。然大帝之立會稽，猶出己意，而太宗之立高宗，則實爲長孫無忌牽鼻，明知其柔懦，不能易也。武氏之禍，實肇於此，而愛子及婿，且以此並不得其死焉。《唐書·吳王恪傳》云：帝初以晉王爲太子，又欲立恪，長孫無忌固爭。帝曰：公豈以非己甥耶？且兒英果類我，若保護舅氏未可知。無忌曰：晉王仁孝，守文之良主，且舉棋不定，則敗。況儲位乎？帝乃止。然猶謂無忌曰：公勸我立雉奴，雉奴仁懦，得毋爲宗社憂。故無忌常惡恪。永徽中，房遺愛謀反，因遂誅恪，以絕天下望。臨刑呼曰：社稷有靈，無忌且族滅。其事可謂慘矣。即遺愛之罪，初亦僅誣其兄遺直，遣無忌鞫治，乃得其與主謀反狀。亦疑獄也。無忌之誅吳王恪，史曰：以絕天下望。又太宗臨崩，謂無忌曰：朕佳兒佳婦，非有大故，不可廢也。此時武后尚未入宮，焉知王后之將替，其言非爲佳婦，爲佳兒發也。無忌與吳王遺愛，曲直不知其誰屬，然當時繼承之際之危狀，則可想見矣。梁太祖身見弑於其子友珪，友珪又見殺於末帝。後唐莊宗子繼岌，爲明宗所殺，明宗子閔帝，見殺於李從珂，從珂身見弑於石敬瑭，敬瑭無子，大臣立其侄重貴，太反其生平之外交主義，[*]以取滅亡。後漢高帝子隱帝，爲後周太祖所篡，太祖亦僅有養子，一傳而見篡於宋，宋太祖太宗相及之可疑，人皆知之，無待言。而秦及德昭，皆不得其死。遼金元三朝，皆起塞外，事體自與中國異，然遼太

---

[*] 編者按：此"外交主義"指卑事契丹，見呂思勉先生著《隋唐五代史》。

祖長子東丹王,被逼奔後唐,卒以强死。金太宗之立,尚定於世祖之世。熙宗之立,即非太宗意。致宗翰撻懶等,羣懷異志,使徽宗弒,金之内亂,亦不旋踵耳,而其後即有海陵世宗二世之難。蒙古大汗之立,由忽烈而台推戴,本無所謂繼承法。然成吉思汗長子术赤,則既爲蒙兀泰伯,其後太宗拖雷子孫,植黨互爭,卒成大帝國瓦解之禍。有明太祖,封建諸子,以爲屏藩,身殁而有靖難之變。清世祖之升遐,至今猶多異說,世宗之所以立,與其即位後之屠戮同氣,則尤彰彰在人耳目者矣。曠觀秦漢以後,列朝開國之初,繼嗣之際,未起變亂者,獨一劉先主,則固承東西都之遺緒,而非稱爲眞創業也。然則謂君主之制,足以弭繼承之際之爭亂者,實僅存乎一二政客之理想,而徵諸史實,固有不盡然者矣。即有之,亦必在奕葉相繼,民志既定,君臣之義既已大明之日,而非可期諸天造草昧建侯不寧之時也。是亦不足易中南美諸國,數十百年之歷史乎,而今之自號爲深通國情者,則何其遠也。

或曰,如子言,則必如今之迷信共和者流,事事效法歐美,然後爲快邪？應之曰:惡是何言,夫事事效法歐美,吾之所最不取也。而創法立制,必審國情,又吾夙所主張也。但吾之所謂審察國情者,必仰觀前古,俯鑒來茲,不能如今之持論者,拾外國博士一二語,讀世界歷史一二册,便自詡爲深通國情耳。吾謂中國今日,而欲謀定國體也,則莫如行總統終身制,而以金匱書名之法輔之。蓋此固我孔子兩千年前所創之法也。其與舊日君主之制,不同之點,全在乎世襲與否。蓋君主制之大弊,本惟在此也。夫一姓之子孫,本無奕世皆賢之理,而爲君主者,其所處之地位,又易以使之不賢,故凡生而取得君主之資格者,其人若爲上智,則不過爲中人,若爲中人,則不免爲下馴矣。試觀歷史,開國之主,必賢於繼統之君,自外入繼之宗藩,必賢於生長深宫之太子,其明徵也。至與今歐美各國共和制之異點,則在於總統之爲任期及終身任期之制。本歐美歷史上之理由,而非論理上必然之結果。且元首更易太繁,則國家之政策,將不能一貫。因我國現在,不能不行總統制故也。事機緊急之際，尤易貽國家以危機，而國中果有野心之徒，其得機會，亦自必較易。即使無之，而每屆選舉之期，使全國人心惶惶，捨其恆業，以屬目於此一事，既已不勝其弊矣，況有不止於此者乎。是則歐美現行之制，亦不如我孔子所創之法之完善也。主一法於兩千年以前，而猶爲兩千年以後，舉世界之人所不能逮，嗚乎！此其所以爲聖乎。

此篇所論，皆舉我國歷史爲證，而未嘗有一語及於異國，以國體問題與政體異常，視歷史上異常之趨勢，而非人力所可強爲，實爲兩方持論者所共識，而吾亦甚贊同其說也。其所論多高瞻遠矚，爲吾國異時發達之計，而無一語及於目前救亡已亂之圖。以吾素持樂觀主義，深信吾國將來必能雄飛世界，目前區區之屯蹇，曾不足爲大虞也。國體問題之起也，本以研究學理，號召國人，今則從事實上立論者多，從學理上立論者少，此亦事實使然。然返諸初度之宣言，則籌安會諸君子之志荒矣。不辭迂遠之誚，進商榷之言，或亦關心時事者所樂聞乎？

（本文作於一九一五年）

義州遊記

十月初八日，爲舊曆八月二十七孔子生日假期，初九、初十、十一三日，爲國慶假期，程君伯商、郭君西農相約同游義州，一觀朝鮮風俗，並歷五龍背、安東、新義州三處，所至並無詳細考查，不過遊覽而已。姑志所見聞，以供同人閱覽。

初八日，晴，晨八時半，登安奉車，五十分車開。安奉路者，清光緒三十、三十一年公元一九〇四、一九〇五年日俄戰時，日人所築輕便鐵道，三十一年十一月二十六日，日本明治三十八年十二月二十二日在北京訂善後條約，許其改築廣軌，嗣因購地事，彼此多有爭執，日人乃自由行動興工，我國不能禁也。工始於宣統元年六月二十二日，日本明治四十二年八月七日三年十月十一日日本明治四十四年十一月一日行開車禮，全路有隧道二十四，橋梁二百餘，隧道最長者在福金嶺，在本溪東南八里，凡四千六百五十一尺。橋之最長者，跨太子河，千六百九十四尺，全路之長，凡四百七十二里。一七〇.八英里。東邊一道，除沿海一二小口岸，以及鴨綠江下流與朝鮮貿易處外，交通率皆梗塞，自此路成，而形勢乃一變矣。

自瀋陽東南行百三十里至本溪，本溪舊名窰街，以地有陶器得名，雍正前即有此名，今奉省所用水缸等仍出於此，產石灰亦甚多。煤礦不知始於何時，乾隆間開採頗盛，日俄戰後，乃設中日合辦煤礦公司。宣統三年，日人又於其東五十餘里覓得鐵礦，乃改稱煤鐵公司焉。自車中望之，屋舍鱗次，烟囱林立，頗覺繁盛也。又二十六里而至橋頭,自橋頭至連山關,約六十里,路綫與細河并行,兩面皆山,丹楓被之,間以蒼松,景色極佳。

連山關,距瀋陽百五十一里,清時,於遼陽以東置驛八,連山關其一也。八驛者,曰大安平,曰浪子山,曰甜水站,曰連山關,曰通遠堡,曰雪里站,曰鳳凰城,曰湯山城。鳳凰城在連山關東南六十四里,以山名。山在城東南二里,上有廢墟,朝鮮史家謂爲高句麗永樂大王百八城之一云。又東南至高麗門,爲清時六邊門威遠、英額、旺清、鹻廠、靉陽、高麗之一。清未入關時,東境以邊牆爲限,其外則棄爲甌脫焉,邊牆遺跡,今猶有可見者,鳳城、安東以之分界。四時抵五龍背,五龍背距安東四十二里,地有温泉,中日之戰,日軍尋得之。日俄戰時,日人設所於此,以療養創病之兵。戰後,日人庵谷氏,於此設浴場,并起旅館,曰五龍閣。今乘安奉車至五龍背,凡買來回票者,價皆七折,蓋以招徠遊客也。是夜,即宿五龍閣中,脱履而入,席地而坐,侍女跽而進食,如見三古之風矣。

初九日,晴,晨起,附車至安東,安東之成市鎮,蓋數十年來事耳。咸豐以前,遼東沿海貿易,在大東溝與大孤山,與朝鮮貿易,則在九連城,安東殆無居人。同治中,登、萊之民,始有來此耕漁者,遼東之民,亦漸至焉,始成村落。二曰沙河子沙河鎮,光緒二年,於此設縣治焉。大東溝、大孤山、九連城之商業,皆漸移於此,今則出入貨價,約值三千萬元矣。出口以大豆、高粱、玉蜀黍、山蠶、材木爲大宗,入口以綿布、麥粉、茶、糖、煤油、火柴爲大宗。有日租界,又有屬於鐵路公司之地,布置皆極整齊,中國街市,不能逮也。

自車站出,乘人力車過鴨綠江,橋長二千九百五十餘尺,三千有九十八英尺。工事二年乃成云。在橋上口占一詩:"衣帶盈盈鴨綠江,當年曾此賭興亡。中原龍戰玄黄血,海外夫餘更可王。"渡江,爲新義州界,抵領事館,晤主事劉君康甫。名本釗、蓬萊人。劉君言此間華僑二千,苦力居半,營商業者亦無大資本,有本錢現洋數百元者,即爲雄厚矣。有一商會,以無大商,故魄力亦不厚。商會設一小學,學生僅三十,學齡兒童，固不止此，勸僑民子弟悉入學，事固甚難，學校既無經費，又無地，教員僅一人，欲圖擴充，亦無從措手也。日人程度亦不高，以致遇有交涉，頗爲費力云。朝鮮人苦稅重，又不能無亡國之感，時有反抗之舉。劉君言此間日本旅館，價貴而不佳，不如回安東住中國旅館，予等一茶後，乃興辭而出。新義州街市甚寂寥，然布置規畫，亦極整齊。華人聚居處，謂之中國街，入之，則湫隘囂塵，不潔之狀，匪筆能罄，眞可愧也。聞小學即在商會後，然尋商會不得，想因路途不熟之故。遊覽畧遍，腹中甚飢，乃仍乘人力車歸安東，半日之間，出國入國已。凡朝鮮人過界，皆須持驗護照，中國人入朝鮮不然。蓋日人入中國境，亦通行無阻也。

朝鮮人皆白襌衣白帽，蓋古深衣冠布之制也。案《郊特牲》，太古冠布，齋則緇之。《正義》：其冠惟用白布，常所冠也。若其齋戒，則染之爲緇。《方言》：以布而無緣，敝而紩之，謂之襤褸。《說文》亦訓襤爲無緣。蓋古深衣皆有緣，其無緣者謂之襤褸，乃爲儉也。周時冠皆緇布，白布之冠，惟冠禮之始用之，示不忘本。衣尤無無緣者，故士會言楚若敖蚡冒，篳路藍縷，以啓山林，以爲儉也。案朝鮮禮俗，皆受之殷，見於《三國志》《後漢書》《南史》《北史》者，不可遍舉。此白襌衣白布帽，亦必受之自古矣。感賦一詩："亥子明夷事可思，深衣白帽見殷遺。何當一舸丸都去，更訪當年永樂碑。"抵安東，止於鴨江春逆旅，伯商亦賦新詩一首，云："鴨綠江，鴨綠江，你是分開自由與不自由的江。在你一邊的自由，已經被驅逐了，強權當道，壓力橫施，淒慘情形，不堪言狀。在那一邊的自由，還算將亡未亡。鴨綠江，你何不卷起很大的風浪，把那強權，一齊掃蕩。"飯後，出遊市街，繁盛狀況，不下瀋陽也。途遇江君式古，江君名廷訓，本校理化專修科畢業生，今兼任甲、乙種商業學校教員，方送友人如車站，約傍晚來訪。是日，天氣頗熱，予輩行甚渴，乃還旅館飲茶，旋複至日租界遊覽，街市規劃，亦較中國街整齊，吾國對此，不可不猛省也。入一日本書肆，各買風景明信片數張，以爲紀念。傍晚，返旅館，則江君已來過矣。坐定,江君又至,欲約明日晚餐,以擬赴舊義州,還安東不能準定時刻,敬辭。江君改約後日,固辭不獲,乃約明日還安東後再定。

初十日,晨起陰,旋晴,再至新義州,聞自新義州至舊義州,有摩托車可乘,而未審車行所在,問諸警察,乃知爲定時開行之公乘之車,自八時至十二時,二時至六時,往來各開十次云。乘人力車至其地,榜曰多田商會自動車部。每次售票,以七人爲限,時僅十時,而十二時以前之票,皆已售罄。不得已,乃購二時行之票焉。既購票,復至附近之地遊覽,已乃入日人所設西餐店午餐,店甚小,欲吃鷄且不可得,又尋麵包而無之,肴饌不中不西,又不似日本饌,殊可笑也。

二時,乘摩托車赴舊義州,計程四十餘里,歷四十五分鐘乃達。蓋道不甚平,車又已敝,故行遲也。下車,則見關門,額曰海東第一關,猶朝鮮舊物也。關外皆茅屋,入關,屋宇尤低,高者予可攀其檐,低者行檐下將礙帽。不半里,見高丘,左折而登,官署在其址,又登,有標,書曰義州公園,旁書大正即位紀念,更升其顚,有亭曰統軍。北望,見關門之外,山勢逶迤而爲平野。鴨江環丘下如帶,隔江羣山若屛列,亭有朝鮮任疏庵叔英所撰序,刻木懸正中,字小,又有模糊處,不能細讀。後有大正三年十月重修記,日本所置平安北道長官齋堂川上常郎撰,亦鐫木,則字跡淸析可辨,記言統軍之名,不知所由來,中日、日俄之戰,日軍皆駐此,彼乃以爲識合云。口占一絶:“營丘高聳馬訾横,對岸羣山列似屛。誰使邪摩來應讖,春風坐領統軍亭。”時有一朝鮮學生亦來遊,西農操日語與語,問義州更有名勝可遊覽否?除自關門至此,更有市肆否? 皆言無有。乃下,出關,更乘摩托車歸,車將開而壞,坐待其修理,歷半小時,更成一詩,以志義州:“檐低時礙帽,巷小劣容車。茅舍對殘堞,宮衙依廢墟。山夷平野闊,江近稻田腴。雄關題署在,重閉意如何。”鴨綠江下游兩岸,皆產水稻。

還逆旅,江君式古來,約明日午飯,予輩以近日夜睡甚不適,明日上午,擬即趁車還奉,堅辭之,江君乃改約晨八時,在後聚寶街聚僊閣會餐,拳拳之意,殊可感也。

江君去後，飲者大囂，蓋鴨江春乃以飯莊兼逆旅者也。不徒不能臥，亦不能坐讀，避之之處，輾轉不得，最後乃得一策，赴中華舞臺觀劇焉。劇甚無味，不新不舊，情節尤爲不倫。予素不觀劇，在上海七年，觀劇不過十餘次，尚强半非出自願。今日到此，聊勝於旅館中聽猜拳嘩笑之噪音而已，一笑。十時半，度飲者已散，遂還。

是日爲國慶日，安東各學校及公共團體，午前皆集道前慶祝，商店則升國旗而已。

十一日，陰，晨赴江君之約，同席者，安東陶君子言，德盛安東勸學所所長，李君庚襄，獻廷東邊道立中學校校長，兼道教育會會長。瀋陽臧君斌如，世壽安東甲種商業學校校長。談次，知安東教育經費，亦甚竭蹶，又以幣制紊亂，商人不得不用日幣，市價爲日人所操縱，商務亦頗受損失云。食罷，遂行。江君又送予等至沙河鎮，並贈予等水果數種。十一時十分，車行，七時十分抵瀋陽。在連山關至橋頭道中成一詩："兩山被紅葉，車行一徑間，下有細河流，並轂鳴潺湲。十里見一邑，五里見一村。婦稚各自得，雞犬靜不喧。每懷避世意，竊愛山景閑。所恨漁人多，破此秦桃源。"抵瀋陽，與伯商、西農，小飲酒家，然後入校，即席又成一詩："不耐懸車後，何人霸此州。山川銷王氣，風雨入邊愁。放虎知誰咎，嗷鴻況未休。殷憂那向好，且上酒家樓。"予棄詩文幾二十年，平時偶有所感，得一二勁句，亦恒不足成一章，良不欲用心於此也。近忽三日而作詩六章，誠近年來罕有之事，然所作無異俚吟已，拳不離手，曲不離口，鏗悅之飾，固亦小道可觀矣。

朝鮮爲東方君子之國，亞洲諸國，濡染中國之文化，無如朝鮮之深者。日本其後起者也，安南抑尤不逮已。近人爭言捨力征而尚文治，若朝鮮其庶幾哉。其尚道義，恥詐諼，賤爭攘，無一不與我同，真我高第弟子也。雖一時見詘於人乎？然有小詘必有大信，天道好還，武力其可終恃哉！朝鮮與吾，感情尤洽，遠者且勿論，王氏世尚元公主，附於元若外臣，明祖之興，其末主欲舉兵犯境，國人弗欲。李朝太祖，因民心之弗順，以覆王氏。自太祖至於成宗，九世百年，皆銳意振興文化，海東文物，燦焉備矣。豐臣秀吉之侵朝鮮，明神宗傾國援之，雖無大功，而朝鮮人感念其意不衰。明之末造，力屈於清，播越者再，然終陰助明。清世祖既入關，朝鮮孝宗猶訓卒礪兵，欲伺其後，既不獲報，肅宗時，仍築大報壇，以太牢祀神宗。英祖時，又尊祀太祖及毅宗焉。模刻明成化中所賜印，爲子孫嗣位之寶。正祖輯《尊周彙編》，三致尊攘之意，終李朝，未嘗用清年號，奉其正朔。吾有朝鮮之友二人，皆言朝鮮中國，猶一家也。每閱報，見中國國事敗壞，即憤惋，曰：已矣，無可爲也已。夫以數千年之歷史言之，則中國之於朝鮮，誠猶長兄之於鞠子也。死喪之威，兄弟孔懷，而今中國之於朝鮮何如哉！

（原刊《瀋陽高師周刊》，一九二〇年出版）

三十年來之出版界（一八九四——一九二三）

余年十一，歲在甲午，而中日之戰起，國蹙師熸，創深痛巨；海内士夫，始羣起而謀改革。於是新書新報，日增月盛。迄今歲癸亥，既三十年矣！遂無成業，終作蠹魚。默數此三十年中，新書新報，接吾耳目者幾何？其能動撼社會者幾何？其忽焉若烟雲之過眼，今之人，已莫能舉其名者幾何？豈欲爲此三十年中作經籍志哉？風氣之變遷；學術之進退，固於是可見其署焉。述三十年來之出版界。

吾國新書新報之能動撼社會也，自《時務報》始也。前此雖有教會所出之書報，不足論，見後。《時務報》者，方中日戰事之殷，公車士子，羣集京師，上書請遷都續戰，由康有爲主稿，有爲凡七上書，此其第二也。格不達和議既成，有爲等乃立强學會於京師，强學會雖遭封禁，然此後數年間，學會之繼起者頗多。欲以昌講學之風，振士氣，謀變革。刊行書報，則會中所擬辦之第一事也。未幾，會被封禁。丙申，錢塘汪康年創時務於上海，由梁啓超主筆政。《時務報》初起，幾由梁一人主持；汪雖間作論説，然無甚關係也。後乃有順德麥孟華、餘杭章炳麟、三水徐勤、歸善歐矩甲等，分任撰述。報既出，風行海内。銷數最多時，至萬六七千份，後此之書報，迄未有也。此由當時新書新報之少，閲者專於一也。風會所播，旬報、月報、半月報等，紛然而起。其最著者，由澳門之《知新報》、天津之《國聞報》、湖南之《湘學報》是也。《知新報》由梁啓超遥主其事。《國聞報》嚴復所創。《湘學報》則譚嗣同、唐才常皆有著述焉。是時陳寶箴爲湖南巡撫，屬行新政，湖南爲新學蔚起之地也。其論皆主變法維新；於外事所知實淺，多舊時所謂經濟家之論而已。其能得當時士夫之稱許，亦以此也。啓超等既以旬報等震動海內，更謀翻譯書籍，又謀改善日報。前此只有《申報》、《新聞報》兩家，多記官場消息、各地商情瑣事而已。丁酉冬，創大同譯書局於上海。明年，出日報一種，名《時務日報》。夏，康梁進用，新政行。孝欽及守舊大臣害之。德宗知變將作，命改《時務報》爲官報，任啓超督其事，實陰令避禍也。令下，汪康年以《時務報》爲商股拒之，於是改《時務報》之名曰《昌言報》，改《時務日報》之名曰《中外日報》。未幾，京師變起，六君子流血東市，康梁皆走海外。新報多停辦；存者亦鉗口結舌，莫敢發論，新機爲之一窒焉。

時上海獨有一《蘇報》，持論侃侃，抵訾中朝，稱譽康梁不少屈。新者徒得之，若居空山者之聞人足音焉。爾後六七年中，《蘇報》常爲持新論者所走集，以此也。旬報之中，獨有一《亞東時報》，爲日本人所出，亦詆政府無所忌。啓超既走日本，創旬報於橫濱，曰《清議》。詞多詆孝欽，主扶德宗親政。是時禁令嚴，郵遞甚難。《清議報》雖出滿百冊，然內地罕得睹。啓超所辦諸報，影響以此爲最微矣。自戊戌政變迄庚子，八股既復，士復沈溺於帖括，事新學者少，新書新報出版亦不多。一二喜新之士，仍主變法之論。所共願者，則黜孝欽，扶德宗親政，復行戊戌新政而已。

庚子以後，輿論乃一大變。前此喜新之士，多以改革望諸朝廷，其所慕，則俄之大彼得，日本之明治也。庚子以後，知朝廷之無可與語；又知改革政治，其原來實在人民；必分政府之權，以畀人民而後可；於是擬議及於政體，而立憲革命之論茁焉。丁斯時也，雜誌之應運而出者，則《新民叢報》及《民報》是也。《新民叢報》者，發刊於辛丑之冬，亦梁啓超所辦。其轉移風氣之力，與《時務報》相埒。時清廷方貌行新政，以敷衍人民；書報禁遞，已不甚嚴，故其銷數亦幾埒《時務報》。《時務報》多論政事，《新民叢報》則多砭針人民。歐西思想習俗與中國不同之處，乃漸明瞭。自由、平等、熱誠、冒險、毅力、自尊、自治、公德、私德諸多名詞，乃爲人人所耳熟。今日中年以上之人，其思想，尚多受諸此報者也。多載泰西名人學案傳記，多數人乃漸知西方學術之真相。又多以新思想論舊學術，後此治新學者之喜研國故，亦實肇端於是焉。初有新書時，議論尚皆以中國爲本位，自無所謂國故之論。辛壬以後，歐化之趨勢漸甚，而國故之論乃同時發生。其時謂之國粹。上海發行《國粹學報》，持續最久，且當時尚印行舊書多種，最足爲研究國故者之代表。後此雖有此類機關，大率不旋踵而停辦矣。然歐化之趨勢雖盛，國故論迄亦綿延不絕也。予謂研究國故，自爲今日學術界之要圖。但通觀前此之研究國故者，實有二弊：一則自號爲新，而思想不免陳舊。一則過趨於新，疑古太甚，實未明國故之性質。二者相較，楚固失矣，齊亦未爲得也。至於目光專注於收藏家，多印書畫等美術之品，以爲牟利之計，雖亦不能謂其無益學術，然實非目前急務，此則骨董家之變相，更不足語於學術矣。要之新方法整理舊國故，今雖已啓其機，然其盛大，則尚有待也。其於政治，初主革命，自由主義，種族之戚，情見乎詞。而康有爲方遊歐洲，以爲革命之禍，易發難收，詒書諍之。壬寅癸卯之際，啓超乃亦改主立憲。時則主革命者有《民報》，章炳麟、胡漢民實主其事。兩報爭辯極烈。然《新民叢報》發行較早；啓超辦報久，爲海內人士所信較深；《民報》亦禁郵遞，內地之人，得見者罕；故革命論之盛，卒不及立憲也。此數年中，留學日本之士大盛，謀譯書出報者亦不乏，最早者《譯書彙編》爲月刊，繼起者多以省分，如湖北人所出之《湖北學生界》、江蘇人所出《江蘇》、浙江人所出之《浙江潮》等是也。上海亦有繼起者，如《翻譯世界》、《大陸報》、《新世界學報》等是也。多不久停刊，故影響不巨。譯書出版者亦多。然除一嚴復外，亦率爾操觚之作多，而精心結撰之作少；所譯之書，又多俯拾即是，鮮加選擇；故其書流播不久。然一時風起雲涌，使社會耳目一新，亦不能謂其全無功績也。

　　日俄戰後，立憲之論益熾。清廷爲輿論所迫，乃有派五大臣出洋考察憲政之舉；旋下詔預備立憲。適宣統朝，則憲政施行，既有定期；諮議局、資政院亦相繼設立矣。於是主革命者，亦不甚從事於言論。而梁啓超等乃又創《國風報》於日本。除策勵國民外，所論列者，以憲法及財政爲多。非稍通政治學者，不能盡了其義。故《國風報》之銷數雖與《新民叢報》相仿佛，然其議論之深入於人人之心，而足以轉移風氣，則遠不及也。

吾述三十年來之出版界，獨先縷縷於雜誌者，以書報相較，報之力大於書；而以雜誌與日報相較，則雜誌之力，大於日報也。今請一論書籍之情況。蓋吾國之有譯籍舊矣，從教會中人始也。其後乃有製造局所譯。稍通外情之士亦間有從事於此者，若王韜是也。然舉世鮮或措意。《時務報》既出，乃大聲疾呼，勸人讀西書。梁啓超撰《西學書目表》、《讀西學書法》各一卷，刊佈焉。然是時馳騖新說者，多舊學稍有根柢之士，年多在三四十以上，科學非所好；而政治法律等書，前此譯出者，率無足觀；哲學社會學更無論矣；故好讀者仍鮮。斯時變法維新之論，所慕者既爲俄之大彼得，日本之明治，其目光自全注於政治。以爲革政其本，而械器工藝其末；政治苟變，此等細目，自隨弘綱之擧而畢張。故所欲譯者，首在政法一類之書。當時分西學爲兩大類，曰政，曰藝。大同譯書局序例，當時無發刊辭、宣言書等名目，無論創辦何事，宣佈宗旨和辦法之文，皆稱敘例。所言即此義也。局既設，事未及擧，而朝政已變，局亦停閉。時則學東文以譯書之論大盛。認識日本假名，稍肄其文法，以讀彼國文義稍深之書，當時所謂"和文漢讀"者，國文既通之人，殆旬月即可蔵事。一時從事於此者頗多。然庚子以前，新機窒塞，所譯出者甚少。辛丑而後，留東學生驟盛，海內治新學者亦多，而譯籍乃日出。然其所譯，率爾操觚之作多，精心結撰之作少，已如前述。時則移譯東籍，爲留東學生及海上文士稻粱資斧之謀，亦爲書賈射利之業。其初上海之譯印新書者，以廣智書局爲巨擘，文明書局次之。此外惟作新社所譯較多；金粟齋所出雖不多，而皆尚好；又次則推昌明公司矣。然皆不久停閉。商務印書館初起，注重印刷，自出之書甚少也。然廣智書局爲保皇黨人所主持，非真能營商業者。文明譯書，亦不足述。而其時學校漸多，教科用書，皆取諸文明，營業頗盛。既忽以他故，停滯不進。而壬癸之際商務大肆力於教科書。其書一出，頗有涵蓋一切之勢；營業遂蒸蒸日上。浸至在新書業中，首屈一指焉。其後繼起之大公司，唯圖書公司及中華書局兩家。圖書公司初起時，規模頗大，以營業不善，卒致失敗。中華則乘國體改革之際而崛起者也。於是書賈營業，以教科書爲大宗，譯籍顧居其次。譯出之書,以法制經濟爲最多,以當時求學者趨重於此也。次則小說,亦頗風行;而林紓所譯,尤負時譽。

民國肇建,出版界亦煥然改觀。其時日報驟增,北京上海,新出者皆至數十種,激進穩健兩派,訾謷若水火,皆借報紙爲機關,幾令人目迷五色。贛寧戰後,民黨報紙皆停印,而興論乃後沈靜焉。方其盛時,兩黨互詆,皆近叫囂;真能平心靜氣,以商榷是非者絕少,雖或援據不論,侈陳法理,亦多取其便於己者用之;或不惜曲説以申黨議;違心之譏,兩黨皆所不免也。民黨中唯章士釗一派,持論最持平;不曲阿己黨,持調停之説甚力。所出《獨立周報》,評論時事,多中肯綮。贛寧戰後,章又出月刊一種,以出版之歲名之,曰《甲寅》。仍力主調和之説,時朝野疾視民黨,一切務反清代之規模,時人謚之曰"復古",雖賢者不免有此偏見。章等獨斤斤以爲不可,以視其前此著論,力斥國民黨之驕横者,判然若兩人,斯尤可謂中立不倚者也。其較偏於舊者,則有康有爲以獨力所出之《不忍雜誌》,梁啓超等在北京所出之《庸言報》,及其後中華書局所辦由梁主任之《大中華》。有爲爲主張變法最早之人;顧當是時,力主因循舊政,保守舊俗;不惜出其一身以與舉世抗;可謂薑桂之性,老而愈辣,君子觀於此,然後知其能創變法之議,於舉世不爲之日者,爲有由也。其所言之是非姑勿論,抑足以愧世之覷邀時譽,隨俗俯仰者矣。此數種雜誌,在當時皆足針砭時俗。顧其時之社會,混亂已極。粗猛者爲暴民間,幾同肆掠,夸毗者獻媚政府,冀飽貪囊。無復繫心國家,眷懷民俗者。雖復仁人志士,人百其身,猶未易改發聾振瞶之效,況於羣言混亂,讜言正論,且不易佔勢力於社會乎?丁斯時也,惡劣之小説,乃風行一時。如《禮拜六》、《白相朋友》等,銷場之廣,教科書而外,幾乎無與比倫。迄於今日,其遺風餘烈,且猶未沫,斯則人心腐敗之鐵證矣。譯小説最早者,當推《時務報》,所譯《華生包探案》及《長生術》等,皆附載報中。自後日報雜誌,亦多附有小説,然出單行本者尚少。壬癸以後,譯業既興,小説亦隨之而盛。仍以翻譯者居多。自撰者不過十之二而已。雖名著寥寥,大都無關弘旨,尚多不失曲終奏雅之義也。至民國二、三年以後,乃鄙陋一無足觀;且惡劣無所不至。當六、七年間,上海《時事新報》,徵求各種社會黑幕,揭載報端。本所以抉發神奸,非以供茶餘飯後之讀助也。初時應徵之稿,頗有佳者,其後漸不可信,該報因之停載。乃海上牟利之徒遂爾踵事增華,向壁虛造,而有所謂黑幕一類之小説,斯真奇想天開,抑也無孔不入矣。

癸丑以後,社會之空氣,沉悶已極。稍新之議論,幾於不可復見。而陳獨秀等所辦之《新青年》,獨扶翼新機,力斥當時復古之説。《新青年》後此之叫囂漫罵,誠不無可議。然在此時,則可謂庸中佼佼者矣。袁氏死後,人心稍蘇;復古之夢,隨之而醒。是時北京大學,亦以主持易人,新機大啓。所出書報,於社會主義及哲學、文學、科學,皆有所提倡。其議論,較諸前此通行之説,實覺新穎透辟,一時遂有風行草偃之勢。近數年來,所謂新思想新文化,皆導源於是時也。一時轉移風氣,爲力最巨者,當推《新青年》、《新潮》兩雜志。而稍晚出之《建設雜志》,議論尤切實焉。此外有名之雜志尚多;新譯及國人自著之書亦不少;即日報,亦多特出附張研究學術者。學風之盛,洵前此所未有也。上皆目前之事,人人所知,不負贅論。

三十年來出版界之情形如此,所述雖畧,然其變遷固大畧可睹矣。今請進而述吾之所感。

三十年來動撼社會之力,必推雜志爲最巨。凡風氣將轉跡時,必有一兩種雜志爲之唱率;而是時變動之方向,即惟此一二種雜志之馬首是瞻。是何也?曰:凡社會之變動,驟觀之,一若由於理性;而實皆驅率於感情。日報專事記載,不重議論,其能激動人感情之處甚少。書籍説理較深;又多譯自異國,其所言,非必爲目前利害切身之事。非如雜志,多吾國人自箸之論,皆針對當時之人發言;又其聲情激越,足以動人之感情也。然則今日之風氣,所以競趨於新,一若舊政舊俗,無一足以保存者,其故可深長思矣。今日穩健之士,每訾喜新者流,事事欲效法他人,而盡忘其故;又或譏此輩於異國之事,亦無真知灼見;其言亦誠有片面之理由。殊不知社會當變動時;本非有所慕於彼,而思竭力以赴之之問題;乃皆有所惡於此,而急欲排而去之之問題耳。自新説創導以來,能激刺人之感情,而支配其行爲,儼若具有魔力者,無如(一) 民主,(二) 決棄舊禮俗,(三) 社會主義之論。

夫昔日之君主專制,則誠惡矣;今效法歐美之代議政體,其善安在?舊時禮俗,誠哉不宜於今;然一旦決而去之,將何以代之?此又新者徒所茫然無以爲答者也。社會主義,誠救世根本之談;然現在之蹴焉若不可終日者,又豈盡資本家之咎?此理甚明,人所易曉;而今之人顧若熟視無睹;即明知之,其主張之激烈,亦曾不少減,是何也?則所惡於舊者既深,急欲決而去之,而其餘遂有所不及顧也。人之情,有所惡於此,必有所慕於彼,其所慕者,未嘗有一時一地焉,曾現之於實也。然情感所迫,往往能造爲幻象以自慰,雖明知其未嘗實見,亦不恤謂有一時一地焉,曾現之於實以自欺。市三成虎,況於一國?合多數人之心理而皆如是,則所慕雖幻,亦若實有其事矣。故今日之稱頌西歐,猶其昔日之謳歌三代。非必真知三代之若何善美也;有所疾於今,則凡與今反對者,一切托之於古云爾。故曰:"堯舜之美,千載之積譽;而桀紂之惡,千載之積毀也。"然君子觀於此,不訾大多數人識見之淺短,所慕者之不確實,而轉以此知舊俗之必不可以復存。何則?多數人所慕之新,固或爲鏡花水月,然其痛心疾首於舊,則已彰明較著矣。夫世固未有爲大多數人所痛心疾首,而猶能存焉者也。故君子所觀察之事實,與常人同,而其所得之結論,恆與常人異。今人訾吾國民有否定性而無肯定性,亦即此理;初不足爲吾國民咎也。何則?彼固惟知舊者之當去,而未嘗知何者之當從也。以前譬明之:則知君主專制之不善,而未知何種政體爲善也;知舊禮俗之不適,而未知新禮俗當如何也;知私有財產制度之爲亂源,而未知當代以何種經濟組織也。其採用代議政體等,乃適然之事,非真知其善而採取之也。此等現象,非獨今日,亦非獨吾國;伊古以來,大變革之際,皆係如此。其初皆惟知除舊,至新者之建設,則破壞後因緣交會而成,非破壞前所豫定也。破壞前所幻想欲建設之境,其後大抵不能實現。

中國人好發空論而不能作實事,此今人所爲悲觀者也。予謂此亦不足慮,何者?事實難變,而精神易於聳動,此爲自然之勢,無可如何。夫徒發空論,誠無益。然使人人之心思,頑固不變,而欲求事實之改變,不可得也。理想者事實之母;以中國土地之大,交通之不便,數千年來舊習慣之深,而運動不過卅年,全國輿論,即已大畧一致,固亦不可謂遲矣。語曰：一紙書賢於十萬師，就卅年來事觀之，誠哉其然也。此亦出版界中人，所差堪自慰者也。

　　文字宜於通俗，此觀諸近數年來之事而可知者也。中國向者，亦非全不用通俗文。然其意，以爲此以語婦孺及農工商之流耳；如官府所出白話告示及民間所刊善書是也。非所以語讀書之士也。新書報初出時，其意蓋猶如此？故雖有白話書報，而亦無人過問，以此等人本不讀書，而自讀書人言之，則此等書無足讀也。近數年來，新文學之說既倡，著書多用語體而學校生徒之能讀書者大增，書報之銷行益廣，此其中固亦有他種原因，然文字艱深之隔閡既除，而學術之研究遂易，則事實昭然，不可掩矣。予固不謂舊文學可廢，亦不謂新文學勝於舊文學，然文字艱深之弊去，俾學者節省日力，則教育易於普及，而學術程度，可以提高，則事實昭然，不可掩也。

　　合三十年來之出版界觀之。學問智識，誠覺後勝於前；然道德則似反不逮，信用亦較前爲弱，此則著述界中人，所亟宜自警者也。猶憶戊戌以前，新書新報初出，執筆者皆一時之俊；誠有救國牖民之熱憂。既非以邀名，亦非以牟利；故其言論，能爲薄海所信仰。即其時從事日報者，亦多秉公審愼，不敢妄肆雌黃。故熱心公益之士，以得報紙之稱譽爲榮；而束身自好之流，以受報紙之譏彈爲辱。庚子以前，蓋猶如此。辛丑以後，新機大啓，書報日出，然率爾操觚之作轉多。或則曲學阿世，不顧是非。或則務伸己說，淆亂黑白。甚有造作讕語，誣衊異己者。於是報紙始爲海內所齒冷，受其譽者不足爲榮，爲所毀者不足爲辱。其監督社會，指導輿論之力，一落千丈矣。受人津貼，爲之機關者，更不足論。即以智識論，後此佼佼之士，所知誠突過前人，然此就其中少數人論之耳，若合全體言之，則前此非真有學問之士，不敢執筆；後此則弱冠之子，淺學之徒，亦皆伸紙握筆，儼然著論矣。夫學術之深淺，品評亦視乎其時。前人所知雖淺，然在其時自爲第一流，故能得人之信仰也，今若此，安得不爲人所易視哉。又問題之討論，學術之研究，誠以集思廣益而愈明，然亦必確有所見，方可出其所懷，以與大衆商榷。若事實尚未明瞭，即已借箸代籌；讀書初未終篇，亦欲斐然有作，而亦長篇累牘，登諸報端；或則旗鼓相當，辯爭無已，此則徒耗讀者之日力耳。不徒出版機關，濫用種種方法，以招致此曹投稿爲不當；即學者如是其求速化，亦非大器晚成之道也。

　　處今日之情勢，已非大資本不能營書業，蓋舊時書賈之刻書，銷場佳者，三年而僅償其刻版之費；自此以往，乃得薄利焉。今則印刷之技既精，運輸之途又廣；廣告之術，尤層出不窮。苟非如大書店之能自設印刷所，多設支店，多登廣告，其營業決無振起之望。夫資本之爲物，其趨於利厚之處，若水之就下，以今日大資本之書店獲利之厚，而猶望有小資本者，同時競起經營，此必不可得之數也。至於私人刻書，不爲牟利者，自亦有之；然其數必有限；且其印刷之費，必較書店爲昂；成本昂則售價必貴，縱不牟利，亦不便於學者；又況無分銷機關，不能普及乎？故今後廣印書籍，以宣揚文化之責，殆十之九集於有大資本之書店，非虛言也。今之人，每訾書店惟知牟利，不甚肯爲學術文化計，此亦一偏之論。書店以營業爲目的，與一切商店同。豈能責其只顧公益，不顧血本？苟如是，彼其資本，亦不轉瞬而盡耳，所能爲者幾何？然雖如是，在無礙銷場之範圍內，書店亦應盡相當之責任。且書店之編印某種書籍，原因其銷路之廣而然；然亦有某種書籍，因書店之提倡，而其銷場乃廣者。亦視其爲之何如耳。此等責任，亦書店所應負也。目前可爲之事即甚多，試舉數端以明之。如民國肇建，已十二年，此十二年中之事，利害切身孰甚焉？爲共和國民者，人人所應明瞭也。然竟無隨時編輯，以饗國人者，此亦出版界之恥也。法令條約等，在昔時尚有搜輯匯刊者，今則除供法官、律師所用者外，皆無有矣。日言譯新書宜有條理系統，然終不見此等事實。其卷帙較巨，若商務所出之《科學大綱》者，已如鳳毛麟角矣。日言研究國故，而舊籍之難求彌甚。間有翻印者，非印刷甚精，即卷帙甚巨，以致售價甚昂，寒士殊不易得；求其將舊時叢書，擇要翻印，或另按學術之性質，編成新叢書；或雖翻印舊籍，而可分可合，任人選購者，且無有也。然則今之翻印舊書者、毋乃眞只能翻印舊書乎？爲文化計，一二有力之收藏家，能讀書者實少，即爲營業計，少數有力者之蒐購，亦不如多數寒畯之零買也，天下事無難易，惟得其術者爲能成功。今人頗有言四庫書宜印行者，甚盛舉也。然絕不知別擇；言印即欲全印,以致力不能舉。殊不知四庫書爲外間所有者甚多;並有通行之本,轉精於四庫著錄之本者。欲印行,宜先外間所無之書;次則擇其與通行之本不同,足資校勘者;其餘盡可從緩,如此逐漸印刻,數大書店之力,即可任之,正不必仰仗國庫,更不待招外股也。散見各報章、雜誌之論文,盡多有用者。然如《東方雜誌》之能輯刻東方文庫,亦尚爲破天荒之舉。此類有裨學者,兼利營業之事甚多,舉不勝舉也。

(本文寫於一九二三年)

考試論

此篇係民國十三年所撰，與見在情形，少有不合，然要足供談考試權參考也。思勉自識。

自海通以來，中國之外交，既已情見勢絀。於是論者以國勢之不振，歸咎於人才之缺乏；而人才之缺乏，則科舉之制實爲之；於是有廢科舉，設學校之議；而考試二字，遂爲世大厲。其實科舉與教育，本非一談；考試與科舉，亦截然兩事。近人言吾國教育史者，每將科舉牽入其中；而一言考試，即以爲與復科舉無異，皆不察事實之過耳。

曷言乎科舉與教育，本非一談也？案吾國古者之學校，可分二種：一所以教貴族，一所以教平民。其所以教貴族者，又分二級：曰大學，曰小學。《王制》："天子曰辟雍，諸侯曰泮宫。"此言大學之異名。又曰："小學在公宫南之左，大學在郊。"說者謂諸侯之國，小學在內，大學在外；天子之國則反是。此言大學與小學之異地也。小學之所教者何事不可知，度不過灑掃應對之類。《尚書大傳》："古之帝王，必立大學小學。使王太子、王子、羣后之子，以至公卿大夫元士之適子，十有三年，始入小學，見小節焉，踐小義焉；年二十入大學，見大節焉，踐大義焉。故入小學，知父子之道，長幼之序。入大學，知君臣之儀，上下之位。"蓋古小學之所教，不過日用尋常之禮節爾。故子游譏子夏之門人小子，灑掃應對進退則可，本之則無也。至大學，則春秋教以禮樂，冬夏教以詩書。古之所謂詩書禮樂者，究爲何物？學之究有何用？今日亦殊不可考。據後人所推測，則古之所謂學者，除聲樂外蓋無他事。俞氏正燮《癸巳存稿》云："虞命教胄子，止屬典樂。周成均之教，大司成，小司成，樂胥。皆主樂。子路曰：何必讀書，然後爲學？古者背文爲誦，冬讀書，爲春誦夏弦地，亦請樂書。通檢三代以上書,樂之外無可謂學。內則學義,亦止如此,漢人所造《王制》、《學記》,亦止如此。"又古之用人,率以世官。其學問皆由父子相傳,初未聞得之於學。更觀古者,清廟辟雍,合居一處。則所謂學者,究爲何物,亦恍然可推。蓋民之初生,必篤於教。古者生活程度尚低,通國之內,只有房屋一所,名曰明堂。天子之居處在是,祭祀在是,講學聽政亦於是。故明堂者,實合後世之宮禁、宗廟、學校、朝廷等等而一之者也。後世生計程度漸高,房屋日多,此諸事者,乃悉自明堂之中,分析而出。説本阮氏元。見《揅經室集·明堂論》。然前此之遺制,固猶有存焉者。所謂春秋教以禮樂,冬夏教以詩書者,禮則祭祀時所行之禮,樂則祭祀時所作之樂,詩者,樂之歌詞,書則教中之古典耳。夫至春秋戰國之世,所謂禮樂者,誠未必盡如是。如孔門之詩書禮樂是也。然帶此等性質,蓋猶不少?當時學校之政,誠未必盡舉;即舉焉,貴游子弟,亦未必盡入;然即入焉,其所學者,亦不過習於登降揖讓之儀,長於微言諷諭之際耳。至於當世之務,則學校中固未必以是爲教,而得之必由於世官。古代世官之制,所以不能驟廢;而王官之學,所以能衍爲九流,實由於此。至於平民教育,則何休述其制,謂一里八十户,八家共一巷,中里爲校室。選其耆老有高德者,名曰父老。十月事訖,父老教於校室云云。《公羊》宣十五年注。此蓋粗教之以當時社會所謂平民者應守之道,尚不能比於後世之村塾。故孟子告梁惠王、滕文公,皆以制民之產與庠序之教並言;而子游謂小人學道則易使也。當時鄉學中人,據《王制》所言,亦可升入國學,與王太子等同受教育;並亦可以入官;然恐已雜托古改制之詞。語其實,則用之特止於鄉吏;超擢至卿大夫以上者,實爲鳳毛麟角。此證以古書所載之事實而可明者也。俞氏正燮《癸巳類稿》云:"周時卿大夫三年比於鄉,考其德行道藝而興賢者能者。出使長之,用爲伍長也。入使治之,用爲鄉吏也。其用之止此。《王制》推而廣之,升諸司馬曰進士,焉止矣。諸侯貢士於王,以爲士,焉止矣。大夫以上皆世族,不在選舉也。《荀子·王制》云:王公大人之子孫,不能禮義,則歸之於庶人。庶人之子孫,積文學,正身行,則歸之卿相士大夫。徒設此義,不能行也。"夫科舉者,實即今日之文官考試,由之恆可以得官。今貴族之登庸,既不由是;平民即入學校,亦未必可以得官;

則學校與科舉，本非一談，昭然明矣。

曷言乎科舉與考試，本爲兩事也？科舉者，舉官之法。其在後世，率多以考試行之。遂若二者之關係，固結而不可分。其實追溯其原，則兩者渺不相涉。古代用人，盡以貴族世官，既如前述。其有登庸人才之意者，厥惟諸侯貢士之一途。案科舉所取之才，誠爲無用。然歷來選舉有登庸人才之意者，仍以科目爲最。且科目出身之人，在仕途中僅十之一二耳。並此去之，則以學問取士之途絕矣。故歷代欲停廢科舉，或減少名額，明於治體之臣，恆力爭之也。《射義》："古者天子之制：諸侯歲貢士於天子，天子試之於射宮，其容體比於禮，其節比於樂，而中多者，得與於祭。其容體不比於禮，其節不比於樂，而中少者，不得與於祭。"《白虎通義》："諸侯貢士於天子，進賢勸善也。"此等制度，古代果有與否？有之而常行與否？姑措不論。六經固多孔子改制之談，亦必有前代制度爲據；不能皆憑空捏造，繆謂古人有此也。而後世州郡察舉之制，則實導源於是。《漢書・董仲舒傳》：仲舒對策，謂"長吏多出於郎中、中郎、吏二千石子弟，選郎吏又以富資，未必賢也。臣愚以爲使諸列侯、郡守、二千石，各擇其吏民之賢者，歲貢各二人。以給宿衛，且以觀大臣之能。"此說實本於《射義》。羣經所載制度，今人多以非信史抹殺之。姑無論改制之談，亦必有事實爲據也；即謂其全不足據，然儒家之說，多爲後世制度之原，固亦不容不措心矣。《漢書》謂"州郡舉茂材孝廉，實自仲舒發之。"夫州郡察舉，則後世科舉之所本也。蓋漢代舉士，凡分二途：其一則天子特標其科名，詔內外臣工薦舉者，此爲後世制科之先聲。又其一，則州郡以人口爲比例，察舉秀孝，則遞嬗而成後世之鄉舉。其在後世，制科鄉舉兩途，皆有考試，而原其朔，則皆無之。按漢策賢良，始於孝文之於晁錯。其後相沿，賢良皆由親策。惟孝昭年幼未即政。故但詔有司問以民所疾苦。然所問者，鹽鐵、均輸、榷酤，皆當時大事，令建議之臣，與之反覆詰難，講究罷行之宜。至漢武之於董仲舒，意有未盡，則再策之，三策之。晉武帝之於摯虞、阮種猶然。蓋誠以其人爲賢良，故諮以當世之務，猶有師其臣之意；非防其冒濫應舉，而以是考核之也。可參看《文獻通考》卷三十三按語。制科非常行之事，姑勿論。今請一論漢時州郡察舉之制，何以漸變而爲隋唐後之科舉，亦可見考試之興，出於事勢之相迫而不容已也。按漢代詔諸侯王郡守選舉，始於高帝十一年。詔有"有而弗言覺免"之言。武帝元朔元年,又以闔郡不薦一人,詔議不舉者罪。則此時之願應選者蓋甚少。然及世祖元年,已有"方今選舉,賢佞朱紫錯用"之言。見《續漢書・百官志注》。至章帝建初元年,則謂"茂才孝廉,歲以百數。既非能顯,而當授之以政,甚無謂。"和帝永元九年,則謂"郡國舉主,不加簡擇。先帝明敕所在,令試之以職,乃得充選,其德行尤異,不須經職者,別署狀上。而宣佈以來,出入九年,二千石曾不承奉,恣心從好,司隷刺史,訖無糾察。"樊儵上言:"郡國舉孝廉,率取年少能報恩者。耆宿大賢,多見廢棄。"又田歆為河南尹,外甥王諶名知人。歆謂之曰:"今當舉六孝廉,多得貴戚書命,不宜相違。欲自用一名士,以報國家,爾助我求之。"見《後漢書・种暠傳》。當時選舉之濁亂,至於如是,其不得不加以考試,以杜冒濫,固勢有必然者矣。考試之制,發自左雄。雄始請孝廉年不滿四十,不得察舉。皆先詣公府,諸生試家法,文吏課箋奏。此實爲郡國舉士,朝廷復加以考試,然後用之之始。史稱"濫舉獲罪,選政爲肅",則當時考試之法之出於不獲已,蓋可見矣。魏晉以後,九品中正之法行,官人者惟以門閥。選舉之法又大壞。及隋唐時,遂廢之,而代以後世之所謂科舉。夫隋唐時之科舉,原即漢時之州郡察舉也。所異者,前此之選舉,權操於舉之之人。士實有被舉之具,而舉不之及,在懷挾此具者,固無如何。而自唐以來,則士可懷牒自列。夫士而懷牒自列,州縣誠無必舉之之責也,然亦既懷牒自列矣,則終不得不試;亦既合而試之,則終不得不於其中舉出若干人。故就懷牒自列之人言之,誠未必其必獲舉。然合其全體言之,則長官之選舉,遂不能高下從心。此實人人有服官之權之所以克現於實;而亦操選舉之權者,所以受一大限制也。夫操選舉之權者,既以士之懷牒自列限制之,而不能高下從心;而願應舉者,則又必以官吏考試之,而不容即以其自列之言爲信。兩方面皆有權利,皆有制限,此即隨唐後之科舉,所以異於漢時州郡察舉之制者也。蓋在古者,平民貴族之階級,截然畫分。貴族常操治人之權,平民甘居受治之列,初無不平之心。至於後世，則此項階級，逐漸泯滅。人人皆可爲治人之人。亦人人皆可爲治於人之人。然居治人之位者，權力必較優，而所獲亦必較厚。則固爲事所不能免。夫權力較優，而所獲較厚，則人不免有幸得之情；而操選舉之權者，亦不免以是私其所親，或挾以爲市。其不得不有法焉，以限制應選之人之冒濫；又不得不有法焉，以防選舉者之徇私；固勢所必然，而理無可易者矣。世之論者，率多混科舉與考試爲一事。因科舉之有弊，遂並考試而不敢言。殊不知科舉之弊，在於所試之非其物，而不由於考試。唐時科目甚多。常行者爲明經進士，進士試詩賦，其浮華無實，人人知之。帖經者，責人以默寫經文，墨義者，責人以熟誦疏注；其制皆見《文獻通考》。蓋古人以經爲學問之本；而其治經，則又以習熟經文及先儒成說爲要；故有此可笑之制也。宋王安石始以諸科不爲人所重，盡廢之而但存進士。其試進士，則去詩賦而用經義。而其所謂經義者，則又廢帖經墨義而用大義。自當日之人論之，固易無用爲有用矣。然語其實際，則經義之無用，猶之詩賦也。然唐宋試士，不過人專一經；多則責以兼經耳。安石變法，猶沿此制。南宋後復變安石之法，詩賦經義，亦分兩科。其事固人之所能爲也。至明清兩代，則既試四書五經文，又須試詔誥表或詩，又加之以策問。幾合前此各科之所試者，而責之於一人之身。其事已非復人之所能，於是不得不專重四書文，而盡捨其餘。而其所謂四書文者，則限以代古人立言，用排比之體，更爲支離滅裂，於是應舉者之所學，遂不知所云矣。然此固所試者之非其物，而非考試之咎也。在當日學校中，亦以此等文試之，又得因此而謂學校可廢耶？考試之法，惟有一弊，必不可免者，即應試者之所學，但求其足以應試而止，他皆不問。王安石變法之後，所以嘆"本欲變學究爲秀才，不圖變秀才爲學究"也。然使所試者爲有用之事，則應試者終必專有所知。較諸今日，即由教之者試之之豪無責成，則終爲勝矣。苟去其所試之物，而保留考試之制，夫固未嘗不可行，且行之而必有利者也。

凡爲政之道，必不能廢督責。督責者，法家之術也。法家之術，論者率以爲刻薄寡恩，行之必至於亂天下。其實事之獲理者，恆陰由之而不自知。魏武帝、諸葛亮等，皆行法家之術以致治者也。今人中，嚴幾道、章太炎、章行嚴等，亦時有主張法家之論；而嚴氏主之尤力。見《學衡》雜誌所載嚴氏與熊純如諸書。蓋天下可無政治則已；亦既有之，則既有治人與治於人之分，即不能無治人之術。法家之言，治人之術也。法家之精義甚多，而其最要者，莫過於臣主異利一語。夫臣主異利者，非如世俗所云，欲爲一姓一人,保其產業,而爲之設制防其下之法也。以意逆志,繹其義而勿泥其辭,則所謂臣主異利云者,謂治者與受治者,利益恆有衝突;更申言之,則私人之利益,與公眾之利益,恆有衝突;故公眾不能不有所藉手焉以制裁之。所謂臣者,則但圖自己利益之人;所謂主者,則代表公眾利益之人云爾。其在昔者,被選舉之人,必由官吏考試之,以杜其冒濫;而操選舉權之人,又必令被選舉者自列,以限制其高下從心,則根據於此原理者也。今日受教育者,所處之地位,較恆人爲優;所獲之利益,亦視恆人爲厚;有以異於昔乎? 無以異於昔乎? 吾嘗問一師範生:"今爲小學教員至清苦,公何樂而習師範?"對曰:"在鄉間作店夥,月入至多不過四元;寒暑不得息,宵分乃得寢矣。作小學教員,凡入最少亦得六元;夜間可早休息,寒暑尚皆有假也。"其地位既較優矣,其利益既較厚矣,則人不能無倖得之情;而操予奪之權者,亦遂不能保其皆大公無私;即謂其不作私弊,然師徒終歲同處一堂;與學生父兄,亦易接近;欲責其破除情面,豈不甚難。胡適之謂國立八校,無一人以不及格留級者,實爲今日教育家之恥。然由今之道,無變今之俗,欲其不如是,恐不可得也。夫立法不貴苟難,而貴使人人可守。昔時關防回避諸制,亦皆具有深意也。有以異於昔乎? 無以異於昔乎? 夫人情不甚相遠也;即謂相遠,而在同一境地之中,其相去亦必不能大甚。今日之社會,人之地位,不能無高下,人之利益,不能無厚薄;有以異與昔乎? 無以異於昔乎? 苟其無之,禁防之術,如之何弗施?

故今日之事,有亟宜假考試以救其弊者二:一議員選舉,一學校成績考查是也。選舉之弊,在今日幾於人人能言之。由今之道,無變今之俗,而謂能得代表國利,代表民福之人,吾誰欺? 欺天乎? 故論者或謂選舉之先,宜加以考試,試而及格,然後聽人民就其中選舉焉。此誠救時之良策;仿行外國之制者,所宜盡斟酌損益之道者也。猶有謂必制不可行者,非墨守外國制度,則全不察今日之情實者耳。惟振興教育之舉,其一部分,是否可兼用考試,以代今日之設立學校? 而既設學校之後,是否仍宜有考試之法,以督責辦理學校之人? 則知此理者尚少,不得不一縱論之。

凡學問之範圍,恆自小而漸擴於大。方其範圍尚小時,一國中通此學問之人尚少。欲求通此學問者，必於此少數之人；即亦必於一定之地。及其範圍既大，則通此學問之人，隨處有之。即求此學問之地，所在皆是。吾國歷代，惟西漢一朝，學問之重心，其在大學；至東漢以後即不然；職是故也。漢代古文之學，始終未立學官。然東京末造，古學大盛，魏晉而後，今學傳授之緒竟絕。即可見當時十四博士及三萬生徒之不克負荷矣。夫公家設立學校，招致生徒，而延師以教之，乃教育之一法耳；不得謂教育必當如是也。今日學者所當求之學問，可大別爲二：一吾國所固有者。一傳自外國者。吾國固有之學問，固到處有能通曉之人。即傳自外國之學問，其程度淺近者，海内亦已不乏通曉之士。惟欲求高深，則在今日，人才尚少，羅致極難；而書籍儀器等，所費亦極巨；非承學之士所能致，亦非今日興學風氣未盛時，私家設學者之所能任；不得不由公家爲之設校耳。至於吾國固有之學術，及傳自外國之學術，其程度屬於普通者，公家即不設校，而但懸一格以試之，亦不慮人之不能自奮也。此則雖以考試代學校，而振興教育之目的，亦不慮其不能達者也。

難者曰："以考試代學校，姑無論其可不可也；即曰可焉，而由公家遍設學校，豈不更善？子之必主以考試代學校者，何也？"應之曰：致治之道，莫要於執簡以馭繁。夫今日之教育，所以大異於昔者？曰：今以教民，昔以教士而已。蓋閉關自守之世，不求民之智，而君主專制之世，且深慮民之智。其意以爲治人者宜學，而治於人者則不必學也。故其所謂教育者，專施之於作官之人，而今則欲胥全國之民而教之，此其根本不同之處也。夫如是，則今日應受教育之人，其數實十百千萬於古而未有已。而言教育者，遂有兩難題生焉：一曰設校不多，不能普及。二曰設校雖多，而腐敗不堪，實與未設者等。夫以中國之大，苟人民不知自謀，一一恃司教育之政者爲之遍設學校，其事既有所不給矣；況乎既設校之後，又欲一一監察之，使不至有名無實耶？吾謂中國而不言教育，言教育而不求其善則已。苟其不然，則必不能全恃行政之力，而必有待於人民之自謀。人民自謀之術維何？一曰捐貲以興學者之多；二曰延師以教其子弟者之多；三曰藉授徒以謀糊口者之多而已。而是三者，則皆可藉考試以致之者也。蓋天下之事，莫要於是非黑白之彰著。是非黑白既彰，則人思自奮。夫中國人，固最好令其子弟入學，亦最好捐資興學者也。觀於向者各地方皆有書院，及義塾私塾之林立可知。今者捐資興學，固不乏其人，然較之往昔，則尚不逮。私家之延師以教其子弟，及私人之藉授徒以糊口者，亦日見減少。是何也？則是非黑白之不章爲之也。蓋自學校設立以來，更無監察之人；學生成績之良否，則決諸教者之一言而已矣。夫人之情，莫不自私。彼既自教之而自試之，安得不回護其短？其所謂成績者，安足以見信於人？今有人焉，欲求其庖人之精於烹調也，於其治饌之時，不惜自臨視之；及其食之既成，則不自食，而即使庖人嘗焉，而憑其言，以決其善否；則其庖人所具之饌，焉有不善者乎？今之督察學校者，於其辦事之時，時時派員查察之，謂之視學；獨於學生之成績，則一聽教之者之品評，則何以異是？教育家日日標榜其成績，而世之人顧目笑存之，曷足怪哉？夫學校之成績，而不爲世之所信，則輿論不視立學爲有益社會之舉，肯捐資以設學者自寡矣。又今之求人才者，自必於學校。然學校畢業之士，則以教者自教之而自試之故，不免有名無實。挾有畢業文憑者，其才遂未必可用。論者不知教育之未盡善也，乃以學爲無益。夫以學爲無益，則肯延師以教其子弟者自少；而藉授徒以糊口者，亦不能立足矣。故今日之急務，在使人曉然知興學及求學之益；而欲使人曉然知興學及求學之益，則考試其善術也。夫以中國之大，而欲由公家遍立學校，勢必非行政官吏之力所能及，必不能無委諸地方自治團體。夫今日之地方自治團體，果何如乎？特報紙無敢直言，而人民亦無能揭發其覆者耳。果使舉地方教育之事，一以委之，則款項經其手者，必至不可究詰；而其所謂學校者，則懸一區額，招致其私昵者爲校員，而其餘則一切不問耳。此非吾之譌言，固徵諸事實而可見者也。地方自治如此，若恃官吏，其敷衍因循，有名無實，更不待言。人民將不見興學之益，而徒以負擔教育經費爲怨矣。誠以考試之制調劑之。每一地方,雖由公家設立若干校,然考試必另派員。學子之自修於家者,亦得與學校生徒,一體應試。則私人之延師以教其子弟,及恃授徒以糊口者必日多。彼其所費雖較巨,然自用諸其子弟,則雖費而不怨。彼自爲其子弟擇師,不慮其不盡心也。所慮者,不能分別師長之良否耳,而公家以考試明示之。其師之教育而善,則其學生應試,及格者必多。其師之教育而不善,則其學生應試,及格者必少。爲子弟擇師者,既不慮無所適從;藉授徒以糊口者,自不敢懈於教誨。公家所立之學校,以其學生,與自修於家者一體應試故,短長以比較而自見,溺職者將無所逃其罪;私家之興學者,亦以得所觀感,而益自奮勵;一切將不待監督而自善矣。夫如是,國家之於教員,但分別善惡,以盡指導之責,而其餘則悉聽人民自謀,此則眞所謂德莫克拉西也。若如今日之所爲,人民並不知教育之益,一切以政治之力強迫之;而其所謂教育者,又皆有名無實,自欺欺人;此則專制之餘習而已,何民治之足云?

　　以上所言,爲程度較低之教育,到處能得師資者言之也。至於高等教育,不能隨地得師;而一切設置,亦非私人之力所及者,在今日自不能不藉公家之力,爲之設立學校。然由主持教育行政者,另行派員考試;而必不可即以考試之權,委諸平日教之之人,則仍爲最要之義,不容假借。何者?凡行政之道,必不能廢督責。學校既由公家設立,即不能謂非政治;而考試學生,則正所以督責教員也。夫學校貢舉之法,莫備於明。明代非無學校也,然特儲才以待科舉。郡縣學生,初無入仕之途,國學生雖可入仕,亦遠不如由科舉得官者之尊顯。知平時教之者之言,必不可信,故寧另行派員考試,決之以一日之長短也。生員入學之試,初由巡按御史、布按兩司及府州縣官,後乃特設提學。不以考取學生之權,畀之教之之教官也。提學在任三歲,兩試諸生,不以考核學生成績之權,畀之教官也。各省主考,初於儒官儒士內聘用;繼由布按兩司,會同巡按御史,就現任教官中推舉,終乃悉派京官。知人之情每好徇私,防之不得不嚴也。蓋吾國考試之制,愈古愈寬,愈至後世愈嚴密,至有明而大備。以其法之備也,故任事之吏,不能舞弊於其中;而舉國之民,乃得自奮於其下。彼其所得人才之無用,則以其所求者固爲無用之學耳。假使持是具也,以求有用之學於人,吾知亦必能得其所欲。若如今日,即由教之者試之,吾恐明清兩代,真能作八股之士,且將寥寥矣。然則法家督責之術,乃正所以孕育德謨克拉西也。

　　章君行嚴,嘗演說於廣州,謂"科舉之制,能起天下之寒畯,而畀之與席豐履厚者同等之機會。一舉以廢之,實爲過當"。斯言也,亦可深長思者也。昔時科舉所試之文,與治事所用之學,久判然爲兩途。故能弋獲科舉者,惟在宦途較人多佔便宜。比因科舉之制,本爲舉官之途而然。至其任事於社會,則其升沈榮辱,仍一視其人之學識才技以爲衡,何者?得科舉者,惟嫻於應舉之文,他事初未必長,人人知之。抑科舉之制,限於名額,即以應舉之文論,亦未必得舉者必長,而不得舉者必短,亦人人知之也。今之設立學校,則固明詔天下曰:"吾之所教,爲切於實用之學。畢業於某種某級學校者,則可任某種某級之事;而不然者,則不能矣。"夫使畢業於學校者,誠皆名實相副,則士之自修於家,而其程度與學校畢業相等者,已不易見用於世。況夫畢業於學校之士,實或不副其名,而徒以處境較豐,能在學校中肄業若干年,遂獲挾其畢業文憑,以浮沈於世;使自修之士,雖有才而莫能與之競;其不平孰甚?或謂:"試用之始,雖或以資格論,而及其久用之,則必取其能勝任者。濫竽充數者,不患其不淘汰;果有才能者,亦不患其不見用也。"不知人之才學,非一望可知;必試之稍久而後見。彼資格不逮者,且不獲見試於世,而何得積久以見其所長耶?科舉時代之讀書,初無一定程式。千金而延名師於家,固讀書;挾書匍匐,竊聽於他家書塾之外,且致爲其所逐者,亦讀書也。凌曉樓先生事,見《安吳四種》。及其合而試之,但問其程度如何,不問其何從學之也。今也不然。不問其程度如何,而但以在校年月淺深爲斷。夫能畢業於今中等以上學校者,必其有中人以上之產者也。然則使中產以下之人，何途以自奮？夫人能勤苦於學問，及其學之既成，則能切實任事者，大抵出於中下之家。至於膏粱紈綺之子，則殊無望。今舉國所重，莫如留學生，尤莫如西洋留學生。留學西洋，固非中產以上不能；雖有官費，亦多爲較有勢力者所佔。然則今日之教育，其毀壞人才多矣。世皆責留學生不能大有益於世，而烏知其派遣之非其道耶？

難者曰："子訾今日之學校，學生之成績，即由教之者試之爲不公；而力主另行派員考試。夫向者之科舉，其關防可謂嚴密矣，然眞才之見遺者，比比皆是也。"應之曰：科舉所以舉官，實即今日之文官考試。官缺有定，則科場取中之額，自不能無定。既有定額，眞才自不能無見遺。今日之考試，則但取證明某人果有何種學問，已達何種程度耳。有此學問之人有若干；即中式之人有若干，絕不必限以名額。既無名額之限，有才者自不患其見遺矣。且公家設立學校，而發一畢業文憑與人，是不啻明告社會曰：此人之某種學問，已達某種程度也。而其試之乃即由於教之者。以人之情論，固不能無私，而國家絕不別籌核實之方，而即以其言爲信。是則司教育行政者，與學校中任事之人，扶同以欺社會耳。烏乎！可難者又曰："科舉所以爲流俗所歆羨，以其取中有定額，而得之者有限也。今既無定額，則人人可以得之。得之者多，即歆羨之情澹矣。"應之曰：科舉所以舉官；今日之考試，則用以證明人之學業。既各有可貴之道，即不患無歆羨之情。且科舉有定額，有才者自無皆得之理，不得者可諉之於命。今既去名額之限，則人人可以得之；人人可以得之而不能得，即足以暴露其程度之不及；此實足以爲恥，承學者將益自奮矣。難者曰："考試之法，徒能知其知識耳。此法苟行，世之言教育者將徒注重智識一端，道德體格，皆所不問；不如現在學校之三育俱備也。"應之曰：子以爲今學校文憑所記之操行運動分數，果足以表見學生德育體育之成績耶？以法家之義衡之，凡任事者自道之言，一字亦不足信。今日學校之文憑，只可視爲廢紙耳。此則并其知識之試驗而亦豁免之，非能表示其德育體育之成績也。且體格固未嘗不可試驗也，所不能者德育耳。此在今日，實爲無可如何之事。不能因德育之無可試驗，遂並智育體育，而亦置諸不問也。難者曰："考試之所憑者，則一日之短長耳，安足爲信？"應之曰：以法家之義爲衡，任其事者自道之言，既全不足信，則考試猶有一日之短長；今日即由教者試之之制，乃並一日之短長而亦不能知耳。此亦不足爲難也。難者曰："學校辦理之善否，自有輿論監察之。十目所視，十手所指，其爲嚴密，豈不遠愈於政治之督責？而焉用此法家束濕之術爲？"應之曰：輿論者，不負責任之辭也。雖其無心，猶多盲目，況其可以造作乎？吾見世之虛譽隆洽者，多交私養望之徒，而困陋不得志者，多悃愊無華之士矣。善夫！莊生之言曰："爲之仁義以矯之，則併仁義而竊之。"此固人智之不齊，無可如何之事。然自法家"不采虛譽，但責功效"之義明，而世之竊其實併竊其名者，其技亦少窮矣。且輿論又易遷之物也。九品官人，人人知爲弊制。然其始創，蓋亦因漢末之重鄉評。故陳壽居喪，使女奴丸藥，至於沈滯累年。謝靈運因愛幸會稽郡吏，贈之以詩，坐廢不預榮伍。雖或失之過拘，一時固未嘗無彰癉之效。然及重鄉評之俗既改，而九品中正之制仍存，則任愛憎，快恩讎之情勝，攝勢畏禍之弊作，終至上品無寒門，下品無貴族矣。然則輿論即使公正而足憚，猶不可恃以爲安，況夫今日之輿論，又決無是非，而初不爲人之所忌者耶？難者曰："子之言則辯矣。然一以法家之義爲準，將舉世無可信之人。辦理學校之人，固不可信矣，另派考試之員，又安見其必可信？"應之曰：吾固言之矣。致治之道，莫要乎執簡以馭繁。專司考試之員，其人數固較辦理學校者爲少；且其事特在一時耳。尚不能得可信之人，且監察之使之無弊；而謂舉全國之辦理學校者，乃能一一得人，且皆監察之使之無弊，不又欺人之談乎？

　　要而言之，民治之所以不昌，非獨一君主爲之害，阻礙之物正多。阻礙之物爲誰？凡口言公益，而實便私圖者，一切皆是。今君主雖去，而此等阻礙之物猶存，且因政治之廢弛，而跋扈益甚。爲國者一方面當防閑政府，使不復如昔日之專恣；一方面又當督責政府，厲行綜核名實之政,將此等阻礙之物,逐漸鏟除;然後真民治乃有實現之日。否則安用此中國主人公之虛號爲?且必阻礙之物,逐漸鏟除,而後真民治乃得句芒於其下。若一任僥幸之士,藉口民意,自便私圖,則王政必順民情,數千年來之政府,又何人不以之爲口實哉?信斯言也。則今後法家之術,應用之處正多也。

此題關涉太大,倉卒成之,殊覺未能盡意。撰成後,又見《華國月刊》第七期但君《改革學制私議》,其所論列,有與鄙見相合者,亦有與鄙見異者。涉想所及,並記於下。

但君斥今日之教育爲營業,而欲復國家養士之規。予謂教育之成營業,在今日已成爲無可如何之事。但營業不當由官爲之耳。蓋古者求學與謀生,截然兩事。至後世則不然。此非必後不逮前。以進化之理言之,亦可謂古不知重學問,故學問者無處謀生;後世漸知重學問,故學問可爲謀生之具也。然天下人知謀生者多,愛學問者少。彼既以謀生故而求學問,則其從師,猶爲工商者之從人習業;師則授之以謀生之具耳。安得不以市道相交?今日學校教師,誠多不學無德之徒,豈無一二志潔行芳,非公正不發憤者?曾無益於學風,何也?舉世滔滔,有箝口結舌已耳。使其不然,則早被擠排以去,且目爲怪物矣。更不然,強恬不捨,亦孰令聽之?一世之風氣如此,而何術已挽之哉?若曰:國家隆儒右文,待碩學以厚禮;於後起之俊秀者,則厚糈以養之,足以歆動一世也。則今後政府之財力,將不逮一巨賈,以實利則不給;以空名,人孰重之?故欲求人人砥礪德行,愛好學問;其從師也,真爲德行道藝而來;而師之教其弟子也,亦誠以樂育後進爲事;非至公產實行之後,男有分,女有歸,學問道德,與謀生全然離開不可。若在今日,則求學問者,十之八九,皆爲謀生,固事之無可如何也。夫鳥獸不可與同羣,因天下之無道,而益勵其操者,當世豈曰無人?然其數實少而又少。此等人,必名世之大儒,乃能教育之。夫名世之大儒,固不世出;固不可強求;即少數志節之士,亦非能求則得之者也。故吾謂今後之言教育,不如直截爽快,將道德二字勾銷。明詔天下：吾之所求者，爲應世之學與技耳。何者？應世之學與技，有形可見；考核之法易施，督責之術可用。一將道德及真學問牽入，則考核之道窮，而督責之術廢，則其事必至於大壞，如太炎所謂積弊不可爬梳者也。故吾謂以教育爲營業，爲藉學問以謀生者必至之符，此爲社會組織之罪，非國家行政者之罪，亦非今日爲師若弟子者之罪。夫生必有待於謀，而學問技術之事。此言應世之學問技術。世又不能不用，則人自將藉學問技術以謀生；而學問技術，亦即藉人之恃以謀生而長存，而益進。故所惡者，爲無學問技術者，冒充有學問技術；使有學問技術之士，不獲見用，而事益敗壞耳。斯弊也，官立學校，最易致之。而用考試之法，則必可大減，吾所以主張考試者以此。至於養成少數志節之士，本兼善之心，以移易天下，則其事當待命世之儒爲之，非今日之國家所能爲，亦不當以之責今日之國家也。

　　但君謂治法政者，不讀九通、明清會典奏議、諸史刑法志、唐明清律，則不知政化、律例、創始、因革及積弊之由來，與夫歷代政治風俗偏重、變法得失不同之故。治經濟學者，不讀九通、諸史平準、食貨、國用、錢幣之記載，則不知物價及度量衡變遷、錢幣得失、賦稅利弊、歷代工稅、用民力不用民力之別。不讀公私地志，則不知出產之盈虛、賦稅之厚薄、地方之利病。治歷史者，不讀正史，則不能精熟一代之事，而於古今不能貫穿。不讀《通鑑記事本末》，則不能貫古今之大勢云云。此皆高才博學之事，豈能期諸人人？須知天下人才，只有此數。此其人非可養而成。昔之言養士者，誤即在此。夫責人以所不能爲之事，則人將併其所能爲者亦不爲。昔之養士者，欲舉所養之士，使悉成非常之才；其事既非夫人所能，其效遂非操券可責。而爲士者，遂至竊其名而遺其實，并常人之所能爲者而亦不能焉。夫君子之律己也，不以常人自待；而其治天下也，則但求人之能爲常人。何者，其效可期，其實易責也。故今後公家之於士，無論設學以教之，懸格以試之，皆當但求其能達普通程度而止。過此以往，非可設制度以求。待夫政治清明，生計寬裕；考試之法，行之稍久，是非黑白彰著，無實之士,不復能竊其名。好善之家,自能設立學校、圖書館、試驗所等,以培養人才;真有志者,不患無就學之所也。若必待國家養之,則必爲叢弊之淵,而效不可睹,如但君所云矣。故拙著於較高之學問,雖主由公家立校,而初不期其有功。蓋兩漢皆視學校極重。至東漢末造,章句漸疏,浮華相尚,浸至釀成黨錮之禍,似學校之無益矣。然東漢時私家教育大盛,大師著錄,至千萬人,則兩漢官立學校提唱之功也。宋慶曆之際,大學亦嘗興盛矣。至南宋以後,亦成巨患。然此後講學之風大盛,書院之設益多,則亦北宋之流風餘韻也。故吾雖謂今日講求高深學術,宜由官立學,而初不期其有功;但期其能罨事提唱,使私家講學之風漸盛而已。事固有其弊在此,而其效亦在彼者;失馬得馬,禍福相乘,未易執一端以蔽其功罪也。歷史成例,往往非一時所能逃。以人心不能驟變,生於其心者既同,發於其事者亦必同也。故吾謂今後學校之隆替,仍將一如往時。公家立學,但能藉此提唱而已,不能責其有功也。申言之,則官立學校之功,至私立學校大興,而自己受淘汰之日乃見。其責任亦至此而止。

但君謂入學畢業考試,皆當由政府派員,監臨扃試監試讀卷糊名錄朱磨勘之法,一如科場故事。吾謂此中手續太繁處,或可稍事減省,而大意則必不可失。蓋畢業由政府另行派員考試,則有無成績,不以其自己所言爲準,乃得謂之可信。入學亦由政府派員考試,則學生程度,已與人以俱見,畢業時成績不善,不得藉口於學生程度本來不及也。夫如是,則教者之功罪可明,乃可施之以賞罰。明時嘗以學生鄉試中式之多寡,定教官之殿最矣。夫鄉試取中,既有定額,則此法爲不通,故其後卒不能行。如吾所主之考試,既去名額,惟論其及格與否,則據此以定教者之賞罰,乃至公之法也。賞罰之典,宜遍及於各教員,而不得專於校長。某科學業不及格者,即罪某科教員。某科成績善者,賞亦如之。如是,校長教員,各有專責;而校長任用教員之權可去。凡校長教員,皆宜有一定之資格。其任用,由教育部主之。不可分界各省,以防緒多而弊生。資格之初定,以考試行之。既定之後,一切任用，皆照定章，教育部亦不得出入。惟任職之後，仍宜由教育部派員，隔兩三年則一試之。考試學生之成績，所以覘其任職之勤惰；而考試其人，則所以覘其學問之進退，二者各有用意也。校長既無任用教員之權，又宜去其管理學校經費之權。凡員役薪俸工食等，均由管理財政機關，直接發給本人。建造學舍，購置書籍儀器等事，雖可由校中任事之員規畫，而經手辦理，必由校外之機關任之。校中任事者辦公之費，酌中定額，亦直接發給各辦公之人，此外即不得再立辦公費名目。必其實難預定，且極瑣碎者，乃得名之曰雜費，發給校中，由會計管理。會計亦由他機關派員充之。半年一任，不得聯任。亦不受校長及他教職員節制。如是則校長教職員等，皆可用有道德學問之人，不至如今日，非兼長世務者不能爲也。其用之既依定法，非法即不能撤換更調。如是，學生知其來也，以正當之途，非由運動情面，則愛敬之情生；知其攻而去之之不易，則不敢以自便私圖，動輒凌犯師長。師弟有互訟者，必徹底查究。罪之所在，校長教職員革職，學生開除外，仍宜按法律坐罪。如此，則是非明白，綱紀肅立；官立學校，猶不敢望其有功，然庶不致爲積弊之藪，如太炎所云不可爬梳者，乃可徐以俟私家教育之興替矣。今日教育敗壞之本，一言以蔽之，在其事爲行政，而督責之術不施。而世之論者，乃益欲聽其自由，崇其虛禮，如改校長之委任爲聘用之類。而去督責之術，南轅北轍，偏其反面，以是求治，不亦遠乎？或謂："如此束縛馳驟，有志節之士，皆將望望然去之。"此誠然，然任法求治者，本不期得上才，雖不能得上才，而亦能使下馴絕跡。絕長補短，較諸毀法爲治者，所得由多也。況夫吾論官立學校，本不期其有功也。

　　今日用人，太無定法。故鑽營奔競，結黨把持之事，隨處皆是。此弊不除，管葛無以爲治。留學生雖學於國外，而證明其學業程度，亦當由國家以考試行之；不得謂本國學校畢業文憑不可信，外國學校畢業文憑即可信也。爲治之道，貴絕私譽。今日各種學生中，虛譽以留學生爲最盛。凡曾留學外洋者，社會必多重視之。故其人雖無實學，亦得藉頭銜以欺世。若由國家嚴行考試，甄別優劣，則遊而不學，甚至挾資以買畢業文憑者，必將累試不第，則私譽破而公是非明矣。氛霧四塞，必得迅雷疾用以震蕩之，乃有清明之象。今日是非，淆亂極矣！何謂有德？何謂有才？孰爲有學？一以其冒恥自陳，及其私黨之所言者爲準耳。此各處皆如是，然最負名譽者爲學生；學生中最負重名者爲留學生；留學生之私譽一破，則其餘朋黨所立之私譽，一切破矣。射人先射馬，禽賊先禽王，此之謂也。

　　法家之議，舉世莫知，舉世訾之，然其可以致治，則事實昭彰，不可掩也。吾鄉賦稅，率由鄉民自行議定完納日期；及期，則交給按田產派充之地保；盡舊曆除夕，完納於官。鄉民及期而稅不完者，罰之重，數十倍於其所納之稅。地保於舊曆除夕破曉以前，不能以稅已交官之據，歸報其鄉人者，罰之重亦如之。鄉民無論如何貧苦，地保上下城鄉，無論如何困難，無敢稍逭緩者。自吾大父之所睹記，迄於今，幾百年矣，常如是也。此法家所謂罰重而必，則可徒設者耶？儒家謂任德可致刑錯，徒聞其語；若法家之所主張，則吾見其事矣。昔年某省教育廳，常議全省學校，皆由廳派員考試。議既布，各校震動，教職員之任事皆加勤。已而有某校長者，有寵於督軍，訟言"本校學生，決不受試"。教育廳慚其令之不行於貴近也，自廢其議。事雖不行，然另行派員考試，必足以督策辦學之人，則固已有徵矣。

　　　　　　　　　（原刊光華大學《光華期刊》，一九二八年出版）

來皖後兩點感想

我先世本安徽人，但是遷徙到江蘇，業已數百年。前此雖然在安徽經過，但都是經過而已，住居在安徽，現在還算第一次。

我只能算初到安徽。我初到安徽，卻有一種感想。感想是什麼？便是我覺得安徽是接受北方文化最早的區域。誰都知道中國的文化，是起於黃河流域的。但是文化的起源，雖在黃河流域，後來發揚光大，卻靠着長江流域。這亦是誰都承認的事實。長江流域很廣大，豈能同時接受北方的文化？

長江上流的蜀，是到戰國時，才爲秦所滅的，其前此開闢的事跡，見於《華陽國志》的，殊屬荒渺不經。東川的巴，據漢朝人說，漢世的巴渝舞，原出於板楯蠻。而板楯蠻的歌舞，便是《尚書》家所謂武王伐紂，前歌後舞的兵。此說應屬可信。但其事已在周初了。再東，從南陽到江陵，便是《詩》家所謂周南的區域。此區域在周初，能接受北方的文化，是無可疑的。再追溯上去，《尚書大傳》說，漢南諸侯，歸湯者四十國，該也是這一個地區，但其事也在商初了。更東，便是所謂洞庭彭蠡之間，是古代三苗國。三苗的國君姓姜，和神農是同族，這可算是長江中流，漸染中國文化最早的一個證據。然而三苗的酋長是蚩尤，在黃帝時，便和漢族戰爭的，到舜禹時仍勞中國的討伐。三苗的國君雖姓姜，三苗的人民是九黎，黎即後世之俚，漢時亦作里，見於《後漢書·南蠻傳》注。當時三苗之族，迷信很深，又淫爲劓刵椓黥等酷刑，見於《國語》和《尚書》，全與漢族政化相反，所以有勞漢族的討伐。大約姜姓之族移居長江中流，未能同化異族，而反爲異族所同化。後來長江中流，開闢於楚，然而楚之初封，並不在長江流域，實在今河南境內丹、淅二水之間。後來逐漸遷移，乃達於現在的江陵。這一段考據，見於宋于庭先生的《過庭錄》，甚爲精確。《史記·楚世家》說熊渠立長子爲句亶王，中子爲鄂王，少子爲越章王，皆在江上楚蠻之地。鄂是現在的武昌，正當洞庭彭蠡之間，當係三苗舊壤，仍稱爲楚蠻之地，可見神農一族的文化，在長江流域，絶無遺留了。返觀長江下流，則《左氏春秋》說，禹會諸侯於塗山，塗山是現在懷遠縣。這一會，尚散見於他種古書，該不是荒渺之說。夏少康的庶子，封於會稽，是現在浙江的紹興縣，少康所以封庶子於此，因禹葬於會稽，封之以奉禹祀。夏少康的庶子傳二十餘世而至允常，這二十餘世，雖然名號無徵，然而世數可考。古代諸侯卿大夫的世系，出於《世本》，《世本》係周官小史所職，乃確實可據的史料，斷不能如近人古史辨一派之說，疑爲虛構。然則禹崩於會稽，葬於會稽，也是確實的。當時禹的行踪，已從現在的皖北，直達浙東了。當時這一帶地方，對於禹，絶無反抗之跡，和三苗大不相同，這便是長江下流接受北方的文化，早於長江中流的證據。

我最初懷疑這問題，是因小時讀《孟子》，見舜卒於鳴條之說；稍長讀《禮記》，又見舜葬於蒼梧之說；更長讀《史記》，又見舜崩於蒼梧之野，葬於江南九疑之說；三說不同，是以懷疑。葬於蒼梧，葬於九疑，相去尚近；九疑自可認爲在蒼梧區域之內，可以勿論；若鳴條，就相去很遠了。鳴條我們雖不能確知其處，然而和南巢總是相近的。南巢是現在的巢縣，無甚可疑，則鳴條也應在安徽境內，大抵在於皖北。舜的葬處，如何從皖北直說到湘桂邊界上呢？這就大有可疑了。我們以別種史事來參證，則當時洞庭彭蠡之間的三苗，是和北方反對的。舜雖曾分北三苗，恐未易通過其境。再者，春秋時，楚地尚不到湖南，顧震滄《春秋大事表》有此論，考核甚精。然則舜即能通過三苗，亦未必能到湖南，何況湘桂邊境？可爲漢族古代與湖南有關係的證據的，只有象封於有庳一事。有庳舊説在今湖南的道縣。何以有此一説？是固其地有象的祠堂。凡地方所祀之神，往往附會名人，而實則毫無根據。此在今日，尚係如此，何況古代？道縣的祠，是否象祠？即係象祠，是否因象封於此，此都大有可疑。以其他史跡證之，只可説有庳之在道縣，絶不可信。但是現在道縣，在漢代一個不知誰何的祠堂，何以會附會到象身上去？亦必有個理由，不能置諸不問。我以爲象的傳説，是因舜的傳説而生。明白了舜的傳説，何以會到蒼梧九疑，那就象的傳説，何以會到道縣，可以不煩言而解了。大凡人愈有名，愈易爲人所附會。我們看湖南廣西開闢的歷史，斷不能承認舜到過此處。那麼，舜葬於蒼梧九疑之説，只能認爲附會或傳訛。但何以有此附會，致此傳訛呢？我因此想到衡山。衡山，照普通之説，是在湖南衡陽。然在漢代，實有兩説。一説在衡陽，一説即今安徽之霍山。此事亦一考據問題。我以爲古代山名，所苞甚廣。實和現今所謂山脈相當。衡山即横山，亦即縱斷山脈。我們現在説起山來，都囿於現在人所謂山的觀念。説衡山既可在湖南，又可在安徽，人皆將以爲笑柄。若説衡山之脈，從湖南綿亘到安徽，那就毫不足奇了。然則衡山究在湖南，抑在安徽，所以議論紛紛，盈廷聚訟的，不過是古今言語不同的問題。古人粗而後人精，古人於某山某山之外，没有山脈二字之名，以致有此誤會罷了。明白這一層道理，則湖南安徽之山，均可有衡山之稱，實乃毫無足怪。但話雖如此，古代的衡山，決不能没有一個主峰。這裏所謂主峰，並不是地理學上所謂主峰的意思，乃指古代南巡守祀天之處。大約現在綿亘於湘、贛、皖、浙諸省之境，爲長江和粵江、閩江之分水嶺的，在古代通可稱爲衡山，這是廣義的衡山。其中之一峰，爲天子南巡守祀天之處，亦可但稱爲衡山，此爲狹義之衡山。從狹義的衡山，附會傳訛到廣義的衡山上，自然是極易的事。古代南巡守所至，證以史跡，與其説是現在湖南境内的衡山，自不如説是現在安徽境内的衡山。竊疑禹會諸侯於塗山，南巡守至於會稽，舜也有這一類事，所以巡守之禮，詳載於《尚書》之《堯典》上。

此説如確,則舜必曾到過安徽的霍山。安徽的霍山,古代固稱爲衡山,而此外可稱衡山之山尚多。

古人傳述一事,大抵不甚精確。因爲舜曾到過衡山,便不管舜所到的,是衡山山脈中的那一處,而凡其山有衡山之名之地,便都附會爲舜曾到過。指其地不知誰何的遺跡,爲舜的遺跡,這是極可能的事。舜葬於蒼梧九疑之説,恐是如此來的。既可附會蒼梧九疑地方不知何人之墓爲舜陵,自可附會道縣地方不知何人之祠爲象祠,因而就説道縣是有庳,展轉傳訛,都自有其蛛絲馬跡了。我們試看後來成湯破桀於鳴條,放桀於南巢,周初淮夷、徐戎,響應武庚及三監,皖北一帶,都與舊王室一致,反抗新朝。亦可見蘇皖兩省和北方的政治中心關係的密切。

説到此,則長江下流,爲全流域中接受北方文化最早之地,而淮水流域,又爲其媒介,似無疑義。交通之發達,文化之傳播,本應先平坦之區,而後崎嶇之地,以地理上的條件論,也是當然的。然則以開化的早晚,傳播文化的功績而論,安徽人在歷史上,也頗足自豪了。

這是以往的事。講到現在,卻是如何呢? 我們常聽人説,武昌居天下上游。又聽人説,喪亂之際,起於長淮流域者,必爲天下雄。不錯,歷史上的兵事行動,都足以證明此等説法之不錯。但是傳播文化,又是如何呢? 慚愧,我們讀歷史,只見許多史學家,臚舉以往的戰事,來證明各地方形勢之優劣;卻不見臚舉文化事項,來證明各地方形勢之優劣。這是造成史料的人的恥辱,還是利用史料的人的恥辱? 我説,這可以説,兩者互有之。不能多造傳播文明,增進人類幸福之事,以發揮地理的特性,卻多造成爭奪相殺,增加人類苦痛之事,以發揮地理的特性,這確是人類的恥辱。但是人類之利用地理,雖不盡善,地理條件的優越,是不因之而改的。我們現在,果能翻然改圖,多造有益之事,居天下上游的武昌,必爲天下雄的長淮流域……固依然與我以便於利用的條件,與戰爭時代,毫無以異。

然則安徽人在歷史上,已盡了傳播文化的責任。在今日,更應負起這責任。

　我更有一種感想。我覺得，人類最大的缺陷，就是不能利用理性。在生物進化上，靈長二字，是人類所無愧的。這並非誇大之詞，事實確係如此，人類所以能如此，就是靠着理性。但是人類，較之其他動物，固然很有進步，而人類所希望達到的境界，則還不及千百分之一。人類的進化，所以去期望如此之遠，是因爲人類的活動，大半是盲目的。假若人類的行爲，能事事經過考慮，其效果決不如此之小。自然，人類的行爲，有一部分是先思而後行的。不過瞎撞的總居多數。因此進步不快。甚至有進兩步退三步的時候。我們如果希望今後得到更多的進步，以更少的勞力得更大的效果，那麽，只有遵從我們的理性，人人運用理性，目前自不可能，我們只希望有少數人，能運用理性，去研究決定進行的方向及方法。大多數人依著指導進行。一面進行，一面研究，一面改善。縱然不能無錯誤，但既非盲人瞎馬，終會收事半功倍之效。然則這個運用理性的責任，應當讓什麽人，什麽機關，擔負起來呢？我們可不假思索的回答，就是學校。這句話，不是我們現在才說，古人早已說過了。歷來有許多人，喜歡崇拜古人，動輒曰："人心不古，世風日下"等等的話。初看起來，似乎與進化的道理相違背；可是細想起來，也有道理。社會的進化是畸形的，有許多事情固然今勝於古；有許多事情卻是古勝於今。大抵在物質方面，今勝於古的多；至於社會組織，則確有古勝於今之處。這並非我們的聰明才力或道德，不及古人，實因古代的社會小，容易受理性支配，後世的社會卻不然，如龐然大物，莫之能舉，所以只得聽其自然。大抵要改造社會，決非少數人所能肩其責任，以少數人肩其責任，必至於舉鼎絕臏，本來的目的未達，反生出種種禍害。所以我常說，能改造社會的，只有社會。這句話的意思，是說要改造社會，必須社會全體，至少大多數人，有此願望，能夠瞭解。然而現在的社會，是盲目的，因襲的，我們如何能使人人有改革的志願，瞭解改革的意義呢？這個便是教育。教育不但施於少數人，要使其影響擴大而及於全社會。所以古人不大説教育，而多説教化。教化便是看出當時社會的需要，決定其進行的方向與方法，而擴大宣傳，使大家瞭解其意義，而願意遵行的。古代的學校，確能負起這責任，亦曾收幾分效果。試舉一事爲證，古人的性質是剛強的，大抵最好爭鬥，所以最要緊的，就是叫他知道尊崇秩序，愛親敬長。古代學校所行的鄉飲酒禮、射禮，便是這種意思。我們只看現在中國民俗的柔和，便是古人此等教化的成績。所以《禮記》上説，強不犯弱，衆不暴寡，此由大學來者也。古代學校所施教化的好壞，可以不論；而學校確可爲施教化即可看出其時的需要，研究決定其進行之方向及方法，擴大宣揚，使人人瞭解意義，而願遵行。的一個機關，則確無疑義。此等責任，我以爲一切學校，都應負起。而在歷史上曾經負過傳播文化責任的安徽，其大學，便更有負起這責任的可能，亦更有負起這責任的責任。

（本文寫於一九三二年）

論民族主義之真際

中國民族之盛衰，當以漢魏之際爲界限，自漢以前，爲漢族征服異族之世，自晉以後，則轉爲異族所征服矣。五胡、沙陀、遼、金、元、清不必說。隋唐，論者皆以爲漢族盛強之世，其實兩朝先世，皆出代北，其所自言之胄系，殊不可究詰，究係漢族與否，殊有可疑也。民族固不論種族，然自劉、石創亂，至於南北朝之末，幾三百年，漢族迄不能自振，何哉？武力不足也，十六國之敝，拓跋魏乘之。拓跋魏既敝，爾朱氏繼之，爾朱氏之兵力，在當時，可謂天下莫強焉，然卒無所就者，其性質太粗獷，於治中國之法，無所知也。高齊、宇文周繼之，以北族之獷悍，兼漢人之謀畧，遂皆克捷北方。然則是時，北族之闕於謀，漢族之闕於武，皆不足以集大業，必兩者兼之而後可也。是則兩者之文化，皆有所偏闕也。夫隋唐則高齊、宇文周之類耳，然則漢族武力之不足自立，由來久矣。

隋、唐、元、清之世，武功非不赫然可觀，論史者亦每以之自誇，然此顔之厚也。漢族之武力，果真充足，則五胡爲南朝所掃蕩久矣，何俟高齊、宇文周、隋、唐等，參雜南北之文化者哉？漢族有兵甲財賦而不能自用，必待兼北族之文化者，乃能用之，此即漢族武力不競之明證。古來亡國敗家，本非謂其人舉不足用，特皆不能自用，而必待異族用之耳。然則隋、唐、元、清之武功，在中國，固仍有其可以自誇之處，要不得不引爲警惕也。

論史者率以漢、唐并稱，其實二代之情迥異。漢世征伐，用中國兵時多，用外兵時極少，唐則幾於無役不用蕃兵；蕃將著名者尤多。府兵衰而邊兵盛，邊兵中實多雜蕃兵。安禄山一舉手，而天下幾亡其半，其後奏勘定之力者，李光弼蕃將，郭子儀固漢人，然其有賴於回紇兵者實大。唐中葉後藩鎮之患，安史餘孽，實開其端；安史餘孽所以不能鏟除，僕固懷恩之養癰，實詒之患；坐視懷恩之養癰而無如何，則此當時中國之兵力，實不足以制客軍也。肅代戡亂，深藉回紇之跡，兩《唐書》均不甚可考，然合前後事跡觀之，則固可以微窺矣。漢族武力之衰，亦可悲矣。五代以後，更不足論也。

民族之性質，或優於文，或優於武。昔之所遇者，武力雖盛，文化實遠遜於我，故一時雖爲所征服，而終不得不與我同化。今之所遇者，則不然矣。我民族之前途，果何如乎？能不懼哉？

中國民族所最缺乏者爲武德，遠觀史乘，更驗以今日之事，似無足疑。然則民族武德，必如何方可振起耶？夫必識病乃能用藥，欲知振起民族武德之方，必不可不知民族武德衰頹之所由，審矣。抑文明民族，見陵於野蠻民族，非獨中國也。印度之於西亞，希臘之於馬其頓，羅馬之於日耳曼，數者如出一轍。然則武力之不競，乃文明民族之通病，非中國獨然也。欲求中國武力不競之原因，又非先求文明民族武力不競之原因不可矣。

論者多謂文明民族，好鬥之心，健鬥之力，遠非野蠻民族之比，是以每戰輒北。其言似是，而實不然。何者？果如所言，則必文明民族，真不能敵野蠻民族而後可，然考諸歷史，殊非事實也。五胡亂華之世，北方爭鬥，蓋罕用漢族爲兵；即有之，亦不視爲精銳。此非東晉後始然，後漢以來，久啓其端矣。此蓋由異族性質強武，故中國亦好用之，如張宗昌等之喜用白俄人也。然當高齊之初，高敖曹所將漢人，即視鮮卑並無遜色。而如東晉之末，宋武帝北伐之師；蕭梁之世，陳慶之送元顥北還之衆；其強悍善鬥，雖野蠻民族視之，猶愧弗及焉。此外如元兵之強，而完顏彝能屢勝之；清初起時之銳，而袁崇焕能屢卻之，此等事不勝枚舉，故謂文明民族戰鬥之力，不逮野蠻民族，乃從其勝負既定之後,辜較成敗而爲之辭,而非就每次爭戰,詳察其實而得此說也。夫其說既係事後辜較之談,則安知其勝負之原因,不別有在,而在兩軍之戰鬥力邪?夫就文明民族與野蠻民族全體衡之,其好鬥之心,與健鬥之力,誠皆非野蠻民族之敵。然以中國之大,豈待舉國尚武,而後足與蠻夷敵哉?賈生謂匈奴之衆,不過漢一大縣。《史記》謂匈奴自左右賢王至當戶,大者萬餘騎,小者數千人;凡二十四長,立號曰萬騎,則匈奴甲騎,尚不足二十四萬。老弱同於壯丁,婦女同於男子,亦不過百萬耳。此豈待以舉國之衆敵之哉?蘇軾謂全趙可以制匈奴,信不誣矣。夫必待舉國之衆,強悍善戰,而後足與野蠻民族敵,則文明民族,因其生事教化殊異,誠不免爲一難題;若一兩縣尚武之衆,而謂中國無之,豈情實乎?況乎人之性質,可以訓練而成,舉全國之兵,悉訓練之而臻於強悍,自非旦夕間事,若謂數十百萬之衆,不能訓練以躋於有成,則非情實也。況乎五方風俗之不齊,又有不待訓練,本已強悍者耶?然則謂文明民族之不敵野蠻民族,由其人民之性質之柔弱者,非也。至於財力器械之不敵,則皆與遠西接觸後事,昔日之無此情形,更不俟論。然則中國不敵夷狄,其原因果安在哉?

孟子曰:"城非不高也,池非不深也,兵革非不堅利也,米粟非不多也,委而去之,是地利不如人和也。"文明民族之不敵野蠻民族,此蓋爲其真原因。古來第一漢奸,當推中行說。中行說論漢與匈奴之長短曰:匈奴"約束輕,易行也;君臣簡易,一國之政,猶一身也";漢則"禮儀之敝,上下交怨"。伊古以來,爲此等說者,不知凡幾;至於明清之際,亭林蒿目世變,痛心宗國之淪亡,而其論中國外夷強弱之原因,猶無以易此說也。然古來持此等議論者,皆以爲中國重滯,外夷徑捷;中國重滯,由於文繁,外夷徑捷,由於法簡;歸其原於政治之得失而已,而不知有分數,則使衆如使寡;使衆如使寡,則用大猶用小也;而"小敵之堅,大敵之禽","十則圍之,五則攻之",衆且大者之勢,率非寡弱者所能與也。然則中國之不敵外夷,尚不在其政治之徑捷與重滯,而別有所在矣。嗟夫!此孟子所謂天時地利不如人和者耶?夫以中國之文明,用中國之衆且大,謂其不能有分數,使之如寡小者,不可得也。抑觀歷代之法令,雖不足以云徑捷,然使如其實而行之,雖稍重滯,謂政事軍事,必致於敗壞決裂,不可收拾者,無是理也。所以敗壞決裂,不可收拾者,皆名實不符,核其名猶是,而按其實則非,有以致之耳。所以名實不符者,則由社會之積弊已深,私人之利益,與公衆相反者衆也。今請舉實事以明之。當日俄戰爭之際,日本有所謂"代耕"之俗焉。一夫出征,則其所荒棄之田,其鄰里代爲之耕;而凡征人之妻子,有所求於市,市人或廉其價;有疾,醫者或不取費,爲之療治;其事殊,其意一也。中國有之乎?夫士之臨陣而屢北,非果畏瘡痍,怯白刃也,其十八九,蓋亦由其後顧而不能無憂矣。管夷吾有老母在,則三戰而三北,古之人已然矣。然則如日本之士,與中國之士,使之陷陣卻敵,奮不顧身,孰爲有後顧憂,孰無之乎?人孰不好生而惡死,然所謂生者,非徒魁然七尺之軀,偷息於天地間云爾,固貴有生人之趣。今使戰敗而歸,父母不以爲子,妻不以爲夫,友朋不之齒,其生人之趣安在?安得不輕死傷,重降北?而如其興論久背公黨私,雖爲降虜,爲敵間諜,甚者且爲之先驅,苟其當貴利達,父母妻子,宗族交游,引爲光寵如故也,洪承疇、吳三桂之徒,安得不接跡於世哉?況也奪伯氏邑而無怨言,徒廖立而致其垂泣,管葛之用心與持法,其不可多得也久矣。世固有慷慨之士,本願效忠於國,其才亦有可用,徒以扼於權奸,不獲申理,遂不恤反顏事仇者,宋末之劉整、夏貴是也。其罪固通於天,然遏抑之者,亦寧能不分負其責哉?此等事悉數難終,要皆文明社會多,而野蠻社會少;文明社會有之,或冤沉海底;野蠻社會,必較易平反。故文明之人,非生而怯之,其社會固束縛之,馳驟之,使之不得不怯;甚至迫害之,使不得不從敵。野蠻社會之人則皆反是,故文明人之見陵於野蠻人,非不幸也。優勝劣敗,理有固然。論者或以文明人之見陵於野蠻人,而嘆福善禍淫之不足信,而不知此正福善禍淫之最可信者。何則?文明人雖文明,其社會組織固惡,野蠻人雖野蠻,其社會組織固善也。惟社會組織雖善,文明程度太低,則亦不足戰勝。歷代野蠻人所以受制於文明人者以此。然至其文明漸進,而足以與文明人為敵,則文明人之厄運遂至。如鮮卑,其初屢見破於中國與匈奴,然至精金良鐵,多漏出塞,而鮮卑有其器,漢人逋逃,為之謀生,而鮮卑有其法;檀石槐遂兼匈奴,擾漢邊,中國任名將,發大兵,三道出塞,一時敗績矣。然則今日之黃白人,雖若天子嬌子乎?至於利器悉為黑人之所有,以黑人健全社會之組織,用白人之利器,今之所謂文明人者,能否久居人上,或不免為蒙古盛強時之中國人與西域人,猶未可知也。夫以今日之白人,其勢力誠如驕陽當天,未知時日之曷喪,然世事之變遷,寧可逆料,當唐天子稱天可汗,盡服從北夷狄,安知望建河畔一小部落曰蒙兀者,乃能創建跨據歐亞之大業哉?

　　故民族強弱,究極言之,實與治化隆汙,息息相關;而治化之隆汙,其本原實在社會組織;徒求之於政事之理亂,抑其末焉者也。此等究極之談,目前言之,誠若迂闊而遠於務。然如現在普通人之見解,以為只須訓練人民,使之健鬥;又或標榜一二民族英雄,資其矜式;使盡提倡民族主義之能事,則可謂膚淺之至。從古以來,人民無以一人之力與異族鬥者,皆合若干人為一團,以與異族鬥。合若干人為一團以與異族鬥,則此一團中人之和,與夫一團中人人之勇相較,而和之用,實為較大。何則?惟一團中人相與和,乃能致一團中人人之勇;否則雖有勇夫,不過仗劍死敵,以求其一心之安,於國事初無絲毫裨益;其下焉者,或不免反顏事仇也。夫欲徹底改善社會組織,自非旦夕間事,然居今日而言提倡民族主義,亦不宜專從粗淺處着眼。羣之和重於一夫之勇,雖不能徹底改革,亦不可不有事焉。具體言之,則如今日能訓練人民,使之皆可為戰士,固屬要著。然如何籌劃,乃可使出征之士,較少後顧之慮;乃可使為國宣勞者,可為公眾所愛慕;袖手旁觀若臨陣奔北之士,可為公眾所不齒;此等風氣之造成,較諸授人民以行陣擊刺之技,實尤要也。言不能悉,舉一端,他可類推。

昔時讀史者，多注重於個人之行爲，故多崇拜英雄，今日之眼光，則異於是。何者？知事之成敗，其原因複雜萬端；成者不必有功，敗者不必有罪；謀勝者不必智，戰敗者不必怯也。生物界之情形，大抵中材多，極強極弱者少，惟人亦然。故無時無地無英雄，亦無時無地無庸劣之士。羣之盛衰，非判之於有材無材，乃判之於有才者能否居於有所作爲之地位，庸劣者能否退處不能爲害之地位耳。所謂君子道長，小人道消；君子道消，小人道長；言消息而不言有無，其意可深長思也。此義，言教與學者，皆不可不知。

（原刊《教與學》一卷四期，一九三五年十月出版）

論南北民氣之强弱

"歷史上早已形成了北弱南强之局,我國民今後偉業的泉源大部是南方的。"

天下的事理無窮,人,往往只就所知道的一兩方面,加以解釋。倘使這一兩方面是重要的因素,其解自然是近乎情理的,如其不然,就不免要陷於謬誤了。

"中國的形勢,是北强南弱,只有北方能征服南方,沒有南方能征服北方的。"這是讀史的人,向來的一個誤解。這種誤解,是頗爲普遍的。張作霖在將出關以前,還曾把這話向外國新聞記者説過,甚至現在僞組織中人,也有持此論調的。此等誤解,近數十年來,早已爲事實所打破,原不慮其搖惑人心。然在學術上,仍不能不辭而辟之,以一正其繆,使人知道歷史事實的真相。

釀成這個誤解的第一個原因是:説漢族是起於黄河流域的,進而征服長江流域。這個誤謬觀點的所以構成,是由於史前史的知識,太形缺乏,對於古史的解釋,又多錯誤之故。據近年的研究,漢族實在是起於東南,進於西北的。這個考證太長了,不是此處所能説明。然對於古史的新説畧經涉獵的人,諒都能信其不謬了。[*]

中國的古史,是到周朝才畧爲清楚些的,周朝是起於西北的,後

---

[*] 原編者按:吕先生有關於古史的札記多篇,考釋古史的真相,異常精闢,將來當在本刊中次第發表,以饗讀者。

來的秦朝亦然,所以《史記》的《六國表》上,就有"作事者必於東南,收功實者常於西北"之説。然而周朝以前的殷朝,實在是從東向西的,周朝,據近人錢賓四穆的考證,也是起於山西,後來才遷入陝西的,見其所著《周初地理考》中,其説頗爲精確。然則周秦之興,在地理上並不一致。春秋時,晉楚齊秦,并稱大國,晉楚爭霸尤久。人們的意見,都覺得晉國較楚國更强。此乃由於記載春秋時事最詳,而又附麗於《春秋》,具有特别權威的《左氏》,其材料大部分爲晉史之故。實則晉有文公,楚有莊王,晉有歷公悼公,楚亦有靈王。楚靈王的聲勢,實非晉文公悼公所及,在春秋時,齊桓公之外,恐無足與之比倫的;不過因其不終,史家多説他的壞話,後人遂覺他無足稱述罷了。吴闔閭夫差,越句踐的强盛,是横絶一時的。戰國時,則楚有悼王,魏有惠王,齊有威、宣、湣王,其聲勢亦畧相等。秦國的獨强,只是最後數十年之事。秦之强,其原因:(一)由其地廣人稀,故能招徠三晉之人事耕,而使其人民多盡力於戰陳。(二)則由其開化較晚,風氣較爲樸實,試觀李斯《諫逐客書》,列舉當時淫侈之事,秦國竟無一焉可知。然則秦之强,其原因與其説在地理上,毋寧説在經濟上,況且秦并天下,只有十五年,而反動即起,六國俱立,直到漢高祖即帝位之後,大局才漸穩定。然則古代封建之局,亦可以説到楚漢之際,然後結束的。楚漢都是起於南方的,所以我們可以説秦并六國,亦可以説楚滅秦。有人説"秦劉項轉戰,所用的未必都是豐沛江東的子弟",這個固然,然亦豈是秦卒?有人又説:"漢高祖據關中,卒成帝業,這個仍和秦滅六國一樣。"然而,彭城一敗,蕭何所發的關中人民,已經是老弱未傅者了,以後還有什麼壯丁,可以補充兵力?高祖和項羽相持,還不是一面在山東收兵,一面靠韓信、張耳等,替他在河北補充的麼?所以劉項之相爭,只是南人既定北方之後,再在北方相爭,既無所謂東西之分,更無所謂南北之異。至於南人既定北方,又要在北方相爭,則因當時政治的重心,在於北方之故。政治的重心所以在北方,則因北方之經濟,較南方爲發達之故。北方經濟之所以發達,則因南方受天惠較厚,可以火耕水耨,飯稻羹魚,而北方天產較乏,非勤稼穡,不得生活,又遭洪水之災,非治溝洫,不能事農業之故。這只是社會經濟發達到某一階段時的現象,何嘗有什麼地理上不可移易的原因,支配着人呢?到後世,經濟的重心,逐漸轉移於南方,自然政治的重心,也隨之而轉移。所以從表面上看起來,似乎是北強南弱,而從其深處觀之,則實在是南強北弱。

怎樣說後世的形勢,實在是南強北弱呢?我們試看歷代的事實,則(一)三國分立,而吳蜀卒亡於魏晉;(二)東晉和宋齊梁陳,相承近三百年,始終未能恢復北方,卒仍爲北朝所併;(三)隋末擾亂起於南方的羣雄,決不足與起於北方者相抗;(四)五代十國的分裂,南方亦卒併於北;(五)以後便是遼金元清,相繼侵入的悲劇了;(六)而近代根據西南的,如明之桂王,以及太平天國,亦莫不終於滅亡:由此觀之,北強南弱,似乎是鐵案如山了,怎能說是南強北弱呢?殊不知以上所說的事實,並非在地理上南方不敵北方,乃是歷史上的某一時期,文明民族不敵野蠻民族,何以言之?

緣邊風氣強而內地弱,漢世實已開其端,《漢書·地理志》述各地方的風氣,是燕趙的北邊,自隴以西北,以及吳楚之地較強,而其餘之地較弱。當時政治的重心在北,每當變亂之際,南方的人恆處於較穩定的局勢中,所以剽悍的楚越人,顯其身手的機會較少,北方則不然;光武的定天下,是得力於先定河北,而其能勘定河北,則是得力於漁陽、上谷之助。後漢末之擾亂,雖係曹操所定,而其首起發難的是涼州兵。涼州是羌胡雜居的區域,上谷漁陽,則是烏桓雜居的區域,所以外夷強而中國弱,漢世已開其端。至晉初,中國政治分崩,遂成五胡亂華之局。五胡亂華之世,割據的異族,總是以其本族人或他異族人爲兵的。除石虎伐燕,苻堅伐晉等,所用兵數太多,異族不能給外,很少徵用漢人,即或參用漢人,亦多視爲次等的軍隊。試看《高敖曹傳》,說在當時只有他所將的漢兵,足以與鮮卑人爭強可知。三百年之中,兵力始終在異族手裏,這是漢人恢復之所以艱難。隋唐之世,在政治上,漢族雖然恢復其地位,武力的強弱實在並未改觀。隋朝所承襲的,是宇文周的遺業,宇文周的兵力,是來自代北的,根本上和拓跋氏爾朱氏高齊一樣。唐起關中,卒併羣雄,還可以說是承襲着這個餘蔭。唐朝的武功,雖說和漢朝相仿,而且征服之地,還較漢朝爲廣,其實際是大不相同的。漢朝的征匈奴,伐大宛,定朝鮮,平兩越,十次中有九次是調中國兵去打。唐朝則多用蕃兵,而且還重用蕃將。天寶時,卒因尾大不掉,釀成安史之亂。削平安史之亂戰鬥力最強的李光弼,也是蕃將,而且這一次亂事的勘定,是深得回紇兵之力的。不過新舊《唐書》的記載,都有些不實不盡,後人無從知其詳細的真相罷了。不然,爲什麼後來回紇會驕橫到如此,而一個僕固懷恩,唐朝竟無如之何? 而要聽其縱容安史的降將,致殆將來無窮之患呢?肅代以後,藩鎮遍於全國,中央的威令自此不行,防禦草寇的力量,總該充足的了,然而黃巢橫行,竟非沙陀兵不能平,遂令沙陀入據河東,以梁太祖之強,一傳而卒爲所滅,五代的君主,竟有三代是沙陀人;而沙陀又非契丹之敵,燕雲十六州的割讓,自五代迄於北宋,終竟不能恢復。此後女真的長驅中原,蒙古的窮兵崖山,滿洲的遠踰高黎貢,華夷強弱的情形,更不必論了。我們試仔細分析,自五胡亂華以後,南北的強弱,哪一次不含有民族強弱的因素在内,何嘗是什麼地理上的原因呢?

爲什麼漢族屢次失敗在異族手裏? 這是我們的敵國,常嘲笑我們的。他們這一次,所以敢於興兵内犯,而且估定了我們要屈服,怕還懷挾着這種成見;而他們以區區三島,始終未給異民族侵入,怕也是他們所以自豪的。其實文明人不敵野蠻人,乃是歷史發達到某一階段必然的結果。希臘之敗於馬其頓,羅馬之敗於日爾曼,印度之被西亞各民族蹂躪,以及匈奴、突厥、蒙古之能耀威於歐洲,理由均無二致。三島之所以未被異族侵入,正因其爲三島之故。假使移而置之大陸之上,怕其結果也是和朝鮮一樣的。人總只是人,置之某種環境之下,總不免發生某種情形的。成功者非必由於自力,不該是僥幸自誇；失敗者未必終於失敗，民族的前途長着呢！"大器晚成"，正不必看着易盈的小器而自餒！

文明民族，爲什麼會被野蠻民族征服呢？我說，這是文明之病，顧炎武先生的《日知錄》裏，有《外國風俗》一條，歷引由余對秦穆公之言，下至遼金之事，斷言野蠻民族之所以強，由於風俗誠樸，政治簡易。其實二者還是一事，惟其風俗誠樸，所以政治能夠簡易，風俗誠樸而政治簡易，則當作戰之時，以後方言，野蠻民族自然事事切實，文明民族就不免徒有其名，不但不足以抗敵，甚至借此以擾民，轉有破壞抗敵陣綫之慮。從前方言，降敵背叛，以至希圖保存實力，坐觀成敗，奉令不前，不戰而退，甚至爲虎作倀等事。野蠻民族中也不易發生；即或有之，因其全體的堅強，亦不易發生影響。如此，野蠻民族怎得不勝利，文明民族，怎得不失敗呢？試把古今中外的歷史虛心研究，人口的衆多，物力的豐富，器械的精利，軍事學識的充足，野蠻民族何一足與文明民族相敵？其勝負的原因，安得不歸之於社會組織上呢？然則文明民族，應每遇野蠻民族無不敗北，何以又有時能征服野蠻民族呢？須知國家民族的盛強，精神物質兩條件不可缺一，社會組織雖良好，而物質條件太差了，也不能免於暫時的敗北的，所以野蠻民族，必須物質條件發達到某一程度，才足與文明民族相抗衡。譬如，女真在亡遼之後，其器械實在尚非中國之敵。所以宋兵每到危急時，多以神臂弓卻敵，而吳玠告胡世將，自述和金兵作戰的經驗，就是利用弓箭和他相持。然而金朝此時的物質條件，亦已達到足以和宋兵相抗的程度，所以能夠薦食上國。若在景祖之世，本國尚無甲胄，須以重價購之於鄰國時，就不敢顯然與遼爲敵了。所以，在物質條件發達到足以與文明民族相抗，而其社會組織，尚未傳染文明人的病態，或雖傳染，而未至破裂或轉爲文明人所乘的程度時，野蠻人可以無敵天下。及其文明病一發生，野蠻人也就開始沒落了。中國民族號稱能同化異族人，其實這也不是我們有什麼天賦的特殊能力，也不過是社會進化必然的途徑。現代的物質條件，又與前代不同，斷非真正的野蠻人所能把握得住。至於現代的侵畧者,則其內部矛盾的深刻,轉在被侵畧者之上,如何再能有從前野蠻民族的幸運呢?這是遼金元清的已事,不能再見於今世的原因。

"城濮之北,其報在邲",驚天動地的事業,其原因往往在千百年以前,當其作用未顯現時,人人往往視若無物,然而果不離因,斷不能說後來的偉業,與前此的伏流無關的,我說在中國歷史上,早就成了北弱南強之局,其理由即在於此。須知從表面上看南方的漸次抬頭,只是:(一)明太祖起兵於長江流域而驅逐胡元;(二)歷代漢族與異族的相持,都只能利用長江流域,而到明末,則能根據西南;(三)太平天國起於粵江流域,而能震蕩中原;(四)現代的革命,亦起於西南,始而推翻滿清,繼而打倒北洋軍閥,總計起來,不過六百年左右,較之前文所述北方征服南方的歷史,要短得多了;而且在這六百年之中,南方仍有敗於北方之事。所以頑固的歷史家,很容易把這些事情,認爲例外。其實,這六百年來的現象,也斷不能視爲偶然的;細加勘察,則知此四役者,其形勢雖各不同,而實有一共同的因素在內,此因素惟何?曰:民族之自信力與自負心。自信力是自覺其優強,斷不會被異族所屈服;自負心是自覺其優良,斷不肯與異族相同化。這兩種力量正是一民族之所以成其爲一民族。勝負兵家之常事,只要這兩種心理存在,表面上無論如何失敗,總只是長期戰爭中的小挫,而其戰爭尚未終了;若是這兩種心理一喪失,這民族的命運就完了。質而言之,這民族就是滅亡了,而兩種心理的存亡,就是兩個民族文化高低的尺度,相遇之下,高者自然會存在,低者自然會消失。斷非人爲的教育,欺詐的宣傳,所能轉移。所以,(一)歷來的異族被我們同化;(二)我們看似失敗,實甚堅凝;(三)每到危急存亡之秋,便有偉大的力量發揮出來,其原因即在於此。此等文化,即非短時期所能形成,更需要長時期的培養。其根據地,雖非限於南方,然自五胡亂華以來,實以南方爲重要的根據地,所以我說:在歷史上早已形成了北弱南強之局,因爲我國民今後的偉業,其源泉大部分在南方的。

一事的因果關係，要經歷很長的時間，才能够看得出來，這正和天文上的歲差一樣。歲差自漢以前，無人知道，自晉虞喜之後，才逐漸發現。這並非前人的能力，不及後人，乃是被觀察的客觀材料，尚未完全發現之故。我們現在對於史事的知識，有時能突過前人，其原因亦在於此。再者，人之所以異於動物，乃因其不僅能適應環境，而且能改造環境之故。社會愈進步，則其控制環境的力量愈强，而自然所能達到人的影響即愈弱。控制環境之力愈强，則人與人的聯繫愈密，社會控制個人之力，亦隨之而愈强。所以解釋史事，終當以社會爲親緣，而地理等僅居其次，這也是不可不知道的。

(原刊《中美日報》堡壘，一九三八年出版)

思鄉原

章太炎有《思鄉原》之篇，就人之性行言之也，即以學問論，亦當思鄉原。

今日所謂文明之國者，其印行書籍之多，聞之誠足駭人。然細思之，彼之所謂著述，果皆卓然不朽者耶？如其然，彼之治化，當大異於吾，何以異其名不異其實也？往嘗與錢子泉論學生作論文事，予素不以爲然，以其實無所得，而徒教人以剿襲也。子泉曰："不獨中國，即外國亦必如此，何者？人之才性，古今中外相同，謂甫當大學畢業之年，即能斐然有作，此必不可得之數。其所謂論文者，固不待閱，徒以理度之，而可知其程度如何者也。"予聞其言而韙之。二十六年四月三日，讀上海《大公報》，見所載周大玄《歐游通信》，頗有足相發明者。其大意若曰："現在科學中一問題，如欲深究之，其論文動至數十百種；若并其相關涉之事而求知之，則其書可以逾千，又多不同文字；乍觀之似若可駭，實多無關緊要，只堪覆瓿者也。所以然者？今之求學，多爲謀生。欲謀生，必得業；欲得業，須有成績；又或可以得獎金；或可以易稿費。人至二三十歲時，有研究報告數十種，於其地位，極爲有益。故一人研究數題者，往往彼此各不相干，不過就取材之便，或則偶然興到耳。其天分高者，積久或能融合貫通，有所心得；低者則終身沉溺於破碎之中而已，於學既茫無所知，已亦絶無樂境，此學術之大弊也。學術如此，文章亦然，不過取悦他人而已。然以讀者所好之卑下，亦足邀一時之名。此社會之組織爲之，非生於其間者所能尸其咎也。不特此也，舉世以貨財虛譽判地位之高低，此利己損人爲人生之正鵠，自其孩提之時，既已習而與之俱化矣，非有過人之度量，又曷克自拔耶？"周君之言如此。昔嘗讀《明夷待訪錄》，其《學校篇》曰："凡郡邑書籍，不論行世藏家，博搜重購。每書鈔印三册：一册上秘府，一册送大學，一册存本學。時人文集，古文非有師法，語錄非有心得，奏議無裨實用，序事無補史學者，不許傳刻。其時文，小說，詞曲，應酬，代筆，已刻者皆追版燒之。士子選場屋之文及私試義策，蠱惑坊市者，弟子員黜革，見任官落職，致仕官奪告身。"《取士篇》曰："以所著書進覽，或他人代進，看詳其書。足以傳世者，則與登第者一體出身。若無所發明，纂集舊書，且是非謬誤者，……部帙雖繁，卻其書而遺之。"苟以是爲准，今之書，其當拉雜摧燒之者幾何？夫人之精力，當用之於有用之地。今合天下別有所爲而著書者計之，其精力之妄耗者，寧可勝計？此非徒無益，而又有害者也。昔人偏任政治，凡事皆欲以此矯正之，其事固不可行，然安得不冀社會之組織，幡然丕變，而學術亦爲之奐然改觀也哉？

或曰：今之所謂論文者，本不過以是指導初學，教以研術之法而已，原不足語於著述，子乃以著述之義繩之，過矣。是固然，然導人以研術之法；一當拓其才識，一當勉其功力。學問原有兩途：有以才識勝者，會稽章氏所謂入識最初，而終身不可變焉者也，此不必其證據之周詳，亦不必其議論之無病，要視其有無獨至之處，深入之思而已。有以功力勝者，此則銖積寸累而後成，當觀其所積累者是否不誤謬，有歸宿。與其鈔集前人之成説百條，不如自能刺取一二條也，要之既立一題，乃取前人已成之作而觀之，集衆說以爲己有，是爲絕物。而今之所謂論文者，大率如是，安得不令人齒冷邪？

（原刊《文哲》第二卷第一期，光華文哲研究組一九三八年印行）

倉儲與昏鈔倒換庫

倉儲因賑濟而設者有三，最早者爲常平倉。其理見於《管子書》及《漢書·食貨志》所載李悝之說。以穀物秋收時價賤，至翌年青黃不接時則價貴，價賤時恒爲商人所收買，至價貴時出賣，故生之者與食之者俱受其弊，惟商人獨贏。主張當秋收時由官收買，以稱提其價，至價貴時則按平價出賣。如是，商人不能牟非分之利，生之者與食之者交受其益，而公家仍有微贏，以平價必較收入時之價畧昂也。故不待別籌經費，而其事即可永久維持。此說在戰國時曾行與否無可考。至漢宣帝五鳳四年，耿壽昌立常平倉而始行之。其時，下距民國紀元，既一千九百六十五年矣。此法以理言之，無可訾議。然古代糧食之買賣較少，而官家所挾銅積甚多，古之銅，乃所以製兵器，奢侈者則以鑄寶鼎等，故其物咸藏於公家。其後民稍樂用錢，公家乃出所藏以資鼓鑄，故其力甚厚。後世鑄幣之材，咸散在民間，則其情形大異矣。賈生論國法治本之策曰收銅勿令布，此漢距古近，故可爲是畫耳。若在後世，銅可得而盡收邪？故能收操縱之效，至後世，糧食之市場愈廣，而官家之資本益微，則其效不可睹矣。當商業未興之時，物之藏於民家者恒多，商業愈盛則愈少。此觀於今日之都會及鄉邨而可知。故耕九餘三之制，後世必不能行，每逢荒歉之年，農民尤受其累。隋文帝時，長孫平乃建義倉之策，令民於收穫之月，隨意捐輸，於當社立倉存儲，荒歉即以充賑濟。必以社爲範圍者，使民易見其利，且可自行管理，意至善也。然來源僅恃樂輸，其力太薄。又民或不能自行管理，而移之於縣，則全失初意矣。故其事未久而廢。惟常平以爲法令所定,餘朔猶存。然爲力既薄,其惠僅及於城市游手之民而已。深山窮谷,胼手胝足之民,蓋有飢死而莫之恤者,是則可嘆也。抑常平錢穀,平時死藏不用,坐視豪富之家,邀倍稱之息,復何爲哉？鄉使農民皆得以微利貸資糧,以奉耕耘,剝削既輕,生計自裕,雖有凶荒,將見不待賑施,而亦自能溫飽矣。與其治之於既病之後,孰若治之於未病之先？此王安石所以立青苗之法,令以常平錢穀,方春貸之於農民也,然其效非旦夕可期,況其事且格不能行邪？此農民之所以困頓如故也。朱子出,乃兼綜長孫平與王安石之意而立社倉,其以社爲範圍與義倉同,而其可充借貸則與青苗法同。集兩法之長而去其短,宜乎言倉儲者,皆以此法爲最善,而謀積貯者,亦惟此法是遵也。

然有不可不知者：常平、青苗,皆與剝削種穀食穀之人爭,義倉社倉,則坐視剝削之人而無如之何,徒使受剝削者,更自謀免死之道而已矣。猶坐視人涸江河之水弗能障,而徒教魚相濡以沫也。其非治本之策可知也。不裒多何以益寡？非稱物何以平施？食爲民天,即微論大中至正之規,亦當爲去泰去甚之計,其不能不師古人常平青苗之意,而爲窮變通久之謀審矣。青苗之法,今之農民銀行實繼之,今姑勿論。論師常平之意,而可以變通盡利者。

語曰："作始也簡,將畢也巨。"商業之初興,夫固人人所同利也。何也？人非通工易事無以爲生,而買者欲求賣者,賣者欲求買者皆甚難。非有商人以居其間焉不可。故商業之初興,誠能使生之者與食之者,爲之者與用之者,各得所欲；且較之競相交易,爲節勞而省費也。然以買者賣者之不易相接也,居其間者,遂得以肆其挾持而牟大利焉。其買也,以生之者與爲之者不得不賣爲度,而必不肯多出一文之價。其賣也,以食之者與用之者猶能購買爲度,而必不肯少收一文之價。如是,則生之者與食之者,爲之者與用之者俱瘠,而居其間者獨肥矣。此近世大工業興起以前,商人之所以恒富；而鄉之言治者,所以深惡而欲裁抑之也,非偏也,裒多益寡,稱物平施之道固然。生之者與食之者，爲之者與用之者，豈不疾首而痛心？公家豈以是爲當正？亦曰：勢渙而不能與爭，力薄而無如之何耳。衆民之資，散之則見其少，合之則見其多；公家之力，無資財以供其用，則覺其薄，有資財以利其行，則覺其厚，故當今之務，在於公家使生之者、爲之者、食之者、用之者協力以裁抑居間者。其策惟何？當新穀將登之時，公家印行穀券，售之民。或一元焉，或五元焉，或十元焉，析之必至於其微，使凡薄有餘貲，而能少儲糧食者皆可買，即集是資以買新穀，則常平之糴本驟增矣。商人之借糴賤糶貴以牟利者，固將弗能與爭，況公家又可以政令之力自輔也？今歲上海穀貴，好義者集資以買洋米，而穀價果暫平，此亦其小試而效可見者。惜其惠僅及於大工廠大商家，而未及於齊民。齊民之資力雖微，合之，殆非若干大工廠大商家所及；且其有待於振救亦愈甚也。合齊民之資，以舉常平之實，以理以勢咸宜。

抑古人之欲裁正其價者，非徒穀也。《漢書・食貨志》《注》引《樂語》曰：「天子取諸侯之土，以立五均，則市無二價，四民常均，彊者不得困弱，富者不得要貧，則公家有餘，恩及小民矣。」此天子指邦畿千里之君，諸侯指其畿内之小侯。蓋大國之君，於其四封之内，擇要會之地，立市以售百物，使其價常平，商賈不得牟厚利，猶其平穀價之意也。此說亦詳於《管子書》。今不暇具引，細讀《輕重》諸篇可知。桑弘羊行均輸，王莽立司市，猶知此義，然公家之力，控馭食物尚不足，安能更及百物？其不克舉其實，固無待再計矣。然非遂無術也。語曰：「工欲善其事，必先利其器。」又曰：「爲高必因丘陵，爲下必因川澤。」今固有平物價之器，若山陵川澤之可因者矣，曷爲久熟視而無所睹邪？

交易愈盛，則錢幣之用愈弘。幣有子母，用楮則有新舊，皆須相易。金源之世，嘗有昏鈔倒換庫之設矣，即在州縣署中。人民憚與官交易，又一縣僅有一庫，則於事弗給，故仍不足以便民。至近世，而營兌換之事者漸多，且有專以是爲業者焉，又三百年來，菸之流行愈廣，至近數十年,卷菸出而亦盛,窮鄉僻壤,無不有營是業者。而兩者遂合爲一,所謂烟兌店是也。烟兌店之散佈,幾於無遠弗屆矣。公家立市以謀控馭物價,固亦宜無遠弗屆,則莫如即烟兌店而改爲官營之良。自亡清之季至於民國改用紙幣之年,銀幣之成色屢易。幣不一則觀聽不齊,市肆異用,故新幣行,舊幣非收回改鑄不可。然此非公家之力所及也。乃每改幣必少減其成色,藉惡幣驅逐良幣之原則,引舊幣自歸於消滅焉,其策果效。試問搜集舊幣,使之消滅者誰也?近日輔幣缺乏,中央銀行首次發出五十萬,民間幾於未見,果何往邪?巧於立說者曰:市民喜其新奇而藏之。詰以所藏何能如是之多?則曰,租界居民三百五十萬,七人而藏一分,則輔幣不可見矣。烏呼!何其言之如簧邪?吾不知食不飽、衣不暖之徒,生趣索然,何心藏分幣以爲玩?飽矣,暖矣,有餘間以事玩好矣,吾又不知其所好適在分幣者,凡有幾人。當紙幣初出時,何種不新奇可玩?即硬幣亦何獨不然?主輔幣之新發,奚止一次?何以昔不聞人之藏之,而獨於今之分幣愛好之甚也?夫今之收藏輔幣者,豈曰絕無其人?然其數實至微,而即此極少之人,亦正以分幣之不可見,乃收藏之以爲玩或備用耳。然則匿而不出者,分幣少之果,而非分幣少之因也。乃以壅塞弗通之罪,蔽之三百五十萬之市民。烏乎!何其言之如簧邪?抑何其顏之厚也?然則分幣之必有所往可知矣。其何往吾姑勿問,而使之往者誰也?《詩》曰:"不自爲政,卒勞百姓。"曷怪三百五十萬之市民,有所觖望於發行之銀行邪?

今有其物遍佈於民間,可藉以謀生民之樂利至便,而縱任之,則其乘機剝削人民,所及亦至廣者,改歸官營,誰曰不宜?且此非奪民業也,按其本,給以股票,其當得之利,猶如故也,或且更穩固也。所不能更得者,不當得之利耳,此則一家哭何如一路哭邪?亦非使受庸於其間者失業也,署加訓練,其人固皆可用,其工資且可增加。特必調至他處,而不容即在其故肆,以其循行舊徑太熟也,然亦可給以路途之費,不使其有所損也。作始也簡,將畢也巨。烟兌所及之普,蓋不下於鹽鐵，寡取之而其利已不貲矣。且其遍佈於民間，於推銷貨物尤便。凡製造之家，欲諉國營之烟兌店銷售者，不妨立一章程，薄取其利，使較托私家代售者爲有贏。如是，則托代售者必大集。以國營烟兌店始者，將以國營百貨店終，至於百貨皆歸國營，則欲賣者可皆賣諸國家，欲買者亦惟有求諸國家。國家之買也，可悉如其成本之多寡，而不復論其貨與量。其賣也，可使遠近大小若一。上田之所入，三倍於下田，則買上田之穀石十元者，買下田之穀石三十元。飲紹興酒者，在紹興與西藏新疆同價，何也？總計凡紹興酒之運費，而均攤之以定售價，全國一律，不以地而異也。如是行之若干時，則人無牟利之心，生之者、爲之者皆爲大衆效勞，而太平大同之盛可幾矣。

（原刊《青年半月刊》第一卷第六期，一九三九年出版）

田賦征收實物問題

爲什麽幾千年來視爲國家最重要的賦税，國民政府於民國十七年，曾把它改作地方税？這並不全是財政上的理由，實緣田賦爲積弊之所叢，上損政治收入，下妨人民生計，改爲地方税，則本地方的行政官吏，熟悉本地方的情形，又無鞭長莫及之慮，易於整頓之故。但是十幾年來，地方政府，並没有能夠就田賦加以整頓。這（一）緣經費和人才，兩感不足；（二）亦由於政務叢脞，力有不及之故。不但如此，田賦既爲積弊之所叢，非有極大的力量，自不易加以整頓。幾千年來把田賦列爲中央最重要的税收，固緣其時他種賦税，尚未發達，亦緣田賦爲貪官污吏，土豪劣紳，朋比爲奸，剥削人民以自利的對象，臨之以中央之大權，可使之較不敢肆之故。明乎此，則知最近八中全會議決將各省田賦改歸中央接管，也不僅爲戰時財政上的理由了。

管子言治國之道，貴於"因禍而爲福，轉敗而爲功"。我國今日，抗戰與建國，同時并進。不但要打退强敵，一切政事，亦正要趁這戰時緊張的時候積極整頓，立起一個規模來。田賦既爲積弊之所叢，上妨國計，下礙民生，如能積極整頓，即於國計民生，兩有裨益，自當成爲吾人努力的對象。

"卑之毋甚高論，令今可行也。"則整頓田賦的方法，第一在於丈量。因爲必先經界不正，（一）然後可以漏税；（二）然後有田者可以不出税，而將税轉嫁諸無田之家；（三）然後可以佔公田爲己有，使地方的公共事業，大受影響，而尤其是水利。丈量的技術，並不甚難；所難者,(一)不能切實奉行,(二)則既經丈量清楚之後,不轉瞬又復淆亂。此(一)由地方之無人才,(二)由其事爲積弊之所叢,奉行丈量者,經管圖籍者,非自欲作弊,即懾於惡勢力而不能與之對抗之故。近代田賦的立法起於明,其法:有黃册以記載各户所有之田,有魚鱗册以詳記一地方的田的地形地味,及其屬於誰某,册首並附之以圖,其用意原極周詳。但行之未久,魚鱗册即漫漶不可問,甚有竟至失亡的。張居正當國時,令全國通行丈量,因此而喪失私利的人,大爲不滿。雖然無法反對,卻譏之以詩。詩云:量盡山田又水田,只留滄海與青天。而今哪有閑洲緒,寄語沙鷗莫浪眠。看似悱惻纏綿,實則全爲著非公正的發憤。我們看這幾句詩,就可以知道整頓田賦,受貪官汙吏、土豪劣紳的反對,至於如何程度了。所以要整頓田賦,必須臨之以中央的大力(一)則勢在必行,(二)則既經丈量之後,製成詳明的圖籍,必須有法以守之,使其不再混淆失實,或竟亡失。丈量的技術並不難,由中央分派人員,勢必不給,其進行即將遲緩。現在的地方自治,係以鄉鎮及保爲基層。鄉鎮保長,以鄉鎮中心小學,保國民學校校長兼任爲原則,各項事務,亦由小學教師分任,二十九年九月十九日公佈之《縣各級組織綱要》。其知識程度和地位之高,自非從前的里長可比。明朝的立法,黃册和魚鱗册,是歸里長經管的。州縣官署和里長身邊,各存一册。半年一換,半年之中,黃册所載的丁口,如有增減,各户的田地,如有取得及喪失,黃册中須隨時改記,魚鱗册也隨之改注。半年期滿,里長將存在身邊、業經改記的黃册,送呈縣官,將在縣署的一册取回改正。這半年中,就把這一本留在身邊,隨時改記。滿半年,再送縣署掉換。此項立法,固甚精密,然從前里長的知識,能否勝任愉快?殊成問題。里長在一百十二户中,雖係較爲殷實之家,里分十甲,每甲十户,甲長在十户之外,共爲一百十户,正副里長,又在此一百十户之外,故爲一百十二户。然其對於貪官汙吏、土豪劣紳,是毫無抵抗能力的,而正是其壓榨的對象。此皆其失敗原因之大者。今日既無此慮,則目前的清厘田畝,似仍以責之鄉鎮及保爲宜。因爲(一)分而易舉,可以速速圖功。(二)而本地方的人，對於本地方情形熟悉，進行自較容易。竊謂今日中央，可先養成一批丈量人才，令其分赴各縣教練。各縣則令各鄉鎮保保送人員到縣受訓。此項技術，不過三月，就可養成。養成之後，令其回到本鄉鎮從事丈量。先將各地方的田畝，製成圖籍。目前收稅，即可用爲根據。以後用此爲底本，再求精詳，使種種地政設施，均可用爲根據了。在今日，自然不過是大路椎輪，粗粗造成一個輪廓。然即此輪廓的造成，亦已不易，而須要精心毅力以赴之了。造成的圖籍，亦宜縣署與鄉鎮各存一份。地形的改易，不論人爲的或天然的。田畝所屬之人有改變，均須隨時記注或更製。此須明定責成。如有失於記注和更製的，發覺之後，追溯到其應該記注或更製之日。怠慢者或有意舞弊者，須負較嚴重的責任。

田賦征收實物，是有的地方業經舉辦，而正在力謀推廣的新政事。據報載：三月十八日行政院第五〇七次會議，業經將內財經農四部會擬的《田賦改征實物暫行通則》通過了。此項辦法，亦非僅因穀價昂騰，田賦征收貨幣，稅收無形減少之故，穀價與物價，時有變動，調節管理，一時不易收效，即在長時期之中，亦不易徹底收效。農民所有者穀，所乏者幣，賦稅必收貨幣，迫得農民以穀易幣，穀價往往於此時下落，而利遂歸於兼併之家。這是向來議論農村經濟、賦稅政策的人，所視爲最嚴重的一個問題。田賦改征實物這一個問題，就得到根本解決了。其難仍在穀物的不易遷移。如此，則田賦征收實物之法，必須與祿米等制度，同時并行。國家支出，可以穀物給付者，皆盡量使用穀物。穀物在征收之地存儲，亦即在征收之地使用，就不以難於遷移爲病了。如此，則又連帶而及於倉儲的問題。用穀物支出，有一難題，即穀物的品質不一，其價格隨之而有低昂，不如貨幣之畫一。此問題，亦可藉倉儲爲之解決。今日之穀倉，決非如從前立法的粗畧，將各種穀物，草草入倉收藏。當其入倉之初，先須聘人鑒定，把穀物品質，分作數等，然後按一定之分量，加以包裝。務使看其包裝，即能知其內容的品質及數量，然後入倉儲藏。至支出時，則只須按其包裝發給。據其所收受之品質及數量，即可算出其等級。如此用實物支給不便計算的弱點，也就可以除去了。倉儲之設，是利於分不利於合的，因爲分則便於管理，即有弊竇，亦不至甚大，而易於清厘。況在今日空襲猛烈，用兵又多以掠奪物質爲目的的時代。所以穀倉宜設於鄉鎭保之地，而地方官吏，只管理其帳籍。如此，倉儲之制，亦非致謹於品質的辨別，再按準確之分量，加以包裝不行。貨幣之起源，本爲量物價之尺。其時亦幾於僅用爲量物價之尺。無論何人，決無將尺度大量儲藏的。因爲除了度長短以外，其本身並無效用。當此時代，幣價若有變動影響於人的生活者甚小。無如貨幣雖是物價之尺，而其作用又不盡乎此。到後來，其各種作用愈顯，即其爲用愈弘，就有專門儲蓄貨幣視爲財產的。又有別無他種收入，而專以貨幣爲其收入的。在此情勢之下，幣價若有變動，其影響於生活者就大了。有財產者姑不必論，其創巨痛深者，實爲工薪階級之人。這是現在全世界上大多數人生活不安定的一個大原因。而如我國，物價幣價不易調節者，其感威脅爲尤巨。賢明的經濟政策，早該推行按生活指數以定薪工資的制度。生活所須，固非僅穀物，然穀物究係其中最重要的一項。食糧問題而獲解決，生活的威脅，就可解除過半了。祿米之制，雖不能就算按生活指數來支給薪工，至少是按生活指數支給薪工的制度，立下了一個基礎。於此，以祿米制度與田賦征收實物的制度，同時并行，實在是一個賢明的遠大的政策，並不是專顧目前。若能善爲推行，正有合於因禍爲福、轉敗爲功之旨。

　　穀物的征收，自較貨幣爲難。於此，則義圖之制，必不可以不提倡。其原有義圖之處，尤宜盡力維持。義圖之制，原於義役。乃因人民不堪貪官汙吏的誅求，因而一地方的人民，自行團結，以團結的資格，對官吏負責。將一地方該納的賦稅，自立規約，限期收足，交納於官。如此，貪官汙吏，即無從再肆誅求。此法之立，原僅爲人民消極自衛之計。然因此而賦稅之征收，易於集事，且可將征收費減至最小限度，於國家行政，裨益甚大。在今日，若能善爲推行，可使田賦所收之穀物，不勞官力而盡入於當地之穀倉，官吏只須派員加以點驗，到支出之時，亦僅須以一紙命令，付給穀倉，成爲一種理想的財政制度。

於此，我更想到眼前的問題。上海的居民，受食糧問題的威脅，可謂久矣。最近，幸得工部局自運港米，而食糧問題的威脅，乃得稍稍解除。然工部局所運之米，如何售給居民，實仍成爲一問題。售給居民之法，不外兩端：（一）直接發售，（二）則仍售諸行號，由行號售給居民。由前之說，固然最爲徹底，然手續太繁，不易實行，故現在仍用間接之法。然抬高價格、攙和雜質、減低品質、減少分量等弊，實不敢保其必不發生。雖云可派員調查，然查之安可勝查？雖云可由人民舉發，然消費者之勢力，不足以與商人敵，亦已久矣。又況人民各有職業，安有暇日與米商興訟？有此暇日之有閒階級，則又滿不在乎，不肯招此麻煩矣。又或人民之知識，尚不足以語於檢舉。亦且除硬行抬高價格一端，人人知爲舞弊外，其餘弊端，人民或且不能發覺，米商又何必取此拙劣的手段，而必欲顯然抬高價格邪？米商之剝削消費者，並不自今日始。語其手段，則今昔初無二致，總不外在質量兩方面設法。

辨別商品之質與量，在今日，實非人人之所能，此乃無可如何之事。行政者之責，實在賦難辨之物，以易辨之形，使巧者無所售其欺，而拙者不至於上當。金屬貨幣，須由秤量進於鑄造，即由於此。如何賦穀物的質量以易辨之形，則只有從事於包裝的一法。假使今日，工部局能將一升米裝成一包，上加精細的符號，使人不易仿造；再加嚴密的封裝，使人不易拆換。如此，米則與凡百貨物一樣，到處可以寄售，而米商壟斷發售之技窮，而其剝削消費者之技，亦即無所施了。此法固適用於今日之上海，亦可適用於後方之大都市。而如其倉儲之制，與包裝之法，同時駢進，則更有益於米的分配問題，真所謂因禍而得福，轉敗而爲功了。

(原刊《青年月刊》第三卷第五期，一九四〇年出版)

改良鹽法芻議

前代之法，有甚善而爲今日所可仿行者，中鹽是已。中鹽之法，起於宋，而其效大著於明。宋世之入邊，初以鹽與芻粟相易。商人入芻粟於邊者，則國家與之以鹽。其後益以茶與香藥、寶貨，謂之"三説"。説，今兌换之"兑"字。又或益以緡錢，謂之"四説"。蓋在貨幣推行未遍之時，度支每資實物，役民運輸則勞人，和雇則傷財；且皆不能無弊，故以是濟其窮也。其他官買之物，商人納資於京城榷貨務，與以憑證，令其自往取物者，謂之入中錢帛，入中入邊之法立，則中央不勞漕運以濟邊；而官買之物，散在各地者，錢帛亦自集於中央，而不勞地方之轉運；實理財之良策也。明人踵而行之，而其利又有多於宋世所收之外者。宋代之入邊芻粟，其所謂邊，實不過陝西、河北；本非不產芻粟之地，商人收買，不虞其不可得，運致亦不甚勞；國家行此，僅能省漕運之費而已。明所命商人納粟者，則爲開平等邊荒之地，芻粟無多，收買既艱，運輸尤困。商人惟利是圖，計其所獲，實不如就地墾闢之多，遂有出資招民往墾者，於是有所謂商屯。明中葉以前，邊儲充實；而塞下人烟，亦漸稠密；實於此重有賴焉。其後户部移開中之鹽以易銀，入諸內庫，而商屯始漸撤廢；邊儲既匱，邊備亦虚；讀史之人，未嘗不爲之廢書而之嘆也。今日貨幣通行，收入支出，無復實物，一電匯劃，瞬息千里，入中入邊之法，以財政論，自可不必仿行；然明代因入中而啓商屯，則有可師其意以實邊者。蓋殖民之難，在於有移殖之志者，無自致之力，國家出資招募，徒得浮浪怠惰之人，不耐苦而逃歸，或且流爲盜匪；設官管理，旣益行政之煩，亦或不能切實。人所惡於資本主義者，以其剝削，而非以其經營。以計劃精詳，管理嚴密言之，私家企業，斷非官吏所能逮。今若能使有資本者出其財，有才力者任其事，招貧民以實邊，而國家但爲之監督，則事半而功倍矣。監督之道如之何？一曰嚴平均地權之法。耕者有其田，本爲當今所跂望。惟在內地，華離旣甚，矯正甚難。若在邊方，則土地本來無主，但爲制定分授之法，杜絶兼倂之端，即可收平均之效矣。農田水利，相依爲命，旱潦無憂，端資溝洫。今日已開闢之區，皆隨人所佔而爲之封畛，尖斜屈曲，無復定形，整理之難，職由於此。若在邊方，則可因地之宜，先爲分畫，後以授人，阡陌溝渠，斠若畫一，交通旣便，水利亦修。又內地佔田，面積太小，使用機械，殊爲不易，合小成大，慮始又艱。邊方區劃整齊，卽無此患。商人資本較充，鑒於獲利之豐，自樂購置使用。成效旣著，仿辦甚多，此則邊荒之開闢，不徒移民以實邊，並可爲內地整理土地之示範也。一在防止商人剝削農民。商人爲資本家，農民爲勞力者；資本家強，勞力者弱，中外同然，古今一轍。邊荒招墾，多係窮民，其弱尤甚，國家固不可無以保護之。此則但於有屯之處，設立監督之官，妙簡良吏，以充其任，斯可矣，事非甚難也。今當鹽法改革之際，似可指定某處之鹽，提出若干，專與墾闢所收之糧相易，鹽旣大利所在，必有出其資本，以從事於此者。將來推行漸廣，或官賣之物漸多，並可益以他物，如宋人所謂"三說"、"四說"者，初不必限於鹽也。今日社會雖云困窮，擁資而無所用之者，實尚不乏；其有才力若專門智識，慷慨欲有所爲者，亦未嘗無人；特苦無所藉手耳。國家之法令一定，而人才資本，咸得所以自奮之途；外收固圉之功，內有富民之效；抑且藉資本主義之策畫，以漸進於民生主義的實現；蓋一舉而三善備焉，亦何憚而不爲者？

《大學》曰："有人斯有土"，此至言也。凡邊地空虛者，雖得之，甚不能守，以遣兵勞費也。漢唐盛時，開疆拓土，非不廣遠，兵力一衰，旋後淪喪，卽由於此，故守邊以實邊爲本。然邊旣實，守之之策，亦不可不豫籌。孔子曰："以不教民戰,是爲棄之。"自來論民兵之善者,皆歸結於非其人不能守其地,然苟爲不教,則亦猶之無人。不徒非固圉之謀,即以地方治安論,邊荒初闢,防衛必不如腹地之完,一有變故,外爲鄰敵所乘,内爲盜賊所掠,坐視其束手而無以自衛,亦罔民之道矣。晁錯移民塞下之策,所謂教養兼施。事雖有今古之異,其理固無不同。此又屯墾之初,所當早爲之計者也。

　　明人官賣茶之法,亦有與宋人異者。宋世茶之供三説,資入中,徒計實邊,省漕運;間或於邊垂立茶馬之司,亦以夷人嗜茶,交易有利,以此給邊軍而省籌餉,爲財政計而已。明則以茶易西番之馬,意欲使其馬少而弱,實馭夷之一策也。今者六族一家,合諸民族而成國族,此等猜防之策,業已無所用之,然馬既有利於交通,亦有裨於戎事;無牛之鄉,兼資耕作;雖云火車汽車通行,爲用較少,究之其利猶甚溥也。内地既盡墾闢,無廣大之牧場;天時地利,本亦不如邊方之善。生利固應各視土宜。今若能師明人之意,以内地之茶,與邊垂之馬相易,既可推廣茶之銷路,又可以獎勵畜牧,亦一舉兩得之道也。

　　　　　　(原刊《青年月刊》第三卷第四期,一九四〇年出版)

中國民族精神發展之我見

民族是世界上早就存在着的，民族主義卻必待近世才發達；這就可見得民族主義的發達有一個客觀上必要的條件，那就是外力的壓迫。

中國民族主義的發達亦只是八百年來的事情。從南宋時代算起。而到近百年以來，尤其有可驚的進步。

話雖如此說，中國的民族主義植根是很久的。要講近百年來的發展，亦不能不追溯到既往。中國的民族主義可罾分爲四大時期：

第一期：自上古至秦漢，這一時期，漢族與其餘諸民族雜居於神州大陸之上，而處置頭髮方法的不同，恰做了這三系民族不同的表徵，這是很有趣的事情，即北族編髮，即辮髮。南族斷髮，中原束髮。此等風習，古代民族守之頗固，如子路與石乞孟黶戰敗，曰："君子死，冠不免。"結纓而死。可見其由來甚久。於此可見近來有一派議論，說漢族與夷蠻戎狄本非異族；漢族即夷蠻戎狄中之進化者合併而成，無有是處。當這時代，我族的文化獨高，不斷的向四方擴展，正像光綫的輻射一般。試看當時較大的民族，北方的匈奴，其君長相傳爲夏后氏的苗裔，而其一切文化，亦極與漢族相類。鮮卑，當周成王會諸侯於岐陽時，與荆蠻守燎，則本係南方民族。北族都是辮髮的，而據《後漢書》所載，鮮卑婚姻必先髡頭，可見南族之遺俗猶存。東北一隅爲朝鮮主要民族的貊族及爲滿族祖先的肅愼族；其本來居地不在今吉黑或朝鮮半島地方，在春秋戰國之世，當尚雜居於内地，或在諸國的北邊；戰國時,因燕人的拓土,被攘於遼東西塞外,乃改以吉黑及朝鮮爲根據地。從考證上看來,亦幾乎無可懷疑。這都是北系。至於南系,則自洞庭、鄱陽兩湖間蔓衍於五溪流域的爲蠻。近世稱爲苗族。其散處緣海一帶的,古人稱之爲越。亦作粵。其在豫西及湖北西境而後來退入雲貴一帶的,則爲今日的羅羅,古人稱之爲濮。在陝、甘、四川三省之間,南下及於雲南省西境,西出及於西康及青海境的爲羌。氐爲羌的一支。此段所說,詳見拙撰《中國民族史》,世界書局本。其受我族文化的薰陶,更是無疑的事實。

當這時代,我族因文明程度的獨高,並不慮異族的壓迫,漢族之所憚者爲騎寇,至戰國之世,與匈奴等接觸始遇之。前此與我爲敵的異族,大率居於山地,和後世的苗蠻一般。論史者多謂趙武靈王胡服騎射,欲以取中山,非也。胡服騎射,自欲以鬭代北。中山則爲山國,取之當重步兵。所以其民族意識亦很模糊,只有一個自負自重其文化的觀念,對於異族能模效我族的文化的,則引爲同調;否則加以排斥。《春秋》的書法:"諸侯用夷禮則夷之,進於中國則中國之",正是一個絕好的表現。這種見解不啻替民族主義植下了一個根基。但其發榮滋長,則還有待於後來。

第二期:可說是民族主義生長的時期,這是五胡亂華的時代。這時代漢族開始受異族的壓迫,但其矛盾還未極深刻。當時漢族和異族的對立,材料散見於史傳的,亦頗不乏。如沮渠蒙遜聞宋武帝滅後秦而怒。其時適有一個校書郎去見蒙遜白事,蒙遜曰:"汝聞劉裕入關,敢硏硏然也?"竟殺之。又如崔浩在後魏,似乎是備受尊敬的,然亦曲盡小心。他是善於寫字的,有人請他寫《急就章》,《急就章》中有"馮漢彊"三字,他竟不敢寫,一定要改爲"馮代彊"。崔浩如此,下於崔浩的人就更不必說了。史稱北齊神武帝善於調和漢人和鮮卑人的感情,對鮮卑則說:"漢人是汝奴,夫爲汝耕,婦爲汝織,輸汝粟帛,令汝溫飽,汝何爲陵之?"對漢人則說:"鮮卑是汝作客,得汝一斛粟,一疋絹,爲汝擊賊,令汝安寧,汝何爲疾之?"從這幾句話看起來,便可見得當時的漢人和鮮卑人儼然一爲農奴,一爲武士了。當神武帝起兵時,和推戴他的人相約,就有不得欺漢兒一條,可見鮮卑人對於漢人是欺陵慣了的。冉閔攻破石氏,令城內曰:"與官同心者住,不同心者各任所之。"敕城門不復相禁。於是趙人百里內悉入城,胡羯去者填門。此等民族的對立亦不算不利害了。怎說其矛盾還未極深刻呢?

須知當時異族的欺凌漢族,在民族對立之外,還另有一個原因,那就是兵權握在異族手裏。原來中國當戰國時代本來是舉國皆兵的,秦漢時代雖不甚用兵,其制度依然存在。惟國大則征戍之途遠,人民負擔加重。漢武帝以後,兵事頻繁,為避免煩擾起見,實際上就多用謫發。東漢光武帝因欲與民休息,索性把民兵之制廢掉。於是招募與謫戍雜用,並漸用異族為兵。三國以後,此風更甚。五胡多用其本族或其他異族人為兵,而不甚用漢族。這惡例不盡是異族有意造成的,倒還是漢族自開的。兵權在手之人,要欺凌平民,便本族人也在所不免。所以當時漢族和異族的對立,民族間的矛盾只可算得半數。

試看當時的異族無不自托於古帝王之後,便可見其以漢族為高貴而意圖攀附。固然,這或者也受些漢自托於堯後,魏自托於舜後的影響。然如魏孝文帝和朝臣論海內姓地人物,戲謂薛聰曰:"世人謂諸薛是蜀人,定是蜀人否?"聰對曰:"臣遠祖廣德,世仕漢朝,時人呼為漢臣。九世祖永,隨劉備入蜀,時人呼為蜀臣,今臣事陛下,是虜非蜀也。"帝撫掌笑曰:"卿幸可自明非蜀,何乃遂復苦朕?"公然承認虜的種姓較漢為賤,絲毫不以為忤。我們看了這一段事情,才知道孝文帝所以能夠廓然大公,以政令消滅鮮卑的文化而慕效漢族文化的原因。更觀當時的異族,雖亦有歧視漢族虐待漢族的,卻絕無拒絕漢族文化,或自保存其文化希冀和漢族對立的,就可知其民族意識不甚顯著了。人我的對立總是相激而成的,當時異族的民族意識蒙昧如此,無怪漢族的民族主義也未不甚光晶了。

第三期便大不相同了,這便是女真人侵入中原的時代。遼金二代緊相銜接，然女真壓迫漢族之深，遠非契丹所能比擬；其民族意識的發達，亦迥非遼人所能及，試觀金世宗的所爲可知。降及清代，其民族意識更爲顯著。清太宗尚未入關，就聚集諸王貝勒大臣，命弘文院官讀《金史·世宗本紀》，以同化於漢人爲戒。入關之後，則強迫舉國薙髮易服，以摧挫漢族的民氣；後來又大興文字之獄，以摧挫漢族的士氣；封鎖關東，使其本族不致同化於漢人；並且封鎖蒙古，又厚撫蒙族王公，希冀滿蒙聯合，以制漢人；此等深謀遠慮，和精密的佈置，又非金世宗所及了。人心之感召，正是如響斯應，微妙不過的。"自由猶樹也，漑之以革命之血而後生長焉。"有女真的歧視壓迫，而漢族的民族主義遂於此時形成。

民族主義鮮明的旗幟，無過於尊王攘夷之論。尊王是晚唐五代以來藩鎮跋扈裂冠毀冕的結果。攘夷則是燕雲十六州割棄，終北宋之世不能恢復，更加以女真猾夏的結果。這四個字原是從《春秋經》裏來的。尊王攘夷，孔門相傳，確有此義。然所以尊王，原是想一匡天下；而所以要一匡天下，則免於被髮左衽，就是其中一個最重要的原因。所以周天子尚在，而孟子力勸齊梁之君以圖王業，可見孟子是沒有扶翼周室之心的。如此看來，攘夷之義實更重於尊王。後來顧亭林先生分別"有亡國，有亡天下"，"國之興亡，肉食者謀之；天下興亡，匹夫之賤，與有責焉"。其所謂國，實指王室而言。所謂天下，似指國家，然中國人於國家的觀念，向來不甚晶瑩，亭林所云天下，與其說是指國家，無寧說是指民族。此義初非亭林所自創，自宋儒的言論推之，是當然要得出這樣的結論的，所以中國的民族主義實至宋而後形成。

民族主義必以民族爲至上，民族的利害，不是但就物質方面計較的，其尤所重的是榮譽。與其屈辱而生，毋寧光榮而死，在個人固當有此氣概，民族亦然。或說個人隸屬於團體，小的團體隸屬於大的團體，人道當犧牲小我以保全大我，故可論是非不論利害，至於國家和民族，在今日便是最大的團體，至此則利害與是非一致；申言之，則利害即是是非。宋儒論是非不論利害,談義理不審時勢,實未免激於意氣了。殊不知個人的生命,一失即不可復得,所以生死之際,有時當權其輕重,所謂"可以死,可以無死,死傷勇"。若民族則為力至偉,況且以中國民族與異民族對抗,乃是以大民族敵小民族,果能萬衆一心,豈有不成而敗之理？所以宋代的恢復論,實不能謂其不審時勢,他們原未嘗說一無預備,即可以盲目前進。所以譏宋儒為不識時勢,實在是無的放矢。宋儒的恢復論,就民族主義言之,實放了萬丈的光焰。此等議論,一時看似無甚效力,然潛伏人心,其力之大,實乃不可思議。明末遺老所以百折不回,事雖不成,然仍深藏着一個革命種子於民間,至近代革命時猶收其效力,還不能不說是此種議論的影響。所以說中國的民族主義是到宋代而後形成的。

　　清代的秘密結社,是有明朝的遺老投身其間為之組織的,這是盡人皆知的事實。竊疑此等運動實不始於清。藉宗教之力以倡亂的,歷代都有,然皆無甚宗旨,因亦無甚規模。至元代則不然。劉福通雖亦藉宗教鼓動,然其舉動頗有規模。他是首先分兵北伐的,事雖不成,其非絕無宗旨,則是可以共信的了。清代的秘密結社,在北方以白蓮教為大宗,在南方以三合會為大宗,嘉慶初年的所謂"川、楚教匪",其首領還是自託於明裔的,可見白蓮教反清復明的精神,並不下於三合會。三合會的始末,詳見日本平山周所著的《中國秘密社會史》,其精神就更為偉大了。民族主義是發生形成於士大夫之間的,卻能深入民間,奠定其廣大深厚的基礎。可見只要客觀條件具備,民族主義是不怕其不能形成的。

　　第四期則為近代西力東侵以後。近代西人的東來,最初是兩種人,一種是商人,一種是教士。商人惟利是圖,航海的水手更帶有海盜性質,所以除和通商有利益關係的人外,大都懷着反對的意見。教士的行為又分兩方面：一為傳播宗教,一為輸入科學。凡文化多有傳播的性質,歐洲科學的輸入,論理是該受中國人歡迎的。的確,當時也自有歡迎的人,如徐光啓、李之藻等便是,但亦不能不接受其宗教。

近代西人的東來，和中國人之間，隔閡是頗深的，密雲不雨，見豕負塗，載鬼一車。其疑忌實久之而後釋。推其原因，亦有數端。其主要的，則自五胡亂華以來，中國人屢受異族的壓迫，民族主義漸次萌芽，而未得正當發展的途徑，遂至激而橫決。試觀漢代並不和外國爭什麼朝貢等禮節，其最顯著的，如呼韓邪單于入朝時，公卿議其禮儀宜如諸侯王，位次在下。蕭望之獨以爲單于非正朝所加，故稱敵國，宜待以不臣之禮，位在諸侯王上。外夷稽首稱藩，中國讓而不臣，此則羈縻之誼，謙亨之福也。如使匈奴後嗣，卒有鳥竄鼠伏，闕於朝享，不爲畔臣。元帝採其議，下詔以客禮待之。這是何等寬大務實的精神。在隋朝，日本人致書中國，自稱日出處天子致書日沒處天子，隋煬帝覽之不悅，亦不過令鴻臚卿"勿復以聞"而已；而到近代，卻斤斤和外國人爭跪拜等虛文，便可見得。

但亦還有別種附隨的原因。其(一)爲對異教的畏惡。宗教本來是含有排外性的。兩漢之世，中國的大宗教還未成立，像一個空虛的瓶罍一般，所以佛教得以輸入，到近代就大不然了。何況基督教的禁止崇拜偶像，甚而至於禁拜祖先，禁拜孔子，更爲中國人所不能瞭解呢？其(二)爲對於海盜的畏怖。中國歷代航海之業，亦不爲不發達，但都是民間的事業。至於國家，除間從海路運糧外，海面上的情形是全不熟悉的。軍隊和海洋更爲隔膜。所以對於海寇，特別畏怖。因爲陸上的寇盜，根據地無論如何寫遠深阻，總還能知其所在，可以爲掃穴犁庭之計。至於海上，則其情形全是黑漆一團，來不知其所從來，去不知其何所往，那就竟同神出鬼沒一般了。何況在明代經過倭寇的大騷擾，而近代的西人，其船堅炮利，又使中國的軍隊望塵莫及呢？其(三)是對於北族的畏怖。中國歷代的強敵都來自北方，畏忌北族，是無怪然的。此等見解，至日俄戰前，中國人可說迄未化除。所以甲午以後，還有著論說俄國形勢酷類強秦的。見當時之《時務報》中。在此之前，此等見解的深入人心自無足怪了。具此諸因，所以西洋的科學，固然引起一部分人的歡迎，也未嘗不招致一部分人的疑忌，如楊光先就是一個好例。

從西力東侵以來，中國人早已處於另一個世界中了，然中國人迄未覺悟。中國人感覺到遭逢曠古未有的變局，實自鴉片戰爭以來。此戰爆發於民國紀元前七十二年，距今恰足一百年。此一百年之中，中國的變化比之以前任何一個時期，都要來得大，來得快。歷來議論的人，不論是中國人、外國人，大多數都說中國人進步遲緩，這是蔑視了歷史上社會進化的規律，其實以中國之大，文化根柢的深厚，內地偏僻之處和現代的新文化接觸的少，僅僅一百年，而能有如此的成績，也不算壞了。至於其效迄今似尚未能見，則因大器晚成之故。製造一種器具，必須將各部分合攏起來，裝置成功，然後其用乃見。社會的進化，亦係如此。各方面零零碎碎點點滴滴所做的工作，不到合攏的時候，其功是不見的。而今則正是各方面工作合攏的時候，所以近百年來的歷史，在現今看來，固然只覺得其黑暗，然到將來看起來，則一定覺得其光明，因為它是光明的前驅。所以中國的歷史，特別是近百年來的歷史，不論在哪一方面，都有追溯和檢討的價值。民族主義是國民活力的源泉，其發展的情形自然更值得追溯和檢討。

凡事要求發展，必先覓得一正當的途徑，近百年來中國民族主義的發展，正可以此眼光觀之。

近百年來民族主義的發展，其第一步還是沿襲着舊途徑的，那便是盲目的排外。號稱理學大家的倭仁，就是一個代表。當同文館設立時，倭仁方為大學士，上疏諫阻，他說："天文算學，為益甚微；西人教習正途，所損甚大。立國之道，尚禮義不尚權謀；根本之圖，在人心不在技藝。今求之一藝之末，而又奉夷人為師，無論夷人詭譎，未必傳其精巧；即使教者誠教，學者誠學，所成就者，亦不過術數之士。古往今來，未有恃術數而能起衰弱者也。"依他的意見，一切外國的學術技藝都可以束之高閣，只要製梃以撻秦楚的堅甲利兵就好了。這種見解直到庚子年間，頑固的大臣還是保守着的，這自然是落伍的見解。

進一步，清朝所謂中興諸名臣，就知道西洋的軍事和製造不可不學；要學他的軍事和製造，其自然科學也就不能置諸不論了。自然不是真知道科學的意義。於是就有軍隊改練新操，學造船炮，仿辦鐵路、輪船、電報，和翻譯書籍，設立新式學校等事。然終於無效。戊戌維新，乃說要變法必須大變，所重者不在於藝而實在於政。政變以後，大家所擬議的，漸漸自政務而及於政體。於是有立憲之論，革命之説，到底有辛亥的革命。

民國成立以來，政制之爭雖然甚囂塵上，然自五四運動以後，國民的眼光又漸漸轉移到整個的文化，並不視政治爲救國惟一途徑了。國家是民族的保障，政治是國家有效的行動。天下事專務目前，而忘卻根本之圖，固然不對；專重根本，而忽畧了目前的急務，也是不對的。無今日安有將來？迂遠之論所以用不得，就是爲此。梁漱溟先生嘗説：「西洋人近代的強盛是國家主義的發達。中國人一高就高到世界主義，一低就低到家族主義，這是中國所以不振的原因。」曠觀近代的歷史，不能不承認這話有相當的真理。近二十年來，我國民的精神似乎是注重於社會的變革，文化的改進，而輕視了政治的刷新的。這似乎民族主義的發展仍未能尋得正當的途徑了，然而不然。

曠觀世界的歷史，文明民族往往受野蠻的民族的武力蹂躪，遼、金、元、清的侵入中原是如此，馬其頓的征服希臘，日耳曼人的破壞羅馬，西亞民族的侵掠印度，又何嘗不是如此？這是什麼道理呢？那自古至今，有一個共同的回答。《史記・秦本紀》說：

> 戎王使由余於秦，秦穆公示以宮室積聚，由余曰：「使鬼爲之，則勞神矣；使人爲之，亦苦民矣。」繆公怪之，問曰：「中國以詩、書、禮、樂、法度爲政，然尚時亂。今戎夷無此，何以爲治？不亦難乎？」由余笑曰：「此乃中國所以亂也夫！自上聖黃帝作爲禮樂法度，身以先之，僅以小治，及其後世，日以驕淫，阻法度之威，以責督於下，下罷極，則以仁義怨望於上，上下交爭，怨而相篡弒，至於滅宗，皆以此類也。夫戎夷則不然，上含淳德以遇其下，

下懷忠信以事其上。一國之政，猶一身之治，不知所以治，此真聖人之治也。"

顧亭林先生《日知錄》卷二十九說：

歷九州之風俗，考前代之史書，中國之不如外國者有之矣。《遼史》言契丹部族，生生之資，仰給畜牧，績毛飲湩，以為衣食，各安舊風，狃習勞事，不見紛華異物而遷，故家給人足，戎備整完，卒之虎視四方，強朝弱附。《金史》：世宗嘗謂宰臣曰："朕嘗見女直風俗，迄今不忘。今之燕飲音樂，皆習漢風，非朕心所好。東宮不知女直風俗，第以朕故，猶尚存之，恐異日一變此風，非長久之計。"他日，與臣下論及古今，又曰："女直舊風，雖不知書，然其祭天地，敬親戚，尊耆老，接賓客，信朋友，禮意款曲，皆出自然，其善與古書所載無異。汝輩不可忘也。"乃禁女直人不得改稱漢姓，學南人衣裝，犯者抵罪。又曰："女直舊風，凡酒食會聚，以騎射為樂，今則弈棋雙陸，宜悉禁止，令習騎射。"又曰："遼不忘舊俗，朕以為是，海陵習學漢人風俗，是忘本也。若依國家舊風，四境可以無虞，此長久之計也。"《邵氏聞見錄》言："回紇風俗樸厚，君臣之等不甚異，故衆志專一，勁健無敵，自有功於唐，賜遺豐腴，登里可汗始自尊大，築宮室以居婦人，有粉黛文綉之飾，中國為之虛耗，而其俗亦壞。"昔者祭公謀父之言："犬戎樹惇，能帥舊德，而守終純固。"由余之對穆公，言："戎夷之俗，上含淳德以遇其下，下懷忠信以事其上，一國之政猶一身之治。"其所以有國而長世，用此道也。乃乎薦居日久，漸染華風，不務詩書，惟征玩好，服飾競於無等，財賄溢於靡用，驕淫矜夸，浸以成習。於是中行有變俗之譏，賈生有五餌之策。又其末也，則有如張昭遠以皇弟皇子喜俳優姬妾而卜沙陀之不永；張舜民見太孫好音樂美姝名茶古畫而知契丹之將亡。後之君子誠鑒於斯，則知所以勝之之道矣。

《史記》言：匈奴獄久者不過十日，一國之囚不過數人，《鹽鐵論》言：匈奴之俗畧於文而敏於事。宋鄧肅對高宗言："外國之巧在文書簡，簡故速。中國之患在文書繁，繁故遲。"《遼史》言：朝廷之上，事簡職專，此遼之所以興也。然則外國之能勝中國者，惟其簡易而已。若捨其所長，而效人之短，吾見其立弊也。

此等議論，舉不勝舉，兹不過偶引兩事為例而已。總括言之，以風俗論，則野蠻人樸實，而文明人虛偽；以政治論，則野蠻人簡捷，而文明人遲滯。兩者相遇，自然樸實簡捷者勝，虛偽遲滯者敗了。然政治的簡捷，實源於風俗之樸實。何者？風俗樸實，自然上下相見以誠，用不着繁縟的手續，其政治自然簡捷了。

然則風俗何由樸實呢？從來論風俗的人有一種誤謬的見解，他們以為民智日開，則民德日薄；要求民德的淳厚，必須返之於上古不識不知之世。於是學問文藝都成為要不得的東西；而物質文明亦在當毀棄之列。人既已日食大牢，而吾欲使之復茹其菽，其事遂終不可行。其實風俗的澆薄和知識的進步，毫無關係。若果兩者駢進，則諸葛孔明、張平子一定詭譎不堪，人家要不能和他們打交道了。然而事實並不如此。這是什麼理由呢？因為自然科學以自然為研究的對象；社會科學以社會為研究的對象；都不是研究什麼人吃人的方法和自私自利的道理的。且如財政專家何嘗懂得重利盤剝？學識湛深之士，趨利避害、損人利己的手段，不如貪官汙吏、土豪劣紳，這是隨在可見的事。所以風俗的澆薄並不由於知識的進步，而實由於人與人間利害之矛盾。

一國之內，人與人之間利害雖有矛盾，然當外力來臨之際，由於文化的相異，總還能團結一致以禦侮的；但其團結緊密的程度，以及其赴機的遲速，就要看其有無矛盾，以及矛盾的深淺，以分優劣了。這是民族相爭，或勝或敗的大原因。文明愈進步之國，則其社會的矛盾愈深，這就是文明民族所以常為野蠻民族所敗的理由。難者將說：如此，則文明民族將無往而不為野蠻民族所敗了，何以世界上又常見野蠻民族爲文明民族所征服呢？殊不知民族競爭的勝敗，社會組織之有無矛盾，固然是一個原因，物質文明的發達與否，亦不能說不是一個原因。兩個社會，物質文明發達的程度一樣，則競爭起來，社會組織健全者必勝，固然毫無疑義，其實還不僅此。社會組織健全的民族，正不必文明程度進步到和社會組織不健全的民族相等，然後足以與之競爭，只要發達到和社會組織不健全的民族勉強足以相敵的程度就夠了。有許多民族，本來默默無聞，而在某一時期，忽然突飛猛進，其主要原因就在乎此。這也可見得社會組織關係的重要了。

中國人自處於世界交通的局勢中，對外的觀念逐漸改變，終至以全般的文化爲目標，正可說是探驪得珠。所懸的目標過於根本，而忽畧了目前的急務，固然不好，然而我民族亦未嘗如此。這可見得我民族所走的實是民族主義發展的正路。而我國近百年來民族主義的發展，其苦心孤詣亦正在這尋求到正當的道路上。

民族主義只要客觀條件具備了，總會得發達長成的。其所走的道路正當不正當，則全看該民族本來的文化程度，絲毫不能勉強。論民族主義的人，有一句名言是："異民族的相處，當如異宗教之相處。"即聽其文化自由發達，絲毫不加遏阻。這句話，西洋人從前是不知道的。現在積幾百年的經驗，知道了，然仍莫之能行。現在民族鬥爭之日益劇烈，其原因正在於此。論民族主義的人說得好："民族鬥爭之所以劇烈；非民族主義之過，乃遏抑民族主義之過。"

只有中國人對待異民族最爲合理，自古以來，就沒有壓製榨取異民族的事，貪汙土劣壓製榨取降衆，移殖之民壓迫榨取土著等事，亦非無有，然非國家之所爲，而國家於此等人亦恆視爲莠民，力所能及，無不加以懲治。只是把自己的文化陳列在他們面前，而從否聽其而擇。所謂"君子引而不發，躍如也，中道而立，能者從之"。而他人卒亦未嘗不從我。人心是好向反面想的。不強迫他時，他願意服從的事，一強迫，他倒要固執起來了。這就是中國人同化異族所以成功的原因。我國幅員的開展，不是靠政治的佔領，而是靠民族的同化。政治的佔領是假的，政治之力一解紐，即將叛離而去。民族的同化是真的，一旦達到成功之域，就一合而永不可分了。以政治所佔領之地論，世界各國確有大過中國的。以同一民族所佔領之地論，世界各國就無足以與我匹敵者了。此等現象，吾人習慣焉則不以爲異，一經比較，就可發見其是大成功。

　　人總是要求生存的。個人如此，團體亦然。要求生存，亦有兩法：一是向自然界開拓。一則攘奪他人的所有。西洋人的開闢殖民地，所走的是後一條路；中國人的開拓新土地，所走的是前一條路。世界現在正臨着禍福的關頭。現在充裕的資本，優良的技術，還是用來開發未開發的利源，向自然界尋求美利呢？還是用之於人與人爭奪相殺之路呢？由前之說，則由中國之開發西南西北。由後之說，則有四分天下之論，每一區中，各以一強國爲之主宰，統制其資源人力，以走上爭奪相殺之途。

　　　　　　　　　　（原刊《學林》第二期，一九四〇年出版）

蔡孑民論

蔡孑民先生死了。先生的事業，人所共知，無待敘述。先生的功績，亦衆所共見，不煩贅論。今論其較不爲人所注意者。

學術爲國家社會興盛的根原，此亦衆所共知，無待更行申説。然要研究學術，卻宜置致用於度外，而專一求其精深。此非謂學術可以無用；學術之終極目的，總不外乎有用，這是無可否認的。但以分工合力之道言之：則人之才性，各有所宜，長於應付實務者，既未必宜於探索原理。即就探索原理論、學術研究的對象，極爲繁多，長於此者，亦未必長於彼。又況研究愈精，則所搜集之材料愈多；各種學問之間，其相互關係亦益密；兼收并蓄，斷非一人之力所克勝。所以事功學問，不得不判爲兩途；而學術又不能不分科；抑且學問愈發達，則分科愈詳密。中國人對於學術，非不重視，然於此，頗嫌其未達一間。所以以學術事功，相提并論，總不免有輕學術而重事功之見。而且談起學術來，還要揭舉著"有用之學"四字。其實學問只分真偽，真正的學術，哪有無用的呢？我們做一件極小的事情，可以不假思索，想到就做，稍大的，便不能不先立計劃，豈能指計劃一段爲無用，實行一段爲有用？事功學術的所以要分途；學術之中，所以又要分立科目；也不過因其規模更大，要實行計劃，就得分人擔任；寢假而計劃之中，再分爲若干部分罷了。安得有貴彼賤此之見？又安得指其某一部分爲有用，某一部分爲無用呢？此等淺見，成爲輿論，就不免盲動而無計劃，或則計劃粗而不精；甚且鑒於一切事物，自謂能知，實則浮泛而不確實；要想詳立計劃,亦苦無所據依了。

　　當國家社會遭遇大變局之時,即係人們當潛心於學術之際。因爲變局的來臨,非由向來應付的錯誤；即因環境急變,舊法在昔日雖足資應付,在目前則不復足用。此際若再粗心浮氣,冥行擿埴,往往可以招致大禍。昔人於此,觀念雖未精瑩,亦未嘗毫無感覺。所以時局愈艱難,人們所研究的問題,反愈接近於根本。五胡亂華時期,玄學、佛學,極其興盛；遼、金、元侵入時期,理學大爲發達；即由於此。向來的議論,都指此爲不切實際,空談誤國。其實學術之爲利爲害,正自難言。五胡的亂華,遼、金、元、清的侵入,其原因自極深遠複雜,即使當時的學者,盡棄其幽深玄遠之學不談,豈必其短期之間,必能有濟於事？而理學講尊王攘夷,嚴義利之辨,重君子小人之別,遂使中國之民族主義,植下深厚的根基,異族的壓迫愈甚,我族之反抗亦愈力。雖停辛竚苦,百折千回,而卒能達其目的,又安能不歸功於理學的栽培呢？試看明清之際,抗節不屈,以其心力,栽培光復的根基的,全是一班理學名儒,就可知無用之用了。

　　自西力東侵以來,新舊相形,情見勢絀,正是我國的文化,需要一個大變動的時期。中國卻遲遲未能走入此路。清代考據之學,極爲興盛。其人實自視爲無用之學,他們至多謂非藉重於此,則不能知聖人之道而已,並不敢以知聖人之道自居。即此就比宋學家自視欿然得多了。不過因深嗜篤好,不能自己而爲之,此種精神,頗與近代科學精神相契合。倘使中國的學者,能本此精神,以治近代的新科學,必能有所發明,至少亦能盡量輸入。無如向來有學問的,多不通外國語言文字。教會所翻譯的書籍,則與國人機緣不相契,不能引起研究的興味。而盡瘁於舊學的人,因時局的緊張,反有捨棄其純粹治學的精神,而趨於應用之勢。試看嘉道以後,古文經之學,轉變而爲今文。由莊劉而龔魏,自龔魏而廖康；梁任公是最愛好考據的人,其早年的議論,卻力詆考據之學爲破碎無用,在清末,梁氏發行《新民叢報》時,此等見解,尚變化未盡。便可知此中消息。職是故,中國近代,需要純科學甚亟,中國近代學者的精神,其去純科學反愈遠。這是一個很嚴重的問題。看似無關實際，其實此爲整個民族趨向轉變的一個大關鍵。非此中消息先有轉變，時局是不會有轉機的。

當此之時，最爲需要的，是有力者的登高一呼。最適宜於負此責任的，自然是國立大學。然而國立的學校，往往奄奄無生氣，甚而至於守舊頑固，與新機爲敵。於此，子民先生的功績，就不可沒了。在他主持北京大學以前，全國的出版界，幾乎沒有什麼說得上研究兩個字的，自然指書店而言。私人自行刊印，在此時代，根本不會發生甚麼影響。不是膚淺的政論，就是學校教本，或者很淺近的參考用書。當這時代，稍談高深學術，或提倡專門研究，就會被笑爲不合時宜。此種風氣，在今日，年在三十左右的青年，都不會知道了。這就是受子民先生之賜。至於我，則是在三十五歲以前，時常聽到此項議論的。還記得在民國八九年之間，北京大學的幾種雜誌一出；若干種書籍一經印行；而全國的風氣，爲之幡然一變。從此以後，研究學術的人，才漸有開口的餘地。專門的、高深的研究，才不爲眾所譏評，而反爲其所稱道。後生小子，也知道專講膚淺的記誦，混飯吃的技術，不足以語於學術，而慨然有志於上進了。這真是子民先生不朽的功績。《秦誓》曰：“若有一介臣：斷斷兮，無他技。其心休休焉，其如有容焉。人之有技，若己有之，人之彥聖，其心好之，不啻若是其口出，實能容之，以能保我子孫黎民，當亦有利哉！”這幾句話，現在看來，似極陳舊了。其實所謂休休有容之度，不論做什麼事，都極緊要的。惟如此，才能用天下之才而不僅自用。須知一個人的聰明才力，總是有限的。“自用則小”雖出於僞《古文尚書》，確是名言至理。所以魯欲使樂正子爲政，孟子曰：“吾聞之，喜而不寐。”問起他的理由來，則是“其爲人也好善”。再追問他的理由，則是“人將輕千里而來，告之以善”。子民先生主持北大，所以能爲中國的學術界，開一新紀元，就由其休休有容之性質，能使各方面的學者同流並進，而給與來學者以極大的自由，使其與各種高深的學術，都有接觸，以引起其好尚之心。講學看似空虛無用，其實風氣的轉變，必以此爲原因。風氣是推動時代的巨輪。風氣一轉變，就無論什麼事情，都轉變了。這真是昔人說璿機，所謂"其機甚微，而所動者大"。有康長素先生的私人講學，然後有甲午戰後風氣的轉變；有蔡子民先生的主持北京大學，然後有五四運動以來風氣的轉變。將來作中國史的，必以此兩位先生爲推動時代的巨擘，雖然現在各人的愛惡不同。

子民先生自己的學術，亦有其相當的價值。子民先生的宗旨，在於提倡美育。他説：人最緊要的是"化除小己"。小己怎樣化除呢？他説：人道主義的大阻力爲"專己性"，而美感爲專己性的良藥。爲什麼呢？因爲美感不獨曼麗的，又有剛大。人而能感覺剛大之美，則"小己益小益弱，寢至遁於意識之外"，而"所謂我相者，即此至大至剛之本體"。此項美育的宗旨，施之於一般人民，是無效的。因爲其太覺抽象了，多數人所能感到的，是現實的生活，誰知道什麼本體現象呢？況且子民先生的所謂美，不免囿於傳統的思想，偏於自然方面。我則以爲人最素樸的，而亦最真實的，是自己的生活。構成自己的生活的，就是環我而處的人，亦就是社會。所以社會的慘舒，社會上人的苦樂，是最足以激動我的感情，而亦是最足以培養人們的感情的。與其引導人以認識大自然的莊嚴，不如指示人以現社會的苦痛。積重如山，疾苦如海，苟能深切認識，自然視當世之所謂紛華靡麗者若土苴。既視當世之紛華靡麗者若土苴，自然能認識大自然的美麗了。歷代遁世的高人，無不有一段悲天憫人的苦衷，潛伏在樂水樂山之後，就是爲此。歷來偉大的宗教家，如釋迦，如基督，所以不講涵養性情，專講苦行，就是爲此。他並非不講美，而是他所激發的，便是天下至美的感情。

以上所說的，不過是我一個人的偏見，信筆亂寫罷了。但即謂我的偏見爲不誤，子民先生的學說，仍有其相當的價值。因爲子民先生是爲舊時的士大夫階級說法的。舊時的士大夫階級，自然沿襲着舊時的修養觀念，是偏於責人以明理的，對於感情的價值，未免太忽視了。先生的學説，適足以救其弊。在先生當日，原是針對此等風氣立説的，所謂言各有當，原不能抹殺其背景，而妄加議論。所以我以上的批評，亦不過是我在今日的意見，借此發抒而已。

子民先生的言行，我亦畧有所知。但在此，可以不必叙述。因爲我覺得：一個人的事跡，總是在暫不發表的文字上叙述爲好。如是，則作者可以無恩怨之嫌，而讀者也能深信不疑了。但有一語可以特別提出的，則子民先生是有相當的儉德的。此語，是出於我的朋友汪君千頃之口。汪君是子民先生的弟子，而今，他已在游擊區域中，抗節不屈而成仁了。藉重汪君的人格，保證我此言之非私所好。

（原刊《宇宙風》乙刊第二十四期，一九四〇年出版）

孤島青年何以報國

蟄居孤島,倏忽三年了,望烽火之連天,欲奮飛而無路,我們究將何以報國呢?

報國宜於各人站定自己的更位,今作崗位。凡守望者必按時更易,故稱更。能就實際有所工作,固然是報國。如其所處的地位,暫時無可藉手,則潛心研究學術,亦不失爲報國的一端。這固然是老生常談,然行易知難,斷不容把難的工作反看輕了。

單說研究學術,似乎太空泛了些,我現在,指出青年研究學術應該注意的兩點:

其(一)眼光要放大。大不是空廓不着實際之謂,乃是不拘拘於一局部,則對於所專治的學問,更能深通,而出此範圍以外,亦不至於冥行摘埴。關於這一點,雷海宗先生的話,可謂實獲我心,此篇係《大公報》星期論文,題曰《專家與通人》,今據二十九年四月八日《中美日報》每周論選節錄。他說:

> 專家的時髦性,可說是今日學術界的最大流弊。學問分門別類,除因人的精力有限以外,乃是爲求研究的便利,並非說各門之間,真有深淵相隔。學問全境,就是對於宇宙人生全境的探詢與追求。各門各科,不過由各種不同的方向和立場,去研究全部的宇宙和人生而已。人生是整個的,支離破碎之後,就不是真正的人生。爲研究的便利,不妨分工,若欲求得徹底的智慧,就必須旁通本門以外的智慧。各種自然科學,對於宇宙的分析,也

只有方法與立場的不同，對象都是同一的，大自然界，在自然科學發展史上，凡是有劃時代的貢獻的人，沒有一個是死抱一隅之見的。他們是專家，但又超過專家。他們是通人。這一點，總是為今日的專家與希望作專家的人所忽畧。

一個科學家，終日在實驗室中，與儀器及實驗品為伍，此外不知尚有世界，這樣一個人，可被社會崇拜為大科學家，但實際並非一個全人，他的精神上的殘廢，就與足跛耳聾，沒有多少分別。再進一步，今日學術的專門化，不限於科。一科之內，往往又分許多細目。例如歷史專家，必須為經濟史或漢史，甚或某一時代的經濟史或漢代某一小段。太專之後，不只對史學以外不感興味，即對所專以外的部分，也漸疏遠，甚至不能瞭解。此種人本可稱為歷史專家，但不能算歷史家。片斷的研究，無論如何重要，對歷史真要明瞭，非注意全局不可。我們時常見到喜歡說話的專家，會發出非常幼稚的議論。他們對於所專的科目，在全部學術中所佔的地位，完全不知，所以除所專的範圍外，一發言，不是幼稚，就是隔膜。

學術界太專的趨勢，與高等教育制度，有密切的關係。今日大學各系的課程，為求專精與研究的美名，捨本逐末。基本的課程，不是根本不設，就是敷衍塞責。而外國大學研究院的大部課程，在我國只有本科的大學內，反而都可找到。學生對本門已感應接不暇，當然難以再求旁通。一般學生，因根基太狹，太薄，真正的精通，既談不到，廣泛的博通，又無從求得。結果，各大學只送出一批一批半生不熟的知識青年。既不能作深刻的專門研究，又不能應付複雜的人生。抗戰期間，各部門都感到人才的缺乏。我們所缺乏的人才，主要的不在量而在質。雕蟲小技的人才，並不算少，但無論作學問或作事業，所需要的，都是眼光遠大的人才。

凡人年到三十，人格就已固定，難望再有徹底的變化。要作學問,二十歲前後,是最重要的關鍵。此時若對學問興趣,立下廣泛的基礎,將來工作無論如何專精,也不至於害精神偏枯病。若在大學期間,就造成一個眼光短淺的學究,將來要作由專而博的工夫,其難真如登天。今日各種學術,都過於複雜深奧,無人能再希望做一個活百科全書的亞里斯多德。但對一門精通一切,對各門畧知梗概,仍是學者的最高理想。

這一篇話可謂句句皆如我之所欲言。以我所見,今日的青年,專埋頭於極狹窄的範圍中,而此外茫無所知的,正不在少。此其原因:(一)由於其生性的謹愿,此等人規模本來太狹,不可不亟以人力補其偏。(二)則由於爲現時尊重專家之論所誤,讀雷君此文,不可不瞿然警醒。(三)亦由迫於生計,亟思學得一技之長,以謀衣食。然(A)一技之長,亦往往與他科有或深或淺的關係。(B)而人也不該只想謀衣食,而不計及做一個完全的人。(C)而且苟能善於支配,求廣博的知識和求專門的知識技能,也並不想礙,而且還有裨益。所以現在在校的學生,固應於所專的科目以外,更求廣博的知識。即無機會受學校教育的青年,亦當勉力務求博覽。學問有人指導,固然省力,實無甚不能無師自通的。現在的學生,所以離不開教師,(甲)正由其所涉的範圍太狹,以致關涉他方面的情形,茫然不解。遂非有人爲之講解不可。(乙)亦由其看慣了教科書講義,要句句看得懂的書,方才能看,肯看,不然就擱起了。如此,天下豈復有可讀之書?若其所涉博,則看此書不能懂的,看到別一部書,自然會懂,屆時不妨回過來再讀這部書,何至於一有不通,全部停頓?須知一章一節,都有先生講解,在當時自以爲懂了,其實還不是真懂的。所以求學的初步,總以博涉爲貴,而無師正不必引爲大戚,況且現在孤島上的學校,能支持到幾時,根本還不可知呢。難道沒有學校,我們就不讀書了麼?

其(二)是治學問要有相當的深入。歷史上有一件故事:漢宣帝是好法家之學的,其兒子元帝,卻好儒家之學。據《漢書・元帝紀》

說：元帝爲太子時，"嘗侍燕，從容言：陛下恃刑太深，宜用儒生。宣帝作色曰：漢家自有制度，本以霸王道雜之，奈何純任德教，用周政乎！且俗儒不達時宜，好是古非今，使人眩於名實，不知所守，安足委任？乃嘆曰：亂我家者太子也。"後來元帝即位，漢朝的政治，果自此而廢弛。這"使人眩於名實，不知所守"十個字，可謂深中儒家之病。儒家崇尚德化，自係指小國寡民，社會無甚矛盾的時代言之。此時所謂政治，即係社會的公務。爲人君者所發的命令，誠能行於其下；而其日常生活，亦爲人民所共見共聞，如其持躬整飭，自能使在下的人，相當的感動興起。有許多越軌的事情，在上者果然一本正經，在下者自然不敢做。因爲一本正經的在上者，對於在下者的不正經，必經要加以懲治的，而其懲治亦必有效力。舉一個實例：吾鄉有某鄉董，不好賭。當這鄉董受任以前，有一羣無賴，年年總是要在該鄉中開賭的，差不多已成爲慣例了。某鄉董受任以後，他們依舊前來請求。拒絕他，是要發生很大的糾紛的。某鄉董也就答應了。到開賭之期，某鄉董卻終日坐在賭場上。一班想賭的人，看見他，都望望然去之，這賭場竟無人來，不及期，只得收歇。古之所謂德化者，大約含有此等成分，而俗儒不察事實，以爲所謂德化者，乃係一件神秘的事，不論環境如何，也不必有所作爲，只須在深宮之中，闇然自修，就不論遠邇，都可受其影響了。還記得中日甲午之戰，中國屢戰屢敗，有兩個私塾學生，乘着先生出去，相與研究其原因。甲學生說不上來，乙學生想了俄頃，說道："總還要怪皇帝不好，他爲什麼不修德呢？"甲學生聽了，甚爲佩服。這固然是極端的例，然而從前的迂儒，其見解大概是這樣的，至多是程度之差，而不是性質之異。此其受病的根原，即在於不察名實，不管眼前的景象如何，書上的學說背景如何，似懂非懂的讀了，就無條件的接受了，以爲書上具體的辦法，就可施於今日了。主張復古的人，至於要恢復井田封建，其主要的原因，就在於此。即不泥於事實而務推求原理，也還是要陷於同樣的謬誤的。因爲原理本是歸納事實而得的，不察事實，就不論怎樣不合實際的原理，也會無條件加以接受了。譬如一治一亂,是中國士大夫很普遍的信條,爲什麽會相信一治一亂,是無可變更的現象;而一盛一衰,遂成爲人間世無可彌補的缺陷呢?因爲治必須震動恪恭,而他們認人之性是一動一靜,緊張之後,必繼之以懈弛,因而勤勞之後,必繼之以享樂的,而人之所以如此,則實與天道相應,這是從《周易》以來相傳下來的觀念,可說是中國最高的哲學思想。其實易家此等見解,乃係歸納自然現象而得,根本不能施之於人事。因爲人是活的,自然界是死的。即欲推之於人事,亦只能適用於有機體,而不能適用於超機體。個體是有盛衰生死諸現象的,羣體何嘗有此?目今論者,往往指某民族爲少壯,某民族爲衰老,其實所謂衰老,只是一種病象罷了。生命既不會斷絕,病就總是要痊愈的。生命既無定限,亦沒有所謂盛壯及衰老?然則《周易》的哲學,根本是不能用之於社會現象的。而從前的人,卻以爲其道無不該,正可以說明人事,正應該據之以應付人事,這就是不察名實之過。因爲他們根本沒有把《易經》的哲學和社會現象校勘一番,以定其合不合,而先就無條件接受了。讀舊書到底是有益的,還是有害的?這個問題,很難得滿意的解答。平心論之,自然是有利有害。但對於先後緩急,卻不可不審其次序。對於現在的科學,先已知其大概,然後在常識完備的條件下,瞭解古書,自然是有益的。若其常識不完備,退化了好幾世紀,而還自以爲是,那就不免要生今反古,與以耳食無異了。所以我勸青年讀書,以先讀現在的科學書,而古書且置爲緩圖爲順序。

　　我所要告青年的話,暫止於此了。古語說:天道五年一小變,三十年爲一大變,所以三十年爲一世。這也不是什麽天道,不過人事相推相蕩,達到一定的期間,自然該有一個變化罷了。民國已經三十年了,希望有一種新氣象出來,這新氣象,我們不希望其表面化,立刻轟轟烈烈,給大家認識,而只望其植根於青年身上,爲他日建功立業之基。

(本文寫於一九四〇年)

論禄米之制

四月七日,《中美日報》載有章榴先生《論禄米制度》一文,大意説:禄米並不是解決薪俸階級生活困難問題的根本方法,因爲現代的生活繁複了,並不是專靠米,所以解決薪俸階級生活的困難,是按生活費指數津貼,而不但是米貼,即以米貼論,亦應以貨幣爲支付的手段,因爲米久已不在政府手中了,如果用穀物來發薪水,則每個機關,勢必須有穀物的儲藏,或者由糧食管理機關專責辦理,然而這種辦法,能不能解決糧食問題呢?回答是不能的,在禄米制度下,受的一方面,(問題)或者看不見了,授的一方面,(問題)卻同樣的嚴重,所以根本的辦法,還在管理貨幣和調整食糧,章先生這些話,固然無可非難,我卻還要從別一方面,補苴一些。

獻議施行禄米制度之人,我們固未聞其説如何,然而揣度起來,恐不會以此爲經常普遍的辦法,不過處於今日,物價問題,尤其是食糧問題,已極嚴重,而管理貨幣,調整食糧,非一蹴所能奏效,乃姑以是爲救急之策罷了,假以時日,管理調節,業經生效,或者抗戰勝利,物價的嚴重問題,隨之消滅,此種辦法,自然是可以取消的,至於今日,因根本的辦法,勢不相及,而不得不爲治標之計,則在田賦征收實物的情形下,禄米制度似不失爲治標辦法之一。

但是我還有一個愚見。我以爲即使抗戰勝利、物價安定之後,以實物支給薪俸的辦法,還是不妨聽其存在的,不過是隨時隨地審察情形,定其施行廢止或改變,而不是全國一律罷了。我説出這句話來,聞者或將以爲奇談,我卻有一個怪迂的理由。

我以爲一切事情,最壞的是實際的情形,尚未能臻於劃一的程度,而要强取劃一的辦法,如是,有許多不妥的問題,就起於其中了。姑以法律爲喻。法律的根本是風俗,有許多行爲,在這種風俗之下做,是犯罪的,在那種風俗之下做,卻並不是犯罪,甚而至於是好意。如食人之族之食人,即其一例。所以在古代"君子行禮,不求變俗",禮在古代,是具有法的作用的,行禮不求變俗,就是十分尊重習慣法,直到後世,法律上還有化外人犯罪,各以其法治之的條文,因爲必如此,才可以情真罪當,而達到維持善良風俗的目的,不幸在後世,此種辦法,只能施諸化外人了,其在本國,各地方的風俗,還未能真正統一,而政治先已統一了,國法不可異施,不得不强令全國一律,在這種情形之下,法律就成爲不近人情之物,不過能勉强維持某種秩序,並不能真正維持風俗了。以貨幣論,亦是如此。在古代,貨幣的作用,是很微弱的,《說文解字》說:"古者貨貝而寶龜,周而有泉,至秦廢貝行錢",可見所謂"郁郁乎文哉"的周代,還不過是行金屬貨幣的開始,貝幣還沒有全廢。秦漢之興,貨幣的作用,仍遠較後世爲微弱,《漢書·食貨志》載李悝盡地力之教,估計當時粟價,每石不過錢三十文,《史記·貨殖列傳》亦說:穀價上不過八十,下不過三十,則農末俱利。而漢宣帝時,穀價之賤,至於石僅五錢,漢朝的一石,約當今之二斗,然則自戰國至漢,現在一石穀,最貴不過四百錢,最賤時乃二十有五,漢時的錢價,其貴如此,零星貿易,如何還能使用?所以《鹽鐵論·散不足篇》說:當時買肉的人,是"負粟而往,易肉而歸",可見當時的銅錢,在社會上流行的數量,很爲微小,惟其如是,故其時的貨幣,和人民生活的關係,遠不如後世的密切,當時所以屢次有人要廢貨幣而代之以粟帛者以此。到後世,雖然隨着生活程度的進步,貨幣數量逐漸增加,然而中國是不看重商業的,所以貨幣制度,發達得不甚完善,政治上和社會上,總還殘留着一部分實物支付的遺跡。直到宋、金、元、明四朝鈔法大行之後,貨幣的數量,驟然大增,社會上的支付,才逐漸多用鈔爲手段；在政治上，則直到明中葉以後，禄田之制，無形廢棄，才將實物支給之制，完全取消，這在大體上，雖可以說是進步，然賦稅的征收，利用折色的名目，而加人民以剥削，則自此大爲普遍，而因幣價變動，致按貨幣所給的工資猶是，而實際購買力減削之弊，亦逐漸嚴重，近代官俸和兵餉的奇薄，都是一個好例，不過在清末濫鑄銅元以前，幣價的變動，不甚急劇，所以大家不甚注意到罷了，在今日的中國，我們要知道：這樣的情形，還是存在着而要注意的。

（一）調整食糧，在最短的時間内姑勿論，即有較長的時間，恐亦未易遽收普遍和徹底的效果，在已往和現狀之下，新穀登場和青黄不接的時候，糧價的相差，可以甚大，賦稅必收貨幣，迫得農民將新穀出賣，到將來再出錢買米吃，利盡入於操縱囤積之徒，這是向來議論國計民生的人，所視爲最嚴重的一個問題。

（二）幣價在一個時期之内，逐漸上升，農民以穀易幣，以幣納賦，無形之中，負擔即逐漸加重。如其逐漸下降，則國家的收入，即無形減少。此等變動，雖說可加以管理，究不易曲折入微，臻於毫髮無遺憾之境。尤其在今日，後述之弊，是頗爲顯著，而也相當嚴重的，財政固受損失，農民雖有餘資，無法善於運用，在社會上的潤澤並不大，而且因此發生藏穀而不肯出賣等情形，於穀物之調劑，貨幣的流通，反生障礙。

（三）在一個短時期之内，貨幣的價格，固有上升下降，然畫一個較長的時期而觀之，則總是下降的，這在最近的貨幣史上，各國都是如此，中國恐亦不能免，於此，實際工資的逐漸下降，即成爲嚴重的問題，雖可藉法律政治及社會的力量，逐步加以調整，究與實際的情形，不易相副。

凡事當其興起之始，總是有利無弊，至少是利餘於弊的，發達到某一程度，就不免利弊不相掩，甚至弊餘於利了，這是一切制度，都是如此的，而貨幣亦莫能外，所以用實物收入支出，看似陳舊，或者倒是今後值得考慮的事情，現在國際的貿易，有一部分，幾於回到物物交換,就透露着這一個消息。話不要說得太遠,在目前情況之下,國家一部分的賦稅,如能兼收實物,確是於國於民,兩有利益的,而尤其是田賦,所以此項辦法,已在考慮實行之中了,但是國家若只以穀物收入,而不能以穀物支出,則勢將不免於賣米之煩,以官僚而賣米,其弊害,恐怕是不易究詰的。在此情形之下,則米祿制度,似乎也很值得考慮。

大凡生活程度愈低的人,則食在其支出之中,愈佔重要的部分,今日的公務員,其大多數,怕未必是生活寬裕的人罷?不但今日,漢景帝改革貲選的詔書說:"人不患其不富,患其無厭","其惟廉士,寡欲易足",這兩句話,我們承認他是在政治上有深切經驗之談,我們若肯細察事實,便可見得巧取豪奪,貪贓枉法,敗名喪檢的,不是節儉而窮困的人,乃是收入較多,而生活程度仍與其收入不相稱的人,"民之輕死,以其奉生之厚",此事看若相反,其理實甚平常,所以我們今後,也決不希望家資充裕,而享受較優的人來做公務員,倒希望多得家境清寒,而能勤儉自將的人。如其做公務員的人,大多數都是家境清寒的,食在其生活費用中,即佔一極重要的部分,食糧的供給固定,使其不致因糧價的變動而感覺到生活的受威脅,至少是使他能夠安心服務的一個理由。社會上靠薪工生活的人,其生計,大多數也自然並不寬裕,食在他的支出中,自然也是極重要的一部分。如其薪工的收入,一部分是食糧,自可感到生活的比較安定。實際工資低降的問題,也可說是業經解決了其中的一大部分了。"一人之身,而百工之所為備",在今日,固然不能凡物皆自為而後用之,單是有了米,還是解決不了生活問題。其餘一部分,則當逐漸採用生活指數,使其由臨時的津貼,轉變為固定的工資。還記得我國因討論貨幣問題而聯帶及於工資問題的熱烈,是在距今二十餘年以前。當時朱執信、胡漢民、戴季陶諸先生所主持的《建設雜志》,曾經譯載一篇日本人所做的文字,即主張按米價的升降,以增減薪工之額。這個日本人,是一個事務家而不是經濟學家,所以其思想不免簡單。主持《建設雜志》者的主張,是并用若干種生活必須品。食物如油鹽,以及燃料,衣着的材料等,都包括在內。亂後藏書都已化爲煨燼,恕我不能引證原文了。然即章先生生活費用指數之說,則無可疑。我們要知道:官俸在前代,本是貨幣和實物并給的。所謂實物,包括的種類很多,並不限於食物,政治上的制度,總是以社會上的制度爲根基的。如此,可以推想當時社會上的薪工資,亦必貨幣和實物併給,而且實物所佔的成分,還較官俸爲多。所以我們現在的薪工,有些地方,甚而至於是大多數地方,盡可以錢穀并給,而所給的錢數,則依若干種生活必須品的指數而升降。這種生活必須品,亦不必全國一律,盡可隨各地方情形的不同而有出入,如在上海,薪工階級的支出,房租往往佔其中的大部分,內地的薪工階級,多住在自己屋子裏,房租支出,不成問題,如此,不論臨時的津貼,或平時的工資,都可將房租一項除去,便是一個例子,此項理想,固非短期間內所能實行,然總是解決工資問題比較根本的辦法。我們現在,是抗戰與建國同時進行,固然軍事第一,勝利第一,然如有遠大的目光,定出一種計劃來,既有利於目前的抗戰,又有裨於將來的建國,豈不更爲圓滿? 如此,則官俸和薪工制度的改良,正宜努力向遠大的計劃上邁進。

官俸和薪工資,一部分以穀物支給,授受兩方面,在損益上實都不成問題,因爲這是使兩方面的收入支出,在長時間之中,都比較趨於固定的,凡是在長時期中能比較趨於安定,都可視爲有利的。所難的,倒是在於授受之際的公平和便利,如其不能達到這兩點,則必糾紛時起,而且逐漸擴大,此制即根本不能行,於此,即當連帶而及於倉庫制度。穀倉的利弊,非一言所能盡,亦非此篇所及詳,若求以穀物支給官俸和薪工資的公平和便利,則第(一)當能詳辨穀物的品質,隨其品質的優劣而分別保管,第(二)於其發出之際,則注意於其包裝,務使按其包裝而可定其品質,如此,公平便利兩點,就都可以達到了,至於貯藏的良好,以及推陳出新,則因現在的倉穀,非如昔日的死藏不出,在倉中的時間較短,倒比較的不成問題。所當注意的,倒是在現代戰爭規模和破壞力都極大的時代,貯藏要預計搬遷的便利和轟炸的避免,這亦非此篇所能詳論了。

以上所說的辦法,所當注意的,是要隨時隨地斟酌情形實行,並不是要限定時間,全國一律辦理,辦理的地方、辦法亦不必一律。中央對此,固宜有一種立法,然只可很寬廓的,爲原則上的規定。其具體的辦法,當與各地方以很大的自由。

隨時隨地的施設,自然窮鄉僻壞行之者多,通都大邑行之者少。然而要注意,在通都大邑,如能推行此制,正是我們所希望的。因爲經濟上根本的問題,總不能不講節儉,所謂節儉,就是一切費用,用之於必要有益之處者多,用之於不必要而無益之處者少。按必須品的指數以給官俸和薪工資,似乎可使受之者生活安定,但在通都大邑,往往是誘惑甚多的地方,倘使受者以其所得之貨幣,移而用之於不必要之途,其生活即不免仍受威脅。所支給的一部分爲實物,即不啻使其這一部分收入的用途固定,而不能至少是不易流用之於他途,對於受者儉德的養成,亦即社會節儉風俗的養成,不能說沒有相當的裨益。這一節,是實物支給的優點,但按生活費指數而以貨幣爲支給的手段,不能達到的。

全國的糧食,不苦於不足,而苦於調節的不勻,這是事實,怕沒有人能加以否認罷?我們所尤須注意的,則是這種事實,恐非短期間所能徹底變更,因爲此中最大的問題,是運輸和關於食糧分配的組織,而此兩者,都不是在短期間之內,可以百廢俱舉的。我有一個朋友,他的哥哥,住在湖南辰溪縣,親丁四口,至今生活費用,每月不過六十圓,因爲真正的必要品,並沒有劇烈的漲價。湖南還有一處更偏僻的地方,至今米只四圓一石,煤油卻貴到一百三十八圓一箱了,該地方的人,對於食的問題,絲毫不感受威脅,對於起居,則大多數日出而作,日入而息了。這兩件,都是千真萬確的事情。管子之爲治,貴於"因禍而爲福,轉敗而爲功"。我們因爲什麼東西,都沒有一個整個的市場,所以不容易運用物資,和人家在短期間之內爭勝負,而要調節物資，以解決一部分國民生活的困難，亦覺不易收效，然我們雖受到空前的侵曓，始終只是許多局部的創傷，而不致引起全身症狀者亦以此。知此，就知道我們現在補救和整頓的辦法，都不宜侈言總樞紐，而要逐一分別處理的理由了。

這一篇文字，對於章先生的大作，只是補充，並非駁議，合并申明。

(原刊於一九四一年四月十三、十四日《中美日報》)

論外蒙古問題

外蒙古獨立了。這其實是久已如此的事，但我們是到現在才準備承認他的，聞者總不免有蹙國百里之感。然凡事不考其實，徒羨慕一個屬地的虛名是無益的。蒙事的變化，自有其前因後果，我們現在對於這問題，稍加檢討，實在是必要的。外蒙和內蒙，中隔沙漠，而其和西伯利亞，中間雖有山嶽間隔，並不十分高峻，且有河流可通，所以其與內蒙交通，反不如西伯利亞交通之便。外蒙和西伯利亞，是自古以來，關係就很密切。不過西伯利亞地方，窮北苦寒，自古無大部落，所以不足引人注意罷了。蒙古最近的變動，其原因是起於內部的。中國對待屬國，最爲寬大，從不干涉其內政，與近代聯邦之意，頗爲符合。所以從古以來，沒有民族之爭。近代帝國主義興起，邊疆的情形，非復如前代的寬緩，中國對待藩屬的政策，自不能不隨之而有變化。民族貴乎自決，兩民族的語言風俗，既然未能同一，自不能以畫一之法治之。當帝國主義初侵入時，各邊疆民族，都有同讎敵愾之心，中國政府若能採取聯邦的辦法，對於外交軍事交通貿易諸大端，由中央握其樞機，其餘則聽其自謀，與以指導而不加以干涉，實在是最賢明的策畧。苦於中國的政治家，不知此義，不是放任不管，便是極端干涉，而其政治又不清明，自然要激起藩屬的反抗了。清朝病其前此的太無能力，亟思振起威權，所行都失之操切。外蒙地勢與內蒙不同。內蒙在漠南，即今熱察綏三者，原可以開墾，而歷代中國的邊民，早已從事開墾，不過當游牧民族猖獗時，抵不過其侵畧，郡縣往往淪陷,拓殖的成績,遂化爲烏有,如此的一興一廢,已不知反覆過若干次了。至於外蒙,地形既不如内蒙的平坦,氣候又復寒冷,從古以來,農業凋敝。當地的漢人,都是商人。這些商人,其心計之工,遠在蒙民之上。不但高抬物價,甚且用賒賣的方式,盤剝重利,蒙民受害頗深。至宣統年間,任三多爲庫倫辦事大臣。三多乃一滿洲名士,不懂政治。對付外蒙王公活佛等極爲嚴厲。新設的機關,多至二十餘處。又是苛捐雜稅,皆責令蒙民供應。後政府又派唐在禮去練兵,強迫蒙民入伍。同時又移漢人去外蒙屯墾,蒙民擔心牧地爲漢人侵佔,羣起反對。宣統三年蒙古親王杭達多爾濟借會盟爲名,密與四部王公籌議獨立,派人赴俄請求援助。當時俄國難以全力應付東方,外交部人員主張留着外蒙,作爲中俄間的緩衝地帶,勸外蒙和清朝商談解決。一面由俄國駐華公使向清朝提出要求,請清朝政府停止在蒙古的新政。一面俄兵由西伯利亞開向庫倫,正式代蒙人要求自治,清朝不得於其地設官駐兵殖民。正當交涉之際,辛亥革命已起,清朝無暇顧及邊陲。蒙人乘機聯合俄兵,驅逐中國官吏,宣言獨立,推庫倫活佛爲博克多汗,是爲蒙古叛變之始。

辛亥革命以後,帝俄雖仍在外蒙擴充勢力,後因歐戰爆發,俄人實亦無暇東顧。當時蒙人並得不到俄人的援助。民國六年,俄國革命,赤白二黨互爭,波動遂及蒙古。白黨謝米諾夫利用蒙古青年,取得外蒙之地,以與赤黨相抗。外蒙乃於八年吁請取消自治,我兵又會同蒙人收復唐努烏梁海,此時實爲蒙事的一大轉機,苦於政府之懵於外情如故,且當時駐外蒙的籌邊使徐樹錚雖署有才氣,而思想陳舊,作事亦不深沉周密,並且盛氣凌人,引起蒙古王公活佛的反感,一切與三多無異。後因段祺瑞失去政權,邊防軍留駐外蒙者,遂成河上之師,外蒙形勢,又甚岌岌了。然蒙人無外援,其勢固不足以叛,而此時赤俄初起,外受帝國主義者之攻擊、封鎖,内則白黨叛變,急欲求與之同情之國,互相援助,且欲實行其世界革命的理想,所以於八九兩年,迭次宣言,願放棄帝俄時代用侵畧手段在中國取得之領土及權利,中國此時,若能開誠佈公,與之商畧,亦不失爲解決懸案的一個機會,而中國又爲帝國主義所牽涉,不能與之相應。民國十年,謝米諾夫受日軍之援助,攻陷庫倫,擁戴活佛稱獨立,蒙古青年反對之,並與赤俄相結,組蒙古國民黨,成立臨時政府,招練軍隊,後與遠東共和國軍隊協力,攻入庫倫,仍奉活佛爲君主,但宣言立憲,去其實權,唐努烏梁海亦於明年自立爲共和國,整個的外蒙,又和中國離開了。

懸崖轉石,不至於礐而不止,然亦決並一轉便至於礐的,其中自必有若干頓挫。蒙古國民黨中,多王公喇嘛,自不能與急進的赤俄相合。俄人乃結合其中的青年黨員,年齡限於三十五歲以下,中多平民及留學俄國的人,雖名屬國民黨,實與其他黨員,立於對待的地位。自國民黨政府成立後,蘇聯即向其提出要求,將土地分給平民,森林礦產作爲國有,專利事業,歸諸國營,行政首領,悉由民選。當時政府不願接受,然因親俄者鼓動於內,俄人又威脅於外,卒承認之。十三年活佛病死,外蒙乃實行蘇維埃制度。大忽力面台_{蒙語大會之意。}開會,發表宣言,又公佈憲法,明定主權屬於勞動的人民,階級稱號,一概取消,人民一律平等,信仰自由,喇嘛教徒,不許干預政事,貿易歸諸公營,十二年以前的條約外債概作無效。編練革命軍,以資自衛,以六月六日爲革命紀念日,改庫倫爲烏蘭巴圖魯。_{蒙語,勇士之意。}外蒙至此,遂完全成爲一個赤色的國家了。然蘇聯此時,仍只希望外蒙做一個緩衝之國而已,並不欲其在名義上完全脫離中國。所以在十三年的中俄協定中,承認外蒙古爲中國的一部,尊重其領土內的中國主權。蘇聯軍隊亦於十四年間撤退。

自帝俄以至蘇聯,其所扶植,皆以外蒙爲限,而仍不欲其完全脫離中國者:(一)由帝俄立國之本,究在歐洲,不能以全力應付東方,至蘇聯,則其對外的宗旨已變。(二)亦由於東方的情勢,頗爲複雜之故,在清宣統二年,日俄訂立密約,對於蒙韓問題,互相交換,說已見前。宣統三年,蒙古宣言獨立,後日本又與俄交涉,請其將蒙古的範圍,加以確定。交涉的結果,俄人許應於日人在內蒙古的舉動,不加干涉，而日人亦不干涉俄在外蒙古的舉動。又規定日人在內蒙古活動的範圍，以經綫一百十八度爲限，此即日人所謂東蒙和西蒙的所由來，而日俄二國，以南北劃分勢力範圍，又不僅在東北爲然了。至俄國革命以後，而其情勢又一變。日人此時，野心勃勃，一面聯合中、美等國，向西伯利亞進兵，一面又從庫倫進兵，攻擊俄國的貝加爾省，以截斷西伯利亞鐵路。民國七年中、日陸軍軍事協定中，即有此條文，後來格於情勢，目的未能達到。然至二十三年，蘇聯將中東路出讓，二十四年，日本侵佔察北，而外蒙古的形勢，又很危急了，二十六年戰端開後，論者多望外蒙出兵，以攻擊日、僞的側面。然外蒙兵力，究屬有限，日、蘇既未開釁，問題自無如此簡單。日人是時，自亦未敢輕與蘇聯挑釁。於是蘇聯所扶植的蒙古，日本所卵翼的滿洲，遂成爲引滿相持之勢。直至近今，日人敗北，則其情勢乃又一變。

現在的外蒙，其形勢是急轉直下了。看了以上所叙述，可以畧知其所由來，便可知我們向來對於蒙古的認識，是錯誤的。錯誤須要改正，該怎樣改正呢？依鄙見下列之義，似不可以不知。

（一）當知國權的贏縮，依恃政治的力量是假的，惟有民族拓展的力量是真。試舉南洋羣島爲例，南洋羣島，自明中葉後，其政權即漸入西人之手。數百年來，華人所受的迫害，可謂極烈。然至今日，西人在其地的勢力動搖了，華人則依然根深柢固。即此，便知政權一時的進退，不足以爲欣戚。

（二）以民族拓殖的成績而論，通先後而觀之，則我族南進之力，似優於北進。中國的文明，本植根於黃河流域，其北進者，當戰國之世，即已拓展至今之熱、察、綏及遼寧。其後遂無甚進展，甚至并此諸地，而有時亦不能保。南進者則長江、珠江、閩江諸流域，次第凝合爲一體。中南半島及南洋羣島，雖未能如此，然吾族在其地之勢力，仍極鞏固，已如前述。此其成績，相去可謂甚遠，蓋一由地利之殊，一亦由近代物質文明高度發達以前，耕稼及工商之國，皆不能抵禦游牧民族的侵畧，而蒙古地方，又適爲東洋史上的侵畧地帶之故，此固無足爲異。然因此，我國民對於所謂北族者，遂有傳統上的恐怖心，須知：(A) 游牧民族，不能接受較高等的文化，而專以侵掠爲事；(B) 耕稼及工商之國，文化雖較發達，而仍不足以抵禦游牧民族的侵畧，只是從前的客觀條件使然。今者此等條件，業已不復存在。如昔日農業國的步兵，不能抵禦游牧民的騎兵，今者游牧民的騎兵，豈足抵禦工業國的機械化部隊？便是一個適例。所以傳統的無根據的無謂的恐怖心，實應取消。

（三）以今日的情勢論，國與國之間，實應把向來用兵力侵畧的路綫，變爲經濟和文化交流的路綫，防禦的關塞，變爲經濟和文化的中心點。這不但以反侵畧主義言之如此，卽講究國防，亦當以此爲本。擊敗納粹主義的，不是法國的馬其諾防綫，乃是美國偉大的生產力和發明力。

（四）准此義以言之，則我國今日，凡和外蒙接界之地，都不可以不注意。而尤其緊要的，則是東北，須知到外蒙去，向來視爲困難，乃因所走的是內蒙北向之路，中須絕漠之故。若自黑龍江前去，則根本並不困難。蒙古部落，原是從額爾古訥河流域，遷移到鄂諾河流域的；庫倫的獨立，要影響到呼倫，自日本侵佔東北以來，呼倫之地，亦常成爲庫倫的威脅；卽其明證。然則我國今日，欲與外蒙互相提携，東北實爲最要之地，卽自察、綏、寧夏北向，自新疆東北向之路，往者雖云困難，在今日的交通方法之下，其困難亦大可減除。這都是文化和經濟交流之路，不可不思所以改善而利用之。

（五）以交通論，固然東北和外蒙，關係最爲密切。以民族言，則內蒙與外蒙，關係之密，自尤在滿洲諸族之上。所以今後內蒙的治理，得法與否，實和外蒙的邦交圓滑與否，大有關係。向來的治理內蒙，實不可謂之得法，此又當分兩方面言之：(A) 爲對於蒙人認識的錯誤，閉塞之世，人民皆惟統治者是從，文明之國猶然，何況游牧民的程度低下？然在今日，則非復如此了。試觀外蒙，其政權的爭奪，總是新者勝而舊者敗，可知當其爭奪之時，其舉動誠不免於慘酷。然新黨執政以後，振興教育；劃除階級；改良刑法；便利交通；言農業，已有集體農場；言畜牧，亦有大規模的公司；工廠、礦務等，亦皆次第興起；喇嘛亦以信奉施捨者少，多罷道的家*，營求生業；則其施政，實不能謂之無成績。然則我國的治蒙，尚循前清之舊轍，本意撫循其王公、喇嘛，實在是錯誤的。當民國二十二年，內蒙要求自治，幾至變亂，其原動力，實不在德王等一二人，而在其手下一班留學內地及留俄、留日的青年，即其殷鑒。固然，如蘇聯之扶翼一方，以與其他一方鬥爭，非吾人之所願爲。然漸次扶翼其新者，使之獲得事權，以求於平和之中，收新陳代謝之效，要不可不採爲今後治蒙的方針的。（B）則爲漢、蒙二族的關係。欲求內蒙之進步，必不能不移殖漢人，此無可置疑之事。然放墾而無辦法，則侵佔蒙人的牧地，而影響及其生計；因此而改省、設縣，則舊日之王公，失其政權，而不免心懷怨恨；又因此而增收捐稅，則蒙民苦於負擔之加重，愈覺囂然不寧；此爲蒙人要求自治之所由來。逆之固足以激變，聽之則一切經營，都非放棄不可，蒙疆將永無進步之日，竊謂此中最大的關鍵，實在放墾之順利與否。放墾而漢人得所，蒙民無怨，則蒙地經濟，漸趨繁榮，蒙人亦自然漢化，一切問題，都不煩言而解了。欲求放墾之順利，則必先變蒙人之游牧爲"定牧"。此在遼朝，原係如此的，讀《遼史·部族志》可見，豈有以今日之農業技術，尚須費廣大之牧地之理。誠能放遼代之成法，蒙人之游牧者，皆由政府爲之指定牧地，其餘乃以之放墾，則放墾絕不礙及蒙人的生計，而蒙地仍可繁榮。治蒙之義，已經採驪得珠了。還有：商人的逸意剝削，也是最足以傷邊氓之心，而使之陷於窮困之域的。日本的治理臺灣，事事剝削，卻有一事，其意可師，即任何人均不能與生蕃自由交易，而必在警察監督之下。所以生蕃雖因他事抗日，絕沒有因商人的剝削而激變的。但如日本的所爲，過於瑣碎，後來警察遂至弄權而賈怨於蕃人，即其流弊。竊謂貿易小者，可以聽民

* 編者按：原文如此。

自由，而每年可舉行定期的大貿易幾次。或就其固有者，或則官爲創設，皆由官加以監督，並可由國家加惠，供給蒙人以切用而廉價的物品。如此，則交易順利，蒙民的生活程度，無形中可以增高。内蒙日益進步，則撫綏外蒙之道，亦即寓乎其中了。

（六）中國與外蒙，經濟上的關係，本來是很爲密切的。當其國民黨執政以前，其所需之米、麥、布匹、綢緞、磚茶、烟草、金屬器具，以及家用品、寺院用品，無不仰給中國。即其所需東西洋物品，亦多自中國轉輸。統計當時蒙古對外的貿易，中國實佔百分之七十，自其國民黨執政以後，對外貿易，集中於庫倫的中央合作社，蘇聯亦立遠東貿易分局於其地，兩國的關係，日以密切，中國之貿易遂日衰。然通工易事，範圍愈廣，則其利愈大，外蒙終必有所需求於吾人。吾人之與他國通商，本非如帝國主義者流，意存剝削，不過欲求兩利而已，在此情形之下，則中國與外蒙的貿易，可以開誠互商再圖建立。貿易興盛，兩民族的關係，自然密切，而文化也可交流了。

當民國十三年，蒙古國民黨宣佈黨綱時，其第三條曾說："凡主義相同之黨，不問其爲中國，抑爲蘇聯，皆願互相扶助。若中國各民族皆能自決，各省皆能自治，如此而成立聯邦，則外蒙並不反對加入。"是年，中國國民黨在廣州開第一次全國代表大會，外蒙尚派耶邦丹藏來參加，表示願加入中國爲聯邦之意。然則外蒙今雖獨立，將來與中國，未始不可復合。但以究極之理言之，兩民族如完全同化，自不會有分立之事，若其不然，則不徒不必強合爲一邦，並無必爲聯邦或邦聯之理。今日的必互相聯合，乃由在經濟上，在國防上，太小均不足以自立之故。此亦客觀情勢使然，並無一成不變之理，然則中國與外蒙的離合，蘇聯對外蒙的關係，在將來，或者都不成爲問題，亦未可知。至於目前，則中國和外蒙，從前既積有種種葛藤，倒不如聽其暫離爲是。因爲暫離，往往能把以前的葛藤，一掃而清，轉易重建一種新關係。

（原載《平論半月刊》第七至八期，一九四五年出版）

因整理土地推論到住的問題

整理土地，必要涉及房屋，上篇論整理土地，所以此篇就房屋問題，並加討論，因推及於市區。①

上

房屋和人生，關係是很密切的，其中最重要的，自然是保健。次則居處清潔，則人有愛美的思想，而愛美是能引起許多美德的。中國人無論城鄉，都不愛清潔，庭院、房屋、街衢、河道，無不雜亂汙穢，此於國民品性，實大有關係，於此點，我們不但不及歐美，並遠不及日本人，不可以不猛省。

《禮記·王制》篇說："地邑民居，必參相得"，這句話最足尋味。地便是田，田地兩字古通用。邑是多人聚居之處，如今日的城市。民居則指其分散者而言，如今日之鄉村。"參"乃"三"之動字，參相得，猶言互相配合，各得其宜。近世文明各國，都苦於都市畸形發展，而鄉村人口凋零，便是不能相得的明證。知此，乃可與言改良城市及鄉村。

---

① 即《怎樣將平均地權和改良農事同時解決》，原刊《青光半月刊》第一卷第三期，一九四五年出版。

城市和鄉村，是不能不分，而又相依爲命的。此之古昔，即係如此，井田制度下的農民生活，《公羊》宣公十五年《何注》及《漢書·食貨志》，述之最詳。兩説在經學的師承上，有今古文之異。而其根底實同，可見其必有所本。據其説，則古代將方一里之地，畫成九區。區各百畝。中間一區爲公田，其外八區，八家耕之，各自私其所入，而家各耕作公田十畝，其所入亦全歸公家。公田中還多二十畝，則作爲耕者所居之廬舍，其旁兼可種桑，家各得二畝半。這是農人在耕作時所居，到冬天則"畢入於邑"。邑中亦每家各有宅地二畝半，合諸公田中的廬寓，共約五畝，所以孟子説五畝之宅，一邑之地，共住七十二家。《公羊解詁》言八十家，乃舉成數，《王度記》作七十二家。此乃方三里之地之人所合組。邑大概是一個土城，這是所以防小寇的。古代部族分立，多好侵畧，所以不得不如此。在今日似可無須，然人羣貴於互助，要互助必先有交際，有交際然後能聯合，所以今日的農村，大多數都嫌太小，必須把它合併。農村之所以要小，由於農人的居處距所耕之田，不能太遠。然此乃鄉間無道路使然。若能修成平坦寬闊之道路，則輕便如脚踏車，笨重的如牛馬駕的車，都可通行，既省時，又省力，即所居之處距所耕之田較遠，亦不成問題。如此，一個農村，聚集到二三百户，亦不嫌過大，百户以下，更不必説了。進言之，還可將散的農村合併，移至交通綫附近之地，和他處往來，自覺便利。

（一）農民之交際既廣，知識自增，即才能亦以磨煉而發達。

（二）貨物運輸，亦都容易。

（三）萬一再有戰事，一切物資，均易轉移，不得不放棄之地，亦不慮其資敵了。

古代的農村建築，還有一端其意可師的，那便是所謂中里爲校室。在冬季，是聚集着許多兒童，請一個邑中的老年人，在此室中，加以教導的。在平時，大約是鄉人遊息之地，有公共的事情，亦即在此議論，所以《左氏》説鄭人遊於鄉校，以議執政，這是不可少的。在今日則更宜加以推廣，我以爲農村的建築，當有下列諸處：

（一）公共集會之所。其旁附室，即爲鄉、鎭、保、甲長等辦事之處。

（二）讀書閱報之室。宜稍寬廣，以備圖書的增加。

（三）俱樂部。鄉間茶室，往往成爲聚賭之所，此最爲惡劣，有俱樂部，則茶室可以禁絕，若有公事須議，或私人爭端，評論曲直，自可於公共集會之所行之。

（四）幼稚園。

（五）小學校。此甚需要，不言自明。

（六）公共浴室。中國人不大入浴，殊礙衛生。然無暖室，寒天入浴，確亦頗難。鄉間農家，雖多有浴鍋，又嫌太熱，變冷水浴爲熱水，爲羅馬衰亡的一因，殊不可以不懍懍。故合理的浴室，殊不可闕。

（七）厠所。我國農家，慣用人糞爲肥料，因之鄉間糞窖，觸處皆是，既礙衛生，又不清潔，大有傷於愛美之道，此點必須改良。務求各地糞窖，均有掩蓋，自厠所由地下裝管通入。

（八）兒童公共養育室。

（九）公共厨房。

（十）公共食堂。

（十一）公共作業室。此四者最爲緊要，無論有人利用與否，建築農村時，必不可不備，寧可有了空着無人使用，切勿慮其無人來用而勿造，或者既造之後，因無人利用而將其毀棄，此所謂告朔之餼羊，其損益，是不能從物質上計算的。家族在今日，實爲最惡劣的制度，我們雖未能即時破壞他，然有能破壞他之處，總是要盡力破壞，以期促進社會的進化的，斷不宜再事因循，甚或加以維護。家族之本，在於夫婦之倫，今日婚姻制度的難於改變，第一即在育兒之事，爲之牽率，次則縫紉炊爨等，世俗所謂家事者，相需甚殷，而與家族之聯帶，關係亦深，凡大小團體的利害，總是不能一致的。所以從家庭中養育出來的兒童，多少總有些自私自利的性質，根本既非，長大後極難改變。且即以養育論，亦自以有專門知識者爲宜。父母之不皆養育其子女，猶之其不偕能教導其子女，今人人承認子女之不能自教，而欲使之從師，而必反對兒童之公育，此眞知二五而不知十。親生之母，除其乳汁隨兒童之長大而異其濃淡，授乳較爲適宜外，其他在撫育上，並無勝於他人之處，父更不必論了。撫育子女，再兼家事，婦女既苦極不堪，而其撫育仍不能得當。子女愈多，則其糟糕愈甚。若視爲專職，則一人撫育十餘個小孩，並不爲難，以時間精力論，即已節省不少，何況對於所事，更能各適其宜呢？縫紉烹調，世皆視爲婦人專職，謂其天性所宜，此亦拘墟之見，試問裁縫和厨夫，何以大多數都是男人？紡織昔亦視爲婦女的專業，何以今日紡織廠中，所用亦多係男工？則其説不攻自破，家家炊爨，亦易養成自私之心，物料及勞力，又不經濟，所以公共厨房和食堂亦屬必要。《公羊解詁》和《漢書·食貨志》又説：冬入居邑之後，婦人同巷相從夜織，所以要如此，他説是爲着省卻照明取暖之火，而且可以齊巧拙，案《戰國秦策》載甘茂的話，説江上處女，有家貧而無燭者，其餘的處女欲逐去之，這一個處女説：〝妾以無燭故，常先至掃室佈席，何愛餘明之照四壁者？〞此即同巷婦人相從夜織之證。可見《解詁》和《漢志》，不是虛言。窮得照明取暖之火，都獨備不起，今之農村，或未必至此，即古人亦何至如此？其必相從夜織，原因實在齊巧拙三字上。齊巧拙，乃謂以巧者教導拙者，使能與巧者齊。這正是古代農村婦女，互相扶助的好意。可見女工的教育，不必都受諸家庭。此在今日，農村的手工業，出品宜求齊一的時代，更爲重要了。此等公共之事，人每疑其難行。其實今日農家子女，本有不自撫養而寄養於人的，在鄉間的俗語謂之〝帖〞，而市區亦有育嬰堂，此與公育何異？民國二十四年，河北省政府所出《河北月刊》，中有河北移民西北之經過一篇，述二十三年河北移民協會移民於綏遠包頭縣的經過，他説：〝協會因農村婦女，大半時間，都消耗在做飯上，太不經濟，所以創設飲食合作社，共同炊爨，初時農民頗覺不便，後亦習而安之。〞這可見公厨和公共食堂之可行，若紡織、縫紉等事，只要有公共地方，其能行更無待著蔡了。

（十二）鄉間農家，本有場以打稻、打麥，頗能平坦清潔，今日利用之，公共設置，包於住宅區的四圍，則不至有雜穢之物及積潦，蚊蠅可以減少，傳染病亦隨之減少。

（十三）古時場圃即係一地，要種菜則闢之成圃，要打穀即築之爲場，今秋冬亦可種菜，兩者自不能合一，然供打穀用的場，在平時亦可用爲體育場，不虞土地之浪費，場既在住宅之四周，出入必經，運動習慣，尤易養成。

（十四）其菜圃則宜設於場外，距住宅不遠，老幼亦可從事。

（十五）又其外則種樹，鹽鄉可以桑爲主，此外則各視其土之所宜，凡造屋及造器具用的木材，皆可廣行栽植。造林爲今日極緊要之事，苦於人民失此習慣已久，國家雖定有植樹節，奉行者大率有名無實，甚至甫行栽植，即被拔去，其拔之初非以爲利，不過遊戲和無意識的舉動而已。案《齊民要術》種榆白楊篇說："男女初生，各與小樹二十株，比至嫁娶，悉任車轂，一樹三具，一具值絹三匹，成絹一百八十匹，聘財資遣，粗得充事。"張履祥農書說："紹興祁氏，資送其女，費至千金。人怪其厚，祁曰：吾費不過十金耳，人益駭。問其故，曰：於女生之年，山中人包種杉秧萬株，株費一氂，女十六七而嫁，杉木大小，每株價值一錢，則嫁資裕如矣。此雖山林與平野不同，然智可通也。"可見種樹之利，古今一揆。若能廣行勸導，使之家喻戶曉，自然易於推行，不致毀壞了。太平軍興之後，蘇州城內，瓦礫甚多，丁日昌爲巡撫，飭議挑除，他的札文道："每見通衢僻巷，瓦礫累累，推原其故，皆由各業戶因自己屋基，已爲鄰右先修搬之瓦礫所堆積，雖欲盡力搬棄，一苦於工費繁重，一苦於無地可移，歲月既深，堆累更厚，以致有力者樂土是遷，無力者望洋興嘆。查城內無主基地甚多，盡可爲容納并積之所，現擬由官催集人夫，將各處瓦礫，分別并積，騰出有主空地，百姓即易於營造，其并積瓦礫之所，不妨繼長增高，堆成岡阜，環植竹樹，數年之後，即可蔚然成林，其舊堆岡阜，亦可附麗增益，以免佔地，堆積之處，亦須因其形勢，或孤峰獨峙，或大山小山，蜿蜒俯仰，不可隨意堆填，有如殘岡斷塹，山頂蒙以淺土，便可栽桑種樹，以備緩急之需。昔石曼卿以泥包裹桃核，抛擲崇崖，數年之後，滿山錦綉，似可髣髴此意。"此言殊有美術思想，且亦兼顧實利，鄉間陵阜不少，如能畧加平治，將住宅築於其上，則地勢較高，於避蚊蠅尤便，而陂陁之處，種樹尤爲相宜。再加以：

（十六）水流不潔之處，鑿井而飲。

（十七）畜養牛馬鷄猪之地，另闢一所，使其遠於居宅；則於衛生之道，更爲合宜了。

（十八）村落雖經歸併，然在所耕田中，仍不妨師古者中田有廬之意，建造茅亭土屋，以資人畜休憩，亦爲行旅暫息之地。

（十九）風景特佳，或有古跡之處，更宜就加佈置，附以說明，既增人民愛美之念，且可誘導他方之人來遊，於本地人民之生計，亦可小有裨益。

以上所云或疑非農村財力所及，然：

（一）其事可行之以漸，（二）且可寧樸無華。

唐甄《潛書·富民篇》說：明初的蘇州，還是"室無高垣，茅舍鄰比"，況在今日的鄉村？且今者：

（一）兵爭易遭轟炸，（二）即在平時，正當講求建設之際，凡所營造，豈易一舉而盡善？要當爲拆毀重建的準備，工料所費不多，自然不覺得可惜。土墻茅屋，冬溫夏清，實於衛生最合，料既農村所自有，工亦農民所能爲，農村又非無暇日，遷建自不成問題。老實說：居宅的適宜與否，在衛生方面，是要在採光、換氣、清潔、寬廣上注意的，即美的方面，亦是這樣，本不在乎材料的貴重。

以上論農村改建竟，以下推論及於市區。

下

淪陷區中，在敵僞侵佔時，大都破壞已甚，而屋宇之僅存者，或全毀而僅存基地者，又頗爲投機者所買佔。鄉間農田，急切難於公有，已如上篇所述，都市之地則不然，因其（一）評價究較鄉村爲易。（二）而建設事業，尤以地皮公有爲宜。（三）況其地價之貴，乃因位置使然，其增價又非由己力。

　　土地是不能以人力增造，又不能以人力搬移的，故其供給署有定限，而一切事業和住居，無不需要土地，所以以土地爲投機，實爲最惡劣之事。固然，此次敵僞佔領之區，幣價的跌落，爲從來所未有，人民之從事於投機者，亦或意在救死，非欲求發橫財，然屯積貨物者，跑單幫者，尚或可恕，乘機買進地皮房屋者，則決不可恕。因爲這決非爲目前救死之計。所以此等地權轉移，除其人（一）本來倚恃敵僞勢力，（二）或實所威迫利誘，憑據其行爲，當然無效外，（三）即具有願賣願買的形式，而其交易實不本乎公平信誼者，亦宜將上篇所引河南被災時期地權轉移處理之法，擴而充之，凡地主無力贖回，或無意贖回者，均可由政府收買，作爲公有。此非操切，非如此實無以懲罰乘危徼利之人。

　　都市房屋，在前述之保健及美化兩點，皆較鄉村情形，尤爲急迫，而都市房價貴，人民欲得適宜的住處尤難。故政府之於市區，不徒有整頓之責任，亦且有救濟的義務。此事在各國，本皆視爲重要問題，只有中國政府，日不暇給，還未曾考慮及此罷了。

　　要講整理，首宜劃清區域。凡因襲的城市，大概不易照理想佈置，止能逐漸改良。改良之法，首宜將市區和住宅區分間。其廟宇、寺、觀等，則悉宜征收之，以增建住宅，或則闢爲果園、菜圃及運動場、風景區。此雖習慣上最受尊重的文廟，亦當在其內，其他更不必論了。城牆則概可拆掉，城磚大率堅實，其不碎者尚有用，賣去可抵拆工。拆城所得之地，亦可暫賣去，以其款整理街道，將來再圖收回，或謂城可以保治安，向來遇有亂事，城內總較城外爲安穩，豈可輕拆？殊不知城在今日，戰爭上已無所用。若謂以防小寇，則都市建設，豈有專以防內亂爲目的，而犧牲平時利益之理？向來每遇小寇，城中所以安穩者，其作用實不在於城牆，實由城中人數載多，又爲財力所萃，其防務較爲完密之故，民國十三年江浙戰爭，齊燮元兵潰敗後，潰軍在敝縣入城，是時城中武力，惟恃商團，我親見其保衛之力，皆集中於市區，其時市區之中，欲行搶掠，殊非易事。在他處則不然，而實際上遭搶掠者亦頗多，市場與非市場之間，豈有城牆爲之間隔？此可見保衛之在於人力財力，而不在於城牆了，有城而無人守衛，破門而入，逾垣而入何難？

舊時之府州縣學，即俗所謂文廟，及寺觀均宜拆除者，在今日城市之中，富者縱欲而無極，貧者救死而不贍，豈所謂三敎者之觀念論，足以挽回人心，徒留之以佔有民居之地何爲？且中國本無所謂孔子廟，孔子乃學校中之先聖耳，必欲尊孔，地方上官私立之學校，均可代行春夏釋奠之責，而何取此駢枝之建築爲？孔廟、寺、觀先行遷徙，則基督敎堂，亦可援例請其遷出市區，彼如恃強不肯，我們亦自有他法可以籌付之，不致引起交涉，而能達到令其遷徙之目的。文廟寺觀敎堂既然，其他祠廟及人家的宗祠等，自更不敢違抗，此項辦法，乃係因舊都市人多地少而然，新建設的都市，原不必如此，然舊都市人多地少者，將廟宇寺觀等遷出市外，似乎實不可少。公共機關，除警察局所、幼稚園、小學校、初級中學校，均無留居市區的必要，亦可設法遷出。

凡市區土地，曠廢不用者，都可重征其稅，歷若干時期而仍不利用，則可加以征收。如此，市區的土地較多，乃可設法佈置，其佈置之法：

（一）市區中的住宅區，其所需要，如公共會堂、閱書報處、幼稚園、小學校、公共浴室、廁所、兒童公育室、公共廚房、公共食堂、公共作業室、井泉等，一切均與鄉間同，市區之地雖大，然所謂住宅區，亦宜再分作若干區，所以鄉間佈置之法，仍可適用，風景區及運動場，市區所有，必較鄉間爲大，然各區中之較小者，仍不可闕。最好有數丈隙地，就地佈置，或栽植花木，設置桌椅，以便行人休憩，居民遊玩；或加以平治，以便居民就近運動，如有多人莅止，權充天幕，即可以供棲止，不慮逆旅之不能容，更不必借宿民家及公共機關了，向來寺觀、廟宇，是收容此等來客之處，今既遷出市外，自不得不有此預備，至於古跡所在，亦宜加以修飾、表彰。又市區中垃圾很多，宜特設焚燒之處，不可任其堆積。

（二）其爲鄉間所不備，而市區特宜增設者，爲（A）小菜場。大抵宜較現有者增多且擴大，既經增多擴大，則絕對不許在場外賣買。午前空閑，則可許販夫販婦，於此設攤。既有此辦法，則不許在街衢及人行道上，再設攤。（B）婚喪等行禮之處，鄉間人少，可即以公共會堂充之，市區則慮其不給，宜於別設，有此，則人家之廳事可省，可拆除之以廣庭院，或改建有用之室，此事可任私人爲之，政府但加以監督即可。禮堂建造既多，最好婚喪之禮，不許於他處舉行，如此，則可監督其依照政府所定的禮節，不許奢侈，因爲婚喪之禮之奢侈，最易使貧家勉力追逐、傾資負債的，歷代政府，都有禁令和勸告，每苦無從實行，實由衆戶散處，無從監督，則若推行過於峻切，又慮執行者倚勢索詐之故。教一切舉行於一定之地，則循禮與否，無從避人耳目，而監督者亦不敢在衆目昭彰之地，肆行需索了。

（三）街道概宜放寬，最好房屋的高度，與街道之寬度相等，使街中可多得風日，庶免陰溼而滋生病菌。如其未能，亦宜拆至與今日業經放寬的街道相等，且建築須預留再拆的餘地。此事人或以爲難行，然（A）街道闊則交通便利，在市區則貿易可增，在住宅區則精神舒適，房地之價必增，亦與地主房主有益。（B）中國住宅，多爲分進式，每進各有庭院，拆讓之前，首進署行改造，即可借街道爲庭院，不徒於採光、換氣有利，且房屋之面積，亦或反易拓寬。（C）又中國住宅，因其爲分進式之故，本嫌其縱太長而橫太窄。即住宅兩面，都被拓寬，對地形亦不致於遂不適用。（D）至於現在緣街的圍墻，則本係無用的長物，住室的墻壁不固，雖有圍墻豈足憑藉？本應拆毀，即以墻壁之外觀爲外觀。(E)且人誰無緩急,凡一住宅所臨之街道,必使病車及救火車可入,乃爲有備而無患,此事尤關緊要。此項拆讓之地,因向來房屋侵佔街基甚多,可以無庸給償,拆讓後之改造,一時私人財力不給,不妨由公家借貸,分期償還,好在有出售城基之款,可以供用,其房地面積本小,一拆即成無用者,則可由公家收買,爲前述遊息之地或作小菜圃,雇人種植。

(四)凡街道之旁,概宜種樹,並可種有利之樹,由市政府收其利。

(五)城河宜大加浚治,以利交通,駁雜不正的岸形,須概行改修。過小的支港,宜填没。

(六)住宅的改良,宜獎勵新建及改建。私人之力有限,可獎勵其合多人爲之,官爲監督,以免糾紛,有以宅出賣出租爲營業者,亦宜許之,惟其建築之法及賣價租價,均須受公家監督,可與以較優利潤,而不能聽其非法榨取,公家亦仍宜自營,但應先從事於私人所不肯者,如在工廠區及商業區,爲工人及店員造合理的住宅,是其尤要者,則爲平民住宅之新建及改建,從前德人在青島,曾設立苦力收容所,以供車夫的寄宿,其中浴室、盥洗室、自來水、電燈皆備,浴宿兩費,每月不過半元。又有公共食堂,寄宿者膳食自備,或在膳堂中進膳,悉聽其備,苦力甚爲順悅。我國下流社會,風習不良,其最惡劣者爲賭,次之則嫖妓、抽大烟等,此因由其未受教育,亦由其無正當娛樂之故。若能誘致其住於公共居所,加以監督感化,其風紀必可大爲改良,此事尤於童年的勞動者爲宜。

(七)改建之法:(A)首宜注意於洩水之溝渡,務使能通暢而不暴露於地面。(B)次則宜注意於換氣及採光。此宜廢分進式之每進各有庭院者,而將房屋改造於基地之中央,則四面可以採光、換氣。中國人於房屋喜向南而不喜向北、東、西三面者,其實東西面的房屋,比之南北向,所得日光爲多,中國人所以不喜之者,實緣長江之西,氣候即近亞熱帶,以南便不必論,受日較多,苦於炎熱之故,然居室之涼爽、乾燥，係於空氣之流通，而空氣流動之速，則必使其能成激流，所以四面都開門窗，實於衛生有合，受日雖多，而仍不苦其炎熱。其基地較狹，不能如此者，亦宜兩面皆開門窗，不可如今日之只有一面。庭院太小者，則宜拆去一進，改爲樓屋必較乾燥，且蚊蠅較少，亦可減少傳染病。

（八）建築宜力求樸素，弗尚華麗，華麗不足爲訓，且有損天然之美。此在今日，稍知藝術者，人人能言之，然一般社會，恐尚未足以語此，惟爲防無力者誤學以致耗廢起見，對於有財者，亦宜加以制止，此乃爲維護社會風紀起見，個人不能主任無實際的自由。中國建築，在世界建築史中，不能稱爲盡美。然其所以爲此，乃因專制不甚，迷信不深，所以在各國建築史中最發達的宮殿、廟宇比較的無足稱述，從社會的方面論之，卻有可以自夸之處。而歷代行事，尤堪稱述的，則於建築物之奢侈踰制者，往往不恤物質上的損失，加以拆毀，以示矩矱，如周之入鄴，唐之平洛陽都是。今縱不能收歷代之物，加以毀滅，豈可坐視今人之踰制，不加禁止。且歐人建築雖弘麗，多係公共之物，吾國人則多自侈其居，以羅馬與兩漢比較即可見。此實尤爲無習人之愛藝，如有所寄，惟能禁止私家住宅之奢侈，乃可希望公共建築之發達，此中消息，尤宜深察。然即公共建築，亦宜有一定制度，即雖風景道，亦爲是欲求省財而無損天然之美，吾制有一口訣，曰"損而弗益"，何謂損而弗益？如有一曠地於此，删其蕪穢，平其崎嶇，損也；多造亭臺樓閣，則益矣。建築物固不能全無，然必減至最小限度，與其增飾一地，不如多闢數區，與其就一地增飾，使來遊此地者增加愉快，不如多闢數條道路，使來遊此地者加多。

（九）爲增加美化及化無用爲有用起見，私家園林之閉置者，可追令其開放，但仍許其收遊費及無害善良風俗之營業而已，其有久經荒廢，無力修葺者，亦可由公家代爲修葺，令其分期償還，私人不得拒絕。

（十）如此龐大之建築設施，似非公家財力所堪，苟云發行市債，則恐不易銷售，即使強迫消盡，而債票充塞市場，亦非美事。況市債尚須留充他項用途，不能盡費於建築一途，然私人之願投資於房地產者實不少，此宜有以誘導之，似可由公家設立公司，招募私人入股，予以較大的利潤，以減輕公家的負擔，好在公家仍有監督之權，不會聽其任意榨取。私人投資的，雖須受公家的監督，然亦能得公家的補助與保障，房地產究為一種穩固的產業，投資者該不會很少的。在今日，亦何嘗無經營房地產的公司，不道私人設立者，只顧私益，不足語於改良市政，有時且要興風作浪，擾亂金融而已。

（十一）照以上所述的辦法，房屋已可增多，而且有些工廠居處，還可以強迫其遷出市內，如製造爆竹之工場便是，戲園飯館之設，亦不許其於限外增設，為此房屋必可大增，而人民都可得設宜的居處了，房屋之改造既多，所謂大牆門者必日漸減少，多人麕聚一宅之風，亦可隨之而減。此等大牆門居住其中者，往往很為腐敗，互相沾染，實於教育非宜，能斫而小之，亦係美事。

以上所說，都係就舊有的市區加以計劃，設若為新建，自當別論。尤要者，一市區居民既達飽和點後，市區的面積，絕對不能擴充，而必須別營新市。因為市區實不宜過大，其理由：（一）戰爭時怕遭轟炸，（二）市區不過大，則人口不致過多，然後情誼相聯，而公共的事業，易於舉辦，輿論的制裁可以有力，不但市區不許擴大，並且不許過多的人口，限制市中居住，然後衛生和風紀，易於維持。市區不許擴大，則近郊之地，不能成為投機的對象，市區中的居民，立有定限，則房地產之價，不能為無限的增加，此實為解決住的問題的要義。

還有在中國而要講整理土地，墳墓是決不能置諸不問的，向來私家的墳墓固不必說，今之所謂公墓者，若聽其自然，亦將不百年，即患其充斥，火葬非人情之所安，則莫如舉行深葬，地下雖眠有陳死人，仍無礙於地上之居住及耕作，亦無惡於土葬了。杜氏之葬，在季氏西階之下,見於《禮記‧檀弓篇》,可見古人原是爲此的。但深葬非人力所能爲,其技藝問題,又宜由公家代爲解決罷了。葬埋必由公家,又可監督着私家的違禮,亦是一舉兩得之事。

(本文寫於一九四五年)

從章太炎說到康長素梁任公

沈延國先生做了一篇《章太炎先生晚年記》，這使我想起近代的幾個學者來。

所謂學者，在中國這麼大而文化又這麼古的國土此土字相傳讀去聲，近人因寫作度字。裏，每一時代之中，實在都不會少。不過純粹的學者，是不會被大衆所知道的。大衆之所知道，大概是和社會、政治有些關係的，而尤其是變動之際。因爲一般人和純粹的學術，本來是沒有關係的啊！從前的人，嘆息着說："歷史上儒林文苑傳中人，名字誰能記得？然而要在這裏頭挨下一個名字，已經不容易了。"就是爲此，受人注目的學者，論其實，亦是時代使然。必時代在變遷之中，才有議論可發，而且所發的議論，往往是劃時代的，至少是異軍蒼頭特起。這種議論，在這個時代中，亦必有若干人，懷抱着相同的意見，不過或引而未發，或發而未暢，或雖暢發之，而未能發生大影響，以致負盛名而爲大衆注目的，不過一二人，這可見人之聰明才力，相去絕不甚遠，而其成名與否，亦是有幸有不幸了。然以代表時代論，則這少數的人，處於極重要的地位，總是無可懷疑的了。

本此意以立論，則在近代學術史上，佔重要的地位的，可得三人，那便是康長素、梁任公和章太炎，將這三人的事實，加以剖析和評論，頗覺饒有趣味。因爲他們有許多地方，是立於相對的地位，而在時局動蕩之中，代表兩方面的性質的啊！

怎樣說他們是代表了兩方面的性質的呢？原來社會是時時需要

改革的,然其改革卻極不易。所希望的目的,未曾達到,因改革而來的苦痛,倒不知凡幾了,人們當此之際,就要囂然不寧。此時之所當務,乃在考察這件事情,究竟需要改革與否?如其必需改革,則這種痛苦,只是改革方法不善所引起,我們該竭力改革其方法,而改革之事,決不可因之中止,如其不然,則此改革本屬多事,我們竟把它停止就是了。這本是顯而易見之理,我們在日常行動之中,亦總是如是的。苦於社會的體段太大了,其利害複雜而難明。還有一班私利害和公利害相違反的人,不惜創爲歪曲之論。於是手段和目的,牽混爲一。目的本來好的,因其手段的不好,而連帶被攻擊;替目的辯護的人,明知其手段的不好,亦必一并加以辯護;遂至是非淆亂,越說越不清楚了。這種爭辯,最顯而易見的,便是宋朝的新舊黨爭,這不過是一個最顯著的例子,其餘有類於此的,實不知凡幾,不過其事較小,不易受人注意罷了。

在清末,是一個大變動的時代,自然免不了要有這種爭論。人們的性質,大概可分爲兩派:一派感情較重於理性。他們熱情激越,偏見着現狀之壞,及其不可不改革,而不暇計及因此所生的弊竇。其又一派,則理性較重於感情。不肯徒騖其名,而必考察其實際的情況,所以容易反對名不副實的改革。康長素是前一派中人,所以首唱變法之論。而且他的改革是不徒限於政治,而要普及社會的全般的,他可稱爲最大的空想派社會學家,而且具有宗教家的性質,讀他所著的《大同書》,便可見得。梁任公的性質,比康長素要中和些,然亦近於這一派。他自稱是"多血多淚"的人,他所做的文章,理性固極發達,然其能夠感動人,而使嚴幾道稱之爲"任公筆下,殆有魔力",怕其效力還是以感情方面爲大,章太炎的感情,也是極激越的,然和康梁比較起來,則其頭腦要冷靜些。所以在比較上,可以算屬於後一派。他非不主張改革,然在戊戌變法以前,在上海的新黨叫囂浮薄的狀態,卻爲他所看不慣。戊戌黨案中人,雖亦賢不肖不齊,在大體上説來,總還算是君子。然其中有貪戀權勢,欣於人家的奔走、餽贈而不忍去,以致終罹其禍的,他亦不肯寬恕,而援《春秋》責備賢者之義,加以指斥。後來立憲之論,掩襲一世,他又審中西情勢之不同,作《代議然否論》,以明其行之中國,不必能得善果。都可見得他綜核名實的精神。

在戊戌變法以前,所謂變法,還是從中國的舊路上着想的,這自然想借重於君主的權力。所以康長素論變法,總説君主之力,是"雷霆萬鈞",他希望清德宗做俄國的彼得,日本的睦仁。即章太炎主《時務報》筆政時,亦説"變郊號,柴社稷,謂之革命;禮秀民,聚俊才,謂之革政。今之亟務,曰以革政挽革命"。文見《時務報》第十九期,題曰《論學會有大益於黃人亟宜保護》。其上文曰:"居今之世,將欲壅遏民氣,使不得伸,無論其無成績也。幸而勝之,雖不土崩,猶將瓦解,是自退抑吾黃種,而反使白種爲之尸也。雖然,土崩又非百姓之利也。秋霜降者草花落,水搖動者萬物作,故内亂不已,外寇間之。昔者八王相哄,而劉、石逞其志,張、李横行,我朝以成龍興之業。苟有揭竿斬木者,是自戕鬥吾黃種,而反使白種爲之尸也。"其言與後來康、梁所主張革命不如立憲之説殊相近。這不是他在這時候沒有革命性質,不過凡事須有其可能,在當時情勢之下,革命自無從談起,所以他們不期然而然,同走上希望朝廷變法之路罷了。自戊戌政變之後,至庚子拳亂之前,中國士大夫的思想,都還是如此的。這時候,是康長素的保皇黨得勢的時代。在言論界爲其代表的是梁任公所主持的《清議報》,在日本出版,共出了一百期,其議論,全以推翻孝欽後,扶翼德宗,使得政權爲宗旨。然唐才常的起義,事既難成,康長素上書兩廣總督李鴻章,勸其乘拳匪之亂,推翻"牝朝",又不爲其容納。牝朝自沒有如此容易推翻的,德宗的獲握政權,遂成爲無希望;藉君主之力變法,遂成爲此路不通。而此時人民對於外情,亦更熟悉了;所圖改革者,遂不在乎政事而在乎政體。偏重感情和偏重理性的人,就一走上君主立憲,一走上民主革命的路了。

把君主和民主比較,則君主較舊而民主較新,偏於理想的人,似乎該走民主一條路。然把革命和立憲比較,則革命是吾家舊物,而立憲的觀念,則來自西洋,所以康長素就走上君主立憲的路,章太炎就走民主革命的路了。梁任公的性質,是最善變的,當其初受學於康長素之時，長素即以流質相戒。壬寅、癸卯之間，他發行《新民叢報》，其宗旨也變了，從保皇的主張，一變而爲民主革命。然在康長素致書與之辯論之後，不久，他就改爲君主立憲了。這時候，他所主持的《新民叢報》，和章太炎、胡漢民所主持的《民報》，有很激烈的辯論。但他畢竟是善變的，到後來民主革命已成事實，他也就不復置議了，而且說："立憲國的君主，雖無權力，名義上畢竟是一國的元首，使漢人而奉滿人爲君，從民族主義的立場看來，畢竟不甚圓滿，無怪漢人要推翻他。"這已自認從前的主張君主立憲，只是不得已而求其次，並非以此爲滿意的辦法了。康長素則始終抱定一個民主必致亂的見解，欲擁立一君主以救之，竟以此而陷身於復辟之役。梁任公的見解，康長素豈不之知？而他只顧慮實際上的爭亂，不恤漢人的民族主義，因此而陷於不圓滿，他似乎是最注重實際的了，其實，這正見得他的偏於空想。因爲革命而至於亂，只這是法國的事，因民主而引起爭端，這只是南非洲諸國的事，中國與歐、美時異而地亦殊，安知必蹈其覆轍？而他讀了一些外國書，即固執着中國要實行民主革命，勢必亦至於此。不以法國與南美的事，爲其特殊的環境造成，而視凡行民主革命者所必至，這正見其但憑理想，不切實際了。

梁任公的善變，確實是古今所罕見的，他不但從中國流亡到外國會變，就從外國再回到中國來，也還會變。他從主張開明專制，變到主張民主革命，從民主革命，變到主張君主立憲，到辛亥革命軍興以後，他又主張推翻清朝，而擁戴衍聖公做君主了。及民主之局已成，則他又反對袁世凱的帝制，而參與護國軍。他少時亦跟着康長素，主張把孔子抬出來做中國的教主，後來又主張儒家之學，不具宗教性質。他在三十歲時出遊新大陸，美國社會黨去運動他，他說："這離中國的現情太遠了"，笑而謝之，不與之語。到後來，社會主義在中國頗爲流行，他對之亦有相當的瞭解，能參與辯論。人在什麼時候算老，這不能看其頭髮的黑白，飯量的大小，筋力的盛衰的，主要的看其受教育的作用，是否停止。怎樣是受教育的作用停止呢？那就是見了新事物,不再感覺興趣,沒有好奇心去探求它,而昔所未聞之語,有人提示給他,他亦再不能瞭解了。本此義以立論,則梁任公的可塑性,可謂是最大的。於此點,他和其師康長素,可謂適相反,而亦遠非其並時諸賢所能及。俗話説:"做到老,學到老",唯梁任公其庶幾。在其並時諸賢中,唯譚復生的思想最爲瑰奇。然復生的思想,太不切實際,較之康長素更甚。使其不早死,其思想達到某一限度後,怕也是會固定不變的,長素就是一個好榜樣。

然而梁任公的可以佩服之處,倒不在其天分的絶人,而在其侃侃直節,他生平最擁護真理,他最服膺亞里斯多德"吾愛吾師,吾尤愛真理"之言。早年唯康長素的馬首是瞻,後來也不恤與之立異了。他並爲擁護真理之故,不恤以今日之我,與昨日之我挑戰,護前之見,他可謂絲毫没有的,這種光明俊偉的態度,可謂自甲午之後,清議興起以來,五十年中,言論界之所僅見。他雖與人辯論,絶不肯作人身攻擊。人家對他作人身攻擊者卻不少,他從不肯作一次的報復,只是曉示人家以辯論不當如此而已。在這一點上,他的道德,實超過了中國從來的辯論者,而開示人以西洋辯論的美風。惜乎中國現在的言論界,對於這一種良好的模範,又漸漸的遺忘了。他爲擁護真理起見,從不肯作歪曲之論,然又絶無求勝之見,所以到有關大局之處,寧受屈而緘口不言。當他主持《新民叢報》時,和《民報》相辯論。《民報》有一次,把君主立憲不利於滿人之處暢發了,他以爲這個問題,不可再辯論下去了,若硬説於滿人有利,則將流於歪曲,若暢説於滿人不利,則將增加君主立憲的阻力,於是緘口不言了。既不肯歪曲真理,又不妨害大局,這真是言論界的模範。

然而侃侃直節,亦非梁任公所獨具,章太炎、康長素,亦皆有其不可及之處的,太炎以勛章作扇墜;臨總統府之門,大罵袁世凱包藏禍心;七被追捕,三入牢獄,而革命之志,終不屈撓,沈先生文中業經説過了。從來冒犯權貴易,得罪朋友難。因爲權貴雖然是權貴,和我們的關係,其實是疏遠的,朋友就不然了。太炎和康長素一輩人,非無雅故,然因學術上的歧異,即不恤稱長素爲妄人。蔡元培在五四運動時代,是一個很有名的人物,他不但以學問見尊,而且以名節見重,太炎卻說他:"國安則歸爲官吏,國危則去歐洲。"元培是否如此,我不欲推論,然太炎爲取巧立名者戒之意,則可謂至深切了。最提倡甲骨文的人,就是僞造甲骨文的人,他在《國故論衡》之中,亦與以揭發,更使人見得自命亡清忠臣遺老之流,沒有一個人是端人正士。"其本亂而末治者,否矣,其所厚者薄,而其所薄者厚,未之有也。"背叛民族,腼顏事讐之人,其言行豈尚有可信之處? 這真是爲操人倫之鑒者指示方針了。康長素亦是參與復辟之役的,如此說來,似乎說不上直節。然而康長素的參與復辟,和其餘自命忠清之士,實在是大不相同的。他到晚年,神經實在已有變態了。當民國十五、六年間,他曾在上海講學,他對聽講的人,大談其他世界,及其自己與他世界的交涉。他這些話,不是騙人的。依據心理學家、宗教學家、社會學家的研究,從古以來,神巫、聖僧等,所謂若有所見,在他自己,亦自確有所見的。既如此,無怪其和現實世界隔膜了。當梁任公遊說段祺瑞參加歐戰之時,康長素竭力反對。反對固無不可,然他所持的理由,全不知道是些什麼話。可見他這時候對於現實,已毫無所知,他的參與復辟,亦只是和現實世界隔膜太甚而已,乃是病理問題,而非人格問題。從古以來,英雄豪傑,晚節不終的很多,怕和這一個問題,都大有關係。因爲這許多人的失敗,固然有外來的原因,和他本人不相干,然亦確有由於本人措置失當的。爲什麼早年是英雄豪傑,到晚年,其所行者,會全與現實相背呢? 這或者由於生理上的關係。依我看來,這種人感情的作用極強,而理性的發達較欠,兩者不能成爲一個平衡。當其早年,感覺銳敏,能夠和外界相協調,當這時候,迫之以旺盛的感情,出之以堅強的意志,所以能做一番事業。及其晚年,則漸與現實隔絕,遂至不能適應環境,終致招來失敗了。這亦是歷史上一個很可研究的問題。

在言論界中,能夠擁護真理的,梁任公以外,還有一個嚴幾道。

嚴幾道學問的規模，比康長素、梁啓超、章太炎都小。然其頭腦確是很冷靜的，其思想亦極深刻。他不是單憑理想，不顧事實的人，所以他在政見上，可説和章太炎屬於一派。他的政見，表示得最深切的，在其與熊純如諸書札中，具見於柳翼謀等所主持的《學衡雜志》。他斷乎不肯附和他人。對於徒憑感情，不察實際之論，他最不以爲然。當時有一派人，擔憂西學輸入，中學將亡，力持保存國粹之論，他最爲反對。他知道無論古今中外，學問的實質，總是一樣的，學問無所謂國界，所以西學輸入，中學只有相得而益彰。在這一點上，他在並時諸賢中，所見最爲深切。無怪以梁任公的疏通知遠，在他看起來，還嫌其感情用事了。他的固執己見，力與流行之論爲敵，第一次見之於我國因華工問題抵制美貨之時。英國的東印度公司，以一商業組織，而能征服印度，替國家拓地萬里，自常人觀之，可謂豐功偉烈，然斯密亞丹仍加以譏評，他於此點，最深佩服，説學者的態度，應該如此，於其所譯《原富》識語之中，三致意焉，可以見其論事論學所持的態度了。

倘將清末士大夫和宋朝相比，則康長素最像王安石。他的性質，可謂極執拗，其偉大在此，其不能盡善亦在此。倘戊戌變法竟能有成，其成績大概也和王安石的新法相髣髴的。梁任公最像蘇東坡。他是個冰雪聰明的人，對於人情世故，見得極其通透，早年的議論，還未能絶去作用，到晚年，新更趨於平實了，然亦只是坐而言不是起而行的人。他在宣統年間主持《國風報》時，還説："吾若能履中國之土，自信必於中國有所裨益。"又説："除卻國務總理以外，終身誓不做一官。"他在這時候，看得事情還容易。然到後來，就除卻國務總理也做了。這已可謂屈於小就。然他還勸人家，不必多發議論，這是無益的。他説："我辦了這許多報館，然一入政界之後，就什麽報都沒有功夫看了。"他到這時候，才知道實行理想之難了。所以到後來，除贊助蔡諤護國，遊説段祺瑞參戰，曾一居參謀之職外，其餘就什麽官都不做，而寧以講學遣其殘生。章太炎自然就更不能做實務了。所以他除了民國初年，一出而任東北籌邊之職，旋即告歸外，亦終身未居官職。對付人和處置事，本係兩件事，即計劃對付人，和實踐對付人，也不是一件事。康長素、梁任公、章太炎都是長於計劃，短於任事的，這是他們不脫學者本色處。這不能看作他們的短處。運籌帷幄與決勝疆場，不能併爲一談，此仍分工之道，軍事如此，政治亦何獨不然？貴實行而賤謀劃，只是簡單的社會中淺薄之見罷了。章太炎和嚴幾道，如把宋代的人相比，可以比作范純仁。他雖是講究實際，反對徒騖其名的人，然對於法之不可不變，新法雖受人攻擊，然其中自有長處，而舊法亦非無弊，不可因循，亦是知道得很深切的。他固不能算作新黨，並不能算作舊黨，實當算作新舊兩黨間的折衷派，這雖蘇東坡亦是如此，不過向來歷史上沒有這折衷派的名目罷了。我們若將事實詳加研究，亦未始不可作此新分類的。這也和章太炎、嚴幾道在近代士大夫新舊派間所佔的位置很相像。

　　成敗不足以論英雄，因爲事之成否，多半決之於外來的因素，而一個人的主張，則是原於其所處的地位。任何一個人，其所主張，總代表着社會上一方面的需要，即使其人失敗，其所主張亦決不會全然廢棄，不過事不成於其手，通常的議論，就不以爲是其人的成功罷了。本此義以論康、梁、章，則章太炎民族革命之論，可謂成功，康長素、梁啟超、君主立憲派之論，可謂失敗。然章太炎的成功亦只限於民族革命而已，其餘的主張，可謂都未實現。在近代的政治史上，可以算作成功的，大約是孫中山先生。中山先生固然是實行的政治家，然亦可以算是一個學者，所以在此處也不妨相提並論。中山先生的學問，和康、梁、章都不同。康、梁、章的學問，都是從士大夫階級產生的，孫中山的民族主義，則實從太平天國的餘波迤演而來，可謂出自平民階級。康、梁、章的改革手段，都以中國的舊見解爲基本的，雖然康長素變法之見，多得之於國外的觀感。孫中山的民權、民生兩主義，則其見解，都是植基於外國學問上的，雖然到後來亦將其和中國舊說相貫通。然則士大夫階級的改革路綫失敗，而起於草野者卒成；從中國的舊觀點出發的手段失敗，而順應世界大勢者卒成，我們可以說："這可以觇世變了。"

以上論康、梁、章的話,都關涉到他們的政治生活,純粹的學術方面,還未曾論及。他們既都是學者,這一方面,自然不能置諸不論。而且他們的政治方面,亦都是和學術有關係的,則其學術方面,更不能置諸不論。

說到這三位先生的學術,其首先當提及的,還在經學方面。因爲清朝是考據之學盛行的時代。考據之學,中心在於經學,所以這一時代的學者,其學術,往往是以此爲中心,而延及於別一方面的。經學中有今古文兩派,康、梁是主張今學的,章太炎是主張古學的,這是人人之所知。康長素其實算不得經學家,他不過以意立說,而以經說爲之佐證,如陸子靜所謂"六經皆我注脚"而已。他有名的著作,是《孔子改制考》、《新學僞經考》。都不是他自己所作,他不過發凡起例,其材料的收集、排比,實皆其門弟子所爲,其元刻本,每卷之末,尚都附有這些人的名字,這兩部書,影響於學術界頗大,然站在經學的立場上說,則其書實在是無足取的。因爲古來的史事,傳者本不翔實,古人主客觀觀念,又不甚分明,所以其書中叙述史事,往往以意爲之。自己的理想,固然和前代的事實,夾雜不分,即前人的理想,以及前代的法令等,亦多與其時的事實,混合爲一。如康長素所云"古人爲實行其理想,怕其無徵不信,乃硬說前人是如此"者,固不免於或有,然恐實居少數。其大多數例是出於別種原因的。近人楊寬正云:"古事之不實,由於無意傳僞者多,由於有意造作者少",可謂一語破的。古事如此,古書亦然,《左傳》是否《春秋》之傳,《詩序》是否詩人本意,這兩個問題,我至今抱着否定的意見。然謂作《左傳》者,有意造作一書,以破壞《公羊》,作《詩序》者,有意造作三百十一篇之序,以反對魯、齊、韓三家,則實在並無其事。大概當時有種喜歡讀古書的人,見古書有部分材料,和《詩》與《春秋》相發明,乃取來撰成《詩序》,編成《左傳》,自立一家學說。這種著作,而且非一人所成,還經過多人的賡續修改。到後來,雖然此等學說,亦被人家造作一大串名字,說其出於某人某人，然這怕不是初期的事。當其初期，則從事於此者，不過自著其所得而已。假使問作《詩序》者："此序是否你根據古書所作？"問作《左傳》者："這部書是否你排次舊籍而成？"怕他們都會直認不諱。因爲這本無所謂作僞，所謂作僞，乃是其造作一大段傳授源流之後，罪名才能成立。而其贓證，還要到《經典釋文叙錄》裏，才算完全，在《漢書・藝文志》裏，還很不完備。所以康有爲所云："古事非真相，乃由先秦諸子有意所托，經說今古歧異，乃由劉歆等輩有意造成。"根本無此事實。長素之學，偏於經世致用，其門下本無考據專家，即梁任公亦然。任公之頗講考據，乃在《新民叢報》時代以後，其早年之講經學，不過隨其師之後塵，借經說以伸己見，即其中年後的文字，引徵經文、經說雖多，亦不過取材於經，以講古史，並不能謂之經學。章太炎確是經生。他生平學問，當以小學爲第一，這本是治經之本。他於解釋經文，是正經字，鉤考經說同異，辨章經學宗派，均有特長。主張古學則亦失之太過。他主張古學的意見，大定於戊戌前後。在《時務報》中的論說，尚引《齊詩》五際之説，雖或爲行文瑰奇起見，不必學問宗旨所在，然其未深絕緯候之説可知。亦見《論學會有大益於黃人亟宜保護》篇中，原文曰："吾聞《齊詩》五際之説曰：午亥之際爲革命，卯酉之際爲革政，神在天門，出入候聽。是其爲言也，豈特如翼奉、郎顗所推，係一國一姓之興亡而已。大地動搖，全球播覆，內閧中國，覃及鬼方，於是乎應之。方今百年之際，其殆與之符合也哉？"《齊詩》荒怪之説，太炎此時亦未必信之，引之蓋增加文字之色采而已。然其上文言："春秋至太平之世，周陸無表，不殊内外。黃池之會，夫差稱吳子。是故整齊風俗，範圍不過。若是曰大一統，益損政令，九變復貫，若是曰通三統。"亦公羊家言。又此篇欲以學會張孔教，以與景教、天方教敵，其意見，亦於是時之康、梁爲近。至己亥冬，《亞東時報》載其說經之文，深辨井研廖氏之説，則其旗幟漸趨鮮明。然其排斥今學，尚不如後來之激烈，可知其宗旨尚在初定。《亞東時報》乃戊戌政變後日本人在上海所出之雜志，以反對孝欽後及當時之守舊黨徒爲宗旨。此文題曰《今古文辨義》，署名爲"菿漢閣主"，讀其文，即可知其爲太炎之作也。載該報第十八期，出版於己亥十一月二十三日。漢朝今古學的爭辯，其是非非一言可定。概括言之，則(一)爲傳授源流問題。此在古學，較諸今學，彌不可信。今學所言傳授源流，固非一無傳僞，一無假托，然以大體言，其學固傳之自古，觀其同一學派，遺説存者，率皆重規叠矩，如出一口可知。古文則各以意説，賈既不同於馬，服又大異於鄭，安得謂其同一師承？如此，則謂其説本出孔門，寧非子虛烏有？（二）爲研究方法問題。此當以古學爲優，今學的重規叠矩，不過能作留聲機器，其能以意發揮，如《韓詩》之有"外傳"者甚少。其好以新奇立異者，則又牽引纖緯，如涂涂附。古文家於此，則迷信的色彩較淡，且能博徵典籍，互相鈎考，各抒心得，不襲前人。雖其立説不必皆是，然以研究方法而論，循此自是正路。（三）爲經説優劣問題。此則仍以今學爲優。古學家研究的方法雖正，然其成績，仍未能突過前人，而且不逮。則（A）因其時間的短促。（B）且當時承學者雖多，真能從事於研究者極少。（C）又其時的人，不重思想，而喜講考證。考證而無思想爲之指導，則其所致力的問題，多無價值，其所主張的結論，亦難正確，倒不如毫不用心，徒循誦前人成説者，其研究方法，雖不足取，而其所循誦之説，仍可寶貴，試觀經學中深醇瑰異之義，多出今學，古學幾於無有可知。此三點乃總撮大凡，若欲詳盡説明，則非有數十百萬言不可。我初非能爲此之人，然我自信此等鳥瞰的見解，決不至於大謬。總而言之，要做一部正確的經學史，使古代學術史的一部分，焕然大明，非真有現代科學家的頭腦，運用精密的方法，不能勝任愉快。章太炎的思想，可謂極深刻，亦有極精密處，然要運用現代的科學方法，則尚嫌不夠。所以其主張古學之説，亦不過是向來經學家中一個門户之見而已。

經學，以考據言，是一個煩瑣的學問，近來的人，能從事於此者日少。以經世言，則已爲無用之學，肯用心於此者亦日少。所以康長素和章太炎，雖然都講經學，而其影響於後來，轉以史學爲大。古史的不確實，這在今日，是人人會説的，而説起這話來，往往引起"托古改制"四個字。其實他們所謂托古改制，多非康長素的本意。康長素所謂托古改制，乃説古人因欲改制，所以托古，是一種有意識的僞造。

後人所謂托古改制，則把無意的傳譌、附會等，一并加入其中，其範圍就推廣得多了。這不過是一個古不如今的進步觀念，就是沒有康長素托古改制之說，也是要興起的，或者還可以正確些。所以把打破崇古觀念之功，歸之於康長素，只是一個不虞之譽。而章太炎在史學立場上，竭力反對康長素，罵他是妄人，也是冤枉的。講起古史的材料來，實當分爲廣義、狹義。廣義的材料，凡是神話、傳說等荒唐之言，都該包括進去的。狹義的材料，則當以史官所記，和士大夫所傳，所謂雅馴之言爲限。論確實性，後者自然要大些，然亦只是五十步之於百步而已。如近人所說，以禹爲古代的一個動物，並無其人，這固然近於怪誕。然其發明《禹貢》不但非禹時書，所述的並非禹時事，乃後人據其時的疆域附會，則不可謂非一大發明。所以狹義的材料，也是要用種種的新方法，去剝落其中不可信的部分的。而廣義的材料，其中也有許多很寶貴的，有待於搜求洗煉。章太炎於此，不甚瞭解，他認爲根據神話、傳說，而否認古代史官所記，或士大夫之所傳，就是把中國古代的歷史抹殺了，把中國古代歷史抹殺，就是把中國古代的文化抹殺了，所以竭力反對這一派議論。他又認爲這一派議論，是淵源於康長素，所以罵他爲妄人。其實，近來研究史學的人，雖然喜引用荒唐的神話、傳說等，亦未嘗把史官所記，士大夫所傳，一筆抹殺；而其所謂疑古者，亦和康長素無甚關係。在這一點上，太炎並沒有認清楚最近史學界上的事實，而其見解，亦和現在新史學不合。

　　康、梁、章三位先生，對於史學上的功績，並不在於考據上。康長素本來不是講考據的人。梁任公、章太炎，都是有一些考據的著作的。任公最爲有名，然其所長實在通識方面，考據並無甚稀奇。章太炎是有一部分精確的見解的，然亦不過單辭碎義而已。這三位先生在史學上的功績，倒還在經世致用方面。梁任公最能以新學理解舊史實，引舊史實證明新學理。這對於讀者，影響最大。康長素的《官制議》、《歐洲十一國遊記》，章太炎發揮法治之說，如論古代監察制度之類，都能陳古以鑒今，對於時論，有很大針砭作用。惜乎近來講舊學的人，經世致用的精神太少，講社會科學的又多不讀舊書，偶爾掃扯，浮淺無謂；對於三位先生史學的精神，能繼承者絕少。史學家的正統，自然是不講致用的，然論三位先生史學上的功績，則實在於此。仰慕三位先生的史學，而忽畧了這一方面，就未免買櫝還珠了。

　　說到先秦諸子之學，晚近講經學的人，沒有不兼通的。這在純考據家，亦不過取其訓詁、名物，互相印證而已。在思想較瑰奇的人，則亦不能於其義理方面，有所發明。康長素是不講考據的，其托古改制的思想系統之中，卻亦兼苞諸子之學在內，但於諸子之學的本身，則無甚發明。梁任公在這一方面，用力頗勤，尤其是墨學，次則法家之學，其長處，亦在能闡明其思想和功用。章太炎則於考證解釋之上，兼有特長，這因爲他本是考據專家啊！先秦諸子而外，和中國的思想界大有關係的，又有兩種學術：一爲佛學，爲宋代的理學。三位先生，在佛學上都有相當的造詣。我於佛學是外行，不敢妄加評論。但我有一種意見。我覺得佛家在昔日，是一種最進步的宗教，而在現今，則將成爲最落後的宗教。這話說起來太長了，在此處不能陳述。但若假定我這意見是正確的，則三位先生的佛學方面，對於將來，怕都不會有什麼影響。佛學中治心的一方面，自然是有其很大的價值的，然其精華，在中國，已被理學攝取了，而且還能除去一部分佛學因宗教而來的渣滓。所以在中國，欲求治心之自己受用及其對治事方面的良好影響，與其求之於佛學，不如求之於理學。於此點，康、梁兩先生，都給我們以很大的啓發。梁先生有專著《德育鑒》，此外在其《新民叢報》時代的著述中，康先生的《不忍雜志》中，都有許多暮鼓晨鐘、發人深省的議論。讀者若不厭陳舊，求得而讀之，很可以爲引入理學，尤其是理學中最進步的一派即陽明之學的階梯。這種著作，原無所謂新與舊的。

　　最後說到文學，這三位先生，亦可以說是近代文學史上最偉大的人物。文學是有其時代性的，必能以向來文學界上認爲最雅馴的語言，表達出現代的思想來，才能算真正的大文學家。若這兩條件而缺其一，則總還算不得十分偉大。在這標準之下立論，則康長素、章太炎，可以算作近代最偉大的文學家，梁任公就差一些，因爲他在雅馴方面欠一些了。不過他的文字，是另成一種新氣體的。在將來，這種文字體勢，或將盛行，則他有開山之功，其本身雖不盡純，而其開創之功，自不可沒。這是將來的事，我們現在無從預知。所以梁任公在文學史上的位置，究竟如何，只可俟新發展的事實來解答。此外若嚴幾道，其文字可謂是力求雅馴的，然其"氣體乃比於八股"，這是章太炎在《華國雜志》裏批評他的話，這話是不錯的。文章當以氣體爲主，氣體而不足取，便根本不能算作文學。所以嚴幾道至多在翻譯文字中，可以算得一個別派，其自己所做的文字，是無足取的。若劉申叔、黃季剛等，其文字非不雅馴，其氣體亦自較嚴氏爲勝，然其思想本極有限，平庸膚淺的思想，求其文字的雅馴，本來是不難的。把他們的文字和太炎比較，便顯然可見了。以雅馴論，太炎在近代的文學家中，可稱第一，但其才力，則遠不如康長素的偉大。康長素代表着陽剛之美，章太炎則代表陰柔之美，在文學家中，陽剛之美，較諸陰柔之美，實覺物稀爲貴，這因爲文字的本身，偏於女性之故。康、章二人的才力大小，將其詩比較之，尤爲易見。所以論現代的文學家，當以康長素爲第一，而章太炎次之。

人的性質，不外乎狂狷兩種，即心理學上所謂內向性與外向性。以康、梁、章三位先生而論，則康先生是外向性的，章先生是內向性的，而梁先生介乎兩者之間，論學問，論事功，都係如此。

批評現代人物是最難的，尤其是直接、間接，都有雅故的人。章先生有一句話，我最佩服。他說："與通人居，決不如與學究居之樂。"我並不願和學究居，然見得所謂通人，我更避之若浼。我生平，不但不聽見什麼地方有通人，而輾轉托人介紹，或者自己冒昧去求見；人家要介紹我去見通人，我亦恒笑而謝之。有時亦偶與通人相遇，則寒暄而已。關涉道德、事功、學問、文章之語，一概不談。我非不知所謂通人者，自有其長處，然我有一個偏見，我以爲親炙某種人物，對於道德、事功,很有裨益的,因爲這不是紙上的事,能與之居,或見其人,其獲益自較讀其書爲大。若學問則一部十七史,從何説起,精深之理,繁複之事,豈能得之於立談之間?若文章之妙,則可以意會,不可以言傳,更與見面不見面無關了。我本太炎所云"陬生鄙儒"之流,"隨意鈔撮",不過"聊以自娱",對於學問文章,都無卓然自立之願。事功自審非性之所近,生平更未嘗有志焉,道德亦自愧未能立意進修。所以見通人,輒自遠,倒因此而四面八方,都無雅故,説述評論,可以較爲自由,這在近代的操觚之家,怕能如我者甚少,這倒足以自喜的,可惜我學問謭陋,所説述評論的,都無甚價值而已。

然我和這三位先生,雖無雅故,而讀其書,想見其爲人,受其牖啓之處實不少。而尤其是康、梁兩位先生,這或者因我在理性方面,最於梁先生爲近,而在感情方面,我也是一個空想的大同主義者罷?現在的學者中,我覺得錢賓四先生氣象頗有可觀;唯覺他太重視了政治方面,而於社會方面畸輕,規模微嫌狹隘而已。他最喜歡用"像樣"兩字,評論政治,評論人物亦如此。他有一次在光華大學的談話會上,曾説:"康長素、梁任公、章太炎不必論。就嚴幾道也還像個樣子。"以康、梁、章三先生相提并論,而次及於嚴先生,在人論之鑒上,是不錯的。真正的學者,乃是社會的,國家的,乃至全人類的寶物,而亦即是其祥瑞。我願世之有志於學問者,勉爲真正的學者。如何則可爲真正的學者?絶去名利之念而已。顯以爲名者,或陰以爲利;即不然,而名亦是一種利;所以簡言之,還只是一個利字。不誠無物;種瓜不會得豆,種豆不會得瓜;自利,從來未聞成爲一種學問。志在自利,就是志於非學,志於非學,而欲成爲學者,豈非種瓜而欲得豆,種豆而欲得瓜?不誠安得有物?然則學問欲求有成,亦在嚴義利之辨而已。欲明義利之辨,則這三位先生,就是一個絶好的模範,雖其人已往,然讀其書,仍可想見其爲人,是在學者之能自得師而已。

(原刊《月刊》第三期,一九四六年一月出版)

中國文化診斷一說

在《觀察雜志》中，讀到梁漱溟先生的《豫告選災追論憲政》，及張東蓀先生的《我亦追論憲政兼及文化的診斷》兩文，頗使予有所感動。的確，梁先生所說："所行之事，與民族固有精神相背"，是"數十年來禍亂之原"。而張先生採取費孝通先生之說，將中國政治，分爲上下兩截，而名之曰甲橛乙橛；又將人類的文明，分爲三期，云第一期爲元始共産，亦即元始民主，入第二期乃見破壞；中國文化的特色，在於保留第一期的文明較多，而乙橛即其殘留，其對於歷史的看法，亦可謂之深刻有獨見的了。今謹就二家之說，爲之補充，並加商榷如下：

張先生前此之文明可分爲一二兩期之說，實爲古人久有之主張。孔子作《春秋》，張三世：一曰亂世，二曰升世平，三曰太平世。此與《禮運》所載大同小康之說，實如駢蛋相依。蓋孔子觀於行事，認最古之時爲最好，而名之曰大同，降焉則小壞，名之爲小康，更降焉則更壞，就入於亂世了。其治天下，乃欲舉亂世之局，逆挽之而還於小康，是曰升平，更進而還於大同，則爲太平。此蓋孔子之政治主張，根於其史觀而來。然不但孔子，先秦諸子的史觀及其政治主張，幾於無不如此，不過如法家等但論當前急務者，於此等高義，不甚及之而已。然亦非絕無。諸子百家所慨慕的皇古，蓋無一非張先生所云之元始共産元始民主，然則張先生對於歷史的看法，實爲自古相傳而又極普遍的看法，張先生不過使之復活而已。此可見此種思想在中國根柢的深厚也。

第一期文明，爲什麼會被破壞而入於第二期呢？這可謂今日病根的來源，我們對於他必須弄個明白，於今日的病狀，才算診斷得清楚。關於此，我以爲古代的文明，是導源於一種從捕魚進化到農耕的民族的，而到後來，爲從田獵進化到畜牧的民族所破壞。這只要看古代，"國君無故不殺牛，大夫無故不殺羊，士無故不殺犬豕"，《曲禮》。所吃的全是從獵牧得來的食品，而庶人則以穀與魚鱉爲常食，《孟子·梁惠王上》。案可參看《詩·無羊》《疏》。實係從漁農得來可知。漁農之族，遂初當係湖居，所以古代的明堂，四面環之以水，明堂分爲九室，即《鄒衍大九州說》，刊於《吕思勉讀史札記》（上），上海古籍出版社，2005年12月版。與民居的聚落分爲九組，而稱之爲九州；最初所謂九州如此，予別有考。井田之法，以一方里之地，畫爲九區，同一根原。可見古代農耕之民，確係從捕魚之民進化。明堂庶政之總彙，又爲宗教之府，讀惠定宇《明堂大道錄》可見。又可見古代的文明，確係從漁農民族中發生，至獵牧民族，就異於是了。凡游牧部族，率好侵暴，然侵暴的力量，至斯而大，以其族落較田獵之民爲大，而且營養佳良體格强壯。其好侵暴之性質，及其戰鬥之技術，則實自田獵時代相沿而來。獵人必居山林，所以到後來，還恃此以爲固。古代的都城，稱之爲國，國必依山險之地，孟子言，"域民不以封疆之界，固國不以山溪之險"，可見民居之地，惟有人造之封疆，國之所在，則必有自然之阻也。國中行畦田，國外行井田。即其明證。地面不平之處，其田謂之畦田，畦田無公私之分，不行助法而行徹法。故孟子告滕文公："請野九一而助，國中什一使自賦。"此可見獵牧之族，將漁農之族征服，擇中央山險之地，築城而居，而使被征服之族，居於四面平夷之地，爲之納稅服役了。此時之階級，可考見者，爲國人與野人。《周官》有大詢於衆庶之法，一曰詢國危，二曰詢國遷，三曰詢立君，所詢者皆係國人；周厲王使衛巫監謗，史稱"國人莫敢言，道路以目"，三年乃相與畔襲王；可見參與政治及激起反抗者，均係國人。若野人，則"逝將去汝，適彼樂土"，君行仁政，則襁負而歸之，行暴政，則在可能範圍之内逃亡而已。此蓋在政治上最早用武力造成之階級。兩階級之間，其初當有甚嚴的界限，甚深的讐恨。然在書傳上,所可見者,亦不過如上所述的遺跡而已。國人如何虐待野人,野人如何飲恨吞聲,或起而反抗之事,皆無可考見。蓋由年深月久,從前鬥爭之事,漸已淡忘,居地漸次混淆,野無限而國有限,野人即不移居於國,國人必不能不移居於野。經濟既互有關係,婚姻亦因之相通之故,然國人與野人之界限雖漸泯,而同是國人之中,執掌政權者與不執政權者之間,地位相去顧日遠。此如滿清初入關時,旗人與漢人之間,界限較爲嚴峻,久之則滿人中之親貴及宦達者,自成一級,與尋常之旗人,相去日遠,而尋常之旗人顧與漢人等夷矣。此時期階級之變化推想當如下圖:

$$
\text{古代階級}\begin{cases}\text{征服者}\begin{cases}\text{執政權者——貴族}\\ \text{不執政權者—國人——平民}\end{cases}\\ \text{被征服者}\begin{cases}\text{降伏者——野人——農奴}\\ \text{俘虜——奴隸——賤族}\end{cases}\end{cases}\text{平民}
$$

最初的時期,所謂野人者,當不得與於平民之列,然到後來,則與國人合同而化了,於是深刻的界限,不存於征服者與被征服者之間,而轉存於執政權者與不執政權者之間,是爲階級制度之一變。當此之時,貴族爲剝削者,平民爲被剝削者,其剝削之法,則依封建政權以行之。封建之制,使族中之一部人,移居於外,而與其本族之間,仍保有主從的關係,此在法律上,天子之與諸侯,諸侯之與大夫,大夫而更以其地分封其下,其關係本無不同。惟在政治上,因交通便否,風俗同異等,一個宗主之國,對於其分出之支派,能否加以控制,自有其一定之界限,此界限之所至,可以稱之曰"邦域","邦域"二字,見《論語·季氏篇》,季氏將伐顓臾章。在一邦域之內,宗主對於其所分封者控制之力較強,即內政亦須聽其命令,此即《王制》所謂"內諸侯"。在邦域之外,則力所不及,事亦不便,一切聽其自主,彼此之關係,止於按時朝聘,及會盟征伐等,須聽從命令而已。此即所謂"外諸侯"。外諸侯固自成一國,即內諸侯,其受干涉之程度,亦必甚淺,故此時能虐民者極多;更加之以國與國、家與家,國與家之間之日尋干戈;人民遂日處於水深火熱之中了。此時之所渴望者，在邦域之中，則爲有一英明之大君，能廢其世襲之臣，而代之以任免由己之官僚，此即改封建爲郡縣，東周以降，列國內部，蓋皆在逐漸進行之中。其事或用兵力，或否，至於邦域之外，則非用兵力不可。此即所謂滅國，列國之間，亦在逐漸進行，至秦始皇而後大成。至此，則普遍的封君，皆代之以官僚矣。凡一階級當其初興之時，其利害恆與大多數人相一致，及其得志之後，則又處於對立之地位，此爲無可如何之事。所謂官僚，其初蓋即遊士，在封建政體未廢除之前，他們的利害，實上與英明之國君，下與困苦之人民相一致，及其既廢除之後，則他們又代居其位，而其利害，和人民相反了。所謂官僚階級等，剖析之當如下頁圖。任何一階級中，都有好人，所謂好人，即後私利而先公益之謂，然此等人不代表其階級的性質，以階級的性質論，則義務必求其盡得最少，權利必求其享得最多。經濟學上的最少勞費獲最大效果之原則。然則官僚階層，苟可虐民，必將無所不至。以封建時代邦域之小，爲國君者，尚不能監察其下，何況一統以後之幅員萬里呢？爲人民者，不將更處於水深火熱之中歟？於此，便見得郡縣制度優於封建之點。蓋封建之制，封君在其境內，施政以自由爲原則，非行極惡之政，不致招受干涉，且其干涉，總在暴政亟行，業經召亂之後，實已無及於事。郡縣制度則不然，以奉行中央政府之法令爲原則，非中央法令許其辦理之事，彼皆不能擅自興作。彼欲剝削人民，必須有所藉口，所以在這時代，安民的妙訣，莫如束手一事不爲。中國歷代，行放任政策，總可以得一時期的苟安，行干涉政策，則必致弊餘於利，其根原實在於此。凡兩階級之對立，以一時論，其利害若相反，以永久論，則其利害仍相依。因爲被剝削階級而滅亡，剝削者亦即無所取材了。專制政體下的官吏，欲壑已滿，都可以奉身而退，獨天子則入於其中而不得去，倘使人民受不住壓迫，出而反抗，此即等於被剝削階級的滅亡，此時惟天子獨承其敝；故專制時代之君主，其地位極爲微妙，他一方面亦係剝削者，要靠着一羣官僚，以遂行其剝削；一方面又必保護人民，使官僚之剝削，不能超過一定的限度，方能自保其優越之地位。苟非極昏愚之人，未有願殺雞取卵者，所以君主的作用，實能在官僚與人民之間，保持其平衡。張先生説：君主是個壞東西，然在統一上有其需要，所以昔人不欲去之，其實即已統一之後，君主仍自有其需要，數千年來，中國的政治家，都不想推翻君主者以此。

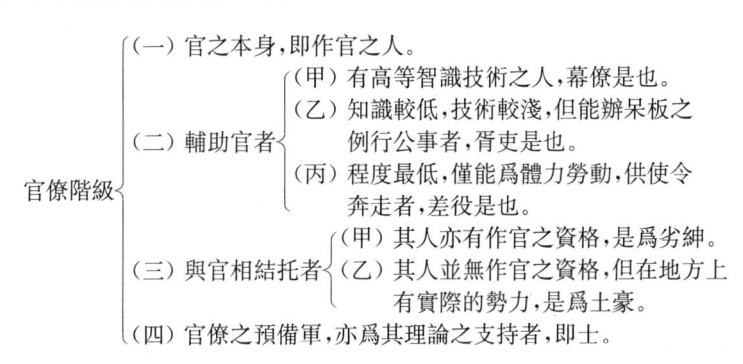

官僚階級
- （一）官之本身，即作官之人。
- （二）輔助官者
  - （甲）有高等智識技術之人，幕僚是也。
  - （乙）知識較低，技術較淺，但能辦呆板之例行公事者，胥吏是也。
  - （丙）程度最低，僅能爲體力勞動，供使令奔走者，差役是也。
- （三）與官相結托者
  - （甲）其人亦有作官之資格，是爲劣紳。
  - （乙）其人並無作官之資格，但在地方上有實際的勢力，是爲土豪。
- （四）官僚之預備軍，亦爲其理論之支持者，即士。

倘使人民而能夠自衛，原無取於爲取卵而護雞的君主，然而人民終不能自衛。這亦有故。人羣的性質，是不能不因其環境之異，而走向不同的道路的，而其大別，則爲斯賓塞氏所云殖產之羣與尚武之羣。自張先生所云之第一期文明轉入第二期之後，殖產之羣，久已爲尚武之羣所壓倒了。周大王遷岐，是衆所習知之事。《史記》記此事，云大王率其私屬而去豳，此"私屬"即周人之部族，乃一好戰之部族。至其留下來的，即大王屬其耆老而告之者，則爲土著的殖產之羣。周人與狄人，勢不兩立，土著的民族，則從周從狄，並無所謂，所以大王説："二三子何患乎無君。"自統一以前，各國之互相爭鬥，實皆此等好戰之部族爲之，並非各地方善良的人民，欲相爭鬥也。如晉人與楚人戰，乃姬姓的好戰部族與羋姓的好戰部族戰，並非今山西地方的人民要和今湖北地方的人民戰。統一之後，此等好戰的部族，悉皆毀滅，然乙橛並未能抬頭，每隔數十年或數百年，政治上須要除舊佈新之際，起而獲得政權者，仍必爲一羣憑恃武力的人。這其情形是如此的：中國人的職業，大別爲士農工商，四者之中，農人實居多數；而且士與工商，對於虐政，抵抗逃避的方法都較多，惟農民則一無躲閃；所以當暴政亟行之際，起而反抗者，必係農民。惟農民之所求者，安居樂業而已，其所認爲加以迫害者，則地方上之惡政而已。惡政實係來自中央，並非農民所知。農民久已脫離政治，謂一地方的政治。更未嘗參與過全國性的大政權，所以其所想推翻者至於地方政權而止，亦且只知道破壞，而不知道建設，更無論全國的總政權了。雖當喪亂之際，各地方的農民，可以同時并起，然仍不能匯流爲一。至於動亂的範圍，超過了一地方的界限，則必已有別種因素加入，非復純粹的農民起義了。此等因素惟何？其最要者，即古代所謂豪傑，近代所謂江湖上人。此等人本有結合，且其活動的範圍較廣，所以能建設較大的政權。然此種人的本身，實無紀律；江湖上之紀律，不足以語於政治上之紀律。且其志願，止於"大碗吃酒，大塊吃肉，論秤分金銀，換套穿衣服"；所以得志之後，往往耽於逸樂，不注意於組織；即或有所組織，亦必幼稚不堪，背乎社會之趨勢而不可行。太平天國之已事，即其一例，故其事終無所成，而徒爲真主驅除。所謂真主，則係此等人中，志願較大，能力較強，知識較高，而能建立一種較適宜的秩序的人。當其建設之際，大抵與士人合作，士人係守舊的，所定出來的方案，多係根據書本，所以破壞之後，更求建設，仍必走回老路，此爲中國政治，陳陳相因的原因。乙橛是"自足的"，張先生語。並不靠甲橛的輔助，迫害既去之後，可以鑿井而飲，耕田而食，亦即理亂不知，黜陟不聞了。此爲"類似革命之事，雖然數見不鮮，而民間從不作參與政治的要求"的原因，梁先生語。至於乙橛的文化，則但在一種極可憐的狀態下保存。其保存之道奈何？梁先生說：古代的鄉舉里選與今日之選舉，同名而異實，這是不對的。鄉舉里選，溯其原，正和今日的選舉是一回事，特其年代較早，完整的時代，早成過去，見於書傳的，都是其變形的標本罷了。這話怎樣說呢？案鄉舉里選之制，見於《周官》，其制：凡比長、閭胥、族師、黨正、州長、鄉大夫，皆當考察其人民之才德，三年大比，即查軋人口及軍用品之際，則舉出其賢者能者，而獻其名册於王。王受此名册之後，蓋即任其人爲比閭族黨州鄉之長，所以說："使民興賢，人使治之，使民興能，出使長之。"緬想此制，最初必係衆所公舉者，即徑任其職，此即官吏皆由民選。當時地方自治之職，即係官吏，地方公益人民互助之事以外，亦別無政治。到後來，甲橛乙橛，既已分張，乙橛自治的組織，甲橛亦要借作行政基層，不能置諸不問，於是乙橛選舉出來的人，又必經過甲橛的任命，乃能就職了。然其干涉，亦不過至此而止，因爲過此限度，不徒不必，亦或不能，而且不和也。張先生所稱乙橛的文化，實借此等機構保存。然此等機構雖未至於滅亡，究不免日趨衰敝。這又是什麼原故呢？（一）乙橛中之狡黠者，依附甲橛中人，以剝削其同類。（二）甲橛對於乙橛的要求，都以此等人爲對象。所以此等機構，日形衰敝，而又惡化。然無論地方公益，中央政治，一切實事，都係此階層所辦。甲橛的政治，向來不能達此階層，此其所以紙面上有，實際則無，組織如此，原亦怪不得作官的人了。

今日的情形，"不但有保留乙橛的需要，並且有限制甲橛的需要"，然"中國同時又須參加世界各國之林"，而"乙橛是自足的"，"西來的東西，無不到甲橛爲止"。張先生語。倘使聽其自然，則人之所能者，我皆不能，勢必無以自立；然欲強爲之，則必多與甲橛以侵擾乙橛的機會，利未形而害先見，即願忍受其害，而利仍不可得，且將更生他害；此爲今日最難處置的問題。關於此，我以爲要明於二義：其（一）甲橛之所爲，必須縮至最小限度，其（二）即其所爲之事，自爲之部分，須縮至最小限度，過此則悉聽乙橛自爲。如此，方可冀弊端之減少。仍不能無。我試舉一親切之例。歷代之於學校，是或者不辦，或名爲辦而其實等於不辦的，徒藉考試之法，使人歆羨其榮利，而自願讀書，以是爲教育之具而已。科舉所得的人才，誠不能使人滿意，然此乃所試者之非其物，謂曩時得科舉之士，並不能爲應科舉之文固不可。然則以科舉爲工具而求有用之材，固亦未嘗不可達其目的。若猶是科舉所求之物，而設學校以教之，則其成績必更壞。明代國子監生之不如進士舉人，即其明證。王安石先辦保甲，然後用爲民兵，意非不善，然觀當時諸家反對之論，其弊實不勝枚舉，其效則渺不可睹。《唐書・李抱真傳》：載抱真在澤潞，因其"賦重人困"，不能再練兵，而其地又不能無兵，"乃籍戶，三丁擇一，蠲其徭租，給弓矢，令間月得曹耦習射。歲終大校，親按籍第能否賞責，三年，皆爲精兵。舉所部，得成卒二萬"，兵既"不廩於官"，因此"府庫充實"，得用以"繕甲淬兵"，遂雄於山東。此其所爲，亦與安石無異，然其利弊懸殊者？安石練民兵，由官派員教習，遂至竹梃橫生；抱真則聽其自習，不操刀代斲也。此甲橛應辦之事，所辦之部分，當縮至最小限度之說也。安石之新法，可謂體大思精，其行之亦有熱誠毅力，卒之弊多利少者？一固以應辦之事，所辦者皆超過其限度，一亦由所辦之事太多。使其規模較小，則所辦之事，精神可以貫注，而督察易周，督察既周，則屬民不至如此其甚，反對者即不至如此其激，而政局之翻覆，亦不至如此其甚了。此甲橛所辦之事，並應縮至最小限度之說也。張先生謂中國傳統的政治思想，都旨在保存乙橛，惟商鞅等走着相反的路，此言似是而實非。歷代之法家，有所求於人民，雖其手段頗峻，然其所求之事實甚少。如商君，其所求於民者，即不過農戰而已。所求既多，其法又峻，從古以來，只有一王莽，然其效可睹矣。梁先生謂改革弊風，行政即不能免於干涉，此言萬萬試不得。此事決非政治之力所能爲。試憶北伐成功之初，禁賣舊曆本，干涉放爆竹迎神，稍後則行路不許吸烟，紐扣不許解散，究有實益否？係急務否？即不論其有無實益，是否急務，曾有實效否？世人每覺社會的進步太慢，看了心焦氣悶，想以政治的力量催促之。其實看穿了，一步亦挪不動，硬激向前一尺，必仍退回十寸，徒多一番激蕩而已。

甲橛所辦之事，縮至最小限度，其餘自非可不辦，則必發動乙橛爲之。發動乙橛之道奈何？此則共產黨之所爲，有不可不加以參考者。從來士大夫階級，有一大蔽，即以爲人生而有智愚賢不肖之分，愚不肖者，非徒不能治人，亦且不能自治，非由賢智者治之不可，而其人則以賢智自居。其實從前所謂士大夫，較諸平民，不過多讀幾句書而已。真正之賢，乃其人富於社會性，肯先公而後私，與讀書與否，並不相干。真正之智，乃其人明白事理，遇事能精密觀察，明其真相，斟酌情勢，想出適當的對策，與讀書與否，亦無干涉。而且多讀書者，往往爲成見所蔽，自謂業已瞭解，遇事不肯再行觀察，即或觀察，亦因戴着有色眼鏡之故，不複能得其真相；其詒害轉深，所以多讀書，除辦事時須以書中所言作具體之參考，可以算作一種技術外，其餘並無益處，因爲抽象的原理，仍須其人本有智慧，乃能運用也。真正富於社會性及有智慧之人，各階級中皆有之，以讀書與否爲智愚賢不肖之分，徒使士大夫階級中人，執此以爲口實，以自遂其階級的偏私而已。所以所謂選舉者，必須於向來被壓迫，永處於被治地位的階級中，拔取出若干人來。此則共產黨之所爲，不可不加以參考者也。但亦不應使此階級專政，抹殺其他階級，致右傾者又變爲左傾而已。今日之急務，實在於真正的知識分子能與農工合流，凡真正之知識分子，必富於社會性。因爲一切學術，皆係看得社會中人，顛連困苦，有所不忍於心，乃起而研究之而逐漸成立。生而有反社會性，若只圖自了之人，則根本不感覺有此問題，胸中既無問題，自不會加以研究了。此爲道理與知識相關之點。譬如社會主義，實行之者雖有藉於農工，發明之者固係知識分子也。特非僞知識分子所能假托耳，若商人則爲自利之階級，其革命性較少，對之不能有何奢望。

發動乙橛之事，自無不可以選舉行之。梁先生謂中國之於選舉，必辦不通，因爲"自己出頭競選，大背於固有之謙德"。然昔人以競進爲恥，實緣所競者係屬私利。若非爲一身之謀，而係自任以天下之重，則昔人原不以求進爲可恥，競選之道，亦由是也。今日者，官僚黨人，不以奔走運動爲恥。土豪劣紳，又以把持壟斷爲能，鄉黨自好之士，自將望望然去之。倘使社會之是非稍明，政治之紀綱粗立，當選者必須署有才德聞望，否則即使用不正當之手段，僥幸獲選，亦仍將受到輿論的制裁，如其訴諸法律，亦必能加以矯正，則憋不畏法、恬不知恥者，必將逐漸斂跡，競選之事，行見謹厚者亦復爲之已。此其轉移之關鍵，實不在乙橛知識的提高，而在於甲橛風紀之整飭。因爲奔走運動，把持壟斷之得以橫行無忌，輿論及司法，全無制裁矯正之力者，皆甲橛中人爲之，於乙橛中人無與也。然則張先生所云：選舉無辦法，皆由特殊勢力之利用爲之，實不易之論，苟無特殊勢力利用，選舉固未必能符合理想，然必不至於竟不好辦也。或謂雖如此，選舉之好辦者，仍將限於地方自治之小範圍中，因老百姓之所瞭解者止於此也。若超過此限度，仍將無以善其後，此亦不盡然，何也？"民分而聽之則愚，合而聽之則智"。若無惡勢力加以播弄，老百姓於其所不知之事，必能聽命於知者，正不虞其舉鼎絕臏也。張先生說，閉關時代，憑藉政權以作惡的問題，還比較好辦，因爲人民起而造反，就把他推倒了。外來的文明參加進來以後，既使惡政府之惡加重，又使其力加強，人民之反抗，更爲不易。這確亦是政治上一個大問題。民國以來，只有軍閥的互倒，實無人民真正之革命者以此。這問題怕還不是中國所獨有，而將橫亙於全世界。因爲今後的惡政府，必無甚弱者也，然則選舉更不可不力圖改善，因爲武力決不能解決武力。以武力摧毀武力，則摧毀者與被摧毀者，同一性質，被摧毀者再被摧毀，摧毀之者又將成爲須要被摧毀者；而摧毀被摧毀，就成爲循環反覆的現象了。要以非武力解決武力，則其力量，仍非從選舉中表見不可，所以選舉仍係極緊要之事，雖然不容易好，仍非盡力使其走向好路不可。使其走向好路之道如何？曰：養成正確的輿論，及參政者之節操而已。此其事看似甚難，而亦非不可致。因爲風氣一經轉變，其效亦捷於桴鼓也。此亦今後有志政治者所當努力的一大端，與梁先生所提倡的鄉建，一從乙橛上治本，一從甲橛上治標，看似相反，其實相成，且正相須以爲用也。

（原刊《中國建設》第六卷第六期，一九四六年出版）

中國文化診斷續説
——教育界的彗星

我在《中國文化診斷一説》中,曾經説明:中國的政治,原來是民主的。《周官》所載鄉舉里選之制,即其遺跡。但這僅是其遺跡而已。在有史料可據之時,社會早分爲國人野人兩階級。國人是征服者。其部族中,最初原無階級的存在,故其人普遍的有參政之權。然到後來,執政權者和不執政權者,其地位漸次懸殊,於是有貴族、平民之分。貴族專有政權,平民無從過問。前代參政的權利,非僅存其名,即剥落不全,或名同實異。鄉里所選舉出來的賢能,任用之權,仍屬於國王,即其一例。至於野人,則本係被征服之族,國家並不承認其有參政之權。後來雖由社會的變化,和平民合成一階級,然此時之平民,亦早已無名副其實的參政權,新升入平民階級中的農奴,自然更不必説了。如此,原始的民主政治,遂在不知不覺之中,逐漸銷蝕,以至於净盡。

以上所説,乃係國內的情形,至於列國之間,其情形又如何呢?須知古代之所患,在於貴族的專橫。而此專橫的貴族,不是由人民自行奮起,用實力剗除掉的。而是(一)在一國之內,由英明的君主,運用其權力,加以剗除。楚悼王,用吴起。秦孝公用商鞅。之所行,即其一例。(二)國內無英明的君主,不能排除專橫之貴族,其自身且加入此集團之中,成爲最大之專橫者,則靠外國的力量來干涉。天子和霸主的征討,其名雖異,其實則同。一時矯正其行爲,或易置其首長,終非徹底解決之道,乃不得不取消其主權,廢去其世襲的酋豪,兼君主及世卿言。而代以由中央所任命之令長,曹掾,鄉吏等。此即所謂兼併。此等兼併,在很早的時代,即在各區域中,分別進行。魯、衛、宋、鄭等之成爲二等國,晉、楚、齊、秦等之成爲一等國,皆由於此。而其最後之成功,則爲嬴秦之統一。此正與後世之政府干涉土司之政治,易置其酋長,而終於改設流官相同。

剗除許多專橫的貴族,由於一個英明的君主;剗除許多專橫的君主,又由於一個最強的君主;這一個最強的君主,豈不要權力橫絕,無所不爲麼? 這又不然。這在理論和事實上,都自有其限制的。(一) 在理論上,天子原以除暴而興,自然負有愛民的義務。此固只能範圍中人以上的君主,昏庸、淫暴而超過了一定的限度,空洞的理論自然是無能爲力的。(二) 然在事實上,暴政所能及之範圍,亦自有其一定的限度。秦漢而後,幅員太大了,中央政府的權力,無論其爲好爲壞,都不易無孔不入。這不但一個君主如此,即將依附之之貴族、宗室、外戚、勳臣子孫等。官僚、權奸。嬖幸,包括宦官、女謁等。一并算入,亦還是如此。所以秦漢以後,中央政府之影響,所能及於社會者實甚微。歷來的議論,都說有聖君賢相,則庶政咸理,而人民大受其福,無之則反是,都不過讀慣了古書,想當然耳的話頭。而古書上之所以有此話頭,則因其時之國家本小,國君不過後世之令長,卿大夫士則今鄉鎮保甲長之流而已。

然則歷代的中央政府,究竟有何用處呢? 抽象的言其性質,則(一) 爲保持政治之統一。即在邦域之中,不容有第二個政權存在。(二) 爲保持法律之統一。相沿的團體和個人加於個人之權力,爲當時的法律所不能承認的,即不許其存在。(三) 在經濟上,保持一定限度的均平。(四) 在文化上,爲相當之提倡。此其範圍,均頗狹窄。故如(一) 不過不許公然稱尊,與皇帝對抗,而在事實上,一地方自擅的政權,則無論何時,實未嘗絕對不存在,不過或大或小而已。大體治時小,亂時大。(二) 家長虐待其家人,族長處治其族眾,土豪劣紳私設法庭等，明爲法所不許，事實上亦往往置諸不問。此尚說是事實，而各地方之習慣，明與法律相衝突者，亦或以尊重習俗等爲理由，而公然承認之。經義折獄，往往與法律相背，亦其一例。（三）則所加以救濟者，不過甚大之水旱偏災；所加以干涉者，不過甚大之兼併奢侈；而亦往往有名無實。（四）更必待國家閒暇之時，爲地方物力所容許，又主持政治者有此好尚，乃能較有實際。如漢文翁在蜀興學。其由國家以法令普遍設立者，則亦徒有其名而已。如明清時各府、州、縣皆設學。

所以中國政府之統一性、積極性，說起來實極可憐。然亦因此而得保存一種消極的民主。何謂消極的民主呢？即中國政府所加以干涉，求其統一者，只在一極小的範圍內，而其餘則悉聽各地方之自由，須知中國疆域廣大，各地方風氣不同，原不能用同一之治法。倘使在秦漢統一以後，如實言之，則當云古代兼併開始以後，必欲以畫一之法，施之全國，每一種要求，皆欲貫徹其主張，則居中央的人，既不能明悉全國之情形，所要求者，必也閉門造車，不能合轍。扞格不入之事，必欲強求施行，而其所委任者，又皆欲剝民以自利，則勢必至於莓莓大亂而後已。中國歷代，所以行放任政策，尚可苟安於一時，行干涉政策，即不旋踵而召亂，其根原實在於此。而歷代之言治者，皆輕法治而重人治，其理亦於此可明。因通行全國之法，不過一籠統寬闊，不許逾越之範圍，有時尚且不能盡拘，所以政府用人，要"寬其文法"；論人者亦美其"用法而能明法外意。"並不切於實際。故當一處地方，或一宗事務大壞之時，惟有派一能員，使其就此地方，就此事務，考其實際的情形，定出相當的對策，以爲合宜的處置。若欲由中央政府遙爲宰制，一切包攬，則於事實不可能。何者？昧於實際的情形，而徒根據一種理論以立法，則其弊，正與今日鈔襲外國之成法，而欲行諸中國者同也。世皆知以不合國情四字，批評鈔襲外國成法之人，而不知一國之中，亦自有其各地方之不同。此各地方之不同，自表面觀之，其原因似在於地理，而追求其更深遠之原因，則或且導原於民族。風同道一，必俟時機之成熟，而非可以强爲。美國各邦各有其立法之權，蘇聯各民族自治之權，亦極爲廣大，其理由實在於此。中國疇昔，雖無地方分權民族自決等話頭，其所行固未嘗不暗合其理。此其所以能保持數千年來一統之局，而不至於破裂也。

所以中國往昔的治法，不能積極地有所作爲，而能消極地保其安寧。在閉關獨立之世，政治上但求相安，而進步則待諸社會之自爲，_{社會有變化，然後政治隨之變化。}亦未始非賢明之策。但在今日，世界大通，列國并立，斷不容我故步自封，並不能從容雅步。當此之時，欲求社會之自行邁進，則人民不能自謀，欲借政治以操刀代斵，則又慮於反傷其手，而其勢遂處於兩窮了。

然則如何？

世人每覺社會的進步太慢，看了心焦氣悶，想以政治的力量催促之。其實看穿了，一步亦挪不動，硬激向前一尺，必仍退回十寸，徒多一番激蕩而已。此理也，在前文之中，亦已深切言之。然則雖然心焦氣悶，仍不能不望人民之能自動。

人民如何乃能自動，必也求之於教育，論者應無異議。

然中國的振興教育，少説些，_{從甲午以後算起。}亦五十餘年了，何以並無效驗？這話或爲論者所不服，然在政治上至少是這樣。君不見在今日的政府統治區中，要抽丁便抽丁，要征實便征實。人民何嘗能道半個不字？難道這都是民意麽？這和未有新式教育以前，又何以異？

豈但中國？在今日的美國，何以戰争販子，能够爲所欲爲？在今日的蘇聯，何以政權非由名爲一黨而實則少數人把持不可？然則無論中外，今日的所謂教育，高之則學理之研究，卑之則技術之傳習，乃至今之教育家所謂常識之啓發，較諸往昔，或有一日之長，至其對於政治上未曾觸及根本之問題，則與往昔殆無以異。

然則今日之所謂教育，非有一根本的大改革不可，殆無疑義了。

這大改革當如何呢？

於此,我請先引一段衆所熟習的《論語》。葉公語孔子曰:"吾黨有直躬者,其父攘羊,而子證之。"孔子曰:"吾黨之直者異於是。父爲子隱,子爲父隱,直在其中矣。"

葉公的話,乃是法家的主張,孔子的話,則是儒家的主張,這一章書,乃是儒法兩家的辯論,這是顯而易見的。攘竊之非法,互相容隱之不合於理,儒家豈不之知?然其立說如是者,儒家認爲社會之所以能維持,乃由於人與人之相處,各盡其道,而非由於少數人的管制。所以寧犧牲政令推行的便利,而必不肯破壞社會的倫理。的確,"東面而望,不見西墻"。《淮南王書》語。伊古以來,專制之士,我們並不否認其有爲國爲民的熱心,其所主張,我們亦承認其確有見地,然恆至於誤國殃民者,實由國家社會,自有其多方面的需要,自有其多方面當顧慮,然一部分人,總只能見得其一方面,其他方面,既爲見聞所隔閡,自爲考慮所不及,而率其所見,一意孤行,入之既深,愈難自返,日暮途遠,不得不倒行逆施,遂至於不可救藥了。然則設使儒家之學不行,而代之以法家之學,本其宗旨,以教育人民,使億萬人皆蔽塞其聞見,桎梏其心靈,而惟以少數人之報道爲事實,褒貶爲是非。有異議者,攝以嚴刑,禁其啓口,則違反某某主義,早將成爲"不以聽"之誅;特務橫行,更將視爲無上之治法。冤冤相報,日尋干戈。一部歷史,其爲膿血所塗飾,更不知將至於若何的程度了。

話雖如此,然率一國之人而惟知互相容隱,只顧全私人和私人的交情,而置公共之利害於不顧,亦復成何世界?須知今日貪汙無能之輩,對於國家社會,雖然有所虧負,對於私人的關係,則未必有何欠缺。他們中間,固然有全無天良,並父母妻子而亦置諸不顧的,然這怕是很少數。其大多數,則亦未嘗不豐其父母妻子的教養,甚至分潤及於宗族交遊及所識窮乏者。在這一方面,他們較之公正廉明之士,實在並無愧色。然使率其道而行之,至於一國之人皆如是,尚復成何世界呢?

儒法之道兩窮,然則如何而可?

今之論者，每怪從前的教育，偏重人與社會的關係，而忽畧了人與自然的關係，以致自然科學，在歐洲能夠發達，而在中國則不能。此事的原因，是否真在於此，業已很成問題。即謂爲然，而謂中國的教育，太忽畧於自然則可，謂其太注重於人與社會的關係則不可。須知注重於人與社會的關係，並不即等於抛荒人與自然的關係也。我們今日，何人不坐輪船火車，但何曾都懂得蒸汽機？何人不點電燈、打電話，但何曾都懂得電學？一國中而無懂得蒸汽機和電學的人，固然不行，有些人不懂得，何礙於其爲人？且亦何法使人人都懂得？人與社會的關係，卻不是如此。結婚了，豈能說我不明白夫婦間的倫理，而使人代行？出門行走，豈能說我不明白走路的規則，而撞傷人物？然則人對於自然的關係，所知甚淺，由他人操作而我但享用，是並無不可的，對於社會之關係卻不然。此理實甚明白。中國傳統的教育，視人與社會的關係爲首要，人與自然的關係次之，實在並不算錯。

所錯者，乃在其所謂人與社會的關係，太陳舊而不適合了。

論人與社會之關係者，古書中雖亦有多種說法，其最通行者，實爲五倫。五倫中夫婦、父子、兄弟，均係家族倫理，君臣、朋友，則出於家族以外。然"資於事父以事君"；"樞機之內，袵席之上，朋友之道"，爲妻事夫四義之一，則仍推家族倫理以行之。故古代所謂五倫，實不過一家族倫理的擴大而已。此說之制定，乃在家族制度全盛的時代，此原不足爲怪。然古人能就當時的社會組織，發明一種人與人相處之道，而不能禁社會組織之不變遷。社會組織既變，而人與人相處之道，墨守舊習而不變，就要情見勢絀了。

在古代，人所恃以相生相養者，實惟家族。然至後世，則久已不是如此。家族制度，不惟不足以解決人的生活問題，且成爲生活改善的障礙。我曾說：現社會的根柢有二：一爲家族制度，一爲交換制度。倘使將此兩者摧毀，而代之以他種制度，社會的面目，便幡然一變了。此理甚長，當別論。然墨守家族倫理，仍視爲做人之道的基本，必不適合於今日，則是顯而易見的。所以儒家的重視人與社會的關係，並沒有錯，而其所制定的具體的倫理道德的條件，則多不適合。至於法家之説，前可適用於極小的範圍內，更無待於言了。

然則今日的做人之道當如何？曰：其最要之義，當自知：

（一）我們爲世界上的一個人。

（二）我們同時又爲自己所隸屬的國家民族中的一個人。然則我們所該知道的，自然是：

（一）怎樣做世界上的一員。

（二）怎樣做國家民族中的一員了。

……

這是首要，當竭力研究。蒸汽機、電學等，都是次要的知識。陳舊的倫理道德條件，不徒不可盲目接受、提倡，其有害者且當辭而辟之。

要明白當前首要的問題，則必須瞭解世界上之現狀，及今日社會之成因。如此，則地理與歷史，將成爲最重要的學科。此所謂地理與歷史，自然不是目前傳統的，徒以多記得幾個名詞、一些事實爲貴。必也根據現代的科學，以爲説明。於是社會、經濟、政治、法律等，亦成爲最重要的學科。

將此等知識，傳授於人，自然不是像現在專家的研究，學校的教授一般，多帶著頭巾氣，而要以現實的生活爲根據。

自小學以至大學，一切成人教育，社會教育，……均當以此爲重心。

如此，則人人自視爲世界之一員，而思所以解決世界上之問題。人人自視爲國家民族之一員，而思此國家民族所以自處之道。此等教育而達到相當的程度，收到一定的功效，則如目前的美蘇對立，國共交爭等，自然不致成爲嚴重而難於解決的問題。因爲再沒有少數人率其私意，直情徑行，或玩弄手段的餘地了。

公衆的問題，在公衆真能參與時，將獲得合理的解決。

或謂方今之世，宣傳的力量，遠大於教育。若其如此，則對於此諸問題，必將爲一黨一派所把持，更將率天下而入於迷途了。殊不知真金不怕火煉，非真金是怕的，必然要怕的。今日者，一黨一派一階級所以能歪曲其說，正由未曾將此等問題，真正提出於大衆之前。若其不然，則少數必不能蒙蔽多數，私意必不能成爲公意，歪曲的說法，必將在公衆的面前，受到嚴明的審判。雖然真實正確的說法，提出並不容易，有時還將遭到阻礙，甚至遭到迫害。然非公正不發憤的人，要不可不視此爲當務之急。

至於現在的教育，則不論中外，根本上怕都不是這麼一回事。試觀現在，號稱有專門知識之士，對於我所謂最要的問題，多數不感興趣，即或感到，而其見解亦多偏激得令人氣塞，荒謬得令人發笑可知。

"不學不知，當然之理"。論政治者，往往謂多數人對於政治，不能感覺興趣，因而不能瞭解。其所能瞭解，且能致其忠誠的，僅在一小範圍之內。所以多數人所能參與的，至多是地方自治。其實此乃後天教育使然。因爲（一）全世界的乃至一國家民族的政治問題，自原始的民主喪失以來，久已不視爲公衆應當參與的事。（二）多數人之不參與，既已成爲習慣，愈造成一種少數人把持的局勢。使多數人所能求其瞭解，致其忠誠者，僅限於小範圍之內。此尚言其積極者。其消極者，則更退入於隱遁之途。（三）專擅之少數人，必有其不可告人之隱；多數人程度既低，驟將真相宣佈，亦或不免於一哄而壞事；政治遂成爲秘密之事。愈秘密則愈難瞭解。此全係事勢所造成，決非人之本性也。

真正的民主，植基於真正的教育。政治的解放，必先之以教育的解放。

我們希望在教育上出現一顆除舊佈新的彗星。

本文的感想，係教師節日與友人閒談想起的，到十月初，始行寫出。寫出後沒幾天，遇見一位從臺灣回來的朋友。我問他："臺灣的現狀如何？"他搖頭說："危險。"我又問："怎樣危險呢？"

他説："臺灣人遇見説本地話的人，最爲親熱，無話不談。遇見説日本話的人，也還有相當的傾吐。一聽見你説内地話，便冷冰冰的，看似肅然起敬，實則把一切衷情，都隱藏起來了。"我説："這固然由於勝利之後，從内地去的人，刺傷了他們的心，然而臺人受日人的奴役，五十餘年；離開祖國的懷抱，究亦不過五十餘年；何至於就如此呢？"他説："你知道他們所受的教育，是怎樣的教育麽？在臺灣，國語的通行，遠不如日本語。我是會説日本話的，爲便利起見，就和他們用日本話交談了。一次，遇見一個技術人員。他的技術並不低，自然是受過相當教育的了。他問我：你的日本話，是在哪裏學的？我説：是北平。他又問我：北平是什麽地方？我覺得奇怪。便説：就是從前的北京。他又問：北京是中國地方？還是日本地方？這真使我哭笑不得了。然而他們的教育，卻真普及。沒有不會説日本話的人，也沒有不識字的。"你想，這種教育，是什麽教育呢？是教給他以爲人之道的麽？還是徒作爲施教者的工具，而使受教的人，反因此而昧於爲人之道的呢？世人每以爲受過教育，即不應過甚糊塗；所受的教育，程度愈高，則其人之明白也愈甚。其實全不相干。科舉時代的士子，多數於應舉以外之事，一無所知，即其明證。可見錯誤的教育，確有其毒素存在。對於該知道的事，有時不但沒有啟發作用，而反有閉塞作用。此項經驗之在中國，因爲科舉制度沿襲之久，實在是再豐富不過的，再也用不著疑惑。十月十一日自記。

（原刊《中國建設》，一九四六年出版）

學制芻議

必須使孤寒志學的人，有一條路可走。

何謂孤寒？孤者，孤立無助之謂；寒則貧困之謂也。現在上海有許多人，嚷着學費貴，非得助學金等，則不能入學，可以謂之寒了。然尚能自訴其苦於社會，而社會亦即從而加以援助，則尚未可謂甚孤，非甚孤即非極寒。其真正欲學不得，呼籲無門的，全國還不知有多少呢？

孤寒階級中人，實爲國家元氣所在，因爲這一階級中人，淫逸夸毗之習較少。不淫逸則身體強壯，精神振作，而可以任事，不夸毗，則看得事情認真。我們試留心觀察，在一機關中，事情到手都看的不當真，只要敷衍了事，對付過去，自己不負責任就好，他們所留意的都是人事上的關係，而沒有真心要把事情辦好。這種人，大抵來自通都大邑，累代仕宦，或富商大賈之家，其出自窮鄉僻壤孤寒階級中者絕少。不論國家政治社會事業，總是要人去辦的，而人之能善其事與否，實以其有無誠意爲第一條件，必有誠意，然後其才可用諸正路。其學乃真能淑己而利羣，不至於恃才以作惡，曲學以阿世，反造出許多惡業來。道德爲事功之本，誠意爲道德之本，而誠意惟孤寒階級中有之，所以說孤寒階級中人，爲國家元氣所在。

在抗戰前，常州中學校長朱君竹卿就對我說：「親見六七十歲的老嫗，携其孤露的孫兒，以應某種學校的入學試驗，不取，流涕而去。」朱君說：「這是國家社會對不起這個人。」誠然在戰前，讀書的人，遠較今日爲少，許多私立學校，招生常患其不足，已有此等現象，何況今日，各種學校，都人滿爲患，被擯於門外者，幾於不止半數呢？幾年以來，飽受兵戰之慘，人民之貧窮，較諸戰前，已不知增加若干倍，讀書者反多於戰前，這就可見得社會的進步，我們眞的已在苦難中磨練出來了，如能迎其機而善導之，中國之教育普及，豈不易如反掌？教育程度的提高，亦豈不指日可待？

博施濟衆，堯舜猶病，以今日中國生計的困難，人才的缺乏，而欲遍設學校，使有志向學者，皆有學校可入，豈不難如登天？然社會上自有不能辦理學校，而能傳授學術的人，那就自然有不入學校，而可以研究學術之事，又何苦而不利用一下？大抵學術的範圍，恆漸擴而大，當其未擴大時，一種學術，全國之內，只有少數人懂得；而此少數人材，又恆聚集於其時文化中心之地，則欲研究學術者，不得不求入某種特設之學校；或則負笈遠遊，千里追師。到既擴大之後，就用不著了。因爲到這時候，到處有師可求，有書可讀了。在歷史上，時代愈早，國家所設立的學校及私家教授之大師，愈成爲學術之重心，愈後則愈不然，即由於此。現在有許多新輸入的學問，在我國尙未擴大，如欲求之，非走向都會不可，甚至非走向外國不可，這誠然是事實，但有許多學問，並不如此，那何不於學校之外，別開一條使人研究的路呢？

眞正愛好學問的人，自能無所待於外，而汲汲追求，孜孜研究。然這種人，在社會上，總是極少數，其最大多數，則當其從事之初，總非畧用外力勸誘不可，勸誘與輔助不同，輔助是要實力的，勸誘則空言而已。漢朝的晁錯，勸文帝用拜爵之法，誘民入粟，他說："爵者，上之所擅，出於口而無窮。"就是這個道理。有這種以虛運實之法，事情就更易推行了。教育，固然有一部分是非用實力推行不可的，卻也有一部分是可用空言勸誘的，那麼，我們何不兼用此法，節省實力，用之於他一部分，使其更見雄厚呢？

但以虛名勸誘，而克收推廣教育之道如何？曰：惟考試。

考試之法，妙用無窮。我們向來，只用之於政治上，以爲登庸官吏之一法，實爲未盡其用。然無意之間，亦已經收獲到擴充教育的副作用了，而且副作用之所收獲，實遠較本意之所期求爲大。《抱朴子》外篇的《審舉》，作於距今千六百年之前，其所言，對於後來唐宋明清科舉之法，真若燭照而數計，可以謂之奇文了。這篇所言，雖亦以革除當時貪緣奔競之弊爲主，所注意的在於政治問題，然亦未嘗不計及擴充教育的利益。他說：別的且不必說，但"令天下諸當在貢舉之流者，莫敢不勤學，其爲長益風教，亦不細矣"。又說：考試之法一立，則"轉其禮賂之費以買記籍者，必不俟終日。"考試之法的優點，在於所操者約，而所及者廣，貢舉是有定額的，然能使可望貢舉者流，都自力於學，則所取者一，而受此勸誘而向學者，不止千百了。從前的貢舉，爲一種官吏登庸之法，官缺有定，貢舉所取的人，自亦不能無限制，而其能勸誘人以向學尚如此，何況今日的考試，只要證明其人的學業程度，其人的學業程度，既被證明之後，其因此而得的實利，自有廣大的社會給與之，其取之更可以無限呢。考試之法，還有勝於學校之處，即是其證明人之學業程度，可以更較學校爲確實。人孰不自護其短？學生成績的好壞，就是辦理學校的人功過的考成。今將學生畢業時成績能及格與否，即令辦理該校者，自行評定，此如令厨人作食，不自嘗而即使厨人嘗之，其味焉有不美者？若由國家另行派員考試，如向者中學畢業皆須會考，則所憑者乃其考試之成績，而不更問其他，則憑何理由，不使未入學校而亦有同等學力者，得以與考？吾非謂學校可以不設，但於立學之外，更須兼立考試之法，則期期以爲無疑義而必可行，必當行。本來世俗所謂文廟，即是國家設立的學校，其中的教授，教諭，訓導等，即爲學校中的教員，俗稱爲秀才的，則此學校中的學生。明清定制，是（一）考取入學，以及（二）在學時成績及格不及格，能否保持學籍？（三）及其能否升級？（四）出貢等，都不由教官作主，而另行派員如督學使者等去考試的。如此，則教學的成績不良，教員不能以學生的程度本低爲委卸。因爲入學之時，有其相當的程度，已經公開嚴密的考試證明瞭。然則學生的程度，可得較為真確的證明，而教學的良否，亦得以證明其功罪，實為法良意美，惜乎後來不能實行罷了。今可師其意而變通之。國家定期舉行考試，凡公私立之學校，以及未曾入學，而自揣有同等學力者，均可應考。其取之則但憑學力，一視同仁，如此，吾信入學者與未入學者，其被錄取之數，必可相等，而且未入學者，或將超過入學者。何者？未入學者，必較曾入學者孤寒，其學習之力必較強，其成績自必較優也。此等考試，宜採用朱子分年之意，隔若干時間則考一科或兩科。逮某種學校所定某種程度的學科，通統考試及格，即給以某種學校的畢業文憑或另立名目，給與證書亦可。如此，則可免向者畢業會考，將數年中所習各種科目，兼而試之於一旦，以致昕夕溫理，有傷身體；即能通過亦不過強記於一時之弊矣。此法，現在的檢定考試已行之，其所試之若干科，有不及格者，下次許其再考，已及格者，即不復考是也。或謂如此，試乙科時，豈不甲科所得，業已遺忘？須知學問之道，只在曾經學過，知其條理，可以應用，並非死記事實。如欲死記事實，即使諸科一時并試，亦豈能保其既試之後，永不遺忘？何況一時的強記，較諸長時間優遊漸漬之所得，更易遺忘呢？學問日新月異，假使不注重於培養其隨時學習的能力，而但將一時期之所習，終身誦之，則其所知者，不轉瞬而已成為陳舊，執陳舊之見以應付新事物，其為害豈不更大？如用吾之說，則學校可以無畢業考試；學生在校的期限，亦可不一定，聰敏者可以速成，遲鈍者得以多學，不致有浪費時間及畢業即畢年限，有名無實之弊了。

以考試之法補設學之不足，則可使不能辦理學校，卻能傳授後學之人，羣起致力於教育，而師資可以驟增。國家及社會之有力而有志興學者，可節省其人力物力，並而用之於凡民力所不及之途，而人力物力之為用，將益見其經濟，而其收效具愈宏了。

難者必曰：教育非讀書之謂也，如子所言，則來應考試者必皆僅能讀書子徒，於教育之意大悖矣。斯固然，然凡事須講實際，重現狀。

今日之學校教育,其大多數,果能於讀書之外,別有所成就乎?恐并讀書尚未能切實也。且注重現實,尚有一義,其義惟何?曰:如今日之學制,教育當由國家負大部分責任,必有極綿密之行政,然後能勝之,今日之行政,果已能達之程度乎?繁密之政,既不能行,何不取其較簡易者?

(原刊《改造雜志》創刊號,一九四六年出版)

學制芻議續篇

　　拙撰《學制芻議》，是隨筆抒寫的，其中漏義甚多，乃蒙《改造》編者，載入創刊號中，皇愧之餘，不得不更思自靖，謹再就感想所及，拉雜書寫如下：

　　人，最重緊的是用心，最要不得的是無所用心，次之則用心於無益之地。從前的職業是士農工商。農，是孤立於僻陋之境，而其所做的事情，也極簡單的，根本用不着用心。工，似乎所處的環境要複雜些了，其實在近代工業資本興起以前，商人常是經濟社會的優勝者，他對於生產，立於指導的地位，並不是工人照自己的意思做出東西來，托商人去銷，乃是工人仰承商人的意思，製造他樂於銷售的東西，雖非指定，其作用實與指定無異，而商人所樂於銷售的東西，總是老樣子的，因爲其銷售較有把握，如此，工人也只要使用舊技術，製造舊東西就是了，也用不着用心。商，自然最要用心的了，然其用心專爲自利，而其自利又不免損人，怕不僅用諸無益之地而已。最應該用心，而其用心又應以利人爲目的的，在理論上是士。人，如何可以算做士呢？千餘年來，最緊要的條件，是能應考而得官，次之亦要能應考，考試原是個好法子，所謂"所操者約，而所及者廣"，倘使善於利用，原可以作育人才，拔取人才，苦於科舉之法，爲傳統陳腐的見解及一時不合理的風尚所牽率，所考的不知是些什麼東西。如考經義即爲陳腐的見解所誤，考詩賦則是一時風尚之所趨。於是士子亦非無所用心，其中低劣者的，應科舉，後來別成爲一件事，與學問全然無涉，只要會應科舉而已，那並不要用什麼心。即用心於無益之地了。其中較高的，如詩賦能手。

天下沒有哪一件事物一定是有用的，哪一件事物一定是無用的，而只看我們對待他的態度。科舉廢，學校興，業經四十餘年了。學校中所講習的，自較科舉所考的爲有用，但中國的讀書人，科舉時代的態度，始終沒有改。凡所講習，都視爲敲門磚，對於本身，並無誠意。如此，自然說不上有興趣，更說不上有熱心，什麼有用的好學問，在這態度下，都斷送了。近人評新人物所作的文字爲洋八股，又有一種自稱爲三民主義信徒的，則其所發的議論爲黨八股，一點也沒有錯，因爲其受病的根源，實在於此。

如何才能救此弊病呢？就要使人能用心，而且不用心於無益之地。如何才能使人用心而不用諸無益之地呢？外國教育家有一句話説得最好，他們説："一本書的教師，是最不值錢的。"中國向來，以暖暖姝姝於一先生之言爲戒的，亦是此理。天下事是互相聯帶的，不明白那個，就連這個也不能明白了。我們現在試聽各方面的議論，往往覺得他偏執得可恨，固陋得可笑。稱英美的則疾試蘇聯，信蘇聯的又力詆英美。自稱爲三民主義信徒的，視共產黨爲洪水猛獸，而共產黨亦別有其所謂新民主主義的，視三民主義爲不徹底。是丹非素，轉綠回黃，不但對於他人，即對於自己所主張，亦並沒有真切的瞭解。於是其人遂易成爲被宣傳的對象。而宣傳者的本身，也不過如此。久而久之，遂並忘其爲歪曲事實，欺騙他人之説，而自己亦認爲當然。這真合着老話所謂欺人者適以自欺了。而因其本無真知灼見，反爲對方之宣傳所眩惑，棄其舊而從之者亦有之，如此輕薄淺率，如何會走上民主的路？而推原禍始，莫非"一個先生一本書"的制度，本未嘗開發人的心思，且反窒塞其心思，有以致之。

如何挽救？惟有解放。在現在的學校裏，先生把紙上的知識，勒逼學生，學生則以熟誦書本，通過考試爲能事，斷不能擴張眼界，開發心思。如其濟之以考試，所試者重於明理，輕於記憶，接近眼前的實事，不尚紙上的空談，獎勵其兼知各方面的情形，並聽各方面的議論，而勿爲一種報道所囿，一種立場所蔽，則國民的眼界，必可大爲擴張，其精神必隨之而活潑，志氣也就隨之而恢宏了。惟有如此的國民，才不容易受欺騙，而不至成爲宣傳的對象。以宣傳敵宣傳，是無益的，至多只是打個平手而已。爲什麼呢？因爲被宣傳者沒有判別的能力，則聽了兩方面的話，總是一樣的。如此，你向他作任何宣傳，他都把你的話，打個折扣，和對方宣傳的話，各半聽取。如此，你和你的對方，是不是打個平手？如其你於宣傳之外，再以他種手段濟之，在表面上，或可佔到些優勢，然就實際而論，則你是更走着下坡路，因爲人的心思，總是喜歡向反面想的。你謙虛一些，人家倒替你下個轉語，想到你也有些好處，你一味誇張，人家也要下個轉語，替你壞處想一想，兩個人互相爭執，引咎責躬的，反容易引起旁觀者的同情，就是此理。潑婦罵街，不徒可鄙，亦且甚拙，不可不知。

專憑書本，不切實際，這是向來讀書的人一個最大的毛病。固然，最初的書本，總是表顯着事物的。讀了書，就不能遍驗的事實，都可以知道了。如地理，即其最顯的例。這是何等的經濟？然到後來，即以能知書上所載的爲知識，而不復問其合於實際與否，那就全失本意了。譬如農村，爲什麼田畝丁口的記載，不能得實，以致賦役不得其平？這自有種種的原因，並不單是調查登記的問題。而前人不知此義，以爲只要調查登記的法子，定得詳密，田畝丁口，就可以得實了，於是有種種的立法。到明朝所定黃册和魚鱗册之法，可謂詳密之至了。然其實行皆委諸里長，姑無論技術上有無問題，即使無之，而里長能否不爲惡勢力所牽率，而忠實執行？甚着里長自身，是否即是惡勢力，而不肯切實執行？都沒有計及，其法就徒有其名了。此其失敗的原因，實由未曾切實考查農村的現狀，以致不知田畝丁口的失實，其原因在於人事上而不在於調查登記的技術上。所以立法雖很費苦心，而仍不免於失敗。這就是但憑書本，不察實際，不能算做真正知識的一個好例,舉此一事,其餘可以類推。

知此則我有一種增進國民知識之法,要作野人的獻曝。其法惟何?

中國向來重視社會科學而輕視自然科學,這自有偏而不舉之弊,然亦不得謂之大誤,在一個生產技術,業經達到相當水準,足以維持生活之世,謂人類之禍福,繫於社會環境者大,繫於自然環境者小,在當時自不能不作此想。即至今日,對付自然的技術,還不妨人發明之而我利用之。火車不能人人會駕駛,電燈不能人人會裝置,誰不坐着火車,點着電燈?其於社會,有何妨礙?若人和人的關係則不然。對於父母,豈能使他人代盡子職?對於朋友,豈能使他人代盡友誼?不但父子朋友,即推而至於極疏遠的人,亦何莫不然?總而言之:人之所以為人,即其所以做人,人豈能使他人代做?知此,則知今日世界的大勢如何?我們自己國家社會情形如何?實在和每一個人,都有深切的關係。因為任何一個人,都要做人,而人的如何做法,是要看着環境而定的。然則世界國家社會現狀如何?有哪許多問題?這些問題,在常識上該有一個如何的瞭解?實為人人必不可缺的知識,這個知識,除非你溘然長逝,與世言辭,是不能一日或缺的,因為環境是時時在變化的,你對於他的認識,一經間斷,就要不能瞭解了,這就是所謂落伍。

然則報紙對於人人,該是一種最親切的教育,無論男婦老幼,不可一日或缺。

然則一國之中,該有種種報紙,以供種種人的閱讀,這自非一時所能辦到,我現在且提倡一種適宜於年青人的普通閱讀的報紙。

這種報紙,其體例,當署如今日的報紙,(一)將逐日發生的事情,簡單明瞭,作一忠實的報道;(二)其情形必須加以講解注釋,方能明白的,則設身處地,替程度極淺的人設想,加以講解和注釋;(三)在常識上對此問題,應有如何的見解,亦須為簡易的說明,此為報紙的報道部分;(四)其副刊地位,則用最通俗的說法,將各種科學,分科敘述,每日刊載一兩種,以三年或四年爲一起迄,使讀這種報紙的人,經過三年或四年,即可得到普通的知識,此種副刊,自應隨時補印,使中途定閱者可以補購。至三年或四年期限滿後,即一切從頭再起,其編法固可變換,新發明發見的學說事物,尤須隨時增補改訂,使讀者的知識,可以與時俱進,而不致陷於陳腐。此種報紙,自然可以有許多家同時發行,聽人抉擇或參閱。同時還可以分出許多冊子,以供人閱覽,在此風起雲涌的局勢下,多閱此等書報的人,其成績必非學校生徒之所及,因爲在學校中,教師的講授,勢不能不以一說爲主。學生平庸的,往往懶得再去參考,即使再去參考,亦多不能深入。而且有人教授,總較自學爲易,其得之也易,則其入之也亦必不能深。如其出於自習,則單看一種説法,勢必難於明瞭,不能不多看數種,"一個先生一本書"的弊端,不期其免而自免,而且自己暗中摸索之所得,亦必較之經人明白指示者,確實多多,這是極普通的經驗,人人可以知道的,在此情勢之下,著書的人,才真能以程度極低的人爲對象,不至如今日口言通俗,所著的書,實乃只可供程度較深之人閱讀,而科學的大衆化,乃可以逐步實現。

此項辦法,我們將用何法加以提倡呢?則莫如國家立一考試之法,而其應試的知識,則聽人在此種刊物中求之。只有國家定出考試之法來,供給應用的書籍,自然會有人去辦,一點不消行政官吏費心。國家考試的方法,可以時時改良,此種刊物,自然也會跟着時時改良,一點用不着你督促,萬不可借公濟私,爲人設事,再一套官纂等。蘇東坡説:官辦的事情,"必先設官置吏,簿書廩祿,爲費已厚",這只是一種浪費而已。

以考試爲提倡教育的一法,不但所操者約,所及者博,而且免卻種種官辦教育的弊竇和浪費,正是廣土衆民之國,行政無效率之世,行之而已有效的良法,在較遠的將來,此法是否良好,固難細言,至少在今日這種行政無效率而多弊竇之時,還值得提倡。

以上所説,是藉考試的方法以提倡普通教育的。關於職業教育,我還有一些意見。

人所以自效於社會的，不外乎道德才能學識三者。學識一端，又分爲二：（一）務於高深，不求眼前的實用的；（二）用以應付目前的事物的；此種分類，幾千年前的人，早就發見了。漢興丞相四科取士。其（一）德行高妙，志節清白，這是道德。其（二）學通行修，經中博士，這是高深的學問。經學在今日看來，雖覺其無用，在當時，是視爲一切學問的基本，爲最高原理所寓，而足以包括一切的。其（三）明達法令，能案章覆問，文中御史，這是實際應用的學問。因爲一切事情，總要案照法律辦理。其（四）剛毅多署，遭事不惑，才任三輔令，這是辦事的才能。道德才能，都無可試驗，所以後來取士的考試，便偏於學問一科了。但到選官之際，卻仍在可能範圍之中，兼顧到道德和才能。唐朝的銓選，兼用身言書判四者。書判還是偏在學問方面的，身言就顧到道德和才能方面了。固然，道德才能，不能全在相貌和語言上看出，研究亦可以看出幾分，而且試之於一日之間，也只得如此看法。此等方法，不特中國，即外國的任用公務員，亦頗注意於此。如稅務官吏的任用，必須注意其態度之謙和，使人見之不生反感即是。此等任務，我以爲今後不妨由職業介紹所任之。仍分爲身言書判四者，書可以考試淺近的應用文，判則爲對於某種問題的解決及設計。職業介紹所，不妨以此考試來介紹之人。既經考試及格，則在普通情形之下，應承認此人可以試用。無論官私機關要人之時，可由介紹所介紹，若在特定之機關中，需要特定的知識技能，則應由該機關自設傳習所教練，但在職業介紹所考試及格的人，應認爲有入所學習之資格。學習不及格，許其斥退。而在入所學習之時，不許該機關自立章程招考，以免借名考試，掩人耳目，實仍看情面而錄取，而使求職之人，四處應考，疲於奔命，官立之機關，最好更進一步，除由介紹所介紹外，不得以他法引進人，介紹所介紹之人，試用不合，許其辭退。然繼任之人，仍須有介紹所介紹，不得自行引用。如此，則可以掃除人事上的弊竇，一切事業，氣象都煥然一新了。除此之外，還有一種副作用，我國公務員對人的態度，惡劣的幾居十之七八，這不但於事務有礙，亦且爲文明之玷，倘使用人之際，切實注意身言二者，則此風必可逐漸改善，這不但於政事有益，亦且替社會發動了一個禮貌運動。

寫到此，看見十二月六日《大公報》現代思潮欄所載周大玄先生《全民教育與受教育權》一文，其說有足與我說相發明的，今節錄數語如下：

> 在私產教育遺產教育的制度下，能有受教育的餘暇，又能在十數年間，繼長增高，繳納金錢，買得受教機會的人，實在太少了，在一萬人中，難得幾個，這是量的方面。從質上說，這一萬人中的幾個人，並不恰是其中的優秀者。就說他們上一代，有成家立業的優越性能，也不一定傳給子孫，況且驕生慣養，先給受教育者打下不良的底子……
>
> 在科舉制度下，讀書受教，花錢不多，寒俊之士，尚有銳意突進的可能，現在的教育，靠薪俸生活的人，已經負擔不起，農工階級，錢閒兩缺，更是無望。惟有以財生財的資本家庭，方能勝任愉快。然而中國歷史上，從秦以來，優秀偉大的人物，什九皆由工農階級誕生。然而時代愈近，教育的金錢水準愈高，苦學的事，也愈不可能，以本非資本主義的中國社會，而教育乃不斷的資本淘汰化，不是最危險的矛盾現象？……

因此，現時居於上等階級所謂高等華人的窮奢極欲，其中大部分原因，係由其本是奢侈或暴發家庭的子弟所致。

這種資本淘汰的教育，與以資財定選民的資格一樣，同是給社會以最大的不平，且又自行踐躪了國家民族的優良種子。

從下等階級出來的人，比從上等階級中出來的爲有用，我在前篇中，業經說過了。有許多人說，科舉時代，可以窮讀書，現在卻不能了，這話也是有些誤解的。在科舉時代，窮應舉確有可能，窮讀書實亦未必。因爲終必有書，然後可讀，有書即非最窮。至於應科舉，則所需之書，極其有限，物質上之供大減，窮人亦易得到機會了。但（一）窮應舉的人，能得第固最好，即使不能，亦可以教授他人應舉等自活，因此可以買書，可以借書，可以與真讀書的人接近，亦容易得到讀書的機會。（二）而且真能讀書的人，即今日所謂學者，其數原是有限的。在普通人，總只能希望其有普通的知識技能，而普通的知識技能，確可用考試的方法，獎勵其自習。從前會作八股的人固然無用，然此乃所試者非其物，謂從前應舉之士，並不能作八股文則誣。現在一個普通國民所須具的知識技能，欲求而得之，其事並不難於昔時作八股。然則昔時之科舉，既已懸考試之法以求人之能作八股而得其所欲，而收所操者約，所及者廣之效，在今日，又何不可師其意而別有所求呢？

如其國家兼用考試之法取士，而不定要學校畢業文憑，則私人所設學塾，必也如雲而起。而此等學塾，其能聲譽鵲起桃李盈門的，必多善於詭遇之徒，真正循規蹈矩，盡心教育者，反將不爲大衆所認識。至此，議論之家，必歸咎於主張兼用考試之法之人，然此事正不容如此粗淺斷定。須知範我驅馳，則終日不獲一，詭遇則一朝而獲十，此乃一種社會的病象，本無知識，又凡事都不肯留心考察，是以易受欺蒙。既有此病，在任何制度之下，都可以發作，正不繫於其爲考試與學校。現在著名的學校，難道都是悃愊無華，埋頭教育，而不做表面上工作的嗎？或謂雖然如此，能使此等譸張爲幻之徒，無所肆其伎倆，總是好的。不錯，這確實是好的，但說食不能獲飽，在今日的局面下，要根絕此輩的活動，怕實在無此可能，不但根絕，即要試行，亦恐其弊餘於利，而迫令我們不得暫借此有毒性的副作用的藥物，以維持現狀。誰不知道現在零買商人，是剝削生産者消費者都很利害的毒物？然而沒有了它，則交換不得圓滑，民間必有所闕，其弊將更甚於現在，遂成爲迫令蘇聯採取新經濟政策的一因；在蘇聯豈不知零星應用之物，亦由公家分配，可以免除私商剝削之弊？其如公家力有不及,強而行之太急,其弊轉甚於私商剝削何?總而言之:世界上最殘酷而使你不能不承認,要改革必先顧慮到的是現實。抹殺現實,高談理想,都只是說食而已。

(原刊《改造雜志》第二期,一九四六年出版)

讀書與現實

雖然你讀書萬卷，要不是配合着現實，有時候，書中所載的事情，你還是不能深切瞭解的，還記得從前讀《隋書・食貨志》的時候，曾經看見：梁武帝時，行使鐵錢，錢價因此大跌，所在市肆，堆積如邱山。又説梁武帝時發生短陌的情事。所謂短陌，即用錢每百扣去若干文，近代亦有此事，謂之短串，亦謂之扣串，然所扣不過一二文，至多五文而已；而在梁世，則所扣由少而多，最甚時，有的地方，竟以三十五文爲一百。爲什麽在錢價大跌的時候，大家反而扣起串來？這個道理，在從前模模胡胡，也没有去細想，即使去想，亦或得不到正確的解答，到近年，僞鈔泛濫，不但十元百元券，人家無暇細數，即千元萬元券，亦但以若干張爲一叠，或更以若干叠爲一封，點視其爲幾叠幾封而已，再没有逐張細數的人。有人偶而點視，則每叠中少去一兩張，多出一兩張，亦爲恒有之事，設有貪小的人，於大宗出入之時，從中扣去若干張，人家因並不細點，即無從發覺，即使發覺，亦或不與計較，他卻可以積少成多，博得蠅頭微利了，我們目擊此事，才知道短陌的起原，正是利用人家的不數，難怪其與錢多價跌的現象，同時并行了。

還有元初發行的紙幣，名爲中統鈔，後來價格跌落了，乃又發行一種名爲至元鈔的。至元鈔一貫，一千文等於中統鈔五貫，我們很疑惑，爲什麽不把中統鈔廢止了？到去年，法幣在收復區中初回復行使時，小額者供給不足，大家乃都用僞鈔輔助，然後知至元鈔行而中統不廢，亦是把中統用作貫以下的小鈔的，然則何不取銷中統而發行貫以下的至元鈔呢？那是因印行鈔幣，也要耗費工料的，在財政上亦是一筆支出，無如今日的僞鈔不可不取消的理由，也就因仍行使了。

　　以上都是因現代的事實，而使古事的意義，更爲明白的。還有將今古的事情對照，而可以知其是非得失的。如明朝宣德年間，廢止紙幣，乃增設新稅，又增加舊稅的稅額，專收紙幣，收得之後，則加以銷毀，雖亦不免詒累於民，然紙幣的收回，則確實頗爲順利。觀此，則知現在的收銷僞鈔，賦稅及公用事業率先拒收，實在是失策的，如其稅收機關及路航郵電等業，一概收進，則決無今日收兌之勞；而且到處都可兌換，不至於安徽的人，要到南京去兌換了。現距僞中儲券收兌截止之期不遠，此說言之，似已無所及，然北方的僞聯銀券，截止之期即稍後，臺灣銀行所發的紙幣及東九省的流通券，將來也總是要收回的，關金券在今日，不過是二十元的法幣，殊不必留之以淆亂耳目，現在的法幣，式樣太多了，亦當逐漸收回，專由中央銀行發行，使其形式一律。然則現行的貨幣，有待收回的正多呢，我的說法，還未始不足以供參考罷？

　　　　　　　　　　　　　　（本文寫於一九四六年）

讀書的方法

讀書，到底是有益的，還是有害的事？這話是很難説的。"學問在於空間，不在於紙上。"要讀書，先得要知道書上所説的，就是社會上的什麽事實。如其所説的明明是封建時代的民情，你卻把來解釋資本主義時代的現象；所説的明明是專制時代的治法，你卻把來應付民治主義時代的潮流；那就大錯了。從古以來，迂儒誤國；甚至被人姗笑不懂世事；其根源全在於此。所以讀書第一要留心書上所説的話，就是社會的何種事實。這是第一要義。這一着一差，滿盤都沒有是處了。

知道書上的某種話，就是社會上的某種事實，書就可以讀了。那麽，用何種方法去讀呢？

在《書經》的《洪範篇》上，有"沈潛剛克，高明柔克"兩句話。這兩句話，是被向來講身心修養的人，看作天性不同的兩種人所走的兩條路徑的。其實講研究學問的方法，亦不外乎此。這兩種方法：前一種是深入乎一事中，範圍較窄，而用力卻較深的。後一種則範圍較廣，而用功卻較淺。這兩種方法：前一種是造就專家，後一種則養成通才。固然，走哪一條路，由於各人性之所近，然其實是不可偏廢的。學問之家，或主精研，或主博涉，不過就其所注重者而言，決不是精研之家，可以蔽聰塞明，於一個窄小的範圍以外，一無所知，亦不是博涉之家，一味的貪多務得，而一切不能深入。

治學的程序，從理論上講：第一，當先知現在共有幾種重要的學問。第二,每一種學問,該知道他現在的情形是如何?最重要的,有哪部書?第三,對於各種重要學問,都得知其崖畧。第四,自己專門研究的學問,則更須知道的深一些。第五,如此者,用功既深,(A) 或則對於某種現象,覺得其足資研究,而昔人尚未研究及之,我們便可擴充研究的範圍。(B) 又或某種現象,昔人雖已加以分析,然尚嫌其不夠細密,我們就可再加分析,畫定一更小的範圍,以資研究。(C) 又或綜合前人的所得,更成立一個較大的範圍。(D) 又或於前人所遺漏的加以補充,錯誤的加以改正。如此,就能使新學問成立,或舊學問進步了。然則入手之初,具體的方法,又當如何呢?那亦不外乎剛克,柔克,二者并用。

專門研究的書,是要用沈潛剛克的方法的。先擇定一種,作爲研究的中心,再選擇幾種,作爲參考之用。"一部書的教師,是最不值錢的。"一部書的學者,亦何莫不然。這不關乎書的好壞。再好的,也不能把一切問題,包括無遺的,至少不能同樣注重。這因爲著者的學識,各有其獨到之處,於此有所重,於彼必有所輕。如其各方面皆無所畸輕,則亦各方面無所畸重,其書就一無特色了。無特色之書,讀之不易有所得。然有特色的書,亦只會注意於一兩方面,而讀者所要知道,卻不是以這一兩方面爲限的。這是讀書所以要用幾種書互相參考的理由。這一層亦是最爲要緊的。每一種書中,必有若干問題,每一個問題,須有一個答案,這一個答案,就是這一種學問中應該明白的義理。我們必須把他弄清楚,而每一條義理,都不是孤立的,各個問題必定互相關聯。把他們聯結起來,就又得一種更高的道理,這不但一種學問是如此,把各種學問連結起來,亦是如此,生物學中競爭和互助的作用,物理學生質力不減的法則,都可以應用到社會科學上。便是一個最淺顯的例子,學校的教授,有益於青年,其故安在。那(一) 緣其所設立的科目,必係現今較重要的學問;(二) 緣其所講授的,必係一種學問中最重要的部分;(三) 而隨着學生的進修,又有教師爲之輔導,然即無緣入學的青年,苟能留意於學問的門徑,並隨時向有學問者請益,亦決不是不可以自修的。

基礎的科學,我們該用沈潛剛克的法子,此外隨時泛濫,務求其所涉者廣,以恢廓我們的境界,發抒我們的意氣的,則宜用高明柔克的法子。昔人譬喻如用兵時的畧地,一過就算了,不求深入。這種涉獵,能使我們的見解,不局於一隅,而不至爲窒塞不通之論。這亦是很要緊的。因爲近代的專門學者,往往易犯此病。

兩途并進,"俛焉日有孳孳",我想必極有趣味。"日計不足,月計有餘",隔一個時期,反省一番,就覺得功夫不是白用的了。程伊川先生説:"不學便老而衰。"世界上哪一種人是没有進步的? 只有不學的人。

(本文寫於一九四六年)

新生活鑒古

上

上海新生活運動促進會，業於十二月六日成立。其首先致力者，爲節約運動及清潔運動。

案中國人侈靡之事甚多，而尤以飲食爲甚。康南海著《物質救國論》，謂"國民之風氣，侈居爲上，侈衣次之，侈食最下"。何者？侈居侈衣，可以提高生活程度，且其物可以久存，侈食者則俄頃消耗無餘，消耗太甚，必至節他途之用以足之，轉致降下其生活程度也。近者《新聞報》列舉諸食肆筵席之費，其高者，乃非高等公務員一月之收入所能充。今日何日，而可爲是饕餮歟？

西元三一二、三一六年，洛陽、長安相繼淪陷。自此中國政府，偏安於南方者二百七十三年，其間北方非無可乘之機，然至不克奏恢復之烈者，士大夫階級之腐敗，其大原因也。士大夫階級之腐敗，事有多端，奢侈其大焉者也。奢侈之事，亦有多端，飲食其大焉者也。賀琛之告梁武帝也，曰："今天下宰守，所以皆尚貪殘，罕有廉白者？風俗侈靡，使之然也。淫奢之弊，其事多端，粗舉二條，言其尤者。今之燕喜，相競誇豪。積果如山岳，列肴同綺綉。露臺之產，不周一燕之資。而賓主之間，裁取滿腹，未及下堂，已同臭腐。又歌姬舞女，本有品制。今雖庶賤,皆盛姬美,務在貪汙,爭飾羅綺。故爲吏牧民者,競爲剝削。雖致貲巨億,罷歸之日,不支數年。乃更追恨向所取之少,如復傅翼,增其搏噬,一何悖哉?"案前世士夫,多畜聲伎,燕客則使之奏伎以娛賓;而欲延客賞其伎樂者,亦必盛爲飲食以餉之。賀琛所言,二事實一事也。五侯之鯖,著稱雒下,何曾之語,流衍江東,五胡之禍,蓋與飲食若流終始?豈不哀哉?

或曰:予所言者,特一小部分人耳,今大多數人食且不飽,而何有於侈?應之曰:新生活運動,固爲少數奢侈之人言之,非爲大多數儉樸之人言之也。君不見十二月八日《大公報》之海寧通訊乎?曰:"八月十八日,其地大街小巷,遍貼歡迎某總司令某主席及某某將軍蒞臨觀潮之標語。先一日,備魚翅席十四桌,普通席一百桌,又向杭州定辦西菜一百十客,勝利糖果、勝利月餅、汽水、啤酒、香烟無數。所迎者不來,當地文武同志,連拿帶喫。結算共費僞幣六千餘萬元。後由縣府向全縣保甲攤派,名爲交際費。海寧民衆,現以山芋度日者,大有人在。此次攤派,彼等亦未幸免。"以山芋度日者,自多於連拿帶喫之文武同志,然果有浩劫,豈得曰:連拿帶喫者固少,以山芋度日者固多,遂足以挽回之,而不須警惕乎?

下

清潔運動與節約運動適相反。節約運動,常以上流社會爲對象,清潔運動,則常以下流社會爲目標。今之上流社會,誠未必其皆清潔,然財力充裕,起居服飾,究較適宜。若下流社會,則誠有陷於所謂非人生活者。疾病流行,多起窮巷,即其明證。

清潔運動,當始居室。以衣服器用等,所費較少,貧民究較易自謀也。莊周曰:"室無空虛,則婦姑勃谿。"所居太劣,則愛美之心,無由發生,雖力能改善其生活,而亦不肯爲之矣。中國人雖非甚貧,亦多不尚清潔，弊正坐此。然貧者究多，改良居室之事，政府不可不視爲急務也。

古者官爲人民造屋之事甚多。晁錯之論移民也，曰："古之徙遠方以實曠虛也，相其陰陽之和，嘗其水泉之味，審其土地之宜，觀其草木之饒；然後營邑立城，制里割宅，通田作之道，正阡陌之界；先爲築室，家有一堂二內，門戶之閉，置器物焉。民至有所居，作有所用。"一堂二內，即今三開間之屋，中爲堂，左右爲室者也。《漢書・平帝紀》：元始二年，罷安定呼池苑，以爲安民縣。起官寺，市里。募徙貧民，縣次給食，至徙所，賜田宅，什器，假與犂、牛、種、食。又起五里於長安城中。宅二百區，以居貧民。民疾疫者，舍空邸第，爲置醫藥。安民縣之所營者新邑，長安中之所起者，則所以改良舊都市者也。又有不由官營，官特唱率人民爲之者。《後漢書・鍾離意傳》注引《東觀漢記》曰：意在堂邑，爲政愛利。初到縣市無屋，意出奉錢，率人作屋。人齎茅竹，或持材木，爭赴趨作，決日而成。所營雖陋，其程功則可謂速矣。房屋之適與居住與否，實視所處之地，及其佔地充足與否，不在其材料之貴重也。此猶行古之道也。魏晉而後，政事日以苟簡，並此等事亦罕聞矣。

或曰：子之言則善矣，然古人之所以易於營建也有故。古者可以建屋之地曰廛。記言市廛而不稅，謂徒收其地租，許行之之滕也，踵其君門，乞受一廛；看見地之皆在官。《漢書・高帝紀》：十二年，賜列侯第，《注》引孟康曰："有甲乙次第，故云第"，可見室屋之在官者亦不少。今都邑之中，地皆爲私人所有矣。官安得而攘之？雖欲營建，當於何所？若曰別擇空曠之地，則民率依市廛以爲生，必又病其遠而莫之處也。可奈何？應之曰：子之言則善矣，然事貴因禍而爲福，轉敗而爲功，苟善圖之，未有不可爲者也。今地方課稅，首列而最要者曰房捐。三十年十月改訂"財政收支系統實施綱要"。夫房捐者，在荒僻之邑，則其爲數微，在繁盛之都，則其爲數巨。今之市政，荒僻之邑與繁盛之都，其所費之多少，想去誠不可以道里計，而房捐之多少，亦即隨其繁盛之程度以爲消長，故房捐實地方自治自然最善之收入也。然今之言房捐者，徒爲稅收計而已矣，未嘗計及民居之改善也。即以稅收論，亦未能盡其利。予有一策，可使公家之收入裕，人民的居室日以改善，而賃廡以居及以屋出租者，權利義務，亦兩得其平焉，請得而遂言之。

凡欲籌辦一地方之房捐者，請先動員其地與營造有關之人。如磚瓦木料商，瓦木匠等。估定某一所房屋營造所須之費用。此等估價，當按營造費之變動而變動。估價既定，其屋若出租於人者，當許其取幾分之幾之利息，以爲房租。外加幾成之幾，以爲修理費。又加幾成之幾，以爲房屋改良費。皆取於賃居者。凡有空屋欲出租者，皆告之官，爲代賃於人。房租，修理費，房屋改良費，皆由官委銀行，代爲征收。房租扣去幾分之幾，以充房捐。餘則致諸房東。修理費專款存儲。由地方與營造有關各業，合組房屋修理公司，以承辦歲修之事。房屋改良費亦專款存儲，此須通全市之房屋以謀改良，不得曰征自某屋者必用之某屋。按其款之多少，逐年進行。自最惡者以及次惡者。宜拆毀重建者，則拆毀重建之。其地宜空出者，則拆毀於此，而重建於彼。別立定議之法。議既定，屋主不得爭。此爲征稅於有善屋之人，以助不善之屋之改建，哀多益寡，稱物平施之道也。房租雖有定額，賃居者願出高價競爭亦許之，惟於前賃居者，當予一較長之遷讓期限。前賃居者若亦願出高價，其可不遷居，自不待言也。如是，較原房租溢出之額，當歸入房捐，房主不得有。何者？此必因其房屋所處之地段而然，在房主爲不勞而獲也。若此者，房主似乎吃虧。然（一）房主本有收租不得，加租不遂者，今也皆可無虞。（二）銀行代收房租，手續費必極廉，較自用經租者爲合算。即自行收租者，以極少之手續費而可省去勞力，亦不爲不合算也。（三）房屋歲修不失，則其價值可保永久。（四）且可在修理費中，劃出一部分，以爲保險費。遇水、火、風、雹等災以至毀損者，即由公家爲之重建，而房主無所與焉。此皆房主之利也。而房屋出入，因輾轉而致紛争,及居間人藉以圖利之弊風,亦可因之永絕矣。以屋賃入者如是,自居者,房屋營造之費估定,亦常如出賃之例,以納房捐;修理費及改良費亦同。如是,則稅收裕而民居亦隨之改善矣。此以改良舊宅言也,若營建新居,則其事甚逕易,可弗論。

(原刊一九四五年十二月十一、十三日上海《正言報》學林第十二、十三期)

如何根治貪汙

中國現在，政治上的病根，究竟何在？曰：在貪汙。惟貪汙，故見錢就要，亦即凡事惟知要錢，而一切事情，無一辦得好。貪汙的宗旨，在於享樂，既旨在享樂，自然可不辦的事情，一切不辦，行政效率大減。貪汙所得的財產，何自而來？說到底，自然皆出自老百姓。誰肯將自己的財產，送給貪汙者？自不免要強取，而其結果遂流為暴虐。從前的官箴，最要緊的是"清、慎、勤"三字。清是不貪取；勤是辦事要認真，敏捷，不得推委，延宕，甚至石沉大海，竟無下落；這是人人所知，無待解釋的了；慎字照字面講，只是小心的意思，然推求其內容，則實含有防止暴虐的意思。因為作官的人，權力在手，雖無虐民之意，而偶一不慎，即易流於虐民而不自知；且慮受其監督之人，如胥吏，衙役等，有恃勢凌民，藉事擾民之舉；所以要小心翼翼，仔細檢點，這並不是為着自己的前程，卻是為着下民的禍福，如其本人尚不知虐民之為非；或雖知之，而為私利起見，雖出於虐民而不恤；則其人已無聽受箴言的資格，談官箴者，亦不再和他說話了。清、慎、勤三字，雖然並重，然昔人談官箴的，又說當以清為本；而俗稱好官的，都謂之清官；亦把一個清字，該括衆德，這正和今日的官吏，具有種種惡德，而人多攻擊其貪汙，以貪汙為萬惡之本相同。

治病者必先明其病源，貪汙的根源，究竟安在呢？這和一般人談起來，很容易得到世風日下，人心不古的答案。這些話，未免太籠統了。徐靈胎先生在其所著的《醫學源流論》裏說："醫之爲業,是最易自考的,久用某法而不效,必然是藥不對症。"世風日下,人心不古之說,被視一切惡德的病源,久矣夫了,卻未曾因此而得到一個適切的治法;其因此而引伸手來的治法,大都是無效的;就可見其迂遠而闊於事情了。信賞必罰,以整飭官場,這話,自然是較近於實際的,然而現在的官吏,共有多少? 其中公忠體國者有幾何? 這少數公忠體國的人,我們用何法使之恰居於監督的地位? 即使能之矣,以其人數之少,亦安能望其足敷分佈? 監察成爲五權之一,雖然是孫中山先生一個偉大的發明,然亦只能去其太甚而已,不能自肅,而靠人家來爲從旁的監察,事後的監察,在風紀尚稱整肅之世,或可當作一道堤防,在舉世滔滔,如大江東去之日,而欲以此挽狂瀾於既倒,恐其希望亦極幾微了。

然則貪汙終不可治乎? 貪汙而終不可治,政治尚安有清明之望? 社會又安有安寧之日? 何況更望進步? 然則貪汙豈可以不治?

欲治病,終須先求病原,欲求病原,終須就病狀加以觀察。我們試就現在的貪汙,加以觀察,則其所見的特徵,實爲普遍而深刻,即貪汙之事,自古就有,外國亦有,然其彌漫於整個政治界,且其程度極深,則幾於無如今日的。所以普遍與深刻,實爲今日貪汙病的特徵。論者每謂中國的官吏,是從來就貪汙的。不論什麼時候都如此,此言實爲誤會。在中國,承平的時代,官吏是並不能稱爲貪汙的。今欲診斷現在的貪汙病,對於此點,不能不加以說明。這話怎麼說呢? 普通認爲舊日官吏爲普遍貪汙的,不過見其所取多出於俸祿之處,因而如此云云,然此語實不能如此說法。今試問:(一)做官的人,能否自己吃飯,替公家辦事?(二)更能否自帶家私,貼補行政費? 那自然是不能的了。然而近代官吏的俸給,卻微薄得可憐,至於行政經費,則自古以來,用明文規定的更少,然則從前的官吏怎麼辦呢? 難道真枵腹從公,毀家紓難麼? 不。昔時官俸雖薄,行政經費,雖然沒有明文規定,然在習慣上,國家許其取諸俸祿以外的款項實多,此爲法律所默認,有時并或加以明認。此即不啻國家規定的,允許的行政經費及官吏的特別收入,從而取之,自不能謂之違法了。此等款項,歷代皆有,舉其犖犖大者,則在前代,最重要者,爲"隨身用度,悉仰於官"。即官吏一身,在理論上,當然可以包括其一家,當其任職之時,其所消耗,悉由公家供給。此與今日之公務員,由公家給與食料、衣料、住宅、旅費或交通工具者正同。至於上任之時,去職之後,路途之所費,則其最著者,爲郡縣之送迎;即守、令去來之時,此等費用,悉由地方供給。此事在後來,踵事增華,所費頗巨,成爲官吏貪取之一端,然此乃流弊使然,論其本意,則實不如此。郡縣而外,他種官吏,雖無明文可考,然古人仕於郡縣者甚多,服務之地,即在本鄉,自然用不着路費,其自願游宦於外的,既已早在客中,至於任用之時,自亦無從追給以路費,若其特加徵召的,則似亦有時顧及其私計,如漢代特招公卿,郡國薦舉之士,即有時"令與計偕"。計者,各郡、國户口登耗,收入支出增減等事,著之冊籍,每年遣人送至中央,謂之"計簿"。賫送計簿的人,謂之"計吏"。與計偕,即與計吏偕行,其路費自然皆由公家供給。計吏亦爲入仕中央之一途,賫計簿既到,大抵留拜爲郎,其晉京路費,不必自掏腰包,更無待於言了。在近世,州縣最重要的收入,爲火耗與陋規,火耗是從田賦征實時代的"耗"轉變而來的,穀物之類,零星征取,歸併存儲,其量之計算,不易粗密,且搬運、貯藏,皆不免於耗損,如秤、量時之出入,運搬時之遺失,貯藏於露天則有雀耗,於倉廒則有鼠耗等是。分而觀之雖微,合而言之則巨,經手的官吏,勢難賠貼,則征收之時,不得不署行增取,以備彌補之用。此爲所謂耗者之所由來,固非法律所規定,然亦事勢不得不然,所以後來,法令亦多少加以認許了。所謂耗者,合之雖見其多,分之則微不足計,倘使所增取者,真以足補耗損之數爲限,原亦無害於民,然征收的官吏,利其取之既微,人民不至反抗;亦且納者之勢,散而不聚,不易反抗;而少加增取,即可以合少成多;乃漸次增加其所取之數。於是其所取者,遠超過其彌補所須之限度,甚至本來不虞耗損之物,而亦增取之,如宋時收銅錢的稅項,亦加成收取,謂之頭子錢是。至此,其事遂成為利藪,然必要的彌補耗損之費,亦仍寓於其中;而且習之既久,則其中的若干成,或又被撥充行政經費;甚至國家增稅之時,亦即列為新增項目之一;更不能謂之非法了。明中葉後,田賦漸次征銀,零星征取,熔成整錠起解,其間又不能無所耗損,亦不能不征取於民,此即所謂火耗。其後銅錢增鑄漸多,收稅時民間實多納錢,然公家計算銀數,折錢征收時,仍將所征之耗算入,故火耗之名,相沿不廢。又清代賦稅,雖皆收錢,及其起解,則仍必以銀,故州縣於收說之後,又必將錢易為銀兩,而其所定銀錢折合之數,銀價亦必較實際為高,此中亦大有盈餘。此等因征收田賦溢出之款項,實為州縣收入之大宗,然賦稅之征收費,以及其餘之行政經費,因多出於其中,並非可以全入私囊。且其取之,亦必遵照歷來的習慣,並不能隨意增加。如或擅自增加。勢必引起地方上的反抗,官吏前程,必且不保。此可見其雖係習慣,業已儼成法律了。田賦收入,各地多少不同。國家賦入薄者,地方因田賦而來之收入,亦隨之而薄,則其行政經費的貼補,多有恃於陋規。如地方的大商家,按年、節致送規費;衙門中所消耗的物品,由某種行業聯合供給;所使用的人力,由某種組織,合力應差是。此等亦皆有習慣,不能隨意增取,故名之曰"規"。火耗陋規之類,各地有豐有嗇;衙門循例開支,各地亦有多有少,收入多支出少者,官吏之收入亦多,收入少支出多者,官吏收入亦少,此各州縣之缺所以有肥有瘠,如可任意貪取,那就是本無所謂瘠缺了。州縣為親民之官,從前財政上最大的收入田賦,皆經其手,此外關涉財賦之官,亦皆有此等相沿成習的收入,亦都可謂之規費,如鹽務、關務之官即是。其不親民又不關涉財務之官,則其俸祿以外之收入,所恃以供給行政經費而補俸祿之不足的,大抵出於他官署。如道、府、督、撫,皆恃州縣饋贈,京官靠外官致送冰、炭敬等是。我們一考閉關時代的收入支出,往往覺其數字少得駭人,論者多謂昔時的政府,並不辦事,所以如此,其實以此收入,維持真正一事不辦的政府,也是不夠的,何況並不能真正一事不辦呢？昔時代財政收支數字之小，實由習慣上有些支出，都由習慣上的某些收入供應，而其收支皆不見於記載使然。然其收支雖無明文，而實有成法，初不能隨意改變，然則在承平之世，一切皆須守法，爲官吏者，又何從貪汙呢？

政局變亂，一切皆無成法可循，貪汙的機會就到了，當這種時代，有兵權在手者，肆行攘奪，可以竟與盜劫無異；若爲文吏，則仍必以法律、命令爲藉口，然法律、命令，總只能規定大畧，施行起來的寬猛，總是視乎其人的。承平時代，國家意在恤民，官吏自不敢過於嚴切。至喪亂之世，則國家之意，本亦主於嚴切，人民無可控訴，官吏就得以肆行無忌了。在官民之間，實際上發生力量，足以防止貪汙的，不是法律、命令的條文，此等或爲人民所不知，或雖知之，而無遵重之習慣，違反了，也無人過問，其發生力量的，乃是法律、命令中爲人所共知、共守的一部分，以及雖無法令，而爲人所共知、共守的習慣，在平時，全恃此以防止官吏之貪汙，至於變亂之時，則一切破壞無餘了。更須知道的，凡新興的事業，大抵皆無詳密之法令可循，因爲法令的詳密，是要追隨辦事的經驗的，在其初興之時，勢自不會臻於詳密。即拾此勿論，而法令之發生效力，在於人之共知共守，初興的法令，也是不能有此希望的。現在政府所辦的事業，比之從前，不知多出多少來了，這都是新興的，自然也給貪汙者以肆行無忌的機會。

然則今日貪汙的現象，所以特別普遍而深刻，其原因可知了。一者由於我們今日，仍在一個變亂的時代，紀綱不整，暴力橫行。二者則由於新興事業之多，無法律之可循，習慣之可守。前者是一種事實，除希望大局之澄清外，別無他話可說，後者則是政治上的一個大問題，無論哪一黨哪一派，或無黨無派的人，起來組織政府；或者互相聯合，而組織一個政府；都不能不對此爲深切的注意，因爲無論誰來組織政府，今後政府該辦的事情，只會加多，不會減少，對於貪汙，不能根絕，就是縱百萬虎狼於民間了。

這個問題如何解決呢？

只有以更多數的人民，監督多數的官吏，能使之不能作弊，不敢作弊；只有人民自己辦自己的事，能定出適合於實際的辦法來，使人可以遵循。在此兩個條件之下，則地方自治的發達，實爲對治貪汙的根本之計，這話怎樣説呢？試舉徵兵爲例。

現在所行的保甲，是創始於宋朝的王安石的，他的創立此法，用意有二：（一）使人民能够警備盜賊以自衛，（二）漸進而教以武藝，使之成爲民兵。他的主意，實在後者，而前者不過是達到目的的手段。論起民兵來，較之募兵，自然有種種優點，何況當宋朝募兵極弊的時候？而且第二個目的達到，第一個目的，自然不成問題了，他這個主張，原是很好，然其實行的結果，卻是如何呢？恐怕是他所行新法中最壞的一事了。試看《宋史・兵志》所載反對黨諸奏疏，其弊幾於不可勝窮，如政府所派檢閲之官，對於地方上的誅求；教練之官，對於所教保丁的作威作福；真使人民透不過氣來。在如此情形之下，所練成的民兵，即使武藝精嫻，亦豈可恃以爲用？何況武藝也有名無實呢？無怪據《宋史》所載，民兵之著籍者，其數初不爲少，然始終並無成績可見了。然而我們試讀蘇軾《請存恤河北弓箭社》的奏議，追述該社的起源，乃由燕雲十六州割給契丹之後，河北之地，成爲緣邊，時虞寇盜，官兵不能保護，乃由他們自立組織，以資自衛。他們的組織，純出自動，如派丁抽費等，一切都有嚴密的規則，毫無弊竇，而效率甚高，甚爲敵人所畏。我們看此兩事，便知道：（一）對於人民有益，而其利益又爲人民所能瞭解的事，人民自能起而籌辦；（二）凡是人民所辦的事，必能切於實際，確合需要，而並非裝飾門面；（三）且皆有成效可見，而非有名無實；（四）凡人民所樂意辦理之事，人民必自能妥立章程，寬籌經費，慎舉人員；且自能對於辦事者，加以嚴密的監督。政府所辦的事情多了，恐非藉此力量無以善其後。

然則今日之急務，在於領導人民，使其知道自己所需要的事而自己來辦;扶助人民,爲其除去阻力,而使其自己能辦,操刀代斫,固然不是路;藉口於操刀代斫,而意實在於與民爭利,那更遲早是死路一條了,雖然還不在目前。

（原刊《學風》半月刊創刊號,一九四七年四月一日出版）

梁啓超新評價

晨雞叫喚數十年，革命黨人醒迷夢。

鼓吹革命，必以文學爲利器。因爲革命的成功，並不是使大家知道某些事情，須要改良，應該如何改良的問題；而是使大家知道眼前的環境，異常黑暗，非將他推翻不可的問題，而這種感情上的刺激，以文學爲最有效。

語體文的流行，已近三十年了。後起的人士，對於文言文，閱讀的漸次希少，因此把革新的初期，用文學鼓吹最力的梁任公先生，漸漸的淡忘了。其實他是甲午之戰以後，五四運動以前，用文字鼓吹革命最有力量的一個人。他雖然在光緒末年，主張君主立憲，卻並不是反對革命。只是怵於革命事業的偉大，怕其中途枝節橫生，而且目擊當時的革命黨人，一大部分，不免於知識浮淺，意志薄弱，度量狹窄，很容易走入腐敗，引起內爭。所以他極注意於革命的道德。到後來，尤極注意於社會的風氣，尤其是政界的風氣。他所發行的雜志《國聞報》，就是這一個時期的產物。他引用他家鄉的一句諺語，"相見好，同住難"，語重心長，流涕而道，欲以防止革命黨人內爭。我們試平心細想，從辛亥以後，黨人的紛紛改節，或離或合，變幻莫測；以至後來之南北相爭，國共分裂，推波助瀾，至於今日而難猶未已，哪一件不是革命黨人內爭問題？而政界的貪汙腐敗，更成爲內憂外患的總根源，哪一件，不應了他預慮的話？我們現在還敢非議他麽？不要以爲他是反對革命的人，他的主張君憲，不過是革命的一種迂回的手段而已。所以到辛亥以後，民主已成定局，他就再不提起君憲兩字，而到洪憲叛國，他倒又成爲護國軍中的有力人物了。這一點，他是和他的先生康南海，大不相同的。至於揭穿現局的黑暗，使人知道非有一徹底的大改革不可，他的力量，可謂偉大無倫。所以當民國初元革命黨人攻擊他的時候，國民黨的政論家章行嚴先生，便替辯護，說當戊戌以後，辛亥以前，最晦盲否塞的時期，他"獨爲汝南之晨雞，五十餘年，叫喚不絕。今日革命黨人的迷夢，爲彼所喚醒者不少，此今日之革命黨人，所撫心而自知者也"。見當時《獨立周報》嚴幾道先生，是不甚以他的激烈言論爲然的，然亦說："任公筆下，殆有魔力。"認爲數十年中，時局的動向，被他一人所左右。見《學衡雜志》所載嚴氏與熊純如的信札。他的力量，就可想而知了。

　　不要以爲幾十年前的舊話，不切於今日的事務；僅有許多，在今日仍是驚心動魄，而且知道了他，對於現局，更可以深切的瞭解的。我現在試引前清光緒二十一年兩個疆臣的話，以證實此說。其（一）是新疆巡撫陶模覆陳自強大計之摺，中間有幾句警策的話。他說："試令島族，指日本納土歸誠，取其已富之財，已強之兵，令我闒茸嗜利之輩往治之，不過一二年，而弊端百出矣。"我們現在的接收臺灣，豈不是應了他這幾句話？看了這幾句話，不將憬然於目前的病根，早種於數十年之前，我們革命數十年，並没能搖動他分毫麼？其（二）是兩江總督張之洞聘用洋將創練自強軍的奏摺。他說明必用洋將的理由是："無論征軍、防軍從無不缺額之事。即其實有之勇，亦多係安置閒人，令當雜差，則雖不缺額，亦與缺額同。……層層尅扣，種種攤派。長夫視爲津貼，營官皆爲例獻。將擁厚資，士不宿飽。……營官統領，專講應酬。奢靡佚惰，用費繁多。營謀請托，無所不有。既視爲營私謀利之路，豈尚有練兵報國之心？……惟有改以洋將帶之，則諸弊悉除。無論將來臨敵之效若何，總之額必足，人必壯，餉必足……勇丁必不能當雜差，將領必不能濫充。"以上兩疏，均據李宗棠《光緒乙未後奏議輯覽》。我們讀此，又可憬然於中國現在，有許多事情,爲什麼不能不用外國人,而其原因,初不在學術技藝上了。這還不是什麼有學術思想者的議論,而其足警惕已如此,何況當此學術思想界的權威呢？即以文字論,文言文在今日,雖可以不作,還不能不讀,要讀文言文,像梁任公先生這種華實并茂的文字,還是很值得推薦的。

我試再引他一段鼓吹革命的文字。這是他在《新羅馬傳奇》裏描寫意大利的革命人物馬志尼的。他借着馬志尼的口說道：

你看這客星據座天容變,你看這濁流飲恨人權賤,你看這狐兔縱橫佔盡了中原,你看這虎擇狼肉,不住的把威權煽。冤也胡纏,孽也胡纏,文明敵橫行遍地,專制毒憔悴千年。遮莫要泥犂打碎奮空拳,遮莫要亂麻斬斷,起一度玄黃戰？天也無言,佛也無言,只怕待劫灰飛盡,靈光才現。

他連用"你看這"三字,何等警切？與現在"你這個壞東西"的調兒,又何以異？

(原刊《現實新聞》雙周報,一九四七年出版)

全國初等小學均宜改用通俗文以統一國語議

一國之民,所以能結合爲一國家者,果何故乎?曰:種族相同也,宗教相同也,風俗相同也,語言文字相同也。而結合之力,尤以語言文字爲最大。蓋語言文字相同,則國民之感情因之而親洽,一國之文化,緣此而獲調和。雖種族、宗族、風俗,或有不同,而其結果,自能泯合於無形也。我國數千年來,言種族則并包滿蒙回藏之殊,言宗教則極之釋老回耶之異;言風俗則東西南北山川原隔各自有其特殊之習慣,然嘗統合爲一大國,而無分裂之憂者,則以語言文字統一之故耳。

我國文字統一,蓋遠在三代以前。故古人以書同文與車同軌行同倫並稱,雖然斯時之文字,固猶隨各地方之方言而有小異也。及秦併天下,考校列國之文字,罷其不與己合者,益收文字統一之效。自是以降,雖或有他種之文字,流行於國中,然其細已甚矣。語言雖不統一,然由方音變轉之差而然,而其根本上初無大差異。又歷代政府皆極獎勵文化,而民間亦極崇尚之,故文字統一之力,又嘗足以彌語言不統一之闕,數千年以來,有以調和特異之種族宗教風俗,而使之無礙於國家之統一,職是故也。

雖然,所貴乎語言文字之統一者,非僅爲消極的而實爲積極的。何謂消極的?其力足以抑制種族、宗教、風俗之不同,而使之不害國家之統一者是已。何謂積極的?其力足以增進國民情意之團結,促文化之進步,而使國家同臻於盛強者是已。我國數千年來,文字雖統一,然使用之者,僅少數上層社會之人,而多數下層社會之人,不啻不能使用公共之言語,故國民之情意不能相團結,而文化亦不能進步也。

近年以來,感外界風潮之刺激,知非國民團結之力加厚,不足以禦外侮也,又因政體之變更,發見國民參與政務之必要,而非國民之知識進步,又不足以舉參與政治之實也。於是教育普及與國語統一之兩大問題,同時發生。雖然,此兩問題者,果真分為兩事而兼營并進者耶?抑宜併為一事,而舉一即以致二者耶?則不可不研究之。今試設為兩問題如下:

一、國語統一,可無待於教育乎?抑有待於教育乎?果有待於教育者,當由國家強迫之乎?抑可聽國民之自由乎?

二、設有待於強迫者,當以何者為之機關乎?

就此兩問題而研究之,則發見一不易之辦法焉,曰:統一國語之機關,當與強迫教育之機關合而為一是也。何者?今欲使一國之人皆能操通行之國語,則其事不能無待於教育,固不俟論,而欲舉全國之民而教育之,則其事不能不出之以強迫,又無待言也。雖然強迫就學之事,施之於兒童猶易,而欲施之於成年之人,則其事殆不可能。且成年之人,學習語言,恆不如童蒙之易。苟使一國之兒童,皆能操通行之國語,則成年之人,亦將漸漬而自化,其用力較省,而其收效甚宏也。否則惟有聽國民自由學習之一法耳,而其結果,能操國語者,必即為向者能使用文字之人,如官吏士人等。其收效至薄矣。

統一國語之機關,既與普及教育之機關,合而為一矣,而其辦法又有二,一則於全國之初等小學,皆別設國語一科,使學生於國文之外,更學習官話;一則將全國初等小學之國文悉改為官話是也。二說之中,吾則主張第二說。何則?強迫教育期限之長短,視國民之生計程度以為衡,我國之民生計窘蹙,大多數人能受教育之期限實不過三年耳。以三年之短時間,而欲其既通國文,又精國語,此必不可得之數也。二者既不能并精,而徒貪兼營并進之美名,其結果,必至國文既不能通,而國語又不精熟,兩俱無所用之,尚不如專精其一之為愈矣。欲專精其一，則通國語，事實較易於國文，而其有益於實際，則遠過之，以甫及學齡之兒童，受三五年間之教育，而欲其能精通中國之國文，實爲必不可得之事，與其徒鶩美名，無益實際，尚不如論卑而易行者之爲得也。

此非謂一國之學齡兒童，遂可以不習文字也。查一國之文字，本可分爲三種：一古文，如先秦兩漢之書，唐宋八家之文是也。其名詞句法，皆與近今之語言絶殊，純然爲一種古代之言語。一爲普通文，如近今通行之公牘書劄及報章紀事之文是也。其爲文介於古與今之間，蓋承古代之語言而漸變者。一通俗文，如向來通行之白話小說及近人所刊之白話書報是也。其名詞句法無一不與今日之語言吻合，直不啻取通行之語言而記載之以一種符號而已。夫人之情，就其所已知之語言，而習一種符號以記載之則易，習其素所未見之語言，而并習其記載之之符號也則難。此習外國文者，所以較難於習本國文也。習全國通行之語言而可與全國人相交接，其獲益必至宏。習一部分人所通行之語言，則僅能與一部分人相交接，其獲益必較狹。吾國向者當學童入學之初，輒使之習古人之語言，曰與古人相晤對；即能工之，亦不過能與全國之通古語者相交接耳，而其教之又不以其法，漸摩之又不能及其時，卒之今與古皆不能通，而學生入學數年，遂等於徒勞而無益，亦可謂天下之至愚矣。

今試臚陳國語統一與教育普及同時并進之辦法如下：

一、全國初等小學國文科，宜正其名曰國語，其課本即用普通之官話演成，其他一切課本亦莫不然。

一、由學部編輯官話字典，用簡字拼音，注官音於字旁。

一、於京師及各省省會設立國語傳習所，招致文理明通、署知科學之士入校肄習國語，以備充當各府、廳、州、縣初級師範學校及國語傳習所之國語教員。

一、於全國府、廳、州、縣設立初級師範學校，以國語爲注重科目，凡卒業於此學校者，國語必能純熟，方爲合格，否則無論科學如何高深，教授管理如何合法，均不准給與卒業文憑。其地方實係貧瘠不能設立師範學校者，亦宜限立國語傳習所，招致文理明通畧知科學之士入校肄習國語，至卒業期限，由提學使司考核，國語果能純熟者，一體給與文憑，准充初等小學教員，其已經設立之初級師範學校及師範傳習所，亦限於某年月日起，一律添設國語一科，若私家所立之校，不肯照辦者，提學使司不得給以卒業文憑，該校卒業生，各官立公立之初等小學仍不准聘用。

一、檢定教員亦以國語爲必要之科目。

一、從前已經卒業之初級師範生及已經檢定之教員，定於某年月日補行國語檢定。

如此辦法苟能行之以實心，持之以實力，則寬其期以計之，三年而京師及各省會之國語傳習所，可以畢業，十年而各府、廳、州、縣精通國語之人才，可以畢出，至教育普及之時，即爲國語統一之日矣。請舉其利益如下：

一、國民教育之程度，可以增高也。所貴乎國民教育者，爲其能增進國民之智識道德，使之足以自立於世界也。夫文字者，求智識道德之媒介，而非即智識道德也。今舉扶牀入塾之兒童，而遽授之以艱深之國文，師與徒皆敝敝焉，耗其精神日力，以從事於此，而無暇復以其餘力從事於智識道德，則國民教育之程度，必不能高矣。不寧惟是，國文者，猶之一種語言也，凡習一種語言者，必能深通其意，且能運用之，然後可以獲其益。今以中國文字之艱深，而欲使扶牀入塾之子，於極短之歲月間，遽能深通其意，而運用之，此必不可得之數也。夫如是，則學生卒業之後，必不能更以文字爲媒介求智識道德，以附益向者之所不足，而初等教育之收效益微矣。今若改用通俗文，則師教徒授，皆易於爲力，疲精勞神以求通國文之時間少，則博求智識道德之時間自多，而學生卒業以後，亦可讀書閱報，以補學校教育之所不逮。轉移間國民教育之期限不必增長，而其收效則倍而不止矣。

一、能充初等小學教員者衆，而師資易求也。中國教育之所以不能普及者，非徒由於經費之竭蹶，民俗之錮蔽，而亦由於師資之難求，師資難求，則教育之成效不著，貧民彌不肯送其子弟入學。富人亦不肯捐資以助學。而師資之難求，尤以國文爲最。蓋中國普通文字，其原皆道於古文，不通古文，則無由深知其奧窔，而欲以古文教授兒童，則其事斷不可能，故非深通文學，且又明於兒童心理，長於教授之法者，必不能循循善誘，盡因材施教之妙。夫欲求此等人以充教員，則戞戞乎其難之矣。然其收效猶至寡也。若改用通俗文，則名字句法，悉與今日之語言相同，無教授文法之困難，但能通曉國文者，於教授之法畧加研究，即能勝小學教員之任，而師資不可勝用矣。

一、國民之感情親洽，而團結之力可以加厚也。中國之民，素以一盤散沙貽誚於外人，推厥由來，未始非言語不通階之屬也。蓋言語不通，則感情不能親洽，自不能互相聯絡，互相團結，以共謀一事，而地方界限之惡習以生。國語既相統一，則不啻道向之情睽意隔者，以相見於一堂，向者之論鄉誼，今者之分省界，其惡習不期其除而自除。無論政治界、學術界、實業界無不將驟添活氣。國民活動之力，可以大增矣。

一、可以聯絡各族之感情也。滿蒙回藏之危，人人知之，籌所以保之之策，則曰築路練兵改設行省而已，雖然，此非治本之謀也。治本之策，必使滿蒙回藏之民程度日高，足以自立於世界，且日與漢人相接近而後可。蓋必如是，然後不至事事仰賴政府之保護，而其開化自亦較易也。然欲求如是，捨國語統一外，復有何法？欲求統一國語，捨即以初等小學爲之機關外，更有何法？彼滿蒙回藏之民，豈能於強迫教育之外，更受國語之教育耶？抑其學齡兒童，能於三數年間，即通國文，復精國語耶？則吾說之不可易，彌可見矣。

一、可以堅僑民內向之心也。中國之民，天性長於移殖，不待政府之保護獎勵，而足跡已遍於五洲。今者美洲及南洋羣島，吾民之流寓者，動以萬計，苟能堅其內向之心，實於吾國國力之擴充，大有關係。然吾民愛國之心雖摯，日受外人之壓迫及籠絡，而政府初無術以保護之，社會又無策以聯絡之，久之亦必化爲外國之民而後已。今欲便僑民回面内向，始終不忘祖國，不爲外人所同化，則惟有使之明習本國之文字，以增進其智識，通曉本國之國語，以團結其感情耳。而欲行此策，亦非改初等小學之普通文爲通俗文，使言文一致不能。

一、中國之國語，有可爲世界語之希望也。挽近世界交通，日益親密，感言語不通之困難亦愈甚。於是汲汲於創造世界語，此事之成，當在百年以内耳。夫世界語之創造，必不能無所因。吾謂各國之國語有爲世界語之希望者，必備有三種之資格：（一）原來爲世界最多數人所使用；（二）其國本有高深之文化；（三）其國人長於殖民，足跡遍於五洲者是也。而此三種資格，我國之國語咸具備之。苟於最近之數十年間，能奏統一之效，則其勢力必凌駕英語而有以奪愛斯勃蘭特（Esperanto）之席，可斷言也。雖然，此爲最近數十年間吾國國語能統一者言之耳，否則齊、楚、閩、粤方言，各自不同，通行於國内，尚且不能，遑論其於國外哉？數百年以後，吾國之國語縱能統一，而世界語之席，已爲他國所奪矣。事有遲之數十百年，而國家之損失，遂不可復者，此類是也。

或謂一國之文字，爲一國國粹之所寄，今若此，是舉一國之人，皆僅通淺近之俗語，而無一人能知高深之文字者，是不啻文字亡，文字亡即國粹亡，國粹亡國亦無以自立矣。此贛言也。夫强迫教育者，國民所受教育之初階，而非國民所受教育之止境也。彼僅受初等小學之教育而止者，皆農工商之子弟，向不讀書者耳。若號爲士族之人，其子弟所受之教育，必不以初等小學爲止境，自此以上，入高等小學及中學，即可肄習普通文，入高等學堂及大學堂，並可肄習上古文矣。且人惟不受教育，則其程度愈低，程度愈低，則愈不知受教育之當亟，今若舉全國之農工商而皆能通知通俗文，則其智識必漸高，智識漸高，則送其子弟入高等小學以上之學堂肄業者必日益多。是如吾之所云，特變向者不識字之人爲通通俗文之人，更引而進之，使通普通文與古文耳。非舉向者通古文與普通文之人，而强抑制之，使僅通通俗文而止也,而何國粹亡失之足慮乎？或又謂中國文字素號艱深,童而習之,已苦不易,今於學人就傅之初,即詔之以淺近率易之通俗文,將來更習普通文與古文,其心思將格不能入,又安望其能真通國文乎？不知通俗文者,猶取今日之語言而記載之以一種符號耳。古文者,記載古人語言之符號,吾人辨識其符號,考求其用法,將由是以通古人之語言耳。習記今人之語言之符號,何以遂不能通古人之語言？此其理,當亦難者之所不能解也。若謂古文難治,不宜以治通俗文,更分其日力耶？則吾又將有以祛其惑。夫謂古文高深於通俗文者,非謂古人之語言,有以高深於今人之語言也。特數千年以來,學士大夫之思想,皆習以古文達之,故古文遂變爲一種專門用語,而通俗文則爲普通人所使用之語言耳。今若使一國僅通通俗文之人,其思想學識皆日漸增高,而亦積以通俗文達之,則通俗文之意義,亦必日漸精深,浸假而亦可以爲國粹之所寄矣。此非謂有通俗文而古文遂可廢也。特由此可見古文之所以高深者,不在乎其語言,而在乎其所載之事物理想耳。古文之所以高深者,即在乎其所載之事物理想,則其心理之發達,尚不足以語此理想事物之人,雖授之以古文,亦奚益哉！此吾國向者讀書之人,當發蒙之初,所以日受四書五經,了無益於知識道德,而轉以窒酷其性靈也。由此觀之,則授童蒙以古文,非徒無益,抑且有損,待其稍長而施之,不徒無時過後學之弊,抑且有事半功倍之效,斤斤以國粹廢絕爲憂者,其亦可以思矣。

或又謂中國文字筆畫繁多,書寫不便,主形不主聲,認識較難,欲其爲盡人所能曉,非廢棄之而另創一種諧聲之簡字不可也,此又惑之甚者也。夫中國文字,書寫之所以繁難者,由於純用正楷而不用行草,而非由於筆劃之繁多；通曉之所以不易者,由於其與語言相分離,而非由於造字者之兼用象形會意。夫獨體謂之文,合體謂之字。獨體者,筆畫必簡,合體者,筆畫必繁,若求有簡而無繁,勢須有文而無字,揆諸事理,夫豈可行？今若取西洋之文字,而一一書之以正楷,則其繁難正與我等耳。且彼有一字累十數母者,而我至多三四母而止,且不常見。即有之,亦多減省其筆畫,以便書寫,是我轉簡便於彼矣。若論形聲,則我國之字,亦何嘗不主諧聲哉？六書以諧聲爲最多,此稍通小學者所能知也,特音聲轉變,迄今日已失諧聲之用耳。雖然,今日言統一國語,是欲藉文字以齊一國之語言,而非使文字之聲音,隨之方音而變轉也。若求發音之悉與方言合,則惟有使南人用南音,北人用北音,各用一種之字母,以教之耳,而如閩粵及滿蒙回藏,又將各造一種之簡字以教之,國語統一之謂何？若強各地方之人,使皆習官話,則其發音之不能沿用土音亦等耳,而何惡乎向者之文字乎？且簡字合聲之說尚有其不可行者,請得而詳言之。一國文字之沿用,非盡出於人爲,實亦半由於天演。古者封泰山禪梁父者七十二家,讀其文,孔子不能盡識,則我國古代通行之文字之多可知。而迄於今日,惟此一種存,則此一種之文字,其適宜於我國之民性可知。徒以企慕歐風,猝求創造,歷事既淺,必無以善其後,其不可一也。主張合聲簡字者,謂因形可以得聲,學習較易耳。不知文字之應用,貴乎習熟,必能一望而知其義,然後可用以讀書,用以閱報,用以記事而達意。若必字字拼而讀之,以求其義,則其事至難而不適於用,人亦將厭苦而棄之矣。合聲簡字若使字字拼而讀之,則較諸舊日之文字,誠可省認識之勞,若亦求其習熟,則與舊日之文字等耳,徒事紛更,無益實際,其不可二也。我國文字自創造以來,雖篆隸分楷,書寫之法,時有變更,而實不得謂之改作。以文明開化最早之國,而一種文字沿用迄於五千年,取精用宏,真可謂之國粹所寄矣。通俗文與古文異流同源,通通俗文者更求通古文,既省識字之繁難,且獲文法之印證,可謂事半功倍,故初等小學教授通俗文,不徒於將來求通古文無礙,抑且有益。且初等小學所以必須教授通俗文者,一則因其卒業之年限校短,必不能通古文與普通文,一則藉以統一國語耳。數十年後國語既已統一,國民之生計日益寬裕,強迫教育之年限可以加長,於斯時也,初等小學仍可改授普通文,若用諧聲簡字,則一國之中,不啻驟有兩種文字通行,不特僅受初等教育者不識固有之文字,即入高等小學者,欲更求通固有之文字，其事亦至難。數十百年之後，國語雖已統一，更欲廢棄簡字純用舊日之文字，勢亦積重難返矣。是使我國固有之文字，勢力大爲減殺，國粹真將由此而亡失也。其不可三也。凡事因則易爲功，創則難爲力，我國之民，通文字者雖少，然農夫野老居肆負販之徒，以及婦人孺子，其畧知文義能識字者，固亦不乏，因而授之以通俗文，其事甚易，必欲强之以捨所素習，而更習一種之諧聲簡字，彼必將以爲無用而棄之矣。此不徒年長之人爲然也。即以此施之小學，彼學生之保護人亦必有以爲無用而不願送其子弟入學者，是爲興學又添一重阻力也。且通通俗文之人，固不能古文與普通文，而通古文與普通文之人，則無不能通通俗文者，人而苟通通俗文，即可與全國之通文字者相交接，若通簡字，則止能與全國之通簡字者相交接耳。此與僅通方言不通國語者何以異？其不可四也。所以欲强迫一國之民，使皆習文字者，爲欲增進其智識道德也。夫文字爲求智識道德之媒介，而非即智識道德，吾前既已言之矣。今欲一國之民智識道德增進，則必引而進之，則教之以通文字，實最良之法也。通俗文與古文及普通文異流同源，通古文與普通文之人，無不能通通俗文者，今若使一國之平民皆能通知通俗文，則全國之士大夫，亦必以開化教育爲己任，著書撰報，以啓發愚蒙者，必日益多，而全國之民智，可以大開矣。若盡使之習簡字，則彼所能讀者，簡字之書報耳，而全國有高等智識之人，必不樂更習簡字，其智識即無由灌輸於平民，於開化之前途，實大有阻礙，其不可五也。有此五不可，則不徒施簡字於初等小學，其事爲不可行，即以之教年長失學之人，亦不如徑教之以通俗文之爲有益矣，今之主張簡字者，蓋一思之。

（一九〇九年寫於常州府中學堂）

小説叢話

一

今試遊五都之市，十室之肆，觀其書肆，其所陳列者，十之六七，皆小説矣。又試接負耒之農，運斤之工，操奇計贏之商，聆其言論，觀其行事，十之八九，皆小説思想所充塞矣。不獨農工商也，即號爲智識最高之士人，其思想，其行事，亦未嘗不受小説之感化。若是乎小説之勢力，彌漫漸漬於社會之中，吾國今日之社會，其強半直可謂小説所造成也，小説之勢力亦大矣。

小説之勢力，所以能若是其盛者，其故何歟？曰：小説者，近世的文學，而非古代的文學也。此小説所以有勢力之總原因，而其他皆其分原因也。何謂近世文學？近世文學者，近世人之美術思想，而又以近世之語言達之者也。凡人類莫不有愛美之思想，即莫不有愛文學之思想，然古今人之好尚不同，古人所以爲美者，未必今人皆以爲美也。即以爲美矣，而因所操之言語不同，古人所懷抱之美感，無由傳之今人，則不得不以今文學承其乏。今文學則小説其代表也，且其位置之全部，幾爲小説所獨佔。吾國向以白話著書者，小説外，殆無之，即有之，亦非美術性質，不得稱爲文學。全國之中，有能通小説而不能讀他種書籍者，無能讀他種書籍而不能讀小説者。其大多數不識字不能讀書之人，則其性質亦與近世文學爲近，語之以小說則易入，語之以他種書籍則難明，此小說勢力彌漫社會之所由也。

近世文學之特質有三：一曰切近。古代文學之所述，多古人之感想，與今人之感想或格格不相入。近世文學，則所述者多今人之感想，切近而易明，傳所謂法後王，爲其近古而俗變相類，論卑而易行也。一曰詳悉。凡言語愈進化則愈詳明，故古文必簡，今文必繁。小說者，極端之近世文學也，故其敘事之精詳，議論之明爽，迴非他種書籍所及。一曰皆事實而非空言。此非謂近世文學不可以載理想也，特習慣上凡空漠之理想，均以古文達之耳。凡讀書者，求事實則易明，論空理則難曉，此又盡人之所同矣。凡此三者，皆近世文學之特質，而惟小說實備具之，此其所以風行社會，其勢力殆如水銀瀉地，無孔不入也。

小說勢力之盛大，既如此矣，其與社會之關係果若何？近今論之者甚多，吾以爲亦皆枝葉之談，而非根本之論也。欲知小說與社會之關係，必先審小說之性質，明於小說之性質，然後其所謂與社會之關係，乃真爲小說之所獨，而非小說與他種文學之所同也。小說之性質，果何如邪？爲之說者曰：小說者，社會現象之反映也，曰：人間生活狀態之描寫也，此其說固未嘗不含一面之真理，然一考諸文學之性質，而有以知其說之不完也。何則？凡號稱美術者，決無專以摹擬爲能事者也，專以摹擬爲能事者，極其技不過能與實物等耳。世界上亦既有實物矣，而何取乎更造爲？即真能肖之，尚不足取，況摹造者之決不能果肖原物乎？如蠟人之於人是已。亦有一種美術，專以摹擬肖物爲能者，如宋人之刻楮葉是也，此別是一理。夫美術者，人類之美的性質之表現於實際者也，美的性質之表現於實際者，謂之美的製作。凡一美的製作，必經四種階段而後成。所謂四種階段者：一曰模仿。模仿者，見物之美而思效其美之謂也。凡人皆有能辨美惡之性，物接於我，而以吾之感情辨其妍媸，其所謂美者，則思效之，其所謂不美者，則思去之。美不美爲相對之現象，效其美即所以去其不美也。醜若無鹽，亦欲效西施之顰笑，生居僻陋，偏好襲上國之衣冠，其適例也。二曰選擇。選擇者，去物之不美之點而存其美點之謂也。接於目者，不止一色；接於耳者，不止一音，色與色相較而優劣見焉。音與音相較而高下殊焉。美者存之，惡者去之，此選擇之說也。能模仿矣，能選擇矣，則能進而爲想化，想化者，不必與實物相觸接，而吾腦海中自能浮現一美的現象之謂也。艷質雲遙，閉目猶存遐想，八音既歇，傾耳若有餘音，皆離乎實物之想象也，人既能離乎實物而爲想象，則亦能綜錯增删實物而爲想象。姝麗當前，四支百體，盡態極妍，惟稍嫌其長，則吾能減之一分，稍病其短，則吾能增之一寸，凡此既經增減之美人，浮現於腦海之際者，已非復原有之美人，而爲吾所綜錯增減之美人矣，此所謂想化也。能想化矣，而又能以吾腦海中之所想象者表現之於實際，則所謂創造也。合是四者，而美的製作乃成，故美的製作者，非摹擬外物之謂，而表現吾人所想象之美之謂也。吾人所想象之美的現象之表現，則吾人之美的性質之表現也。蓋人之欲無窮，而又生而有能辨別妍媸之性，惟生而有能辨別妍媸之性也，故遇物輒有一美不美之觀念存乎其間。惟其欲無窮也，故遇一美的現象，輒思求其更美者，而想化之力生焉。想化既極，而創造之能出焉，如徒以摹擬而已，則是人類能想象物之美，而不能離乎物而爲想象也，非人之性也。

　　美術之性質既明，則小說之性質亦於焉可識已。小說者，第二人間之創造也，第二人間之創造者，人類能離乎現社會而爲想象，因能以想化之力，造出第二社會之謂也。明乎此，而小說與社會之關係亦從可知矣。

　　凡人類之所以營營逐逐者，其果以現社會爲滿足邪？抑將於現社會之外，別求一更上之境邪？此不待言而可知也。夫人類既不能以現社會爲滿足，而將別求一更上之境，則其所作爲，必有爲求一更上之境而活動者，此社會變動之所由也。此等作爲，必非無意識之舉動，必有其所蘄向之目的，而其所蘄向之目的，必有爲之左右者，則感情是。能左右感情者，則文學是。夫人類之所謂善惡者，果以何標準而定之，曰：感情而已矣。感情之所好者善也，感情之所惡者惡也，雖或有時指感情之所惡者爲善，好者爲惡，此特一時之所好，有害於將來之所好，或個體之所好，有害於羣體之所好，究其極，仍不外以好惡爲善惡之標準也。然則人類之活動，亦就其所好，違其所惡而已矣。人類之好惡，不能一成而不變，其變也，導之以情易，喻之以理難，能感人之情者，文學也。小說者，文學之一種，以其具備近世文學之特質，故在中國社會中最爲廣行者也。則其有誘導社會使之改變之力，使中國今日之社會，幾若爲小說所鑄造也，不亦宜乎。

小說之分類可自種種方面觀察之，第一從文學上觀察可分爲如下之區分：

$$\text{小說}\begin{cases}\text{散文}\begin{cases}\text{文言}\\\text{俗語}\end{cases}\\\text{韻文}\begin{cases}\text{傳奇}\\\text{彈詞}\end{cases}\end{cases}$$

凡文學，有以目治者，有以耳治者，有界乎二者之間者。以耳治者，如歌謠是。徒歌曰謠，謂不必與樂器相聯合也。必聆其聲，然後能領畧其美者也，如近世所歌之崑曲，詞句已多鄙俚，京調無論矣。近人所撰俚俗無味之風琴歌，更無論矣。然而人好聽之者，其所謂美，固在耳而不在目也。設使此等歌詞，均不能播之弦管，而徒使人讀之，恐除一二著名之曲本外，人皆棄之如土苴矣，此所謂文之美以耳治者也。以目治者，凡無韻之文皆屬之，不論其爲文言與俗語也。小說中如《聊齋志異》，如《閱微草堂筆記》，則文言也。如《水滸》，如《紅樓夢》，則俗語也。而皆屬於文學中散文之一類，即皆屬於目治之一類。蓋不必領畧其文字之聲音，但目存而心識之，即可以領畧其美者也。兼以耳目治之者，則爲有韻之文，如詩賦，如詞曲，如小說中之彈詞，皆是也。此等文字之美，兼在其意義及聲音，故必目觀之，心識之，以知其意義之美，亦必口誦之，耳聽之，而後能知文字相次之間，有音調協和之義存焉，二者缺其一，必不能窺其美之全也，此所謂兼以耳目治之者也。此種文學，所以異於純以耳治之文學者，彼則以聲音爲主，文詞爲附，所謂按譜填詞，心求協律，雖去其詞，其律固在，而徒誦其詞，必不能知其聲音之美。此則聲調之美，即存乎文字之中，誦其詞，即可得其音，去其詞，而其聲音之妙，亦無復存焉者矣。蓋一則先有聲音之美，而後附益之以文詞，一則爲文詞之中之一種爾。凡文必別有律以歌之而後能見其美者，在西文謂之 Declamation，日本人譯曰朗讀。但如其文字之音誦之，而即可見其美者，在西文曰 Recitation，日本人譯爲吟誦。其不須歌誦，但目識而心會之，即可知其美者，在西文曰 Reading，日本人譯曰讀解。

小説之美，在於意義，而不在於聲音，故以有韻無韻二體較之，寧以無韻爲正格。而小説者，近世的文學也，蓋小説之主旨，爲第二人生之創造。人之意造一世界也，必不能無所據而云然，必先有物焉以供其想化，而吾人之所能想化者，則皆近世之事物也。近世之事物，惟近世之言語，乃能道之，古代之言語，必不足用矣。文字之所以歷世漸變，今必不能與古同者，理亦同此。故以文言俗語二體比較之，又無寧以俗語爲正格。吾國小説之勢力，所以彌漫於社會者，皆此種小説之爲之也，若去此體，則小説殆無勢力可言矣。

小説自其所敘事實之繁簡觀察之，可分爲：

　　複雜小説
　　單獨小説

二者。複雜小説，即西文之 Novel。單獨小説，即西文之 Romance 也。

單獨小説以描寫一人一事爲主，複雜小説則反之，單獨小説可用自敘式，複雜小説多用他敘式，蓋一則只須述一方面之感情理想，一則須兼包多方面之感情理想也。複雜小説篇幅多長，單獨小説篇幅多短，複雜小説同時敘述多方面之情形，而又須設法使此各個獨立之事實，互相聯結成一大事，故材料須弘富，組織須精密，撰著較難。單獨小說只述一人一事，偶有所觸，便可振筆疾書，其措語只一方面之情形須詳，若他方面則多以簡括出之，即於實際之情形，不甚了了，亦不至不能成篇。二者撰述之難易，實有天淵之隔也。

單獨小說宜於文言，複雜小說宜於俗語，蓋文言之性質爲簡括的，俗語之性質爲繁複的也。觀複雜小說與單獨小說撰述之難易，而文言與俗語，在小說中位置之高下可知矣。

今更舉複雜小說與單獨小說明切之區別如下：

單獨小說者，書中惟有一主人翁，其餘之人物，皆副人物也。副人物之情形，其有關於主人翁者，則叙述之，其無關於主人翁者，則不叙也。故副人物者，爲主人翁而設焉者也，雖有此人物，而其意並不在描寫此人物，仍在於描寫主人翁也，故單獨小說者，以描寫一人一事爲主旨者也。凡西洋小說，多爲單獨小說，若《茶花女》、《魯濱孫漂流記》等，其適例也。中國之短篇小說，亦多屬此類，如《聊齋志異》，其適例也。

複雜小說者，自結構上言之，雖亦有一主人翁，然特因作者欲組織許多獨立之事實，使合成一事，故藉此人以爲之綫索耳，其立意則不在單描寫此一人也。故其主人翁，一書中可有許多，如《紅樓夢》，十二金釵皆主人翁也，柳三郎、尤小妹亦主人翁也，即劉老老、焦大亦爲主人翁，斷不能指寶玉或黛玉爲主人翁，而其餘之人皆爲副人物也。何也？以著書者於此等人物，固皆各各獨立加以描寫，而未嘗單描寫其關於主人翁之一方面也。欲明此例，以《儒林外史》證之，最爲適切，讀此書者，雖或強指虞博士或杜少卿爲主人翁，然其非顯而易見矣，蓋作者之意，固在於一書中描寫多種人物也。要之單獨小說，主人翁只有一個，複雜小說，則同時可有許多，而欲判別書中之人物，孰爲主人翁，孰非主人翁，則以著書者於其人物曾否加以獨立之描寫爲斷，蓋一則爲撰述主旨上之主要人物，一則爲其結構綫索上之主要人物也。

然則複雜小說之不得不用俗語，單獨小說之不得不用文言，其故可不煩言而解矣。蓋複雜小説同時須描寫多方面之情形，其主旨在詳，詳則非俗語不能達。單獨小説其主旨只在描寫一個人物，端緒既簡，文體自易簡潔，於文言較爲相宜也。而複雜小説之多爲長篇，單獨小説之多爲短篇，其故又可知矣。蓋一則内容之繁簡使然，一則文體之繁簡使然也。

複雜小説感人之深，百倍於單獨小説，蓋凡事愈複雜則愈妙，美的方面亦然，固不獨文學，亦不獨小説也。即以知的方面論，人亦恒爲求知之心所左右，如遇奇異之事常好探究其底蘊是也，所以好探究其底蘊者，以欲窺見此事物之全面，而不欲囿於一部分耳，應於人類此兩種欲望，而求所以滿足之，則複雜小説，實較單獨小説爲適當。何者？以複雜小説自知的方面論之，則能描寫一事實之全體，複雜小説其主旨雖在描寫各個獨立之事實，於一書中備載各方面之情形，然於文字組織上，必將各種事實聯結穿貫，恰如合衆小事成一大事者然，故自其目的上言之，可謂爲同時描寫各方面之情形，自其文字組織上言之，又可謂備寫一事之全體也。使人類如觀一事而備見其裏面側面者然。如寫一惡人多方設計以陷害善人，在複雜小説則可自善人惡人兩面兼寫之，使此二人之性情行爲歷歷如繪，單獨小説則只能寫惡人陷害善人時之行動，而其背後種種圖謀設計之情形，不能備舉矣。如兼寫之便成複雜小説。是不啻觀一事，但見其正面而未見其反面側面也，其不足饜人求知之心，無俟言矣。至情的方面，則愈複雜而愈見其美，單獨之不如複雜更無待論也。

歐美小説較之中國小説，多爲單獨的，此其所以不如中國小説之受人歡迎也。

二、殘　　稿

體制上之分類

　　筆記體　此體之特質，在於據事直書，各事自爲起訖。有一書僅述一事者，亦有合數十數百事而成一書者，多寡初無一定也。此體之所長，在其文字甚自由，不必構思組織，搜集多數之材料，意有所得，縱筆疾書，即可成篇，合刻單行，均無不可。雖其趣味之濃深，不及章回體，然在著作上，實有無限之便利也。

　　章回體　此體之所以異於筆記體者，以其篇幅特長，書中所敘之事實極多，亦極複雜，而均須首尾聯貫，合成一事，故其著作之難，實倍蓰於筆記體，然其趣味之濃深，感人之力之偉大，亦倍蓰之而未有已焉。蓋小說之所以感人者在詳，必於纖悉細故，描繪糜遺，然後能使其所敘之事，躍然紙上，而讀者且身入其中而與之俱化，而描寫之能否入微，則於其所用之體裁，實有關係焉。此章回體之小說所以在小說界中佔主要之位置也，凡用白話及彈詞體之小說多屬此種，即傳奇實亦屬於此類。

性質上之分類

　　武力的　亦可名爲英雄的，若《水滸傳》其代表也，此派所長，在能描寫武健俠烈之人物，以振作社會尚武之精神，然爲之者或不知正義與法律爲何物，專描寫一粗豪武健之人。其極變爲强盜主義，則流弊亦不免矣。

　　寫情的　亦可名爲兒女的，若《紅樓夢》其代表也，夫世界本由愛情而成，男女之愛情，實爲愛情之最真摯者，由此描繪，詔人以家庭壓制之流毒，告人以社會制裁之非正義，且導人以貞信純潔，不相背棄之美風，亦未始於風俗無益，但爲之者多不知道德爲何物，且亦絕無高尚之感情，非描寫一佻健無行之人，號爲才子，則提倡淫樂主義。描寫富貴之家，一夫多妻之惡習，使社會風俗日趨卑汙，罪不可勝誅矣。

　　神怪的　此派小說以迎合社會好奇心爲主義，專捏造荒誕支離不可究詰之事實，若《封神傳》其代表也，於社會無絲毫之益，而有邱山之損；蓋習俗迷信之深，此派小說與有力焉矣。如關羽有何價值，而舉世奉爲明神，非《三國演義》使之然乎？而其撰述亦最易，蓋可隨筆捏造，不必根於事實也。英雄、兒女、鬼神爲中國小說三大原素，凡作小說者，其思想大抵不能外乎此，且有一篇之中，三者錯見，不能判別其性質者，又有其宗旨雖注重於一端，而亦不能偏廢其他之二種者，此由社會心理使然，不能以此衡作者之短長也。

　　社會的　此派小說以描寫社會惡濁風俗，使人讀之而知警惕爲主旨，若《儒林外史》其代表也，最爲有利無弊，但佳作不數覯，不善者爲之，往往口角筆鋒流於尖薄，無及懲勸，只成笑談、爲可惜耳，故欲作此種小說者，道德心尤不可缺，道德心缺乏而能爲良好之社會小說者，未之前聞也。斯言似迂，其理實信，願爲小說者一深思之。

　　歷史的　此派小說其所叙述事實之大體以歷史爲根據，而又以己意捏造種種之事實，以輔佐其趣味者也。其所述之事實大抵真者一而僞者九，若《三國演義》其代表也。小說之作，所以發表理想，叙述歷史，本非正旨，然一事實之詳細情形，史家往往以格於文體故，不能備載，即載之亦終不能如小說之詳，苟得身歷其事者，本所聞見，著爲一書，則不特情景逼真，在文學上易成佳構，亦可作野史讀矣。又歷代正史，多有依據官書，反不如私家記載之得實者，苟得好讀雜史之人，刺取一時代之遺聞軼事，經緯組織，著成一書，使覽者讀此一編，如畢讀多種之野史，則於學問亦未始無益，而惜乎能符此兩種宗旨者，絕不可得見，而徒造爲荒誕不經之言，以淆亂史實，是則有損而無益也。

　　科學的　此種小說中國舊時無之，近來譯事勃興，始出見於社會，蓋由吾國人科學思想不發達故也。夫小說之性質，貴於凌虛，科學之性質，貴於徵實，二者似不相容，然近來科學進步，一日千里，其事雖庸，其理則奇，事奇斯文奇，苟有深通科學兼長文學之士覃精著述，未始不足於小說界中別開一生面也。

　　偵探的　此種小說亦中國所無，近來譯事盛行，始出見於社會者也，中國人之作小說也，有一大病焉，曰不合情理，其書中所叙之事，讀之未嘗不新奇可喜，而按之實際，則無一能合者，不獨說鬼談神爲然，即敘述人事處亦強半如是也。偵探小説爲心思最細密，又須處處按照實際之作，其不能出現於中國，無足怪矣。

冒險的　此種小説亦得之迻譯，《魯濱孫漂流記》之類是也，最足激發人民冒險進取之思想。中國近日民氣委靡，尤須以此……〔下缺〕

軍事的〔缺〕

小説者，事實的而非空言的也

凡事空談玄理則難明，舉例以示之則易曉，此讀哲學書籍所以難於讀歷史也。孔子曰：我欲垂之空言。不如見之行事之深切著明，亦謂此也。凡著小説者，固各有其所主張，然使爲空言以發表之，則一篇論説文字耳，必不能爲社會所歡迎，今設爲事實以明之，而其所假設者又係眼前事物，則不特淺而易明，且饒有趣味，其足以引人入勝宜矣。且法語難從，巽言易入。爲空言以發表意見者侃侃直陳，排斥他人之所主張以伸張我之所主張，法語之類也。藉實事以動人者，初不必直陳其是非，但敘述事實使讀者之喜怒哀樂，自然隨之爲轉移，巽語之類也，其在文學上佔一特別位置，不亦宜乎。

小説者，理想的而非事實的也

小説雖爲事實的，然其事實乃理想的事實，而非事實的事實，此其所以易於恢奇也。夫人情於眼前習見之事物，恒不樂道，獨至罕見之物，難逢之事，則津津樂道之，晝夜寒暑，更代迭推，水火陰陽，相生相滅，莫或措意，妖異災祥，歷數百數千年而一見，則農夫野老，傳之口碑，學士文人，筆之載籍，皆是道矣。他種書籍多記載事實界之事實者，故不能十分恢奇，小説則記載理想界之事實者，理想界之事實無奇不有，斯小説亦無奇不有，其所以易擅勝場者，非著者才力使然，實材料使然也。

小説者，抽象的而非具體的也

理想界之事實，皆抽象的而非具體的，此其所以異於天然之事實也。夫觀自然之景物者，有時轉不如讀圖書之樂，實際之事物斷不能如戲劇之足以動人,一抽象的,一具體的也。小說所述之事實皆爲抽象的,故其意味校之自然之事,常加一倍之濃深,叙善人則愈見其善,叙惡人則愈見其惡,叙可愛之物則愈覺其可愛,狀可憎之態則愈覺其可憎,……〔下缺〕

(本文寫於清末民初,原刊《古代文學理論研究叢刊》第六輯,上海古籍出版社一九八二年版。)

新舊文學之研究

此爲鄙人評改文字之評語，今投入本校周刊，以供大衆之研究。

近人競言新文學，而僕有懷疑者焉。既曰新，則必有以異於舊，然今之所謂新文學者，其異於舊之處安在乎？白話文非吾國所固有乎？不特《水滸》、《紅樓夢》等小說，必不能譯成文言也，即官中文告，民間"勸善"之書，亦間有用白話者。

然則所謂新文學者，果何謂乎？予謂文學者，一種美的製作品也，美術之一。心有美感，以言語包括文字。爲形式而表現之，是曰文學美感，人人所有也。今之識字能操筆爲文者，固有美感矣。不能識字，不能操筆爲文者，獨無美感乎？其美感獨不可以言語表示之乎？夫此等言語，筆之於書，即美文也。然而今竟不能，何以故？曰：由今者筆之於書，則不用今語而用古語故。夫筆之於書，則不用今語而用古語，則今人之美感，用言語表見之者，必翻成古語，然後能筆之於書矣。請問今人之言語，果能盡行翻成古語乎？曰：必不能。何以故？曰：今語若盡能翻成古語，則今古語意義同府。則今語即古語，則古語不變爲今語矣。今之偏執文言者，每謂俗語能達之意，文言亦無不能達。請問俗語中之"桌子"、"杌子"，文言文中以"几"、"席"字代之，今有甲乙拌嘴，乙提起杌子，將甲打死，可云"以席擊殺之"乎？偏執白話者，又謂文言之意，俗語無不可達，請問昆曲中之"欲乘秦鳳共翺翔，又恐巫山還是夢鄕"可翻作"我很想同你結婚，不知能否辦到乎"？姑勿論其美不美，其意義對不對乎？即舞臺中之"走青山，望白雲，家鄕何在？"又如何翻法乎。然則數千年來，因不能操古語故，其美感之不能表見之以文字，而不傳於後者衆矣。然則今者文體改用白話，是使向者具有美感，徒因不通古語故，遂不能表之以文字，以行遠而傳後者，今後將悉可以行遠而傳後也。然則白話者，所以使向者未曾成爲製作品之文學，成爲製作品者也。故曰：白話者，創造新文學之工具也。然今之作白話文者，其思想猶向者通文言之人之思想。以是爲白話文，不過改之乎……爲什麽……而已。向者"不通文字其美感永未能成爲文學製品之人"之美感，固未能表見之於文字也。因社會有階級，故通文言之人，與此等人全不接近，有時作文，描寫下層社會之狀況，亦或述說下層社會中人之思想。然所謂狀況者，上層社會中人目中之下層社會狀況，所謂思想者，上層社會中人臆度而得之下層社會中人的思想，非真下層社會中人心目中所有也。於此亦見中國文學有注重"寫實主義"之必要。今之白話文，僕固未能遍讀，然慮無不如此者，然則徑以今日之白話文爲新文學者非也。

然則今後之趨勢當如何？曰：一方仍以文言爲基礎，但去其（一）太陳舊，不合今人之思想者，（二）去其專事塗澤即專用古語砌成。而無真意者；力求與今人之思想言語接近，是爲"文言的白話化"，亦即"貴族文學的平民化"，一方以口語爲基礎，出之於口，即筆之於書，是爲"純粹的白話文"，而口語應自行修飾，同時亦應採用文言之長。如混用文言詞句，及採用其語法等。是爲"白話的文言化"亦即"平民文學的貴族化"，兩者同時并進，並可參用外國語以附益之，是爲"國語的世界化"。如是者，旁薄鬱積，萬流齊匯，及其結果，而新文學出焉。"人人有士君子之行"一語，中國人傳爲美談，其中固亦含有一方面之真理，然實階級之褊狹之語。果如所言，則但須"平民的貴族化"不須"貴族的平民化"矣。其實兩者各有短長，正宜取人之長，去己之短，而非取人之長，不能去己之短，"平民文學的貴族化"、"貴族文學的平民化"兩者宜同時并行。

（原刊《瀋陽高師周刊》一九二〇年）

整理舊籍之方法

將從前之舊書，用一種新方法整理之，此乃近來新發生之一種需求。此種需求所由發生之故，因吾人無論研究何種學問，必有其對象。此種對象，屬於自然界者，則爲自然現象，屬於人爲界者，則爲社會現象。書籍之所記載，亦宇宙間之一種現象也，與吾人所目擊身受之事物同。從前讀書者，多以書爲特殊之物，與其他事物視爲兩事，故其所讀之書，全不能活用，而研究之方法，亦鮮正確之根據。近人漸知書之所載，亦屬宇宙間之現象，其爲吾人研究學問之對象，與吾人目擊身驗之自然現象、社會現象無異。是即近人研究舊籍之觀念，與昔人不同之點。

事物之本體，非吾人之所得知。所知者其現象而已。宇宙間之現象亦無限，吾人取其一部分而作爲研究對象者，其動機有二：一屬於利用方面，一屬於求知方面。於此兩者，必有其一，乃得感覺研究之興趣。惟同一現象，有古人視爲有研究之必要，而今人對之毫不感其興味者，亦有今人視爲有研究之必要，而古人視爲無足措意者。此即由於各時代利害關係之不同，因而其所致疑而求解決之問題亦不同。譬如天花，昔人極重視之，以爲危人之生命者，莫此病若也。而自發明接種牛痘以來，一般人視之遂不若古人之鄭重。醫家研究此病之治法，亦當然不及古人之熱心。又如地理之學，從前多偏政治軍事方面，故其研究多取材於歷史，而其取材又多偏重戰事。但近來此學之目的及範圍，亦與前此大不相同矣。

今昔不同之點，即由於研究之目的不同。是以同一舊籍，有昔人視之毫無疑意者，而今人每多疑問發生者，於此若仍用古人研究之方法，必不能合於現在之需要，至易見也。此研究古籍不能與昔人取同一手段之理由，而亦即舊籍欲用新法整理之一種理由也。此種理由多爲吾人所深悉，不待多贅，茲就整理舊籍之具體方法畧言之。在研究此具體方法之前，又不能不研求吾人所欲整理之物即所謂舊籍。之性質。

舊籍之分經史子集，始於魏而成於唐，自此以來未之有改。此種分法之由來，蓋中國在太古時代無所謂書，文化漸進，乃有所謂學問，乃有所謂書籍。最初之書有兩種，其以記載爲主者，記載當時之宇宙現象。即所謂"史"是也。就宇宙之種種現象，加以研求，發明種種公理，自成一家之學，則"經"與"子"是也。經、子本同一之物。但自漢之後，崇尚儒家之學，遂由諸子中提出儒家之書，與諸子之書別而稱之曰"經"。古人之研究學問，多墨守一家，純一不雜，故其所著之書，可就其學術之派別分類，如劉歆之《七畧》是也。後世則研究漸廣，所著之書，取材之方面亦多。同一書也，視爲記載現象之史一類固可，視爲研求現象發明公理之經、子一類，亦未嘗不可，而就其學術派別言，則亦多兼綜各家。同一書也，視爲儒家可，視爲兵家道家等等亦未嘗不可。此等書於經、史、子三種之中，無類可歸，乃不得不別立爲一種而稱之曰"集"。此猶現在編新書之目錄，政治可云政治，法律可云法律，至非研究一種學術之雜誌，則無類可歸。編舊書目錄者，經可曰經，史可曰史，而兼包四部之叢書，則不得不別立叢部云爾。此種方法，實應於事實上之必要，故自唐迄今莫之能易也。吾人欲論整理舊書之方法，亦當就此四者分論之。

經、子之價值相等。近今有一部分人過於輕視孔子，吾人固不必附和，但亦不必如昔人之重視過甚，惟有以相等之價值視之而已。但從研究之方便起見說，則經子仍不能相提併論。先從經入手，較之先從子入手，難易實大相懸殊。此由漢代以後，儒家之學孤行，傳書既較他家爲多，而治儒家之書者，亦遠較治他家之書者爲多。既有注，又有疏，又有發揮考訂之書，自此入手，實遠較治諸子之書爲易。儒家之學，原非能與諸子之學絕對相異，天下本無絕對相異之學問。其中一部分思想，本彼此相同，至於訓詁名物則其相同尤不俟論。故既能通經，即治諸子之學，亦不甚費力也。

治經之法，由漢至唐，大畧相同，即皆尊信前人傳注。宋以後則不然，好出己意，以推論前人之是非，此種見解亦甚是，但亦有壞處，即太偏於主觀是也。學術在於求眞。今既欲求治古書，即宜得古書之眞相。漢人去古近，其所說易得古人之眞相，而宋人則較難。故言治經，宋人之說，不能徑以之爲根據，但亦可爲參考之資料。自漢至唐之經學，細別之又可分爲"傳注時代"與"義疏時代"。義疏時代之人所攻究，即爲傳注時代之人之傳注。而傳注時代又可分爲三期。

（一）爲西漢時代之經學。即清代所稱之"今文學"。

（二）起於西漢末葉至東漢末而大盛。即清代所稱之"古文學"。

（三）魏晉以後。古文學另行分出一派。此派本即東漢時之古文學，但其立說好與東漢末負盛名之人反對，且好造僞書，清代所攻擊之"僞古文尚書"，可爲此派代表作。

以上三派，果以何者之價値爲最大乎？此可由幾方面觀察之。若以研究孔子之學問爲目的，則今文學之價値最大，以其爲孔子嫡派故也。但其所言，亦多訛誤闕脫之處，吾人不能不加以辨別。若以研究古代社會情形，或古代天然界情形爲目的，則今文學、古文學價値不甚相遠。今文學所言皆孔門相傳之口說。古文學之書，以鄙人觀之，實出於僞造，但其材料則不盡僞。譬之《左傳》，以之爲《春秋》之傳則僞，以之爲古史則眞。且今文學以鄙人之見，實亦孔子托古改制之書，並非古代之信史。古代之信史寧多存於古文學中，以其所據者，多有未經孔門托古改削之書也。此理甚長當別論。

　　故由古文學研究古史,其價值甚大。但其僞造之部分,則更不及今文學家之書之可信。今文學雖亦托古改制,但其非托古改制處,則自然真實。即有誤謬之處,亦出於無意之傳訛,非如古文學之有意僞造。凡無意之傳訛,恒有其綫索可尋,加以改正較爲容易。若兩者之説,皆無確據,而皆出於想象時,則今文學亦較古文學爲優,以今文學在古文學之前故也。譬之吾人於祖先之事實知之不完全,而藉想象以補足之,則祖若父之所想象者,必較吾人之所想象爲確。不過其程度之相差,尚不甚遠。至魏晉人所造之僞書,如《僞古文尚書》、《竹書紀年》、《山海經》等,則其價值又小,取之不可不極矜慎已。

　　吾人今欲治經,必於此三派之書,能分別明瞭,乃不致發生錯誤。魏晉人所造之書,必於漢人之説有合者,乃可取之。漢人之書,則必分別其爲今文抑爲古文,然後可著手整理。

　　此法在應用上,實有甚大之效果。凡一史實,無論如何紛然淆亂,苟於今古文之派別知之甚真,殆無不可整理之使成爲兩組者。故用此法對於複雜之問題,在研究上恒較易得條理系統。研究古史必由經學中裁取材料,而材料之整理甚難,以上所述,在鄙人實自信爲一種良好之工具也。

　　今古文學之書今皆不全。今文學最早最純者,據《史記·儒林列傳》所述,則有八家。至東漢乃分爲十四博士。

　　如下圖:

《史記·儒林列傳》所列八家	詩	魯	申培公
		齊	轅固生
		燕	韓太傅
	書	濟南	伏生
	禮	魯	高堂生
	易	菑川	田生
	春秋	齊魯	胡毋生
		趙	董仲舒

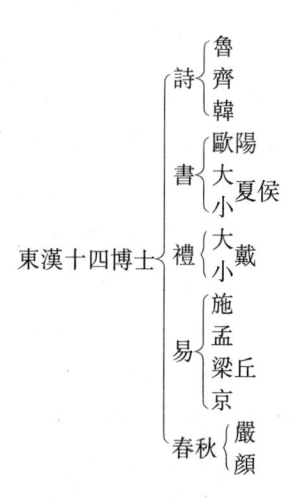

東漢十四博士 {
- 詩 { 魯 / 齊 / 韓 }
- 書 { 歐陽 / 大夏侯 / 小夏侯 }
- 禮 { 大戴 / 小戴 }
- 易 { 施 / 孟 / 梁丘 / 京 }
- 春秋 { 嚴 / 顏 }
}

此十四博士雖已非純粹之今文家，但相去尚不甚遠也。至東漢末古文學大盛，古文學之異於今文者如下：

古文學 {
- 詩　毛氏
- 書　古文尚書
- 禮　周禮
- 易　費氏
- 春秋　左氏傳
}

此時治古文學爲一時之趨向，今文雖立於學官，名家者極少。大家輩出，鄭玄其尤著者也。玄生平注書甚多。除經學外，尚有關於法律等書。經注除《左傳》未成外，餘皆完備，《左傳》服虔成之，亦與鄭無大出入。不愧爲當時泰斗，古文學至此已臻於極盛時代，盛極必反，王肅之一派遂起而代之。王肅者，晉武帝之外祖，於經學亦兼通今古文。鄭、王皆兼通今古，不守家法，但皆側重於古。但其攻鄭氏之手段，則極爲卑劣。肅欲攻鄭説，乃先僞造古籍以爲根據。如《孔安國尚書傳》、《論語注》、《孝經注》、《孔子學語》、《孔叢子》諸書，皆肅所僞托，以爲托孔子後裔記述之言易於取信，以證明己説，古文學至此乃有真有僞矣。然魏晉時本爲哲學運動時代，人皆厭棄東漢古學之煩碎，遂成一種談玄之風，浸以施之於説經，與鄭、王之學乃迥不相同。何則？鄭、王之所本雖異，而其治經之方法則不甚相反，至空談說經之徒，則根本丕變。魏晉以後，歷南北朝以至於有唐，古文學與魏晉空談說經之書併行，今文學已無人過問。唐時之《十三經注疏》，除《孝經》爲玄宗御注外，漢人與魏晉人所注參半。其中獨《公羊傳》爲何休注，屬今文學，餘皆古文學也。《十三經注疏》本爲官修之書，抄襲前代之舊，甚至大隋字樣亦未改正，其不純固不待言。但材料之存，仍以此爲大宗，仍不可不細讀。

讀經必先求得一門徑。最簡單之法，即將《王制》、今文學之結晶。《周禮》、古文學。《白虎通義》陳立疏證、十之九爲今文學。《五經異義》陳壽祺疏證此爲今古文對照之書，其異同重要之點，皆具此書中，故極有讀之之必要。四書閱之，以爲第一步功夫。再進，則十三經在清時除《左傳》、《禮記》外，皆有新疏。凡古書之不易解者，一經清人疏證，皆可明曉，此實清儒不可沒之功。清代漢學家最重歸納之法，所列證據，務求完備。吾人苟循其所列之證據而求之，可得許多整理舊書之方法。清儒著述甚多，一時不能詳述。最近北京新學會出版之《改造雜志》，有梁啓超之《前清一代中國思想界之蛻變》，在三卷三號至五號中。述此最爲詳盡，極可參照。

以上爲關於"經"者。

古子與經本互相出入，但從事研究不若經之容易，因注釋疏證者遠不若經之多也。又四部之中，惟子包括最廣，各種專門之學皆隸焉。研究之法，若專研究一科之學者，即宜專擇此類之書讀之。其要在先有現在科學上之智識，則以之讀古書，亦自然易於瞭解。如究心農業者，則專讀農家之書；究心軍事者，則專讀兵家之書是也。

更就其普通者言之，則當用一種區別時代之方法。即將子書區分爲三大時期：

（一）周秦諸子時代；

（二）漢魏六朝時代；

（三）唐代。

在以上三時代中,(一)之價值極大,(二)之價值次之,(三)之價值又次之。但在(一)之中,有一書全部爲僞者,亦有一部分爲僞者,不可不注意。在(一)之中其價值最大者,當爲下列各書:

(一)《老子》 全真

(二)《莊子》 半真半僞

(三)《墨子》 真多僞少

(四)《管子》 有真有僞

(五)《韓非子》 大部分真

(六)《荀子》 半真半僞

(七)《吕氏春秋》與《淮南子》 爲古之雜家,包含甚廣

(八)《淮南子》 此書雖爲漢人所著,但多先秦成説,故列入。

諸子能得清儒疏證本最佳,如孫詒讓《墨子間詁》、王先謙《荀子集解》是;次則校本,如浙江書局二十二子是。

宋以後學術思想大變。子部之書,當以理學爲正宗。此外學者之思想,多爲片段的發表,編入各家專集内,如唐以前編爲一"子"之風衰矣。

研究理學,從前學者所用之法,亦頗可取,即先觀各種學案,於各人傳記,知其大畧,於其學説,稍得要領後,再深求之於專著。蓋關於理學之著作,説理既深,又多爲束鱗西爪,驟閱之每不易得其條理系統,又一人學術思想之來源與背景,皆不易明瞭,故以先閱學案爲便。欲知一人學術之真相,學案之價值自然不及專著,但著學案者,多於理學極有研究,所裁取者皆其重要部分,較之閱各家專著,在初學,轉較易得其扼要所在也。

以上爲關於"子"者。

集類之書,至唐而多,宋以後其關係乃大。唐以前集部之書多爲文章,以其時有學術思想者發表思想時,尚多書爲子書也。宋以後此風益衰,發表學術思想之作,多入之於集,集類之書,自此而多,其價值亦因此而大。集之爲言雜也,欲於此中求得一提綱絜領之法,以判

別其書入於何種何類極難。簡便之方法，惟有先考其人，長於何種學問，然後求其書而讀之而已。長於某種學問者，原未必集中之文，皆談此種學問，然究以關於此類學問者爲多，且較重要也。

以上爲關於"集"者。

史之研究方法，苟詳細言之，極繁，茲畧述之。中國從前之史，就其性質言之，可分爲兩種。

（一）已編纂爲史者，如正史、編年、紀事本末、政書是也。

（二）史材。即僅保存史料，而未用某種方法加以編纂者。

所謂已編纂爲史者，即具有目的與一種方法，以此爲條理系統而排列其材料者也。反之，則作爲史材觀可也。關於前者，正史之體最爲完全，足以概括編年、紀事本末、政書等，但就研究上言，則因其事實多分散於表志紀傳中，欲知一事實之原委，極不容易，故於此入手不便，不如先就他種之書求之。吾以爲第一步，先將《資治通鑑》、清畢沅《續通鑑》，《明紀》或《明通鑑》閱之，次乃將馬貴與之《文獻通考》，擇要瀏覽。此數種以二三年之功夫，即可瀏覽一通，於研究史學之根柢已具。研究史學至少亦須閱過此數種書籍。然後進而求之正史，乃覺較有把握。謂正史之體較爲完全者，不過指其體例言，在事實上，二十四史原多不完全處，且有訛誤，故亦必借他書補充考證。

於此有一言者，學術之趨勢，本由混而趨於析。從前之人，將宇宙間各種現象，皆羅而列之一書，而稱之爲史，此本學術幼稚時代之現象，自今以後，宜從事於分析。如食貨志可析出爲經濟學史，天文、律曆亦宜各歸專家研究是也。要而言之，今後學術之分類，一種學術之範圍及內容。皆當大異於前。吾儕之於舊書，不過取其材料而已，此其所以當用新方法整理也。從前研究史學之人，有以前此之史爲不完全，思網羅羣籍，更編爲一完全之史者，其結果無不失敗。反之，專研究一部分，更求精密者，其結果無不成功，如《通考》《通鑑》皆就正史而析出其一部分，在研究上價值極大。《通志》意欲包括從前之正史，要求完備，然其與正史重複之部分，並無用處。近人每好言著中國通史，吾不知其所謂"通"者，其定義若何？若仍如通志之所謂通，吾敢決其必失敗，以其與學術進化之趨勢相反也。

若於中國向所謂"史"之中，將應析出之部分，盡行析出，然後借各科之輔助，將史學精密研究，劃定範圍，俾自成爲一科學，則非今日所能。在今日，惟有從事於將舊時歷史中應析出之部分，逐步析出，然後就各部分加以精密之研究而已。

又各種學問，皆須求得正確之事實，然後歸納之而得其公理，史學亦猶是也。前人所記載之事實，無可逕認爲完全、正確之理。從事於補足考正，實爲第一步工夫。補足與考證，即前人之所謂考據也。故講史學離不開考據。

關於第二類，即僅可認爲史材之書。必先有一研究之宗旨，乃能取其材而用之。其整理之方法，望空無從講起。但有一言，此項材料皆極可寶貴。近人每訾中國史部止是"帝王之家譜"及"相斫書"，此乃不知學問者之妄言。前人之材料，視乎吾輩之如何研究取用而已。以吾觀之，中國史部所存，可寶之材料實甚多。正如豐富之礦山，數世採之，尚不能盡。

以上爲關於"史者"。

以上所講，不過研究方法之大畧，未能詳盡。最後吾更有一簡要之方法，即於欲閱舊籍之前，先取目錄之書，加以瀏覽是也。如此，則於舊學之分類若何，派別若何，變遷若何，以及現在書籍共有若干，心目中已知其梗概，他日參考既不致挂一漏萬，即目前從事研究，亦易得其要領。今後研究學問，固重在分科，但關於全般之知識，亦極關重要。所謂由博返約，實爲研究學問之要訣。未博而先言約，則陋而已矣。指示研究學問之方法，愈具體愈善，最能具體地指出研究之門徑者，殆莫目錄之書若。江南講究讀書之家，兒童初能讀書，多有全讀四庫書目者，使其知天下之學問甚廣，以啓其求知之心，且可獲得一廣泛之知識，意至善也。目錄之書甚多，就現在論，比較的最後最完全者，仍推清四庫書目。但此書所述，止於乾嘉以前，道光以後之著述,及新輯出之書,尚無相當完備之書目耳。又四庫書目但閱簡明者無用,以吾人瀏覽之目的,不僅在知其書名,乃欲畧知其書之內容,簡明書目之提要太不精采也。又如以四庫書目過繁,則暫可不觀其存目。此外有張之洞《書目答問》及近人《正續彙刻書目》,亦便檢閱,但無提要耳。此兩書出於四庫書目之後,所採之書,已有爲四庫書目所無者矣。以上兩種書目之外,如前所舉梁啓超之《前清一代中國思想之蛻變》一篇,閱之於有清一代之學派,極易得其要領。

　　吾前所言,不過具體的廣泛的初步整理舊籍之門徑階梯,最後所舉之三種,實可謂爲門徑之門徑,階梯之階梯。由此門徑之門徑,階梯之階梯稍進,則已得其門徑階梯,如再進,則升堂入室不難矣。

(一九二一年四月十六日瀋陽高師麗澤週會舉行特別講演會,
　　呂誠之先生講演,卞鴻儒君記錄。原刊《瀋陽高師週刊》)

乙部舉要(一)

一

我去年曾在麗澤周會,講過一次《整理舊籍的方法》,當時本想把重要的舊籍,畧畧舉出來,後來因限於時間,仍只講得一些理論。

書是没有一部無用的,只看我們怎樣用他,所以要分別什麽是有用的書,什麽是無用的書;什麽書重要,什麽書不重要——在理論上,這句話不算十分完善,但是就研究的步驟上説,自然也有個先後緩急,若能把應看的書,説出個大畧;並且説出一個大概的先後緩急,我想於治學的人,亦不無小補的。

但是這個題目,範圍太大,一次講,是講不了的;至少也得分三四次,諸君是研究歷史的人,我今日便把中國史部的舊書,擇其最緊要的,講個大概,但是:

(A)中國現在的史學,正在改造的時候,嚴格説來,實在是加以嚴整的組織,使它成爲科學的時候。各種書籍,都和史學有關係,因爲要重新組織,從前一切史書,我們只認爲是史材,其餘一切書籍,卻也可稱爲史材。史材並不限於舊時稱爲史部之書。

(B)今天所講演的,就舊時所稱爲史部的書,也不能講全。至於其餘,史部及非史部,將來若有機會,我當再作一次講演。

二

向來講歷史的人，總把正史認作最重要，而且最可依據的書。這也有兩種理由：

（1）"史者，記事之書"，這句話，粗看似乎對的，細究其實不對。"昨夜鄰家生一猫"，爲什麽從古以來，總沒有史家認爲此是史實？可見史實必須取其比較重要的。什麽是比較重要的史實呢？馬端臨《文獻通考·序》最可以代表舊史家的意見。他把史事分爲（A）"治亂興亡"；（B）"典章制度"兩大類。這兩種，是否真正是重要的史實，而且足以盡重要的史實呢？我的意思是，重要的史實並不盡於此；然而此兩項，卻實在是重要的史實。這個姑且不論，就使此兩項實在並不是重要的史實，從前的人，實在誤認了，然而須知道：學問是沒有一天能爲突飛的進步的，總是從舊的裏頭，慢慢兒蛻化出新的來。那麽，我們現在的史學，不能馬上和從前的史學脫離關係，從前人認爲重要的即使錯誤，我們現在也還有研究的必要，何況不能概指爲錯誤呢？從前人認爲重要的，是（A）理亂興亡，（B）典章制度兩大類，這兩類，只有正史裏是完全的。譬如編年史，就只詳（A）類。政書，就只詳（B）類。

（2）史材貴乎正確，講正確，則以直接的史材即原本爲貴。間接的都出於直接的，在原則上，就只有間接的可能有錯誤，某一時代編纂的史書，大抵最初編出的，總是用正史體的，用他體的，總是取材於正史。自然也有例外，但終究是例外，那麽，正史該說是原本，其餘據正史編纂之書，都是翻本。

（3）不論治什麽學問，總須有點普遍的智識，而現在的史籍有兩種：一種是編纂成書的，一種是止於保存材料，預備人家編纂的。關於前一類的書，它必定劃有一個範圍，在此範圍以內的史實，它要負搜輯完全的責任。事實上雖然未必能做到，然而既打定了這種主意，搜輯得畢竟比較要完全些，後一類的書，就難言之矣。正史是負責把向來史家認爲重要的史實，都要想搜輯完全的，雖然事實上未必能做到。

（4）而且前一類的書，還要負一種責任，就是史材要取其正確的，至於後一類的書，本是預備他人編纂時取材，只是以多爲貴。正確不正確，卻可以不負責任，正史是屬於前一類的，向來研究歷史的人，依據必先盡正史，就是這個道理。

照以上說來，則正史在現在史書中，仍佔重要的位置。正史是人人知道的，其名目可以不必列舉，但所要注意的，在清代，正史只有二十四種，現在卻奉大總統的命令，把柯劭忞的《新元史》，也加入其中，照《唐書》、《五代史》的例，與舊史併行，共有二十五史了。

三

正史有注的，共有五種：

(A)《史記》。晉裴駰《集解》，唐司馬貞《索隱》，張守節《正義》。

(B)《漢書》。唐顏師古《注》。

(C)《後漢書》。唐章懷太子賢《注》，《後漢書》中的《志》，本係司馬彪所撰的《續漢書》，此書凡八十卷。至宋代，僅存其志，真宗建興年間，乃取以與《後漢書》合刻，其注係梁劉昭所注。

(D)《三國志》，宋裴松之《注》。

(E)《新五代史》，宋徐無黨《注》。

此中當以裴氏《三國志》的《注》爲最佳，網羅舊文，足以補正文之不備，《三國志》最畧。而且畧有考證，以斷定其可信不可信，不是鈔撮彙齊，便算了事的。必如此，才可以稱爲注史，若單是訓釋文義，那未免於史的文字方面太注重，於作史的意思，反拋荒了。

次之則裴駰的《集解》，其中存古書舊説極多，亦可寶貴。顏師古對《漢書》的《注》，亦負重名，其實錯誤的地方頗多。顏師古殊不能算做學者。

雖如此説，古書有《注》的總得看《注》，有《疏》的并得兼看《疏》，因爲我們年代同古人相隔遠了；不如此，往往容易誤解，鬧成笑柄，不可不慎。

四

正史於注之外，還有一種"補"，注是釋史之不明，補是補史所未備，但兩者亦不是絕對分離的，即如裴松之的《三國志》之《注》，就多含有補的性質。

補之一法，施之於表志的最多，其中最早的，怕要推宋熊方的《補後漢書年表》，此書頗精詳。此外清儒所補的也很多，梁任公《清代學術概論》第十四節裏，所舉頗爲完備，現在且借用他所舉的：萬斯同《歷代史表》，錢大昭《後漢書補表》，周嘉猷《南北史表》、《三國紀年表》、《五代紀年表》，洪飴孫《三國職官表》，錢大昕《元史氏族表》，齊召南《歷代帝王年表》。

梁氏所舉的還有顧棟高《春秋大事表》一種，這書只應當算經部的書。但是現在講學問的宗旨變了。經學，我自始不承認他可以獨立成一種科學，而經學的全部，卻是治古史最緊要的材料，即治後世的歷史，也不是和經學沒有關係。就事實論，把全部的經學書籍都看做治史學應用的書，亦不爲過，又不獨《春秋大事表》了。

此外又有《歷代職官表》一種，係乾隆五十三年敕撰。以上係補表。補志，梁氏所舉的是：洪亮吉《三國疆域志》、《東晉疆域志》、《十六國疆域志》；洪齮孫《補梁疆域志》，錢儀吉《補晉兵志》；侯康《補三國藝文志》；倪燦《宋史・藝文志補》、《補遼金元三史・藝文志》；顧懷三《補五代史·藝文志》;錢大昕《補元史·藝文志》;郝懿行《補宋書·刑法志食貨志》;洪氏《三國疆域志》,吾鄉謝鍾英先生又有《補注》。補注類清儒所撰:有惠棟《後漢書補注》;杭世駿《三國志補注》;王先謙《漢書補注》。其專補注書中之一部分的,則有如徐松《漢書·西域傳補注》。

考證的風氣,亦起於宋人,現在所傳的三劉刊誤,殿本漢書,已經附入。係宋刻本如此。又倪思的《班馬異同評》,係比較《史記》《漢書》字句同異的,此外尚有數種。至於清儒考證正史的書,關涉全史的:有趙翼《廿二史札記》,王鳴盛《十七史商榷》,錢大昕《廿二史考異》,洪頤煊《諸史考異》。專考證一史的,有梁玉繩《史記志疑》,錢大昭《漢書辨疑》、《後漢書辨疑》、《續漢書辨疑》,梁章鉅《三國志旁證》等。

關於正史,還有所謂"重修"者,是不滿意於前人所修的書,因而有此舉動。我們現在治史的宗旨,和從前的人不同,全部歷史,都只認為史材。所以緊要的問題,是事實有無同異,不是考究體例,其中事實有同異,彼此不能偏廢的,如新、舊《唐書》,新、舊《五代史》,早已聽其并行了。至於單着眼於體例,因而重修的,譬如郝經的《續漢書》。所爭者係把蜀漢改成正統。所有的事實,並不能出乎前史之外。我們所重在乎事實,事實自然還是取之於前史,是直接的。所以這一類重修的史書,雖有幾種,都不甚重要,姑且置諸不論。

正史的名目,因"立於學官"而生,立於學官的書,在原則上只有一部,但是用這種體例著歷史的,卻不限於每朝一部,其與正史著於同時,而又用同一體例的,其書自然大有參考的價值;又後人用正史體例重修的正史,亦有時能(1)搜得舊正史以外的史材,(2)或考正舊史敘事的謬誤。這類書,亦很有參考的價值,且等一會再論。

(呂誠之先生講演,程國屛記錄。
原刊於一九二二年《瀋陽高師周刊》)

乙部舉要(二)

我國史部的書籍,約分兩種:

(A) 編纂　已編成的歷史書籍。

(B) 搜集　保存歷史材料之書籍。

(A)種書籍,因為有範圍之限制,在此範圍內,事實的調查,材料的搜集,不特完善,並且較為正確。

(B)種書籍,沒有一定範圍,對於材料不加選擇,對於某種事實之記載,亦可記其一瞥,亦可詳詳細細記其全體,首尾俱備,而全不負編輯的責任,不過將這種歷史的事實記載下來,專待後來研究歷史的人,把它整理出來。這兩種書籍,(A)種比較的有系統,我們看了以後,容易得到歷史上普遍的知識,所以看歷史的書籍,應當從(A)種書籍下手,以後再讀(B)種書籍。我國歷史往往記載一種太沒有意義的事實,就像"鄰家昨夜生一猫"等等,這種記載,實在沒有一目之價值。

我國閉關時代,歷史上對於外國史實的記載,視為無價值,不大樂意記載。但是這類事實,在今日視之,卻是重要得了不得。歷史這類事實,可是不勝枚舉的。所以史事沒有絕對的價值,要歷史家用時代的眼光去鑒別它有沒有價值。

我們現在的學術界,是處在什麼樣的時代呢? 是處在無論哪一件事情,都要重新估定其價值的時代。所以我們研究歷史,不論(A)種(B)種,都可以拿它當作史材。不管它是古代曾經重視的而現在不重視的，或者是古代輕視的而現代重視的，都該一律平等看待。待搜集齊全了，再經過我們的整理，然後重新去估定其價值。

(A)種的書籍就是正史，從來大家都拿他看做頂重要的，這內邊有兩個重要的原因：

(一)正史是歷史中比較完全的，它把歷史的事實，分做兩種：

(1) 治亂興亡　本紀、列傳、表
(2) 典章制度　志(書)、表

這個分類很足以代表我國歷史家研究古史者的心理，而正史對於這兩類，都有相當的記載。例如《通鑑》《通考》等書，不是注重治亂興亡，就是注重典章制度，所以正史是史書中最完全的。

(二)正史是直接的材料。我國每代滅亡之後，後代才修前代的正史，所用的體裁大半都是歷代相緣的。正史修成以後，其餘如紀事本末、通典、通志等都是依據着正史而編纂的(例外很少)。故吾人讀正史是直接的，其餘的史是間接的。但正史記載雖較完全，而在研究上卻不甚便，治亂興亡是散見於本紀、列傳的，典章制度只限於一代。前者固極不便於閱覽，後者以典章制度，都是歷代相緣，只讀一代，亦難瞭解。故以先讀編年、記事本末、通考爲便。

現在要講正史的歷史。正史之名，起於宋時，所定者共一十七史。《史記》、《漢書》、《後漢書》、《三國志》、《晉書》、《宋書》、《南齊書》、《梁書》、《陳書》、《魏書》、《北齊書》、《周書》、《隋書》、《南史》、《北史》、《新唐書》、《新五代史》。至明時增定《宋史》、《遼史》、《金史》、《元史》四種，合稱二十一史。至清乾隆四年《明史》修成，合爲二十二史，又詔增《舊唐書》、《舊五代史》，共爲二十四史。及至民國奉徐總統命令，柯劭忞《新元史》與舊《元史》并行，遂共爲二十五史。

正史之中，以四史爲最要。吾人讀史，固當先讀編年，後讀正史，而四史則須先看。因爲四史歷代研究的人很多，並且以後的正史，多半都是因襲四史，所以四史差不多是後世歷史的淵源，成了治史的常識和最普通的學問。故我們看史，當以四史爲先，但是看史還有一個最要注意的事情，就是看注釋。這差不多成了看古書的定律，不特看史要這樣。這類古注很有用處，並且也可以拿來作編史的材料，《史記》裏的《集解》，《漢書》的顏師古《注》，《三國志》的裴松之《注》，其材料都很有價值。研究正史很可作補助的，有下列幾種：

（一）注釋　如王先謙的《漢書補注》、杭世駿的《三國志補注》。至於補一部分的，則有徐松的《漢書・西域傳補注》等。

（二）補　以表和志內表爲最多，至於本紀、列傳則比較的少。

（三）重修　如并行之新、舊《唐書》，新、舊《元史》，新、舊《五代史》。其餘如周餘緒的《晉畧》，郝經的《續漢書》等除已失亡者不算，現在還保存的，尚有一二十種。

我們現在研究歷史，當以材料豐富爲貴，正確爲貴。假若有兩部一樣的書，可以看時間較早的，因爲直接的材料總比間接的好一點，兩部書不同，則必須都看。重修之書，除并行者外，後者異於前者的若不過是無甚意義之體裁，而材料則多照前書，還是可以廢之不看。

補就是補史書上不夠之處，注就是解釋正史上不大明白的地方。這兩種，清以前也有，但不如清時的多和精。怎麼說呢？因爲清代考證之學特盛，並且也非常精確，一件事，前人已有之説，差不多都被他們網羅殆盡。故我們看注，最經濟的是先看清人的。關於這類書籍，擇其要者，分列於下：參看梁任公所著《清代學術概論》十四節。

（一）關於歷代者：趙翼《廿二史札記》、王鳴盛《十七史商榷》、錢大昕《二十二史考異》，洪頤煊《諸史考異》。

（二）專考證一史者：惠棟《後漢書補注》；梁章鉅《三國志旁證》；梁玉繩《史記志疑》、《漢書人表考》；錢大昭《漢書辨疑》、《後漢書辨疑》、《續漢書辨疑》；周壽昌《漢書注校補》、《後漢書注補正》；杭世駿《三國志補注》。

（三）關於表志的專書：萬斯同《歷代史表》；洪飴孫《三國職官表》；顧棟高《春秋大事表》；齊召南《歷代帝王年表》；錢大昭《後漢書補表》；錢大昕《元史民族表》；周嘉猷《南北史表》、《三國紀年表》、《五代紀年表》；林春溥《竹柏山房十五種》、《歷代職官表》(官修)；洪亮吉《三國疆域志》、《東晉疆域志》、《十六國疆域志》；洪齮孫《補梁疆域志》；錢儀吉《補晉兵志》；侯康《補三國藝文志》；顧懷三《補五代史·藝文志》；倪燦《宋史·藝文志補》、《補遼金元三史·藝文志》；錢大昕《補元史·藝文志》；郝懿行《補宋書·刑法志·食貨志》。

(四) 關於古代別史雜史的考證箋注者：陳逢衡《逸周書補注》、朱右曾《周書集訓校釋》、丁宗洛《逸周書官箋》、洪亮吉《國語注疏》、顧廣圻《國語札記》、《戰國策札記》、程恩澤《國策地人名考》、郝懿行《山海經箋疏》、陳逢衡《竹書紀年集證》。

(五) 關於元史者：何秋濤《元聖武親征錄校正》、李文田《元秘史注》。

正史之記載注重"治亂興亡"和"典章制度"兩方面，除此而外，亦有專注重一方面者，今分叙於下：

(1) 專叙"治亂興亡"方面者，關於這種著述的書籍，又分兩種：

(A) 編年史。以年爲經，以事爲緯，我們看了以後，可以瞭解每一個史跡的時代關係。這類書籍，又分兩種：a. 司馬光《通鑑》，b. 朱熹《綱目》，後人皆有續之者。這兩種書籍前者比較好，因爲朱熹著述的動機是模仿孔子的《春秋》，純粹是寓褒貶的意思。所以每叙一個事實，都用一種特定的書法。比如某官某人卒，是叙好官某某死了。某人卒，是叙壞人某死了。某官某罷，是叙一個人不配作這個官，政府不是亂命。罷某官某，是叙一個人配作這個官，政府罷之是亂命。伏誅，是叙一個人應該死。殺，是叙一個人不應該死。

朱子治學，頗爲謹嚴。但此書朱子不過成其一部，以其餘委之於趙師淵，趙之治學，不大謹嚴。若我們講宋學，以朱子爲聖人，則此書可看，反此，則其書不見精好。續綱目之作者，爲明人商輅，三篇爲乾隆所敕修。

明時有李東陽者，著《通鑑纂要》，專供皇帝之用，清因之作御批《通鑑輯覽》，因應科舉的原故，加之人人功名心切，所以一時大盛行於社會。現在時過境遷，其價值已失矣。

《通鑑》可看，最好連胡三省的《注》都看，續這種著作的，明有三家：（一）陳桱、（二）王宗沐、（三）薛應旗。這三人的著作，以薛爲最後，也以薛爲最好。

清時徐乾學著《資治通鑑後編》，清尚專爲彼設一書局，但所著材料不特不完全，組織也不嚴密，後畢沅也有《續資治通鑑》之著，二者相較，以畢著爲好。《續通鑑》止於元代，至於明，有《明紀》及《明通鑑》，二者相較，以《明通鑑》內容爲好。大約這類書籍，後出者總比先出者爲佳也。

(B) 紀事本末。這種史體與編年史相反，以事爲經，以時爲緯，我們看了以後，可以洞悉歷史上一個事實的首尾，容易得到因果的關係。此類著作，創自袁樞，後繼之者，代不乏人，今列其重要者於下：袁樞《通鑑紀事本末》，止於五代。高士奇《左傳紀事本末》，馬驌《左傳事緯》，明陳邦瞻《宋史紀事本末》、《元史紀事本末》，無大價值。清谷應泰《明史紀事本末》，此書很有價值，因其成在正史之前，並非據正史而成者，吾人閱之，爲直接材料。張鑑《西夏紀事本末》。很有價值。

(2) 專叙"典章制度"方面者：

(A) 三通。關於這一方面的著述，尚分多種，而以三通爲著，唐杜佑《通典》。《續通典》、《皇朝通典》。宋鄭樵《通志》。《續通志》、《皇朝通志》。元馬端臨《通考》。《續通考》、《皇朝通考》。《續皇朝通考》題劉錦藻，實仍壽潛所撰。

《通志》惟二十略爲有價值，其餘與正史同。《通典》，關於禮可貴之材料甚多，餘不如《通考》。《通考》，乃繼《通典》而作者，因馬端臨謂杜佑分類不善，乃另自編輯之，二者相較，以《通考》爲良，關於漢宋兩朝尤好，前者有特別考證，後者材料較宋史爲多，且當較精確。部分材料《通典》有而《通考》無，實因馬端臨認爲其對於歷史無大價值，故刪去之。但此等眼光，至今尤不失其爲是也。

(B) 會要：叙國家制度之書也，今將其重要的著作，列之於下：

王溥《唐會要》、《五代會要》。很有價值,因所記俱正史所無者。徐天麟《東漢會要》、《西漢會要》。很有價值。其餘還有《六朝會要》、《中興會要》、《國朝會要》等。

(C) 會典:歷敘國家有多少機關,又每一機關所職何事。關於歷代政治之述敘,以此類書爲最完備,畧似今之行政法。其重要著作,有《唐六典》、《明會典》、《清會典》、《清會典事例》。

(D) 禮儀:其重要著作,有《唐開元禮》、《政和五禮》、《新儀》、《大金集禮》、《明集禮》、《大清通禮》。

(E) 律例:即國家制定之法律,律者乃每代相因襲而不敢變,率多千百年前之舊,且多不適於用。所重者在例,故律例相衝突者從例,吾人看律必須兼看例,以律雖尊而不甚切於事。其重要者有:《唐律疏義》、《大清律例》。

以上所述今再撮其要,立表於下:

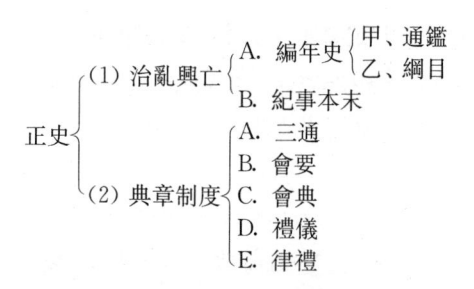

$$
\text{正史}\begin{cases}(1)\text{治亂興亡}\begin{cases}\text{A. 編年史}\begin{cases}\text{甲、通鑑}\\\text{乙、綱目}\end{cases}\\\text{B. 紀事本末}\end{cases}\\(2)\text{典章制度}\begin{cases}\text{A. 三通}\\\text{B. 會要}\\\text{C. 會典}\\\text{D. 禮儀}\\\text{E. 律禮}\end{cases}\end{cases}
$$

除上所敘以外,關於研究古史,則並無專著,僅雜敘於經、子之中,稱之曰別史、雜史,因時間關係,暫置不講。許多別史,爲研究某一事所必需者,如《奉天錄》,記唐代一藩鎮叛亂時之情形。關於建文遜國之事,明人此類著作,凡數十種。《輟耕錄》爲研究元代典章制度所必需者。《嘯亭雜錄》則爲研究清代典章制度所必需者。

其可參考一代之事者,則

(一) 有關漢代的有荀悅《漢紀》、《東觀漢紀》。

(二) 有關唐代的,有《大唐創業起居注》、記唐代開國時之情形,材料出於唐正史之外。《貞觀政要》、《順宗實錄》、《東觀政要》。記宣宗時事。

（三）關於五代史者：王禹偁《五代史闕文》、陶岳《五代史補》、馬令《南唐書》、陸游《南唐書》、《吳越備史》。載記。

（四）關於宋代者：李燾《續通鑑長編》，陳均九《備要》爲此書刪本。此書係編年體，共五百餘卷，止於北宋。關於南宋者：李心傳《建炎以來繫年要錄》、徐夢莘《三朝北盟會編》、王稱《東都事畧》。

（五）關於遼史者：葉隆禮《契丹國志》。因遼史缺乏，故此書頗可貴。

（六）關於金史者：宇文懋昭《大金國志》。

（七）關於元史者：《蒙古秘史》，永樂大典本。《皇元聖武親征錄》、《蒙古源流考》、洪鈞《元史譯文證補》、屠寄《蒙兀兒史記》未成，共刻十二本。

（八）關於明史者：王鴻緒《明史》。

以上諸書，差不多皆正史之淵源。

（九）關於外國史者：范成大《桂海虞衡志》，周去非《嶺外代答》，記南方情形者。釋法顯《佛國記》，玄奘《大唐西域記》，記唐時西域印度方面之情形者。馬歡《瀛涯勝覽》，鞏珍《西洋番國志》，記明時南洋方面之情形者。顧應祥《南詔事畧》，《小方壺齋輿地叢抄》。記載關於外國之情形者。

至於地理與歷史的關係，時令，及古史研究法等，這次因時間關係，不能再講，只有待下次再說了。

諸位同學索國史簡單參考書目，茲將上次程國屛君所記大畧改正，請一傳觀。此題內容太多，上次講時時間太促，講得既有遺漏，又復雜亂，只可在同學中傳觀，切勿發表。

今講得更簡要些：

正史先讀四史。

編年史讀《通鑑》、《續通鑑》，畢沅《明通鑑》。或《明紀》。

紀事本末。讀編年史，自覺大事已能貫通，則此可暫緩；否則再讀通鑑，他種可暫緩。

《通志》但讀二十畧。

《通考》擇有用之門類讀之。

古史可但讀《繹史》。

歷史地理但讀《方輿紀要》。李氏《歷代地理韻編》可供查檢。

如此每日能讀三小時,不間斷三年,上列之書可畢也。再進而求之,自己亦署有門徑矣。關於清代之參考書,近日上課時已講及,不贅。

近今所出教科書,夏曾佑《中國歷史》三本,有有見處而論頗偏,陳慶年所編事實較詳,中華書局中學中國歷史參考書同。國學保存會《中國歷史教科書》僅出兩册,然講古史有法,可供參考。

謝無量《佛學大綱》、《朱子學派》、《陽明學派》、《中國大文學史》亦尚可看。皮錫瑞《經學史講義》大致好。此外一時亦想不起矣。

(此文爲吕先生於一九二二年在瀋陽高師達成會上講演記録)

擬中等學校熟誦文及選讀書目

凡研究一種學問，必有一定之途轍可循，此不易之理也。獨今之言國文者不然，過高其説者，往往謂文章之妙，可以會意，不可以言傳。而其過求淺近者，則又航絕流斷港，而終不能至於海。此無他，未知今日學校所授之國文，其性質若何也。

文字本所以代語言，故兩者決無相離之理。然言語不能無遷變，而一國之大，其民智又不能無高下殊，智有高下，斯其語有淺深，此又事之無可如何者也。吾國自昔崇古，一切學術，無不以古人爲依歸。凡研究學術之人，自無一不通古語，其人而既通古語矣，則其發爲語言，自亦不免藉古語以爲用。猶今歐西各國人，有通希臘羅馬文者，時亦用以著書也，然此固非不治學術之人所能知也。職是故，上層社會言語之遷變，遂與普通社會異其途，古語之已廢於普通社會者，猶存諸上層社會，而上層社會因變遷而新增之言語，則非普通社會所能知，普通社會因變遷而新增之言語，又非上層社會所樂道，而文與語遂日趨分離矣。然此既廢於普通社會之語言，在上層社會固猶日藉以爲用。然則今日之所謂文言，實仍爲通行於現社會之一種言語，特非人人皆能之，又非矢諸口入諸耳而已。

或曰：文字既所以代語言，自貴與語言相合。今之所謂國文者，仍爲通行於現社會之一種語言，則既聞命矣。然此特上層社會之人，藉以爲用耳。普通社會之人，不能盡解也。而普通社會之人，所用之語，則上層社會之人無弗能知。然則今者逕廢所謂國文，而以俗語代之,可乎?曰:不可。一國之民智,不能無高下之殊,其所用之語言,即不能無淺深之異,予既言之矣。強智識程度較低之人,使操智識程度較高之語言,勢固有所不能,強智識程度較高之人,使操智識程度較低之語言,理亦有所不可。何則?其意將格不達也。夫言語者,思想之表象,而彼我之情愫所由互通也。故一國之高等言語,實爲其國人高等之思想所寄,由此而互相傳習焉。此高等思想,則國家所恃以建立也。今欲廢棄高等之言語,無論其不能也。苟其能之,則是摧棄一國高等之思想,而破壞其建國之精神也。夫國於世界,不徒貴橫的統一,亦且貴縱的統一,有橫的統一而後其勢力厚,有縱的統一而後其根柢深。我國人自昔崇古,學士大夫之言語,多以古人爲標準,致與普通社會之人相去日遠,誠不能無少病,然以此故,而今人與古人其關係乃極密切,以全國土地之廣,種族之錯雜,交通之不便,而所謂上層社會之言語,轉因其以古人爲標準,故其變遷少,而彼此少差殊,俾全國有知識之人,常得相集爲一體,其庸多矣。況前此高等之思想,悉寄於是,今既無以爲代,而顧欲一舉而廢棄之,是使全國之人,皆下喬而入幽也,嗚乎!其不可明矣。觀乎此,則今日之所謂國文,其不可不肄習審矣。所當研究者,肄習之法耳。夫欲研究一種學問,必有其一定之途轍,而欲知其途轍,則又必先知其物之性質,此不易之理也。今者舉國之人,皆言研究國文,皆言教授國文,而國文之性質若何?顧無一人焉能真知之者,又何怪其愈言教授,而其教授愈不得法邪?蓋自魏晉以降,崇尚文詞,舉國相師,蒸爲習尚,久之而學術與文字,遂至并爲一談,寖假而又并文學與文字爲一談。凡教人肄習文字者,其意無不即視爲研究文學。夫文學者,美術之一種。而文字者,則現社會人之一種高等語言也。人之美術思想,固可以言語表之,然非必盡以言語表之也。言語之爲用,固可藉以表示美術思想,然亦非盡用之以表示美術思想也。故文學者,美術之一種。惟從事於美術之人,乃有事焉。至於普通學子之肄習國文,則不過授之以一種高等語言,俾其與昔人所傳之思想,可以直接。而與今人之抱此等思想者，可以互通。猶之教英語者，欲以讀英國人之書，學日本語者，欲以與日本人通意耳，非欲使之爲文學家也。且即欲使人爲文學家，亦必先使之通普通之語言而後可。未有普通之語言尚未能操，而顧能用其語言以達其美術思想者。此理之易明，而無待於再計者也。

然則教授國文之道可知已，教授國文者，教授現社會所通行之高等語言也。惟其如是，故其所授者，必確爲是物而後可，其過高焉，而出於現社會所通行之高等語言以上，過低焉，而不及乎現社會所通行之高等語言，均非教授國文之道也。今試就中國現社會所有之文字，即其與語言離合之遠近，而大別爲三種焉。

一、通俗文　與現今普通之語言，相去最近，即欲使之全然相合，亦無不可，如近人所撰之白話書報是。

一、普通文　介乎通俗文與古文之間，所以通彼我之郵者也，如公牘書札是。

一、古文　與現今普通之言語，相去最遠。如三代兩漢之書，唐宋八家之文是也。

然同一古文，其中又有區別，蓋語言之遷變出於自然，中國之高等言語，其遷變能與普通語言異其途，亦初非能不遷變也。職是故，有古人極通行之言語，而在今日，則因其非必要而刪之者，又有古人未嘗有之語言，而現今社會中人，因時勢之需要，從而新增焉者。漢魏之文，卒不能同乎先秦、唐宋之文，卒不能同於漢魏、明清之文，又不能同於唐宋。以是故也，論者徒嘆時勢逐流，後人之文字，卒不古若，而不知言語變遷之公例，實使之然也。職是故，同一古文之中，又當分爲普通與特別二種，普通之古文，凡治學術之人，皆當有事焉。特別之古文，則惟治一種學術之人用之。其種類可分爲二，一爲文學的，治文學之人用之，如詞章家之研索《騷》、《選》是也。一爲考古的，專以考見古代社會之情形爲事者用之，如經學家之講求名物訓詁是也。故特別的古文，亦可稱爲專門的古文，自此以外，則皆爲普通的古文。今日學校所教授之國文，即是物也。

此普通古文之教授，當在何時，亦爲一問題。予則謂當在中學。蓋人操語之淺深，視乎知識之高下，而知識之高下，視乎年齡之長幼。人當在國民學校及高等小學時，年齡尚幼，知識程度尚低，無操此等語言之必要。且以知識程度，爲年齡所限故，即強授之以古文，亦必不能解。至中等學校，則年齡漸長，知識程度漸高，一切學術之研究，皆將於是肇其端，非通較深之語，勢必不給於用也。故予謂今者國民學校，宜純授學生以通俗文，至高等小學，則授之以普通文，至中學乃授之以古文。此其事之可行與否？自爲別一問題，今姑勿論。今所欲論者，則中等學校以上，教授國文之法而已。

　　教授國文之法，所首宜致謹者，即爲選材。蓋既曰教授高等語言矣，則其所教者，必確爲是物，自無疑義。今之教授者，或過求高深，至以專門的古文授之，其人而爲治專門之學者歟？則習之非其時，其人而非治專門之學者歟？則得之無所用，是以已死之古語授人也。其過求淺近者，又或不守定法，抉破藩籬，致所授者仍爲普通文。前者之弊，承昔時私塾之餘風者多犯之。後者之弊，則撫拾現今教育學之理論者多犯之。要之其所授者，皆非現社會之高等語言也。夫曰教授是物也，而其所教授也，實非是物，則更無是非得失之可論矣。此其宜審者一也。

　　凡言語之所以構成，不外三法。一曰稱名，一種事物在此種言語中，稱之爲何名者，在彼中言語中，則當稱爲何名，文字中謂之字法，如桌椅在通俗文及普通文中，均可言桌椅，於古文中則當云几席是也。一爲綴法，合各種稱名而聯綴之，其次第當如何，在文字中謂之句法。如古文中我來自東，王來自商。在普通文及通俗文，均當作某從某處來是也。一爲語言排列之次序，在文字中謂之篇法。如以古文普通文通俗文三者互譯，其次第決不能不變更是也。言語固無死法可執，欲用一種語言者，亦非但執死法可能。然既曰教授國文矣，則教者不容不教，而學者於此三者，亦決不容不學，此又理之至易明者也。今之教授國文者，或執文章之妙，可以意會不可以言傳之說，於此三者，一無所授。或又不知文學與文字之別，致所授雖多，絕非文法，一無所授者無論矣。所授雖多，而絕非文法，是亦與未授等也。此其宜審者二也。

　　文法之講授，既已明矣。所謂國文教授者，遂由此而畢乃事乎？曰非然也。所謂文法者，其多實不可勝授，且其法將日出而不窮，教者之所授，不過舉示其例而已。而其博涉之而能自知之，能自用之，則仍賴乎學者之自習，欲求學者之自習，則必領導之，使從美的方面入，所謂知之者不如好之者，好之者不如樂知者也。且普通言語之為用，未有能與美的方面，全然分離者。今人多云文字有應用與美術之分，此亦自其大體別之耳。其實應用文字，未有全不須美者也。特其所需之美，與所謂美術文字者，性質不同耳。普通文字之所謂美，可從兩方面觀察之，一曰勢力，一曰音調。勢力宜於雄厚，音調求其和諧，具是兩者，而後言語之用乃全。昔人稱文字之美，每曰有聲有色。所謂聲者，音調之謂，所謂色者，勢力之謂也。職是故，選授文字，不徒求其字法、句法、篇法之完善也，兼當求其聲色可誦，古人之文，盡有平正無疵，操縱合度，而其聲色不足稱，亦非其至者。凡此者皆非選授文字之至焉也。此其宜審者三也。

　　明是三者，則於學校中教授文字之道，思過半矣。凡選授之文，求其熟誦。熟誦者，所以反覆其字法、句法、篇法，使之極熟，而領畧其勢力及音調之美於無形之中也。然猶不但此，學文之道，猶之學語。凡學者，語必求其多所聞，然後能出之於口而無扞格，此引而置之莊獄之間之法也。若某種思想當用某種之言語達之，生平未之前聞，而欲其出之於口，此必不能得之數也。學校中所能熟誦之文字，其數有限，即使誦之極熟，而於所謂某種思想當以某種言語達之者，從未見過者實尚多，如是而欲以之讀書，而無不通，以之達意，而無不達，仍為必不可得之事。故學校中於熟誦之文以外，又宜定一種書目，使之自行閱看，以廣其見聞，見聞既廣，然後某種思想，當達以某種言語，某種言語，宜出以某種形式，悉通貫焉而無扞格矣。此其宜審者四也。

　　凡治一種學問，必有其一定之途轍可循，有一定之途轍可循，而後目的地可期其至。向之言教授國文者，誤於未知國文之性質若何，故不知其目的地。目的地且不知，遑論途轍？以上所論，自謂其目的地以及其所循之途轍，均已不誤。所當研究者，循此途轍，以達此目的地，其所需之時間何若耳。向者扶牀入塾之子，朝夕誦習，無非國文，中人之資，至弱冠而後通，其所需之時間，不爲不多矣。此固由其所由之途轍，未能盡合，不免多耗時間，然亦決無多耗至五六倍之理。今中等學校，以每日授課一時計，一星期僅得六時，至多抵昔人之一日耳。年以四十星期計，僅抵昔人之一月又十日，是四年畢業其肄習國文之時間，僅抵昔人之五個月又十日也。加以他種學術間接裨益於國文者計之，至多亦不過一年。更以國民學校及高等小學之所肄習，各作一年計之，亦不過三年耳。如此而欲求其國文之通，是覆一簣之土，而冀成九成之山也。今之論者，每咨嗟太息於學校生徒國文成績之不良，或歸咎於教授之未善，或歸咎於學生之不肯用心，而不知以今學校肄習國文之時間，而欲望其國文之通，本爲必不可能之事也。如吾之所計，則中等學校生徒，每日宜以兩時之功，肄習國文，一小時用之以誦及作，一小時用之於閱讀，誦與作即在教室中爲之，閱讀則於教室以外自爲之。吾所定熟誦國文之目，一星期之間，僅求其熟誦三百字左右，年以三十六星期計，除去作文及講授時間，恢恢乎其有餘地矣。閱讀之書，不能限定其多少。姑以予所經歷者計之。予幼時誦四子書時，日授十行，行十七字，每一分鐘而誦一遍，以一小時計之，則可誦萬又二百字矣。朗誦較閱讀爲遲。吾讀四子書時，其程度尚不及今日之中等學校生徒，而生徒讀書漸多，其閱讀亦必漸速，今即皆弗論，即以予誦四子書所需時間爲標準計之，每小時至少亦可讀萬字，年以三百日計，即可得三百萬言。四年可得千二百萬言，所熟誦者既得五萬言以外，所涉獵者，至少又得千二百萬言，如是而謂中等學校卒業之生徒，其國文尚不能通順，吾不信也，而況乎其所熟誦及閱讀者，尚決不止此數也。

熟誦文目

第一年

篇　　名	星期	選　錄　要　旨
韓退之《原毀》	二	此篇取其格局整齊，爲論辯文字入手之法。
歐陽永叔《朋黨論》	二	姚姬傳云：歐公之論，平直詳切，陳悟君上，此爲最宜。案昔時陳悟君上之體，今多可取之以開示公衆，且便於初學之規範。
蘇子瞻《留侯論》	二	以下三篇，皆專論一人一事之式。
《志林・范增》	二	東坡《志林》，均筆勢高妙，非初學所能領悟，惟此篇格局整齊，便於規範。
蘇明允《管仲論》	二	由大蘇之暢達，進之以老泉之勁悍。
蘇子瞻《諫軍實》	三	子瞻少年文字，取其氣勢之盛，惟仍取其指陳切實者，其空論抵巇者不取。
蘇子瞻《倡勇敢》	三	上篇主於論事，此篇主於説理。
蘇子瞻《方山子傳》	一	由東坡議論之文，引而進之於叙事之文。此等叙事文，蹊徑淺近，易於效法。
韓退之《圬者王承福傳》	二	叙事文兼有論斷，且有興會。
蘇子瞻《石鐘山記》	二	由東坡叙事之文，引而進之於記景物之文。
歐陽永叔《豐樂亭記》	二	由東坡記遊之作，進以歐公雜記，俾識歐文之情韻。
《瀧岡阡表》	三	由歐公雜記，引進之以叙事之文。
蘇子由《六國論》	二	此篇爲縱論形勢之法。

篇　名	星期	選　録　要　旨
蘇子瞻《策斷》中	三	選録之意,與練軍實、倡勇敢二篇同。而此二篇蹊徑畧高,故後授之。
蘇子瞻《策斷》下	三	此篇取其筆勢變化。
蘇子瞻《日喻》	一	贈序文之式,取其説理之精,設喻之妙。
韓退之《答陳商書》	一	由前篇進以韓公書説之文。取其説喻之奇,以博其趣。

第二年

篇　名	星期	選　録　要　旨
蘇子由《三國論》	二	以下兩篇,取其筆勢之勁悍。
蘇明允《衡論》御將	三	
柳子厚《桐葉封弟辯》	一	以下二篇,爲柳州議論之文,取其謹嚴精悍。
柳子厚《駁復仇議》	二	
韓退之《諱辨》	一	由柳州之謹嚴,進以昌黎之瘦硬,爲反覆辯論之法。
柳子厚《種樹郭橐駝傳》	二	由柳州論議之文,引進之於叙事之文。
曾子固《越州趙公救菑記》	二	記叙之文,取其謹嚴簡净。
柳子厚《始得西山宴遊記》	一	由柳州叙事之文,引而進之以記景物之文。
柳子厚《鈷鉧潭西小丘記》	一	以下二篇,爲贈序中善狀物態者。因柳州遊記而進之。

續表

篇　　名	星期	選　錄　要　旨
柳子厚《至小邱西小石潭記》	一	
歐陽永叔《送楊寘序》	一	
韓退之《送高閑上人序》	一	
歐陽永叔《釋秘演詩集序》	一	由歐公贈序，更進之以此篇，俾識歐文之精韻。
韓退之《張中丞傳後序》	三	由首篇更進以此篇，俾博識序跋文之體制，且爲叙事兼議論之式。
歐陽永叔《張子野墓誌銘》	二	以下二篇，爲歐公叙事文之善於言情者，由前授歐公之文引進之。
歐陽永叔《黃夢升墓誌銘》	二	
歐陽永叔《祭石曼卿文》	一	由歐公志銘，引而進之以哀祭之文。
王介甫《祭高師雄主簿文》	一	更進授以此篇，俾識荆公文奇崛之氣。
王介甫《贈光祿少卿趙君墓誌銘》	一	因進授以荆公志銘，俾知叙事文中，有此高境。
王介甫《給事中孔公墓誌銘》	三	此篇爲叙事文提挈綱領之法，且取其氣之蕭颯。
韓退之《送董邵南序》	一	以下三篇，取其寄意深遠，筆勢雄渾，爲含蓄不盡之法。
韓退之《送王秀才含序》	一	
韓退之《伯夷頌》		

第三年

篇　　名	星期	選　錄　要　旨
蘇子瞻《志林・始皇扶蘇》	三	東坡晚年之作,心手相忘,獨立千載,論辯文最高之境。其論文均貫穿今古,雜引衆事而成,並可增論古之識。
柳子厚《論語辨》二首	二	上篇爲序跋文,兼考證之式,下篇取其立論能見其大,且筆意若秋雲之遠,可望而不可即。
王介甫《周禮義序》	一	宏深肅括之法。
曾子固《列女傳目錄序》	二	南豐文之最高者,須法其氣度雍容。
韓退之《爭臣論》	三	此篇取其風格。
韓退之《原道》	四	辯論文變化錯綜之法。
韓退之《尚書庫部郎中鄭墓志銘》	一	由韓公論辯,引而進之於叙事之文,須領畧其雋才逸興及奇崛之氣。
韓退之《試大理評事王君墓志銘》	二	
歐陽永叔《徂徠先生墓志銘》	三	筆陳酣恣,詞繁而不懈,歐公志銘之極作,由前二篇進授之,俾知歐文之源出於韓,而面目各異。
王介甫《臨川吳子善墓志銘》	一	因進授以荆公志銘,俾知荆公亦法韓,而其面目又與歐異。此篇爲叙述庸德庸行之人之法。
王介甫《泰州海陵縣主簿許君墓銘》	一	法其筆勢高渾。
蘇子瞻《表忠觀碑》	三	以下二篇,因志銘引進之,以備體制。此篇須法其雋朗。
韓退之《柳州羅池廟碑》	二	此篇須法其古雅。

續表

篇　名	星期	選錄要旨
柳子厚《與李翰林建書》	二	書翰文言情之式。
王介甫《論本朝百年無事劄子》	四	荊公之文，皆責難陳善，雄渾深厚，有泰山巖巖，壁立萬仞氣象，誠不愧爲重臣碩儒之言，《上皇帝書》等，篇幅太長，非學校所能熟誦，授以此下二篇，畧見一斑。
王介甫《度支廳壁題名記》	一	此篇所言，爲極精之生計學理，須看其文字之高簡雄渾。

第四年

篇　名	星期	選錄要旨
賈生《過秦論上》	三	賈生之文，取其雄駿宏肆。
晁錯《言兵事書》	三	晁氏治申商家言，法其鷙悍而明切事情。
路長君《尚德緩刑書》	三	此篇取其沈摯。
楊子雲《諫不受單于朝書》	三	此篇取其風格。
劉子政《論起昌陵疏》	三	此篇法其氣度。
漢文帝十三年《除肉刑詔》	一	以下二篇，爲詔令文字之式，選錄之以備體格，漢世詔令皆文章爾雅，訓詞深厚，後世公牘文章之佳者，其原皆出於此，不得以體制相異而廢之也。
後二年《遺匈奴書》	二	此篇兼爲外交文字之式。
司馬長卿《喻巴蜀檄》		司馬長卿之文，姚薑塢謂其雲興水溢，有渾茫駿邈之氣。所謂觀揚班之作，而後知相如文句句欲活者也。

續表

篇　名	星期	選錄要旨
蘇季子説齊宣王	一	以下四篇，爲《戰國策》之文。讀此篇須看其設色妍麗，昔人所謂不着色之艷，惟《左》、《國》有之。
觸讋説趙太后	二	以下二篇，爲説辭之極則，兼有叙事之長。
魯仲連説辛垣衍	三	
樂毅《報燕惠王書》	二	此篇雍容大雅，有古大臣風度，爲書翰文之極則，後世奏議，亦多出於此。
司馬子長《六國表序》	一	子長史序，寄意高遠，筆勢雄奇，固非初學所能效法，然文中有此最高之境，不可不知，故於末年授之。
司馬子長《漢興以來諸侯王年表序》	二	此篇兼爲序跋文，提綱絜領之法。
班孟堅《貨殖列傳序》	二	由子長之雄奇高遠，進以孟堅之縝密，以博其體。
司馬子長《報任安書》	五	學校所授文字，限於時間，長篇極少，此篇之氣，如長江大河，而起伏曲折離合之法畢具，正如建章宫千門萬户，務須熟讀萬遍，庶作長篇文時不至氣怯。

　　選讀之文，第一年至第三年專取材於唐宋八家，第四年則取兩漢文爲主，而間及於《戰國策》。蓋吾國之文字，嘗數變矣。而周以前之文，不惟非今人所能效爲，實亦非今人所能全解。如周易道德經墨子之經上下篇等是也。東周以降，世變日亟，至戰國之際而極。三代以前之世界，遂變而爲秦漢以後之世界。吾國今日高等言語之淵源，實直接受諸此。凡諸先秦古書中，其平易易解者，大抵此時人所自撰。其結解者，則傳之自古者也。而其與今人之言語，尤相切近者，則實始於戰國之際。試觀《左傳》、《國語》與《戰國策》，同一善於詞令，然

《戰國策》中詞令，今人言語，往往似之。《左》、《國》所載詞令，則今人言語，似之者絕少，可知矣。秦漢文字，皆承戰國而漸變，其體勢不甚相殊，東京而後，文乃日趨於豐縟，普通言語與文學，漸有併爲一談之機，至齊梁之際而極。自唐以後，乃有駢散之分，駢文專務華藻，與實際之言語，相去愈遠，遂專成爲美術品。故學校之所教授，不得不以散文爲斷，授散文必托始於唐宋者，以其去今近，爲學生所易解，授唐宋後之散文，必取其專門名家爲文詞者，以如是，其體例乃謹嚴，而合乎教授普通古文之旨，否則仍恐有一時代一地方之方言羼入，不免於教授已死古語之誚；或仍與普通文及通俗文界限不清也。其專取八家者，以唐宋後能文之人太多，取之不勝取，而八家爲最著，後之治散文者，多取法焉。能讀八家，則已造乎元明清諸家之源，於元明清諸家之文，無弗能解矣。且學生之誦習文字，必求其於美的方面，有所領會，而求其於美的方面有所領會，則其所授者不宜過雜，必以一家之文字，反覆授之，然後入之乃深，入之既深，而自有所得，則以觀諸家，皆可由是而推之矣。此目所選諸文，排列之次序，必取其體制及格調相類者，連續授之，亦以此也。其上溯之兩漢及戰國時而止。則以今人文字直接之淵源，實出於此。自此以上，雖治普通的古文者不能盡廢，然已非中等學校生徒，初治古文者所能盡解矣。此循序漸進之法也。

或謂他種學問，皆可行遠自邇，登高自卑，獨國文則不然，斷宜取法乎上。蓋後世之文字，其源皆導自古文，苟不通最古之書，則閱後世之書，皆不知作何語也。此亦不然，文字之難通與易通，究以與語言相去遠近爲標準。不然，何以向之讀書者，日誦四子五經，而及其解讀書，仍從淺近小說白話等書始乎？此以形式方面言之也。以實質言，無論如何博雅之人，於先代故實斷不能一一記憶，讀後世之書，必有不知其中事物之來歷者。然亦無害其爲能解。即如《史記》，兩《漢》，其中包含百家學説最多。讀是書者，似非先通經子之學不可。然向者讀書之程序，何以又多先《史》、《漢》而後經、子乎？或謂入手之初，即讀唐宋之文，將先入爲主，終其身而不能變，此又不然。吾所擬選讀文目，不過謂初學古時，以此入手，非使其終身誦之也。若謂先入爲主，即終身不得變，則向之扶牀入塾者，無不授以四書五經，可謂先入矣。何以長而作文不患似經書乎？況吾之所云，固以教授普通之高級國語，非欲以造就專門之文學家也。即終其身不曉唐宋人文字之範圍，又何害焉？而況其決無此理乎？

辨別文章之體制，此治文學者所有事，非教授高級國語所亟也。自學校中選授國文之目的言之，大別爲議論記叙言情，議論文中更分爲論理論事；記叙文中，分爲叙事記物；言情文中分爲有韻無韻，足矣。言情之文，多近於美術的，故此目所選較少，議論叙事二者，則所授之數畧相等。而論事之文，多於說理；叙事之文，又多於記物，此其大校也。今之論者，或謂作文當求切實用，故議論文宜少授，而記叙事物之文宜多授，此亦皮相之譚。文字之合乎實用與否，以其與語言相合與否爲標準，不以所載之事物爲標準。有是意，即能宣之於口，而筆之於書，其文字與語言之責盡矣。苟其所言者而不切於實際焉，是其人之思想，先不合於實際，而非其文字語言之咎也，所惡於今之議論文者，謂其徒摭拾古人之陳言，而非其心所欲言耳。此科舉時代之遺習則然。苟教之者，深明乎學校所授者，實爲現行之高級艱深語言，一一責之以自達其意，何至於是。苟教之者而爲鄉曲陋儒也。并國語與文學爲一談，而離語言與事實爲二物，雖使之日操筆爲記叙事物之文，其剽竊古人之文，亦猶其作議論文耳。而又何取焉？予謂教授文字者，不徒不當以議論文爲戒也。並當多授之，且先授之以議論文。蓋文字究以議論爲難，記叙事物爲易，先其難者，則其易者不煩言而解。且古人議論之文，其聲色多顯著，美的方面，易於領會。而記叙事物之文，則較高簡難學故也。教學者作文，必先自昔人之所謂氣勢二字入，使其蓬蓬勃勃不能自己，然後彼自覺其樂趣，而自趨之，不至師勞功半，又從而尤之矣。

姚姬傳氏之《古文辭類纂》，分類凡十有三。曾文正公之《經史百家雜鈔》，分類凡十有一，今以此目，按諸姚氏所選，惟詞賦箴銘頌贊之類無之；以其爲文學家所有事，非習普通之高等言語者所急也。按諸曾氏所選，則無典志敘記之文，以其篇幅太巨，非學校生徒所能誦習也。其自唐宋八家上溯至戰國爲止，畧與姚氏同，而與曾氏大異，以史傳之文太巨，經子之文，多深奧難解，非中等學校生徒所知，苟選錄焉，將蹈侵入專門的古文範圍之咎也。然此目雖不注重於文章體制，而各種體制，實亦畧備。苟教者能善爲指示，而學者能自行隅反焉，則亦可以畧識措詞之體要，不至召支離滅裂之譏矣。

選授之目的，既在或取其説理，或取其叙事，或取其叙物，或取其記物，或取其言情，則觀其適當與否，即當從其文字之内容求之，而不當徒泥其體制。近人選本凡例，有謂詔令奏議，體制與現今政體不符，故概不録入。又有謂碑銘傳狀，乃酬應之作，非實用所急，故均不選授者，此真耳食之譚。不知奏議文字，多明暢鋭達，其勢力之雄厚，他種文字，莫與爲比。説理論事之文，可以牖啓初學者，無過於此。志銘傳狀之類，其叙事亦多可法，若概以爲體制不合而棄之，則今日之詔令呈文，前此竟何所有？將悉授以民國以來之公牘乎？抑譯諸法美瑞士而後授之乎？志銘傳狀之叙事，皆不可法，則作叙事文者將何所法？其悉授以史傳之宏篇乎？抑竟授以分章分節新體之傳記邪？則何不但讀歷史博物教科書，何必更授所謂國文者乎？

選讀書目，視選誦文目，界限稍寬，如學語然，凡以求其多所聞而已。今列其目如下：

集類一

《昌黎集》《河東集》《文忠集》《南豐集》《嘉祐集》《東坡集》《欒城集》《臨川集》

集類二

《荆川集》《震川集》《壯悔堂集》《寧都三魏集》《望溪集》《惜抱軒集》《大云山房集》《茗柯集》《柏梘山房集》《曾文正公集》

集類三

　　《切問齋文鈔》《經世文編》

集類四

　　《古文辭類纂》《駢體文鈔》《經史百家雜鈔》

史類一

　　《國語》《戰國策》

史類二

　　《史記》《漢書》《後漢書》《三國志》

史類三

　　《資治通鑑》《通鑑紀事本末》

子類一

　　《荀子》《老子》《莊子》《列子》《墨子》《管子》《韓非子》《孫子》《呂氏春秋》

子類二

　　《新書》《新序》《說苑》《法言》《鹽鐵論》《論衡》《潛夫論》《淮南子》

經類

　　《詩》《尚書》《儀禮》《禮記》《周禮》

　　《周易》《春秋左氏傳》《公羊傳》《穀梁傳》

大約第一二年閱集類,第三年閱史類,第四年閱經子。

　　集類中仍以唐宋八家爲主,取其與誦讀之文相聯絡也。其次序,宜先大小蘇,次老蘇,次歐公,次南豐,次半山,次柳州,而最後及於昌黎,明清諸家,則各從其所好涉獵焉。

　　總集如《昭明文選》等,乃肄習文學所有事,非習國語所需也。近人評選之本,率多俗陋,不可法。故但取《類纂》、《經史百家雜鈔》、《駢體文鈔》三種,《類纂》取其義例之善。《經史百家雜鈔》取其源流之備。《駢體之鈔》雖近美文,然學生中或有性好文學者,可涉獵焉以博其趣。此編所選,固華而不縟,與習高等國文之旨,尚不甚相遠也。

其列《切問齋文鈔》、《經世文編》兩種者，取其有益文字，兼俾實學，若學生中有性好經世之學者，可以《經世文編》爲主，《切問齋文鈔》已包於是書中，本目所以兼採之，取其卷帙較少也。專讀之，而八家及明清諸家專集皆以爲涉獵之資焉。其後世人所選《經世文續編》、《三編》等，體例未善。近人所編輯諸書，究有較《經世文編》更爲切用者，然於文事無益，故皆不取。此目所列，固以肄習國文爲主，非以之言學問也。

史類之中，《國語》、《國策》，宜全讀一過，以其卷帙無多，而於文事極有益也。四史通鑑，皆不能全讀，則可以選讀之，其選讀之法，一去其複緟者，如《史記》則專取《項羽本紀》等太史公所自撰。而其綱羅古籍而成者，則置之。《漢書》則去其與《史記》複緟者。《後漢》、《三國》，又互去其複緟者，此一法也。然猶不能盡也，則有以文字爲標準，而選擇之法，如《經史百家雜鈔》之例，則所取者有限矣，此二法也。然所列諸書，決非學生所能盡解也，則可去其難讀者，而取其易讀者。如《史記》，則去《天官書》，讀《漢書》，則去《律曆志》是也。此三法也。其選取之法，或由教師示以目錄，或令學生各分讀幾冊。摘其宜讀者，則令同學之人遍讀焉；其不必讀者則去之，皆可。讀書之目的，既爲肄習文字起見，則遇正文能粗解處，注均可不讀。表志等排列事實者，亦可以不讀，讀經子亦宜以此法施之，此等讀書之法，雖不足以語於學問，究於四部舊籍，畧涉津涯，其人而有志舊學，固可爲門徑之門徑。其人而無意舊學，亦不至茫無所聞。較之徒讀俗陋之古文選本，淺薄之近出書籍者，相去遠矣。凡閱書皆宜出之自力，爲教師者，雖可偶備質問，助析疑義，而斷不可操刀代斵，大加輔助。即答問亦宜極少。閱者既以涉獵爲主，盡可不求甚解。大致能明白者即置之，必實不能通者，然後從事於考求焉，考查不能得，亦即姑置之。所謂看書如攻城畧地，但求其速也。質而言之，只求其每日能有一小時，一小時中能粗枝大葉閱過一二萬字，則積以四年之久，國文自無不通之理，以後特以閱書，自不患其不解耳。今之學生閱書之事絕少，閱讀中國古籍，尤爲絕無僅有之事，以致於閱書之法，全無所知,以爲閱一書,亦必如聽教師之講解教科書,至字字明白而可也。於是惰者,偶一翻閱,遇不能通處,輒棄去。其勤者,則字字請益教師,語語查閱字典,卒至不能終卷而後已。皆由未知讀書必出之以漸,初讀書時,必經過觸目荆棘之一境故也。爲教師者,宜時時詔告之。

(一九二三年寫於江蘇省立第一師範學校專修科)

文 質

聽張校長之演講,*欽其語語中的,茲更引伸之。

"文"之爲義甚廣,非徒指文字也,文果善乎惡乎？當視其分量而定。此實凡物皆善,酒可醉人,然無飲一滴即醉者；砒能殺人,然醫師亦用爲藥,故昔人言物無善惡,惟有過不及也。文質彬彬,然後君子,如其不能,與其文勝,毋寧質勝。吾國之弊即在"文勝"。歷代南北之爭,北常勝於南,今則反之；長江流域居民之反抗性,較黄河流域者爲強；珠江流域者,又較長江流域者爲強,而接其人,則愈北愈文,愈南愈質也,即其一證。

中國文勝,可以其言證之；如練兵,則曰："以壯軍容",建築則曰："以壯觀瞻",皆重外表,即"文勝"之過也。文字必言之有物,語言亦然,但"理實亦必氣空","理實"言之有物也；"氣空"則能以流暢出之之謂也。氣空由於嫻熟。

士不可以見不廣；傳云："獨學而無友,則孤陋而寡聞。"今之士,於發表欲過強,不思就正於人,而急於發表,致刊物流行,往往有極可笑者。虛心爲學,不恥下問,則自知天地之大,與夫立言之不易矣。

(原載《光華大學半月刊》第二卷第八期,一九三四年四月出版)

---

* 編者按：光華大學張壽鏞校長的演講,題爲《作文三戒》。

怎樣讀中國歷史

幼時讀康南海的《桂學答問》，就見他勸人閱讀全部正史。去年一九三四年章太炎在上海各大學教職員聯合會演講，又有這樣的話："文化二字，涵義至廣，遽數之，不能終其物。方今國步艱難，欲求文化復興，非從切實方面言之，何能有所成功？歷史譬如一國之帳籍，爲國民者豈可不一披自國之帳籍乎？以中國幅員之大，歷年之久，不讀史書及諸地方志，何能知其梗概？史書文義平易，兩三點鐘之功，足閱兩卷有餘，一部二十四史，三千二百三十九卷，日讀兩卷，一日不脫，四年可了，有志之士，正須以此自勉。"

誠然，中國的正史材料是很豐富的，果能知其梗概，其識見自與常人有異，然康、章二氏之言，究係爲舊學署有根底者言之。若其不然，則（一）正史除志以外，紀傳均以人爲單位，此法係沿襲《史記》。此體創自《史記》實不能爲太史公咎，因其時本紀世家列傳材料各有來路，不能合併，且本紀世家與列傳亦不甚重複。而後世史事的範圍擴大了，一件較大的事，總要牽涉許多人，一事分屬諸篇，即已知大要的人，尚甚難於貫穿，何況初學？（二）即以志論，典章制度，前後相因，正史斷代爲書，不能窮其因果，即覺難於瞭解。況且正史又不都有志，那麼一種制度，從中間截去一節，更覺難於瞭解了。所以昔人入手，並不就讀正史。關於歷代大事，大抵是讀編年史的，亦或讀紀事本末。至於典章制度，則多讀《通考》及《通志》之《二十略》，此法自較讀正史爲切要。惟（三）現在讀史的眼光和前人不同了。前人所視爲重要的事，現在或覺其不甚重要，其所畧而不及的事，或者反而渴望知道他。所以現在的需要和前人不同，不但是書的體裁，即編纂方法問題，實亦是書之內容，即其所記載的事實問題。

如此則但就舊日的書而權衡其輕重先後，實不足以應我們今日的需要了。然則學習中國歷史，應當怎樣進行呢？

現在人的眼光和前人不同之處，根本安在？一言以蔽之，曰：由於前人不知社會之重要。一切事，都是社會上的一種現象。研究學問的人，因爲社會上的現象太複雜了，而一個人的精力有限，乃把他分門別類，各人研究一門，如此即成爲各種社會科學。爲研究的方便，可以分開論，然而實際的社會，則是一個，所以各種現象仍是互相牽連的，實在只是一個社會的各種"相"。非瞭解各種"相"，固然無從知道整個的社會；而非知道整個的社會，亦無從知道其各種"相"，因而史學遂成爲各種社會科學的根柢，而其本身又待各種社會科學之輔助而後明。因爲史學有待於各種科學之輔助而後明，史乃有專門，普通之分。專門的歷史，專就一種現象的陳跡加以研究；普通的歷史，則綜合專門研究所得的結果，以説明一地域、一時代間一定社會的真相。嚴格言之，專門的歷史還當分屬於各科學之中，惟普通的歷史乃是稱爲真正之歷史。因爲史學的對象，便是整個的過去的社會，但是專門的研究不充分，整個社會的情形亦即無從知道。而在今日，各個方面的歷史情形實尚多茫昧，因此，專門及特殊問題的研究極爲重要，史家的精力耗費於此者不少。

以上所述爲現代史學界一般的情形。至於中國歷史，則材料雖多，迄未用科學的眼光加以整理，其紊亂而缺乏系統的情形，自較西歐諸國爲尤甚。所以（一）刪除無用的材料，（二）增補有用的材料，（三）不論什麽事情，都要用科學的眼光來加以解釋，實爲目前的急務。但這是專門研究家所有之事，而在專門研究之先，必須有一點史學上的常識，尤爲重要。

研究學問有一點和做工不同。做工的工具，是獨立有形之物，在未曾做工以前,可先練習使用。研究學問的手段則不然,他是無形之物,不能由教者具體的授與。對學者雖亦可以畧爲指點,但只是初步的初步,其餘總是學者一面學,一面自己體會領悟而得的。善教的人,不過隨機加以指導。所以研究手段的學習,即是學問初步的研究。當然,手段愈良,做出來的成績愈好,亦惟前人所做的成績愈好,而其給與我們的手段乃愈良。前此的歷史書,既然不能盡合現在的需要,我們現在想藉此以得研究歷史的手段,豈不很困難?然而天下事總是逐漸進步的,我們不能坐待良好的歷史書,然後從事於研究,前此的歷史書雖明知其不盡合於今日我們的需要,而亦不能不藉以爲用,所以當我們研究之先,先有對舊日的史部作一鳥瞰之必要。

歷史書有立定體例、負責編纂的,亦有僅搜集材料以備後人採用的。關於前者,其範圍恒較確定,所以駁雜無用的材料較少;在彼劃定的範圍內,搜輯必較完備,所採用的材料亦必較正確。後者卻相反。所以讀歷史書,宜從負責編纂的書入手。其但搜輯材料以備後人來擇用的書,則宜俟我們已有採擇的能力,已定採擇的宗旨後,才能去讀。昔人所視爲重要的事項,固然今人未必盡視爲重要,然而需要的情況不能全變,其中總仍有我們所視爲重要的,即仍爲今日所宜讀。然則昔時史家所視爲最重要的,是什麼呢?

關於此,我以爲最能代表昔時史家的意見的,當推馬端臨《文獻通考序》。他把歷史上的重要現象,概括爲(一)理亂興衰、(二)典章經制兩端,這確是昔時的正史所負責搜輯的。不過此處所謂正史是指學者所認爲正史者而言,不指功令所定。我們今日的需要,固然不盡於此,然這兩端,確仍爲今日所需要。把此項昔人所認爲重要而仍爲我們今日所需要的材料,先泛覽一過,知其大概,確是治中國歷史者很要緊的功夫。

但是今日所需要,既不盡同於昔人所需要,則今日所研究,自不能以昔人所認爲重要者爲限,補充昔人所未備,又是今日治中國歷史者很緊要的功夫。

固然研究的手段，是要隨着研究而獲得的，但是當研究之前，所謂初步的門徑，仍不可不畧事探討，這又是一層功夫。

請本此眼光，以談論閱讀中國歷史書的具體方法：

關於第一個問題，正史暫可緩讀。歷代理亂興衰的大要，是應首先知道的。關於此，可讀《資治通鑑》、《續通鑑》、畢沅所編。《明紀》或《明通鑑》。此類編年史，最便於瞭解各時代的大勢。如慮其不能貫串，則將各種紀事本末置於手頭，隨時檢查亦可。但自《宋史紀事本末》以下，並非據《續通鑑》等所作，不能盡相符合而已。清代之史，可姑一讀蕭一山《清朝通史》，此書亦未出全，可再以近人所編中國近世史，近百年史等讀之。典章經制，可選讀《文獻通考》中下列十三門：（一）田賦，（二）錢幣，（三）戶口，（四）職役，（五）征榷，（六）市糴，（七）土貢，（八）國用，（九）選舉，（十）學校，（十一）職官，（十二）兵，（十三）刑。如能將《續通考》、《清通考》、劉錦藻《續清通考》，均按此門類讀完一遍最好。如其不然，則但讀《通考》，知道前代典章經制重要的門類，然後隨時求之亦可。此類史實，雖然所記的多屬政事，然而社會的情形，可因此而考見的頗多。只要有眼光，隨處可以悟入。若性喜研究這一類史實的人，則《通志·二十略》除六書、七音、草木、昆蟲、氏族，為其所自創，為前此正史之表及《通典》、《通考》所無外，餘皆互相出入，亦可一覽，以資互證。

歷史地理，自然該知道大畧。此事在今日，其適用仍無逾於清初顧祖禹的《讀史方輿紀要》的。此書初學，亦可不必全讀。但讀其歷代州郡沿革，且可以商務《歷代疆域形勢一覽圖》對讀。此圖後附之說，亦係抄撮顧書而成，次讀其各省各府之總論，各縣可暫緩。

歷代的理亂興衰，以及典章經制，昔人所認為最重要的，既已通知大畧，在專研歷史的人，即可進讀正史。因為正史所記，亦以此兩類事為最多。先已通知大畧，就不怕其零碎而覺得茫無頭緒了。正史卷帙太繁，又無系統，非專門治史的人，依我說，不讀也罷。但四史是例外。此四書關涉的範圍極廣，並非專門治史的人也有用，讀了決不冤枉。至於專門治史的人，則其不可不讀，更無待於言了。工具以愈練習使用而愈精良。初讀正史，原只能算是練習。四史者，正史中爲用最廣，且文字優美，讀之極饒興趣，又係古書，整理起來，比後世的書畧難，借此以爲運用工具的練習，亦無不可的。既讀四史之後，專治國史的人，即可以進讀全史。全史卷帙浩繁，不可望而生畏，卷帙浩繁是不足懼的，只要我們有讀法，倒是太簡的書不易讀。讀法如何，在乎快，像畧地一般，先看一個大畧。這是曾滌生讀書之法。專門治史的人，正史最好能讀兩遍，如其不然，則將《宋書》、《齊書》、《梁書》、《陳書》、《魏書》、《北齊書》、《北周書》和《南史》、《北史》，分爲兩組；《新唐書》、《舊唐書》、《新五代史》、《舊五代史》亦分成兩組，第一遍只讀一組亦可。《宋書》、《齊書》、《梁書》、《陳書》、《魏書》、《北齊書》、《北周書》和《南史》、《北史》大體重複，《新唐書》、《舊唐書》、《新五代史》、《舊五代史》實在大不相同。正史包含的材料太多，斷不能各方面都精究，總只能取其所欲看。看第一遍的時候，最好將自己所要研究的用筆圈識；讀第二遍時再行校補。如此讀至兩遍，於專治國史的人受用無窮。正史的紀傳太零碎了，志則較有條理。喜歡研究典章經制的人，先把志讀得較熟，再看紀傳，亦是一法。因爲於其事實，大體先已明瞭，零碎有關涉的材料自然容易看見了。陳言夏的讀史即用此法。正史中無用的材料誠然很多，讀時卻不可跳過，因爲有用無用，因人的見解而不同。學問上的發明，正從人所不經意之處悟入，讀書所以忌讀節本。況且看似無用，其中仍包含有用的材料，或易一方面言之，即爲有用。如《五行志》專記怪異，似乎研究自然科學如天文、地質、生物、生理等人才有用，然而五行災異亦是一種學說，要明白學術宗教大要的人，豈能不讀？又如《律曆志》似更非常人所能解，然而度量衡的制度，古代紀年的推算，都在《漢書·律曆志》中；而如《明史·曆志》則包含西學輸入的事實，亦豈可以不讀？近來所出的正史選本，我真莫明其是據何標準，又有人說，正史可以依類刊行，如《食貨志》歸《食貨志》，《四裔傳》歸《四夷傳》之類，經人辯駁之後，則又說可將各類材料輯成類編，那更言之太容易了。

關於第二個問題。昔時史部的書不能專恃，必賴他部或近來新出之書補正的，莫如古史和四裔兩門。古史的初期本與史前時代銜接，這時候本無正確的歷史，只有荒渺的傳說，非有現代科學的知識，斷乎無從整理，所以宜先讀社會科學的書。如文化人類學、社會進化史等等。古史較晚的材料，多存於經子中。經子雖卷帙無多，然解釋頗難，合後人注疏考訂之書觀之，則卷帙並不算少，且頗沉悶。而且經學又有今文、古文等派別，《書經》又有《僞古文》，如不通曉，則觸處都成錯誤，所以因治古史而取材於經子，對經子的本身，仍有通曉其源流派別之必要。關於此，拙撰《經子解題》，入手時似可備一覽。爲治古史而讀經子，第一步宜看陳立《白虎通義疏證》、陳壽祺《五經異義疏證》。前者是今文家經說的結晶，而亦是古史的志。後者則今古文兩家重要的異點已具於是。讀此之後，再細讀《禮記・王制》一篇和《周官》全部的注疏，則於今古文派別已能通曉，古代的典章經制亦可知其大要，并古代的社會情形亦可推知其大概了。大抵古代學問，多由口耳相傳，故其立說之異同，多由學派之歧異，往往衆說紛歧，實可按其派別分爲若干組。若能如此，則殘缺不全之說，得同派之相證而益明，而異派立說之不同，亦因此而易於折衷去取。派別之異，最顯而易見的，爲漢代之古今文經說，然其說實導自先秦，故此法不但可以治漢人的經說，並可以之治經之正文，不但可以治經，並可推之以治子。分別今古文之法，以廖季平先生爲最後而最精，其弟子蒙文通乃推之以治古史，其所撰《經學抉原》、《古史甄微》兩種必須一覽。其結論之可取與否，是另一問題，其方法則是治古史的人必須採取的。

編纂周以前歷史的人，自古即很多，但於今多佚。現存的書，以宋羅泌的《路史》所包含的材料爲最富，劉恕的《通鑑外紀》亦稱精詳。清代馬驌的《繹史》亦稱詳備，可備翻檢而助貫串。因其書係用紀事本末體。

外國有自己的歷史。從前中國和他們的交通不甚密切,所傳不免缺漏錯誤,此等在今日,不能不用他們自己的記載來補正,無待於言。亦有並無歷史,即靠中國歷史中的資料以構成他們的歷史的,其中又有兩種:一種是他們全無正式史籍的,另一種是雖有而不足信,反不如中國所存的材料的。此一部分中國歷史實爲世界之瑰寶,其材料雖舊,而研究的方法則新——不用新方法,簡直可以全無所得。這方面現代人的著作,也不可以不讀,此等著作以外國人的爲多,這是因爲設備和輔助的科學,外國的研究家所掌握的較爲完全之故。近多有譯本,其目不能備舉,可自求而讀之。

關於學術史。昔時專著頗乏,可以學案補之。宋、元、明學案,大畧完備。如尚嫌零碎沈悶,拙撰《理學綱要》亦可備一覽。清代則有江藩《漢學師承記》和梁啓超《清代學術概論》。經學史則皮錫瑞《經學歷史》頗爲簡要。佛學另係專門,如以史學眼光讀之,則歐陽潮存所譯《原始佛教思想論》、蔣維喬《中國佛教史》、呂澂《印度佛教史畧》、《西藏佛學原論》,似可依次一覽。先秦學術,近人著作甚多,但只可供參證,其要還在自讀原書。

關於第三個問題。讀史的方法,亦宜參考現代人的著述。現代史學的意義,既和前代不同,研究的方法當然隨之而異。生於現代,還抱着從前的舊見解,就真是開倒車了。論現代史學和史學研究法的書,其中强半是譯本;自著的亦多係介紹外人之說。惟梁啓超《中國歷史研究法》及《補編》係自出心裁之作,對於史學的意義,自不如外國史學家得科學的輔助者之晶瑩,而論具體的方法則較爲親切。商務所出論史學及歷史研究法之書,大致都可看得,不再列舉其名,其中《歷史教學法》一種——美國約翰生・亨利著,何炳松譯——雖編入現代教學名著中,卻於初學歷史之人很有裨益,因其言之甚爲詳明,所以特爲介紹。中國論史學的學問,當推劉知幾的《史通》、章學誠的《文史通義》。前書大體承認昔人作史之體裁,但於其不精密處加以矯正，讀此對於昔人評論史裁之言，可以易於瞭解，且可知自唐以前史學的大概情形及唐代史學家的意見。章氏書則根本懷疑昔人的史裁，想要另行創造，其思想頗與現在的新史學接近。其思力之沈鷙，實在很可欽佩。這是中國史學史上很值得大書特書的事情。關於此兩部書，我很想用現代史學的眼光加以批評比較，再追溯到作者的時代，而解釋其思想之所由來。前者已成，名《史通評》，現由商務印行。後者尚未著手，然亦很想在最近把它完成。*

研究的方法必須試行之後，方能真知。抽象的理論，言者雖屬諄諄，聽者終屬隔膜，無已，則看前人所製成的作品，反而覺得親切。昔人詩："鴛鴦綉出憑君看，不把金針度與人。"又有替他下轉語的說："金針綫跡分明在，但把鴛鴦仔細看。"這兩句詩也真覺親切而有味。此項作品，我以爲最好的有兩部：（一）顧亭林炎武的《日知錄》卷八之十三。（二）趙甌北翼之《廿二史札記》。前者貫串羣書，并及於身所經驗的事實。後者專就正史之中提要鈎玄組織之，以發明湮晦的事實的真相，都爲現在治史學的好模範。

於此還有一言。目錄之書，舊時亦隸史部。此類之書，似乎除專治目錄學者外，只備檢查，無從閱讀。尤其是初學之人無從閱讀。但是舊時讀書有一種教法，學童在讀書之初，先令其將《四庫書目提要》閱讀一過，使其於學術全體作一鳥瞰，此項功夫我小時尚做過，但集部未能看完。自信不爲無益。《四庫書目提要》固然不足盡今日之學術，但於舊學的大概究尚能得十之八九，而此書亦並不難讀，如能泛覽一過，亦很有益的。

以上所論，都係極淺近之語，真所謂門徑之門徑，階梯之階梯。在方家看來，自然不值一笑，然而我以爲指示初學的人，不患其淺，但患其陋耳，若因其言之淺，恐人笑其陋而不敢說，則未免拘於門面矣。

---

* 編者按：此處所説，係指呂先生後來著成的《文史通議評》。今已編入《史學四種》（上海人民出版社 1981 年版）和《呂著史學與史籍》（華東師範大學出版社 2002 年版）。

我的立説雖淺,自信初學的人,或可具體應用。大抵淺而不陋之言,雖淺亦非畧有工夫不能道,若乃實無功夫,卻要自顧門面,抄了一大篇書目,説了許多不着邊際的話,看似殫見洽聞,門徑高雅,而實則令人無從下手,此等習氣則吾知免矣。

(原刊《出版周刊》第一〇二期,一九三五年四月出版。)

文學批評之標準

孔子曰："道二，仁與不仁而已矣。"斯言也，實評判一切事物之標準也。

夫文之別亦多矣：有韻文焉，有無韻之文焉。韻文之中，詩與詞不同，詞與曲又異，此體制之別也。無韻之文，始而奇耦相生，繼乃析爲駢、散。同一駢文也，而齊、梁與漢、魏殊科；同一散文也，而唐、宋與周、秦異致；此時代之別也。至若匡、劉、賈、晁，神理攸殊，韓、杜、王、孟，性情各異，此則爲文者之個性，千差萬別，累百世而不相襲者也。自來治文學者，亦因其個性，而好尚各有不同。然文之美者，無間於其體制、時代，若作者之個性，而卒不得不同謂人爲美，是則此等不廢江河萬古流之文字，其中必有一同點存焉。同點惟何？美是已。美之質惟何？仁是已。

人生而有樂羣之性；故凡有利於其羣者，衆必同善之；善之，斯好之矣。有害於其羣者，必同不善之；不善之；斯惡之矣。好惡，美惡之原也；利害，好惡之本也；有利於羣抑有害於羣，昔人論文之説，汗牛充棟，或則一時興到之言，或者偏端觸悟之語，多無當於論文之本原。近今論事，多取科學方法，分條析縷，探本窮源，善矣。然夷考其説，實亦就枝葉研討之辭爲多，而眞能窮其本原者少，是則文學評論，就未能有一簡單直截之標準，使人人知此爲第一義諦；必有此，然後他事乃有可論，不則本實先撥，餘皆無所附麗矣。此條件誠不可不從事於探求也。此條件惟何？曰：仁是已。人之相處，恒以性情相感，其意欣然欲樂利我者，則接之而覺其可親，久與之處而無厭，離別焉而彌不能忘。不則若與商賈寇仇處，必有愀然不樂者矣。作品之能否成爲文學，以此性質之有無爲斷；文學美惡之程度，以此性質之多少爲衡。固非謂有此即可爲文，然無此者必不能成爲文學也。此文之本也，本立而後枝葉有所附；此文之質也，文之質具，而後文之文有所施。

論文之美者，莫如姚姬傳分爲陰陽剛柔二端之善。然文之美何以分此二端？姬傳未嘗言之也。蓋人之於人也，有其欣然欲樂利之無窮之心；而人之性質不同，其所處之地位亦異。處乎得爲之位，若其性質勇往直前者，則發爲事業，大有補於斯民。古來聖君、賢相、名將、良吏、師儒皆是。是爲積極之仁。處乎不得爲之位，若其性質狷介，不能與世同流者，則退然自處，但以所謂不合作者，減殺世界之共業，而冀世人之一悟焉，是爲消極之仁。凡高人隱士，無聞於時，無稱於後者屬之。兩者，其所以爲仁者不同，而其爲仁則一。以是性質發爲文章，則分爲陰陽、剛柔兩端。賈、晁之文，屬於前者，王、孟之詩，屬於後者，舉此一隅，餘可三反。

職是故，無性情而徒矜藻采者，必不足以爲文，一時或負盛名，不數十百年，而烟消火滅矣。昔之何蓮舫是其人。今之樊樊山、易實甫，不久當亦爲蓮舫之續也。徒事剿剥，類乎世俗所謂尖酸刻薄者，愈不足以爲文，吳敬梓之《儒林外史》，李伯元之《官場現形記》，外觀亦若相類，然《官場現形記》，必不能如《儒林外史》之歷久爲人愛誦，何也？一有悲天憫人之衷；一則視社會之惡濁，若秦人視越人之肥瘠，但爲過甚刻劃之辭，以博人嘲笑耳。夫俳優之辭，豈不能使人發笑？然而不可以爲文者，其性情不存焉。昔人論文，所以戒有小說氣者以此，以有小說氣，則必爲過甚描寫之辭；過甚描寫，則必有餘子性情之處；描寫溢於性情，是謂質餘於文。文質彬彬，然後君子。若其未能，與其文勝，毋寧質勝。惟文亦然。文之文有餘，不若文之質有餘。

自白話文盛行，而文士如鯽，以其工具易也。文之美，殊無間於白話文言。然今日之文學界，表面看似極盛，實則求其真足當文士之稱者，百不得一焉。無論以新文學自矜、舊文學自詡者皆然，以其本無性質；或雖有之，而所感慨者，不外乎一己之窮通；甚者飲食男女之欲，有所不足而已矣。昔人云：非公正不發憤。今之發憤者，則皆不公不正之甚者也。其動機，皆作《如意曲》《來生福》者之動機而已矣。康南海、梁任公、章枚叔之文字，今日有之乎？

(原刊《中國語文學研究》，一九三五年出版)

反對推行手頭字提倡制定草書

病中國文字，筆畫繁多，書寫不易，而欲改革之者，自昔久有其人，改革之法，因仍易而創造難，故欲以通行簡畫之字，代筆畫繁多之字者，自昔亦久有此議，然迄未見諸實行，近始有推行手頭字之舉，擇通行簡畫之字三百，製成鉛字，用以排印書籍，此爲第一期推行之字，後此將逐漸增加。至印刷所用與手頭所書一律爲止。推行緣起所言如此。夫其推行之法則善矣，然此等字應否推行，則殊費斟酌也。

蓋中國字書寫之難，由於作真而不作草，而不盡繫乎筆畫之繁簡，若論認識則切忌單字之增加。今所謂手頭字者，雖筆畫稍減，然仍係真書，則於書寫之難袪除有限；而此等字既已推行，舊有之字，仍不能廢，是無故增加許多單字也；其耗損學習者之精力，反甚巨矣。

曷言乎中國文字，書寫之難，由於作真而不作草也？文字書寫之難易，其原有二：一曰筆畫之繁簡。二曰筆畫形狀作成之難易。後者之關係，較前者尤巨，蓋筆畫之形狀既變，則數畫可併作一畫，不期其簡而自簡也。今之所謂手頭字者，雖畫數稍減，而其形狀仍屬真書，則於書寫之難，至多能袪其半。然書寫之難，既由於筆畫形狀之難成者多，由於畫數之繁者少，則推行手頭字，並不能袪其半矣。

曷言乎以認識論，切忌單字之增加也？文字所以代語言，本國之語言，爲國民所固曉。除古代文字，不與語言合者外，苟能識其字，誦其音，即入於耳而可通。故本國人學本國文，名詞文法，皆非所苦，惟單字除强記外無他法，時過然後學，即勤苦而難成。職是故，文字演進自然之勢，於單字之可省者，必盡力省之，其顯而易見者有二：（一）兩義同音，本以兩形表之者，廢其一而以其兼攝兩義，六書中之假借是也。（二）本一字也，而其作法有兩，廢其一而存其一，向所謂厘正字體者，其意雖不主於此，而實與此理暗合，故能爲舉國所遵從，前代紛然淆亂之別字，逐漸淘汰，歸於整齊易簡者，蓋已不知凡幾矣。今之推行手頭字者，於每一字，皆爲別立一體，新字既行，舊字仍不能廢，是此等字推行若干，即國民須認識之單字，增加若干也。煩孰甚焉？主張推行者必曰：子爲少數學者言，吾爲大衆言也。爲少數學者計，固有之字，誠不能廢；爲大衆計，則何不可廢之有？殊不知大衆與學者，所用之字，雖或有不同，實無截然界限。主張推行手頭字者，能保大衆所讀之書，不引一句古書乎？若其不能，其所推行之字，至此便生窒礙，更籌救過之策，勢將求簡滋繁矣。主張推行者必曰：此等情形，極爲難遇，可以勿論也。然大衆之教育，固期其普及，并望其增高，而一國之文字，尤貴於統一而不宜分裂。今使所謂手頭字者，果已推行盡利；所謂大衆，果但識此等字而已足；其書寫之精力時間，誠可稍省，然稍高之書籍，便不能讀。專門學術與通俗教育。豈不相去愈遠？學者與大衆，不將益形隔礙耶？若曰：大衆可不識學者所用之字，學者則不可不識大衆所用之字，則學者之精力，獨不當爲謀節省乎？稍減正書之筆畫，所收之益幾何，而所招之不便，現在億度之，即已如此；其非今日所能預料者，恐尚在所不免也。利不十者不變法，豈可不深長思哉？

欲求中國文字，簡便適用，惟有制定草體而推行之一法，草書一推行，書寫之難，不期其解而自解；而於認識之難，亦無所增益，何也？真草平行，本爲文字之常軌，不能廢其一而專任其一也。今之所謂手頭字，其中即有若干草書，惟皆將其筆畫形狀，改同真書平。曷言乎真草并行，爲文字之常軌也？斯理也，孟君心史，於十餘年前發之，其言曰："文字形體，所求者二：一曰閱看清晰，二曰書寫便易。求閱看清晰利於真，求書寫便易宜用草。故二體不可偏廢。"證以東西文字，莫不真草并行,可知斯言,實爲不謬。吾國文字,本亦如此,特因偏重美術,草書之變化太多,去真日遠,既非常人所能識,更非常人所能作,乃不得不捨草而獨任真,既已獨任真書矣,求書寫之便易者,乃不能變其筆畫之形狀,而惟求其筆畫之減少,遂成今日所謂手頭字者焉。真書之形體,因此滋繁;書寫之便易,仍不徹底,是乃文字演進中途所生之病態也。豈可不對證發藥,轉爲之推波助瀾乎?

吾國草書,所以不能應用,徒成美術者:(一)以其點畫之狼藉。(二)以其構造之無定則。真書中之偏旁,在草書中不能畫一。前者之弊,惟張芝以後之草書爲然,章草初不如此。然章草筆畫,仍嫌其煩,不能收簡易之效,行書所以不能代草書者亦以此,今日制定草書,必合舊有之行草各體而參酌之,大體以今通行之草書爲主,袪其偏旁之不畫一者。筆法參用行草,務求成之之易,但戒兩字牽連,亦勿過於狼藉,俾仍便於辨認,制定之後,亦宜用諸印刷。(一)小學國文讀本,宜於真書之旁,附以草體,習字帖所載之字,與讀本同,專用草書。(二)字典於真書之下,兼載草體,別編草體檢字,附於卷末。(三)書籍報章,爲求清晰起見,仍用真書印刷,其有美術性質者,亦可兼用草體,此皆爲推行起見,既已普遍,即可不拘矣。

書寫者必求簡易,求簡易,其筆畫之形狀,勢必漸趨流動,而結體亦因之而變焉。故行草一體,乃生於自然,成於積累,非人力所能爲,亦非人力所能遏也。今日求簡之徒,所以不能變其筆畫之形,徒求減其筆畫之數者,以其學力太淺,於文字不甚習熟,作書時,皆按其形狀,畫畫而爲之。惟以不似爲懼,安敢更求變化?此其所以轉將草體,改作真書也。今後大衆教育程度漸高,於文字日益習熟,其書寫時筆畫形狀,亦必漸生變化,必不肯以減其筆畫之數爲已足,故今日即不制定草書,草書亦將自生。聽其自生,則又不畫一矣。今即勿論此,亦將合固有之字,今日所推行之手頭字,共成三種形體,豈不更形繁雜?夫有手頭字,不能禁草書使不生,而有草書,則能袪手頭字使漸廢,孰繁孰簡?孰當從事推行?不待言而可決矣。

主張推行手頭字者，謂此等字，大家都如此寫，書本卻不如此印，因之識一字須認兩體，其實並不盡然。此次所擬推行之三百字，予即有不識者，並非人人皆須記此兩體也。又謂其較易識，較易寫，求易寫不如推行草書，説已具前；易識與否，似與筆畫繁簡無關。凡識字者，大抵觀其字之全形，非畫畫而計之，而後知爲某字也。至謂更能普及大衆，亦未必然。今之大衆，豈以於此諸字，僅能識所謂手頭體，而不識本來作法，以致不能讀書，而印刷品遂於彼無分哉？要之提倡推行手頭字者，其熱心固可佩，其辦法則未安；而真草兩體之并行，則鑒諸古今中外，而皆有其不易之理；故就鄙見所及，撰爲是篇，以就正於海内之士焉。

中國文字之演進，看似不合理，實則有至理存乎其間。拙撰《字例略説》第八至第十三章，言之頗詳，今之欲改革文字者，如肯就已往之跡，加以研究，自可見文字之增減改易，皆有自然不得已之故，行乎其間；以一人一時之智力，强立條例，爲不易矣。思勉自記。二十四年二月二十六日草於上海光華大學。

（原刊《江蘇教育》第四卷第四期，一九三五年出版）

叢書與類書

叢書與類書名目甚多，無講述之必要。今所欲言者，叢書與類書之編輯，可表示研究學問之兩種趨向耳。

我國類書，發源極早。最初一部名《皇覽》，成於三國時。此外卷帙較巨而現存者，如唐《藝文類聚》、《意林》，宋《太平御覽》、《太平廣記》，明《永樂大典》，清《圖書集成》等。佚亡者更難枚舉。類書之作，其所表示之趨向，爲分科收集材料，古時學術本不分科，其後研究進步，始知分科；世由簡單漸趨繁複。學術所以須分科者，以宇宙之大，現象之多，吾人研究，僅能專於一小部分，而一小部之材料，有時仍不能盡窺；則不得不從事搜集。學術之對象，本存乎空間，不存乎紙上。然亦有須求助於紙上者：（一）就時間言，過去之事，已無痕跡可尋，如歷史是也。（二）就空間言，其物雖在，而直接觀察困難，且不經濟，如地理是也。材料之見於紙上者，皆漫無統緒，則須爲之分科。其大同小異，重複矛盾者，則又須刪除斠正。此類書之所以作也。

叢書之刊，乃集各種不同之書而合印之，本無多大意義。世人所以重視叢書者，以其中有精本、孤本、校本、輯本。蓋注意其精，而非注意其叢也。叢書明以前所刻，其精本不足稱，不過中有孤本、舊本。故亦爲人所重耳。此僅刊印上事。至清人所刻，則足以表示其校勘考據之學風。其中輯本尤爲可貴。如《尚書大傳》清人輯本，與固有之通行本，判然不同；《竹書紀年》則與明人僞物截然殊科矣。總之，古書真相湮沒，而使之煥然復明。此等成績，皆存於清人所刻叢書中也。

　　無論何種學風，時代相近，則關係密切。清代學風，自易爲吾人所承襲。然考據之學，有其利亦有其弊；實事求是，其利也。眼光局促，思想拘滯，其弊也。學問固貴證實，亦須重理想。古之大發明家，往往先得其理，而後求事實以證之。亦有未能搜集證據，留待後人者。凡研究學術，不循他人之途轍，變更方向自有發明，爲上乘。此時勢所造，非可强求。循時會之所趨，聯接多數事實，發明精確定理者，爲中乘。若僅以普通眼光，搜集普通材料，求得普通結論者，則下乘矣。此恆人所能也。同一談考據，亦有其上下之分，斯賓塞治社會學，其證據皆請助手搜集。斯賓塞中乘也，其助手則下乘也。近日之學風，頗視此等下乘工作爲上乘，誤會研究學問不過如此，則誤矣！章太炎氏二十年前演講，曾謂：中國學術壞於考據，拘泥事實，心思太不空靈，學術進步受其阻礙。此說，予當時不甚謂然。今日思之，確有至理。一切學問，有證據者未必盡是；無證據者，未必盡非。非無證據，乃其證據猝不可得耳。此等處，心思要靈，眼光要遠，方能辨別是非，開拓境界。

　　清人求眞之精神固不可無，然處今日學術方向變換之時代，類書之編印，實尤爲必要。將一切舊書抖散，照現在研究之門類編成大類書，實足使治學者省去一部分精力，而給以不少方便。特非私人之力所及耳！編類書幾乎可以説是各種學問都需要，而以此駕馭舊書，爲前此學術算一筆總賬，尤其切要。因前此學術，在性質上確可與現今劃一時期也。惟集衆編輯，僅能得普通眼光所能見之材料。至於必專門家之眼光，隨研究隨發見者，則不在其內耳。然僅將所有材料儘量搜輯，用普通人之眼光分別部居，治學者之受賜已不少矣！

（原刊《光華大學半月刊》第四卷第五期，一九三五年十二月出版）

中學歷史教學實際問題

予於中學教學，所知甚淺，經驗亦不多。龔霽光先生以是題見委，實非予所能及也。固辭不獲，不敢方命，謹就近日憶想所及，率爾陳述，惟深於史學及教育學者是正焉！

少入私塾，初解讀書時，塾師使讀《通鑑輯覽》、《水道提綱》、《讀史方輿紀要》。每苦《提綱》頭緒之紛繁；而於《輯覽》言歷代之治亂興亡者，則頗覺津津有味；於《紀要》，亦僅能讀各省各府之總論，各縣之分紀，實苦之不能終卷也。當時之見解，謂歷史乃盡人所能學，地理則專門名家，非性相近者不能治。質諸同輩，亦多以爲然。其後從事學校教授，瀏覽言教授法諸書，則以歷史爲最難科目，地理爲次難科目。心竊怪之。經歷稍久，乃知其情。蓋地理兼綜自然社會兩科，説明人事，皆求其原於自然。自然定則，看似幽深複雜，實則一定不易。以有定之自然，説無定之人事，理自易明。歷史則所載皆爲人事，以人事説人事，譬爲泛舟中流，更無碇泊之處，無一可爲依傍者，自覺其瞭解較難矣。

夫治歷史者，非如項羽所謂書足以記名姓，徒能多識往事而已。信如是，其於知識何益？今日愚陋之徒，因有一物不知，亦有能讀《三國演義》、《説唐》、《岳傳》，能舉曹操、諸葛亮、唐太宗、武則天、岳飛、兀朮之名氏者，其知識相去又幾何？又何煩靡此精力日力，多記陳死人之行事乎？治歷史非治文學，非爲多識往事，以厭其好奇之心。治歷史者，將深觀往事而知今日情勢之所由成。知今日情勢之所由成，則可以臆測將來，畧定步趨之準則，此凡治史學者皆無異辭者也。然治史者無不以是爲蘄向，而能得其真際者卒鮮，何哉？社會現象，繁賾已甚，人莫能攬其全，往往執所見識，欲以解釋一切，如昔之論治者，舉國勢盛衰，民生利病，一蔽之以政事得失是也。由今言之，可謂能得其實乎？謂曰："一攝一切。"若舉偏端而可釋全體，是一端可攝一切也，無有是處。

夫歷史者，說明全社會者也，惟全社會能說明全社會，故昔之偏舉一端，欲以涵蓋全史者，無有是處。而在今日，則歷史與社會兩學，實相附麗。歷史所以陳其數，社會所以明其義也。明乎此，則研治史學，若探驪而得珠；而教授史學之要義，亦不外乎是矣。

論者亦知中國之治化，何以停滯不進乎？數千年來，哲人學士，殫心焦思，欲以其道移易天下者，不可謂少也。志士仁人，忘身犯難，欲拯民於水火者，又不可謂少也。然竭其智力，僅偷一時之小安，或致一隅於粗理，終不能有裨大局者，何也？則其所由者非其道也。所由者何以非其道？則以社會組織，時有遷變，而一切文物制度隨之。昔日之人，昧於此義，誤執一時之組織，爲天經地義，而强欲維持之；因舉此時之文物制度，而一切皆欲維持之。藏舟於壑，夜半，有力者負之走矣，必欲爲之厲禁以守之，是則儒家所謂逆天而行，釋氏所謂有爲之法，效不可見，轉致紛紛矣。天下本無事，庸人自擾之，此之謂也。然其所以致此愚昧者何也？曰：世界之有人類也舊矣，人類之有歷史，則數千年耳；其較審諦者，又不及其半也。如人然，行年五十，而四十九年之事，胥忘之矣，安得不狂易喪心乎？夫中國人之所誦法者，周道也。唐、虞、夏、殷，徒知其名號而已，況於炎、黃以上？周代之社會，自有其成因，不知夏殷以前之事者，不能知也。周代之社會，亦久成過去，不知其所由成，自亦不知其所由變，乃誤以社會之革故鼎新爲病態，欲逆挽之而使復於其故；已往之文物制度，勢不可以復行者，乃欲一切保守之；其已亡失者，則欲復建立之；如之何其可行也？歷代通人才士之多，無踰於宋；志士仁人，深求治化之所以敝，欲爲正本清源之計者，亦無逾於宋；然其所言多不可行，不徒未獲其益，轉爲革新之障，實由是也。心理學家言：人之思慮行動，實其下意識所主持，惟社會亦然。論者皆謂中國之大不逮西方者，爲自然科學，至社會科學，則爲吾所固有，其相需初不若是之亟；此非知言之選也。中國今日，所需求於西方者，社會科學，實爲最亟，自然科學顧次之。何也？人與人之關係不正，雖有制馭自然之知識技藝若械器，固無所用之也。人之性格，所以陶冶而成之者，實在十歲以前。八九歲時事，人則都不諦記矣。四五歲以前，則幾於全忘之矣。青年入世，經歷未深，險阻艱難，所嘗甚淺，民之情僞，未之知也，而顧囂囂然以爲天下事無不可爲，舉武輒躓，亦固其所。戊戌以來，屢變而終不得其當，實由是也。人類當榛狉之世，歷史百無一存，此猶人之不能自記其小時事，勢之無可如何者也。近世西人，遍歷世界，遇野蠻人之風俗使異於己者，始未嘗不色然驚。久之，加以研究，乃知其中自有至理，而自己社會之所由成，亦可借鑒於他人而知之矣。此猶人之忘其初者，觀於兒童而知之也。而西方社會近世之進化，又爲我所未逮，正如我方弱冠，彼已壯年。故西方今日之社會知識實非我所能及，非天之降才爾殊，其所憑藉者則然也。夫同一事也，觀者之知識不同，則其所得之義理，亦區以別矣。中國自西晉以降，兵力大衰，以致累爲北族所苦。此其故，徒考兵制，不能知也。求諸風俗，似得其本矣；然風俗何以有強弱，徒考之於行事，猶不能知也。若以社會學之眼光觀之，則曉然可喻矣。蓋在戰國之世，本來舉國皆兵，降逮漢初，猶循此制。武帝以後，征戍日繁，途路既遙，行役彌苦，秉政者欲恤其民，乃多用謫發。其後異族懾服，附塞以居或居塞內者日多，又併以之充征戍。於是執戈之任，始移於賤民，後移於異族，良人漸視爲畏途矣。五胡亂華，多使其本族若他異族人事戰守，漢族事農耕，非凡蠻酋，皆有深慮，實習東京以降之故事也。漢族之於武事，則愈不習而愈視爲畏途矣。此所以民風弱而無力隨之也。

科舉之世士多一物不知，論世者久以爲詬病。推厥所由，莫不曰：上之所求爲無用之學，致毁壞人才也。上何以求無用之學？曰：欲以牢籠天下士，使無所知而不吾叛也。此則非其實矣。歷代之立學校，設貢舉科目，其意在於求人才彰彰也。然而終成毁壞人才之制者何也？以社會學之眼光觀之，則又曉然可喻矣。科目之所求，實爲其時學者之所習；學人之風尚，則社會組織爲之也。蓋自漢武表章六經，設科射策，勸以官禄，求利禄者爭趨焉。氣類既廣，相爲標揭，厚利之外，更獲高名。於是四姓小侯，大臣子弟，莫不欲執經嚳舍。四方求名利之士，亦爭走集京師。漢末大學生徒之衆，冠絶古今，實由於此。其中浮華之士固多，豈無一二潛心典籍者，則所謂有閑階級之學，勢不得不流於煩碎；而貴遊子弟，華采相矜，兼亦以是娛其心意。故自漢魏以降，治經之瑣屑不知大體，與夫崇尚文藝之風，皆是時之社會組織有以致之也。唐代進士之浮華，魏之三祖以降，崇尚文辭之風爲之也；明經之固陋，漢魏以降，治經流於瑣屑，不得不專責記誦之法致之也。於制度乎何與？而風俗之升降，又豈無因而偶然者哉？此特舉其二端，他實難窮更僕。明乎此義，舉一反三，則一切事皆有所由，而其所由然者，道又通而爲一。振衣挈領，若綱在網，史事無一非有用者，而亦不患其難記矣。故曰：能明乎社會學，則研治史學，若探驪而得珠；而教授史學之道，亦不外是也。

　　故今日之教授歷史，竟不妨以社會學爲之經，而歷史轉若爲其緯，引社會學以解釋歷史，同時即以歷史證明社會學之公例，兩者如輔車之相依也。難者必曰：學問之道，貴乎客觀。所貴乎史學者，謂其能究事實以明眞理，不使人囿於成見也。如子之說，必至舉歷史而爲今之社會學家言作注脚，失史學之本意矣。此言過高，不中情實。即事實以研求公例，以破除成見，糾正前人，此乃成學所有事。大學生徒，尚未足語此，況中學以下乎？所謂普通教育者，亦舉前人成說，擇其最切要者，而授之於生徒，使其於今日社會，粗能瞭解；處世做人不至茫無把握；苟欲從事研求，亦可咢有依據耳。此所以使前人所得，有以裨益後人，而後人不必從頭做起，實乃教育之要義；非謂錮其耳目,於前人所得之外,不許自行研究也。今日要務,在使人人具革命思想。所謂革命思想,非可以空言灌注也,必先使之深知現在社會之惡劣,而又曉然於其惡劣之由,然後能具革命之志願,並能瞭解革命之計畫。夫如是,革命之業,進行乃較易,而亦易於成功;不致如今日少數蔽於私利者,出死力以反抗革命,大多數無利害關係者,亦從而助之,使最少數從事革命者,勢孤力弱,無從措手也。能牖啓革命之義,指示革命之法者,莫如社會學。故自小學以至大學,皆當以是爲必修科;以是爲知識之主,而他科皆若爲之輔助焉。天君泰然,百體從令,大本既立,知識技藝,不慮其無所用之,亦不慮其用之不得當矣。人之首務,時曰做人,他事皆可商量。然做人之道,實極難言。教育家莫不欲使人爲善而不爲惡,然何以使之爲善而不爲惡,則今之教育家,實無其術也。由今之道,無變今之俗。深明教育之家,與夫流俗之父兄,所以詔勉其子弟者,實無以異耳。何則?今之教育家,所以教育其弟子者,不過曰:由吾之道則利,背吾之道則不利耳。萬語千言,說到底總不外乎爲利。或以他說文飾之,揭其幕則仍是爲利。此乃今人所謂商業道德,一旦利與義不相容,則棄義如敝屣矣。此古人所以羞商賈之行也。然不得謂弟子之應背其師,傳習者固當得其意而弗泥其跡也。故由今之道,無變今之俗,而欲興起人之道德,無有是處。其所以無有是處者,謂道德教育,在於陶冶人之感情,使之慕爲善而不肯爲惡。今日一切自知識入之科學,無論如何,總只能爲人剖陳利害,使其於利害之辨愈明,趨逐之術益工耳。此乃其本質如是,無可改良。陶冶人之感情,使之慕爲善而不肯爲惡者,惟宗教尚畧有此作用。今日傷時之士,所以或欲昌明佛教,至集僧尼以事祈禱;或欲推崇孔教,至主學校誦讀經書;並有欽慕基督教,而惜中國之無之,而欲傳布之者,殊不知四序之運,成功者退,已落之華,未有能復傳之於枝幹者也。夫無論佛教孔教基督教,在今日皆不能復盛者,其故何也?曰:宗教有其魂,亦有其魄。克己利人,此宗教之魂也。如何克己,必有其條件焉;何以利人,必有其萬象焉;此則宗教之魄也。神亡形在，固不成人，無形魄，神靈又何所依附？且如孔教，其克己利人之精神，予何間然焉？然其所欲利者，民生於三，事如爲一，其所以自克者，服勤至死，致喪三年，方喪三年，心喪三年也。放而行之，在今日爲有價值乎？以是爲教，聰明才知之士，肯吾從乎？孔教如此，佛與基督，可以類推。故今日已頹敗之宗教，非其魂亡也，其魄敝而魂亦不能自振焉。欲蘇其魂，必易其魄。何以爲之魄？夫目前之所需者，社會革命也。以全社會爲吾所利之萬象；審乎吾所以利社會之道而力行之，以是爲自克之方。必如是，乃使世界入光明之路；必如是，乃能使人生獲有目的，而不至覺其空虛而無意味也。此乃人人之所當務，故曰：自小學以至大學，皆當以是爲必修科也。或曰：如是，世界各國之學校，何以鮮行之者？曰：今之世界各國，大多數皆不革命之國也。豈足法耶？

乃者學校之有黨義，實於予說有合。然其效曾不可睹者，則教者之未得其道也。教育之道，貴起人之知信，而不可責之以迷信，知信迷信，繫乎其所持之態度，不繫乎其所研究之萬象也。以迷信之心理，推行破除迷信之說，則破除迷信之說，即一偶像耳，學說無孤立者，必參稽互證而後明。此乃至淺之理，從來無懷疑者。向者之尊孔子，可謂至矣，子史之書，背於孔子之道者多有，然皆許其羽翼六經，未嘗欲拉雜摧燒之也。惟宋學末流，極空疏頑固，心理幾入於病態者，乃欲舉其所謂異端者而統之耳。故教授黨義者，宜博考一切社會學說以爲三民主義之羽翼。夫如是，則三民主義益昌。乃其固蔽者，於他派之說，幾於禁不許習；其淺陋者，則己亦茫無所知也。如此，教授黨義，又何取焉？則誠不如設爲公民科之爲愈矣。

（《江蘇教育》第六卷第一、第二期，一九三七年出版）

論基本國文

光華大學從設立以來，就有基本國文一科，究竟怎樣的國文，才可稱爲"基本"呢？

古人有言：要搖動一棵樹，枝枝而搖之則勞而不遍，抱其幹而搖之，則各枝一時俱動了。一種學問，必有其基本部分，從此入手，則用力少而成功多。古人這句話，就是現在經濟學上所謂以最少的勞費，得最大的效果。各種學問都是如此，國文何獨不然。所以研究國文，亦必有基本部分，研究之時，應當從此入手，這是毫無疑義的，常識可明，不待費詞。但是國文之中哪一部分是基本，這話就難說了。

研究國文，爲什麼要把他分做許多部分，而判定其孰爲基本呢？這是由於國文的本身，異常複雜之故。國文的本身，爲什麼會複雜呢？這是由於其爲"堆積"之故。從前金世宗是熱心提倡女真文的，他兼用漢文和女真文開科取士，覺得女真文總不如漢文的精深。他就問他的臣下，這是什麼理由？有一個人回答說，這是由於女真文行用日淺之故，倘使假以時日，自然會逐漸精深的，就合於這個道理。文字是代表語言的，語言是代表意思的。人的意思，是隨着時代而變遷的，意思變，當然語言不得不變，語言變，當然代表語言之文字亦不得不變，這亦是當然易明的道理。但是新的既興，舊者爲什麼不廢呢？這又因爲社會的文化非常複雜，新者既興，舊者仍自有其效用之故。人之所以異於別種動物，根本就是靠語言，因爲有語言，所以這個人所會的，可以教給別個人，前人所會的，可以傳給後來的人，不必人人從頭做起，所以其所成就者大。但是單有了語言，還是不夠，因爲其所達到的空間，和所佔據的時間太少了。試將我們現在所有的書，和我們所能記得的書比較，便可明白此中的道理。記憶力是有限度的，我們能正確記得的，加上我們所能模糊記得的，便是我們記憶力的限度，超出這限度以外，就是靠文字替我們保存下來，尚使沒有文字，這一部分就要先亡，或者雖不先亡，而大減其正確性。古書所以多不正確，即由其本爲口傳之故。文字是有形的，固定的，靠着它固定，所以能將許多東西替我們正確保存下來，而不至走樣。然亦因其固定，所以其所保存的，仍是異時代人的語言，而不能轉變爲今人的語言，這種異時代的知識和材料，既是有用的，而又不能不用異時代的語言保存下來，於是異時代的語言，在現代就仍有其用了。

　　國文的種類，雖極複雜，然從其理論上言之，則可把它分做三種：（甲）與語言相合的；（乙）有一部分與語言不合的；（丙）介乎二者之間的。所謂合不合，是要兼（一）詞類，（二）語法，（三）說話的順序言之。在文字中謂之字法、句法、篇法。舉一個例：如桌子板凳，直說桌子板凳，就是甲種；改作几席，就是乙種。又如說沒有知道這件事，是甲種；說未沒有之這件事知知道，就是乙種。這是就字法、句法立論，篇法較爲難見，然就古人的文章，仔細推敲，設想這一篇話，改用口說，或者用白話文寫出來，其次序應否變更，也是很容易悟入的。丙種文字，並不是說某一部分同於甲種，某一部分同於乙種，尚使如此，那就仍是甲種乙種了。丙種文字的特色，就在於它可彼可此，譬如桌子板凳，說桌子板凳，固然可以，說几席亦無不可，全在因事制宜。試再舉一個例：譬如我們現在做普通文字，說敬老之禮，《禮記》裏的"謀於長者，必操几杖以從之"；"侍坐於所尊，敬毋餘席"是沒有什麼不可以引用的。當這情形之下，決不能把几席改作桌子板凳。然若甲乙兩人，隔着桌子門口，甲提起板凳來，撞傷了乙，那就決不能把桌子板凳，改成几席了。做甲種文字，引用古書，雖無不可，然以口語文體論，至少應用之後，是應得再加以解釋的，未免累贅。若乙種文，桌子板凳，就絕對不能用。所以文字的應用，以乙種爲最廣，這是社會上的事實,向來如此的,而事實之所以如此,正非無故而然。

然則基本國文,豈不就是丙種麼?這又不然,照前文所講,很容易見得丙種文字,就是甲乙兩種之和,其自身是本無其物的。要學文字,只能就甲乙兩種中,擇定其一,簡而言之,就是單學語體文,還是連不與現行語言相合的文章也要學。

仔細想起來,上文所說的甲乙兩種文字,也只是理論上的分類,事實上,很難畫定界限的,因爲現代人的語言,也是各自不同。古書上的名詞和句法,不見之於普通人口中的,仍可出諸文人學士之口。我們不能說普通人所說的,是現代人的語言,文人學士所說即非現代人的語言,因爲他明明是現代人。然則現代人的語言,也顯分兩種,一種是範圍較狹的,我們假定,以"人人能説,人人能聽得懂",做他的界限,亦即以此爲甲種文字界限,則出於此界綫之外的,就不能不承認其侵入乙種文的範圍了。研究學術的人,當然不能認此所定甲種文之範圍內之語言,爲已足於用,則其使用,勢必侵入乙種的範圍,使用既須及於乙種,當然學習亦不能不及於乙種了。而且嚴格言之,甲種文字,既經識字,既會説話,本是無須學得的,所以所謂國文的基本部分,必須於乙種文中求之。

但是乙種文字複雜已極,我們究取其哪一部分,作爲基本呢?説到此處,即不能不署有文學史的眼光。從來淺見的人,每以爲元始的文章,必是和語言合一的,到後來漸漸分離,其實不然,文字的原起,並非代表語言,實與語言同表物象,實係人之意象。這是小學上的話,現在不能深論,然其説據,實甚確鑿,無可懷疑的。文字既非代表口中的一一音,當然用文字寫成的文章亦非代表口中的一篇話。所以各國文學發達的次序,韻文都早於無韻文。因爲文學史的初期,并沒有照人類口中的言語記錄下來的文字。我國現存的先秦古書,其中都顯然包含兩種文字:(一)是句子簡短整齊而有韻的,(二)是句子較長,參差不齊,而無韻的。後一種分明是只依據語言,而其發達的時代較後,據現存的書看起來,其發達大約起於東西周之間,而極盛於前漢的中葉,到前漢的末葉，文章又漸漸的改觀了。爲什麼改觀呢？這是由於言文本無絕對的合一，其理由是說話快，寫文章慢，聽話的時間短，看文章的時間長；所以一個人說出來的話，和寫出來的文章，本不會一致的，而在應用上，照說出來的話，一個個字的寫在紙上給人家看，人家必覺得不清楚，甚而至於看不懂，把一篇寫出來的文章，一句一句念給人家聽，人家也一定覺得不痛快，甚而至於聽不懂的。其所以然，（一）因語言的句子冗長，而文字簡短；（二）由語言每多重複，而文字較爲簡淨之故。即由說話快，寫文章慢，聽話快，看文章慢之故。因爲說話既快，倘使句子又短，聽的人就來不及瞭解了。文章有形跡而語言過而不留，聽到後文，須回想前文之際，文章可以復看，語言則不能。所以說的人不得不再行提及，甚或屢屢提及，此等語法，在文字中，即所謂復筆。然較語言則遠少。所以文字語言，原始本非合一，即到後來，文字從不代表語言而進化到代表語言之後，仍不是完全一致的，既非完全一致，自然要分途發達了。

分途發達之際，文字向哪一方面走呢？那自然向美的方面走，何謂美？各時代的標準是不一致的。在當時，則以（一）句法簡短整齊；（二）用字美麗者爲美。循此之趨勢而前進，勢必至於字眼典故，愈用愈多。漢、魏、晉、宋、齊、梁之文，愈後而其浮靡愈甚者，即由於此。此時代之所謂文，已全與口語不合，達意述事都不適用，即言情亦不眞切。言情尚可勉強，達意述事，是不能一日而廢的；漢魏文字已不自由，晉宋尤苦扞格，到齊梁則竟不能用了。起而彌其缺憾的，乃有所謂筆。筆是不禁俗語俗字，在原則上亦不用詞藻，但其語調仍近於文，與口語不合，故在應用上，仍覺不便。

凡事都是動盪不定的，而亦總有趨中性，正像時鐘上的擺，向兩面推動，達於極度，則又回過頭來，文章之自質樸而趨華美，自華美而後返於質樸亦然。南北朝末年，文章華靡極了，自然要有反動，當這時代，可走的路有二：（一）徑用口語；（二）以未浮靡時之文爲法。（二）又分爲(A) 徑說古人的話，(B) 用古人說話之法，來說今人之話兩端。（一）本最痛快最質樸，但前所言甲種之文，既不夠用，而是時文字,又非通國人所使用,而實爲一部分人所使用,這一部分人,正是所謂有閒階級,他們既不喜歡極度的質樸,而且既有餘閒,亦不要以前所述之甲種文字爲基本,所以這條路是走不通的。(二)中(B)本最合理,但改革初期的人,卻竟想不到,於是競走(A)路,如蘇綽的擬《大誥》,乃是一極端的例。唐初的古文,還多是澀體,亦由於此。直到唐中葉,韓柳輩出,才專走(B)路,用不浮靡時代説話之法以説話,其所説的話,自然不致浮靡,而所説的話,自然以之達意述事而便,以之言情而真了。改革的運動,至此乃告成功。此項文字,是廢棄西漢末年以來的風尚,而以東周至西漢中葉之文字爲法,其時代較早,所以被稱爲"古文",然文學是堆積的,新者既興,舊者不廢,所以自漢魏至齊梁之體,依然與之并行,人遂稱此種文字爲駢文,而稱新興的文體爲散文。散文既興,駢文就只佔文學裏的一小部分,普通應用,全以散文爲主了。練習國文,無疑的當以此爲主。

但是所謂散文,包括(一)自東周至西漢,(二)自漢中葉至今的文字,其數量,也是非常之多的。我們又揀出哪一部分,作爲學習的基本呢?於此,又有一個問題,我們常聽見人説:"學校裏的國文成績不如私塾",這句話,固然由於守舊的人,故意把學校裏的國文成績壓低,把私塾的國文成績抬高,然平心而論,亦不能不承認其含有幾分真實性;詳言之,則學校國文的成績劣於私塾是事實,不過其優劣之相去,不如此等人所言之甚而已。

學校的國文成績,爲什麼會劣於私塾呢?最易得的答案,是練習時間的少。單就國文一科而論,這自然是事實,但是各科的成績,是相貫并通的,決不能説别種科目的學習,於國文毫無裨益,若合各種科目而論,學校的肄習時間,斷不會較私塾爲少,所以以文字的高古而論,學校學生是應當遜於私塾學生的,因其所讀者多非古書,以識力的充足,理路的清楚而論,學校學生成績該在私塾學生之上,因其所肄習者多而且真實,然而並不能然。學校裏的國文成績,其內容的貧窘,思想的浮淺和雜亂,形式上則並非不古而實係不通,是無可諱言的。這究竟是什麼原故呢？我以爲其最大的原因，是由於現在的風氣，作事浮而不實；次之則現在的學習國文，講授所佔的時間太多，自習所佔的時間太少，再次之，則由於現在的教授國文，不得其法。前兩端係另一問題，現在且論第三端。

最爲荒謬之論，是把所謂應用文和美術文分開，須知天下只有可分清楚的理論，沒有可分清楚的事實。文章是變相的說話，文章做得好，就是話說得好，天下有哪一種說話，能完全和實用離開的？又有哪一種話，完全不須說得好的？所以把應用文和美術文分開，根本是沒有懂得文學。所以無論何種文學，苟其是好的，一定是有美的性質，其美的程度的高下，即以所含美的成分的多少爲衡，絕不與其文字的內容相涉。這是第一步要明白的道理。所謂美者，其條件果如何呢？具體言之，則其條件有二，一爲勢力之深厚，一爲音調之和諧。何謂勢力？凡說話，都是要刺激起人的想象的，刺激人的力量而強，則謂之勢力深厚，刺激人的力量而弱，則謂之勢力淺薄。何謂音調？音調就是說話的調兒，文章雖與說話分離，然在根本上始終是一種說話，所以亦必有其調兒。我們通常閱看文字，自己以爲沒有念，其實無不默誦的；不過其聲至微，連自己也不覺得罷了。惟其如此，所以寫在紙上的文章，不能沒有調兒，如其沒有，則大之可以不通，即使人不知其意，小之亦可以不順，使人欲瞭解其意非常困難，而且多少有些扞格，此係音調所需的最小限度。若擴而充之，則文章的美術性，要以音調一端爲最高尙。凡研究文字，而欲瞭解其美的，若於音調方面，不能瞭解，總不算得真懂；若在這一方面，能有正確的瞭解，別一方面斷無不瞭解之理。因爲這是文學最精微而又最難瞭解的一方面。文章之美，在於勢力音調兩端，這亦是從理論上分析之論，事實上，斷不能將一篇文字，分開了，專領署其勢力方面或音調方面的，事實上之所謂美，乃是勢力音調……的總和。合此諸總和的具體相而言之，則曰神氣。這裏所用的神氣兩字，並無深意，就和俗話中所用的神氣兩字一般，即合諸條件所成之具體相。此相固係合諸條件而成,然斷非此諸條件之總和。譬如一個人的相,固係合其五官、四肢、言語、舉止等而成。然我們認識一個人,斷非就此諸端,而一一加以辨認,乃係看此諸端所合成的總相。所以一個熟人,遠遠走來,五官四肢,尚未辨別得清楚,我們早已認識他是誰了。因爲所看的只是他的神氣。文章神氣的認識,其義亦係如此。這看似極模糊,實則極正確,而以認識而論,亦是較難的。文字的好壞,亦即判之於此。正如一個人品格的高低,判之於其風度一般。

文章是有個性的,天下斷沒有兩個人的個性是相同的,因亦沒有兩個人的語言是相同的。文章就是語言,自然各個人的文章神氣各不相同了。神氣有好的,有壞的,有顯著的,有隱晦的。大抵好的文章,其神氣總是特別顯著,這是各事都如此。譬如不會寫字,筆筆描畫的人,往往所寫的字,極其相像,幾於不能辨別,書家決沒有如此的。文章亦然,文章的批評究竟有公道呢?還是沒有公道?我說,短時期之內是沒有,長時期之內是有的。批評之權,本該操之內行之手,但在短時期之內,往往內行的人,並未開口;或雖開口,而未爲人所重視;甚至爲他種不正的勢力所壓。所以作品並無價值,而譽滿一時的人很多,此事今古皆然。但在較長時間之內,內行的人,不會始終不開口,苟無別種勢力相壓,自必爲人所重視,而時異勢殊,不正當的勢力,也總要消散的。所以文章的好壞,歷久必有定論。這種歷久受人重視的文章,昔人稱爲名家、大家,而名家、大家,二者又署有區別。名家是神氣極好,然尚不免模仿他人,未能自成一格的;大家則不然。一個大家,必有一個大家特別的面目,毫不與人雷同。所以大家是個性極顯著的,名家則未免模仿。名家既係模仿大家,其面目當然可與大家相像。同學一個大家的名家,彼此亦可相像。其實要學名家,徑學其所自出的大家好了,即在諸名家之中,亦任擇一人皆可學,不必專於一家。大家則不然,他的神氣既是獨特的,再無人與之相像;其由模仿而得到的,則總不如他的完全,也總不如他的顯著;要學文章的人,自以從此致力爲宜,所以大家遂成爲研究的中心。學文章與學科學不同，學科學入手所肄習的材料，必取最新之說，學文章則必取這幾個大家，即所謂家弦戶誦之文，向來肄習國文，即係如此。雖然向來教授國文的人未必都好，然其所取的材料，確是不錯的。近來國文的選材，則漫無標準，從最古的書，甚至於現代人的作品，而文體亦各種都備。推其意(一) 在取人的齊備，以爲可以見得各家的作風，(二) 在取體制的齊備，以爲各種文章，都可以有些懂，(三) 在取其内容，以爲於教育上有價值。其實各科各有目的，根本不應因副作用而犧牲主旨。至於文章的體制，則各有淵源，非多讀古書，明於義例，斷難眞實瞭解；斷非每種體制，各看一兩篇，即可明白。至於作家，則與其將研究之功分散於許多人，不如集中於少數人，由前文所言，已經很可明白了。所以肄習國文，所取的材料，非大爲改變不可。

　　然則在先秦西漢，以及唐以後的文章中，該揀出哪一部分來，以爲研究的基本呢？案文章有各種樣子，又有兩種原因：一種是體裁，一種是個性。何謂體裁？如《卦辭》《爻辭》，是《易》獨有的文體；後人所謂"訓誥體"，是《書經》獨有的文體；所謂"春秋筆法"，是《春秋》獨有的文體。此種差異的起原，乃由古代執筆記事的人，彼此各不相謀，所以各自有其特殊的體制。此種特殊的文體，是各適於其所要記的事，後世倘仍有此等需要，其體制自相沿不廢，如其無之，亦即廢而不用。譬如《易經》卦、爻辭的體制，除了揚子雲等要作《太玄》以擬《易》的人，再没有人去模仿他了。又如《詩經》，後世更無人仿之以作詩，卻仿之以作箴銘等韻文，則因某方面的需要，已經消滅，而某方面仍存在之故。在後世就不然了。文化廣被，各種文章的體制，執筆的人，都是看見過的；而其所作的文章，關涉的範圍亦廣，非如古代的卜人、筮人，只要作繇辭；記事的史官，只要作《春秋》一類的文辭；記言的史官，只要作《尚書》一類的文辭。於是文辭的體制，不復足爲其形式同異的標準，而其判然不同的，乃在於作者的個性，古代的文字，内容實甚簡單，所以發揮不出個性來，到後來，内容漸漸豐富，個性即因之顯著了。此與説一兩句平庸刻板的話，看不出其人的神氣，爲一小時的講演，則講演者個性畢露，正是一理。從東周以後就漸漸入於這種境界了。現在所流傳，從東周至西漢的文章，既非純粹口語，亦非與口語相離甚遠的文言，大抵如今淺近文言，或文言化的白話。避去極俗的話，在當時謂之"爾雅"，此亦文字漸與前人之文接近，而與當時人的口語相離的一種原因。此等文字，較經意着力的，很能顯出個性；其隨筆抒寫，簡單而不甚經意的，則各人的面貌相同。此在現代亦然，如任何文學家，使作尋常應用之文，亦與尋常人同。如劉子政《諫起昌陵疏》、《諫外家封事》，都有其特殊的面目，和他家的文章，不能相混。而《新序》、《說苑》、《列女傳》，則和他人的文章，並無區別，即其最好的例。古人之文，不必自作，大抵直錄前人之辭，此亦多數古書，面目雷同的一大原因。如《新序》、《說苑》、《列女傳》多有與《韓詩外傳》相同的，可見其文既非韓嬰所作，亦非劉向所作。我們的研究，自然是要集中於幾種在體制上、在神氣上，都有其特殊的樣子的，在先秦西漢時期，爲幾部重要的經、子和《史》、《漢》。西漢時代諸大家的作品，大抵包括此兩書中，而司馬遷、班固，亦各自爲一大家。自唐以後，則普通以韓、柳、歐、三蘇、曾、王爲八大家之說，我以爲頗可採取的。八大家之說，始於茅鹿門。茅鹿門固然不是我們所能十分滿意的人，然在唐宋諸作家之中，獨提出此八家，則大致尚算不錯。試看後來，姚姬傳的《古文辭類纂》，稱爲最佳的選本，然所選的唐以後的文章，百分之九十幾，亦是此八家的作品，即可明白。

以上說了一大篇話，在理論方面，似乎還是有一個立腳點的，但是此等議論，究竟是爲哪一種人而發的呢？因研究國文的人很多，其目的，明明是彼此不同的。我以爲研究國文的人，大致可分爲下列三種：（一）但求畧識幾個字，免於文盲的；（二）用國文爲工具，以求他種學問的；（三）求爲文學家的。除第一種人外，（二）（三）兩種，我所說的研究方法，都可適用。因爲這兩種人，其研究的方法，到後來才有分歧，其初步是一樣的，此即我所謂基本部分。爲什麼（二）（三）兩種人，同要下這一步工夫呢？其理由，請再加以申說。

文學作品與非文學作品的區別，在用現代語爲工具的時候，較易明白，在用非現代語爲工具的時候，卻是較難明白的。許多人因爲不明白這個區別之故，以致誤用功力，或其性質本不宜爲文學家而枉用工夫；或其性質雖可以爲文學家，而誤走路徑；這個實在冤枉；而在文學批評上，也覺得漫無標準。所以我現在要把它說個明白。

　　文學作品與非文學作品，當以"雅""俗"爲界限。在雅的範圍內，無論其美的程度如何，總可認爲文學作品的，如其未能免俗，則即有好處，亦不得不屛諸文學範圍之外，此即舊文學所謂"謹嚴"。謹嚴兩個字，在現代的批評家，或者是不贊成的，然我以爲欲求美，先求純粹。世界上沒有將許多醜惡之物，夾雜在一塊而可以爲美的。所謂謹嚴，即係將有累於美之物，嚴格排除之謂。所以無論新舊文學，謹嚴兩個字的藩籬，是不能破壞的，尤其是古典主義的文學，因爲在內容之外，其所使用的工具，即語言，亦有一種雅俗的區別，而此種雅俗的區別，亦頗爲難辨之故。然而何謂雅呢？所謂雅，即向來的文學家，公認爲可以使用的語言，此亦當兼字法、句法、篇法三者而言之。有等字眼，有等句子，有等說話的順序，爲文學家所公認爲不能使用的，則即入於俗之範圍，作文學作品時，即不許使用，可用與不可用的標準，固然大體以古不古爲主，然古實非其第一標準，因爲並非凡古即可用，而新者亦在時時創造。文以達意爲主，所以合於實際與否，總是第一個條件。古典主義的文學，對於用語及語法的取捨，只是在可古的時候，必求其古，至於於事實有礙時，亦不能不捨舊而謀新了。此所以非凡古即可用，而新者亦不能不時時創造。所以古典主義的文學，雖然富於崇古的精神，然其所用爲去取標準的雅，與古實非一物，不過二者符合之時甚多罷了。二者所以多相符合，亦有其由。因爲中國疆域廣大，各地方風氣不同，在古代，語言本不甚統一，看《方言》一書，即可知此乃各地方的語言，所用的辭類的不統一。而其時的文章，與語言頗爲接近，倘使下筆之時，各率其俗而言之，難免別地方的人，看了不能瞭解，所以盡力使用普通的語言，屛除其方俗所獨有者，此即漢人所謂"爾雅"。其後因交通不便，各地方風氣，仍不能齊一，此等需要，依然存在，文人下筆的時候，仍必力求人之易解。(一)語言不甚統一，而寫在紙上的語言，是久已統一了的，欲求人人共喻，莫如借向來寫在紙上的、別人已經用過的語言而用之；(二)且若干語言，能引起粗鄙的想象,及至口中已不使用,或雖仍存在,而讀音與語音歧異,不復能知其爲一語時,此等粗鄙的想象,亦即不復存在。此其選擇的標準,所以雖非求古,而多與古符合之由,然二者究非一物,所以俗語亦在時時引進,並隨時創造新詞,不過此二者,亦必有其一定的法度罷了。所以古典主義的文學,所謂雅言的形成,要遵照下列的條件:(一)在可古的範圍内,儘量求其古;(二)事實上有妨礙時,則依一定的法則引進俗語,自造新詞。其原理:(一)爲保持寫在紙上的語言的統一,(二)爲求文章之富於美的性質。在此兩種原理指導之下,進行其前兩條所說的任務。能依此規則,使用此文學家所公認的語言的,則其文可以入於雅的範圍,而得承認其爲文學作品。

人,不是個個可以成文學家的,更不是個個可以成古典主義文學家的,因爲他所使用的語言,和現代人口中所用的語言不同。這雖不是外國話,然亦不能不承認他是一種時間上相異的語言,當然較之時間上的現行語,是要難懂一點的,要成爲古典主義的文學家,非於文學家的氣質以外,再加上一種"異時間的語學"上的天才不可,所以非人人所能成,並非凡文學家所能成,能成此等文學家與否,各人可以自知,即讀書達到一定程度,對雅俗的區別,能否有真知灼見,如其能之,此人即有可成古典主義文學家的資格,有志於此者,可以用功。如其不能,即無此等性質,可以不必致力於此,因爲用違其長,終於無成。即能小有成就,亦是事倍功半,很不值得的。

要想成爲古典主義的文學家,或研究高深學問而與中國舊籍關係很深的,我所說的研究法,可以適用,是無庸懷疑的。至於並不想成古典主義的文學家,而其所研究的學問,亦和中國舊籍無甚關係;此等人,是否值得花這番工夫呢?論者便不能無疑,但我以爲還是有必要的。其理由如下:

(一)事實上並無純粹的語體文,即前所云甲種文的存在,現在所謂語體文,都是文白夾雜的,詞類、成語、句法、篇法以及行文的一切習慣,從文言中來的很多。這個不但現在如此,即將來亦必如此,因爲語體文的内容，不能以現在口中所有者爲限，勢必侵入前所謂乙種文的範圍，内容既相干涉，語言自不能分離，所以全不瞭解文言，語體文亦勢難真懂，而且詞、句、順序及習慣等，都係相承而變，有許多地方，語體文的所以然，即在於文言之中，懂了文言，對於語體亦更易瞭解。

（二）以美術方面論，文言語體，本不是絕對分離的。文言文的漸變，未嘗不採取口語的抒柚，同理，作語體文的，自亦可將文言的美點，融化於白話之中。

（三）以實用論，文言文有一優點，即辭簡單而意反確定。語體文有時辭冗贅而意轉不免遊移。此點，作較謹嚴的語體文的，不能不求其文言化，而欲語體文之能文言化，其人必須能畧通文言。

（四）古書文義有艱深的，後人並不以之爲法，普通所取法的，都是很平易的。從前曾有人説："《論語》、《孟子》，較之現行文言的教科書，難解之處究安在？"這句話，不能不承認它有相當的正確性，所以以文言文爲難學，有時只是耳食之談。

（五）凡文學能引起學習的興趣的，必是很富於美術性的。在這一點上，家弦户誦的古書，較近人所作淺薄無味的文字，其價值之高下，不可以道里計。

凡學問，皆貴先難而後獲，文學尤甚。因爲較後的語文，其根原，都在較早時期的語文之内，所以學文言文的，順流而下易，沿流溯源難。苟非受教育時間極短之人，先讀古書，反覺事半功倍，試觀通語體文者，未必個個能通文言文；通文言文者，則無不能通語體文，從未聞另要學習，即其鐵證。所以我所説的研究方法，實在是前所説的第二、第三兩種人，共同必由的途徑。

所以在學校未興以前，研究國文的人，所採取的材料，大致並不算錯，但其教授的方法，則是不大高明的。這一點，在他們所評選的文章中即可看出。

從前的文章選本，亦不是全没有好的，如姚姬傳所選《古文辭類纂》、曾滌生所選《經史百家雜鈔》之類都是。但此等並不能開示初學，因爲無注而其評亦極少，其評又非爲初學説法。至於供給初學用的，如《古文觀止》，即好一點的如《古文翼》等類，大都是看不得的，我也不是一筆抹殺，説其中全無好處，然其中有許多壞處，確足以使人誤入歧途的。

從前人的評文，爲什麼會有這種毛病呢？這可以歸咎於科舉。科舉實在就是現在的文官考試，因爲官有定額，科舉取中的人，亦不得不有定額，定額少而應舉的人多，在幾篇文字之中，憑你高才博學，也不會有特異於人之處的。士子爲求錄取起見，乃將其文章做得怪怪奇奇，希冀引人注目，考官因各卷程度，大署相等，無法決定去取，乃將題目加難，希望不合格的卷子加多。作始也簡，將畢也巨，到後來，題目遂至不通。題目而至於不通，則本無文章可做，然又非做不可，就生出許多非法之法來了。此等弊病，固由來已久，然至明清之世，八股文之體出而更甚，現在試舉兩個實例：（一）所謂大題，如以《論語》的學而全篇命題，此篇共有十六章，就該有十六個道理，然做八股文，是不許分做十六項説的，必須將十六項合成一氣，而又不能依據事理，按這十六章公共的道理立説，而必須顧及這十六章的字面等等，試問此等文字，果何從做起呢？（二）所謂小題，有截上、截下、截上下、截搭等種種名目。譬如我從前應考時所做的一個題目，叫做"必先"，乃將《孟子》"故天之將降大任於斯人也，必先苦其心志，勞其筋骨，餓其體膚，空乏其身，行拂亂其所爲，所以動心忍性，增益其所不能。"上下文都截去，而只剩"必先"兩字，此即所謂截上下題。因其實無意義，亦謂之虛題。虛題本來無話可説，然即實題，也有實話可説的，如以一個人名命題之類，此等題目，稱爲枯窘題，即無話可説之謂。無話可説，而強要説話，就不得不生出許多非法之法來了。科舉的本意，原想藉所考的文章，以看出應考人的學識，但到後來，往往做應舉的文章，另成爲一件事，並無學問的人，經過一定的學習，也可以做得出來。真有學問的人，如其未經學習，反而無從做起，所以科舉時代，所謂科舉之士，大都固陋不堪，本其所見以論文，自然要有許多荒謬之論了。

他們最大的弊病，在於不真實。不真實之病，起於（一）做無話可說的題目，而硬要尋話說；（二）本來有話可說的，亦不肯依據道理，如實說述，而硬要更尋新奇的話。於是不得不無中生有，不得不有意歪曲，所以從前學做八股文的人，是終日在想法子造謠言，說謊話的，八股文做得好的人，也有能切實說理的，然此乃學問已成後的事，初學時總不免此弊。而且無論如何學問好的人，要做無話可說的題目，也總不免於瞎扯。這不但破壞文體，而且還壞人心術。他們所批評的文章，就可想而知了。譬如《史記菁華錄》，在從前，也算一部有名的選本，其中如《項羽本紀》，記項羽潰圍南出時，"至陰陵，迷失道，問一田父，田父紿曰左。左，乃陷大澤中。"後來項王要東渡烏江，"烏江亭長檥船待。"他說這一個田父一個亭長，都是漢人有意所設，此乃作《三國演義》、《水滸傳》等人的見解，以之說平話則動聽，如何可以論文？如何可以論史？更可笑的，《滑稽列傳》說優孟"爲孫叔敖衣冠，抵掌談語，歲餘，像孫叔敖，楚王左右不能別也。莊王置酒，優孟前爲壽，莊王大驚，以爲孫叔敖復生，欲以爲相，優孟曰請歸與婦計之，三日而爲相，莊王許之，三日後，優孟復來，王曰：婦言謂何？孟曰：婦言慎無爲，楚相不足爲也。如孫叔敖之爲楚相，盡忠爲廉以治楚，楚王得以霸，今死，其子無立錐之地，貧困，負薪以自飲食，必如孫叔敖，不如自殺。因歌曰：山居耕田苦，難以得食，起而爲吏，身貪鄙者餘財，不顧恥辱，身死家室富，又恐受賕枉法爲姦觸大罪，身死而家滅，貪吏安可爲也。念爲廉吏奉法守職，竟死不取爲非，廉吏安可爲也？楚相孫叔敖，持廉至死，方今妻子窮困，負薪而食，不足爲也。於是莊王謝優孟，乃召孫叔敖子，封之寢丘四百戶以奉其祀。"此中莊王大驚之莊王，乃優人所扮，並非真正的莊王。小學生細心讀書的，亦可以懂得。乃作《史記菁華錄》的人，在"欲以爲相"下批四個字道："必無其事。"他的意思以爲是太史公有意求奇，乃妄造這一段故實的。照他們的意思，只要做得成文章，做出來的文章,而合乎他們的所謂好,造謠、撒謊是無所不可的。這真是天下的奇談,也是天下的笑話。這固然是極端的例,然昔人對於文字的批評,坐此弊的,正是不少。譬如明知不合理,連自己也知道其不合理的話,卻有意歪曲着說,然而昔時的批評家,仍可稱之曰翻案文章,加以贊美,諸如此類,不勝枚舉。現在八股久已廢了,然懷抱此等見解的人,卻還沒有全過去,後一批的人,則其衣鉢,多所受之於此一批人,所以現在所謂懂得古典主義的文學家的批評,多數還不免此弊,不可不引以爲戒。

現行的供給初學看的選本,都是明清兩代八股法既興後之作,其中雖不無可取之處,然此等弊病,是觸處都是的,初學很多爲其所誤,程度高的人,倒又無須此等書了,所以其物幾可廢棄。

真正給初學者看的批評,該遵守下列的條件。

(一)根據文章本身的條理,加以剖析,說明其好處,若有疵累,亦不隱諱,尤其是古今異宜之處,須要儘量指陳。

(二)文字的内容,有非短時間參考所能得的,必須爲簡要切實的說明,以讀者能瞭解此文之内容爲度。如王介甫、蘇子瞻均有上皇帝書,其内容,關涉宋代政治制度處都很多,斷非短時間參考所能得。然對於此項制度,而無相當的瞭解,對於這兩篇文章,亦就不會明白了。

(三)文章的内容如此,形式方面亦然,訓詁、名物及語法等,有非短時間參考所能明瞭的,務必爲之說明。如字法、句法的不同,有時涉及古書全體的義例問題,即其一例。

(四)較高深的問題,如源流、體制等,可察看學者的程度,能懂者告之,不能者不必。偶有過高之論,爲學者所不能懂,亦無妨。因爲目前雖不懂,將來總是可以懂得的。在此等情形之下,最要者爲不懂則置之,徐俟其自悟,切戒穿鑿求通,一穿鑿,就入於歧途了。尤其緊要的是高深之理,雖可出以通俗之辭,使人易悟,然仍以不失真相爲主。過求通俗以致失其真相,是最要不得的。

以上所論，是講解批評文字的正軌，固然平淡無奇，然能夠合此標準的，也已經不多了。

至於自己用功，不外乎看、讀、作三項。此中看讀自然較作爲要。因爲必先經過看讀，方才能作。看、讀、實在還是一事。我們看書時，雖然自己不覺得在念，其實是無不默念的，前文已說過了。看與念，只有程度上的差別，並無性質上的差別。所不同者，則普通所謂讀，乃是將一篇文章，反覆念多少遍，看則不過走馬看花而已，一則分量少而用力深，一則用力淺而所涉廣，此二者之中，看實尤要於讀，因爲要求悟入，總是利於從多中撈摸的。現在有一種人，在看、讀二者中更重視"看"，這是拘泥於從前的教法，而不知變通。從前的教法，讀四書五經的，大致是六歲到十五歲的孩子。他們對於經書，根本看不懂，教者既欲其應科舉，而必教之以四書五經，又因考試功令，本是不准携帶書籍的，題目出處，不能不知，於是四書五經，非將本文熟讀不可，不能以看過明白爲已足；加以此時的學生，年齡幼稚，能力有限，不但自己不能多看書，即分量較多的書講給他們聽，亦苦難於領受；指定一段書，使其反覆熟讀，卻是比較可能的。以此熟讀遂爲舊時惟一的教法。現在的情形，不是如此，這是顯而易見的，我也不是說現在學習文章，全然不要熟讀，然初不必如昔日之拘，而且遠不如多看的重要。還有一層，教師選授的文章，和學生熟讀的文章，可以不必一致的。因爲文章各有心得，教師有心得，講得最好的，不一定是學生所最喜歡的。講授本不過舉隅。天下的文章，哪裏講得盡？所以舉示學生的範圍宜較廣，聽其於一定的範圍內活動。所謂熟讀，並不要照昔時私塾的樣子，讀得能夠背誦，不過對自己所愛好的文章，特別多讀幾遍，時時加以諷咏而已。其篇目亦無一定，不過大致宜在古今第一流作品之中。而人的好惡，雖若不齊，實亦大同小異，聽其自擇，自亦不會軼出此較寬的範圍的。至於作，則最要之義，爲待其自動，看讀得多了，自然有一種勃不可遏之境。在這時候，雖欲使之不作而不可得。教者只須迎機畧加指正就夠。我們的説話，固然是一句一句逐漸學會的,然而都是到會說了,不能不說的時候,才說出來的,從没有人當我們還没有會説話的時候,强迫着我們説,如其在這時候而强迫着説,只會把話説壞了,決不會收速成之效的。從前教國文的人,每以令學生"早開業"爲戒,其原理就在乎此。

(本文寫於 1937—1938 年)

《古史家傳記文選》導言

從來論文章的人，都會説文章要原本經史。這話在普通人看來，只是一句門面話，然而門面話中，往往含有真理。經姑勿論，講到史，則正史中的四史，確實是文章的根原。人們都會説："二十四史之中，四史最要緊，四史之中，《史》《漢》最要緊。"話雖不錯，可是説得太模糊了。我們若從文學的見地，來研究正史，則二十四史，或二十五史。可以大别爲四類：

（一）四史；

（二）自《晉書》至《舊五代史》；

（三）《新唐書》、《新五代史》；

（四）自宋至明之史。

而此四大類之中，仍各有小别。這話怎樣講呢？

讓我們先談談中國駢散文的變遷史吧。文學史上的公例，韻文的發達，先於散文。中國古代的韻文，即阮芸台所謂"寡其辭，協其音"之文，見《文言説》。其發達遠在東周以前。散文則發達於東周，至西漢而極盛。西漢末年，風氣漸變，遂開東漢到唐初的駢文。文字何以自散而趨於駢呢？文字本是代表語言的，文字初興，本與語言一致，後來文字加以修飾，兩者遂生差異。文字是怎樣修飾的呢？一，爲求整齊。其中苞含無過長過短之句，多對偶。二，爲求美麗。其中苞含詞類之選擇及用典。用典到後來，如涂涂附，使人看了不懂，不但不能引起快感，反要感覺沈悶了。然其初所用的，則都是習熟之事，人人皆知。人人皆知之事，再加敘述，未免使人可厭。而且説了一大篇話，內容還只如此，何如以少數的話，包括多數的意思呢？唐宋後的散文，引用故實，較生的都詳加敘述。自東漢至唐初則不然，其所謂隸事，都以一語述一事，不論所引用的事的生熟，都把讀者當做已知的，即由於此。駢文的初期，不過是文字的修飾，後來踵事增華，就和散文判然了。駢文的體制，大畧可分爲漢魏、晉宋、齊梁、初唐四期，至晚唐則成爲四六。宋代四六，受散文的影響，趨於生動流走，而作風又一變。愈後愈浮靡，亦愈後愈板滯，遂愈後而愈不適於用。但是六朝人於駢文之外，仍應用散行文字，名之爲筆，雖稍近自然，而文氣仍不免浮靡。所以到了唐代中葉，革新運動起來，韓愈、柳宗元等所做文字，以古爲法，稱爲"古文"。對於駢文而言之，則稱爲"散文"。散文二字，有新舊二義。舊義對駢文言之，此處所用的是新義，對韻文言之。然而此等文字，亦是以古爲標準的。不論名詞、句法、篇法，可古的地方，必先用古，必其不能古，或求古則妨害事實時，才參用今。而其參用，仍有種種規律，非可直情徑行。所以其事甚難，非盡人所能學。所以古文一體之外，別有一種普通應用的文字，此項文字，範圍較寬，學習亦易，故能普遍了。

以上述歷代文學變遷的大畧，再將分正史爲四部之説，大致言之。

（一）四史之部。此中《史記》，大部分爲東周至西漢之散文，一小部分爲西周以前極簡質的文字。《漢書》，一部分爲東漢人的作品，即駢文風氣初開時的文字，但大部分亦係西漢以前的散文。古人的著書，不是像後世人一般，搜集得材料，一定要將其文字改過，使入自己口氣，且使其色彩一律的。大都是照鈔原文，一字不易而已。劉知幾《史通‧因襲篇》，譏《漢書‧陳涉傳》，襲《史記‧世家》之文，而不改其"至今血食"之語，以後人眼光觀之，自屬得當，然在漢時，則通行文例如此，並非班固疏忽。職是故，一部書中，文字的色彩，極不一律。通常所謂某書或某人的文字如何者，乃指其自作之部分言之。如論《史》、《漢》，則指其自作的列傳、叙、論贊。其實是否自作，仍是問題，惟來源既無可考，則姑假定其爲自作。又或指其最有特色的一部分，如《左氏》、《國語》、《國策》，都有其奧避難解處；即《左》、《國》亦間有類乎《國策》處，然通常所謂《左》、《國》文字如何者，自指風格凝重者而言；所謂《國策》文字如何者，自指排奡駿快處而言。明乎此，則知統論文學的全體，馬、班大有區別，但就傳記文而論，則其爲別甚微。因爲《史記》中可假定爲史公自作的，都是漢朝人的傳，《漢書》亦是如此。班固雖是東漢人，然其所叙者，仍是西漢人。凡《漢書》中的列傳，大都是西漢人所作，而班固鈔錄入書的，並非其所自作也。至於《三國志》，則作者係晉初人，其所裒錄者，都是漢末及三國時人的作品。此時駢文漸盛，文章漸次分途。所謂筆者，雖與西漢前之散文，一綫相承，並未間斷，然已漸受其時文的影響，而趨於矜練。所以《三國志》的文字，最爲閑雅。至於《後漢書》，則自晉初司馬彪、華嶠而後，述作者本有多家，詳見《史通‧古今正史篇》。至宋范曄，乃刪定而成一書。述作刪定者，皆自晉至宋之人，故其文字又較妍麗。總而言之：以傳記文論，《史》、《漢》可代表西漢一代的作品，《三國志》代表漢（東漢）、魏的作品，《後漢書》代表晉宋的作品。

（二）自《晉書》至《舊五代史》。晉及宋、齊、梁、陳、魏、北齊、周、隋諸書，皆唐初官修。《南史》、《北史》則成於私人之手，雖體裁有異，而材料則與宋、齊、梁、陳、魏、北齊、周、隋諸書，大致從同。此等文字，即南北朝時代之所謂筆。猶之今日之淺近文言，去白話僅一等；且其夾雜俗語亦不少，故在當日，並非難解，亦無人特稱其文。但一，前一時期之俗語，至後一時期，往往即成爲文言。後人學六朝文字，本非專學其文，亦可兼學其筆，況二，當時作史傳文字，雖云通俗，究亦力求雅馴。三，而苞含於其中的文亦不少。所以熟讀諸史，於學晉、宋、齊、梁體的駢文的人，非常有益。即僅學普通文字之人讀之，亦有增益見聞，開拓心胸之效。《舊唐書》、《舊五代史》，文體實與自晉至隋諸史相同。然時代既殊，文字之體制、神氣，自然隨之而變。

所以此兩書的色彩，又和自晉至隋之史小異。而讀者之受益，則其性質大致相同。

（三）《新唐書》、《新五代史》。此爲古文既興之後，用其義法所作之史。自古文家觀之，自較自晉至隋之史及《舊唐書》、《舊五代史》爲勝。_{如姚姬傳《古文辭類纂》，於《史》、《漢》外，只選此兩史之文。}但歐、宋於史法皆不甚精。宋之文，尤有所謂澀僻之弊，甚有不妥而被後人資爲話柄者。故以普通之眼光觀之，此兩書並不較《舊唐書》、《舊五代史》爲勝。但此兩書在正史之中，卓然自成一種謹嚴的文體，則是事實。

（四）自宋至明之史，爲古文既興後之普通文，自文學方面言之，殊覺其黯然無色。一，由此時代之文，較前一時代，本少華飾。二，則史學進步，敘事漸趨客觀。凡事夾雜主觀敘述，覺其有聲有色者，專憑客觀，便覺聲希味淡，其理詳見下文。此時代的史，雖不足語於現在的所謂客觀，然時代愈後，究竟記述之法，漸趨謹嚴，不敢憑藉主觀，將瑣屑無味之材料刪去，於是記載漸趨於蕪。蕪爲文學之大敵，故此時代之史，以文學論，率無足稱。《明史》體例，最稱謹嚴，其文字尤爲板滯。_{此節所謂客觀，並非謂其材料均能確實，乃謂史學隨時代而進步，則愈知事實之重要，而不敢輕於刪薙。故時代愈後，歷史之分量愈增。}

以上是就所謂正史者，畧論其文學性質。雖然自五代以前，都可說有文學價值，然其價值要以四史爲最大，則斷然無疑了。以下再就四史的文學，畧加論列。史家之文，本可分爲兩類：即一，敘述制度的，是爲典志。二，敘述事實的，是爲紀傳。敘事本不必以人爲主，但是什麼事都有因襲性的，最初所傳的材料，是以人爲主的，作史的人，就以人爲主而加以編制，後來就沿爲故事了。而且《本紀》因史裁的變化，只成爲全書的提綱，失其爲傳記的性質。而所謂列傳者，遂專據正史中傳記文之席。今欲明史家傳記體的來源，請引我的舊作兩則如下：

古之史，蓋止記言記事二家。《禮記·玉藻》曰："動則左史書之，言則右史書之。"鄭《注》曰："其書，《春秋》、《尚書》其存者。"《漢書·

藝文志》："左史記言，右史記事。言爲《尚書》，事爲《春秋》。"其説當有所本。《左氏》果爲《春秋》之傳與否，事極可疑。漢博士謂《左氏》不傳《春秋》，近世推衍其説者，謂《太史公自序》但曰："左丘失明，厥有《國語》。"其《報任安書》亦然。下文又云："左丘明無目"，則宋祁所見越本，王念孫所見宋景祐本及《文選》，皆無明字。《論語》有"左丘明恥之，丘亦恥之"之語，崔適謂《集解》録孔安國《注》，則此章亦出古論。然則自今文家言之，實有左丘而無左丘明，有《國語》而無《春秋左氏傳》也。而《國語》一書，則祇可謂與《尚書》同體，而不可别列爲一家。何者？古代記事之史，體至簡嚴，今所傳之《春秋》是也。其記言之史，則體極恢廓。蓄其初意，主於記嘉言之可爲法者；然既記嘉言，自可推廣之而及於懿行，既記嘉言懿行之可爲法者，自亦可記莠言亂行之足爲戒者也。故《國語》者，時代較後之《尚書》也。或曰：秦漢以後之史，第一部爲《史記》，而《史記》之體例，實原於《世本》。洪飴孫撰《史表》，以《世本》列諸史之首。核其體例，則有本紀，有世家，有傳，《史記》稱列傳，謂合多人之傳，以次序列耳。并爲《史記》所沿。桓譚謂史公《三代世表》，旁行斜上，并效周譜。《史通·表歷篇》引，亦見《南史·王僧孺傳》。《隋志》有《世本王侯大夫譜》二卷，蓋即周譜之倫。則《史記》之世表、年表、月表，例亦沿自《世本》。《世本》又有《居篇》記帝王都邑。《作篇》，記占驗、飲食、禮樂、兵農、車服、圖書、器用、藝術之原。則八書所由昉也。百三十篇，本名《太史公書》。《史記》二字，爲當時史籍通名，猶今言歷史也。史公發憤著書，功在網羅綜貫，不在創造。所整齊者，實爲舊史之文，非其自作。則紀、傳、世家、書、表，乃前此史家之通例，正不獨《世本》然矣。安得謂古之史，止記言記事二家歟？案本紀、世家、世表之原，蓋出於古之帝系、世本；八書之作，則出於古之典志；此二者，後世雖以爲史，而推原其朔，則古人初不以爲史也。《周官》小史，"掌邦國之志。奠系世，辨昭穆。若有事，則詔王之忌諱。大祭祀，讀禮法，史以書叙昭穆之俎簋。"鄭司農云："系世，謂帝系、世本之屬。此世本僅記世系，與前所述世本不同。先王死日爲忌，名爲諱。"又瞽矇,"諷誦詩,世奠系。"杜子春云:"世奠系,謂帝系,諸侯卿大夫世本之屬也。小史主次序先王之世,昭穆之系,述其德行。瞽矇主誦詩,并誦世系,以戒勸人君也。故《語》曰:教之世,而爲之昭明德而廢幽昏焉,以休懼其動。"案小史所識者,先世之名諱忌日及世次,今《大戴記》之《帝系姓》蓋其物。瞽矇所誦者,先王之行事,則《五帝德》所本也。此本紀世家世表之所由來。凡一官署,必有記其職掌之書,今之禮經逸禮等,蓋皆原出於此。此等無從知記者爲誰,大約屬於何官之守者,則何官之史所記耳。此即後世之典志,八書之所本也。古所謂史,專指珥筆記事者言之。小史、瞽史所識,禮經、逸經之傳,後世雖珍爲舊聞,當時實非出有意,故追溯古史者並不之及也。若夫年表、月表,則《春秋》之記事也。列傳則《國語》之記言,而其例實原於《尚書》者也。然則安得謂古之史有出於記言記事之外者歟?而劉氏以《左氏》、《國語》,與《尚書》、《春秋》并列,不其謬歟?拙著《史通評·六家篇》。

記事之史,體極簡嚴,記言之史,則體較恢廓,求諸《周官》,亦可喻其故焉。史官主知天道,故馮相、保章,皆屬太史。馮相氏,掌十有二歲,十有二月,十有二辰,十月,二十有八宿之位,辨其序事,以會天位,蓋司天道之常。保章氏,掌天星,以志星辰日月之變動,以觀天下之遷,辨其吉凶,則司天道之變。常事不書,變事不可不記。執簡之始,蓋專記日食、星殞等事,此本不待煩言,其後記人事者,亦遂沿其體,此其所以簡嚴。古重言辭,書諸簡牘蓋其變;既重言辭,則其所書者,亦必如其口語,雖有潤飾,所異固無多也,此其體之所以日益恢廓也。記言之史,體既恢廓,其後凡叙述詳盡者皆沿之,以其初本記言辭;又古簡牘用少,傳者或不資記錄,而以口耳相授受也;則仍謂之語。《禮記·樂記》:孔子謂賓牟賈曰:"且女獨未聞牧野之語乎?"此記武王之事者稱語也。《史記》本紀、列傳,在他篇中述及多稱語,《秦本紀》述商鞅說孝公變法曰:其事在《商君語》中。《孝文紀》述大臣誅諸呂,謀召立代王曰:事在《吕后語》中。《禮書》述晁錯事曰:事在《袁盎語》中。《陸賈傳》述其使尉佗事曰:事在《南越語》中。皆是。《朱建傳》:漢已誅布,聞平原君諫,不與謀,得不誅,曰:語在《黥布語》中，而《布傳》無其事。蓋古人著書，多直録舊文，不加點定，史公所據朱建、黥布兩傳，非出一家，故其文如是也。《始皇本紀》述趙高與二世、李斯陰謀殺扶蘇、蒙恬，曰：語具《李斯傳》中，疑後人所改。亦或當時已有稱傳者，不始太史公。《蕭相國世家》述呂后用何計謀誅淮陰侯曰：語在《淮陰事》中。《留侯世家》述良解鴻門之危曰：語在《項羽事》中，事語二字，疑後人所互易。可知紀傳等爲後人所立新名，其初皆稱語。然則《論語》者，孔子及其門弟子之言行之以類纂輯者；《國語》則賢士大夫之言行，分國纂輯者耳。故吾謂《國語》實《尚書》之支流餘裔也。不惟《國語》、《晏子春秋》及《管子》之大、中、小匡諸篇，凡記士大夫之言行者，皆《國語》類也。亦不惟《論語》，諸子書中，有記大師、巨子之言行者，皆《論語》類也。拙撰《燕石札記・周官五史》。

《史記》爲正史中第一部，後來的史書，都係沿襲他的體例。觀前兩則，可知《史記》體例之所由來。蓋當太史公時，前代所留詒的史材，除述制度的典禮以外，其述人事的，可分爲春秋、系世、語三者。《史記》的年表、世表，系據春秋、系、世製成；本紀、世家，有兼據春秋及系、世的，亦有更益之以語的；而列傳則大致係根據於語。知此，則知後世之正史，以人爲綱，以致將事實寸寸割裂，要看一件大事，必須兼閱本紀及許多篇傳，殊覺不便，其咎實不在於史公。因爲史公所據的材料，是各有來源，本不相干的。照古人"信以傳信，疑以傳疑"的例子，異來源的材料，本不以之互相訂補，并不使之錯居一簡。譬如《齊世家》和《管晏列傳》，《魯世家》和《孔子世家》，便是各有來源，不能攙雜的。《史記》的多複重矛盾，即由於此。而《史記》的列傳，所以忽詳忽畧，或分或合，莫名其妙的，亦由於此。譬如管仲、樂毅，是何等大人物？然而《管晏列傳》中，所詳叙的，袛有管仲和鮑叔的關係，述其相桓公霸諸侯的事反甚畧。樂毅亦然，於其外交及軍事，並沒有詳叙，而只備載其和燕惠王往返的書函。老子爲什麼要和韓非同傳？《孟子・荀卿列傳》中，爲什麼要兼載這許多人？而又語焉不詳？後世史學家、文學家想出許多説法來，總不能使人滿意。如其不用私知穿鑿，而但就古書義例求之，則可以一語斬盡葛藤，曰：其所據的材料，本來如是而已。普通列傳，傳者以人爲主，則史公亦以人爲主而傳之。類傳的傳者,以事爲主,則史公亦以事爲主而傳之。這種體例,如其說是好的,史公不應盡冒其功;如其說是壞的,史公不能盡尸其咎,正和後來的史家,襲用《史記》的體例,只負模仿的責任,不負創作的責任一樣。

以上的話,把史家傳記文體的來源說明瞭。如此,則創始之人,不過是因襲;而後來的人,不過是模仿而已,絕無所謂苦心創造,還有什麼價值呢?話不是這樣說。文章的價值,是看其内容,並不論其體制的爲因爲創。至後人之取法於前人,也是移步换形的,並不是死板板的亦趨亦步。譬如史公的傳管仲、樂毅,不能詳其行事之大者,而只能詳其軼事和書翰,固由材料如此,然後人作良相名將的傳,自可不以此篇爲法;其有大事不必細述,小事反宜詳叙,言論亦宜詳載的,則比兩篇又足爲法了。舉此一端,餘可類推。

以上係論體制,以下再就文字方面,畧爲陳說。凡讀四史的人,只要對於文學,畧有興趣,都能感覺其文字之美,較諸後此諸史爲勝,這是什麼理由呢?原來史事最重客觀。求客觀,就只該就其可知之部分,加以説述;其不可知的部分,是不該以意補足的。凡事之可見者,總只是外形,然外形是無意義的。除非對史學有特别修養的人,能就其外形而推想其内容,以完成其事實,而發見其關係,才會覺得有一種趣味。但是這種趣味,還只是史學上的趣味,不是文學上的趣味。至於文學上的趣味,總要直觀可以感覺到的,不能多靠推理之力。所以文學上的方法,雖然有所謂"匣劍帷鐙","言有盡而意無窮"等,但其實,都是但憑感想,即可領會的。因而文學作品的叙事,没有真客觀。因真客觀的叙述,在科學上是有價值的,在文學上則價值稍遜。我們讀報,看官方公布的消息,不如訪員通信之有味;而大報的記載,有時又不如小報:即由於此。記載當求客觀之理,爲古人所不知;而古代文字用少,凡事皆由口耳相傳,口耳相傳之事,最易變易其原形,而此中卻又有一個删潤的妙理。人之述事,在無意之間,自能將乾燥無味的部分縮小,或竟删去;富有趣味的部分擴大,甚至增加,如此，則每傳述一次，即不啻經過一次之删潤。一篇文字，經過許多人傳述，即不啻經過許多無名作家的删潤，其趣味濃鬱，自然無待於言了。凡古代的歷史，尤其是西漢初年以前，帶傳説的性質，實在很多。讀本書《項羽本紀》的評語，便可知道。所以古史文字之美，其内容之適合於文學，是其第一條件。

西漢以前的文字，現在看起來，很覺得其古色斑斕，然此乃時代使然。在當時實甚通俗。雖不能説竟是白話，亦必和白話相去無幾。東漢以後，雖然畧加修飾，亦不過如現在的淺近文言。所以當時的文字，是很爲自然的，凡事總以自然的爲美。人工之美，固亦有天然所無之境，其技術的優良，我們亦不能不嘆服，然而較諸天然之美，未免終遜一籌。人造的花，終不如樹上之花；刻意經營的園林，終不如天然的山水。知此，則知唐宋以後的古文家，窮老盡氣，模仿三代、兩漢之文，而終不及三代、兩漢；不但古文家，其餘一切文字，也都如此。因而一時代必有一時代獨至之文，爲後人所不能及；所以現在的白話文，前途正有無窮的希望。《史》、《漢》文字，甚爲通俗，只要看他句法的冗長，稱名的隨便，便可知道。譬如《史記·周本紀》説："諸侯不期而會孟津者，八百諸侯。"這兩個"諸侯"字，無論如何，總有一個可省。又如《史記》每稱項籍爲項王。衡以後世的義法，是很不妥當的。因爲從無以人之姓氏，冠於所封爵號之上之理。伯禽姓姬，其父旦，受封於周，亦可以周爲氏；然既受封於魯，則只可稱魯侯，而不可稱周侯了。項籍的爵，是西楚霸王，若可稱爲項王，則漢高祖爲什麽要稱漢王，而不稱劉王呢？此等道理，史公豈不知，而竟如此稱呼，則除當時的口語如是，史公即照口語書寫，別無理由可以解釋了。這話可參看拙撰《史通評》的《稱謂篇》，還要説得詳盡些。至於句法的冗長，自以《史記》爲最。然而現在的《史記》，已經給後來的人，把冗長無謂的字，删節了許多。論其原本，恐怕還要冗長。這個，只要看《史通·點煩篇》所引《史記》原文，都較現行本爲冗長可知。關於這一點，我以爲此等删節，皆係鈔録時隨手所爲。因爲古人不講考據，則其讀古書,只要明白其意義而已足,不像現代講考據的人,一字的有無同異,即可於其間生出妙悟來。因爲圖閱看之便,而免鈔寫之煩,古書中無用的字句,盡可隨意刪節。句之刪節尚較少,而字之刪節則甚多。無論藏書的人自寫,或鈔胥代人抄寫,都是如此。襲用人家的文字,照本鈔謄,不易一字,這是古人行文的通例。然而現在,《漢書》襲用《史記》之處,字句每有異同。大抵是《史記》繁而《漢書》簡,就因魏晉以後,《漢書》的通行,較《史記》爲廣,經過傳抄的次數較多之故。評論之家,卻說這是班固有意爲之,又說班固的本領真大,只要減省一兩個虛字,作風就和司馬遷判然不同了。真是夢囈。考據和文藝,固然是兩件事;懂得考據的人,固然未必懂得文藝;講文藝的人,亦不需要講考據;然而考據家考據所得的結果,成爲常識的,文學家亦應該知道。因爲文藝的批評,亦當根據於正確的事實。同理:考據家亦應畧懂得文學。不然,會把所根據的書講錯的,亦就大有害於事實的正確了。關於這一個問題,《史通評》的《點煩篇》,也是可以參看的。我所補出的點煩,就是近代人工的文字,和古代自然的文字一個絕好的對照。現在的《史記》,雖已非復原形,《漢書》更甚;而且自《漢書》以下,業已開修飾之風,其語調非復純任自然;然而保存自然的風格處仍不少,至少語調雖有雕琢,全篇的杼軸,即篇法,亦即說一大篇話先後的次序。還是自然的。這一點,不能舉例了,只好由讀者自己領悟。凡近於口語的文字,其敘述一定很詳盡,而且能描畫入微。如本書所選《史》、《漢》的《魏其武安侯列傳》、《李廣蘇建列傳》,便是其最好的例。《後漢書》的《隗囂公孫述傳》、《馬援傳》,也有此等風味,不過較之《史》、《漢》,已覺遜色罷了。惟《三國志》的文體,係以謹嚴見長,間有此等刻畫詳盡處,轉非其特色之所在。總之,一書有一書的特色,研治文學的人,對於一部書,或一個人的作品,都要能認識其特色之所在,才算能夠瞭解。於此,正式文字和小說之別,卻又不可以不知。古文貴叙述詳盡,刻畫入微,這是人人所可承認的,然古文而帶有小說氣,則歷來的作者,又均視爲大戒。究竟何等文字,算是帶有小說氣呢?這是很難舉出具體的標準的。論其原理,則其所叙述,都是依天然的條理,述客觀的事實的,爲正式的文字;而有意做作,超過如實叙述的程度的,則落入小説的科臼。這話似乎儱侗,然只説得到如此,其實際情形,只可望讀者自行領悟。勉強舉個例,譬如宋濂的《秦士錄》,侯朝宗的《大鐵椎傳》,都是近來中學教科書中常見的作品,這兩篇就都有些小説氣味,不甚大雅。以近乎口語的句調,比之精心修飾的文言,自然是冗沓的,冗沓未免可厭,然就一句論之,雖然如此,合全篇論之,則自有一種抑揚高下、無不合宜的韻致,斷非文人學士有意爲之者所能及。以秦漢之文,與唐宋人所爲之古文比較自知。即以句法論,近乎口語的自然之調,亦有非人工的文字所能仿效的。本書中對《史記・貨殖列傳》的批評已言之,兹不更贅。不但西漢以前文字如此,即東漢以後的文字,其情韻交至的,亦有自然的語調爲本,不過畧加修飾而已。熟復《隗囂公孫述傳》、《馬援傳》中的書翰,《諸葛亮傳》中的《上諸葛氏集表》,便可悟入。

上述兩端,爲四史文字之所由美。至所選録各篇之美點,及其可見之義法,別詳分評中。義法是畧有一定的。美點則由於各人的主觀,不能一定相合,亦不必求其相合。凡文評,都只可供觸發,助領會,不可執爲實然,所以不必十分拘泥。此書本供國文修習之用,所以凡所論列,都就文字方面立論。至於四史之爲用,自然不盡在於文學方面的。最主要的,自然是史學方面,次之則經子考證方面,關係亦極大。濫行論列,將至喧賓奪主,失之蕪雜,故不更及。四史的歷史,就普通者言之,可看《史通・古今正史篇》,及《廿二史札記》第一至第六卷中有關涉的各條。此皆習見之書,無待再行贅録。特別的考證,研究文學時,亦可無需,故亦不之及。

評注的體例,是很簡單的,不必另爲一篇,今亦附述於此:一,注,只以文字可看懂爲限,不再繁徵博引,涉及史事暨訓詁、名物、制度的考證。因爲如此,勢將喧賓奪主,不成體裁。二,地名皆加今釋。但亦僅言其爲今之某地而止,不及沿革變遷。三,批評主旨,係在文字,但史法及評論史事的知識,有爲瞭解文學所必需者,亦加述説。四，凡古書的句法，恒較後世爲短。以後世的"長句"、"長讀"讀古書，易誤其意義，尤失其神味。故此書所定句讀皆較短。讀者如能留意，推廣之以讀其他古書，亦頗有益。

（本文寫於一九三八年）

從我學習歷史的經過說到現在的學習方法

一、少時得益於父母師友

　　《堡壘》的編者，囑我撰文字一篇，畧述自己學習歷史的經過，以資今日青年的借鑒。我的史學，本無足道；加以現在治史的方法，和從前不同，即使把我學習的經過都說出來，亦未必於現在的青年有益。所以我將此題分爲兩橛，先畧述我學習的經過，再畧談現在學習的方法。

　　我和史學發生關係，還遠在八歲的時候。我自能讀書頗早，這一年，先母程夫人始取《綱鑒正史約編》，爲我講解。先母無暇時，先姊頒宜諱永萱亦曾爲我講解過。約講至楚漢之際，我說：我自己會看了。於是日讀數葉。約讀至唐初，而從同邑魏少泉景徵先生讀書。先生命我點讀《綱鑒易知錄》，《約編》就沒有再看下去。《易知錄》是點讀完畢的。十四歲，值戊戌變法之年，此時我已能作應舉文字。八股既廢，先師族兄少木諱景栅命我點讀《通鑑輯覽》，約半年而畢。當中日戰時，我已讀過徐繼畬的《瀛環志略》，並翻閱過魏默深的《海國圖志》，該兩書中均無德意志之名，所以竟不知德國之所在，由今思之，真覺得可笑了。是年，始得鄒沅帆的《五洲列國圖》，讀日本岡本監輔的《萬國史記》，蔡爾康所譯《泰西新史攬要》，及王韜的《普法戰紀》；

黃公度的《日本國志》則讀而未完,是爲我畧知世界史之始。明年,出應小試,僥幸入學。先考譽千府君對我説:你以後要多讀些書,不該兢兢於文字之末了。我於是又讀《通鑑》、畢沅的《續通鑑》和陳克家的《明紀》,此時我讀書最勤,讀此三書時,一日能盡十四卷,當時茫無所知,不過讀過一遍而已。曾以此質諸先輩,先輩説:"初讀書時,總是如此,讀書是要自己讀出門徑來的,你讀過兩三千卷書,自然自己覺得有把握,有門徑。初讀書時,你須記得《曾文正公家書》裏的話:'讀書如畧地,但求其速,勿求其精'。"我謹受其教,讀書不求甚解,亦不求其記得,不過讀過就算而已。十七歲,始與表兄管達如_{聯第}相見,達如爲吾邑名宿謝鍾英先生之弟子,因此得交先生之子利恒,_{觀,}間接得聞先生之緒論。先生以考證著名,尤長於地理,然我間接得先生之益的,卻不在其考證,而在其論事之深刻。我後來讀史,頗能將當世之事,與歷史上之事實互勘,而不爲表面的記載所囿,其根基實植於此時。至於後來,則讀章太炎、嚴幾道兩先生的譯著,受其啓發亦非淺。當世之所以稱嚴先生者爲譯述,稱章先生爲經學、爲小學,爲文學,以吾觀之,均不若其議論能力求核實之可貴。

　　蘇常一帶讀書人家,本有一教子弟讀書之法,繫於其初能讀書時,使其閲《四庫全書書目提要》一過,使其知天下_{當時之所謂天下}共有學問若干種?每種的源流派别如何?重要的書,共有幾部?實不啻於讀書之前,使其泛覽一部學術史,於治學頗有裨益。此項功夫,我在十六七歲時亦做過,經史子三部都讀完,惟集部僅讀一半。我的學問,所以不至十分固陋,於此亦頗有關係。_{此項工夫,現在的學生,亦仍可做,隨意瀏覽,一暑假中可畢。}

　　十七歲這一年,又始識同邑丁桂徵_{同紹}先生。先生之妻爲予母之從姊。先生爲經學名家,於小學尤精熟,問以一字,隨手檢出《説文》和《説文》以後的字書,比我們查字典還要快。是時吾鄉有一個龍城書院,分課經籍、輿地、天算、詞章。我有一天,做了一篇講經學上的考據文字,拿去請教先生,先生指出我對於經學許多外行之處,因爲我畧講經學門徑，每勸我讀《說文》及注疏。我聽了先生的話，乃把《段注說文》閱讀一過，又把《十三經注疏》亦閱讀一過，後來治古史畧知運用材料之法，植基於此。

二、我學習歷史的經過

我少時所得於父母師友的，畧如上述，然只在方法方面；至於學問宗旨，則反以受漠不相識的康南海先生的影響爲最深，而梁任公先生次之。這大約是性情相近之故罷！我的感情是強烈的，而我的見解亦尚通達，所以於兩先生的議論，最爲投契。我的希望，是世界大同，而我亦確信世界大同之可致，這種見解，實植根於髫年讀康先生的著作時，至今未變。至於論事，則極服膺梁先生，而康先生的上書記，_{康先生上書，共有七次：第一至第四書合刻一本，第五第七，各刻一本，惟第六書未曾刊行。}我亦受其影響甚深。當時的風氣，是沒有現在分門別類的科學的，一切政治上社會上的問題，讀書的人都該曉得一個大概，這即是當時的所謂"經濟之學"。我的性質亦是喜歡走這一路的，時時翻閱《經世文編》一類的書，苦於掌故源流不甚明白。十八歲，我的姨丈管凌雲_{諱元善}先生，即達如君之父，和湯蟄仙_{壽潛}先生同事，得其書《三通考輯要》，勸我閱讀。我讀過一兩卷，大喜，因又求得《通考》原本，和《輯要》對讀，以《輯要》爲未足，乃捨《輯要》而讀原本。後來又把《通典》和《通考》對讀，並讀過《通志》的二十畧。此於我的史學，亦極有關係。人家都說我治史喜歡講考據，其實我是喜歡講政治和社會各問題的，不過現在各種社會科學，都極精深，我都是外行，不敢亂談，所以只好講講考據罷了。

年二十一歲，同邑屠敬山_寄先生在讀書閱報社講元史，我亦曾往聽，先生爲元史專家，考據極精細，我後來好談民族問題，導源於此。

我讀正史，始於十五歲時，初取《史記》，照歸、方評點，用五色筆照錄一次，後又向丁桂徵先生借得前後《漢書》評本，照錄一過。《三國志》則未得評本，僅自己點讀一過，都是當作文章讀的，於史學無甚裨益。我此時并讀《古文辭類纂》和王先謙的《續古文辭類纂》，對於其圈點，相契甚深。我於古文，雖未致力，然亦署知門徑，其根基實植於十五歲、十六歲兩年讀此數書時。所以我覺得要治古典主義文學的人，對於前人良好的圈點，是相需頗殷的。古文評本頗多，然十之八九，大率俗陋，都是從前做八股文字的眼光，天分平常的人，一入其中，即終身不能自拔。如得良好的圈點，用心研究，自可把此等俗見，袪除净盡，這是枝節，現且不談。四史讀過之後，我又讀《晉書》、《南史》、《北史》、《新唐書》、《新五代史》，亦如其讀正續《通鑑》及《明紀》然，僅過目一次而已。聽屠先生講後，始讀遼、金、元史，並將其餘諸史補讀。第一次讀遍，係在二十三歲時，正史是最零碎的，匆匆讀過，並不能有所得，後來用到時，又不能不重讀。人家說我正史讀過遍數很多，其實不然，我於四史，《史記》、《漢書》、《三國志》讀得最多，都曾讀過四遍，《後漢書》、《新唐書》、《遼史》、《金史》、《元史》三遍，其餘都只兩遍而已。

　　我治史的好講考據，受《日知錄》、《廿二史札記》兩部書，和梁任公先生在雜誌中發表的論文，影響最深。章太炎先生的文字，於我亦有相當影響；親炙而受其益的，則爲丁桂徵、屠敬山兩先生。考據並不甚難，當你相當的看過前人之作，而自己讀史又要去推求某一事件的真相時，只要你肯下功夫去搜集材料，材料搜集齊全時，排比起來，自然可得一結論。但是對於羣書的源流和體例，須有常識。又什麼事件，其中是有問題的，值得考據，需要考據，則是由於你的眼光而決定的。眼光一半由於天資，一半亦由於學力。涉獵的書多了，自然讀一種書時，容易覺得有問題，所以講學問，根基總要相當的廣闊，而考據成績的好壞，並不在於考據的本身。最要不得的，是現在學校中普通做論文的方法，隨意找一個題目，甚而至於是人家所出的題目。自己對於這個題目，本無興趣，自亦不知其意義，材料究在何處，亦茫然不知，於是乎請教先生，而先生亦或是一知半解的，好的還會舉出幾部書名來，差的則不過以類書或近人的著作塞責而已。以類書爲綫索，原未始不可，若徑據類書撰述，就是笑話了。不該不備，既無特見，亦無體例，聚集鈔撮，不過做一次高等的鈔胥工作。做出來的論文，既不成其爲一物，而做過一次，於研究方法，亦毫無所得，小之則浪費筆墨，大之則誤以爲所謂學問，所謂著述，就是如此而已，則其貽害之巨，有不忍言者已。此亦是枝節，擱過不談。此等弊病，非但中國如此，即外國亦然。抗戰前上海《大公報》載有周太玄先生的通信，曾極言之。

三、社會科學是史學的根基

我學習歷史的經過，大畧如此，現在的人，自無從再走這一條路。史學是說明社會之所以然的，即說明現在的社會，爲什麼成爲這個樣子。對於現在社會的成因，既然明白，據以猜測未來，自然可有幾分用處了。社會的方面很多，從事於觀察的，便是各種社會科學。前人的記載，只是一大堆材料。我們必先知觀察之法，然後對於其事，乃覺有意義，所以各種社會科學，實在是史學的根基，尤其是社會學。因爲社會是整個的，所以分爲各種社會科學，不過因一人的能力有限，分從各方面觀察，並非其事各不相干，所以不可不有一個綜合的觀察。綜合的觀察，就是社會學了。我嘗覺得中學以下的講授歷史，並無多大用處。歷史的可貴，並不在於其記得許多事實，而在其能據此事實，以說明社會進化的真相，非中學學生所能；若其結論係由教師授與，則與非授歷史何異？所以我頗主張中等學校以下的歷史，改授社會學，而以歷史爲注脚，到大學以上，再行講授歷史。此意在戰前，曾在《江蘇教育》上發表過，未能引起人們的注意。然我總覺得畧知社會學的匡廓，該在治史之先。至於各種社會科學，雖非整個的，不足以攬其全，亦不可以忽視。爲什麼呢？大凡一個讀書的人，對於現社會,總是覺得不滿足的,尤其是社會科學家,他必先對於現狀,覺得不滿,然後要求改革;要求改革,然後要想法子;要想法子,然後要研究學問。若其對於現狀,本不知其爲好爲壞,因而沒有改革的思想,又或明知其不好,而只想在現狀之下,求個苟安,或者撈摸些好處,因而沒有改革的志願;那還講做學問干什麼?所以對於現狀的不滿,乃是治學問者,尤其是治社會科學者真正的動機。此等願望,誠然是社會進步的根原;然欲遂行改革,非徒有熱情,便可濟事,必須有適當的手段;而這個適當的手段,就是從社會科學裏來的。社會的體段太大了,不像一件簡單的物事,顯豁呈露地擺在我們面前,其中深曲隱蔽之處很多,非經現代的科學家,用科學方法,仔細搜羅,我們根本還不知道有這回事,即使覺得有某項問題,亦不會知其癥結之所在。因而我們想出來的對治的方法,總像斯賓塞在《羣學肄言》裏所説的:"看見一個銅盤,正面凹了,就想在其反面凸出處打擊一下,自以爲對證發藥,而不知其結果只有更壞。"發行一種貨幣,沒有人肯使用,就想用武力壓迫,就是這種見解最淺顯的一個例子。其餘類此之事還很多,不勝枚舉,而亦不必枚舉。然則沒有科學上的常識,讀了歷史上一大堆事實的記載,又有何意義呢?不又像我從前讀書,只是讀過一遍,毫無心得了麼?所以治史而能以社會科學爲根柢,至少可以比我少花兩三年功夫,而早得一些門徑。這是現在治史學的第一要義,不可目爲迂腐而忽之。

對於社會科學,既有門徑,即可進而讀史,第一步,宜就近人所著的書,揀幾種畧讀,除本國史外,世界各國的歷史,亦須有一個相當的認識;因爲現代的歷史,真正是世界史了,任何一國的事實,都不能撇開他國而説明。既然要以彼國之事,來説明此國之事,則對於彼國既往之情形,亦非知道大概不可。況且人類社會的狀態,總是大同小異的:其異乃由於環境之殊,此如夏葛而冬裘,正因其事實之異,而彌見其原理之同。治社會科學者最怕的是嚴幾道所説的"國拘",視自己社會的風俗制度爲天經地義,以爲只得如此,至少以爲如此最好。

此正是現在治各種學問的人所應當打破的成見,而廣知各國的歷史,則正是所以打破此等成見的,何況各國的歷史,還可以互相比較呢?

四、職業青年的治家環境

專治外國史,現在的中國,似乎還無此環境。如欲精治中國史,則單讀近人的著述,還嫌不夠,因爲近人的著述,還很少能使人完全滿意的,況且讀史原宜多覓原料。不過學問的觀點,隨時而異,昔人所欲知的,未必是今人所欲知,今人所欲知的,自亦未必是昔人所欲知。因此,昔人著述中所提出的,或於我們爲無益,而我們所欲知的,昔人或又未嘗提及。居於今日而言歷史,其嚴格的意義,自當用現代的眼光,供給人以現代的知識,否則雖卷帙浩繁,亦只可稱爲史料而已。中國人每喜以史籍之豐富自誇,其實以今日之眼光衡之,亦只可稱爲史料豐富。史料豐富,自然能給專門的史學家以用武之地,若用來當歷史讀,未免有些不經濟,而且覺得不適合。但是現在還祇有此等書,那也叫沒法,我們初讀的時候,就不得不多費些工夫。於此,昔人所謂"門徑是自己讀出來的","讀書之初,不求精詳,只求捷速","讀書如署地,非如攻城"等等說法,仍有相當的價値。閱讀之初,仍宜以編年史爲首務,就《通鑑》一類的書中,任擇一種,用走馬看花之法,匆匆閱讀一過。此但所以求知各時代的大勢,不必過求精細。做這一步工夫時,最好於歷史地理,能夠知道一個大概,這一門學問,現在亦尚無適當之書,可取《方輿紀要》,讀其全書的總論和各省各府的總論。讀時須取一種歷史地圖翻看。這一步工夫既做過,宜取《三通考》,讀其田賦、錢幣、户口、職役、征榷、市糴、土貢、國用、選舉、學校、職官、兵、刑十三門。歷史的根柢是社會,單知道攻戰相殺的事,是不夠的,即政治制度,亦係表面的設施。政令的起原即何以有此政令。及其結果,即其行與不行,行之而爲好爲壞。其原因總還在於社會,非瞭解社會情形,對於一切史事,可說都不能真實瞭解的。從前的史籍,對於社會情形的記述,大覺闕乏。雖然我們今日,仍可從各方面去搜剔出來,然而這是專門研究的事,在研究之初,不能不畧知大概。這在舊時的史籍中,惟有敘述典章制度時,透露得最多。所以這一步工夫,於治史亦殊切要。此兩步工夫都已做過,自己必已有些把握,其餘一切史書,可以隨意擇讀了。正史材料,太覺零碎,非已有主見的人,讀之實不易得益,所以不必早讀。但在既有把握之後讀之,則其中可資取材之處正多。正史之所以流傳至今,始終被認爲正史者,即由其所包者廣,他書不能代替之故。但我們之於史事,總只能注意若干門,必不能無所不包。讀正史時,若能就我們所願研究的事情,留意採取,其餘則祇當走馬看花,隨讀隨放過,自不慮其茫無津涯了。

考據的方法,前文業經畧說,此中惟古史最難。因爲和經子都有關涉,須畧知古書門徑,此須別爲專篇乃能詳論,非此處所能具陳。

學問的門徑,所能指出的,不過是第一步。過此以往,就各有各的宗旨,各有各的路徑了。我是一個專門讀書的人,讀書的工夫,或者比一般人多些,然因未得門徑,繞掉的圈兒,亦屬不少。現在講門徑的書多了,又有各種新興的科學爲輔助,較諸從前,自可事半功倍。況且學問在空間,不在紙上,讀書是要知道宇宙間的現象,就是書上所說的事情;而書上所說的事情,也要把他轉化成眼前所見的事情。如此,則書本的記載,和閱歷所得,合同而化,才是真正的學問。昔人所謂"世事洞明皆學問,人情練達即文章",其中確有至理。知此理,則閱歷所及,隨處可與所治的學問相發明,正不必兢兢於故紙堆中討生活了。所以職業青年治學的環境,未必較專門讀書的青年爲壞,此義尤今日所不可不知。

(原載一九四一年《中美日報》堡壘副刊
第一六〇至一六三期自學講座)

史學上的兩條大路

現在講起新史學來，總有一個不能忘掉，而亦不該忘掉的人，那便是梁任公先生。梁先生的史學，用嚴格的科學眼光看起來，或者未能絲絲入扣。從考據上講起來，既不能如現代專家的精微，又不能如從前專講考據的人的謹嚴，他所發表的作品，在一時雖受人歡迎，到將來算起總帳來，其說法能否被人接受還是有問題。但他那種大刀闊斧，替史學界開闢新路徑的精神，總是不容抹煞。現在行輩較前的史學家，在其入手之初，大多數是受他的影響的，尤其是他對於政治制度，社會情形，知道的很多；他每提出一問題，總能注意其前因後果，及其和現在的關係，和專考據一件事情，而不知其在全部歷史中的關係的，大不相同；所以其影響學術界者極大。還記得前清光緒末年，他辦《新民叢報》時，本來是主張革命的，在《新民叢報》第十八期以前，宗旨頗爲激烈。到第十九期，刊載出一封康有爲的信來，亟言革命之易，易發難收，不可不慎。從此以後，他的宗旨，也就漸漸的變了，而成爲君主立憲派，和辦《民報》的胡漢民等人，辯論得很爲激烈，這是當時政見不同的問題，在今日，自不必再去論其誰是誰非。但我還記得他的一句話，他引俗話的"相見好，同住難"以言當時革命黨的內部，不能無問題。照他們那種急功近利的見解，徑行直遂的手段，一定要招致危險的。果然，自辛亥以來，問題起於革命黨內部的極多，影響於大局的亦極大，老實說：二十年來的內爭，所喪失的人力物力何限？所招致的外患又何限？直到今日，還有因私人的恩怨，而不衂倒行逆施的人。他當日所顧慮的,有一部分,就竟和預言無異了。到宣統初年,他改辦《國風報》了。我在他的發刊詞裏,也還記得一句話。他說:"照我們中國歷史上的情形看起來,每到九州擾攘,蜩螗沸羹之際,而非常之才出焉。所以前途決無所慮。"果然,最近三年來,我們遇見曠古未有的危難,亦自有曠古未有的英雄出來,領導我們奮鬥。他的希望,又和預言一般的應驗了。然則一切事情,都給已往規定了,只要知道歷史,就能夠預測未來麼?然而當西力東侵之時,我們所以應付他的,又何嘗不本於歷史上的智識?其結果又是如何呢?

歷史是這樣的:你要拘泥着他,說將來的事情,一定和已往的一樣,我們可以抄襲老文章來應付新環境,那一定要上當的。因爲社會是刻刻在變動的,並不和自然現象一般,翻來覆去的專走老路。從前的人,認一治一亂爲循環,只是把自然界的現象誤推之於人事。中國人循環的觀念,其根原是從《易經》上來的,《易經》上此項思想,其根原乃從觀察寒暑晝夜等而得,根本是自然界的法則,並不是人事的公例,此正不獨《易經》爲然。古今中外的哲學,誤將自然界的法則,硬推之於人事的很多,此等籠統虛緲的觀念,看似根據堅強,實多牽強誤謬。將來社會科學進步,必須要純粹從社會現象上歸納出原理原則來,將此等籠統玄妙的觀念,一掃而空之然後可。從社會現象上歸納出來的原理原則,固然仍可和自然現象的原理原則相通,然兩者各有其獨立的立場,而後會通之以建立更高的原理則可。若於社會現象,實無徹底的研究,而姑借用自然現象的原理原則則不可。此意,好學深思之士,必能知之。你要是把他抹煞了,一切眼前的問題,即本於一個人的見解,即所謂私智者來應付,那又是要上當的。因爲社會雖不是一成不變,而其進化,又有一定的途徑,一定的速率,並不是奔軼絕塵,像氣球般隨風飄蕩,可以落到不知哪兒去的。所謂突變,原非不可知之事,把一壺水放在火爐之上,或者窗户之外,其溫度之漸升漸降,固然可以預知,即其化汽結冰,又何嘗不可預知呢?

然則世事之不可預知,或雖自謂能知,而其所知者悉係誤謬,實由我們對於已往的事,知道得太少,新發展是沒有不根據於舊狀況的。假使我們對於已往的事情,而能夠悉知悉見,那末,我們對於將來的事情，自亦可以十知八九，斷不會像現在一般，茫無所知，手忙腳亂了。但是社會的體段太大了，對於已往的事，悉知悉見，幾乎是不可能；即求大體明白，亦和我們現在的程度，相差很遠。假定地球上之有人類，是五十萬年，我們所有的歷史，遠的亦不過五千年左右，而其中的強半，還是缺佚、錯誤，不可依據的。這好像一個人，已經一百歲了，我們所知道的，只是他一年來的事，而還不完全、確實，我們如何能瞭解這一個人呢？現在史學家工作之難，就是爲此。人類已往的事情缺佚錯誤的，那是由於人類從前文化程度的低下，不知道把該記錄的事情記錄下來之故，現在史學家的工作，就是要把從前所失去的事情，都補足，所弄錯的事情，都改正。這是何等艱巨的工作？現在史學家的工作，簡言之，是求以往時代的再現。任何一個時代，我們現在對於它的情形，已茫無所知了，我們卻要用種種方法鈎考出這一個時代的社會組織如何，自然環境如何，特殊事件如何，使這一個時代，大畧再現於眼前。完全的再現，自然是不可能，可是總要因此而推求出一個社會進化的公例來，以適用之於他處。如此，所積者多，互相補足，互相矯正，社會進化的途徑，就漸漸明白了，這才是用客觀的方法，從人類社會的本身，鈎求出來的進化的原理原則，和從前的人，貿然把自然界的原理原則等，硬推之於人事界的不同。於是有收集材料的人；有根據他種科學從事解釋的人；有匯集衆人研究所得，觀其會通的人；萬緒千端，隨在都可以自見，承學之士，正可各就其性之所近而致力；而其中大概可分爲通史和專門史兩門。專門史是注重於搜羅某種材料的，通史是注重於觀其會通的。專門之中又有專門，通之上又有通，其層累曲折，難以一言盡，而其性質則不外乎此，這是史學上的一條大路。

　　史學的意義，在科學的立場上講，固然是很爲嚴格的；從應用一方面講，其意義都又極其廣泛。我們現在，再說什麼以史事爲前車之鑒，以古人的行事爲法戒，怕畧知史學的人，都會笑我們見解的陳腐。可是嚴格地依科學方法研究歷史的人少，和歷史有接觸的人多，我們不能禁止不治史學的人和歷史接觸，我們就希望其從歷史上得到些益處。一種學問，可以裨益於人之處，是很廣泛的，所謂開卷有益。仁者見仁，智者見智，其方面原不能限定。在《三國志・呂蒙傳注》裏，曾有這樣一段記載："初權（孫權）謂蒙及蔣欽曰：'卿今并當塗掌事，宜學問以自開益。'蒙曰：'在軍中常苦多務，恐不容復讀書。'權曰：'孤豈欲卿治經爲博士邪？但當令涉獵見往事耳。卿言多務，孰若孤？孤少時歷《詩》、《書》、《禮記》、《左傳》、《國語》，惟不讀《易》。至統事以來，省三史、諸家兵書，自以爲大有所益。如卿二人，意性朗悟，學必得之，寧當不爲乎？宜急讀《孫子》、《六韜》、《左傳》、《國語》及三史。孔子言終日不食，終夜不寢以思，無益，不如學也。光武當兵馬之務，手不釋卷；孟德亦自謂老而好學；卿何獨不勉勖邪？'蒙始就學，篤志不倦。其所覽見，舊儒不勝。後魯肅上代周瑜，遇蒙言議，常嘆受屈。肅拊蒙背曰：'吾謂大弟但知武畧耳，至於今者，學識英博，非復吳下阿蒙。'權常嘆曰：'人長而進益，如呂蒙、蔣欽，蓋不可及也。'"不論在什麼時代，學問之家，總有其所當循的門徑，當守的途轍，此即所謂治學方法，在昔人，不過不如現在科學昌明時代之謹嚴細密而已。必不是隨意領畧，就可以算做正確的，所謂開卷有益者，則全異乎此，不過因此觸悟而已。其所心得，給正式治學問的人聽了，或者竟是一場笑話。然而斷不能說他們未曾因此而得益，此學問之道所以廣大。一個人要想做一番事業，總不免有些艱難困苦。這種艱難困苦，來自社會一方面的，比之來自自然方面的，要加出幾倍。因爲一種是有一定的規律，可以預料的，一種卻不能，然而人能瞭解此種道理的很少。他們看見社會現象的規律，不如自然現象的簡單死板，不因此而悟到其更難應付，卻以爲既然活動，總好商量，存着一種希冀僥幸的心理，其意志便不堅強，思慮便不精密。又人事是容易激動人的感情的，和自然現象無恩無怨的不同。感情一經激動，步伐就更形凌亂，手段就更不適當了。初出茅廬的人，氣吞江海，一受挫折，就頹然不能自振，多半由此。欲救此弊，惟有增加閱歷，從事鍛煉，然人生不過數十寒暑，又所遭的境遇，各有不同，玉汝於成的機會，能夠遇到的人，是很少的。不得已，惟有求之於書籍，見前人所遭的危難，百倍於我，所遭遇的事情的離奇變幻，亦百倍於我，然後知人事之難於應付，乃是當然之理，不期其易，自然不覺其難，本視爲當然，自然無所怨怒，意志就自然堅強，思慮就自然精密了。固然，書本上的話，和事實總還隔着一層；真正的經歷、鍛煉，總還要從事實上來，然而當其入手之初，得以此打定一個底子，總和空無所有的，大不相同。而在經歷鍛煉之中，得史籍以互相證明，亦愈覺其親切而有味，古來建立事功的人，得力於此的，實在不少，這雖非純正的學術的立場，亦不能説不是史學上的一條大路。

這兩條路，一條是對治學的人説的，一條是對治事的人説的。人總不外乎走這兩條路，而史學都是能給你以益處的。讀史本是一件有趣味的事情，我們當入手之初，正不必預存成見，盡可隨意泛濫，到將來，你自然會因性之所近，而走上兩條路中的一條的。

（原載一九四一年《正言報》史地副刊第十三號）

魏晉"科斗文"原於蟲書考

科斗之名,昉見於東漢之季,而魏、晉後人承之。《後漢書·盧植傳》載植上書曰:"古文科斗,近於爲實,而實抑流俗,降在小學。中興以來,通儒達士班固、賈逵、鄭興父子,并敦悦之。"《書序疏》引鄭玄曰:"書初出屋壁,皆周時象形文字,今所謂科斗書。"《家語後序》曰:"天漢後,魯恭王壞夫子故宅,得壁中詩書,悉以歸子國。子國乃考論古今文字,撰衆師之義,爲《古文論語訓》十一篇、《孝經傳》二篇、《尚書傳》五十八篇,皆所得壁中科斗本也。"又曰:"子國孫衍上書曰:'臣祖故臨淮大守安國,仕於孝武皇帝之世。時魯恭王壞孔子故宅,得古文科斗《尚書》、《孝經》、《論語》,世人莫有能言者,安國爲之今文讀而訓傳其義。'"《尚書僞孔傳序》曰:"至魯共王好治宮室,壞孔子舊宅,以廣其居,於壁中得先人所藏古文虞、夏、商、周之書,及傳《論語》、《孝經》,皆科斗文字。王又升孔子堂,聞金石絲竹之音,乃不壞宅,悉以書還孔氏。科斗書廢已久,時人無能知者,以所聞伏生之《書》考論文義,定其可知者,爲隸古定,更以竹簡寫之。"杜預《春秋經傳集解後序》曰"太康元年三月吳寇始平,余自江陵還襄陽,解甲休兵,乃申抒舊意,修成《春秋釋例》及《經傳集解》。始訖,會汲郡汲縣有發其界内舊冢者,大得古書,皆簡編科斗文字。發冢者不以爲意,往往散亂。科斗書久廢,推尋不能盡通。始者藏在秘府,余晚得見之。"《疏》引王隱《晉書·束皙傳》曰:"太康元年,汲郡民盜發魏安釐王冢,得竹書漆,字科斗之文。科斗文者,周時古文也。其字頭粗尾細,似科斗之蟲,故俗名之焉。"今《晉書‧束晳傳》曰:"太康二年,汲郡人不准盜發魏襄王墓,或言安釐王冢,得竹書數十車,漆書,皆科斗字。"《水經‧泗水注》曰:"自秦燒詩書,經典淪缺。漢武帝時,魯恭王壞孔子舊宅,得《尚書》、《春秋》、《論語》、《孝經》。時人已不復知有古文,謂之科斗書。漢世秘之,希有見者。"合觀諸文,可見自東漢至南北朝,皆稱古文字爲科斗。然觀鄭玄、王隱、酈道元之説,則其名明明晚起,且出於流俗也。

俗何以名古文字爲科斗?《書序‧釋文》曰:"科斗,蟲名,蝦蟇子,書形似之。"《正義》曰:"形多頭粗尾細,狀腹團圓,似水蟲之科斗,故曰科斗也。"説皆與王隱合。然則古書筆畫真若此歟?曰:否,時人所見者,乃史書家所作之蟲書也,何以言之?案《漢書‧藝文志》曰:"古者八歲入小學,故《周官》保氏,掌養國子,教之六書,謂象形、象事、象意、象聲、轉注、假借,造字之本也。漢興,蕭何草律,亦著其法,曰:太史試學僮,能諷書九千字以上,乃得爲史。又以六體試之,課最者以爲尚書御史史書令史。吏民上書,字或不正,輒舉劾。六體者,古文、奇字、篆書、隸書、繆篆、蟲書,皆所以通知古今文字,摹印章,書幡信也。"此文爲後人竄改,非其朔。云"亦著其法",亦者,亦上六書,若所試之六體,截然與六書異物,安得云爾?故知"謂象形"云云十八字,必後人竄入也。《説文解字序》曰:"秦書有八體:一曰大篆,二曰小篆,三曰刻符,四曰蟲書,五曰摹印,六曰署書,七曰殳書,八曰隸書。《尉律》:學僮十七以上始試,諷籀九千字,乃得爲史。又以八體試之,郡移大史并課,最者以爲尚書史。書或不正,輒舉劾。"説漢律與《漢志》大同,而六體八體絶異。又曰:"及亡新居攝,使大司空甄豐等校文書之部,自以爲應制作,頗改定古文。時有六書:一曰古文,孔子壁中書也,二曰奇字,即古文而異者也;三曰篆書,即小篆,秦始皇帝使下杜人程邈所作也;四曰左書,即秦隸書;五曰繆篆,所以摹印也;六曰鳥蟲書,所以書幡信也。"與《漢志》六體大同。使《漢志》之説而確,則秦書八體亡新改制，悉成虛語矣，有是理乎？案《漢志》有八體六技。八體，《注》引韋昭即以許《序》秦書八體釋之，六技則無說。竊意篆隸本非異物，大小篆之名，尤至後來始有，《漢志》尚無。故此三體實爲同物。若合三者爲一，則與刻符、蟲書、摹印、署書、殳書，適得六體，此蓋即《周官》所謂六書，自戰國至漢未之有改，《周官》爲六國時書。至亡新乃更制也。事物新舊相嬗，初起時恒無大異，歷久乃截然殊科。別篆隸爲二體，又別大小篆爲二，蓋後來小學家之說，許氏敘之周、漢之間，又改六體爲八體，遂若秦人真有是制而史實爲之淆亂矣。六體之名，《漢志》蓋嘗敘述，而後人以"謂象形"云云十八字易之，古制遂不可見。然小學家雖分別篆隸及大小篆，史書家則仍守其師師相傳之舊，大小篆與隸書，初無二法，故體雖八而技止六，留此一隙之明，以待後人之審訂也。蔡邕《篆勢》曰："體有六，篆爲真。"亦以書體爲六。知此，則科斗書之由來，可以推測矣。《後漢書・宦者蔡倫傳》曰："自古書契，多編以竹簡。其用縑帛者，謂之爲紙。縑貴而簡重，並不便於人。倫乃造意，用樹膚、麻頭及敝布、魚網以爲紙。元興元年，奏上之，帝善其能，自是莫不從用焉。故天下咸稱蔡侯紙"元興爲和帝年號，自光武建武元年至此，已歷八十一年，則蔡侯紙之成，已在東京中葉。"莫不從用"，"天下咸稱"，乃史家之侈辭，其實東漢之世，用者必不能多也。

《後漢書・光武帝紀》建武元年《注》引《漢制度》曰："帝之下書有四：一曰策書，二曰制書，三曰詔書，四曰誡敕。策書者，編簡也。其制長二尺，短者半之。篆書，起年月日，稱皇帝，以命諸侯王。三公以罪免亦賜策，而以隸書，用尺一寸，兩行，惟此爲異也。"《陳蕃傳》：蕃上疏曰："尺一選舉委尚書三公。"《注》，"尺一，謂版長尺一，以寫詔書也。"《漢書・高帝紀》："十年，上曰：'吾以羽檄徵天下兵。'"《注》曰："檄者，以木簡爲書，長尺二寸，用徵召也。其有急事，則加以鳥羽插之，示速疾也。"《魏武奏事》云："今邊有警，輒露檄插羽。"《史記・匈奴列傳》："漢遺單于書牘以尺一寸，中行說令單于遺漢書以尺二寸牘。"

《後漢書・循吏傳》言:"光武以手跡賜方國,皆一札十行,細書成文。"此詔令用簡牘者也。《史記・秦始皇本紀》:"三十五年,侯生、盧生相與謀,言始皇以衡石量書,日夜有呈,不中呈,不得休息。"此即《漢書・刑法志》所謂自程決事,日縣石之一者,其所量必簡牘可知。《滑稽列傳》:"褚先生曰:'東方朔初入長安,至公車上書,凡用三千奏牘,公車令兩人共持舉其書,僅然能勝之。'"説雖荒誕,仍足徵漢人奏事用牘。《漢書・司馬相如傳》:"請爲天子游獵之賦,上令尚書給筆札。"《注》曰:"札,木簡之薄小者也。時未多用紙,故給札以書。"《酷吏郅都傳》:"臨江王欲得刀筆爲書謝上,而都禁吏弗與。"《後漢書・劉隆傳》:"建武十五年,諸郡各遣使奏事,帝見陳留吏牘上有書,視之云:潁川弘農可問,河南南陽不可問。"《三國魏志・張既傳注》引《魏畧》曰:"既爲郡門下小吏,而家富。自惟門寒,念無以自達,乃常畜好刀筆及版奏,伺諸大吏有乏者,輒給與以是見識焉。"此奏對用簡牘者也。《漢書・陳遵傳》:"畧涉書記,贍於文辭。性善書,與人尺牘,主皆臧去以爲榮。"此書問用簡牘者也。《朱博傳》:"召見功曹,閉閣,與筆札,使自記,積受取一錢以上,無得有所匿,欺謾半言,斷頭矣。功曹皇怖,具自疏奸臧,大小不敢隱。博知其對以實,乃令就席受敕,使改而已,投刀使削所記。"又《原陟傳》:"人嘗置酒請陟,陟入里門,客有道陟所知母病避疾在里宅者,陟即往候。叩門,家哭,陟因入弔。問以喪事,家無所有。陟曰:'但潔掃除沐浴待。'陟還至主人,對賓客嘆息曰:'人親卧地不收,陟何心鄉此?願徹去酒食。'賓客争問所當得。陟乃側席而坐,削牘爲疏,具記衣被棺木,下至飯含之物,分付諸客。諸客奔走市買,至日昳皆會。"此尋常疏記皆用簡牘者也。《後漢書・曹褒傳》:"褒撰新禮,寫以二尺四寸簡。"《周磐傳》:"磐令其二子曰:命終之日,編二尺四寸簡,寫《堯典》一篇,并刀筆各一,以置棺前,示不忘聖道。"《吴祐傳》:"父恢爲南海太守,欲殺青簡以寫經書。"《論衡・量知篇》曰:"截竹爲簡,破以爲牒,加筆墨之跡,乃成文字;大者爲經,小者爲傳記。斷木爲槧,枿之爲版,力加刮削,乃成奏牘。"《謝短篇》曰:"二尺四寸,聖人文語。漢事未載於經,名爲尺籍短書,比於小道。"此寫經典用簡牘者也。《後漢書·劉盆子傳》:"臘日,樊崇等設樂大會。盆子正坐殿中,黃門持兵在後,公卿皆列坐殿上。酒未行,其中一人出刀筆書謁欲賀,其餘不知書者起往請之。各各屯聚,更相背向。"《袁紹傳》曰:"韓馥往依張邈,後紹遣使詣邈,有所計議,因其耳語,馥時在坐,謂見圖謀,無何,如厠自殺。"《注》引《九州春秋》曰:"至厠,因以書刀自殺。"則時人刀筆,無不隨身,足見簡牘爲用之廣。縑帛則遠非其比。《續漢書·百官志》:守宮令一人。《本注》曰:"主御紙筆墨及尚書財用諸物及封泥。"《後漢書·和熹鄧皇后紀》曰:"是時方國貢獻,競求珍麗之物,自后即位,悉令禁絕,歲時但供紙墨而已。"《賈逵傳》:"章帝令逵自選《公羊》嚴、顔諸生高才者二十人,教以《左氏》,與簡、紙經傳各一通。"《竇融傳注》引馬融與融玄孫章書曰:"孟陵奴來,賜書,見手跡,歡喜何量?見於面也。書雖兩紙,紙八行,行七字。"蓋惟帝王及貴戚之家,能多得紙。《潛夫論·浮侈篇》,訾巫者刻畫好繒,以書祝辭,則佞神者流,於財物非所顧惜,不可以恒情論也。《後漢書·延篤傳》言:"篤少從唐溪典受《左氏傳》,旬日能諷誦之,典深敬焉。"《注》引《先賢行狀》曰:"篤欲寫《左氏傳》無紙,唐溪典以廢箋記與之,篤以箋記紙不可寫《傳》,乃借本諷之。"《三國吳志·闞澤傳》曰:"家世農夫,至澤好學。居貧無資,常爲人傭書,以供紙筆。所寫既畢,誦讀亦遍。"皆可見紙之難得。《漢書·薛宣傳》曰:"性密靜有思,思省吏職,求其便安,下至財用筆研,皆爲設方略,利用而省費。"合《後漢書·循吏傳》、《劉隆傳》、《三國志·張旣傳》之事觀之,知當時簡牘亦非易得,而縑帛無論矣。張芝家之衣帛,必書而後練之,《四體書勢》。《後漢書·張奐傳注》引王愔《文字志》同。蓋亦以其難得故也。《四體書勢》言:"師宜官甚矜其能,或時不持錢詣酒家飲,因書其壁顧觀者以酬酒,討錢足而滅之。每書,輒削而焚其枿。"據《晉書》本傳。《三國魏志・武帝本紀》建安十三年《注》引作札,下同。梁鵠乃益爲版而飲之酒,候其醉而竊其柎。"然則漢末工書者,所書仍是簡牘也。《後漢書・杜林傳》謂:"林於西州得漆書《古文尚書》一卷,常寶愛之,雖遭艱困,握持不離身。"古簡策言篇,篇之義蓋本於編。《漢書・路溫舒傳》:"父爲里監門,使溫舒牧羊,溫舒取澤中蒲截以爲牒,編用寫書,"可見漢時多用編簡。縑帛言卷,《傳》云一卷,其爲縑帛所寫可知。簡策亦非可握持。林之寶愛,蓋緣其物之難得,而其物之所以難得,則正以其時用縑帛者希故也。六書果如吾説,其中似惟鳥蟲書一種,施諸縑帛。漆性澀滯,縑帛亦不滑易,蘸漆書之,落筆之初,漆則豐盈,至其後半,則漸形不足,遂成頭粗尾細之形。蔡邕《篆勢》云:"或輕筆內投,微本濃末,"可知其時之人作書,一畫之中,用墨自有深淺。《四體書勢》曰:"魏初傳古文者,出於邯鄲淳。恒祖敬侯,覬。寫淳《尚書》,後以示淳,而淳不別。至正始中,立三字石經,轉失淳法,因科斗之名,遂效其形。太康元年,汲縣人盜發魏襄王冢,得策書十餘萬言,案敬侯所書,猶有仿佛。"而《三國志・王粲傳注》引《魏略》,言邯鄲淳善《倉》、《雅》、蟲篆,科斗書即蟲書可知。《書序疏》言:"六書古文與蟲書本別,則蟲書非科斗,"蓋未窮其原委矣。鳥蟲二書,蓋大同而小異。蟲書畫圓,鳥書畫方,畫圓者頭粗尾細則似蟲,畫方者頭粗尾細則如鳥喙,其筆畫形狀不同,其由漆性澀滯,縑帛亦不滑易,以致頭粗尾細則一也。《後漢書・蔡邕傳》言:"靈帝好學,自造《皇羲篇》五十章。因引諸生能爲文賦者。本頗以經學相招。後諸爲尺牘及工書鳥篆者,皆加引召,遂至數十人。侍中祭酒樂松、賈護,多引無行趣勢之徒,并待制鴻都門下。"《酷吏傳》:"陽球奏罷鴻都文學曰:或獻賦一篇,或鳥篆盈簡。"知東京之季,工爲鳥書者,亦不乏其人。特二者相較,鳥書似不如蟲書之盛,故古文之名,遂爲俗所謂科斗者所擅耳。衛覬之技,蓋與邯鄲淳伯仲,然必待汲郡書出案之,而後知其猶有仿佛,其非有真知灼見可知。而魏初言古文者,上溯僅止邯鄲淳,至正始中而復失其法,則所謂科斗書者,實爲史書家相傳之技,又無足疑矣。

書法之成爲藝事，實自東漢以還。西漢稱人善史書，無專指書法者。《漢書·貢禹傳》："禹言當時郡國，擇便巧史書，習於計簿，能欺上府者，以爲右職。"《王尊傳》："少孤貧，歸諸父，使牧羊澤中，尊竊學問，能史書。年十三歲，求爲獄小吏。數歲，給事太守府。問詔書行事，尊無不對。"《嚴延年傳》："尤巧爲獄文，善史書。所欲誅殺，奏成於手中，主簿親近，不得聞知。"所謂史書，皆指文法。《張安世傳》："少以父任爲郎。用善書給事尚書。上行幸河東，嘗亡書三篋，詔問莫能知，惟安世識之，具作其事。後購求得書，以相校，無所遺失。"此正王尊之類。《外戚傳》："孝成許皇后善史書，載其疏辭頗美。"此則嚴延年之類也。《西域傳》："楚主侍者馮嫽能史書，習事，嘗持漢節爲公主使，行賞賜於城郭諸國，敬信之，"敬信之"上，當奪"城郭諸國"或"諸國"字。號曰馮夫人。"亦許后之類也。陳遵尺牘皆見臧去，似耽玩其書法，然《傳》亦言其"贍於文辭"，其爲河南太守，至官，當遣從史西，召善書史十人於前治私書謝京師故人，遵憑几口占書吏，且省官事，書數百封，親疏各有意，則臧去之者，未必非耽玩其文辭也。史稱元帝善史書，亦未嘗非指文法，其委任弘恭、石顯，蓋正由此。至後漢則異於是。《安帝紀》言：帝年十歲，"好學史書。"《和熹鄧皇后紀》曰："六歲能史書。"《順烈梁皇后紀》曰："少善女工，好史書。"童稚之年，安知文法爲何事？其必指書法無疑矣。《齊武王傳》言其孫北海敬王睦"善史書，當世以爲楷則。及寢病，明帝驛馬令作草書尺牘十首。"其指書法尤爲明顯。《四體書勢》上溯善書之家，曹喜、杜度并在章帝之世，亦其一證。文字始於象形，象形文字原於圖畫，推本言之，實爲藝事，其技之寖昌寖盛，原無足怪。然當時好樂文字者，亦非皆限於書法。《後漢書·孝明八王傳》言樂成靖王黨"善史書，喜正文字，"此小學之家也。班固、賈逵、鄭興父子，蓋亦其流。《章帝八王傳》言安帝所生母左姬善史書，喜辭賦，則文學家也。司馬相如作《凡將》，揚雄成《訓纂》，亦夙開其原。而《魏略》言邯鄲淳博學有才章，又善《倉》、《雅》、蟲篆、許氏《字指》，黃初初，作《投壺賦》千餘言奏之，文帝以爲工，賜帛千匹，則實以一身而兼小學、文學、書法三家之長。凡事原遠則流分，史書一家，分爲三派，本無足異。然則小學興於西京末造，正猶書法盛於東京中葉耳。作鳥蟲書者不必親見蒼頡之文，言小學者又豈真有見於孔子、左丘之跡邪？

(原刊《學林》第五輯，一九四一年出版)

國文教學貢疑

某君對我說："現在學校的教授國文，殊不得法，因爲他們既不肯放棄，又不能深入。依我看：不研究舊文學則已，既研究，就要求其深入，多用功，多讀書，否則不如其已，省些功夫下來；用在別種科學上。把現在拘文牽義的見解，一掃而空。行文老實以口語爲主，寫在紙上，就成文字。各人所治的學術不同，所就的職業不同，有些人，是終身得不到舊文學之用的，而似通非通的舊文學，亦決無用處。選讀數十百篇古文，摘講若干章《論語》、《孟子》、若干段《左傳》……其結果還是和不讀一樣，功力真是浪費。"

這一段話，我深表同情。古語雖不如外國語之難學，然因時間相睽隔，學起來，畢竟亦有相當的困難。真通古語的人，必能徑以古語爲其思想之表象，不必要譯成今語。如此，讀古書才能真通；做古典文也才能真通。此其原因，一半由於個性；一半亦由於生活。在科舉時代，讀書的人所讀的全是古文。其結果，大多數人還是不通。所以我們現在，雖不必像歐洲人，於希臘文、羅馬文之外，別造出新的民族文學來，然把現代語和白語分開，把學習古語視爲專門之業，這種道理，是不能不要求大家都瞭解的。若能如此，則現在所謂"寫別字"，"用錯字眼"，"句法不通"，見了極普通的古典成語而不懂，大家以爲笑柄的，根本不成問題。因爲超出乎口語的範圍以外，根本非多數人所該通。如此，所做的文字中，不過攙雜古文的成分減少些而已。其內容的精湛，還是會隨着其學識而進步的。文學的趣味，亦仍能隨口語而發揮盡致，不過見解陳腐的人，看得不太入目而已。世界總是進化的。這是決不該也決不能以少數人的偏見而阻遏的。但教授國文，卻不大容易了。句法、篇法、會說話時早已學得，亦即隨其說話的進步而進步，根本不大要學。只要把現代文字，選好的給他看看，大畧講講，寫出來的文字，只要替他畧爲修整即可。除掉低能的人，決不會做出全然不通的文字來。這正所謂"師逸而功倍"。而如現在的所爲，則不啻"師勤而功半"。所以並非國文難學，只是國文的教學法太陳舊了。

人們意見的陳舊，有些地方，是著實可驚的。如到現在，還要維持毛筆，反對鋼筆，便是其一端。我在戰前，以一元半法幣，買了一枝自來水筆。二十六年十月九日，佩在身上，跑到孤島來，到現在，已近四年了。雖已不成其爲自來水筆，然蘸了墨水仍可寫。這枝筆，我在戰前，已用過相當的時間了。假使能用五年，則每年所費，不過三角，而用毛筆，則在戰前之價，是每月一元，其相去爲四十倍。毛筆誠有其優點及特殊的用途，非鋼筆所能代，然大都是有閑階級才要用才能用的。非毛筆不能作成，或雖作成而不能優美的作品，大多數人，本來無緣享受，此乃眼前鐵一般的事實，豈能否認？以極煩難的手工製品與機器所製之品竟其價廉，以毛和麻與金屬所料的筆頭競其經久，何異夸父逐日？若說："這是優美的，值得保存的，"則現在有這優裕的生活麼？如德國，如蘇聯，甚至現在還在隔岸觀火的美國，豈能放下武器的製造，而從事於製造美術工具呢？況且毛筆寫的字，只是美術品的一種，焉知用別種工具不能造成有同樣價值的美術品？秦以前的古文籀篆，均非毛筆所書，何以後人亦視爲美術品呢？

有人說："讀外國書要通外文，不能靠翻譯，讀中國古書，豈能反靠翻譯？"這是不錯的，但要承認這句話，先得承認古書爲人人所必讀而後可。這本非事實所能，已如前文所述，而亦非事實所必要。以爲必要的人，不過以爲"做人的道理"，"立國的精神"，都在古書裏,所以不可不讀。其實此二者是當受最新的學術指導的。讀古書,我們不能否認其有相當的好處,亦不能否認其有相當的害處。甚至兩者比較起來,中毒的副作用,還較營養分畧多。此理甚長,當別論。

(原刊一九四一年十一月《中美日報》)

《詩經》與民歌

《詩經》，在從前科舉時代，不過因其為五經之一，考試起來是要出題目的，不得不讀，所以大家讀讀而已。他的趣味何在，怕除少數所謂古典主義的文學家外，是不會懂得的。

從前的人，把《詩經》上的詩，看作並不是自述其衷曲的話，而首首都有其政治上的關係，這是最要不得的。這種見解，可以說都是中的《小序》的毒。《詩》分風、雅、頌三體，其中最主要的，自然是風。風是什麼呢？根本不過是婦人孺子，農夫野老脫口而出之作。須知古人有一個喜歡歌唱的習慣。所以說："鄰有喪，舂不相；里有殯，不巷歌；適墓不歌；哭日不歌。"《禮記·曲禮》。可見歌只是家常便飯。而其所歌的句子，都是臨時做出來的，直到漢朝，還有此等風氣。試看《史》、《漢》所載：項羽的"力拔山兮氣蓋世"，漢高祖的"大風起兮雲飛揚"，戚夫人的"子為王，母為虜"，朱虛侯的"深根溉種，立苗欲疏"，漢武帝的"瓠子決兮將奈何"，燕刺王的"歸空城兮狗不吠雞不鳴"，廣陵厲王的"欲久生兮無終"，李陵的"徑萬里兮絕沙幕"等歌，便可見得。漢人如此，三代以前，更不必說了，惟其如此，所以一聽見就知道他是說的什麼，知道他胸中有何抑鬱不平之處。古人說：天子巡守的時候，要"命大師陳詩，以觀民風"。《禮記·王制》。其在平時，則"男年六十，女年五十無子者，官衣食之，使之民間采詩，鄉移於邑，邑移於國，國以聞於天子"。所以"王者不出牖戶，盡知民之所苦；不下堂而知四方"；正因他們所唱的，都是"飢者歌其食，勞者歌其事"的臨時作品啊！《公羊》宣公十五年注。乃自《小序》說起來，則這一首是美某王也，那一首是刺某公也，我不知當時那些婦人孺子，農夫野老，是否會個個人離開他的生活本位，而來管到政治？更不懂這些人何以都能彀懂得政治？

至於雅。太史公說："大雅言王公大人，德逮黎庶；小雅譏小己之得失，其流及上。"《史記·司馬相如傳贊》。這不過是官民互有關係，人民口裏說到官，就可以知道這個官對於人民有什麼影響；人民口裏說到自己，也可以因此而知道其時的官好壞如何。看的人雖然涉及政治，做的人還只就他自己的生活本位，說自己的話，安知他是鑿指的某一人某一事呢？但做《小序》的人，居然能一首首的說得出來，而且鄭玄還能彀用旁行斜上之體，替《詩經》做了一本譜，表明某詩是在某時，某地，爲何事，對何人而作，這不是更可懷疑的麼？

從前的人，此等穿鑿附會之說，現在的人，自然是沒有了。他把傳、箋、小序等，都一掃而空。三家詩中，有少數說得出其本事的，如《柏舟》、《芣苢》之類，也視爲不足信。赤裸裸的，一味據著《詩經》本文推度。這似乎是很可靠的了，因爲一切障翳，都一掃而空了。然而專據本文推度，必須時間相近，環境畧同，才有所施其技。若地之相去也，千有餘里；時之相去也，千有餘歲；則一切環境，彼此大不相同，又安能以意逆志？我小時候所聽民歌，現在還有幾首記得的，試舉兩首爲例：

> 高田水，低田流。伯母叔母當曙上高樓。高樓上，好望江。望見江心渡麗娘。麗娘：頭上金釵十八對，脚下花鞋廿四雙。金漆籠，銀漆箱。青絲帶，藕絲裳。問鴛鴦。團團排一轉，排到癩痢郎。只圖癩痢生得好，不圖癩痢藏珍寶。

> 石榴花，紅簇簇，三個姐兒同牀宿。那個姐兒長？中間姐兒長。留着中間姐兒伴爹娘。伴到爹娘頭髮白，金漆籠，銀漆箱，嫁與山村田舍郎。咸魚臘肉不見面，苦珠蠶豆當乾糧。一封書，上覆娘。一封書，上覆媒婆老花娘。長竹槍，槍槍起，槍脫媒婆

脚蹯底；短竹槍，槍槍出，槍破媒婆背脊骨。

這兩首詩，是一看就知道他的意思的。前一首是金錢的勢力，支配了婚姻，以致把生物界兩性之間自然的選擇作用倒轉來了。第二首則是既傷婚姻的失時，而又受世俗所謂"亂說媒人"之害。誰也不會不懂，誰也不能曲解。試問今之所謂赤裸裸的研究，能如是歟？譬如說"月出皎兮"，明明是一首情詩之類，我不知其是何所見而云然啊！

一定有人要駁我道："你所舉的，乃是民歌中意思極顯豁的兩個例。民歌固然有如此的，但其意思含糊，無從解釋；或者可以這樣解釋，又可以那樣解釋的，正多著呢。"不錯！這是事實。這樣的民歌，我也能舉得出一兩首：

　　丁丁頭，起高樓。高樓上，織絲綢。絲綢織得三丈八，送去哥哥做雙襪。哥哥自有黃金帶，嫂嫂自有縐羅裙。縐羅裙上一對鶴，鶴來鶴去鶴到丈母家。丈母牀上紅綾被，阿姨牀上牡丹花。

　　搖大船，打大鼓，鑼鼓船上客人多，為底弗搭我？

這兩首歌，就是說不出它是什麼意思的。因此，此等歌謠，就祇有從前說詩的人所謂"誦義"，而沒有其所謂"作義"。何謂誦義？誦義是念它的人，把它當作什麼意思的。何謂作義？作義是做它的人，懷著什麼意思去做的。作義祇有個人有意的作品能有，個人無意的作品，就不能有的，何況歌謠，大多數不是個人的作品呢？然則何從據其本文以推度意思呢？以不可知之物，而必謂其可知；以本無意之物，而必謂其有意；今人說詩之法，自謂能一掃前人之謬，其實和前人正犯著同一的毛病。

古人的意思，無論其為誦義、作義。既不可知，若說我們讀了古人的詩，而引起一種感想，則即是我們的誦義，這誠然是足以欣賞的。然而讀了古人的詩，引起自己的感想，亦必時代相近，環境畧同，然後可能。在這種條件下,《詩經》比之唐、宋人的詩如何？所以現在人的崇拜《詩經》,我總不大能理解。

《小序》,我以爲絕不足信,至於三家詩中所說的一小部分詩的本事,我以爲倒是有幾分確實性的,譬如《芣苢》,據魯詩和韓詩説,是宋國人的女兒,嫁給蔡國人,而其夫有天閹之疾,其母勸其改嫁,而其女不肯,"乃作芣苢之詩"。這個固然很難保證其確實,然而古人所説詩的本事,本有兩種,一種是某人爲某一件事,做了一首詩,我們知道這件事,所以把它記述下來,成爲這一首詩的傳。還有一種,乃是我們知道某一個人有某一件事,而替他做了一首詩,如《孔雀東南飛》爲焦仲卿妻作,就是一個好例。我們定要説《芣苢》是宋人之女,嫁爲蔡人之妻者所作,其確實性小,若擴而充之,兼包或人聞宋人之女嫁爲蔡人妻者之事而爲之做一首詩,其確實性就較大了。芣苢就是現在的車前子,據《本草》,其物確生於蔡國附近,然則蔡國一帶,可以有這一件事的傳説,其確實性就更大了。所以古人的傳説,要分別觀之,盲從固非,一筆抹煞,也不是這麼一回事。

一切事物,最美的總是自然的,人工做出來的,無論如何精巧,總不免矯揉造作,有些斧鑿的痕跡,所以論文要以天籟爲貴。天籟是文人學士,窮老盡氣所不能到的,因爲這不是可以用工力的事啊！姑以前舉的四首民歌爲例。"高田水,低田流,伯母叔母當曙上高樓,高樓上,好望江,望見江心渡麗娘",在表面上看起來,只是敘事,然而所適非人之意,已寓乎其中,此即古人之所謂比興。比興之所以可貴,乃因其意在此而言在彼,可以避免直接的過分的刺激,而且能引起豐富的想象。此義原非詩人所不知,後世的論詩,也貴寓言情於寫景,而不貴直率言情,就是爲此。然而文人學士做起來,能如此之自然麼？這就是天籟和人籟之別。"頭上金釵十八對,脚下花鞋廿四雙,金漆籠,銀漆箱,青絲帶,藕絲裳",讀來覺得非常綺麗,然而極其明白易解,絕不要用什麽字眼、古典塗澤,此乃所謂不著色之艷。祇有不著色之艷,濃淡能恰到好處。用字眼、古典塗澤,好的也不免失之太濃,有意求聲希味淡,又不免失之太淡了,這也是人籟不及天籟之處。"問鴛鴦"以下,音節突然短促。凡是短促的音節,總是含有悲憤淒楚之意的。此調用於此處,恰甚適宜,這也是天籟。有一位化學家對我説:"中國文字的程度低極了,萬萬不彀用的。"我問他:"何以見得?"他説:"即以顔色字論。現在的顔色,奚翅數百千種?中國卻祇有青、黄、赤、白、黑等幾十個字,如何彀用呢?"我説:"你怕調查錯了古話了罷?要曉得中國的顔色字,共有幾個,是不能專據字書的,請你到綢緞舖子裏去看看有許多顔色字,單看字書,是不會知道他有顔色的意義的。如妃字湖字即是。"他説:"雖然如此,比外國還少得多。"我説:"這是由於中國的顔色比外國少,不是語言的貧乏。倘使有新的顔色産生,或者輸入,中國人自然會替他造出新名詞來,用不著你著急。"他的意思,到底不很信。從前有一個人,對一位英國的貴婦人説:"倫敦人頭髮的總莖數,一定比世界上的總人數爲多。"貴婦人雖不能駁他,卻總不很相信。這位化學家,也未免有些像這位倫敦的貴婦人了。這些旁文,且不必説它。"藕絲裳"的"藕"字,在古典主義的文學中,就不能用作顔色字。如其用之,那也是參用白話的,決不是嚴格的古典主義文學。遇到此等情形,自然的口頭話,做古典主義文章的人,就不能説;要説,也要遵守許多規律,不能自然地説了;這是天籟、人籟之所由分。第二首中,"咸魚臘肉不見面,苦珠蠶豆當乾糧",咸魚臘肉是兩種實物,苦珠卻無其物,只是用來形容蠶豆的,兩物還只是一物。用文人的格律評論起來,一定要説對得不匀稱了。然而讀起來絶不覺其不匀稱,這亦是天籟的自然之妙。可見得文人學士的格律,有些是自尋窄路的。詩的好處,全在乎怨而不怒。一怒就傖父氣了。"長竹槍,槍槍起,槍脱媒婆脚踵底;短竹槍,槍槍出,槍破媒婆背脊骨";可謂怨毒之於人甚矣哉;然而讀來仍覺其怨而不怒。這是因爲竹槍並不是殺人的凶器,而只是小孩的玩具。用竹槍去刺人,根本只是小孩兒無意識的話,聽來並不使人精神緊張,而反覺得有些滑稽的意味,就不致有累美感了。這也是言語自然之妙。

第三、四首,都是無所指的,可以隨意解釋的。第四首顯而易見,無待辭説。第三首,若用舊時説詩的法子説起來:"丁丁頭,起高樓",我們可以説:喻自處之高潔也。"高樓上,織絲綢",喻靖獻之勤也。"絲綢織得三丈八",而不過"送哥哥做雙襪",卑以自牧也。"哥哥自有黄金帶,嫂嫂自有縐羅裙",送去做襪的絲綢,必不見省録矣。疾君之蔽於親暱,不察疏遠之行也。"縐羅裙上一對鶴,鶴來鶴去鶴到丈母家,丈母牀上紅綾被,阿姨牀上牡丹花",傷君爲近習所蔽,耽於游樂,失其威儀也。如此解釋,固然決非作者的意思,然而在君主時代,行吟澤畔的孤臣,卻不能禁其不作如是想,此即所謂誦義。於此,可以知道《小序》致誤之原。緣古人好談政治,歌謡本不關政治的,念到他們的口裏,都發生出政治上的意義來。一變,就説做詩的人也是如此,把誦義變成了作義。再一變,就把什麽人爲什麽事而作等等,都附會上去了。所以致誤總是逐漸的,非一朝一夕之故。

　　有人説:"你既贊成天籟,天籟是要使用口語的,爲什麽你又不贊成白話詩呢?"殊不知詩是原於歌謡的,歌謡和普通的語言,根本是兩物,不是一物。現在的白話詩,只是語言的調兒嘽緩一些的,根本只是散文,至多有些像賦,決不會發達而成爲詩。把他和民歌比較,就顯然可見。現在的民歌,和二千多年前的樂府,還顯然無甚異同,可見得一個民族,口中歌唱的調兒變革之難。老實説:倘無外來的新物事攪入,怕其變化的速度,要緩慢得出乎想象之外的。幾千年的時間,真算不得什麽。中國人歌唱的調兒,祇有詩到詞是一變(詞之仍原於詩者除外),曲和詞還只是一物。詞的來路,乃是外國音樂的輸入。外國的音樂,其根本,就是外國人所歌唱的調兒。現在外國的音樂,爲中國向所未有的,正在逐漸輸入,新詩體自有產生的可能,不過現在提倡新詩的人所走的,卻不是創造詩體的路。

　　文人學士所做的詩,雖然把天籟失掉了,卻亦有其不可掩之美。其一是精工。這是代表人工美的。恰與天然美對峙。其二是詩境的擴大。即歌謡中所不曾有的意思,未説及的事物,它都有了,這不能不說是技術上的進步。所以文人的功力，也不是白花的。不過話太說得盡了，就覺其意味淺薄，因爲所刺激起的想象少了。雕琢過於精工，亦不免要因此而犧牲眞意。西崑體和江西派的詩，終落第二義；近代人競學宋詩，到底無甚意味，而如何蓮舫，易實甫一類的詩，更其要不得，就是爲此。

雖然如此，歌謠也並不都是好的，盡有庸劣無味的，甚而至於有惡濁的。這是因爲歌是大衆作品，大衆之中，未嘗無鄙夫儈夫之故。於此，知《史記・孔子世家》說古者詩三千餘篇。孔子删取其三百五篇，並無甚可疑之處。古人好舉成數，估計起來，覺得百位還嫌其小，而要進到千位，就說一個千字；以千位計，還覺得其不止一數，就加上含有多數意義的三字，而說三千。民歌本是重重複複的，古詩自然也是如此，所以《史記》也說孔子"去其重"。假使把現在的民歌，統統鈔出來給我看，我也一定要把它删過一番的。至於重複的應該除去，那更無待於言了。所以孔子删詩之說，實無可疑，後人所以懷疑，乃因拘於要向古書中去搜集佚詩，而未一察當前的事實。現在的報紙中，也時時載有民歌，我總覺得好的很少。卻記得清末，大約是丁未、戊申、己酉三年之間，《時報》曾載有各地方的歌謠，好的卻極多。現在《時報》是停刊了，總還有藏著舊報的人，倘能把它鈔集起來，印成一本，倒也是文藝界一件盛事。

（本文寫於一九四一年）

論文史

一

近來劉大杰先生寫信給我，頗嘆息於青年肯留意於文史者太少，這確亦是一個問題。

文學，即舊日所謂辭章之學，講樸學和經世之學的人，本都有些瞧它不起，以為浮華無實。這也不免於一偏，但他們不過不願意盡力於文學而已，對於舊書的文義，是能夠切實瞭解的，現在就很難說了。還記得二十餘年前，章行嚴先生說過一句話：現在的文字，祇要風格兩樣一些，就沒有人能懂得了。這句話，確使人聞之痛心。

所謂風格，直捷些說，就是俗話所謂神氣。我們對於一個人的意思的瞭解，不但是聽他說話，還要領畧他的聲音笑貌等等，文字就是語言的擴大，然這些輔助的條件都沒有了，所以其瞭解要難些。然於文字不能確實瞭解，即不能得作者的真意。所以要瞭解舊書，舊文學不能沒有相當的程度。

對於舊書，喜新的人，或者以為不值得留意。但它畢竟是材料的一部分；比外國的材料，還要親切些，這如何能夠不留意呢？

二

說到本國的材料，比來自外國的要親切一些，就可因文而及於史了。我現在且隨意舉幾個例，如：（一）外國人有肯挺身作證的風氣，所以其定案不一定要用口供，中國就頗難說了。任何罪案，在團體較小，風氣誠樸，又法律即本於習慣之時，罪名的有無輕重，本來可取決於公議。《禮記·王制》篇說："疑獄氾與衆共之"，還是這種制度的一個遺跡。外國大概和這風氣相去還近，所以能有陪審制度，中國又較難說了。舉此兩端，即可見中國研究法學的人，不能但憑外國材料。（二）又如農民，大都缺乏資本，不能無藉於借貸。王安石的青苗法，現在大家都知道其立意之善了，然其辦法不甚合宜，也是不能爲諱的。其最大的病根，即在以州縣主其事。人民與官不親，本金遂借不出去，而官吏又欲以多放爲功，遂至弊竇叢生。現在的農貸，主其事者爲農民銀行，與其人民隔絕，自不致如地方官之甚，然其於地方情形的不熟悉，亦與官吏相去無幾，至少在他初辦時是如此，然亦欲以多放爲功，就有土豪劣紳，蒙蔽銀行，僞組合作社，以低利借進，以高利轉借給農民等的弊竇了。他如現在的游擊隊，固然和從前的團練不同物，然其理亦未嘗無相通之處。又如復員，戰士或者要歸耕，其事亦非今日始有。此等處，本國已往的情形，亦必較外國的材料，更爲親切。大家都知道研究外國學問，不可不先通其語文，如何研究中國材料，對於本國文字，反而不求甚解呢？

三

文字是要經長久使用，然後才會精深的，這是因爲語言和文化，每相伴而發達。金世宗是民族成見最深的人,他不願女真人和中國同化,於是竭力提倡女真文字,以之開科,以之設學。然他深病女真文字,不如中國的精深,曾以此意問其臣下。有一個對道:再多用些時候,自然要精深些。這話亦頗含真理。從前有個學生留學德國,一次有個德國人問他道:你看法文與德文孰難?他說:法文似乎要難些。這個德國人大爲不悦,和他力辯,説德文並不容易,這事見於二十年前《時報》的歐洲通信上。此時語體文初興,這位通訊員説:"現在一班人,還敢以艱深爲中國文字之病麽?"案文字要求通俗易解,亦自有一種道理,這位通訊員的話,也未免於一偏。然要通俗易解是一事,要傳達精深的學術,亦是一事,這位通訊員的話,亦代表一方面的真理。

　　要研究中國學問,必須要看古書,這和要研究外國學問,必須讀其名家專著一樣,單讀些近來人所著的書籍,是無用的。因爲著書者必有其所懸擬的讀者。近人所著的書,非不條理明備,語言朗暢,而且都站在現在的立場上説話,絶無背時之病。然其所懸擬的讀者,大都是普通人,其標準較低,極精深的見解,不知不覺,遂被刪棄。終身讀此等書,遂無由和最大的思想家最高的思想接觸。若昔人所著的書,但求藏之名山,傳之其人者,則多並不求普通人的瞭解,所以其内容雖極駁雜,而精深處自不可掩。這亦是治中國學問者對於本國文字不能不有相當程度的原因。

　　文史本是兩種學問。但在今日研究史學,而欲求材料於中國的舊史,則和文學關係殊深。這原不是史學一門,一切學問,要利用中國的舊材料,都是如此的。但是史部中材料特別多,所以其關係也更密切罷了。

(原刊《知識》第五期,一九四五年出版)

節注《説文》議

《國文月刊》第六十期，載有孫君毓蘋《中等學校增授實用文字學議》，謂學生作字，訛誤日多，隨誤訂正，勞而無功，莫如授以文字之學，所授者不必精深，但以實用爲限可已。其説既洞其本原，而又無拘墟之病，誠學國文者所宜留意也。惜孫君但言其理，而未舉出切實之辦法，予故作爲此篇，冀以就正於當世文學之士，並備有志於自肆者之參證焉。

中國文字，雖所用之單字，並不甚多，孫君云：二十四年教育部公布之注音國字表，最常用字，僅三千五百十六，已足尋常寫作之用。然即此已不易記。各種學問，小時失學，長大皆可補習，惟識字則不易爲力，皆此數千單字，形體各殊爲之累也。故文字之演進，凡單字可省者，必盡力省之。如瞞，平目也，今無此語，其字可廢，然爲魏武帝之小字，吳人著書，有曰《曹瞞傳》者，專名例不改字，如吕、宫一字，律吕、吕尚，皆不可作宫。則瞞字不可廢矣。世乃替欺謾之謾字，以瞞代之，兩字遂省其一。假借之用，其妙如此，然單字之所以可廢者，大較以口中所用，單音之字日少，複音之字日多。今後此等變化，必降而愈甚，則單字之數，或將更減。且如歡娛、謬誤，孰不以心？若言娛者必曰歡娛，曰娛樂，曰娛嬉，而不但言娛；言誤者必曰謬誤，曰差誤，曰舛誤，而不但言誤，則娛誤固同可作悮。然此等變化，必也行之以漸；必語言先變，文字後隨，方不至於淆混。若其變大驟，則必至陵雜無序，此誤字之所由不可不正也。正之之法，隨誤爲之，自苦難於省記，若能知其本原，則可不至有誤，即誤亦易訂正，此孫君之論所以爲知本。凡事致力於本原者，看似迂遠，實則簡易，於文字之學，尤爲易見。昔時治此學者，多不以之訓蒙，教人識字者，又十九不知文字之學，故文字之學，徒爲治古史者所資，而凡人不能皆得其用。不知此學者無論矣，知之而不能使其學有裨於實用，則不能不咎治此學者之拘墟，此又孫君之論所以爲通達也。惟在今日，欲知文字之本原者，仍捨許書莫屬。許書説解，固不盡可信；然讀許書本非字字墨守其説解，特求通知文字之條例耳。求知文字之條理，亦不能墨守許書；然後人討論，率以許書爲本；欲知後人較繁之例，較精之説，必先知其簡者、粗者。抑説之繁、例之精者，或非實用所資；求實用者，但知其簡者、粗者足矣。如是，則研習之初，仍宜以許書爲主。若孫君所舉近人所作之《字辨》等，則不及本原，仍近於逐字訂正，不足用也。治許書者甚多，所以不能引之實用，有裨凡人者，（一）以其不知此書之可節。凡古書多不可節，以其義其事，彼此相關，有用無用，極難辨別也。惟《説文》則不然，無用之字，明明可節，節之則所存者不過三之一，不至以無用之字，即所謂死字者，浪費人之精力矣。又其（二），則在不知供初學用者，當有宜於初學之注，或徑去之，或則所存甚簡，如王筠友之《文字蒙求》，即犯此病。世每誤以卷帙之多寡，分研求之難易，其實聞一知十，惟上哲爲能然，即聞一知二，亦或非中人所及；以少文攝多義，只可爲由博返約之資，或用爲講説依據，必不能供初學觀覽；供初學觀覽者，正宜詳徵博引，説之至明，使無人講解者，讀之亦可十通八九也。鄙意今可就《説文》爲之節注。盡刪其無用之字，雖舉部全刪，亦無所吝。謂部首亦不必存。其字雖有用，而今形體已變易者存之，而注中説明今用何字，如凳今作撑，窅聯今作凹凸是也。今通用之字，爲《説文》所無者，放大徐新附之例，著之各部之末，而用雷浚外編之法，一一明其本原。字之去取，大畧如此，注則宜極詳盡明瞭。六書條例，宜於卷首別爲一篇，先總説之，再於每字之下，隨宜曲暢。於引申假借二端，尤宜加意。凡字義之變化，大抵從引申而來，知此則沿流可以知今，溯源可以知古，於瞭解深，而於運用亦便矣。疑滯大抵由同音通假，形與義不相應而起，知以本字讀之，則渙然冰釋矣。故於《說文》有本字而經典習用借字者，注中必當詳哉言之也。凡文字條例，多於訓詁有關，和對文則別，散文則通，知此例也，則知祥何以兼指災，歌何以并苞謠矣。又如古有隨文訓釋之例，如貪財爲饕，貪食爲饞，乃釋《左氏》者承正文貪於飲食，冒於貨賄而分言之，若在他處，即不必如此。然則《說文》說解，有拘泥字形者，亦是此例，如篤，馬行遲；頗，頭偏之類也。此等皆宜博采，不必備舉。果有如是一書，聰穎者自讀一過，即可粗知字例之凡；魯鈍者得人講解，亦可瞭然於心；此雖不足語於文字之學，然有此粗淺之門徑；他日欲治此學，亦收駕輕就熟之功，即不治此學者，亦可有裨實用，不至摘埴索塗矣。今雖未有此等書，然有志國文者，仍可自習。其法維何？鄙意可取段懋堂《注》王菉友《句讀》對讀一過。凡字之無用者，閱過即閣置之，有用者圈出。其字義窄狹，無甚變化者，亦閱過即算了事。惟於有關引申、假借者，特反覆玩索焉。不過一年或半年，即可卒業，於文字之根柢，亦可粗窺其凡，非如逐末流者之事倍功半也。

　　娛、誤二字，今日讀音不同，而江南仍有同者，語言更甚。甚至虞、吳二字，亦係同音也。自記。

（原刊《讀書通訊》第一四五期，
一九四七年十一月二十五日出版）

論大學國文系散文教學之法

　　散文在從前,是和駢文對舉的,現在則和韻文對舉,如大學國文系課程,有歷代散文選和歷代韻文選是。從文字體制上言之,兩說都可成立,然從學習上說,則散文是語言的基本,不能和駢文或韻文等量齊觀,請言其理。
　　要說明這一個問題,必先畧知語文發達的歷史。大家都知道,文學的發達,韻文是先於散文的。難道我們的說話,在散語之先,先有一個韻語時代麼？這決不然。韻文之先於散文,乃因其時文字寡少,亦且文具缺乏,書寫艱難,所以把要記的話,作成簡短的句子,更加之以協韻,以便諷誦而廣流傳；此乃後世歌訣之類,並非當時的口語。現在通行的歌訣,因其夾雜着文言,所以覺得難解,在古代則不然。試就今語設例以明之,如"餘還缺找"四字,說在口裏,是要說:"請你先付錢若干,用後有餘,我算還你,不够你找給我。"然而寫在紙上,就成爲"餘還缺找"四字了。這種精簡的語句,在當時協韻是並不難的。我們可以說:"先付鈔票,餘還缺找"。也可以說:"先付銅錢,缺找餘還"。又可以說:"款須先給,還餘找缺"。亦可以說:"先付無虞,找缺還餘"。再不協韻,則"餘還缺找"四字,還可以改爲"多退少補"。這在科學或法律文字,是無此便利的,因爲名詞不能隨意更改,在尋常語言中,則無所謂。那自然亦可作"少補多退",又可作"退多補少",亦可作"補少退多"。古代韻部較寬,加以可以雙聲相轉,自不慮其不能達意了。然雖如此,這種精簡的句子,到底不與口語相合,不與口語相合,即不能達意而無遺憾,所以到文字增多,足以代表口中的每一個音,因而能代表口中的每一句話,而文具亦較完備,書寫覺得便利時,我們便照着口中的言語寫下來了。這便是散文時代。所以說文字初興,爲與語言相合,時代愈早,則其相合愈密,是錯誤的。論其實,散文的成長,反在較後起而文學較發達的時代。

　　文字發達到能照口語寫出,則其責任已盡,再有不能達意之處,即應由口語負責,而文字不能負責。同理,文字此後的發達,也就只能追隨着語言,而自己不能單獨發達了。然而天下事總是從簡單到複雜的,一種事物,可以分化爲多種,一個方向,也可以分歧而爲多個。《莊子》説"指窮於爲"即此理,"指"即方向,"爲"同訛,化也。事物變化,原來之方向,即行迷失,不可尋覓。文字雖是語言的代表,然到寫在紙上之後,即又別有其諷誦的調兒,與口語不能盡合。口語乃今所謂説,諷誦則今所謂念。而文字之與語言,遂分歧而爲各別之發達。所以葉聖陶先生"寫話"之説,予頗懷疑。在社會有階級之世,文字是爲少數人所專有的,這少數人,正是所謂有閑階級,往往思借文學以自娛,而其所謂文學者,率不出於雕琢的人工美,漢世貴族之好辭賦者,大抵如此。文字遂由此而生變化。大家都知道,到西漢末年,所謂駢文者,漸漸興起,駢文和散文的區別,究在哪裏呢?我們可以説:(一),其基本的條件,實在語調上,駢文的特徵,是語句的整齊。(一)、無甚長甚短之句,(二)、句多對偶,相對偶之句,長短相等。此其出之於口,即爲音調的嘽緩,嘽緩的音調,和散文變化繁多、忽緩忽急的音調,究竟哪一種美呢?這是隨着各人的好尚,和時代的風氣而有不同的。在西漢末年,則羣以嘽緩爲美,此爲駢文興起的主要原因。同時,駢文還有兩個較次要的條件:即(二),對於辭彙加以選擇,務求其可以引起美感;(三),喜引用故事,並不正式叙述,而只以一兩語包括之,此即所謂用典。其目的,在於使人從簡單的語句中,得到豐富的想象,所以駢文在原則上忌用生事,因爲既不叙述,而用生事,則爲人所不能解,不但無從想象,抑且轉生扞格矣。然則用字亦當以熟爲貴,而漢人辭賦,每多喜用生字者,則以其字在當時實並不生,雖罕見,然與語言相合,正如今人用形聲之法的造新字,亦爲人人所能解也。(二)(三)兩者發達過甚,則又生出文與筆的區別來。文是兼具

(一)(二)(三)三個條件的,筆則僅具第(一)個條件,其於(二)(三)雖亦在所不免,不過受着些影響而已,而究亦還有限制。所以我們可以說:文是專爲有閑階級服務的,筆則仍係爲大衆服務,不過受着些文之累罷了。然即此一端,已足貽筆以巨創,而使其爲大衆服務不能周到,因爲文字的適用與否,就是看其和語言的離合,而文字和語言的離合,其主要的條件,就在於語調的異同,而所用的辭彙等,倒在其次。南北朝時代,雖有筆與文并行,然其時之人,仍囂然謂文字不切實用,而欲圖改革,至末期尤甚,即由於此。

改革之道,似極容易,文字的不適用,既由於與語言分離,則改革之方,自不外使之復合,然則仍照口語寫下來好了。所以以理言之,此時語體文應大發達,然而事實卻大不然,駢文既敝,繼之而興的是古文,倒把紙上的文字,拉回到比駢文更早的時代去了。這又是什麼理由呢?須知天下無奇事,因而亦無不合理的事,以爲不合理,不可解,只是我們知識的淺短罷了。所以所謂順世外道者,雖爲佛教徒所詆斥,在哲學上,實應有其相當的地位的。閑話休提,言歸正傳,駢文敝而所謂古文者代之而起,到底是什麼理由呢?

語言貴乎統一,文字既係語言的代表,自亦以統一爲貴,這是無待於言的。中國在古代,就是一個多民族的國家,自該有多種不同的語言,然而許多小民族的語言,都因其和漢語同化而融合了,所以在很早的時代,所謂語言統一與否,就是一個漢的語言統一與否的問題。漢族的語言,原始本係一種,只因居地的睽隔而漸次分歧,所以其情形早和現在一樣,即(一),語法統一無問題。(二),所用的辭彙則因地而有不同。觀《方言》可知。(三),而尤爲統一的障礙的,則是語言的歧異。當其彼此隔絕之時,統一與否的問題自無從而生,及其交通便利,往返頻繁,這問題就隨之而起了。當此之時,當務之急,自爲於各種語言之中,擇定其一,作爲標準,此即所謂雅言。雅即夏,當時語音,以楚夏爲兩大別,而以夏爲正,亦猶今日之以北方話爲標準,蓋北方地形平坦,交通便利,其語言之通行本較廣,故其勢力亦較大也。在歷史上,我們所能考見第一次對此運動而作努力的，即爲秦始皇併天下後的書同文字。這只是我們所能考見的第一次而已。此事從前論者，都以爲是劃一字形，其實不然。在當時，字體怕實無多大異同。自秦至後漢，文字亡佚的，不會很多，秦時當本用小篆，所有異文，亦不過如今《説文》中所有之古、籀而已。秦人所欲統一者，怕反在所用的辭彙上，次則某一字形代表某一字音，如助字之類。如焉亦可作安，也亦可作邪。而文字的寫法，倒是無甚關係的。法令的力量，本來是有限的。何況秦有天下只十五年。所以我們可以設想，此舉並未收到什麼效果。但這本是一種社會的要求，並非政府之事。政府之爲此，倒是受社會的影響。所以其時公衆的努力，還是繼續不斷。《史記·五帝本紀》贊説：" 百家言黃帝，其文不雅馴，薦紳先生難言之。"此所謂雅，即雅言之雅，馴即熟，即習見，不雅即不熟，而爲薦紳先生所不解，可見其時著書者，都努力於使用雅言。到漢武帝時，文化的運動，又達到高潮，於是政府又代表人民的此項要求而努力。公孫弘請爲博士置弟子之奏説："詔書律令下者，文章爾雅，訓辭深厚，小吏淺聞，不能究宣其意，無以明布諭下。"此即謂當時詔令，接近雅言，而小吏則只通方俗之語，譬如今政府法令多用普通話，而下級幹部，卻只懂得蘇白和粵白，那就自己對於法令，尚難瞭解，更無論加以宣傳了。救正之法，自祇有使僅通方俗語者，進而能解普通話，此在當時，實爲一種國語運動。國語運動在今日，須變文言爲語體，在當時，則因言語與文辭，極爲接近。凡文辭之近於語體者，必冗漫。先秦至西漢之世則然。此等文字，多已爲鈔錄者所刪節，其原文不可得見。如《漢書》襲《史記》處，文字率較《史記》爲簡，論文者多謂班孟堅有意爲之，其實不然，古人著書，用舊文處，均以直錄爲原則，《陳勝傳》之"至今血食"等有關事實之處尚不改，豈有刪節其虛字之理？《漢書》之較《史記》爲簡，乃因其通行較《史記》爲廣，經鈔錄之次數多也。然以今《史記》與《史通·點煩篇》所引《史記》原文較之，則《史通》所引，冗漫更甚，可見《史記》自唐以後，鈔錄者又有刪節矣。所以不發生簡策和唇吻同異的問題，而祇有簡策上使用方俗語與使用普通語的問題。既如此，自不必更編雅言教本，只要把用雅言所寫的書，作爲大家誦習之具便了。此公孫弘所以請選用"能通一藝已上"者爲官，且請"先用誦多者"。這種辦法，在一時雖不至使語文分離，然

（一）雅言所著的書，究不易與口語盡合，（二）語言又時有變遷，文字本不易追上，況乎當時所指定作爲語文標準的書籍，經一次指定之後，又從未變更，於是積之久，語、文就漸漸分離了。我們生當語體文既已盛行之世，要實行葉聖陶先生所謂"寫話"，似乎並不甚難，其實這件事是並不簡單的。我們可試試，不用現在通行的語體寫作，而要純粹用土語寫成一篇文字，就可見得其艱難的情形了。所以駢文既弊之後，欲圖改革，仍祇有求之於紙上，而古文運動，就因之而興起了。

　　古文運動，並非專寫古話，在其初興之時，確曾有此趨勢，如蘇綽之擬《大誥》便是，這是因改革之法，專求之於紙上，所以有此偏差，然不久，此路即不通了。代之而興的，乃爲至韓愈而大成，至宋代而盛行的所謂古文之法。此法於俗語、俗字，不能不用的，亦無不加以使用。如官名、地名，必依現行的，便是其一例。且有雖係俗義，但用之無傷於統一，亦即加以使用的。如僅字，我們現在使用之法，是意以爲少，唐人使用之法，則意以爲多。僅字的意義，乃接近某數，如九百數十、近乎千，九千數百、近乎萬是。此乃客觀之事實，其或以爲多，或以爲少，則爲我們主觀的觀念。我們可以説：地方經兵燹之後，現在還不過近千户而已。也可以説：地方經兵燹之後，現在已近千户了。前者是現在的用法，後者是唐人的用法。我們所使用的，實在是古義，然如韓愈《張中丞傳後序》之"城中僅萬人"，所使用的亦是唐時俗義，便是其一例。所以所謂古文，並非是專説古話，而是用古人説話之法，即駢文未興起以前，古人説話之法。以説今話，不過其所用辭彙及語法中，古語之成分甚多，而其説話的機杼，篇法多本於此。亦因其人學習此種語言，仍係以最古之書作教本，不期然而然與古人接近，而於當時的語言，有多少違異而已。然即此一端，亦使其爲大衆服務，有不能周到之處，而今日語體文的泉源，仍伏流於其間。

　　當古文興起之時，儻使就能有一種語體文興起，古文原是不必要的，無如語體文一時不能長成，古文就只得代之而興了。語體文之不能長成，其理由，與我們現在不能用土語寫作同，即有許多字寫不出來,尤其是虛字,儻使勉強寫出來,勢必無人能懂。所以古人文字,盡有其機杼和現在的語體文極相近的,然其虛字都改成文言,又有許多不通行的辭彙,亦都改爲通行的。此亦如我們的改方俗話爲普通話罷了。今試引《舊五代史·趙延壽傳》的一節以爲例:

及契丹入汴,時降軍數萬,皆野次於陳橋。契丹主慮有變,欲盡殺之。延壽聞之,遽請見契丹主,曰:臣伏見今日已前,皇帝百戰千征,始收得晉國,不知皇帝自要治之乎?爲他人取乎?契丹主變色,曰:爾何言之過也。朕以晉人負義,舉國南征,五年相殺,方得中原,豈不自要爲主,而爲他人邪?卿有何説,速奏朕來。延壽曰:皇帝嘗知吳、蜀與晉朝相殺否?曰:知。延壽曰:今中原南自安、申,西及秦、鳳,沿邊數千里,并是兩界守戍之所,將來皇帝歸國,時又漸及炎蒸,若吳、蜀二寇,交侵中國,未知許大世界,教甚兵馬禦捍?苟失隄防,豈非爲他人取也?契丹主曰:我弗知也,爲之奈何?延壽曰:臣知上國之兵,當炎暑之時,沿吳、蜀之境,難爲用也。未若以陳橋所聚降軍,併別作軍額,以備邊防。契丹主曰:念在壼關失斷,陽城時亦曾言議,未獲區分,致五年相殺,此時入手,如何更不翦除?延壽曰:晉軍見在之數,如今還似從前,盡在河南,誠爲不可。臣請遷其軍,并其家口於鎮、定、雲、朔間以處之,每歲差伊分番,於河外沿邊防戍。契丹主忻然曰:一取大王商量,由是陳橋之衆,獲免長平之禍焉。

此節文字,但將其虛字改易,即儼然是一篇語體文。現在家弦户誦的《三國演義》,有些地方,實並不較此爲通俗。此等文字,在古書中實不勝枚舉,這不過舉其一例而已。所以有些人以爲語體文未興以前,社會上所通行的,全是深奧謹嚴的古文,爲普通人所不能解,因而使大多數人都成爲文盲,實在是不合事實的。事實上,語體文未興以前,社會上所通行的,亦不過與語體文極爲接近的淺近文言而已,實並不十分難解。但即此一層障壁,亦使語言的神氣,不能盡量表現到紙上,而文字之爲大衆服務,終有遺憾。

要使文字爲大衆服務完全周到,非把口中的言語,一一都寫出來不可,這是一件極艱難的事。其所以然,實因口中的言語,向未到過紙上,要揀一個字寫出來,使人人共喩極難。_{無論新造或借用舊字。}古人在此中,亦曾摸索著作龜步的前進。(一)於俗語之決不能翻成文言的,即經用俗語,其在名詞,則如《史記》之"夥頤",《晉書》之"寧馨兒"、"阿堵物",其在虛字,則如《後漢書・逸民傳》之"公是韓伯高那"。此語今猶存於吾鄉,那字讀如 NO,只須將公字改作你字而已。然此等爲數不多,故不能使語體文長成。(二)更進一步,則爲禪家的語錄,而宋儒沿之,把許多口中所有而向未到過紙上的字,寫了出來。然因其物僅爲少數人所使用,仍不能使語體文長成。_{看語錄之興起,便知照口語記錄下來,古人早自有此習慣,不過因其物不能共喩,所以到發表出來時,都改爲文言罷了。}(三)語體文的長成和平話的風行,大有關係,此時口中之言語,多未曾寫出,即等於未曾造字,才把許多從未到過紙上的口語,一一寫到紙上來,尤其是虛字。因此說話的神氣,才能活現出來,而具有文學意味;因其具有文學意味,才能爲大衆所愛好,風行全國,使其成爲大衆用語。於此,可知凡事皆在使用中成長,豫先制定了一套,由一定的機關頒行,使大家遵用,是沒有這回事的。

在古文未興起以前,較高等的實用文字,是靠筆的,及古文興起以後,乃逐漸爲古文及淺近文言的混合物所代替,此即近代的公文。_{公文以外普通的應用文字,亦都係如此。}至此,筆已無所用之,而其形質既成,一時不易消滅,則轉而走向文的路上,此即所謂四六。四六之異於文者,文多以四字成句,四六則四字六字相間,此爲其所保存利於實用之特色,_{便於宣讀。}其餘則與文無異。至此,則可說筆已消亡,而其某一特色,被吸收於文之中,而使文又生一分化。

總括以前之所述,我們可以作一總結:

(一)文之初興,是與語言不相符合的,此即所謂韻文時代,但其時著之簡策的,雖與語言不合,卻仍爲大衆所能解,所以不生言、文分離的問題。

（二）文字依照語言寫出,此即所謂散文時代。

（三）散文時代之初,文字雖與口語相合,及其稍久,則諷誦與說述之腔調漸分,於是語、文可以各別發達,而不合乎語言的駢文發生（包括文筆）。

（四）駢文既興,文乃不切實用,欲謀改良,只能在文字上求之,而文字向來以古爲標準,於是古文運動發生。

（五）前一時期,以古書即所謂爾雅之文爲標準,因其與口語極相近,故不生言、文分離的問題。此時之所謂古文,則與口語相去已遠,故古文之興,只能救紙上的語言不切實用之弊,而不能使大衆的語言,悉表現於紙上,於語言爲大衆服務的責任,仍有遺憾；語體文的長成,仍有其必要,且亦在不斷的進行,但其前進甚緩,直至近代,借助於文學之力,而後大成。

歷史既明,我們即可進而談及研究的方法。

於此,我們得首先承認的,即分化爲進化必至之勢,而凡事愈分化則愈複雜,愈複雜則學習愈難,我們不能以此爲國文之病。這在學習上,固然是一個包袱,然包袱有可拋棄的,有不能拋棄的,不能拋棄的,必須努力背起,乃能得到利益,不能見包袱即厭棄。須知各種語言文字,對於學習它的人所給與的利益,是有深淺的不同的,並非一律。從前金世宗極熱心於保存女真文化,他替女真人特設科舉,使其以女真文字應試。有一天,他向他的臣下道：用女真文所作的文字,總不如漢文的精深,此事如之何？被問的人回答道：這須經過長時間的使用,內容乃能漸次加深。金世宗這一問,很有意思,而其臣下的回答,亦是很有見地的。各種語言文字的深淺,很不容易比較。或者竟無法比較,因爲没有對於兩種文字均能深通,而又不偏不倚的人。但亦有一簡單測定之法,即（一）使用之人數愈多,（二）流行的地區愈廣,（三）經歷的時間愈久,則其內容愈精深。如以此爲標準,則我國之文字,應可稱世界第一,至少亦不落人後。須知在文字的進化上,我國和歐洲,是走了不同的路綫的,歐洲之有希臘、拉丁文,亦如中國古代之有雅言,但在歐洲,希臘、拉丁文都不能吸收各民族語文的精華,使之自同於己,遂分裂而爲近代各國的語文。在中國,則各地方的語文,雖有差殊,而都以雅言爲標準,對之發生向心運動。因此,在空間上,能夠漸臻統一,在時間上,則因其以古爲標準之故,雖使言文漸次分離,學習稍覺困難,然亦因此之故,能節制語文的變遷,使其速度不至過大,因之花很少的時間,即能讀二三千年前的書籍,此種利益,亦是別國人所不易得到的。凡事總須觀其會通,不能挾輕躁之見,輕率地在一個簡單標準之下,即行論定其是非。

所以文言之在今日,凡受教育年限稍長,程度又能稍達於高深的人,即仍有加以肄習的必要。其理由:(一)所謂文言,係社會上一種較高的言語,並非古文。孟子和莊子,總可認爲同時代的人,然我們現在看起來,《孟子》之文,卻遠較《莊子》之文爲易解。難道作《莊子》的人使用較《孟子》爲古的語言麼?這決不然。兩者之難易不同,蓋因《孟子》之文,爲雅言所攝取者較多,遂成爲通行之高等語,《莊子》則有一部分未被攝取,遂成爲冷僻語或死語了。所謂馴與不馴,正是如此。一切時代較近的文字,轉較較遠者爲難通,其理亦無不如此。(二)這種比較高等的語言,在今日,固然一大部分只存於紙上而不存於口中,然欲攝取之使其入於口中,完全是可能的,而且已經被攝取了。試看文化程度較高的人,口中無不雜有文言可知。所以文白夾雜,實在是使口語的內容更加精深豐富,正應歡迎,不應列爲禁忌。(三)從學習上説,如有較長的時間,能劃出一部分時間來學習文言,實爲必要而又有益之舉。凡語言內容之精深,及其學習之困難,主要的原因,即在於其辭彙之多。吾鄉孟心史先生,曾於年過五十之後,試行學習英文,他初以爲中國常用之字,不過數千,英文亦不能遠逾於此,自揣力能記憶。及其既學之後,乃覺其辭彙之須記憶者無窮,實爲力所不及,而非能多記,則其程度又不足以語於高深,乃廢然而返。此事很可說明學國文者所以自上而下則易,自下而上則難之理。因為一切辭彙,都有其根源。如觀察、觀覽、觀看、觀望,都是一個辭彙,而"觀"字、"察"字、"覽"字、"看"字、"望"字,則為此諸辭彙之根。辭彙之為數無窮,而其根則有限,能懂得數百千辭彙之根,即於蕃變不窮、滋生無已的辭彙,無不可解。若要就一個一個辭彙去分別瞭解,那就不勝其煩了。自甲午至今,幾六十年,因為文化的動蕩,新名詞之湧現者何限,中國人從未以不能瞭解為苦,卻有一個德國人問康有為道:"我讀了幾十年中國書,為什麼讀近來的書報,有許多不能瞭解呢?"此無他,中國人的讀中國書,在從前,都是自上而下的,即不研究小學的人,於一個字的根源,亦習熟而能解,外國人的讀中國書,卻是一個個辭彙去瞭解的,所以總不免有些隔膜,而遇見一個較大的變遷,就覺得無所措手足了。此為能通文言文者,語體文的程度,可以加深,而且總算起來,學習時間,反覺經濟的最重要的理由,其他句法及篇法等,可以類推,不煩覼縷。中國現在的文字,學習起來很困難,我是承認的。但教育須求其普及,亦要望其提高。在目前的情勢之下,固宜側重於普及,然至將來,生活程度增高,受教育的年限,可以加長,教育的方法,亦因環境的變動而可以改良時,國人之於國文,實有更求深造之必要。即在目前,一部分人對於文言的肆習,亦仍覺有其必要的。

說到此,我們即可進而具體地談到研究的方法。

我們重要的觀念,即為凡事須尋求其根本,而作重點的學習,不能把根本與枝葉并列,而將學習的工夫,分散到各方面去,今試依次加以說明如下:

(一)駢文乃係為少數人服務的,說已見前。至於韻文,則歌訣之體,久已式微,盛行於後世的,當以詩為主,而包括詞曲。《詩序》說:"言之不足,故長言之,長言之不足,故嗟嘆之,嗟嘆之不足,故咏歌之。"咏歌之即詩,長言之則為他種韻文,如賦之類,今之新詩,亦屬長言性質,與古之賦為同類,而與詩不同物。此原於古代的歌謠,而後來兼採他國之樂曲,加以變化。所以散文是質實的話,駢文是加以修飾的話,而韻文之重要部分,則爲唱歌。人不會説修飾的話,或不會唱歌,是無甚妨礙的,不會説質實的話,就一步不可行了。昔時長於散文的人,不必長於駢儷、詩賦,理即如此。且亦決無不會説質實的話,而反會説修飾的話或唱歌之理。所以散文是語言的基本部分,不能和駢文或韻文平列。

（二）散文之中,又自有其學習的重點,文字中的一種體制,必借文學之力,乃能推行,不能專靠實用方面,觀語體文之借平話而長成。便可明白。語體文如是,文言亦然。故學習文言,必採取有文學性質的作品,以爲材料。

（三）文言之中,哪些具有文學性質,哪些没有呢？這不能以其所説的事物,即文字的内容爲衡,而當以其説話的性質爲斷。雖然有文學趣味的作品,内容亦不能無價值,然決非内容有價值,其作品即有文學價值。

（四）文字的文學價值,於何定之呢？其最重要的條件爲神氣。神氣二字,似乎空洞,然但知分析字法、句法、篇法以求之,而不能領會其神氣,則必致走入歧途。因爲文學是活物。正如説話然,會説話的人,固然字句都有斟酌,次序亦排列得極好,然決非單是如此,話就可以算説得好的,我們要學,必須體會其於此之外,更包括着姿勢、聲調、心理狀態等種種條件的一個總相,此即所謂神氣。説話到神氣能好時,其餘的條件,自然無有不好。所以要學習説話的人,只須在此點上注意,而文字亦然。

（五）古來著名的文人,即所謂名大家,就是文字的神氣特別好的人。神氣亦有多種,如雄壯、沈静、閑適等等。概括言之,則以姚姬傳陽剛陰柔之美之分類爲最善。所謂名大家,必擅長其一。名大家又畧有區別,大概名家祇有一種長處,最爲顯著,大家則可以多包括幾種。而有其獨到之處,遂成爲學習的重心。

（六）許多學習的人,環繞着一個被學習的人。學者若於被學習的人能够瞭解,則其餘學習他的人,自可不煩言而解,若就學習他人的人去用力，就事倍功半了。

（七）所以國文科的教材，和別一科不同。別一科的教材，務求其新，國文科的教材，則非至文學界發生大變動時，此等大變動，多係積漸而至，而非出於一朝，如《左》、《國》、《史》、《漢》的文字，現在還有人模仿，模仿《書經》的就少了，唐、宋詩都有人學，漢賦則學者極少，此乃事勢之自然，非可強爲，故竭力排斥某種文字者，亦爲不達。不能移易。職是故，把看來還好的文字，一概拉來，作爲教材，乃是不適當的事。不但文言如此，語體亦然。《水滸傳》《紅樓夢》《儒林外史》若用爲學習的重心，必較雜取多種語體文者爲有益。

（八）因此，學習國文，固不能各種文體并列，如駢文、韻文與散文并列；即學習某一體的文字，如散文，亦不能諸家平列，看得一樣輕重。

（九）觀此，則知近數十年來的學校教育，他科尚可，惟國文一科，則走了錯誤之路。昔時的誦讀"四書"、"五經"，固有其不適當之處，然以肄習國文論，所致力的，尚係根本部分。近來的學校，則將各體文字平列，每一體之中，又將諸家平列，意欲使學者先作一鳥瞰，再行自擇所宜，實則不知本源者，於枝流都難瞭解，遂至在鳥瞰之中，一無所得，除天分極高的人外，終身隔膜，不得其門而入。

（十）近來學習國文的錯誤，其真諦如此。所以我建議：在大學的國文系中，加重散文的課程，其所研究不當隨意擷取，而仍當以歷來家弦戶誦之文字爲主。因爲(1)自文學上言之，經過長時間多數人之評定者，自有一種公道，與一時推重，徒囿於風氣者不同。(2)就語言論之，此等家弦戶誦的文字，被採取爲高等語之成分者必較多。

（十一）學習的順序，自上而下，固然最好。因爲後一期的文字，根源都在前一期中，沿流而下，更易瞭解。然青年的學習，與孩稚又有不同。孩稚是一無所知的，死念而已。青年則必求瞭解。質樸的先秦古書，不易引起興趣，似應從唐宋時的散文入手，再上溯先秦、兩漢。

（十二）於此中尋求重點，鄙意宜(1)先蘇，以大蘇爲主。(2)次歐、曾。歐曾風格亦不同,今姑定爲同一階段。(3) 次王,(4) 次韓、柳。然後上溯到西漢,以(1) 賈、晁,(2) 董,(3) 司馬,子長(4) 匡、劉爲重心,(5) 而下及於《漢書》。然後上溯到先秦,取其平易易解者,加以肄習,其深奧難解者則置之。因爲這一部分,未爲高等語所採取,已成爲冷僻語或死語了。

（十三）此項肄習,其所佔的時間,較之現在大學中肄習散文的時間,至少要加重三四倍,時間不足,不妨損他科以益之,因爲這是國文的基本部分,於此致力,獲益必多,根柢既立,其他部分,自然相説以解了。

（十四）我並建議：大學中國文一系,再宜分科。現行大學課程的目的,國文系係培養(1) 文藝工作,(2) 編輯、記者幹部,(3) 中學國文教員。除文藝工作,舊根柢不妨較淺外,編輯、記者所涉及的範圍太廣,中學即不教文言,而文言與語體,並無判然的界限,相關涉處極多,不能不知其根源,所以舊文學都該有相當的深度,此等均宜別定課程。四年的期限,或者不夠,此乃由我國的語文,爲多數人在長時間、大地域中所使用,內容特別豐富,所以如此;此正足以爲榮,而不應以爲愧,足以自豪,而不應以爲病。我們於有益的包袱,必須努力背起,不能生厭棄之心。於鄭重的包袱,更須格外努力背起,不宜以輕心掉之。

（十五）或謂舊文字中,含有封建思想之毒素甚多,勤加肄習,將不免爲思想之累,此乃不必要的顧慮。人的接受教訓,不必都在正面,示以封建時代背謬之思想,安知不更堅其反抗之心？若慮其貽害而盡去之,則舊時豈有超時代的思想？豈復有可讀之書。

此篇爲予在光華大學所講。予棄文事已久,因近來該校國文系主任辭職,偶爾庖代。此篇所講,自知錯誤必多,惟錯誤之説,其足以引起研究,與正確之説,初無以異,庸敢率爾發表,以就正於有道,儻蒙指其疵謬,曷勝感幸。一九五一年十月十九日呂思勉自記。

論文字之改革

文字改革之議，由來舊矣。其故有三：中國字非由拼音造成，睹其形不能知其音，一也。筆畫繁多，不便書寫，二也。方言不同，讀音歧異，此本與文字無涉，然中國語文之不統一，實以此端，關係最大，_{語法全國畫一。稱名雖有異同，不爲泰甚。}故論文字改革者，亦以此爲亟務焉，三也。外人來傳教者，或以拉丁字母拼中國土語，教不識字之中國人。其後中國人亦有欲造拼音字母，以注漢字之音者。如王照、勞乃宣是也。民國成立，政府始從事於此。二年，教育部召開讀音統一會，制定注音字母，於七年公布之。二十二年，以僅用以注音，改稱注音符號。二十四年，擇常用之字六千七百八十八，於其旁皆注音符，製成銅模，時曰注音漢字。然亦有謂國語宜用拉丁字母拼寫者，政府於十二年設委員會爲之，至十五年而成，十七年，由大學院公布。其拼法仍用四聲，書寫較難。十八年，蘇聯多拉格拉夫教授別擬一拼音法，合中國學者數人，在列寧格勒學士院之東方研究所研究，制定字母二十八。二十年九月，召開會議於海參崴，通過之。中國字拉丁化之説，由兹而起。其拼法不拘四聲，較爲簡易，頗有試用之者。二十七年四月，國民黨中央宣傳部嘗禁之，謂其不以北京音爲標準，破壞統一國語焉。先三年，二十四年，選通行簡畫之字三百，稱之曰"手頭字"，製成鉛字，以便印刷。且於小學及民衆學校課本强制用之，云此爲第一期，後當逐漸增加也。然及其明年，即令暫緩推行焉。中華人民共和國於千九百五十二年，設中國文字改革研究委員會。越二年，會名去"研究"兩字。千九百五十五年，一月，發表《漢字簡化方案草案》。國務院設委員會審訂。可其修正方案。十月，開全國文字改革會議，予以通過。凡簡化字五百十九，偏旁五十有四。又通過以北京音爲標準之語爲普通語，亦即漢民族共同語。明年，一月二十八日，《簡化漢字方案》由國務院公布。推行第一表之字凡二百三十。二月九日，文字改革委員會發表《漢語拼音方案》，用拉丁字母加以補充，所補充者，仍以拉丁字母代用。送請國務院公布，國務院亦設委員會審訂，今尚在審訂中。

自《簡化漢字方案》公布以前，人民於文字改革，鮮或措意，以其事實未嘗行也。至《簡化漢字方案》出，各印刷所於其所推行之字，皆以新易舊，人民始覺所見有異，而議論始多。懷反對之見者頗不乏。此非必人民難與慮始，實亦有其當商榷者在焉。

主簡化者，深厭漢字筆畫之繁，故欲力求手寫與印刷兩體之合一，而不知兩者永無合一之時也。蓋手寫之體，本求自喻，或則但以喻極少數人，其爲簡初無底止。舊簡體變爲通行之字，新簡體必又隨之而生，與相追逐，永無已時。簡筆字本不必人人皆識。當推行手頭字時，予即爲文諍之，題曰《反對推行手頭字，提倡制定草書》。刊載《江蘇教育》第四卷第四期中。有云，"擬推行之三百字，予即有不識者"，今之簡字亦然也。故聽其自然，則一人所識簡字較少。定爲通行之字，取舊字而代之，則非識不可，而舊字又不能廢。見下。則所應識之字反多矣。國民政府推行手頭字時，曾云：昔名人亦多用之。舉《昭代名人尺牘》所載黃宗羲手札，國學保存會所影印之江永《音學辨微》手稿，《昭代經師手簡》所影印之孔廣森致王念孫《論古韻書》爲證。不以之代舊字，而手寫時視所示之人而用之，簡體字本昔人所不棄也。然即將一切簡字，羅而致之，仍遠較所欲簡者爲少，通行之字，有迄無簡體者。乃不得不造新字，或強取舊字以爲代。新造之字如陰陽等，甚屬無謂。強取舊字相代，更爲不安。如以吁代籲，即不論文言長吁短嘆，亦白話中所常用，豈能禁其不用邪？若禁使不用，則是強減語彙，乃使文字退化之舉。

或以簡體字爲易識，此亦不然。除識字極少之人，皆知字以偏旁合成，無畫畫而識之者也。

其尤不可通者，乃爲將諸同音之字删併，僅存其一。此乃強將文字孳乳之途截斷，而大擴其同音假借之範圍，殊不知音同而形義異之字之所以多，皆迫於應分別之用而起。若其反古復始，則同衍一聲之字，皆可廢之，而僅存一聲旁矣，有是理乎？漢語單音，北京人所能發者，僅四百十有一。使同音者皆作一形，將較從前文理不通之人所寫全是借音字者，分別更少，尚有何人能解？凡作文字，程度愈高之人，所用借字愈多。如芯、菓二字，通人決無作之者，芙蓉且可作夫容是也。程度低者適相反，以其借字形以分別者多也。今而去之，是非扶翼受教育淺之人而苦難之也。若云：將來用拼音字，僅憑其聲，故以此爲之開路。則此乃拼音字所以難行之故，提倡拼音字者，當善籌補救之法，豈可束手無策，反破壞舊文字之已有補救之法者以就之？凡文字，皆由大衆所造，經長期之試用，而後通行，故其創造不能甚速。非徒新作一形者如是，即假借舊字者亦然。北方人常於門上貼紙條，寫隨手代門，人人知代爲帶之假借字。不致誤解，故能各處通行。今迫於減字，大批製造，則如舞會、午會互相淆亂之弊必生矣。曹君伯韓乃謂攝代自有局限。如幹部可作干部，而軀幹、幹練等仍當作幹。見文字改革雜志第一期。此説誠較妥協，然以此爲衡，恐所廢之字，什九將復也。

許君論文字之用曰："前人所以垂後，後人所以識古。"此非一家之私言，乃積久經驗之談。人之知識、技藝，無不以後承前，故後輩必不能不與前輩交接。然前輩則大抵不識簡字者也。即欲學之，時過後學，亦勤苦難成。甚或婚宦迫人，不容更學。今曰：爲識字者計，已識字者不當憚增學之勞，辭非不正，其如無益實際何？且即不論知識、技藝，人與人，如父子、兄弟、夫婦、朋友之間，亦決不能不用文字。識簡字者，亦決不能不曲徇不識者而更學舊字。則新舊并行，而所須識之字反增矣。或曰：如子説，專以增識爲慮，新字將不可行矣。曰：吾非謂新字不可行。新字之增，歷來有之，然無大批涌現者，徐徐而來,衆自不憚增識之勞,而舊字自亦能隨之而廢。一朝更迭數百字,則勢必不行矣。此非可以口舌爭也。語曰:"下令於流水之原。"事之能行,亦因乎勢,非徒恃政令之力。如釐正字體,所以能行,亦由衆本苦字體之雜而欲一之也。

即能盡以簡字代所欲代之字,於文字改革,亦無大利益,何則?此所省者不過筆畫,然筆畫之繁,非中國字之大患也。中國文辭,字變遷頗緩。此其理當別論,然其益則弘多。其益惟何?曰:使今古文字接近而已。昔爭學校應否教授文言時,曾有人言:"《論語》、《孟子》並無艱深之可言。"或又云:"中國文言白話之差,遠不如西洋古近語言之甚。"其説自爲平允。識數千字,讀數年書,即於先秦至今兩千餘年之普通文字,無不能解,實爲極便宜之事,斷宜保存。而欲保存之,則於文字,斷不宜紊亂其自然之規律,而今之簡字,不免於此有背也。今後若真將改行拼音字,則自先秦古書,以至晚近白話,均爲舊式文字,學之者均不過爲考古之資。兩千年完整之局,何苦於其將變之時,更加破壞?若云舊字實不能廢,則行用之日方長,正宜求其簡易,豈可紊亂其自然之規律,而造出苦難耶?此言乎所損大者,即有減少筆畫之益,亦不足相償也。曷言乎筆畫之繁,本非中國字之大患也?蓋作書之難易有二:一爲筆畫之繁簡,一則筆畫作成之難易。而筆畫作成之難易,與其牽連及斷而後起,關係極大。筆畫互相牽連,則雖繁猶簡。故後一端之關係,尤重於前一端,草書之便於真書,關鍵在此。今日正書之體,導源於草書者甚多。如冠無從刀之理,而今或改寸爲刂,以草書寸字僅作一直一點也;船無從公之理,而今或從公,以草書㠯字似公也。可知草書在昔,甚爲通行,特以人民受教育之時太短,作草難於作真,學成後作草自易,未成時,則草書形狀,難於正確,不如真書之可以逐畫摹倣。乃及變其筆畫之形狀而從真,而草書遂成簡字,文字不能多於真草兩種,亦不能少於真草兩種;閱讀利用真,書寫利用草;《文字變遷考》已言之。美術之字,與應用之字,學習途轍,各有不同。美術之字,貴於變化無方,學習之法,亦自難執一。應用之字,則求書寫便易、迅速、寫成之後,整齊清晰,使人易於辨識而已。此其關鍵,全在練習。而練習之要：則因寫字求速，不及用心，故宜將手腕練至極熟，使如機械然，寫某字自成某形，不待用心，而憑空學習甚難。有一範本，用紙影寫，則不覺費力，可以得暇即行練習，而多習亦不覺其勞矣。予嘗以此法教人，受教者字本極劣，在一暑假中，用此法，每日至少寫五百字，逮暑假滿，而其字煥然改觀矣。予乃據此撰爲文字，載諸《知識與趣味》雜誌，稱之爲科學之習字法。惜乎無人措意。然其法自可用。今若能用行草製成一習字範本，使識字者皆據以模寫，可使用力不多，而人人皆能作整齊清晰之草書也。筆畫稍多，何足計較？且草書之筆畫，並不致多於併音字也。

以上皆論簡字。至於拼音，則別爲一事，予昔甚非議拼音字。初撰《字例略說》時，曾錄日本人山木憲之《息邪論》而張大之。《息邪論》者，辟彼國廢漢字、節漢字之說，刊於亡清宣統庚戌歲之《近畿評論》，其明歲，山陰杜亞泉譯爲華文，載諸《東方》雜誌者也。予又爲潤色其文辭而重錄焉。今仍錄其說於下，次乃述予今日之所見。

山木氏之論曰：中國文字之善，爲宇内各種通用文字之冠。世有爲廢漢字節漢字之論者，欲廢漢字而代以羅馬字，或減少漢字之數，是殆狂者之所爲，皆心醉歐風之弊也。此論之生，非關文字，乃國勢消長之關係耳。文字之極則，在於明確，簡潔，傳之千百年，讀者仍易於理會。此數事，求其無憾，惟中國文字，足以當之。他日之遍布於宇内可斷言也。

歐美文字，有單數 singular、複數 plural 之別。變化其字形或有規則，或無規則。以表之。單數者一，複數者二以上也。名詞 noun、代名詞 pronoun、動詞 verb 皆有之。法德文則冠詞 artieles 亦有焉。夫自二以上，皆苞以複數，則三四以至十百千萬，皆不必識別也。乃一二反須別其單複，豈非無謂之甚乎？

男性 masculine、女性 feminine 之別，英語尚不甚嚴，法、德、荷蘭，則絲毫不容鹵莽。夫宇内萬物，生物而外，並無男女之分。乃無生機之物，無形體之事及動詞，一一附以男女性，牽強附會，豈不甚哉？英文於此，格律不嚴，並無障礙，則其有之者，亦無用之長物而已。

冠詞之種類及用法，英文不甚詳備，其餘諸國，則辨別殊嚴。因單複、男女性之別，及人稱之序，而爲種種變化，亦無用之長物也。

時之大別，不過過去、現在、未來。更細分之，殊傷繁雜。歐、美文字，於此辨別甚嚴，日本文亦有此法，而不如歐、美之繁縟；且即不依其法，亦未嘗不能達意也。漢字則別以一字表之。就一字而言，絕無因時變化者。行文時亦不別立他種方法。讀其文，過去、現在、未來，極爲明瞭，何必設此繁縟不便之法乎？

歐、美文字，名詞、代名詞、冠詞、形容詞、adjective 副詞、adverb 動詞，字之首尾或全體，皆有種種變化。或有規則，或無規則，法甚奇詭，不便莫甚焉。

數也，number；性也，gender；冠詞也，article；時也，tense。字形之變化也，皆無必須之理，徒以相沿成習，廢之則意有不通耳。欲去其不便，捨廢其文字、改其語法末由。此等自東亞人觀之，悉無用之長物，而爲歐、美人語法之本，於是不得不研究文典。中國及日本，皆不用此贅物也。近來日本語學者，模仿西風，亦編日本文典，不知日本人固無須乎此也。

歐美文字，皆依音製，故因古今音訛，而字形屢變，後人遂不可讀。Angloland 訛爲 Anglond，而 Angland 又訛爲 England，安知 England 不更訛爲 Inglond 乎？音之傳訛，如水之就下，不能御也，而文字乃蒙其禍。夫依音製字，雖似易於通俗，實亦未必盡然。況音訛字變，使人不可復讀乎？日本若採用羅馬字，亦必同蒙此禍。惟中國文字，雖其音屢訛，而其形不變，千百年後，無不可復讀之憂。同文之國，不論語音如何懸異，皆可借文字以達意，較之歐、美文字，孰爲利便，不待智者而知矣。

中國文字，筆畫亦有繁密者，然面積相等，一目得認五、六、七八字，案此爲偏旁在各字中寫法可以改易之利。讀時可十行俱下。歐美文字，細書之往往長至二三寸。其冗長者，筆畫較中國字尤繁。一字上半在上行，下半乃在下行。各字長短錯綜，其字又由反切聯綴，一字尚不能一目了然，況六七字乎？鈔錄印刷之時，中國字每葉幾行，每行幾字，易於計算。篇幅若干，可以預定。歐、美文字，於此亦殊不便也。
案中國字雖有如此節所述之利，然於排字打字等，殊多不便，似尚不足相償。

中國字一字一音，一呼吸間，可讀數十字，數秒間可讀數十句。歐、美文字冗長，同義之字，同意之説，用之費時必多，今以中國字與英文對列，以中國音比英國音，如父 father、母 mather、夫 husband、妻 wife、子 son、女 daughter、兄 older、brother、弟 young brother、山 mountain、川 river、島 island、國 country、都 city、邑 town、村 village、境 boundary、百 hundred、千 thousand、萬 million、口 mouth、鼻 nose、春 spring、夏 summer、秋 autumn、冬 winter 等，孰長孰短，豈醉心歐美者之口舌，所得而爭乎？

然此尚實字中之畧簡者，其更繁之實字及虛字、助字等，觸目皆是。如會 assembly、手巾 handkerchieg、開明 civilization、區分 distinguishment、直 direction、法制 constitution、款待 hospitality、造 manufacture、細心 conscientious、記憶 commemoration、交通 communication、光輝 Illumination 等是也。英文如是，他國文字，可以類推。人名、地名，冗長尤甚。俄國一軍艦之名，有至九音者，與日本三、四軍艦之名相等矣。案中國言語，今已進爲複音，然大校亦不過兩音而止，在三音以上者甚少也，至於文字，與語言相距較遠者，仍能保其單音之舊，故尤有簡潔之美。

以中國文與歐、美文較，孰簡潔？孰冗漫乎？汽車中之揭示，日文大逾英文三倍，而所佔之地，不過英文二之一。是日文與英文之繁簡，爲一與六之比也。日文所以簡，乃參用中國文之效也。若中國文，則更爲簡潔，歐、美文字，殆無從比較矣。抑歐、美文之冗長，不徒文字，亦其語法之不備。常有日本文二三語可了者，歐、美文則必重章叠句，申言之更詳言之，反言之更換言之。不如是，則其意不明也。中國文字，有此弊乎？《論語》、《六經》姑勿論，《孟子》、《孫子》、《左傳》、遷史等文，豈歐、美人所能夢想乎？案言語之簡，中國殆爲天下最。不獨今日與歐、美、日本相較爲然也，在昔較諸印度已然。試觀意譯之經必簡，直譯之經必繁可知也。夫文字之簡，不徒省時也，語愈簡，則涵義愈多，意味自覺深長，此實文章之所由美，今之效歐、美文法者，乃務爲佶屈不可讀之句，作白話文者，亦從筆所之，不事删削，一若惟恐其不蕪者，不亦下喬入幽乎？

彼輩謂言文一致，則學問易進；又以歐、美諸國爲言文一致，此皆無稽之談也。歐、美諸國之民，未受教育者，雖無不能語言，亦不解文字。然則言語自言語，文字自文字可知。案杜亞泉曰：「國民識字者之少，由於教育之制未備，不能歸咎於文字。否則滿、蒙、藏文皆標音，何以其民識字者亦不多也？」言文一致之實安在？取學者所著政法、哲學、教育諸書，朗誦於俗人之前，能理會乎？苟其不能，言文一致之效安在？且言文不一致，乃文章進步之故，不足憂也。夫文章愈進，則格法愈奇，規律愈整，口舌筆札之間，遂相懸隔，此亦自然之勢。所貴乎文者，爲其能達意，有感人之力耳。口舌之間，無論如何巧妙，而無推敲、點竄之暇，不能如文字之簡練潤飾。又語言必較文字爲冗，徵諸速記錄自明。故言語必不能如文字之簡勁。果其言文一致，則其文字之不進步可知。持言文一致之說者，實未知文之義者也。案語言文字之異，有兩大端：一，人之發爲言語及其聽受言語較速，而其作爲文字及閱讀文字較遲。故文中一語，語言中必化爲二三語，或反覆言之，不如是，則聽者不及領受，即言者之心思，亦不及應付也。又語言過而不留，而文字則有跡可按。故發言時，於緊要之語，慮人遺忘者，必反覆提挈，而文字則不然。故無論如何，語言必較文字爲冗。以語言直書於紙，則蕪雜不堪，不徒不能加明，且恐因之而晦矣。二，人當發語時，聲音有高低，形態有張弛，皆所以表示其情。言語之感人，固不徒在其所言之理，而在乎言者之情也。作爲文字，則凡聲音之高低，形態之張弛，皆無有矣。果何恃以感人乎？故善爲文者，其詞句必不能與口中之語言相同。變其所言，所以補聲音及形態等之不足也。準是二理，言文必不能一致。今之白話文，苟欲求工，亦必與語言相去日遠也。

今日本幸參用中國字，三四種新聞，朝食之前，可以遍讀。若廢漢字而用假名或羅馬字，則讀一紙新聞，已非容易。報館因記載需時，館員必增，館費必大；且因文字之冗，紙數必增；報館之資財，必因而大困。教科書亦然。一切書籍、印刷物、書信等，無不蒙其不便者。

廢漢字之論，豈非梗塞文明之途，違世運而逆行者邪？案觀此論，文字之務爲繁冗者，可以知所儆矣？

節漢字之說，較廢漢字更妄。廢漢字者，欲以他種字易之，猶可說也。節漢字者，乃欲減省通用之字。夫文字之數，盈千累萬，何國不然？是皆千百年來，迫於用而漸增者，豈能減而少之？視，見也；觀，察也；喜、悅、歡、欣也；怒、懼、恚、忿也。日人以日語讀之，意若相似，實則各有一義，不容强同，且如敬愼、恭謹、誠實、忠信等，同爲德行上之字，其字愈多，則德行之觀察愈明，研究愈細。若强減之，是阻其研究，淺其觀察也，此導人類於野蠻者之所爲也。

排斥中國文字者，以爲難於認識，夫苟教授得其法，事固非難。如現今中學校之教授，而以識中國字爲難，則亦誣矣。維新前後之青年，學中國字，未嘗覺其難也。若謂難，羅馬字亦何嘗不然？不學不知，當然之理。童時教以假名之讀本，長而責其不能識中國字，亦非理之求矣。案睹其形而知其音，中國字誠不如歐美字之便，然此亦僅識字之一端。若論字字面積相等，且各有其特異之形，則歐美字實不如中國字也。今日學生之語文程度，可謂江河日下，若以語人，人必痛詆中國文字之艱深，昔時私塾姑勿論，自設立學校以來，教學語文之法，未嘗大異於今日也，而何以其成績大異？此則其咎必有所在，不能以詆罵了事也。

中國文字之便，歐、美文字之不便，尚有其大者焉。英文非解英語不能讀，德文非解德語不能讀，歐美文字，無不然者。漢字則只須能辨其形，以英、德、俄、法之音讀之，無不可也。今日本人以日本音讀之，如松讀マツ，杉讀スギ，花讀ハナ，草讀クサ是也。依此法，英人可讀日曰 sun，月曰 moon，花曰 flower，木曰 wood，作爲文章，雖不解英語者，皆可讀以本國之音而明其意。增交通之便，助文明之運，利莫大焉。今中國南北，發音不同，各操鄉音，將如瘖聾之相對；滿洲、朝鮮，則言語本異；然無不可以書翰通意者。中國文字，既已統一語言龐雜之東亞大陸之民，而爲同文之國，更進一步，即爲宇內通用之文矣。今歐美人不幸未知其便，一旦知之，必以公平之見，主張採用中國文字，亦勢之不得不然者也。至此，則中國文字，通行宇內之機至矣。

予故曰：廢漢字節漢字之說皆妄也。中國文字，至便至利，歐、美文字，至不便，至不利。中國文字，必通行於宇內。

以上皆山木氏之論也。

其最動人者，莫如謂操他種語言者亦可使用中國字。果如所言，則統一語言，與統一文字，可以析爲兩事矣。有是理乎？《文字改革》第一期載岑君麒祥之言：謂"二十餘年前，有一德人告彼，謂中國之日字，英人可讀，爲 sun，德人可讀爲 sonne，法人可讀爲 soleiz。如此，即可將世界文字統一，此説實出德哲學家萊布尼茲（Leibniz），而萊布尼茲，則因見中國文字行於朝鮮、日本、越南而起，其説與山木氏實同。萊布尼茲且曾計劃，將人之意象，析爲若干要素，用字母及數字表之。千六百六十六年，清聖祖康熙五年。曾著一文，謂將使全世界民族，通此符號者，皆能互相瞭解。後其計劃未成。而懷此見且作成方案者不乏，然皆束置高閣。實以其無語言爲根據故也。"然如萊布尼茲之説，將人之意象，分成若干要素，而以符號表之，猶可説也。若如山木氏，但就華文立論，如松、杉、花、草等，讀以日本音則便矣，其彼此意象，有無同異不侔者，則將若何？故異民族逕用漢文，無能成功者。苟其民族不能全與漢族同化，終必別造字而後已。朝鮮、日本、越南即是也。而用漢字之偏旁以造字者，亦卒不能昌大。如遼、金之大字是已，以漢字之偏旁，亦不能用以表聲也。文字既必代表語言，則分析語言，求其音素，而據以造字，自爲今日必由之途徑。謂中國字終當如此，理亦可通。但中國究與他淺演之國不同，亦難一言斷定。且即謂終當如此，亦歲月甚遥。此目前情勢如此也。中國改用拼音文字之障礙，除舊字難遽廢外，專就拼音字論，首在同音異義之字之太多。不徒單字，即複音詞亦有然者，如洗臉之水，南人稱面湯，與人所食之面湯同音是。或謂中國文火車、汽車、馬車，皆一望即知其義，英文即不能然。岑麒祥駁之曰：此亦不過作 huŏehe, kiehe, măehe 而已。其言似是。然舉數千漢字，悉代以拼音字，欲其一見即知其義，而不與他同音之字相淆，必不可得也。漢字最大之利，實在其複音詞中，單音之義仍在。通於若干單字之義者，即於其他複音之詞，亦無不能解。讀書者自上而下則易，自下而上則難，其故即在於此。以字義之本，皆在古書中也。年齡如不佞輩者，其能自讀書，實在甲午中、日戰後數十年中，正值新名詞涌見之時，然從未聞以不解爲苦。當時學習日本文，亦覺遠較學習歐、美文爲易，以除所謂和文奇字外，其詞皆與中國同，不勞更學故也。此爲最大之一端。此外則現在方言太紛歧，據京音所拼之字，目前不能通行，而據方音所拼之字，亦不能行諸其區域之外。褒漢字者謂其能濟語言不統一之窮，貶漢字者亦無異言，今日情狀未變，補救之具，固不容遽棄也。又漢字與我國之民族性，關係太大，亦不能輕爲動搖。此事亦可以日本之於朝鮮，法國之於越南，力破壞其文字爲鑒。

　　山木氏深咎歐、美文字，形隨音變，而未言其補救之方。杜亞泉則深善形聲。謂"最完善之字，不能不一旁以簡單之規則標音，一旁以明晰之部類表義"。陶君坤謂"聽其自然，漢字必不能變爲拼音，漢字之存，即文字發展，不必皆成拼音之證。"《拼音》雜志第七期，其言亦各有理。予案埃及文字，始於象形，繼以表意，更繼之以表音，正與中國同。六書以形聲爲主，實畫然自成一期，特象形、會意，間或與之幷存而已。此實文字發展之正軌，腓尼基之專用聲符，乃其旁支，陶氏之言是也。予舊作《字例畧説》論曰："天下事用人力造成者，往往不能盡善，其自然生長者，則看似不便，而實有至理存乎其間，以人之智力，實不能高瞻遠矚也。今宇内通行較廣之字，其非由人力造成者，惟中國字而已。文字初起，本非用以表聲，而其後則必至於專以表聲而後已，今宇内通行較廣之字，其緣起皆少晚；而其出較早者，則或已廢絶，或雖未廢絶，而因國勢之不張，文明程度之不進，未能發揮而盡其用。其緣起甚早，而又相承不絶，且能發揮以盡其用者，實惟中國文字。此今通行較廣之字，所以皆專衍聲，惟中國字則猶存不專衍聲之舊也。"又曰："一民族之進化，未至能造完善文字之境，而已與文明之族相接，則其造字，必不能純出自爲，必借資於其所遇之文明之族。借資云者，非徒借吾之字以爲用如日本；借吾之字之偏旁以爲用如遼、金也；即其造字之法，亦必資焉，而此文明之族，當初造字，其法如何，此時不可得見也；所能見者，則此時之用字，專以表聲而已矣；則此族之造字，安得不純用衍聲之法乎？今歐、美文字，實出埃及；藏文出於印度；蒙文又出於藏；滿文又出於蒙；皆純用衍聲之法可證也。然則文字聽其自然生長，自能至於一旁標聲，一旁表義最善之域。埃及、巴比倫等國之字，所以未能至此者，以其中道夭閼未遂其長；歐、美及滿、蒙、藏文字，所以未能至此者，則以其創造非出自然，其源頭上未盡善也。夫利害之數，至難言也。匹夫攘臂，而曰吾欲云云，往往見其偏而不能見其全，見其近而不能見其遠，惟歷千百年之試驗，經億萬人之評騭，以定其去取者，無此弊焉。中國字形之變遷，自篆、籀以至行、草，亦幾成兩種文字矣。則知苟變字形，而便於用，國人非有愛也。夫標音文字之法，中國非不之知也，梵書流布，亦既兩千年矣，果使標音文字，較不純標音者爲便，中國人既無愛於字形之變，此兩千年中，豈無人焉，試造標音文字，而公衆遂承而用之者乎？然而卒不然者，則以標音文字，固不如吾國固有者之便也。一時之間，數十百人之智，其不足與兩千年來舉國之人爭審矣。"主張頗嫌其過。然亦足供參考也。今日歐、美之文字，聲勢誠如日中天，然所併吞者，皆淺演之族之文字，其與中國文字遇，亦其在戰爭中所遇之大敵矣。併驅爭先鹿死誰手，未可知也。然即中國文字，終變爲拼音，亦非中國文化敗績之證。何則？今日無論何種文字，皆非終極通行之文字。今後之文字，變化孔多，必至各國之語言，匯合成一世界語，而作一種文字以表之，乃其少息之時耳。在此種文字中，語言所存之多少，即其文化所存之多少，此或其文化優劣之一證。然此非徒字形，語法等亦其大端。如山木氏所論，歐、美人語法之劣，中國人文章之簡，亦皆競爭中勝敗所由判也，故中國字確有與歐、美字長期并存，和平競賽之資格，斷不能輕於廢棄。若在目前求隨語言而變化，則循舊法可造形聲字，可用假借字，主新法可雜用拼音字，正不慮其不能應付。電報，打字，排字，檢字，索引等，尤易別行設法，一切使用文字之機器，皆爲文字而造，不能因此而搖動文字也。言語有音、義兩端，而文字以形表之，能兼表兩端，固較獨表一端爲善耳。

　　今之言改革文字者，有一大蔽，時曰畏難。彼輩以爲中國之文字甚難，一經改革，即可大易，此乃武斷、臆想之談，非事實也。文字使用之便，在於習熟。字字臨時拼而讀之，拼音文字，誠便於舊字矣，若求習熟，一望即知，Book 與書、有何區別？拼音字與舊字之較如此，況簡字乎？人之學事，有其一定之年齡。某年齡可學某事，非其時甚難，當其時並不難也。社會學有所謂隔離兒童者，生而未育於人，過六歲乃與人接，即不能復學語言矣。六歲以下之兒童何知焉？然學言語不難也。文字亦然。過十歲乃識字，即甚吃力。吾所見時過後學，有所成就者，亦有數人，字皆在十歲前已識者也。然尋常兒童之識字，亦並不難也。一國之文明程度愈進，則其文字愈精深。昔有德人，問中國留學生曰："德文易學乎？法文易學乎？"此留學生習於酬應，以爲文字易學美事也，率爾而對曰："德文易學。"德人大不懌，與力辯其不然。事見多年前之《時報》。故文字易學非美事，强使難者易，亦勢所不能。昔金世宗嘗問臣下曰："契丹文字年遠，觀其所撰詩，義理深微，當時何不立契丹進士科舉？今雖立女直字科，盧女直字創制日近，義理未如漢字深奥，恐爲後人議論。"丞相守道曰："漢文字恐初亦未必能如此，由歷代聖賢，漸加修舉也。聖主天姿明哲，令譯經教天下，行之久，亦可同漢人文章矣。"事見《金史・選舉志》。守道之言雖諛，亦有見地。漢文最精深，契丹次之，女直又次之，區以使用時日之久近，實即斷以民族文化之淺深，非可强爲也。然學之當其時，初不必以難爲戚；而當此年齡，不學文字，騰出功夫，亦未必能學其時所不宜學之事也。以中國字爲難，歐、美文字爲易之成見，受教會教育者，入之最深。此輩於華文，初不措意，後來稍欲學之，則已過其年齡，故於華文，一切莫名其妙，而深以爲難。然其於西文，亦所知甚淺，徒視爲聲音之符號而已。一種文字，必包含一種文化，非所知也。此其於改革文字，所由掉以輕心也。抑今之於文字，必求其學之可以速成，用之又不費時者，豈不曰：處此競爭之世，凡事皆不容緩步乎哉？國防其顯焉者也。然此等競爭之局，乃人類一時風氣之謬誤，不能魯莽滅裂他事以就之。且欲克濟於競爭，必先能善其所事，而事之克善，自有其一定之步驟，欲速不達，亦正不容其魯莽滅裂也。

以上論文字也。若論言語，其當求統一，自較文字爲尤亟。以資以交接者愈多，且愈直捷也。今日推廣普通語之法，吾亦不以爲然。蓋語言乃實用之物，重在使用，不重在研究。既以北京語爲標準之普通語，即宜派北京人爲教師，往所欲推廣之處教習。如此，是師資不待造就；而其所教之話，甚爲道地；成績必與前此推廣普通話者大異。文字改革委員會中人所擬辦之事，如調查研究全國方言等，皆迂遠而闊於事情者也。

要而言之，吾於文字改革，謂簡化漢字，可以不必；拼音字可以徐行，不宜操之過急。非故遼緩之，事勢只得如此也。文字改革委員會長吳君玉章講演《中國文字改革之道路》云："拼音方案擬定之後，應先用以爲漢字注音,次則在漢字中夾用。"此與昔日之用注音符號何異?簡化字推行二百餘,亦何異於昔之手頭字哉?豈不欲速,事勢限之,不可得也。故曰:文字改革不能速,亦不能過恃政令之力。

(本文脫稿於一九五七年九月二十九日)

致廖仲愷朱執信論學書

仲愷、執信兩先生執事：本位貨幣廢金用紙，徑與貨物相權之議，中山先生首唱之，僕初亦以爲迂闊難行之論耳；近讀兩君弘著，乃知其理之確不可易，欽佩莫名。竊意紙幣之可行，徵諸往史，尚有不止如兩先生所云者，不揣檮昧，敬爲兩先生一陳。蓋金銀之在吾國，本未嘗用爲貨幣，至晚近世，而銀乃起而與銅并行，此特事勢相乘，出於偶然，初非有必然之勢，不易之理也。何以言之？吾國幣制，夏、殷以前，茫昧難考。其可考者，蓋始於周。《漢書·食貨志》：凡貨，金錢、布、帛之屬，夏、殷以前，其詳靡記云。而《史記·平準書》謂虞、夏之幣，金爲三品，或黃，或白，或赤，或錢，或布，或刀，或龜貝。按《禹貢》惟金三品，鄭氏釋爲銅三色。金、銀、銅之説，始自王肅，不甚可信。《平準書》自太史公曰以下，文義錯雜，且多非漢人語，定係後人竄亂。《管子·輕重篇》載癸度對武王之語，謂先王以珠玉爲上幣，黃金爲中幣，刀布爲下幣。《漢書·食貨志》亦載太公爲周立九府圜法，錢圜函方，輕重以銖，似周代實兼以珠、玉、金、銅爲貨幣，然僕謂斯時之珠、玉、黃金不過行於王公大人之間，以供朝覲聘享之用，非真行之民間，用爲易中也。何以言之？李悝爲魏文侯作盡地力之教，計其時五人終歲，用錢不過千五百。其實此尚不過以錢計價，非謂必糶穀得錢，以爲用也。戰國如此，春秋以前可知，安得用黃金、珠、玉，其徵一矣。單穆公告周景王，謂古者天降災戾，於是乎量資幣權輕重以振救民。民患輕，則爲之作重幣以行之，於是有母權子而行，民皆得焉；若不堪重，則多作輕而行之，亦不廢重，於是乎有子權母而行，小大利之。所謂子母，與上中下、上下異義，上中下幣上下幣比價不一定。《漢志》所謂各隨時而輕重無常也。此秦事，蓋沿舊習。子母則比價恒一定，故曰相權。珠、玉、黃金，惟不共民用，故可聽其隨時輕重，若大小錢之并共民用者，則不能也。其徵二矣。降及漢世，猶存此意。故武帝以白鹿皮爲幣，惟強王侯宗室於朝覲、聘享時用之。晁錯論重農抑商，謂明君貴五穀而賤金玉，一若五穀爲農人所專有，而金玉則爲商人所專有者然。而其論商人，即曰交通王侯，力過吏勢，此時珠玉金銀，爲王公貴人所專有，又可微窺。漢世黃金之多，遠過後世。固由後世有寫經造像等銷耗，市舶交易，亦不免漏出，然漢世黃金，以聚而見其多，固其大原因也。漢末大亂，王公貴人流離失所，貧富階級漸以平夷。魏晉以還，此等現象，遂不復見。然《隋書·食貨志》所載五朝幣制，又有可注意者。《志》謂梁初惟京師及三吳、荊、郢、江、浙、梁、益用錢，其餘州郡，則雜以穀帛交易，交、廣之域，則全以金銀爲貨。又云：陳初兼以穀帛爲貨。又云：迄於陳亡，其江南諸州，多以鹽、米、布交易，俱不用錢。又謂齊神武時，冀州之北，錢皆不行，交貿者皆絹布。又謂後周時，河西諸郡皆用西域金銀之錢。夫當時錢法之壞，至於以米、鹽、絹、布相交易，而用金銀者，卒惟河西、交、廣與外國市易之處。豈內地皆無金銀，抑有之而不知用乎？非也。銅錢之爲物，本以供大宗貿易餘數之找畫及零星貿易之用，金銀不能爲之代也。然則斯時之大宗貿易果如何？曰：大宗貿易，爲數必巨，錢法即不紊亂，豈能輩見錢以行之哉？蓋皆立一虛位，用以計算，輾轉用貨物相抵，而其餘數，乃用見錢找付也。此等計算之虛位，當幣制整理時，蓋多用錢，及其紊亂，不復可用，則於百物之中，擇一二種以爲之代，如米、鹽、絹、布等是也。故當時所謂以米、鹽、絹、布相交易云者，謂以此爲計價之準云爾，非謂徑輩米、鹽、絹、布以與他物易也。不然，其事豈復可行哉？《志》又述隋高祖時，以私鑄濫惡，詔四面諸關，各付百錢爲樣。自關外來者，勘樣相似，然後得過，樣不同者，即壞以爲銅入官。其後又於京師及諸州邸肆之上，各立榜置樣爲準，不中樣者，不入於市。使當時過關之商，入市之民，支付全數，悉須見錢，則其爲數必甚巨，關津邸肆,豈能勝檢閱之勞? 然而此令可行,則以見其所挾,皆徒以供餘數找畫、零星買賣之用也。因此推想漢以前之商人,其與平民交易,金銀既嫌其貴,銅錢又不可賫,果何所資以爲易中乎? 其亦必立一虛位,計其數,以貨物相找畫,而不必悉用見幣若實物相易審矣。《周官》司市已有質劑,其明徵也。《周官》固偽書,然亦多有古書爲據,非劈空杜撰也。然則後世何以銀、銅并行乎? 曰: 此由鈔幣既行,銅錢爲其所逐,無錢而代以銀,非但有錢不足用,而更益之以銀也。蓋銅錢之爲物,質重直輕,不宜致遠,故其爲用,初未甚弘。又歷代幣制,紊亂時多,整理時少,當其極紊亂時,往往不能資以計價,故民間物價,自唐以前,初未嘗全國皆用銅錢計算,非不知計價之物,隨地而殊之不便,勢無如何也。鈔幣既興,質輕易挾,又造鈔遠較鑄錢爲易,則其數可以驟增,一切賣買,乃無不以貨幣論價。故宋世行鈔,實有推廣貨幣,使完其作用之功,不可誣也。然一利既興,一弊亦隨之而起。蓋前此餘數找畫,以及零星貿易,皆專用銅錢,無物可爲之代。故錢質無論如何薄惡,而猶終必有錢,鈔幣既行,則其物可分可合,而銅錢遂盡爲所逐,南宋交會,猶講稱提。金人則潰河之役,以八十四車充軍賞。六萬貫錢惟易一餅,其爲物既不復可用,而銅錢又已净盡。則斯時餘數找畫,以及零星貿易,將安所資乎? 則不得不代之以銀。故銀之起,所以代餘數找畫,零星賣買之銅錢,非以充大宗貿易計算之虛位也。斯時政府以鈔幣價落,睹民間之相率而用銀也,則賦稅亦思征銀,迨賦稅既已征銀,則其爲數頗巨,又以運解之不便,成色鑒定之難,乃鑄之而成鋌。金代鑄銀爲貨,始於章宗承安二年,每鋌五十兩,即後世所謂元寶也。夫銀至於鑄而爲鋌,則已頗便於大宗貿易之用,亦會是時,鈔幣既行,民間百物,皆習以貨幣論價,復欲以米、鹽、絹、布等爲計價之虛位,其事甚難,遂以銀爲之代,此近世銀、銅并行,而銀若爲本位幣,銅若爲輔助幣之由。然語其朔,則固用之以代錢,而非以之駕乎錢以上,或與錢相權者也。設使當日鈔幣之行,徑以之與貨物相權,而不以之與錢相權,或雖與錢相權,而爲數較巨,零星賣買,餘數畫找,必資乎錢,則銅錢必不至被逐净盡。銅錢不至被逐净盡，則銀必不興。然則銀之興，亦會事勢之偶然耳，而豈有必然之勢，不易之理哉？夫其興也，既僅出於事勢之偶然，而非有必然之勢，不易之理，則今日竟廢之而代以紙幣，固無不可行矣。

　　古代所謂上幣、中幣，不共民用，又非特黃金、珠、玉爲然。《說文》"貝"字下曰：古者貨貝而寶龜，周而有泉，至秦廢貝行錢。貝者，錢之前身，龜者，黃金、珠、玉之類也。吾友陸君忍謇陸君名繼謇，武進人。說《漢書·食貨志》錢圜函方之函字，即《考工記》五分其轂之長，去一以爲賢之賢字，賢之本義訓大穿，引伸爲賢知之賢，同音假借用函，今俗語書作眼。僕案此說甚爲精確。賢之本義訓穿，故有通過之義，故曰賢者過之。凡過人者必勝於人，故引伸爲勝義，投壺某賢於某若干純，注以賢爲勝是也。人之於事物，多所通曉者，亦若能通過其事物者然，此爲賢知之義，猶思無不通之謂聖也。《說文》毋，穿物持之也。從一橫器，器象寶貨之形，貫，錢貝之毋也，從毋貝，二字音義皆同。毋而持之，事始於貝，後乃象之以鑄錢。必須毋而持之，可見爲用之廣，故凡財賄之屬，字無不從貝者，《中庸》於水言貨財殖焉，亦正指貝。若龜則惟國家寶之，不聞人民之借以爲用也。上幣、中幣之不共民用，今古同揆如此，則大宗貿易，但立虛位以資計算，事即可行可知。

　　又梁任公《中國古代幣材考》："《漢書·食貨志》云：'周布帛之制，以廣二尺二寸爲幅，長四丈爲匹。'而《周官》載師職：'凡宅不毛者有裏布。'鄭衆注云：'裏布者，布參印書，廣二寸，長二尺以爲幣，貿易物。《詩》云抱布貿絲，抱此布也。'《禮記·雜記》：'幣一束，束五兩，兩五尋。'鄭康成注云：'十個爲束，兩者合其卷，是謂五兩，八尺曰尋，兩五尋，則每卷二丈也，合之則四十尺，今謂之匹。'錯綜諸說而參考之，則當時所謂制幣者，畧可見也。凡布帛，以匹爲單位。每匹以兩端相向對卷，卷各一端，兩卷而成匹，故匹亦謂之兩，而其長則四丈也。匹之五倍爲束，故一束爲二十丈，經傳所屢稱束帛者是也。二分匹之一爲卷，十分卷之一爲布，亦謂之幣，鄭衆所謂布廣二寸長二尺者是也。其廣其長,皆當每卷十分之一,當每匹二十分之一,此普通貿易所用也,故曰貿易物。此種布幣,以二十方而直一匹,以百方而直一束。束帛爲典禮用,不以施諸貿易矣。"又云:"鄭司農所云'布參印書'者,考《漢書·平帝紀》如淳《注》引《漢律》云:'傳信用五寸木,封以御史大夫印章,其乘傳參封之,參,三也。'此所謂參印書者,疑亦同此。印三印於布之封面,所以檢奸偽也。"案布僅廣二寸,長二尺,已不可以製衣,其無用正與紙幣之紙等,而顧加之印章,以防奸偽,則又與國家之造紙幣同,此亦可見貨幣但須有物以與之易,正不必爲貨幣之物,先自有直也。

以上論貨幣之語,去冬即寫起,乃因事閣置,直至現在始寫成,真可發一笑。近睹公等論井田,僕復欲有云者,胡適之先生謂孟子於井田未曾説得明白,因疑井田之制,爲孟子托古改制所虛制,漢儒逐漸增補,乃臻完密,僕以爲不然。適之先生所疑者:(一)戰國以前,無人提及井田制度;(二)孟子既言惟助爲有公田,如何又引詩説雖周亦助;(三)説貢説助之間,忽插入"夫世禄,滕固行之矣"一語,爲不可解。因併疑及"卿以下必有圭田"一語,謂當時人民所耕,仍係卿大夫禄田。第一事之不足疑,具如仲愷先生所論,欲釋第二、第三事之疑,則當知古代田制,國與野不同,國中無公田,以按畝而稅其若干爲常法,殷人之行助法爲變例,野則恒行井田之制。所以然者,古代部落錯處,戰事必多,既有戰争,必有勝敗。勝者爲主,敗者爲奴。及其體國經野,則勝者恒居中央山險之地,以制馭異族,敗者則居四面平夷之地,以從事耕耘。故《易》言"王公設險以守其國",孟子言域民則舉封疆之界,言固國則舉山溪之險。章太炎有神權時代天子居山説,可以想見此制之起源。夫戰勝之族,既居中央山險之地,則其地必難平正劃分,故不能行井田之法。戰敗之族,既居四方平夷之地,則其地皆平正,易劃分,故井田之制可行。《漢書·食貨志》論井田之制,而終之曰:"此謂平土可以爲法。"法者,《正義》謂可正式劃分,無待扯算。野者,皆可爲法之地,而國則不然也。孟子之時,國中所行之徹法,蓋猶未泯,故直言周人百畝而徹,野所行之助法,則已破壞無餘,故僅能據詩句推想也。馬貴與謂鄉遂附郭之地,必是平衍沃饒,都鄙野外之地,必有山谷之險峻,溪澗之阻隔,適得其反。

戰勝之族居國,戰敗臣服之族居野,可以兵制爲徵。論三代以前兵制者,多誤於兵農合一之説。惟江慎修《羣經補義》據《管子》參國五鄙之法,謂齊之三軍,悉出近國都之十五鄉,而野鄙之農不與;又以此制推諸列國,而皆見其合,其所引陽虎欲作亂,壬辰戒都車,令癸巳至,以證兵之常近國都,尤爲精確。僕謂論古代兵制者,如《春秋繁露》,如《司馬法》,皆誤以一國兵數,均攤之於全國人民,於是天子之地,百倍於大國諸侯,而兵數乃不過兩倍三倍,遂覺齟齬而難通,若知所謂王畿千里,諸侯大國百里等,皆不過設法之詞。論其實際,天子所有之衆,與諸侯原不甚懸絶,則可無疑矣。朱仲鈞《司馬法非周制説》謂周官六軍之衆,出於六鄉,六遂及都鄙盡爲農,亦甚確。《周官》與《管子》,類似處頗多,蓋即以《管子》一類之古書爲根據,此皆古代嘗行之制,非如《繁露》等望空計算也。又案吾國兵制,春秋戰國間,蓋經一大變,春秋以前,惟近國都之民,即前此戰勝之族爲兵;戰國時,則全國之民皆爲兵,故其出兵動至數十萬。《管子》所述,蓋春秋以前制,《周官》所據,亦《管子》一類之書,故野鄙之農,尚不爲兵。《司馬法》則戰國人造,已不知春秋以前之制,故以一國所有兵數,均攤之於全國人民。《春秋繁露》係孔門托古改制之談,更與實事不涉。

"夫世禄,滕固行之矣"句,與引《詩》言"雖周亦助"一節,以士夫所受之禄,與野人所受之田對舉,此與《梁惠王》下篇,以"耕者九一"與"仕者世禄"對舉同,並無可疑。上篇"使天下仕者,皆欲立於王之朝;耕者,皆欲藏於王之野。"《公孫丑》上篇,"尊賢使能,俊杰在位,則天下之士,皆悦而願立於其朝矣;耕者助而不税,則天下之農,皆悦而願藏於其野矣",亦皆以士與農對舉也。圭田者,即《王制》"夫圭田無征"之圭田,鄭《注》訓夫爲治,引《孟子》曰。治圭田治無税,所以厚賢也,趙注《孟子》,又引《王制》,謂余夫圭田,皆不出征賦。按孫氏《蘭輿地隅説》據九章,謂凡零星不成井之田,一以圭法量之,井田之外有圭田,明係零星不井者。《説文》田部,《楚辭》王逸《注》,《蜀都賦》劉《注》引班固,皆以畦爲五十畝。《史記‧貨殖列傳》《集解》引徐廣,以畦爲二十五畝，《文選注》引劉熙《注》"病於夏畦"，則云今俗以二十五畝爲小畦，以五十畝爲大畦。焦理堂《孟子正義》引之，又據鄭司農以士田爲士大夫之子所耕，《荀子・王制篇》云，雖王公士大夫之子孫，不能屬於禮義，則歸之庶人，謂士大夫之子孫，不能嗣爲士大夫者，即授以此田；余夫之二十五畝，亦即蒙土圭田而言。其說自確。僕謂圭田及余夫之二十五畝，皆士之子承受。其田皆在國中山險之地，零星不能成井，與野人所受之田固殊，以特蒙免稅之典，與"十一使自賦"之國中之田亦異，故別言之也。

胡君以余二十畝爲廬舍，至韓嬰始算出，亦不然。《孟子》"五畝之宅，樹之以桑。"趙《注》："廬井邑居，各二畝半，冬入修城二畝半，故爲五畝也。"此即《韓詩》余二十畝爲廬舍，各得二畝半之說，亦即何氏《解詁》廬舍二畝半，凡爲田一頃十二畝半之說；而《解詁》謂有舍在內貴人也，亦正與詩中出有廬義同。且《韓詩》云，八家相保，出入更守，疾病相憂，患難相救，有無相貸，飲食相召，嫁娶相謀，漁獵分得，仁恩施行，是以其民和親而相好。即《孟子》所云鄉田同井，出入相友，守望相助，疾病相扶持，則百姓親睦也。《解詁》云，還廬舍種桑穫雜菜，畜五母雞，兩母豕，瓜果種疆畔，女上蠶織，老者得衣帛焉，得食肉焉，即《孟子》所云："五畝之宅，樹之以桑，五十者可以衣帛矣，雞豚狗彘之畜，毋失其時，七十者可以食肉矣。"《詩》所云"疆場有瓜"，《穀梁傳》所謂古者公田爲居，井竈葱韭盡取焉也。《解詁》云"死者得葬焉，"又云："司空謹別田之高下善惡，分爲三品，上田一歲一墾，中田二歲一墾，下田三歲一墾。肥饒不得獨樂，磽确不得獨苦，故三年一換主易居"，即《孟子》所云"死徙無出鄉也。"《解詁》云，"中里爲校室，選其耆老有高德者，名曰父老；其有辨護伉健者，爲里正。田作之時，春，父老及里正，旦開門，坐塾上，晏出後時者不得出，莫不持薪樵者不得入，十月事訖，父老教於校室"，即孟子對梁惠王所謂"謹庠序之教，申之以孝弟之義，頒白者，不負戴於道路矣"，《食貨志》："入者必持薪樵，輕重相分，班白者不提挈。"對滕文公所謂"設爲庠序學校以教之"也。諸说之中,惟《漢志》兼用《周官》,以今古文説相糅合,故不能盡符,若《孟子》、《韓詩》、《書大傳》、《公》《穀》二傳、《何氏解詁》,則雖詞有詳畧,而義無小異,正可見其同祖一説,絶無逐漸增補之跡也。《食貨志》參用《周官》處,《解詁》一語不取,可見其分別家法之嚴。胡君乃謂《解詁》參用《周禮》《食貨志》必非。《解詁》與《食貨志》相同處,乃其所本者同,必非參用《食貨志》也。

《公羊傳》:"多乎什一,大桀小桀,寡乎什一,大貉小貉"四句,劈空而來,胡君謂其必先有根據,信然。然必謂其所根據者,即係《孟子》,因並《大傳》而疑之,則亦未免武斷。僕謂此兩語,乃《尚書》、《春秋》同有之誼,爲儒家極習熟之語,故不覺其脱口而出,使後人讀之,覺其鶻突耳。孟子好言《春秋》,人多知之,至其道三代以前事多用《書》説,則知者較鮮。僕謂《萬章上篇》等所言,殆無一非用《書》説者。試舉兩事證之:其一,《孟子》言"帝使其子九男事之,二女女焉。"百家之書,惟《淮南子·泰族訓》亦云:"堯屬舜以九子。"或尚係後人以《孟子》《大傳》改之。此外《吕氏春秋·去私篇》則云:"堯有子十人。"《求人篇》則云:"妻以二女,臣以十子。"《莊子·盗跖篇》云:"堯殺長子。"《韓非子·説疑篇》:"其在記曰:堯有丹朱,而舜有商均。啓有五觀,商有大甲,武王有管、蔡。五王所誅,皆父子兄弟之親也。"今案丹朱見殺,他無可徵。《書·皋陶謨》:"無若丹朱傲",《説文》引作"奡",又引《論語》曰:"奡盪舟",與下"罔水行舟"合,則奡蓋堯長子被殺者。以上畧據俞理初《癸巳類稿·奡證》。儒家文堯、舜、禹之篡弒爲禪讓,不得不爲之諱。乃於書説中去其一子。古文家無相傳之口説,而別以古書爲據,遂不覺露出馬脚。《初學記·帝王部》引《書大傳》:"舜耕於歷山,堯妻以二女,屬以九子也",與《孟子》同,則《孟子》之言係用《書》説可見。其二,《小戴記·檀弓篇》:"舜葬於蒼梧之野。"各書皆同。陳樸園《今文尚書經説考》備引之,陳氏此書不甚精,所引仍多古文家説。惟《孟子》云:"舜卒於鳴條。"此語不知何自而來,案《史記·五帝本紀》"舜耕於歷山,漁雷澤,陶河濱,作什器於壽丘,就時於負夏。"《孟子》遷於負夏之遷,作貿遷解。《索隱》引《書傳》:"販於頓丘,就時負夏。"而自"耕稼陶漁以至爲帝",亦見《孟子‧公孫丑上篇》。三文隱隱相符。因悟孟子、史遷同用《書》説,《史記》不言舜卒於鳴條者,分叙在後,《索隱》引《書傳》僅兩句者,以釋《史記》,故不具引,或《大傳》文本不具也。《史記》一書,爲後人竄亂處極多。下文"南巡狩,崩於蒼梧之野,葬於江南九疑,是爲零陵"云云,必後人竄改。或史公先有卒於鳴條之説,更記此以廣異聞,淺人睹兩説不同,輒删其一。不然,史遷最尊信儒家,百家之言黄帝者,其文不雅馴,則《大戴記》外,不敢取一語。由見義至高,而六藝無可考信,即懷疑莫决。彼其問古文安國,實爲伏生嫡傳,清儒治《尚書》者,多以安國爲古文家,以史遷問古文安國,因并謂爲古文家,此大誤也。安國於伏生所傳二十九篇外,有無佚書,尚未可定,謂於伏生所傳外,别有口説,則决無之。安得於此忽删師説而用異文哉?然則《五帝本紀》述堯舜禪讓事全與《孟子》同,非史公用《孟子》,乃《孟子》用《書》説矣。鳴條者,湯戰桀之地。《吕氏春秋‧簡選篇》:"殷湯登自鳴條,乃入巢門。"《淮南子‧主術訓》:"湯困桀鳴條,禽之焦門。"《修務訓》:"湯整兵鳴條,困夏南巢,譙以其過,放之歷山"是也。其地與南巢相近,所謂"東夷"之地。舜死蒼梧,有被迫逐之嫌,劉知幾即極疑之,故今文《書》説爲之諱。《戴記》今古文雜,故又諱之不盡也。此外《孟子》之説與《書傳》同者尚多,皆顯而易見,無待備徵。其似相違異者,惟《大傳》以江、淮、河、濟爲四瀆,而《孟子‧滕文公下篇》言江、淮、河、漢一事,然此漢字或濟字之訛。古人河漢連稱,《莊子》"吾驚怖其言猶河漢而無極"是也,故傳寫致誤。又古者江、淮、河、濟,其流相通,故不妨互舉。試觀上篇"疏九河,瀹濟、漯,决汝、漢,排淮、泗",即明係以江、淮、河、濟并舉可知。下言"而注之江",故上變江言漢也。《史記》與《大傳》違異者,惟《周本紀》述文王稱王之年,及受命後七年中事,然其言文王受命之年稱王,明著之曰"詩人道西伯",則所用蓋三家《詩》説,以廣異聞,上文必更有六年代崇稱王之説,與《書傳》同,淺人以爲違異而删之矣。至記受命後七年中事之不同,則明係傳寫之訛,非本有異。試觀《詩‧文王》、《記‧文王世子》、《左》襄三十一年《義疏》同引

《大傳》此文，尚皆小有乖異可知也。然則《孟子》之説，尚皆沿襲前人，非所自創。胡君顧謂孟子以後之漢儒，悉皆祖述《孟子》，遞加增補，不亦誣乎？《書》始唐虞，孟子道性善、言必稱堯舜，其言什一，謂欲輕之於堯舜之道，欲重之於堯舜之道云云，亦其用《書》説之一證。《史記》爲後人竄亂，大學所刻崔氏適《史記探原》專論之，此書僕去歲在南中，僅在友人處翻閲一兩頁，今年到瀋陽，托人向京師買一部，竟不可得。尊處如有此書，乞代僕一查，僕所舉兩條，崔氏已言及否，抑或别有他説，僕説錯誤。

　　總而言之，胡君謂古代之學術，進化頗速，師師相傳，時有增改。僕則謂古代之學術，進化頗遲，托古改制，前惟孔子，後惟王莽與劉歆，其餘皆不過謹守師説，遞相傳述，最有思想者，如韓嬰之推衍師意，以作外傳，則止矣。又有一種彌縫其説，求其完密，以防他家之攻擊者，當時謂之應敵。小夏侯謂大夏侯疏畧不足應敵是也。此則並出私意，一切曲説，且自此興，更無當於學術之改進。孟子亦不過稱誦所聞，用以譏切時事，非自有所創説也，觀僕前所舉證可見。胡君謂古代學者，見解淺陋，莫如漢初一班經師，則誠有之，但亦未可一筆抹殺，蓋斯時之傳經，皆以謹守師説，不參己意以爲貴，風氣所趨，賢者亦爲所囿。故其人即有見解，亦只能於他項著述中見之。西漢經説、傳者已希。經説而外，經師他項言論，益寥落矣。謂漢代是一個造假書的時代，是一個托古改制的時代，井田論是漢代有心救世的學者，依據《孟子》的話，逐漸補添，則殊未必然也。漢代學術病根，正在只知傳述舊説，不能自出心意，若如胡君之言，則早大有進步矣。

　　胡君謂井田論爲孟子所虛制，後人一步一步，越説越周密。僕雖未敢苟同，然謂後人之説，不可以證《孟子》，則其説極精。僕謂豈特漢儒之言井田者，不可與《孟子》之論井田，互相證明而已，凡西漢今文家之言，以及儒家之書，與今文家傳授源流同者，幾無一可互相證明。自就史材言。以其皆同出一原，没甚添换，看似臚列多證，實不啻仍以其人之言，證其人之言也。無已，則以今古文家之説，互相勘證，以儒家言與非儒家言互相勘證，尚較可信。

　　胡君謂古代史材，舉不足信，誠然；然頗好據詩以爲推想，僕意亦未盡同。人之思想，爲時代所囿，此無可如何之事。生數千載之後，而欲據古人之詩,以推想其時之史實,其事豈不甚難?若用《詩》說,則仍與據他書無異。《詩》本謠詞,托諸比興,並非質言其事,橫說豎說,均若可通,尤易致誤而不自知,且即謂可以推想,亦必畧知其爲何時何地之作,然《詩》無達詁,三家所傳,亦多誦義。樸園此論最通,阿毛《傳》者,每謂其有《小序》爲據,能得詩之本事,故能知作者之意,《小序》出毛《傳》之前,抑出毛《傳》之後,今姑勿論,而詩詩皆能得其作誼,此即《小序》不可信處。恐孔門本無確知其爲何時何地之作者,即謂孔子言之,亦不足信。何則,風詩皆本於謠,謠詞作者,本不可知,如今一大學採輯歌謠,豈得謂輯此歌謠之人,即能知此歌謠之出於何時何地乎?而況於後之說詩者乎?況於三家之說,今又零落殆盡,所傳者惟自謂出於子夏之《毛詩》乎?三家詩說,佚亡已甚。樸園父子,兩世搜採,用力可謂至勤,然仍多誤入古文說處,故居今日而言詩,即自謂本於三家者,亦多用毛義而不自知。

　　《王制》、《周禮》等書,將封建制度,說得十分整齊,亦爲啓後人疑竇之一端,然此自出於後人之誤會。蓋托古改制之論,必歌頌其所托之時,以爲郅治之世,後人信以爲真,遂并其所改之制,以爲古代皆曾實行,而於理遂不可通矣。然《王制》州二百一十國云云,《周官》凡邦國千里,封公以方五百里則四公云云,鄭《注》固明以爲設法。夫使以此等設法之詞爲實事,則如《王制》所說,當時之天下,必真有千七百七十三國,悉爲王朝所封,奉行王朝之制度,而天子又以時巡守督察之。不敬者削以地;不孝者絀以爵;不從者流,畔者討,於是此千七百七十三國者,莫不奉命惟謹,而典籍所傳一切制度,遂無不實行,則誠必無之事。若知爲設法之詞,則所謂天子之田方千里,公侯田方百里,伯七十里,子男五十里云者,不過謂若立王畿,或封五等之國,當照此法云爾。原未嘗謂當時之封公、侯、伯、子、男,皆適與以方百里、五十里、七十里之地,王畿亦適方千里,不多不少也。州二百一十國,九州千七百七十三國云者,不過謂若將九州之地,照所設之法封建,可得如此國數,原未嘗謂當時九州之地,皆可聽王朝任便處置,因而實曾封建如此國數也。然則雖有此等虛擬之法,而當時實際所封,究有幾國?所封之國,所受之地,大小若何?一切制度能推行於其國者幾何？既經推行之制度，能歷若干時，然後廢壞？自然別爲一事。胡君謂古代從部落進爲無數小國，境內境上，還有無數半開化的民族。王室不過是各國中一個最強的國家，故能做一個名義上、宗教上的領袖。無論如何，那幾千年中，決不能有豆腐乾塊一般的封建制度；又謂我疑心秦始皇以前，並不曾有實際上的統一國家，要想做到《王制》等書所說整方塊的封建制度，是事實上不可能的，因而謂那時的中國，是很錯雜、很不整齊、很不統一的。因爲那樣錯雜不統一，故不能有整齊的井田制度，乃皆不足疑。蓋曾經推行天下，綿歷千載之井田，自然無有，而行之一時一地之井田，則不能謂其無有也。人爲此等誤解所誤者甚多，如夏后氏五十而貢，殷人七十而助，周人百畝而徹，斤斤焉爭其五十畝、七十畝、百畝如何更變，抑係various異實同，即由誤謂井田之制，綿歷三代，未曾廢壞致之也。又古人措說粗畧，徑以設法之詞當作實事者，亦往往有之。如《大傳》湯放桀而歸於亳，三千諸侯大會，退見文武尸者千七百七十三諸侯是也。然彼其意，自以代天下諸侯四字用，猶今人言萬國云爾。此等處，須各以當時言語之例解之。

又井田之制，以方里之地，劃爲九區，似係取象於九宮，如明堂之有九室，亦足徵其原起之古，若爲戰國時人所虛擬，則分割之法正多，不必方里而井矣。

封建制度，誠不容據古人設法之詞，認爲實事，然如胡君所云，徑改封建制度之名爲割據制度，則似又未安。或既以割據爲大名，仍別以割據爲小名，專指本來自立之國，與王朝所封之國稱封建者相對待，則尚可用。然割據二字，向來沿用，皆有既經統一，復割地而據之之意，與古代之本未統一者小殊。蓋封建與割據，自係兩事。割據者，許多錯雜之國家或部落，各據一方，本不相下。而封建，漢族既奪異族之土地，因以樹立其同姓懿親，以擴充其勢力，雖其後各自爲政，與本來獨立者無殊，然其初則自有滅異族以封同族，以擴充自己勢力之一事，不容抹殺也。僕謂漢族古代所以擴充本族之勢力者，全恃宗法，而宗法之制，則實借封建以行之。舊宗法之制，別子爲祖，繼別爲宗，繼別之宗，百世不遷。故有一宗子，即其始祖之子孫，無論若何疏遠，皆能聚而不散，而其族之力以厚。爲祖之別子，率皆有土之君，如始受封之諸侯，始受采地之大夫是也。

惟爲宗子者皆有土地，故有力以收卹其族人，惟爲族人者，皆與宗子共托命於此土地，故爲自保計，不得不翊衞其宗子。古代征服異族，鞭長莫及之地，率以此法行之。而天子於其畿內，諸侯於其境內，即大夫於其采地內，亦莫不行此法，故其設治極密，如束濕薪，到處皆爲此一族人所盤據，人民自無如之何矣。此其階級之制，所以能相沿至於數千年之久也。其後所以破壞者，則由此等有土之人，自相攻伐，諸侯既交相吞噬，大夫亦各肆併兼。如晉之六卿是。吞併人者，看似地愈大而勢愈強，實則被夷滅者，皆已降而爲平民。而此族之高居民上者，日以少矣。階級制度之破，平民升爲貴族者少，貴族降爲平民者多，王官之學，散在四方，亦以亦時。胡君不信九流之學出於王官，似於此中消息，未曾細參也。迨於最後，則居於民上者惟一人，欲去此一族者，去此一人可矣，秦之亡是也。且推原其詳，使一族之人，長此聚居一處，不與異族相接，原無所謂渙散，原不必設策以鳩之，所以必立宗爲收族之計者，原以散處四方，慮渙而不可復合故；原以與異族錯處，慮其混淆不能分別故，然則宗法之起，雖謂由於封建可也。兩事實相爲因果。封建制度之在古代，關係之大如此，豈得舉其名而去之哉。

　　古者宗與族異。族者，如歐陽尚書所說之九族，猶兼用女系，《白虎通》同。古文家以上自高祖下至玄孫爲九族，非也。俞蔭甫謂其誤九世爲九族，一語破的。宗則純乎男系也。族主親親，宗主尊尊。《白虎通》宗者，尊也，爲先祖主者，宗人之所尊也。族者，湊也，聚也，謂恩愛相流湊也。生相親愛，死相哀痛，有會聚之道，故謂之族。有宗法而同族團結之力始厚，有宗法而與異族競爭之力始強。古代之宗法，蓋實由團結同族，與異族競爭而起。親親故尊祖，尊祖故敬宗，敬宗故收族，收族故宗廟嚴，宗廟嚴故重社稷，數語盡之矣。古人說孝字之義，所以蟠天際地者以此。因當時一族之人，所以團結自保之道，舉於是也。以一孝字，可攝諸德。自係古代社會思想如此，儒家仍之。胡君謂至曾子以後，始擴充至於如此，僕意亦異。然則所謂孝者，其於同族誠厚矣，而其於異族，則亦酷矣。天下無論何事，皆當從各面視之。儒家者，出於司徒之官，本主教化，故其立說，皆偏於人倫一面。

三年間所謂人之所以羣居和一之理。舉當時社會所行，而緣飾之以爲天經地義，蓋古代司徒之立教本如此。不如是，則其教不尊也。夫儒家者，九流之一，一種制度，由儒家一面觀之如此，由別一面觀之，不如此也。各種制度，皆須合各方面觀之，然後能盡其理，但自儒家所觀之一面觀之，不能盡其理也。而中國自漢以後，儒家之義孤行，遂以由儒家一面所觀之理，爲獨一無二、一成不變之道。且如家族，其所由立，豈但在相親愛，亦豈有所謂天經地義。而自儒家說之，則以爲如此，彼自爲彼當時之社會立言，而後世之人，遂守其說以爲天經地義，因守其制，至於情見勢絀而不敢變，亦可哀矣。此談道者之所以上通而惡拘也。孔子之說，不盡於儒，惟行於世者，大抵儒義。出於儒以外之說，拘者莫之知，且將攘臂而攻之，自謂衛孔子之道也。此兩段所論，頗可與漢民先生從經濟上論家族制度之說相發明，惟漢民先生謂古代平民亦有宗法，僕意不然。古代平民，惟渙而不聚，故其勢易制，若亦有宗法，則難於駕馭矣。

以上所論，信筆言之，遂不自覺其詞費。本意在論貨幣，而信筆言之，論井田之詞轉較多。且於適之先生之言，若多所詰難者，非敢然也。適之先生，論事精覈，讀古書尤多獨見，僕最所服膺。去歲在天津講演新村之說，啓發僕最深，頗思爲文更申其義，病未能也。此書所爭，在於適之先生視古代學術進化較速，僕觀古代學術進化較遲，牽連之詞遂多，本意所異，在此而已。又適之先生所著《中國哲學史大綱》，案頭適無之，而中有論及之處，未能翻檢，並或有與願意不符處，亦乞諒之，僕學殖淺薄，近更荒疏，所論之必多紕繆，無待於言，諸君子進而辱教之，則幸甚矣。

呂思勉謹上　一九二〇年五月二十七日

（原刊《建設雜志》第二卷第六期，一九二〇年出版）

讀《國語表解》後記

高先生＊這一張表，於研究國語的方法，說得很清楚，我有點意見，附寫在後面。這一張表裏頭，我以爲第七條＊＊最爲緊要，爲什麼呢？因爲現在文言和國語的內容，都是貧乏的，祇有方言是豐富的，我到過的地方不算多，然而中國各省的人，除新疆人外，都看見過，彼此說話，總還勉強可通。然而對異鄉人說話，總覺得有一種困難：想到了意思，不能把方言變掉口音就說出來。要想法翻譯，另行做成句子。經這翻譯以後，總有"辭不達意"之處。本來很有趣味的話，興趣也就索然了。這種困難，不是我所獨有，就是"現在通行的官話"說得極好的人，也是有的。不然，爲什麼出門幾十年的人，遇着家鄉的朋友，"老鄉談"還要出場呢？難道一般的人，於"現在通行的官話"，沒有一個說得好的嗎？不是的，實在是由於國語的內容太貧乏。請看方言，總有許多譯不成國語的，卻沒聽見有國語譯不成方言的，就可見了。這又是什麼緣故呢？

統一國語的需求，決不是現在人才有的；統一國語這件事，也不是現在人才辦起的，在古代，早就要講究所謂"雅言"，所謂"文章爾雅"。"雅者，正也"，"雅言"和爾雅的文章，就是要求人人懂得。但是

＊　編者按：即高謹言先生，爲當時國立瀋陽高等師範學校國音講習會主講者。
＊＊　編者按：《國語表解》一文，與此文發表在同期《瀋陽高師週刊》，其中第七條，係論詞類方面的貢獻：（一）集"方言"而刊行專集。不能用字寫出來的方言，可用音標。（二）集"成語"而刊行專集。（三）集"諺語"而刊行專集。

統一國語,有兩種辦法,就是消極的統一國語和積極的統一國語。

怎樣算積極的辦法呢?就是咱們現在所希望的。咱們現在希望把各處方言,可收攝的,都收攝之而入於國語之中。這個並不是方言有求於國語,要想升做國語,算闊,實在是國語有求於方言。國語太貧乏了,要想沾些方言的光。其結果,國語是豐富了。國語是天天變動的,便是進化的,但這種情況,要交通發達了才辦得到,交通沒有發達的時候,除掉讀書人,官幕和商人的一部分,大都是老死不相往來。要想把各地方的方言,改變其讀音,使得人人都解,以致成為一種"雅言",如何辦得到呢?然而國語統一的要求,是古今人所同有的;統一國語這件事,古人也斷不能置諸不問的,然則當日是怎樣辦的呢?就衹有消極的辦法了。怎樣叫消極的辦法?便是各地方的人,見面時所操的語言,都是把自己向來所操的語言,割掉一部分來使用。因爲各處的方言,既然不同,甲地方人説的話,乙地方人總有不懂得的,乙地方人説的話,甲地方人也總有不懂得的。於是除(一)需用上必不可缺的語言和(二)彼此能互相瞭解的語言外,其彼此不能互相瞭解,而需用上又非必要的語言,就都删除了。我想不論什麼人,見了外路人,總比見了本鄉人,要少説幾句話。這個辦法,本來是彼此爲了便利其對方起見,然而一部分被删掉的語言,因此而愈沒有使用的機會,讀音就各自轉變而愈趨紛歧,到後來,就真變作"不雅馴"的方言了。國語的内容也就愈弄愈貧乏。以中國疆域之大,人民之衆,五方風氣之不齊,單靠着這種消極辦法,國語統一的前途,究竟還是危險的,於是再用"法古"的文言,加上一重保障。各地方言語的遷變,當然遲速不同,"雅言"既然要求人人都懂得,那一地方因遷變而新增的語言,自然不能羼入,然而語言這樣東西,究竟是進化的,是要變遷的,單靠着這種辦法,還怕他變遷得太快。以致純一不能保持,於是再生出一種法古的文言來,對於新增的語言,可排斥的,竭力排斥,舊有的語言,可保存的,竭力保存,務必把變遷的語言節制住,叫它不要變得太快。咱們若用現在口頭的語言,同宋元人談話,怕已經很困難了。請看宋元人的白話文便知道。然而古典主義的文學家所做的"桐城派古文"、"齊梁體"、"漢魏體"的駢文,假使韓、柳、徐、庾、建安七子復生,看了,一定大部分還可以懂得。這便是文言節制語言,叫它不要變遷得太快的效果。文言不但節制"詞類"、"語法",叫它變遷不要太快,而且還能"節制"、"統一"一部分"讀音",叫它不要變遷得太快,以致日形紛歧。所以國語之外,再加上"法古"的文言,實在可稱爲國語統一的二重保障。

不問時代,妄議古人,是我最不贊成的。咱們現在,所以能有"勉強統一的國語"、"極其統一的文言",都是古人這種辦法所賜。然而時代改變,在古人無可如何,只得取消極的辦法的,在咱們現在,卻非取積極的辦法不可,不然就要不夠用了,需要迫在眼前了。積極的辦法怎麼樣呢?便是把國語變成文字,製成一種國語文,把各處的方言都吸收來增加國語的內容,使它豐富,因而使國語文的內容也豐富。

吸收各地方的方言,增加國語的內容,辦法也有許多。我以爲收輯古書裏同類文言文上已經廢棄,而現在方言裏還有的,盡量用來做"國語文",就是頂主要的辦法。現在各地方的方言,看似歧異,其實同生一源,根本上決沒有什麼大異同。這種現在算作方言而不算做國語的話,其實決不是一兩處地方所獨有的,一定是許多地方所共有的,不過這種話,在異鄉人相見的時候,説起話來,把它删除得太久了。增加得最少的詞類,也就是古人所謂名,也都是雙音或雙音以上的,既然合雙音或雙音以上的音,然後成義,那就可以盡量利用舊有的單字,來表達新的意義,如師範的師,誰會誤解作軍師的師呢? 這樣,新字就可以少造了。譬如"喇叭"兩字,實在是"剌㐄"兩字之義,引伸假借著使用的。何以見得呢?《説文》:"址,剌㐄也。"吾鄉方言,形容人的作事,大而不可收拾的,叫做"開剌㐄花"。可見得"剌㐄"兩字,在文言中雖然廢棄不用,在俗語中還是有的。剌址是狀人兩脚張開的樣子,喇叭的口,也是開張得很大的,所以就借形容詞來做它的名詞。址字現在固然不用,剌字還是有用的,然而"剌謬"、"剌麻"等,也都變成雙音的詞類,而決不怕它和剌𠂔的"剌"混淆。倘使造"喇叭"兩字的時候,曉得這就是剌𠂔兩字,喇叭兩字就可以不造;把新造的叭字和廢棄不用而復活的𠂔字抵消,就可以少識一個喇字了。所以現在的方言,若都考究其根源,寫出它的本字,省得另造新字,於識字也很經濟。而且無形中,還可使人多通古訓,使現在的國語和古代的語言,更爲接近,讀起古書來也更覺得省力。這個方法,倘能盡力推行,我相信一部《文始》裏的字,章太炎花了許多工夫,才推求得它就是如今的什麼話,才懂得它是什麼意義,將來的小孩子,於其中的一部分,一定能一望而解的。

　　現在文言的所以難做,就是由於它內容的貧乏。我還記得兩件事。其一,有個某甲,執筆叙一件事,說一個鄉董,很得人家愛戴。有一次,許多鄉下人,聚在一起,要想打一個人。鄉董聽得趕去,還沒趕到,就高聲自呼其名,說"某某某來了"。鄉人聽得,就都住了手。他撥開人,走進去,把這個幾乎被打的人救了出來,一場事就算了結。這件事情,若用普通的文言或白話叙出,本來沒有什麼難處,然而某甲一定要做成一篇古文,那"自呼其名,說某某某來了"這句話,就總覺得叙不簡潔。後來去問某乙。某乙說:這很容易,用《三國志·張遼傳》裏的"自名入之"四字就得了。某甲很爲滿意。其(二),有個某丙,兄弟四人,他是老三。老大、老二、老四都是夫婦不和的。祇有這老三,伉儷甚篤。偏偏老大、老二、老四都是夫婦雙全,這老三卻斷了弦了。老三嘆息說,"我家內,兩口子四對,祇有我們倆是好的,偏偏她倒死了。"這一句話內,可謂有無限傷心。有人說:"這幾句話的意思,很可以做篇墓志銘。"當時就有三四個人都想着做,都做不好。後來有一個人做出來了,是"妃匹之際,君不能得之於臣,父不能得之於子,其燕婉相好者,年壽修短,復不能得之於天,是命也夫。命也夫!"衆人看了,無不嘆服。這種把今語譯成古語的本事,真是"神施鬼設"了。然而"自名"兩字,是靠着《三國志》上有這現成的詞類。《說文》:"名,自命也。"《祭統》:"夫鼎有銘。銘者,自名也。"可見陳承祚也是用的現成的詞類。

"妃匹之際……得之於天"，是運用《史記》的《外戚列傳》，也是現成的詞類，要是沒有這種現成的詞類，無論什麼大文豪，也就沒有法想了。所以我們現在做文章，變得非常困難，因為現在的人做文章，自然是要說現在人的意思，現在人的意思，是和古人不同的。自然有許多地方，古語是達不出的。然而說在口裏，是可以隨便說的，一到做起文章來，口裏所說的表達某一種意思恰到好處的話，就往往犯了禁例。文格愈高，這種禁例也愈嚴，祗有古書讀得極多極熟的人，於古語的詞類，積蓄得非常豐富，語法也習練得非常精熟，還能設法輾轉翻譯；將就一點的人，就都要束手無策了。所以主張新詩的人，評論中國的舊詩，說從前中國做詩的人，所用的工具，可謂拙劣之極。然而他用了這種拙劣的工具，還能做出這樣好的詩來，他使用工具的本領，實在是很可佩服的。我說，不但做詩是如此，就是作文亦是如此。說這種人的本領，非常可佩服，我也很贊同的，然而定要使用這種拙劣的工具，畢竟是很不經濟的。使用工具的方法，無論如何高妙，畢竟使用拙劣工具的人，造出來的東西，不能及使用精良工具的人。這也是無可如何的事。後代作古文的人，總算窮老盡氣，學先秦兩漢之文，然而作出來的文字，畢竟不能及先秦兩漢之文，這是什麼原故？就是因為先秦兩漢的人所使用的工具，是精良的，後世的人所使用的工具，是拙劣的，先秦的文章，或者不容易看出，《漢書》裏的《李廣蘇建傳》，請讀者諸君翻出來看看。這一篇文章，半篇是太史公作的，半篇是班固的。試把它仔細推敲，其中"詞類"、"語法"，夾雜著當時俗話的，共有多少，其餘的文章，就可以此類推了。詩也是如此。李太白、杜子美是齊名的，其實李太白的本領，哪裏能及上杜子美。杜子美各體皆工，各體之中，又各法皆備，真是"建章宮靠門萬戶"，縱不能說"後無來者"，卻也算得萬年古人。李太白除七言歌行之外，究竟有什麼特異於人之處？若是一味盲目的崇拜，那就無話可說，倘使用一點科學的眼光來看，就可見得李太白的七言歌行，遠出於其餘諸體之上。這是為什麼？我說太白的七言歌行，多半不是自己作的，都是把現成的歌謠來改的。這句話，我現在不過望空說說，將來文學史大明之後，一定有人，能用漢學家考據的手段，臚列出許多證據來的。太白各體詩，都遠非子美之敵，祇有七言歌行，的確可以并稱，就是由於太白所使用的工具，比子美好的原故。

現在主張文言的人，對於白話文的興盛，都有點咨嗟太息的意思。問他所以然之故，他們不過說，文體太壞了。殊不知這種思想，即把文、言的界限，持得太嚴。就是白話文興盛的原因。爲什麼呢？文、言的界限，持得太嚴，新興的言語，被排斥的，就一定多，新興的言語，被排斥的多，作起文字來，意思極不能達的地方，也就一定多，就不得不代之以白話了。有韓退之的"文起八代之衰"，才有宋元以來語錄、小說等等的語體文字出現。所以白話文的興盛，原因不在白話文的本身，卻在文言方面的壓迫。天下事，限界持得愈嚴，軼出於範圍的人，就愈多，這也不但文字是如此。單就文字方面立論，白話和文言的激戰，正是一種階級戰爭。

文言的毛病，一言以蔽之，就是內容之貧乏，現在的國語，也犯了這個毛病，現在有一種提唱做新詩的人，這種詩，到底高明不高明，可以算得詩，不可以算得詩，不必我說，就是提倡的人，自己念念，看看，也應當多有點覺悟的。我所以反對新詩，不但在他文字一方面，請參看本周刊＊十二號《新舊文學的研究》一文。然就文字一方面而論，他也有一個弱點。這個弱點是什麼？就是國語內容之貧乏，請看《新舊文學的研究》裏，我所引用的幾首歌謠，比現在人所做的新詩如何？這個卻怪不得現在做新詩的人，並不是他本領小，實在是他所使用的工具太拙劣，因爲舊時的歌謠，是用方言做的，各地方的歌謠，有許多非精通小學的人，寫不出他的字來的。新詩是用國語做的。

文章自然要講究內容，一味塗飾，自然算不得好，然而古典主義的文學，卻有一部分工夫，要用在詞類上頭，譬如我上文所講的"叙鄉

＊ 編者按：即《瀋陽高師周刊》。

董的事"和"做墓誌銘"兩個例,做得成和做不成的人,意思原是一樣的,所差的,就是一個有詞類,一個沒有之故。因此之故,有一種人,所做的文章,內容全無可取,只是把字眼塗澤,也有人歡迎的,理由也是因爲文言的內容太貧乏了。看文言的人,好比住在空山裏頭,枯寂得太甚,一旦走入都市,明知都市是腐敗的,表面上的繁榮,是虛假的,也禁不住有歡迎的意思,這也是"人情之所不能已"者,怪不得他,然而這種絕無真意、專講塗澤的文字,在文學上的價值,畢竟是很低的。卻是文言的內容太貧乏了,而使人歡迎這種文章。所以文言的限制太嚴,並能使文言的本身墮落。

以上說了一大篇話,似乎我極端主張語體文,反對文言的了,這也不然,我雖不算有學問,究竟中國的舊書,是曾經看看的,雖不算得會做文章,古典主義的文字格律、趣味,也算畧知一二的。古典主義的文字,不能廢絕,我也是承認的,不過以上這一段話,是論國語的多,而且只就國語要推廣的一方面說罷了。

(原刊《瀋陽高師周刊》,一九二〇年出版)

答程鷺于書

鷺于同學：得手書，辱承下問。僕於文學，於經學，皆非專門；於教育尤無心得，姑就鄙見所及，奉答如左；其是非殊不敢自決也。

一，來書問中學國文教授究當如何？此爲一至難解決之問題；斷非如鄙人者所能解決。但今日討論此問題者，亦似都無根本解決之方法。兹姑就鄙見所及，妄言之。鄙意今日中國之國文教授，非但指中學言。因中學國文教授，乃國文教授之一部分；必全體明，然後部分之問題，可以解決。必先將"文學"與"國文"，析爲二事，乃有可言。蓋國文猶語言然，文學則以語言製成之美術品也。天下固無全不須美之語言；然普通達意之語言，自與藉以製作美術品之語言有異。今試以文與言相對照：則普通達意之語言，猶尋常應用之國文也；口中甚美之辭令，猶美的散文也；隨口作成之山歌等等，猶美的韵文也。甚美之辭令及山歌等，固係言語所成；然豈得謂普通達意之言語，與甚美之辭令及山歌等等，係一物邪？普通之言語，人人能之；甚美之辭令與山歌等等，則非盡人所能。其故：一由各人之天性，一由生活之不同。同理：尋常應用之國文，人人可學而能；而文學上之國文，即藉國文以作成文學，則非人人所能。乃中國向者，重視文學太甚，幾幷文學與國文爲一談，凡舊式式之教授國文者，大都即教授文學也。自以文學、國文混爲一談，而國文一難。

復次，尋常應用之國文，原係人人可學而能；但其學之，亦必須一定之時日。蓋言語不能無遷變，遷變之跡，如日影之移，目不能見，而積之久乃甚著。中國書籍之存於今日者,其最古者,當在三千年以上。此等書籍,今人但能靠前人之注釋,讀而解之耳,實已不能仿爲矣,然其尚能仿爲,且全國言國文之人,皆奉爲圭臬,而竭力模仿之者,亦在兩千年以上。夫人類思想之遷變,如水之流,不捨晝夜。兩千年以來,思想之遷變,蓋不知其若干里程矣。思想變則言語隨之而變,自然之勢也。故今日全國言國文之人,所以奉爲圭臬,而竭力模仿之文字,儻使出之於口,必無一人能辨。則其爲已廢棄之言語可知。既已廢棄,而全國言國文之人,猶奉爲圭臬,而竭力模仿之者,夫亦有其不得已之苦衷者焉:(一)則中國向來崇古,欲知古人之道,必須能讀古人之書,欲讀古人之書,必須通古人之言。此自瞭解一方面言,崇古之習慣,使之然者也。(二)則中國疆域太大,語言雖大致相同,而細微之差異,則不知凡幾,彼此達意之時,若各操其方言,勢必有扞格不通之弊,於是在口語上,迫於必要,而所謂官話生焉。古代之書籍,通行既久且廣;又其語言久經死去,無復增添,即無復變化;無復變化,即不虞其歧異。藉楮墨以達意之時而用此,猶之口語中之官話也。此則從使用之方面言,實迫於事實上之必要而生者也。中國人有此在紙上說話皆以古語爲標準之習慣,於是能節制全國之語言,使之變遷不至過速,而保持國語之統一,且能使今人與古人之精神,益相密接;古代之教訓,有以深入於人人之心;使社會之思想,亦漸趨統一,以養成其深厚之民族性,自亦有益。但因此亦有篤舊而難變之病。然欲通國文者,則自此而難矣。蓋人欲學成一事,其難易,自以與其生活關係之密切與否爲斷。現在通行之語言,必其與現代人之生活,有密切之關係者也。欲一日不用之而不可。至古代之語言,與現代不同者,皆其爲現代所廢棄者也;所以廢棄之,則因其不切於現代生活故也。然則欲學"與現代言語相異之古語",即係欲學與現代生活關係較疏之言語。夫學與現代生活關係較疏之言語,較之學與現代生活關係較密之言語,其難易必有間矣。故寫在紙上之言語,須以古語爲標準,文、言分離。而學國文之事又一難。

然則盡廢文言，代以白話可乎？曰，不可，天下無突然而變之事，只其變遷之遲速有不同耳。故欲悍然而言曰：吾自某日，將盡廢其物而代以某物，乃爲必不可能之事。文言白話之廢興，亦同受此原理之支配者也。文言之所以不能驟廢者，有下列數層理由：（1）人類社會，無可一旦盡廢古訓之理，亦無能一旦盡廢古訓之事。非通文言，則古訓不可通。（2）向使中國社會，文言大致合一，則全國人所能筆之於書者，皆能達之於口；其不能達之於口者，乃與普通生活極不密切之一小部分；則讓諸專門考古之人之研究可耳，今也不然。以向者操筆爲文，以古語爲標準太甚，日常生活必須用之語言，亦有一大部分，爲文言所有而俗話所無者，儻使棄而不用，則意思必極不能達；若欲用之，則非通文言不可矣。今人固云："名詞成語等，盡可採用文言，特須將其句法、篇法，改就語體，則自然容易"。然天下事之困難，往往至實行而後見，懸想必不能盡知。今日白話文中所用之文言之名詞、成語，爲數甚多，亦非猝然可通。今日操筆爲白話文者，實無甚全不通文言之人，故不覺其困難耳。使其人而全不通文言；其所學之白話文，果全以口語爲基礎；則視此事，亦必不甚容易矣。（3）即"名詞成語採用文言，句法篇法全用語體"之說，亦必不能盡行。蓋在習慣上，數千年來，文言爲有智識之人所操，白話爲一般人所操。有智識者，原不能不說話；然關涉某種智識時，亦仍藉文言以濟口語之窮。故文言之句法篇法，皆較白話爲進步。其最顯而易見者：（a）在"簡省"：文言能以少數之言語，達較多之意思；白話則無論如何，終必較繁，試以近人白話所譯之書，與文言所譯之書，比較觀之可見。若"讀"及"作"，皆全廢文言，而代以白話，此中所消耗之時間，煞是可驚。關於此事，蔡孑民爲白話辯護云："讀文言者，在腦筋中，仍必翻成白話，然後能瞭解；翻譯之工夫，難道不算？"此言不合事實，請問既通文言者，讀文言之書籍，究有在腦筋中一一翻成白話，然後能瞭解之事乎？文言盡多翻不成白話者，試問如何瞭解邪。若謂學白話較之學文言功夫可省此是皎然之事實，然天下事，不能單講學習時省工夫，亦須講應用時省工夫。學習時多費工夫，至應用時減省，實係值得之事。文明人受教育之期限，必長於野蠻人，職是故也。試以算術爲喻：不講法則而腹算，不待學習，人人能之。學筆算之加減乘除，一兩點鐘可會。學珠算則大不然矣。試代"以算帳爲生活者"打算，願學珠算乎？抑不學算，而恃不講法則之腹算，立刻任事邪？（b）在"確定"：白話之句法，不能如文言之意義確定，亦爲顯而易見之事。（c）在"勢力"：普通應用之文字，與美術文原係兩事，然天下無全不須美之文字，特其程度有差耳。美之最切於日用方面者爲"勢力"，即"與讀者之刺激力"。此刺激力之大小，實爲文字佳否及適用與否之所由判。就此點言，白話亦不如文言。

然則仍全用文言而不用白話乎？曰：亦不可。其理由亦有三：（1）在活潑：白話爲現今全國人所同用之語言，文言實惟一小部分人用之。與人人之生活皆密切，故能活潑而富於現代的趣味，此亦一種美也，在美的方面言之，白話之價值，大於文言。（2）在善變：語言須隨思想而變遷。向者之文言，原非不隨言語而變遷，然其變遷也極遲。凡事皆有離心向心二力。向者之文言，對於古語爲向心力；而口語則顯離心力之作用。即隨思想之變遷。古語可廢者，口語必盡力廢之；新語可增者，口語必盡力增之。而文言則反是。古語非萬不得已弗棄，新語非萬不得已弗增。有新語之離心力，而後人之思想，不至爲言語所滯窒；有文言之向心力，然後能聯鎖。使今古人之思想，其關係之脫離，不至太快。二者實闕一不可，今後亦仍當并行。今後社會之思想，變遷必速。文言原未嘗不可隨之而增加其變遷之速度；然思想變而後言語隨之，言語變而後文言隨之，其間終須多一層轉折。若即以口語筆之於書，則文之變遷，與語同時；在文字上，不至有應變後時，致格不達意，或滯窒思想進步之弊。（3）則以現在生活之環境，及受教育之期限，文言必非盡人所能通；且恐爲大多數人所不能通。勉強寫幾句，或勉強能看淺近之書而實不貫串不算通。此非空談，有事實上之證明。今日守舊之士，每詆學校生徒之國文爲不通。夫學校生徒之國文，則誠不通矣。舊日私塾生徒之國文，又何嘗通？以吾觀之：則現在學校生徒之國文，與舊日私塾生徒之國文，正如二五之於一十。今日學校生徒之病，在只能作"自由說""愛國談"等等空論，而不能真達其胸中所欲達之意。舊日私塾生徒亦然，所能者，乃"追想唐虞"、"頌贊孔孟"等一派陳言耳。真欲使之達其胸中所欲達之意，彼其窘於落筆，與今日學校之生徒正同，半斤八兩，蘆席上滾到地下，尚何必度長絜大乎？昔日之私塾，與今日之學校，其教授誠不能謂之得法，然教授即不得法，亦無功夫多花至一倍之理，即謂功夫須多花至一倍矣，今執私塾教師而問之曰："中人之資，勤讀十年，國文可通乎？"必曰："可。"學校自國民學校入學起，算至中學畢業，亦十年也，舊式之讀書人，終其身於國文者無論矣，新式之生徒，中學畢業後，肯留意於國文，於十年之外，再加以相當之功力者，亦非無之。然其結果，不通者依然不通也。以此事實，可以證明現在之所謂國文，以吾人之生活狀況而言，必非盡人所能通。其通者，乃天性近於此；不關教授之得法，亦不關其人之肯特別用力於此也。凡人對於某事能特別用力，乃由其性之所近，非盡人皆可勉強。所以然者：文言雖亦係一種語言；然較諸口語，與吾人日常之生活，關係疏密，究大有間，執人人而強其通與生活關係較疏之言語，勢必不可得也。故現在之國文教授，誠不得法；然即改之得其法，國文亦非盡人所能通。現在之教育期限，誠不算長；即延長之，亦屬無益。

然則今後之國文教授，究當如何乎？以鄙意言之，當分爲三：

（一）最淺者。純用白話；其白話且須全以口語爲基礎。可參看《建設雜志》中朱執信論廣東土語文篇。

（二）較深者。普通應用之文言。

（三）最深者。文學的文言。

（三）爲專門之事，姑勿論。（二）可於中學中授之。但期其能解，勿期其能作；而能作者亦勿遏抑之，則得之矣。請更申説其理由。

天下無論何事，天分之力，皆居十之八，人工之力，只居十之二。性之所近者：一見即能感覺其趣味，即能得着門徑，從此加功，自然能悟入深處，且彼自然深嗜篤好，不待迫促而孜孜不能自已；性不相近者則不然：一見其事，即覺漠然，既不感覺趣味，亦無綫索可得。於此而強之使爲，任其自然則終無入處；勉強求之，則走入歧路。此凡百學問皆然，而國文亦其一也。以吾人現在生活之環境，文言既非盡人所能通，即斷無強人人學之之理。此高等小學以下，所以宜專授以白話也。白話而帶文言性質多者，仍苦太難；故必全以口語爲基礎。

至中學，則其中必有一部分能通文言之人。非謂小學生中無之，然即能通文言者，初教授時，仍宜從白話入手，篤舊者每謂"文學宜自古及今，能通先秦兩漢之書，則於後世之文字，無不能通"。此言誠然。然"能通先秦兩漢之書者，於後世之書無不能通"爲一問題，"入手之時，應否即授以先秦兩漢之書"，爲另一問題。譬如能舉百斤之物者，自無不能舉三十斤之物，然入手之時，是否即應令其學舉百斤之物，自另爲一問題也。故"能通先秦兩漢之書，則於後世之文字無不能通"之事實，非可爲"入手即授四書五經之教法"作辯護。向者讀書之子，何一不先讀四書五經？然及其能瞭解，何一不從《水滸傳》、《三國演義》起耶？故即能通文言之人，當小學時期而授之以文言，仍嫌其不適當，至於有天才之人，自然不在此限，然此等人，本宜施以特別教育，置諸今日學校教育之下，終嫌其廢時可惜。此則關涉學制問題，非復國文教授問題矣。文言即不容不授。即僅欲通白話者：然（一）今日之白話文，與文言之交涉尚多，真以口語爲基礎者甚少。能畧通文言，於白話文之瞭解上，亦非常有益。特如文中所用之詞類，他日語言程度增高後，自能使今日僅見於文言者，皆變爲口中所有，然在今日，則固未能。詞類瞭解之多少，於讀解及自作，皆有非常之關係，而詞類多從文言中來，未能畧通文言，自不能瞭解多數之詞類，即其最著之一端也。（二）則其所作之白話文，亦可使之多少有點文言化，於文字簡省，意義確定，且有勢力三點，均有非常之益處。故在中學，文言必不容不授，但其授之，必須兼爲欲通文言者及僅欲通白話者計算，使其精神日力，皆無虛耗，乃爲得策，夫如是，則莫善乎"求其解而勿責其作"矣。

然則教授之方法，可知已矣，欲通一種文字，猶欲通一種語言也，求通一種語言，捨多聽多説外，決無他法，然必耳中先有所聞，乃能矢之於口，使何種意思，當以何種言語達之。若耳中從未聽過，而欲其矢之於口，此爲必不可得之事，無待言矣。今日學生國文之不能通，其受病之根源，即在於此，蓋今日學校中教授國文，只執成文數十百篇,死講其文法及修詞之法,而不使學生自己讀書。夫文法者,謂以某種言語,達某種意思所宜遵循之格律云耳,今也胸中並無此等言語,甚且並無此等意思,而日日與之講格律何益？故學生之學國文,當以"令其自己讀書"爲第一義。

關於此事,去歲《新青年》中曾載有胡君適之一文,其所論,大致與鄙見相同,但有兩點,鄙人不以爲然者：(一),胡君大畧舉出應讀之書目,其書程度太高,非中學生所能瞭解；分量太多,亦非中學生所能畢讀,即擇讀,亦不易；且擇讀之事最難,非初學所能。(二),胡君謂讀書皆在自修時,入教室則專從事於講貫。鄙意國文一科,講貫簡直有妨教學效果,須將其減至最小限度,在教室之時間,盡從事於講貫,尚覺其太多。如鄙意：則(一)學生所讀之書,不必限定何種,聽其自己之所好可也。蓋必好之,然後能多讀,然後能有悟入處。故僕欲爲學生之讀書作一格言曰："自己最好讀之書,即自己最宜讀之書。"(二)教室內亦以學生自己讀書爲主。次之則學生質問,教員答,次之則教員就學生之所作,加以批評,教員之提示,須減至最少限。

教師殆全然處於被質問之地位；學生終年無所問,教師雖終年不言可也。凡疑義,貴乎自思；一疑即問,亦屬不宜。凡人之學問,必一級一級,逐步而進；欲躐一級不得。假令學生程度可分九級,全班學生二十七人,三人在一級,教師講授,能立在第四五六級,使一二三級之人,不致十分無味,七八九級之人,不致全不瞭解,已覺難能可貴矣。其實於一二三七八九級之人,仍無甚益處。惟由學生自己發問,則在第幾級之人,自能發第幾級之問；斷無第九級之人,忽發第七級之問,第一級之人,反發第三級之問之理。故凡學生之所問,即學生之所最需要者也。而教師之所答,乃恰能掖之使進一級；教師立在第四五六級,方不至使一二三級之人,欲進而無人指導；七八九級之人,受指導而仍有不能企及之虞也。凡爲學生者,往往既喜言自動,而同時又歡迎教師之講解；此則於自動之意義,並未眞瞭解也。夫學問之長進，乃精神活動之結果。若言生理的心理，則仍係生理上活動之結果。讀書至百遍而自熟，猶之練體操，爲某式之運動，至若干次而筋力自強，此筋肉之強，斷非由體操教員講明其運動之理而即得，學國文亦猶是也，真正之瞭解，斷非由教員講解而得。歡迎講授者，每曰："吾上課一時，即得教員提示之義理一條，若自修，則或百小時而不能悟及此也。"殊不知彼所得諸講授者，其觀念皆模糊而不明，非真瞭解也。苟能發憤自修，或歷一千小時始有悟入處，亦未可知，然一有悟入處，必能同時有數十百條真確貫通之瞭解，持以與專聽講授者較，則彼至此時，仍並一條之真解而無之也。

然則所謂良教師者，果如何乎？曰：記不云乎？"蓋待問者如撞鐘，叩之以小者則小鳴；叩之以大者則大鳴；待其從容，然後盡其聲"，於學問之全體，皆能貫通。於學生之性質，皆能熟悉。於教授之方法，多所通曉。學生有問，答之皆適如其分，此即最良之教師也。來書云："教員應予以最精良之工具，俾可貫通各種文學而無阻。"此言微誤。求學問之工具，乃各人自己所造，爲教師者，只能於其自造工具時，畧加輔助耳。工具非有物焉，可由師授之於弟子也。

又學生所作之文字，當主批評而不主改削。蓋批評乃指出其不合處，如說明這樣表達不可，其餘可表達之法甚多，則其途寬，而學生之心思活潑，易於自尋門徑，自行思索。若由教員爲之改作，則學生必以爲"如我所作則不可，如教員所作則可"，可與不可只剩兩條路矣。

又通國文，但須多讀多看，至其時自有悟入處。切勿妄講文法，勉強用心推求。（一）則文學之美，多由直覺非可強求。惟由直覺，故昔人謂"可以意會，不可以言傳"也。（二）則中國人之文學，爲科舉時代所誤，昔之批評文字者，百分之九十，皆係妄加穿鑿，惟於作應舉之文，稍有用處；此外皆無益有損。現今講文法及修詞學之書，文理既通之後，閱之自然能解。若欲恃此而求通，則爲必無之事。猶之研究語法，乃既會説話後之事；不能執此以學語也。

來書謂"當使之能知古今文學之遷變"云云，此言太高，離中等學生之程度，遠而又遠，此乃文學家之事。胡君適之謂"現在學校之講文學史，同於兒戲"，誠哉其言也。

來書問經學今古文之別。案《史記·儒林列傳》云："言《詩》，於魯則申培公，於齊則轅固生，於燕則韓太傅；言《尚書》，自濟南伏生；言《禮》，自魯高堂生；言《易》，自菑川田生；言《春秋》，於齊魯自胡毋生，於趙自董仲舒。"此皆漢初所出，最純正之今文學也。其後分立十四博士。《詩》魯、齊、韓，《書》歐陽、大小夏侯，《禮》大小戴，《易》施、孟、梁邱、京，《春秋》嚴、顏。案劉歆《讓太常博士書》："往者博士：《書》有歐陽，《易》則施、孟；然孝宣皇帝猶復廣之，立《穀梁春秋》、《梁邱易》、《大小夏侯尚書》。"《漢書·儒林傳贊》："初《書》惟有歐陽，《禮》後，《易》楊，《春秋》公羊而已。至孝宣世，復立大小夏侯《尚書》，大小《戴禮》，《施》、《孟》、《梁邱易》，《穀梁春秋》；至元帝世，復立《京氏易》；平帝時，又立《左氏春秋》、《毛詩》、《逸禮》、《古文尚書》。"則《書》之大小夏侯，《禮》之大小戴，《易》之施、孟、梁邱，劉歆云最初即有施、孟，非。《春秋》之穀梁，已非純正之今文學。云孝宣世所立，亦不足信。近人吳興崔氏所著《史記探原》、《春秋復始》，論《穀梁》為古文學，甚詳。然猶不甚相遠也，至《京氏易》、《左氏春秋》、《毛詩》、《逸禮》、《古文尚書》，則翻其反而已。

近儒多知古文經爲劉歆所僞造，然所以僞造之由，則罕有洞明之者。案漢代社會，極不平等。其不平等之原因，由來甚遠。蓋當社會未甚進步之時，往往分離爲無數之小部落。此各部落之經濟，殆皆處於自給自足之狀況。而在其部落之中，則皆行共產之制。方是時，部落中之各個人，日惟胼手胝足，爲社會事生產，而一己之所消費，則由社會之分配供給之，固無所謂私產，亦無所謂交易也。迨乎生產之方法進步，則除爲社會服務外，即共產社會分配於個人之工作，更有餘閒，以從事於生產；此所生產之物，固當爲其所自有。而其時交易之事，雖不行於本部落之內，卻時時行於部落與部落之間。隨世運之進步,而此等交易之事,日益繁多。其後各小部落,且漸次相併,而成爲較大之部落。夫當各部落獨立而行共產制之時,其經濟的組織,固嘗一度爲合理之措置。然自生產方法進步,而其與自然之關係變,自各各離立之部落,交通日益頻繁,且漸次合併而成較大之部落,而社會之組織亦變。前此之經濟組織,行於此時,未必合理;且必不復能行,可斷言也。於斯時也,彼部落與部落相遇,必有戰爭之事,有戰爭必有勝敗,勝者爲王,敗者爲奴,而貴賤之階級起焉。從前共產之組織,既已不能復行,人之生產,乃非復爲社會生產,其消費,乃不復能仰給於社會;而各以自己之力,爲自己之消費而生產。然一人之身,而兼百工之事,其勢終不可能,乃有所謂交易之事。夫如是,則其生產,既以其物爲商品而生產之矣;既已爲盲目而生產矣;其結果,乃有幸不幸之別,而貧富之階級生焉。以上之說,乃經濟史觀之明示也,我國之社會,其獨立爲無數小部落而行共產組織之時,蓋邈哉尚已。然此運之變,非一日而大遠於其故,當其各部落漸次合併,前此共產之制,漸次破壞時,其時社會之組織,仍帶若干共產之色彩,讀《王制》一篇可見。此篇固孔子托古改制之作,並非古代真有此制度,然托古改制之思想,亦必有其背影。故以經籍所言爲古代之真事實者固非,以爲全係孔子之理想,古代并此等事實之影跡而無之者,亦屬武斷。其劇烈之變動,蓋在春秋戰國之時,讀《漢書·食貨志》及《史記·貨殖列傳》可見也。當此劇烈變動之時,而社會貧富之階級,乃日益顯著。孔子托古改制,特提出救濟之策,其救濟之策,則仿行古代社會之共產組織是也。讀《小戴記·禮運》篇孔子告子游之言,及《王制》篇,可見其略。然孔子所定此等救濟之方案,只能行於眾國分立之時,而不能行於秦漢之世,天下既已統一之際。西漢儒者,蒿目時艱,欲圖救濟,始終未能應用此原理,更立一具體的新方案。而欲以孔子所定之方案,畧加修改而實行之,此其失敗之根源。西漢儒者,殆無一不以救濟社會貧富之不均爲目的,然此本甚難之事。西漢儒者迄未有瑰偉絕特之大思想家,及大實行家,亦未有真得位乘時者,故武昭宣元之世，終徒托諸空言，迨哀平之際，而瑰偉絶特之王莽出焉，耳席可以實且之勢，故終至在中國歷史上，演出一部失敗的社會革命。事雖失敗乎？然其偉大則誠可驚已。夫居今日而欲宣傳社會主義，猶爲甚難之事，而況二千年之前乎？王莽改制之必托諸孔子，與孔子改制之爲托諸禹、湯、文、武，其事固後先同揆也。夫以舉世所誦習之古文經，而忽焉謂爲王莽劉歆所僞托；以舉世所崇持之堯、舜、禹、湯、文、武，而忽焉謂其事跡皆僞，皆孔子之所托；其爲人所駭怪，固意中事。然苟即孔子、王莽所處之時地而深思之，當時定有一種救濟社會之策，而欲從事於宣傳，欲見之於實行，捨托古外，更有何策？史公有言："好學深思，心知其意。"苟能好學深思，則世所見爲終怪者，固皆不足怪耳。西漢社會，富豪階級有三：（一）大地主；（二）商人；（三）擅山澤之利者；此皆春秋戰國以來，懸而未決之社會問題也。蓋當行共産制之時，農田以平均之方法，分配於人民，所謂井田之制是也。井田之制，固不能如儒家所説之整齊劃一；然亦必有其事，所謂"托古改制之説，必仍有其背影"是也。僕去歲致《建設雜志》一信，可以參見。* 其供廣義農業用之土地，則作爲公有；人人得而使用之，但須守一定之規則，所謂"林麓川澤以時入而不禁"也。自共産組織漸次破壞，於是貴者持其權力，侵削平民；富者亦恃其財力，固行兼併；而田連阡陌之大地主出焉；貧者乃無立錐之地矣。林麓川澤等公有之土地，亦漸次爲私人所佔有，則貨殖列傳所傳諸富豪是也。而以生計組織，日益進步故，交易之事日繁，商人之勢力亦012大，晁錯重農貴粟一疏，言之詳矣。要而言之，我國社會共産之組織，破壞净盡，而社會經濟起一大革命，實在春秋戰國之時。合之於《史記·貨殖列傳》、《漢書·食貨志》二書觀之，可以想象其大概也。

以上所言，凡以證明孔子與劉歆、王莽，皆爲托古改制之人。有孔子而後有所謂經，有劉歆王莽而後今文經之外，別有所謂古文經。而治經必分別今古文之理，亦於是而可明焉。蓋改制由有一種懷抱，欲施之於當世，而托古其手段也。此爲已往之事，與吾人無關。吾輩今日之目的，則在藉經以考見古代之事實而已。夫如是，即發生今文與古文孰爲可信之問題。予謂皆可信也，皆不可信也。皆可信者，以托古改制之人，亦必有往昔之事實，以爲藍本，不能憑空臆造；皆不可

---

* 編者按：即《致廖仲愷朱執信論學書》。

信者,以其皆爲改制之人所托,而非復古代之信史也。

由上所言,乃得下列之結論:

(一)欲考見孔子學説之真相者,當以今文家言爲主;欲考見王莽、劉歆之政見者,當以古文經爲主。(二)欲考見古代之事實者,則今古文價值平等。其中皆有古代之事實,皆有改制者之理想。吾輩緊要之手段,則在判明其孰爲事實,孰爲理想而已。但雖如此説,畢竟今文之價值,較大於古文。其中有兩層理由:一則人之思想,爲時代所限,以無可如何之事,孔子與劉歆、王莽雖同爲改制托古之人,然孔子早於劉歆、王莽數百年,其思想與古代較接近;由之以推求古代之真事實較容易。二則造假話騙人之事,愈至後世而愈難,故王莽、劉歆,後於孔子數百年,而其所造作之言,反較孔子爲荒怪,讖緯之書是也。因騙人難,故不得不索性出於荒怪,使人易於眩惑。此等怪説,其中雖亦含有幾分之神話,爲治古史者最可寶貴之材料;然出於有意造作者多,大抵足以迷惑古代事實之真相。

今古文在考古上之價值如此,吾人從事於考古之時,不能不將二者分別清楚,自無待言。蓋今文家説源出孔子,古文家説祖述莽、歆。則考見孔子學説之真相者,固不容不剔除莽、歆之言;欲考見莽、歆學説之真相者,亦不容不剔除孔子之語。且古代史實,今日既無忠實從事於記載之書流傳於後,而欲憑孔子、莽、歆改制所托之書,以推求想象也,亦自不容不先將孔子、莽歆之所托者分清,然後從事於推求想象也。且古代之書,傳至今日者,大抵闕佚不完;任考一事,皆係東鱗西爪,有頭無尾。夫兩種本同之説,經割截及傳訛之後,即可見其不同。故任考一事,往往有數種異説,使人無所適從。然苟於今古文學家之學説,能深知其源流,則極錯雜之説,殆無不可整理之爲兩組者。即諸子之書,於今古文家言,亦必有一合。既整理之爲兩組,乃從而判決其是非,則較臚列數多異説,而從事於判決者大易矣,且誤謬必少。此亦治經必要分別今古文之一最大理由也。

尤有進者,則治經不當以分別今古文爲已足,更當進而鑒別今文家之書，判定其價值之大小。此實爲今後考古者必要之手段，蓋吾國經學，凡分三時期：

（一）今文時期　十四博士以前之説是也。十四博士之説，僕頗疑其已非純正之今文學，或當時《史記・儒林傳》所述八家，分爲新今文學派與舊今文學派，但此分別爲必要與否，今尚未敢斷言。

（二）古文時期　東漢馬、鄭諸儒之學是，皆崇信古文經，爲之作注釋者。

（三）新古文時期　此派起於魏晉以後，其中有大關係者爲王肅一人。蓋東漢末造，古文盛而今文衰，其後古文家中，浸至鄭玄一人之説，獨佔勢力。蓋其時經説太繁，派別家法太多。繁雜則中人之材，難於遍涉，派別多，乃令人無所適從。鄭玄起，乃將前此之所謂家法者，盡行破壞；全用主觀的方法，隨意採取；亦間用考據的手段，穿鑿牽合，於是有此一家之書，而他家之書若可廢，昧者不察，且謂玄以一人而奄有諸家之長。其實以後世之事譬之。玄所用者，乃毫不講方法，隨意聲鈔之鄉曲陋儒之法也。而其學説，遂自此而大行矣。盛名之下，必有思起而與之爭者。當時與玄反對而今可考見者，亦有數人。但其説多亡，無甚關係，而王肅以爲晉武帝之外祖故，其説大行。而肅所用之手段，尤爲陋劣。蓋科學之所研求者爲事實，學説之合不合，驗諸事實而是非可明。經學家之所研求，則爲與孔子之説符合與否。孔子已往之人也，勢不能復起而爲之判斷，故其是非，本爲一難解決之問題。肅乃用卑劣之手段，僞造《孔子家語》、《孔叢子》、《孔安國尚書傳》、《論語孝經注》，以其學説，托諸孔子後人，曰：此孔子子孫之言，必爲信史矣。其實孔子之學，傳諸弟子，未聞傳諸子孫也。此亦可謂之托古，但孔子、王莽之托古，皆因有一種主義，欲行之以救世而然，而王肅之托古，乃專以之與人爭名，爲大異耳。托古之變幻至此，真匪夷所思矣。

托古改制，愈托而去古愈遠，清代諸儒之考古，亦愈考而去古愈近。其初閻、王諸家之攻《僞古文尚書》，則破壞魏晉以後之新古文，而復於東漢時代之古文學也。自武進莊氏、劉氏，以至最近南海康氏、井研廖氏，則破壞莽、歆所造之古文經，以復孔子學說之舊也。今後學者之任務，則在就今文家言，判決其孰爲古代之真事實，孰爲孔子之所托，如此，則孔子之學說與古代之事實，皆可焕然大明，此則今之學者之任務也。此節所論，請參閲梁任公《前清一代中國思想界之蜕變》，見《改造雜志》三卷三號至五號。又托古以淆聲事實，惟王肅爲可鄙，孔子與劉歆、王莽，則有不得已之苦衷。且學問家所謂"求真"之一觀念，至後世方有之。在孔子與劉歆、王莽時，既未有此觀念，自無所謂古代史實不可淆聲之道德。且古代本亦無信史，並非因孔子與歆、莽之托古而其真相乃亡。不得以作僞議古人也。

今文經之不得概執爲古代事實，亦不得概以爲孔子所造，而有待於鑒別，即就文學上觀察，亦可見之。蓋言語思想隨時代而遷變，後人之思想，決不能盡同於古人；即必不能作爲與古人密合之言語；此爲確定不移之事實。而鑒別書籍之出於何時代，從文字上觀察，實爲一極可信之法。但其方法必極微密，且必爲科學的，不得爲現在文學家之籠統觀察，用"可以意會而不可以言傳"之方法耳。攻擊僞古文尚書者，所列之證據甚多，而從文字上判決，如"每歲孟春"之每字，非古書所有，"火炎昆岡，玉石俱焚"爲魏晉後人語等是，亦爲其最有力理由之一，且最初之疑點，實由此而入。今文《尚書》中，《堯典》、《禹貢》，反較《周誥》、《殷盤》爲平順易讀，此可信爲真虞夏書乎？《周易》之卦辭爻辭，何等簡奥難解，與其他春秋時之文字比較，似一時代之文字乎？此皆足以證明今文書中，有孔子自撰之文字，亦有鈔録古書者也。春秋以後人之所撰，非必杜撰。與前此之真古書，在考古上，其值價不能同等，無待言已，故有分別之必要也。此分別也，方法有種種，但須着手於考據後，方能言之，望定無從詳論也。

尤有進者，就今文家言中，分別其孰爲鈔録古書，孰爲孔子及孔門後學者所自撰，甚爲緊要，而經與傳之分別，卻不甚緊要。經之中，有鈔録古書者，亦有孔子及孔門後學者所自撰之文字。傳之中，亦兩者俱有之。蓋經與傳，同爲孔門後學所傳，以其所傳之經爲可信，則其所傳之傳亦可信也。以其所傳之傳爲不可信，則其所傳之經，亦不可信也。且經與傳必合而觀之，而其義始完。觀吳興崔氏《春秋復始》卷一《公羊傳當正其名曰春秋傳》一條可見。僕致建設社函中，證明《孟子・萬章》上篇論歷史之言，皆爲稱補《書》說，亦可見此中之關係，蓋如是乃可見孟子民貴君輕之義，皆出於孔門，而《尚書》乃爲一有價值之書。若將孟子、伏生、史公之言，盡行剝奪，不以爲孔子之書義，則二十八篇《尚書》，果有何道理？孟子一生，最主張民貴之義，而亦最崇拜孔子，若將此等說刪刈，則孔子乃一主張君主專制之人，孟子不將詆爲民賊獨夫，而安得稱爲生民未有乎？僕所最不解者，爲北京大學朱君希祖之說，見《北京大學月刊》一卷三號《整理中國最古書籍之方法論》。謂欲判別今古文之是非，必取立敵共許之法，"古書中無明文，今古文家之傳說，一概捐除。""所舉證舉，須在今文家古文家共信的書中"。因而欲取《易》十二篇，《書》二十九篇，《詩》三百五篇，《禮》十七篇，除《儀禮》中之傳與記，《詩》、《書》之序。《春秋》、《論語》、《孝經》七書，以爲判決今古文家是非之標準。果如所言，則必（一）保證今古文家之傳說不可靠，而此七部"惟字義有通假大致是相同的"經，則極可靠，然經在傳授源流上，較傳爲可靠之說，孰爲之保證乎？（二）朱君必曰：今古文家所傳之經，"惟字義有通假"，此外則"大致相同"，此即其可靠之證據也。蓋古文家之學爲僞造而非出於孔門，固朱君所不承認也。然試問此七書者，朱君果能解釋乎？抑解釋之時，仍有取於前人之傳注乎？若云自能解釋，則宋以後憑臆說經之手段也，度朱君必不取，若有待於後人之傳注，則於今古文家言，必一有所取矣。憑"任取其一以爲解釋之經文"，以判別兩造之是非，不亦遠乎？對於經文，今古文家無異說者，原亦有之。然今古文家言，本非絕對相異，其中同處正多，此等處本無問題，無待解決，若向來相持不決之問題，則彼此必各有經文爲據。觀許慎之《五經異義》及鄭駁可見也。若有如朱君所云簡單明瞭之法，可以解決，前此說經者，豈皆愚呆，無一見及者乎？朱君謂古書當"就各項學術分治；經學之名，亦須捐除"，自爲名論，獨其所持之方法，則似精密而實粗疏，且其攻擊今文家之語，乃專指南海康氏欲尊孔子爲教主,曁井研廖氏晚歲荒怪之説言之,此兩説在今日,本無人崇信,何勞如此掊擊?抑豈得以此兩家之説,抹殺一切今文家邪?康氏欲崇孔子爲教主,自係有爲而言,廖氏晚年荒怪之説,亦誠不足信。然康氏昌言孔子改制托古;廖氏發明今古文之别,在於其所説之制度;此則考古界兩大發明,有康氏之説,而後古勝於今之觀念全破,考究古事,乃一無障礙。有廖氏之説,而後今古文之分野,得以判然分明,亦不容一筆抹殺也。近代崇信古學者,莫如章太炎;何以亦不視堯、舜、禹、湯、文、武、周公爲神聖,而有取於孔子托古改制之説邪?清代今文學晚起;今文學家之業,所就未與古文學者之多,事誠有之。然此乃時間問題,不足爲今文學者病,更不足爲今文學之病也。乃近有一部分學者,幾目今文學爲空疏荒怪之流,而盛稱古文學者爲能求是。《東方雜志》近載陳君嘉益《東方文化與吾人之大任》一文,堅瓠君從而評之曰:"嘗謂吾國經學,本分今文家與古文家兩派,今文家志在經世,其失也緣飾而附會;古文家志在求是,其失也碎義而逃難。夫固各有長短,然舊籍真面目之得遺留於今日,則當由古文家尸其功,即以科學方法而論,亦以古文家較爲近似。陳君文中,於微言大義,《公羊》三世之説,稱引至再,詎其學出於今文家歟?"此言竊不知所謂。志在經世,古人皆然;純粹求真之主義,近日科學輸入始有之;前此今文家固不知,古文家亦未有也。觀吾所述劉歆、王莽造作僞經之由,可以知其志在經世,抑在求是。今文家緣飾附會,證據何在?讖諱之作僞起哀、平,與古文經同時併出之物也,顧不爲緣飾附會乎?舊籍之真面目,得以遺留於今,當由古文家尸其功,此言益不能解,豈謂三家之《詩》,伏生之《書》……皆不足信;惟《古文尚書》、《毛詩》、《逸禮》、《左氏春秋》……,乃爲可信乎?且古文經之大異於今文經者究安在?設無古文家,舊籍之真面目,何由遂晦乎?古文家近於科學方法之處又安在?許慎之《五經異義》,據孤證以決是非;鄭玄之遍注羣經,破家法而肆穿鑿;足以當之乎?陳君此文,多雜引近日報章雜志,及新出之書,本非考古之作,其引證古書,自亦無從嚴甄真偽，一稱公羊三世之說，遂以爲其學出於今文家，天下有如此之今文學乎？夫以清代之古文學者爲能求是，則今文學晚出而益精，恐未容執其中一二學者有爲而言之言，一筆抹殺；若謂古代之古文家即能求是，則吾不知其所求何是也。僕爲此論，非欲攻擊時賢。特以學問上之方法，必真足以求真而後可。如上所論之方法，私心實未敢爲然，而亦有一部分人信之者，故發憤而一道也。

以上皆論兩漢時今古文之學。自魏晉以後，今學固佚亡殆盡，古學亦殘闕不完；而別有一種魏晉人之學，與之代興。其中亦可分兩派：（一）如前所述之王肅等。其學原即東漢時之古文學；鄭、王皆破壞家法，雜糅今古；然皆側重於古。特其憑臆爲說，變本加厲；至不惜造作僞書，以求相勝；其所說，更不如馬、鄭、賈、服等之可信耳。（二）如王輔嗣之注《周易》。多主空談玄理，而不能如兩漢時之樸實說經，世多以此訾之；然魏晉人學術之程度，確高於兩漢人，蓋西京儒者，雖有微言大義之存，然罕能貫通，多不過謹守師說；而此師說，又本爲殘闕不完之說。東京儒者，則所求古文不過訓詁名物末末；其學瑣屑而無條理；儒家之學，至此僅有形質而無精神，實不足以厭人心。而魏晉人之學，乃代之而起。魏晉人之學，所以異於漢人者，即在於有我。自有思想，故非有形質而無精神。此派學術，確能使古代哲學思想復活，以爲迎接佛學之預備，雖由此以求孔門之微言大義，古代之典章名物，皆不如漢人之學之足恃；然魏晉哲學，在中國學術史上，亦有甚大之價值。今此學之湮晦，亦已甚矣，講而明之，寧非學者所有事？夫欲使魏晉之哲學復活，則魏晉人空談說經之書，其中亦有可寶之材料存焉。且魏晉時去古究近；古人學說，未曾盡亡；雖曰任情，究有依據。即以魏晉人之思想，測度古人，亦自較後世所臆測者爲近。則即由此以求古，其價值亦自與唐宋以後之學不同也。

附論：後世多以魏晉人之學爲道家之學，與儒家無涉。此大誤也。吾謂中國古代，自有一種由宗教變化而成之哲學，爲中國民族共有之思想，儒家道家之哲學，同以此爲根源，觀《瀋陽周刊》三十一、三十二期所載僕之講演。* 可以得其端倪。儒家之哲學，大部分在《易》。今文《易》説盡亡；古文家之於《易》，多僅談術數；而儒家之哲學，遂不可見。然今文《易》説，在魏、晉時，固未亡也。魏晉人之談哲學者，皆《老》、《易》并重，其言《易》，迥異於東漢人。夫一種思想，不能無所本而突然發生；則其中必多有今文《易》説存焉。所惜者，魏晉士大夫又有好言神仙之術者；而當時之神仙家，又藉儒道二家之哲學，以自文飾；且援《老子》以入神仙家，後世之人，雖亦知道家與神仙家本非一物；然罕知神仙家本一無所有，其類似道家之説，盡係竊諸儒道二家者，於是道家與神仙家之界限，終不能劃然之分明；至儒家談哲理之説，則并盡舉而奉諸道家與神仙家，不敢自有矣。吾何以知神仙家本一無所有也？蓋天下無論何種哲學，無能承認人可不死者。且苟談哲學，無論淺深，亦斷無貪求不死者。求不死者俗情，謂人可不死者，天下之至愚也。曾是言哲學者而有之乎？而神仙家謂人可以不死，以求不死爲目的，此足以證明其毫無哲學思想矣。然則神仙家果何所有乎？曰：神仙家起於燕、齊之間；睹海市之現象，而以爲有仙人。故其所謂仙人者，在海外三神山。又此派之人，頗通醫學，於是組成一種至淺極陋之宗教，以求不死爲目的，以（一）求神仙，（二）煉奇藥，（三）御女，爲達目的之手段。彼其所謂不死者，非謂精神可以不死，乃直謂肉體可以不死。尸解之説，乃其大師既死，情見勢絀，臨時想出自解免之言耳，非其所固有也。此派自漢武帝以前，專以熒惑君主爲事。爲所惑者，齊宣、燕昭、秦始皇、漢武帝，皆非昏愚，又《左氏》載齊景公問晏子："古而不死，其樂如何？"古無爲不死之説者，有之者惟神仙家；則景公亦爲所惑矣，景公亦有爲之主也；可見此派自漢武以前，在貴族社會上，勢力之大。然至漢武時其僞畢露矣！怪迂阿諛苟合之技無所施，乃轉而誑誘愚民，張角、張魯、孫恩之徒是也。然既屢次擾亂治安，則爲政治所不容，而在下層社會中，又無以自立，則恃不死之

---

* 編者按：即《中國古代哲學與道德的關係》。

說，有以中貪夫之心，其金石之劑，服之亦有一時之效，如寒食散是也。仍延其殘喘於士大夫之間。夫既容與士大夫之間，則不能不畧帶哲學之色彩，而《老》《易》之哲學，爲當時社會通行之哲學，遂竊取之以爲緣飾附會之資。此如近二十年來，人人能言生存競爭；而歐戰以後，又人人能言合羣互助云耳。本無足奇，乃世遂不知其本來一無所有，亦惑矣。然彼之所有，雖盡竊諸儒道二家，而儒道二家之哲學，在今日傳書不多，必轉有存於彼書中，故《道藏》之書，在今日，亦必有一部分有研究之價值也。《太極圖》即其一證也，《太極圖》原出道書，後世之所謂道書，即神仙家之書。清儒力致之，然所能證明者，確係取諸道書中，而在儒家，無傳授形跡之可微耳；其與《易》說不合處何在，不能得也。夫使其爲圖，果與《易》之爲書，了無關係，何以能密合如此？且又可以之演範乎？則其爲《易》之舊說，爲神仙家所竊，在儒家既亡，而在神仙家書中轉存可以見矣。

　　東京之季，古學盛而今學微，歐陽、大小夏侯之《書》，施、孟、梁邱之《易》皆亡，《齊詩》在魏已亡，《魯詩》不過江東，《韓詩》雖存，無傳之者。《公》、《穀》亦雖存若亡，於是東京十四博士傳授之緒盡絕，所餘者，惟東漢之古文學，與魏晉人之學之爭。其在江左：《周易》則王輔嗣，《尚書》則孔安國，《左傳》則杜元凱。其在河洛：《左傳》則服子慎，《尚書》、《周易》則鄭康成，《詩》則併主於毛公，《禮》則同遵於鄭氏見《北史·儒林傳》。是江左兩派之勢力相等，而河洛則純爲舊派也。然迄於隋，鄭之《書》與《易》，服之《左氏》皆微，而王輔嗣、僞孔安國、杜元凱之書代之，唐人所修《十三經注疏》，大體沿隋之舊。其中除《孝經》爲明皇御注外，漢人之注與魏晉人之注，恰如得其半，又疏之學，至唐代而亦衰，無復措心於經學者，習帖經墨義之士，始有事焉，則相率奉官頒之書爲定本而已。蓋至唐而兩派割據之局定矣。而何休之《公羊解詁》，巍然爲今文家人碩果，存於其中，後世考今文家言，猶得有所憑藉者，獨賴此書之存，此外比較完佚者，則《韓詩外傳》、伏生《書傳》及董子之《繁露》而已。

　　《十三經注疏》爲唐代官纂之書，從古官纂之書無佳者，《正義》荒謬之處，前人已多言之。然材料存焉，仍不可不細讀，特其讀之須有門徑：其(一)，有現代之科學思想，(二)，知古人學術之源流派別而已。

凡事不知古則無以知今，今、古二字，作前、後解。而各種學問，皆貴實驗，非搜集多數之材料，紬其公例，以爲立說之基。游談無根，終必自悔。材料有存於現在，得以身驗者，自吾有知識以來，躬所涉歷者是已。有身所不逮，必藉資於前人之詔誥者，書籍之足貴蓋由是也。凡事既不知其前，無以知後，則求學問之材料於書籍，亦宜自最古者始，吾國最古之書，則先秦兩漢之書是已。此中經之與子，吾人本平等相看；然求之卻宜自經始。因自漢以後，儒學專行，傳書既多，注疏尤備；自經求子易，自子求經難，手段上之方便則然也。此不獨社會科學然，自然科學亦無不然，陳蘭甫謂草木、鳥獸、飲食、衣服、宮室、車馬，求三代以前者較易，漢魏而後者反難，因前者治經之人多有注釋，後者則記載闕畧是也見《東塾讀書記》。不及檢書原文，但槪述其意而已。

以上所論，皆僕之私見，大畧具是，至其詳細方法，則非立談所能罄。若引其端緒，則《改造雜志》所載梁氏之文，臚舉清儒所著書甚博。治經學從清儒入手最好。此篇所舉書目多而且精，大足供初學者之參考也。依類求之，或先各類泛覽大畧均好。僕意欲得今古文門徑，先閱《小戴記·王制》一篇及《周官經注疏》，陳立《白虎通疏證》，其中多有以古文改今文處，不可從。陳壽祺《五經異義疏證》四書最好。

梁氏稱清代治古文學諸儒爲正統派，以清儒所用之方法，致此而始完也。又稱清學當極盛之際，即其就衰之時。觀於今文學者所就之業，未與古文學者之多，其言誠亦可信。竊謂以經學爲一種學問，自此以後，必當就衰，且或並此學之名目，而亦可不立，然經爲最古之書，求學問之材料於書籍上，其書自仍不能廢，則治經一事，仍爲今後學者所不能免，特其治之之目的，與前人不同耳。清儒治經之方法，較諸古人，既最精密；則今後之治經，亦仍不能無取於是，特當更益之以今日之科學方法耳。夫以經學爲一種學科而治之，在今日誠爲無謂，若如朱君之說，捐除經學之名，就各項學術分治，則此中正饒有開拓之地也。故居今日而言分別今古文,亦只以爲治學之一種手段,與問者斤斤爭其孰爲孔門真傳者,主意又自不同。僕少不好學,荏苒遂逮今茲;皮骨奔走,人事間之;豈望有所成就？春秋富而鄉學勤,如吾鷺于者,乃庶幾終成此業也。

（原刊於《瀋陽周刊》,一九二一年出版）

致光華大學行政會書

《論語》：子貢問政。子曰：足食足兵，民信之矣。子貢之問，蓋爲軍事而發，故又繼以必不得已而去，"于斯三者何先"，"于斯二者何先"之問。若在平時，則食也，兵也，信也，豈有可去其一之理？而孔子論政，既重德化，亦安得忽捨素富後教之訓，而以足兵繼足食哉？

國於天地，必有與立，所與立者，則人民之能自衛也，又非徒自衛而已。進而主持正義，抑強扶弱，進世界於大同，皆將於是乎基之。

戰以民爲本，民非食則無以維其生。有食矣，足以維其生矣，然無械器，則亦無以與強暴抗，製梃以撻堅甲利兵，乃孟子極言仁政之效，非謂血肉之軀，真可以冒白刃也。孔子言戰，首重能戰之民，次維民生之食，次禦強敵之械，其序秩然而不紊，其言即千載而如新也。

秦漢而後，中國一統，外無強敵，而專制君主，又恒忌民力之強，遂以銷兵爲務。承平之時，舉國幾無一兵。雖有名爲兵之人，其實非兵，不過取備兵之名目而已。兵且無有，而軍食與軍械，更無論矣。山有猛虎，藜藿爲之不採。我國自衛之力，缺乏如此，宜其日爲人所侵凌也。今欲奮起自衛，進而主持正義，抑強扶弱，以臻世運於大同，則守禦與征討之力，皆不可以不豫。守禦與征討之力維何，亦曰：造成能戰之民，充足維持民生之食、抵禦敵人之械而已。

孔子曰：以不教民戰，是爲棄之。然其答子貢之問，僅言立信，而不言教戰者，古代兵民合一，人人嫻於戰陳，苟能立信，即皆可用也。所謂教者，亦非教以戰陳之技。今則武備久弛，民皆不能爲兵，雖有至信之將,亦無從用之,故造成能戰之民,實爲首務。造成能戰之民,其道維何? 曰:使人民皆有當兵之技,平時即豫爲成軍之備而已。欲使人民皆有當兵之技,必先使之練習。今本校有學生軍之設,欲使閑於文治之人,兼資武備,意固甚善,然能當兵之人,而僅限於學生,究尚嫌其不足,必擴充之,及於全國之民而後可。據今軍事學家之論,普通兵卒之技,必須在軍營中練習者,不過三月,餘皆可習於平時,苟能廣爲提倡,不過十年,人民有當兵之技者必衆,苟能成軍,或徵或募,加一時之訓練即可。美國參加歐戰,倉卒造成大軍之事,不難復見於我國已,何謂平時預爲成軍之備?案《漢書·高帝紀》:二年五年,蕭何發關中老弱未傅者悉詣軍,注引孟康曰:古者二十而傅,三年耕,有一年儲,故二十三而後役之,又引如淳曰:律年二十三,傅之疇官,各從其父疇學之。此所謂傅者,即著役籍之謂,古者兵民不分,兵亦職役之一,故凡著役籍者,皆有當兵之責,故《漢儀注》謂民年二十三爲正。一歲爲衞士,一歲爲材官騎士,習射禦騎馳戰陳,年五十六衰老乃得免也。各從父疇一語,最可注意。疇,類也,蓋即今所謂職業團體,古行世業之法,職業固父子相繼也。今世作戰固難在兵卒之多,尤難在兵費之巨,此後戰役,曼地必廣,閱時必久,度支籌畫,尤苦爲難。竊嘗反復思維,謂必有一策焉,能使費用雖多,而國家財政,人民生計,均不受巨大之影響而後可。夫物,分則見其少,合則見其多。事習焉則人安之,創行則以爲厲已。然則欲求戰費多,而國計民生均不受巨大影響,惟有分攤之於各方,豫儲之於平日而已。欲將戰時費用,分攤之於各方,豫儲之於平日,則古代各從父疇之法,深可採用也。今之所謂兵者,專募無業游民爲之,此法將來必不能復用。當兵者既非游民,則必各有其職業;當兵固全國人民共有之責,則兵費亦應由全國職業團體共負之。今若制法,凡人民之服兵役者,苟其恃庸雇之直以生,雇主於此時,不能停止,並不能減少其雇直。戰而死,或傷不能事事者,須照給至其子能自立之時,子願繼父之職,該職業團體,必給以一位置,其非恃庸雇之直爲生者,同業之人,亦宜醵資,如其所得之數與之。如是,國家所發之餉,僅須贍養兵卒一身,而其家族之生計,不必代爲維持,不幸死傷,振䘏之費,亦已早具。無庸更行籌畫,則戰費支出,可以大減矣。

各職業團體,負擔雖若加重,然可集合同業,訂立規約,以謀負擔之平均。如有兩商肆,甲肆之死於戰者三人,乙肆一人,則死後照給庸直,兩肆宜各出二人之直。且定豫儲之計畫,負擔既均,又行豫儲,則戰時支出,雖不減於平時,固亦不至十分竭蹶。死傷者照給庸直等,並係戰後歷年分出,非在一時。出資者不甚竭蹶,而受之者足以安其生,則人民生計,亦不因戰事而生大變動矣。此等組織,不論何團體,皆可行之。且如學校,受庸直以生者,爲職教員及工役,職教員之閑武事者,可以披堅執銳,長文墨者,可以飛書馳檄。工役之職庖厨者,可隨營司炊爨。長奔走者,可編隊司傳遞。諸如此類,悉數難終,要之各奮所長,皆足收國民扞城之效,苟使平時豫立規則,一切支出,皆減幾分之幾,以爲戰時照給庸直之需,則征發之令朝傳,赴敵之人夕集,內顧之憂既泯,先行之氣必張矣。夫戰也者,或合全民以爭自由,或舉全國以維正義。必四境之內,震動恪恭,各竭其力,而後可蘄有勝。非徒委諸介冑之夫,而可以集事也。近有軍閥相爭,到處迫民服役,謂之拉夫。民之苦之姑勿論,而彼運輸亦不得捷速,接濟亦不得充足,今僅戰在國內耳,若以此與外國戰,豈不危哉。故必將全國之民,編制如一軍隊然,一旦發動,乃能各色人等皆具,而不至於闕事也。嘗慨古之所謂義師者,不復見於今日,初幾疑古書所謂軍禮等,皆係欺人之談。閱事稍久,乃知古今異俗。古人之語,實不我欺。何則?今專募最無知識,最不道德之人以爲兵,彼不徒無欲善之心,且未知何者爲善,何者爲惡。其淫殺焚掠,無所不至也固宜。若昔者皆以良民爲之,安得有此?他固勿論,甲子歲杪,齊燮元之兵劫掠武進,思勉之所目睹也。當時變兵在城市者,十五爲羣,武進商團,或一人持槍逐之,無畏色也。又聞諸鄉人,某鎮遭劫掠,團丁奮木棒禦之,死者數人,團長樊富財與焉。某鎮聞潰兵至,闔閭以拒,鄉董某君,挺身至閭門外,兵至,劫以械,使命閭者啓門，某君不可。曰：必殺我門乃可啓，潰兵無如何。鎮人賂以銀三百元去，鎮遂得全。某君平時，恂恂儒者也。某鄉之團丁，城中之商團，非必皆勇者也。然而義憤所激，或不顧其身，何也？名之所在，義之所在，固足使人顧慮激發而不敢背也。今或使本校之學生軍出戰，夜則聲相聞，足以相知，晝則目相見，足以相率，雖或懷安，孰敢先走，而又豈有暴橫劫掠之舉乎？故必使全國之良民爲兵，而後可以有良兵。必使全國有職業之人爲兵，而後可謂之使良民爲兵。

　　足食之策有二。一提倡社倉，平時可借貸於民，具農業銀行之用。農業銀行之利，較商業銀行爲薄，營業者未必肯投資，即願投資，亦非農民自助之意也。農民互助，出穀易而出錢難。社倉所儲之穀，時時借貸於民，即具推陳出新之用，農民得穀，多與得金無異，即便於得金，可指倉穀抵押於普通銀行，得款轉貸之農民，是與集資以設銀行無異也。貯藏者必以金屬貨幣，以其價難變耳。今幣價趨勢，日益低落，積存現款者，往往不數年而損失甚巨。今貯藏倉穀，以時出舊易新，轉可歷久而價值不變，又可使農民習於貯藏公共財產，管理公共財產。一舉而數善備焉。至戰時，則舉國社倉之積，可由國家借爲兵糧。照古法三年耕，餘一年之食，以三十年之通，則吾國可與人大戰十年而無糧食匱乏之患。較諸歐洲戰時，諸國兵未交而即限制糧食者，霄壤殊矣。一在提倡多食雜糧及寒食。今日瘠土之民，固有以雜糧爲食者，而沿江一帶，幾無不專恃稻米。夫古之種穀者，不得種一穀，以備災荒也。今以數千萬方里之地，而專恃一穀以爲食，宜其荒歉之易逢也。專食稻米，以養生言，以適口言，皆無特勝之處，不過乏人提倡，習慣難變耳。今提倡宜由本校始，立一會，推舉會員數人專研究以他穀爲主食，製成多種食品，校中人各隨所嗜，食之以代稻米飯焉。研究既有頭緒，便可推行於校外。製成食品出售可也。家家自炊，本極勞費，故歐洲戰後，公厨勃興。中國若能提倡公厨，則婦女炊爨之時間，可以大省。然公厨所售，必廉於自炊乃可，此則非以雜糧代稻米不能。又公厨所炊，不能如私家自炊，與進食之時相應，則非人民習於冷食，公厨又不能行矣。又冷食之法，極便行軍，且可省炊爨之時，俾婦女多得餘暇,亦研究食物時所宜注意也。以上兩策,提倡多食雜糧與冷食,校內即日可行。提倡社倉,則本校地處法華鎮,亦可設法試辦焉。吾國賦役之法,莫善於黃册及魚鱗册,即明初大學生所成也。有爲者亦若是,吾曹豈讓古人專美哉!

　　足兵之策,一時幾無從說起,予友某君,任職兵工廠二十餘年,嘗語予,當日本提出二十一條件之時,政府嘗密令全國兵工廠料揀軍械,會其數不足供一年之用。今日戰爭,實恃械利,軍械缺乏至此,又多窳敗,寧不可嘆。欲圖整頓,又無巨款,此則有志衛國之士,所爲撫膺扼腕者也。補救之道,固有多端,斷非一時所能具陳,亦非外行所能擬議。然竊謂獎勵人民多藏軍械,亦其一法。今人民固多好武者,如戚墅堰之民,即常年聘有教師,教習拳術槍棒等。夫居今之世,不兼習打靶等有裨戰陣之技,而徒練習槍棒,此如亡清之世,戰陣久用槍炮,而武科猶僅試弓刀石矣。然此非練習者之咎,政府禁藏軍械爲之也。今之論者,皆謂民間軍械愈多,則亂勢愈熾,故斤斤焉禁售軍械,汲汲焉搜索民間存械,其實亂與不亂,與民間有械無械,了不相干,彼作亂者,曷嘗不能得軍械?曷嘗能禁止之?徒使良民無以自衛耳。若謂良民有械,必將爲亂民所奪,則良民之不能保其械者,必不購械以資盜以自禍。能購械者必能用之,能用之,斯能保之。縱或見奪,爲數必少,在良民之手者必多也。關東胡匪之熾,原因甚多,政府禁良民購械自衛,亦其一也。東人言之,無不蹙額。賈生過秦之論,吾邱禁民挾弓弩之對,千年謬見,至今未破,誠可嘆悼。竊謂今者欲求軍械充足,政府於良民及地方團體之買軍火以自衛者,不徒不當禁止之,且當獎勵之,輔助之。如是,民間藏械日多,一旦有事,皆國家之用也。此非本校所及,然本校學生軍,苟能請得軍械者,宜亦勿以自私,當訂立規則,與近地願習之人共之。

　　以上三端,皆造端弘大,實國家百年之大計,而其始,皆可自本校唱之。千里之行,始於跬步。譬如爲山,雖覆一簣,進,吾往也。作始也簡,將畢也巨。又孰能測其所至哉?

此項計劃,鄙人懷之已久,在學校中,亦恒擇其可行者,爲管理校務者言之,即如提倡多食雜糧及冷食一事,在瀋陽高等師範學校,即曾草具意見書提出。在江蘇省立第一師範學校,亦曾緩頰言之。鄉里荒歉之歲,又嘗著論載之報端。然聞者非斥爲不可行,即笑爲不能行,問其何以不可行,則曰:向未有此而已。問其何以不能行,則曰:習俗難移而已。孟子不云乎:責難於君謂之恭,陳善閉邪謂之敬,吾君不能謂之賊。今日先覺之士領導民衆,猶昔日大臣之事君也。謂其民不能者,賊其民者也。夫時無不可爲,功無不可就。所患者,人人蹈常習故,聞有深謀碩畫,則目笑存之耳。七年之病,求三年之艾;苟爲不畜,終身不得。今民國十六年矣,試追想當民國元年之時,曾有陳十五年之計,而聞者笑以爲迂者乎? 而今則忽忽十六年矣。玩時愒日,使萬事皆隳壞於冥漠之中,其何能淑,載胥及溺,此則可以痛哭流涕者也。

（原刊《光華大學周刊》第一卷第五、六兩期,一九二七年出版）

再致光華大學行政會書

敬啓者：鄙人於十六年四月間，曾上書貴會，請將本校學生軍，推行校外，並在法華鎮提倡社倉，以爲將來對外作戰之備。現貴會議員，雖多更易，然原書曾刊載本校周刊第一卷第五、六兩期，想知其說者尚衆。今日此議，推行尤易，敢舉大畧，爲貴會陳之。

本校從前之學生軍，係學生自行組織，參與者僅自願練習之人，本學期則由學校定爲課程，人人必習，能者愈多，推行校外，自益便易。推行之法，宜由本校商同軍事教練，將普通人初步可學之事，編爲課程。由本校學生願任此事者，擔任教練，招近地人民之願學者學焉。提倡之法，可以暫止於是。所教者宜極簡易，來去宜極自由，不可定出嚴密之規則，使人望風生畏。蓋領導民衆之所爲，宜以領導爲限。過此以往，則聽人民自爲，則流弊少而成功大，否則效亦反之。蘇文忠請存卹河北弓箭社之議，司馬溫公論保甲之弊，固可資借鑒也。蘇氏之言曰：今河朔西路被邊州軍，自澶淵講和以來，百姓自相團結爲弓箭社，不論家業高下，户出一人，又自相推擇家資武藝衆所服者，爲社頭社副録事，謂之頭目。帶弓而鋤，佩劍而樵，出入山阪，飲食長技，與北虜同。私立賞罰，嚴於官府，分番巡邏，鋪屋相望，若透漏北賊，及本土強盜不獲，其當番人皆有重罰。遇其警急，擊鼓集衆，頃刻可致千人，器甲鞍馬，常若寇至。蓋親戚墳墓所在，人自爲戰，虜甚畏之。司馬氏之言曰：一丁教閲，一丁供送，雖云五日一教，而保正長以泥塐除草爲名，日聚教場，得賂則縱，不則留之。又曰：事既草創，調發無法，比户騒然，不遺一家。又巡檢指使，按行鄉村，往來如織，保正保長，依倚弄權，坐索供頓，多責賂遺，小不副意，妄加鞭撻，蠶食行伍，不知紀極。中下之民，罄家所有，侵肌削骨，無以供億云云。

招收女生，本校言之已久，而迄未能行，豈不以宿舍之闕乏哉！鄙意今宜招募大學生，有願居鄉間者，以十人爲一隊，人數既定，則向鄉間租地或買地，造茅屋若干間，以爲此等徙居鄉間之大學生之宿舍。自此宿舍，造路以通本校，而將現在之大學生宿舍，漸次空出，以爲招收女生之備焉。此等宿舍，必須星羅棋布於鄉間，而不容聚居於一處，且必用土墻茅屋，而不容爲耐久堅固之建築，其理甚長，請得而畧言之。以今日中國處境之窘，遲早總不免與陵我者一戰。即無戰爭，亦不可無戰備，惟能戰乃能不戰屈人也。語曰：兵有利鈍，戰無百勝。以今日戰事規模之大，中國疆域之廣，一朝啓釁，斷無全綫可以處處得勝之理。就軍畧言，必有棄而不顧之地，乃能併力以制勝於要害之處。然暫棄不顧之地，必遭敵兵之蹂躪，室廬器用，所損既多，恢復不易。抑當暫棄不顧之地，人民爲所役使，器物爲所借用，轉足增益敵軍之兵力，是借寇兵而賫盜糧，甚非計也。故今後作戰，沿邊沿海之地，至少須有五百里，可以暫時棄置，而於我仍無大損，於敵仍無大益者，勝算乃覺易操。夫以國民生長食息之地，驟棄數百里不顧，而欲其於敵無益，於我無損，其事豈易言哉，其道有二焉。一可徙之物，悉徙之行，二不可徙之物，悉毀壞之，勿以資敵而已。然則我國民在此等區域之內，其室廬器用，必極簡易，俾遷徙便利，即毀之亦所損不多，且必有極便於遷徙之路可知也。遷徙惟居室最難，土墻茅屋，冬暖夏涼，空氣流通，本於衛生最合，雖不如瓦屋之堅固，然建造修葺，爲費皆廉，較之瓦屋，仍無多費。設欲棄之，毀其墻，撤其屋較易，事定歸來，重建亦不難也。或謂戰時棄地，乃儻來之事，安得豫以此爲慮，而節嗇國民日用居處以防之。殊不知以我國今日處境之窘，爲國民者，本應節嗇其日用飲食，使平時之消耗，一切變爲禦敵之具而後可。且我國今日，正在整理土地之際，房屋易於拆毀重建，實於整理爲尤便也。社倉之設，愈分愈妙，清代晏斯盛嘗欲令一堡百家置一倉。方觀承行社倉於直隸，先相度地勢，就衆村環拱之處而置倉焉。其於各村相距，極遠者不過三四十里，近者乃十餘里，此法最可採。鄉間形勢，本合若干村，則有其湊集之地，今姑名爲集，合若干集，則又有其湊集之地，今姑名爲鎭。今宜於各村皆修一煤屑路，以通於集，各集皆修一煤屑路，以通於鎭。自鎭更修路，則可連於國道縣道，無往弗屆矣。路綫當就水道兩旁，合鄉民之力，歲浚水道使之深，浚出之泥，即以培路，則水益深而路益高，水深則畜洩有資，路高則冲毁不易，而年年加工，則初築時不必甚堅，而後亦不虞其毁壞。初築時不必甚堅，則工程省而興擧易矣。路之寬初可不拘，後宜逐漸加闊，自村至集之路，除兩旁人行道外，中間至少須可行運貨摩托車一輛，自集至鎭之道路倍之。如是，則各種車輛，皆可通行。人民之自置車輛必多，雖婦人孺子，亦可漸嫺駕駛，一朝有事，皆國家之用也。社倉之積，戰時可由國家借爲軍糧，前書已言之，即謂國家糧儲充足，不必借貸，亦可將就近倉儲，運赴前敵，而由國家續運他處之穀，或指明他處之穀以爲償。斯時也，婦人孺子駕一摩托車，皆國家運餉之員。乘一自行車，即軍中斥堠之隊也。即以平時論，亦百物流通，公私饒衍矣。此實百年之至計也。

《記》曰：無曠土，無游民。歐洲大戰之時，與於戰事之國，以糧食之艱難，庭園之中，道路之旁，靡不種植，雖小學生，亦能灌漑刈穫，可謂知斯義矣。中國若圖與人作戰，此等習慣，養之亦不可以不豫也。今日江南，號稱人滿，若論寸土必闢，其實相差尚遠，此事亦宜本校提倡之，校中之地，十年之內，不擬建築者宜種樹。一年之內不擬建築者宜種菜若雜糧，種樹必擇其易成有用者，十年則可伐爲材。利近，則雖淺慮者，亦知歆慕矣。如是，招鄉民觀之，告以寸土不棄之法及其利，則效爲之者必多，積之，皆國家社會之大利也。平時養成勤苦纖悉之習，一旦有事，驅之爲國家效力不難矣。

古之教者，黨有庠，術有序，國有學，皆行禮觀化之地，其於人民，關係實深。故曰：強不犯弱，衆不暴寡，此由大學來者也。又曰君子如欲化民成俗，其必由學乎？我國今行大學區，制原於法。法之大學區，於一區中，有關民生計之國事，靡不詳加計劃，學以致用，固宜如是也。或謂學校宜研究學術，不以世務關懷，此固一理。然人之性，能遺棄世務，潛心學理者少。思有所作爲，以自效於當世者多。術性不同，未可強之使出一軌。因材而篤，實爲施教之方，不可爲一偏之論所惑也。

一九二七、一九二八年的兩封致光華大學行政會書原刊《小雅》第一期，改名爲《一個足食足兵的計劃》。前言云：此兩書，一在十六年四月，一在十七年十二月，書中所言情形，與今日已有不同，然其原理之可採則一，抑各地方、各團體，皆可師其意而行之，不獨光華，並不獨學校也。書中計劃，眼光遠大而切近易行，無錫錢君賓四，嘆爲西京賈晁之論，良非過譽。前書曾在本校周刊發表，校外見者尚少，後書則從未刊布，特揭載之，以與留心時事者共商榷焉。

評校《史通》序

《史通》行世，久無善本，《四庫提要》謂《永樂大典》亦無此書，可見其傳本之罕。何義門云，觀《玉海》所引《史通》，亦有訛字脱文。乃知宋時即甚少，則又無論明代矣。明世刻本有三：一陸儼齋嘉靖十四年，一張元超萬曆五年，一張慎吾萬曆三十年。陸本最先出，《補注》、《因習》、《曲筆》、《鑒識》四篇，訛奪不可讀。慎吾言家有鈔本，宦轍所經，必先購求，復得二三鈔本，用校陸本，《曲筆篇》增四百餘字，《鑒識篇》增三百餘字，而去其自他篇羼入者六十餘字。《四庫提要》謂不知其所增益果據何本，然自是言是書者，皆以此本爲主云。李本寧、郭孔延之評釋，即其一也。王損仲因李、郭本而作訓詁，又以張元超本參校，增《曲筆篇》百十九字。《提要》謂卷端題識稱除增《因習》一篇及更定《直書》、《曲筆》二篇外，共校正一千一百四十二字，然以二本相校，將《曲筆篇》增入一百一十九字，其《因習》、《直書》二篇，並與郭本相同，無增入之語，不知何以云然也。清黃崑圃又因王書而補之，浦二田《通釋》畧與黃氏同時，而成書前之一年，得黃書參校，故其書之成最後，今世通行者唯浦本，蓋以其書成最後，能奄有諸家之長，而去其短也。浦注採摭頗勤，而體例未善，評語間有可採，然十八皆陋儒評文之見也。涵芬樓藏張慎吾刻本，爲孫潛夫、顧千里所校，印入四部叢刊，司其事者爲無錫孫毓修，得江安傅氏所藏何義門校本及錄顧千里校本；又上元鄧氏所藏千里別一校本及不知姓名者一家，校勘記稱爲鄧本。據以作校勘記附於後。取與浦本相校，大體不如浦本，然間有勝之者，又有足正浦氏臆改之失者，刻本之舊而不必善者，固多如此。予嘗欲博求諸本，用相參校寫定，補正舊注之闕違而改其體例，商藏書家未能。十七年秋，講此書於上海光華大學，乃故以四部叢刊與浦本相較而寫定爲一本焉。改正舊注，亦苦未暇，而於諸篇之後，皆附評語，抉劉氏思想之所由來，揚榷其得失，並著其與今日之異同，特所以示諸生，非足語於述作，然視浦氏之評，則固有間矣。寫既竟，以今日是書善本之罕，姑刊以問世焉。《四庫提要》評浦書謂使評注釐爲二書，庶乎離離雙美。予之注未成而先以評行世，竊取是語以解嘲焉。

（本文約寫於一九二八年）

謝俠遜《象棋秘訣》序*

　　理有窮乎？無窮乎？曰無窮而有窮。理有固然，則事有必至，所謂數也，故可窮也。宇宙之理，合之則如是一，析之則其條理之繁頤，若恒河中所有沙。夫以析之至繁，而人之所知至狹，此其所以窮之而不可勝窮也。伊古以來，哲人桀士自謂所知甚真，而措之於事，卒不免於乖刺。職是之故，然人之所知雖狹，而其所爲成否，終小有可券，不至於冥行而擿埴者，仍惟此至狹之知是賴，此學問之事所以可貴也。奕之爲數，小數也。其理固與一切事物同，圍棋三百六十道，象棋三十二子，錯綜變化，巧歷不能言其紀，所謂不可窮者也。起手之著法，終局之勝負，皆有定則，不可變渝，則理之有定，昭然予人以共見者也。且人之知何自始哉：必始於至簡，由是以推之繁。惟至簡者之所知不訛，則稍繁者之所推可信。遠西形名之學皆然，奕之道猶是也。圍棋之飛角侵邊，象棋之得先奪先，所以示起手之著法者也。圍棋之官子，象棋之殘局，所以決終局之勝負者也。由此推之中局，雖變化多端，著法難以遽定，然其得失，亦稍有可言者矣。此猶人之本其所知以應事，雖或乖刺，終不至於冥行而擿埴也。獨是圍棋，自昔以爲士夫游藝，聰明才智之士，從事者衆，譜之刊行者亦多，起手終局著法皆畧備，象棋則習以爲樵夫牧豎之戲，才智之士，留意者較寡，

---

　　* 編者按：此篇序文先生的手稿爲《象棋要訣序》，在《象棋大全》一書內改稱爲《象棋秘訣序》。

譜之刊印者既少，而其佚亡亦多，起手著法通行於世者，惟《橘中秘》、《梅花譜》兩書，雖粗引其端而未極其變，殘局之法，惟《橘中秘》所錄，頗有由簡推繁，足爲公式之意。其餘皆鬥一日之巧，供江湖賣藝者謀口實耳。雖奇譎可喜，於斯藝之進而益上，固無裨也。平陽謝子以名士夫酷好象藝，逾三十年，一時名手，莫能相尚，本其所學，撰爲《象棋秘訣》，於起手著法殘局勝負，一一極其變，而著其所以然，本諸前人者，則言之益明，衍之益詳，出所獨得者，則得未曾有，而予人以共信。所謂至簡之所知不訛，斯至繁之所推可信者非邪？斯藝之日精，可立而俟矣。謝子誠有功於象藝哉。民國十七年二月武進呂思勉序。

《新唐書選注》自序

現在正史中，新舊兩本併行者有三：（一）《唐書》、（二）《五代史》、（三）《元史》也。

修史之難，在於"保存材料"及"供普通人閱讀"，二者不能兼顧。供專家研究之書，材料愈多愈妙。至備普通人閱讀者，則其卷帙不能過多。我國向者，無專門史、普通史之別，編纂者顧此則失彼。一方爲真正之史學計，覺史事雖極纖悉，亦有真價，不容割棄。一方爲普通讀者計，則如現行之正史，幾無一不病其繁。斟酌去取，自不容不立標準。此所謂標準者，雖大署有傳統上及一時代共同之思想，而論至細密之處，則人各不同。於是有言人人殊之"史裁"出焉。大署合於史裁者，衆則稱爲謹嚴詳贍。而不然者，詳則譏曰蕪穢，簡則譏其疏畧，此固勢所不能免也。又有編纂之時，材料不如後來之全，亦或纂輯粗畧，但取塞責；於是蕪穢、疏畧之外，又加複重、繆誤等弊。諸史之有新舊，大抵皆由此而來也。

《舊唐書》爲五代晉時劉昫等所撰，其時材料甚不完全。據《廿二史劄記》所考唐時史料：有《太宗實錄》二十卷，又《貞觀實錄》四十卷。《高宗實錄》三十卷，又《後修實錄》三十卷，武后所定《高宗實錄》一百卷，韋述《高宗實錄》三十卷。《則天皇后實錄》二十卷。《中宗實錄》二十卷。《睿宗實錄》五卷。《玄宗實錄》二十卷。《開元實錄》四十七卷。代宗時又修成一百卷。《肅宗實錄》三十卷。《代宗實錄》四十卷。《建中實錄》十卷。《德宗實錄》五十卷。《順宗實錄》五卷。

《憲宗實錄》四十卷。《穆宗實錄》二十卷。《敬宗實錄》十卷。《文宗實錄》四十卷。《武宗實錄》三十卷。宣宗以後無實錄。其總輯實錄事跡，勒成一家者，則有吳兢所撰《國史》六十餘篇。開寶間，韋述總撰一百一十二卷，并史例一卷，肅宗又令與柳芳綴輯兢所次《國史》。述死，芳緒成之。起高祖，訖乾元，凡一百三十篇。後芳謫巫州，高力士亦貶在巫，因從質問，而《國史》已送官，不可改，乃放編年法，爲《唐曆》四十篇。以力士所傳，載於年曆之下，頗有異同。芳所作止於大曆。宣宗詔崔龜從、韋澳、李荀、張彥遠及蔣偕，分年撰次，至元和，爲續《唐曆》之十卷。中葉遭安禄山之亂，末造又遭黃巢、李茂貞、王行瑜、朱溫等之亂，盡行散失。五代修《唐書》時，因會昌以後，事跡無存，屢詔購訪。然所得無幾。據《五代會要》，有紀傳者，惟代宗以前；德宗只存《實錄》；武宗並只《實錄》一卷云。而宋仁宗時，歐陽修、宋祁奉敕修《新唐書》，則所根據者，大異於是。其時太平已久，文事正興。舊時記載，多出於世。《新書·藝文志》所載，唐代史料，數十百種，皆《舊志》所無，《新書》之文省而事增，固有由也。

　　《舊書》之不如《新書》，尚有不由材料之闕乏者。大抵劉昫等修史，全以舊有之史材爲據。編纂已成者，固因仍而闕於訂正；自行蒐輯者，尤草率而乏剪裁，《四庫提要》云：『《崇文總目》，吳兢撰《唐史》，自創業訖於開元，凡一百一十卷。韋述因兢舊本，更加筆削，刊去《酷吏傳》，爲紀志列傳一百十二卷。至德、乾元以後，史官于休烈又增《肅宗紀》二卷。史官令狐峘等復於紀志傳隨篇增輯，而不加卷帙，爲《唐書》一百三十卷。是《唐書》舊稿，實出吳兢。雖衆手續增，規模未改。昫等用爲藍本，故具有典型。觀《順宗紀論》題史臣韓愈，《憲宗紀論》題史臣蔣系，此因仍舊史之明證也。長慶以後，史失其官，無復善本。昫等自採雜説、傳記，排纂成之。動乖體例。卷一百三十二，既有楊朝晟傳，卷一百四十四，復爲立傳。蕭穎士既附見於卷一百二、復見於卷一百九十《文苑傳》。宇文韶《諫獵表》既見於卷六十二，復見於六十四。蔣義《諫張茂宗尚主疏》既見於卷百四十一，復見於卷百四十九。《輿服志》所載條議,亦多同列傳之文。蓋李崧、賈緯諸人,各自編排,不相參校。昫掌領修之任,曾未能鈎稽本末,使首尾貫通。舛漏之譏,亦無以自解"云云。案首尾牴牾,爲集衆修書之通弊。然編排既竟,便爾殺青,不復加以釐正;致有如前人所譏,《宣宗紀》叙吳湘一獄至三千言者,則昫等亦不能辭其咎也。

《新書》則大異於是。此書本爲補正《舊書》而作,歐、宋又皆積學能文之士,故其足矯前書之失者甚多。今即就補正兩端論之。

《新書·曹王明傳》其母本巢剌王妃,太宗欲立爲后,以魏徵諫而止。《舊書》不載。《新書》楊貴妃本壽王妃。玄宗使以己意丐爲女官,號曰太真。《舊書》但云:"武惠妃没,後庭無當意者。或言楊元琰女有國色,乃召見。妃衣道士服,號曰太真而已。"此國史有所諱飾,而《舊書》承之者也。《段秀實傳》,《新書》增郭晞在邠,不戢軍士,秀實斬十七人;及大將焦令諶責農租,秀實賣馬代價,令諶愧死二事,出柳宗元《段太尉逸事狀》。謂之逸事,必國史所本無。宗元蓋嘗見國史本傳,故别爲狀以著之。此《舊書》全鈔國史原本,《新書》則參考他書之徵也。其爲《舊書》所無,而其事大有關係者,如《劉晏傳》增晏所用管計帳者皆士人。嘗言士有爵禄,則名重於利;吏無榮進,則利重於名。此當日理財之要義也。《李光弼傳》增光弼代郭子儀,營壘麾幟,無所更變。一經號令,氣色精明,此當日將才之衡權也。又如《王鍔傳》,增西域朝貢酋長在京,因隴右陷,不得歸,皆食鴻臚,凡四千餘人。鍔奏停其廩給,李泌請悉以隸神策軍,皆成勁旅;而歲省五十萬緡。《孔戣傳》增番舶至粤,向有"下椗稅",有"閱貨宴錢"。戣帥粤,悉禁絶之。海商死,官籍其資,滿二月,無妻子至,則没入。戣不爲限,悉推與之,此於外交、商務、法律、皆有關係。《王嶼傳》增漢以來喪葬,皆有"瘞錢",後世里俗,稍以紙寓錢爲鬼事,嶼爲祠祭使,乃用之祠廟。此足考喪、祭二禮之變,亦於社會生計、風俗及貨幣大有關係。又如《劉晏傳》,增晏被籍,惟雜書兩集,米麥數斛,大足見晏之清廉。《李希烈傳》,增竇良女爲希烈所得,謂"慎無戚,我能滅賊"。果爲希烈所斃,乃與陳仙奇密謀,酖死希烈。《舊書》但云仙奇酖死希烈。尤足見奇女子之奮身報國，雖關係僅在一人，而實不止一人也。《新書》於《舊書》諸傳，所補最多者爲劉晏、李泌、陸贄、李絳、高鮒、高力士六傳。又唐末諸臣傳，大抵增至數倍，則以舊書材料本乏也。

《新書》改正《舊書》處亦多。如《舊書·江夏王傳》，謂征高麗時，與李靖同爲先鋒。《新書》作李勣。據《靖傳》，征遼時，太宗欲用之，以其老不果，則《舊書》誤也。《舊書·武宗紀》：會昌元年，幽州軍亂，逐其節度使史元忠，推牙將陳行泰爲留後。雄武軍使張絳討誅行泰，詔以絳知兵馬使，明年，三月，令知留後，賜名仲武。則張絳、仲武係一人。《新書》云：行泰殺元忠，自稱留後，張絳又殺行泰，軍亂，逐絳，張仲武入於幽州。《藩鎮傳》及《舊書·張仲武傳》俱同，即以《通鑑》證之亦同，則亦《舊書》本紀誤也。此皆關係較大者，其餘尚難悉數也。亦有《新書》誤而《舊書》不誤者。如《舊書》本紀，宣宗大中四年，幽州節度使周琳卒，軍中立牙將張允伸爲留後。《新書》云：盧龍軍亂，逐其節度使張直方，牙將張允伸自稱留後。《藩鎮傳》云：張仲武卒。子直方襲留後，慮其下爲變，逃奔京師。軍中推張允伸爲留後。《舊書·張允伸傳》，周琳寢疾，表允伸爲留後。《通鑑》亦云：琳薨，軍中表允伸爲留後。則《新書》誤也。然以大體言之，《新書》改正《舊書》處究多。

《舊書》本紀，記事有不實者，《新書》皆據事直書。如《舊書》，高宗上元二年，皇太子弘薨。《新書》則書天后殺皇太子弘。中宗反正，《舊書》云：張易之等反，皇太子率左右羽林軍、桓彥範、敬暉誅之，是月，上傳皇帝位於皇太子，從居上陽宮。一似中宗自能討賊者。《新書》云：張柬之等以羽林兵討亂。甲子，皇太子監國。大赦，改元。丙午，復於位。此兩種書法，雖舊史俱有，自以《新書》爲較得實而易明也。穆宗以後八世，爲宦官所立者七，《舊書》皆不見其實，《新書》則皆據事直書。

《新書》不徒於《舊書》事實，有所增補，即體例之間，亦多所改變。如《藩鎮》，及《奸臣》、《叛臣》、《逆臣》三傳，皆《新書》所創。藩鎮盛於唐代，據土自專，幾同列國，類聚其人，以見始末，自見因事制宜。惟於其守臣節者，仍入之普通列傳，遂使事跡有中斷處。微有可議。叛臣、逆臣，前世無別，惟於公然肆逆者，總附於列傳之末而已，《唐書》則於作亂者稱爲叛臣，其稱兵犯上，僭竊位號者，謂之逆臣，具見分別之細。惟黃巢未嘗仕唐，與其餘諸人，又有小別。故《明史》又別立流賊傳。惟朱爲奸臣，極難論定。出入一或未審，褒貶即失其平。《宋史》沿《唐書》之例，於熙寧新黨，多入奸臣，論史者已知其失。即如唐末之崔胤，究爲逆臣與否，亦殊覺其難言之也。武后舊止《本紀》，《新書》於稱制後爲之作紀，而其餘諸事，仍列諸《后妃傳》，殊與劉子玄人主亦宜作傳之意合。《帝子傳》舊析隸諸帝之朝，《新書》總刊《后妃傳》後。帝女舊附其夫。《新書》別爲立傳。亦覺整齊有法，輕重合宜。宗室宰相，別立一傳，既可見家天下之世，委任懿親之習；又可覘皇族人才之盛衰。蕃將特立一傳，善者可見立賢無方，異族亦資驅使。惡者則見授以柄，太阿未可倒持。此皆《新書》體例之善，出於《舊書》之外者。他如孔穎達、顏師古、馬懷素、褚無量之改入儒林；舊爲普通列傳。李淳風之改入方伎，邱神勣之改入酷吏，本附其父和。獨孤及、朗之改作及傳，以子從父。舊以及附朗傳。甘露之變之新立《仇士良傳》，詳具始末。舊以士良附《王守澄傳》末，然甘露之變，究與守澄無關也。蘇瓌、張說之合爲一傳，亦具見剪裁位置之苦心。卓行一傳，陽城可入普通列傳，司空圖可入隱逸，前人或議其分立之非。然當時作此，自以承五代風俗極弊之餘，意主激揚，未足深議，且陽城制行，雖迥殊於流俗，究難免於矜奇。人之卓行，亦正見衡量之微意也。惟元、白舊在同卷，新書析之。且以白居易與李義等同卷，刊諸五王之前，則並倒亂其時代矣。晚唐溫、李并稱，《新書》只有商隱傳，庭筠則附其遠祖大雅後，位置亦覺失當，玄奘舊入方伎，固不甚安。《新書》竟刪其傳，亦似失之闕畧也。

　　《新書進表》自詡"文省事增"，觀於本紀，最可見之。《舊書》二十一帝紀，凡三十萬字。《新書》只九萬字，其所刪者，大抵瑣屑細故。《舊書》叙高祖起兵時大勢，但云"羣盜蜂起"。《新書》則歷叙劉武周等數十人之名，不徒提綱挈領，使大局一覽瞭然；而諸人之不別立傳者，其姓名即可於此見之，真所謂文省而事增也。然亦有過求簡潔，致失事實者。昔人謂《舊書》本紀，凡生殺予奪，皆署見所由。《新書》則非考之本傳無由知。雖見謹嚴，究不便於觀覽。如貞觀十六年，高句麗泉蓋蘇文殺其君，爲征遼之由；又如開元十三年，初置彍騎，爲府兵之變；其事皆不容闕，而《新書》皆刪之。又如太和元年，詔橫海節度使烏重幸討李同捷。其後重幸卒，以官授李寰，使代之。《新書》不書重幸卒官，代以李寰之事，但云橫海節度使李寰討李同捷。則事實不具矣。又如《舊書》於太宗爲秦王時，降薛仁杲，破宋金剛，走劉武周，擒竇建德，降王世充，敗劉黑闥等，皆詳敘其武功。《新書》只括以數語。玄宗之自蜀還，肅宗奉迎，父子相見，臣民悲喜之狀，《舊書》一一詳敘。《新書》亦從刪薙。此等處，人君既不別立傳，將於何處敘之。前史於光武昆陽之戰，漢高《大風》之歌，固亦未嘗不詳敘也。此則誤於本紀爲經，列傳爲傳之説，過簡潔致之也。順宗在位不滿一年，然其爲太子時，多有可紀之事，《新書》不爲總叙，遂至闕如，亦爲此觀念所誤。

　　宋人作史，講究書法，至朱子之《綱目》而造其極。然其端自歐、宋即已開之。如歐氏於叛逆者，意責首惡，凡官兵與賊將戰，多書首惡之名，遂致有乖事實，其一例也。如哥舒翰靈寶之敗，乃與崔乾祐戰。房琯陳濤斜之敗，乃與安守忠戰。《新書》本紀皆書祿山。又如劉總內屬，張宏靖爲盧龍節度使，爲其下所囚，數日，軍士願改心事之，而宏靖無言，乃別立朱克融。《新書》意責克融，遂書克融因宏靖以反，亦此類也。此等最爲無謂。又有以過於求簡而失之者，如突厥默啜，爲拔曳固殘卒所殺，郝靈荃特得其首。《新書》遂謂郝靈荃斬默啜。中宗太子重俊實誅武三思崇訓乃死。《新書》但云皇太子以羽林兵誅武三思，不克而死，則似三思未嘗死矣。

　　歐、宋皆能文者。其於文字，自謂遠勝《舊書》。然自後人觀之，於此實不能無疑，以《舊書》平正，《新書》變爲澀體故也。劉安世《元城語錄》云：「《新唐書》好簡畧，事多鬱而不明。其《進表》云：『事增於前，文省於舊。』病正在此。」可謂知言。不特此也，一時代有一時代之文字，作史者貴存其真，劉知幾論之詳矣。改從古奧，縱能大雅，已病失真；況所改者並不能善乎？《新書》不喜四六，故於詔命章疏，概從刪削。此等全載本苦大繁，刪之亦得摧陷廓清之益。然於文字之卓有精神，且有關係者，（如德宗奉天之詔。）固宜酌量採取，以存一時代之文字，並以存事實之全。一概刪除，未免過當耳。凌烟續圖功成一詔,《李晟傳》中卻又全載。亦未免自亂其例。《新書》所刪文字,關係大於此者,正不少也。

　　《新書》於《舊書》文字,多所改竄。有改而善者,亦有改而不善者。改而善者,如《河間王孝恭傳》,孝恭破降蕭銑,高祖大悅,使畫工圖其貌而視之。孝恭乃高祖從子,豈不相識。《新書》云:"詔圖破銑之狀以進。"則事實明確矣。《長孫順德傳》:坐事免,發疾。太宗鄙之,曰:順德無慷慨之節,多兒女之情,今有疾,何足問也?語無來歷。《新書》謂順德因喪女感疾,則事實完具矣。《韋陟傳》:陟卒,太常諡為忠孝。顏真卿駁之曰:"忠則以身許國,見危致命。孝則晨昏色養,取樂庭闈。不合二行,殊難以成忠孝。"《新書》云:"許國養親不兩立,不當合二行為諡。"一則文繁而晦,一則語簡而賅,尤見改易之善。其改而不善者:如《舊書·唐儉傳》:儉勸高祖起兵,高祖曰:"天下已亂,言私則圖存,言公則拯溺,吾當思之。"《新書》改云:"喪亂方剡,私當圖存,公欲拯溺,吾當為公思之。"公字易誤為指儉。又如王雄誕,本杜伏威將。其擒李子通,降汪華及聞人遂安,皆伏威降唐後事。《舊書》先敘高祖詔伏威,使雄誕討之,故下文戰功,俱是為唐盡力。《新書》不先敘明,則此等攻討,全係為伏威矣。又《新書》因不存四六,於昔人文字,多改為散文,或節其要語。其中委曲斡旋,亦頗具苦心,然究多未安處,如王志諫《論太寬不可為政疏》:"人慢吏濁,偽積贓深若以寬理之,何異王良御駻,捨銜策於奔蹄?俞跗攻疾,停藥石於膚腠。"《新書》改云:"捨銜策於奔蹄,則王良不能御駻;停藥石於膚腠,則俞跗不能攻疾。"語雖近古,究乖唐人文字之真。至如昭宗反正,罪狀劉季述之詔云:"幽辱之時,要紙筆則恐作詔書,索錐刀則慮其凶器。朕所御之衣,晝服夜浣。嬪嬙公主,衾裯皆闕。緡錢則貫陌不入,繒帛則尺寸難求。"《新書》不載,卻用詔中語敘帝幽辱之狀。詔語果真,此法亦自簡捷,然罪狀之詞,得毋溢惡?用之亦不可不慎也。

　　要之新舊二書,各有得失。以大體論,自以《新書》為長。宋人痛詆《舊書》,固為偏論。後人力矯其說,索《新書》之垢而求其疵,亦為未是也。

此本刪節《新書》，用備觀覽。去取之意，可以畧言。本紀爲正史之綱，專就一朝大事，提挈要領。表則旁行斜上，文不繁而事無遺漏，且眉目朗然。二者在舊史體裁，佔重要位置。然頗覺乾燥無味。僅具綱要，又或非初學所能解。故茲編概不之取。至於志，則記重要之政事，兼及社會方面，實爲正史中重要部分，斷不可以不讀，僅讀列傳，不足以言讀史，昔人固已言之矣。茲編所取：曰《選舉》，曰《百官》，曰《兵》，曰《食貨》，曰《刑法》。我國政制，秦及漢初，尚沿戰國以前之舊。以其不宜於統一之世，東漢而後，乃逐漸變遷，至隋唐而整齊之。自宋以後，則又沿隋唐而變者也。故唐代政制，實爲前後之樞紐。社會生計風尚，至此亦多變更。舊史於此，雖不能與吾人以滿足，然究保存多數可信之材料，斷不可以不注意也。《天文》、《禮樂》等志，或爲專治斯學所有事，或待專家研討而後明，既非初學所肄，茲編概從節省。

　　至於列傳，則專取最著名之人。如唐代宰相，前取房、杜，後取姚、宋，弼成貞觀開元之治者也。此外長孫無忌、狄仁傑、張柬之、張說、張九齡、李泌、陸贄、裴度，皆於時局大有關係者也。錄魏徵，以其爲著名之直臣也。錄徐有功，以其爲平恕之法吏也。錄劉晏，以其爲理財之大家也。錄王叔文、李訓、鄭注等，以見宦官之禍也。開國功臣，文取劉裴，以其爲首謀也。武取二李，以其爲大將之才也。取尉遲敬德，以武宣力最著者也。中葉以後，取郭子儀、李光弼、李晟、馬燧、渾瑊，皆與時局關係最大者也。他如錄傅奕，以其辟佛也。錄劉子玄等，以其爲史學也。錄韓愈、白居易，以其爲文學家也。錄段秀實、顏真卿，以其忠義之著也。此等雖錄自普通列傳，而其錄之之意，則頗近乎類傳矣。

　　類傳亦取其人之較有關係者。如《后妃傳》取徐賢妃、宋尚宮，以其爲一代之才媛也。取武、韋、張三后、楊貴妃，以其於政治有關係也。儒學取陸德明、顏師古、孔穎達，以其所著之書，爲户所誦習也。取歐陽詢，以其傳中統論一代之書家也。取啖助，以爲宋人經學之先河也。取柳冲,以見唐代"氏族之學"也。隱逸取孫思邈,以爲醫家之著名者也。陸羽、陸龜蒙,以可考飲茶之風尚,足徵社會嗜好之變遷也。餘可類推,不煩覙縷。

宦官、藩鎮,與唐代盛衰,關係極大。事實首尾,所當畧具。藩鎮勤兵力最甚者爲淮西;始終抗命者,則河北也。河北三鎮之禍,萌芽於肅,代之世,一定於憲宗,而卒復叛於穆宗之時。穆宗以後,擅命既習爲故常,轉若無關大局矣。故兹編於河北三鎮,所錄斷自再叛爲止。所以節省卷帙也。宦官除一二無關大局者皆存之,以其事皆有關係,不可闕也。四夷關係最大者:曰突厥,曰吐蕃,曰回紇,曰南詔,作《唐書》者所自言也,兹編益一沙陀。

去取之意,大畧如此,取錄者皆加新符號,並畧加注釋。注釋以訓詁名物爲主,間及史裁,及史事之是非不明者。此固讀者所宜知也。以簡明爲主。凡互見本書之内,可以互相參考者,多不復注。如《選舉志》中官名,即見於《百官志》之類。惟於其字義之較難明者,仍注曰見某篇焉,如《選舉志》中之"捉錢品子"注曰見《食貨志》之類。

所鈔皆係全篇。一篇之中,不加刪節。惟附傳之與本傳無關者,間或去之。以此不過同卷,本非一篇也。

(原刊《新唐書選注》,商務印書館一九二八年出版)

紀念伍博純君月刊專號序

社會愈進化，則其畸形愈甚，古之言教育者，莫不以人民爲先務。孟子言夏曰校，殷曰序，周曰庠，學則三代共之。校者教也，何邵公言，古之居民者，在田曰廬，在邑曰里，一里八十户，中里爲校室，十月農事訖，父老教事謂此也。序者，射也，所以屬民讀書而習射。庠者，養也，行鄉飲酒之禮焉。此皆所以教民。惟學爲王大子公卿大夫元士之子及鄉人之俊秀者，故入學成則任之以官，乃所以教士。故董子言，古之王者，立大學以教於國，設庠序以化於邑也。凡漢人之言教育者，王吉、劉向之徒，莫不如此。故以後漢大學之盛，而班固譏其庠序未設，德化未流洽也。教育不當偏重士子，而忽署人民，可以見矣。歲月日積，社會之畸形愈甚，教育亦益偏枯，郡縣學且有名無實，況於鄉社之間乎？崔氏述曰：治民必藉於人，數十家而即爲之長，數百家而即爲之帥，則在下者不能欺，在上者不難治，吏胥無所投其隙，奸豪無所肆其暴。後世惟務省費，官日減日少，至於數萬户，而止付之一人，即有賢令長亦不能遍理，況賢者不可多得，非假手吏胥，則置民事於不聞耳。假手吏胥，故吏胥橫，賦役獄訟，何一非吏胥操其權，倡賭盜賊，何一非吏胥爲之主，吏胥富而閭閻日以敝矣。置民事於不問，則強凌弱衆暴寡，非忍悷無以自全，於是里巷之間，相率習爲豪強，爭鬥以自保，無怪乎民日貧而俗日敝也。其言謂深切著明。然鄉官之廢，原由不得已而然，人有恒言曰：牧民親民，如牛羊不能自謀，而惟恃夫牧者之代爲之謀，牧者而賢，類植其水草，時其游處，而牛羊茁壯肥腯焉。牧者而不賢，與不爲之求牧與芻，而并而視其死，牛羊無如之何也。且人終已非牛羊，亦安得事事藉人代謀，而猶有其善其生乎。服官之非爲民謀，而徒自爲其身家謀，舊矣。民則不識不知，而一惟牧之者之酷。惟見官愈多，則擇肥而噬者愈多，而民何以自全乎？崔氏惟知治之不善，由於治事者之無其人，而不知治於人者，過於舂愚，則治事者彌多，而敝彌盛。後世之省官，乃事勢相激使然，而非徒爲省費起見也。故欲求真進化，惟在人民程度之增高，而欲言教育，必以普及與通俗爲之本，理有固然，不可易也。中國自戊戌以降，言興學逾卅，多重學校教育而輕社會教育，言學校教育者，又重中學專門以上，而忽普及之義。蓋終不免有蓬之心也。惟吾友伍君博純不然，當勝清之末，舉國未知重普及教育通俗教育，而大聲疾呼以昌其義，且日奔走其事。至於民國之初，終以身殉，可謂先知先覺，自任以天下之重者矣。民衆教育館諸君追思之，於月刊爲出專號，有以也夫。予與博純少常劇棋縱談，意氣相得，深知其爲人，故於專刊之成，爲發其義如此。二十年七月五日武進呂思勉。

讀《崔東壁遺書》

《崔東壁遺書》，近人盛稱其有疑古之功，此特門徑偶然相合，其實崔氏考據之學，並無足稱。漢、宋二學所以不同者，宋學重理，漢學重事。宋學家先有其所謂理者，橫亘於胸中，然後覓事實以佐成其說。漢學家則本無成見，蒐採事實，排比考索，而其說乃出焉。此今人所謂主觀、客觀之殊，亦即歸納、演繹二法之異，漢、宋學之不同，其本在此。若夫參伍錯綜，而知前人記載之不審，讀書勤苦精密者，類能爲之，未必遂堪以考據名家也。崔氏考證，雖若深密，然其宗旨實與宋人同，故其見解多不免於迂腐。雖能多發古書之誤，實未能見古事之真。陳履和跋《古文尚書辨僞》，謂其於梅、閻二氏之書，皆未嘗見，其於考據，非專門名家可知。《國語·晉語》云，"少典娶於有蟜氏，生黄帝、炎帝。"韋昭云："神農在黄帝前，黄帝滅炎帝，滅其子孫耳。言生者，言二帝本所生出也"，說本不誤。乃崔氏謂《國語》所云生者，本謂一父一母所生，則於古書文義，尚或誤解，其不能當專門名家之目，更無疑矣。崔氏所疑，雖若精審，然皆以議後世之書則是，以議先秦之書則非。何者？先秦之書，本皆如是也。崔氏所疑，實甚淺顯，前人豈皆見不及此？所以不言者，以此爲先秦古書之通例，不待言也。然則崔氏之多言，正由其未達古書義例耳。其能見古書闕誤，正得力於宋儒。其中最善者，爲論《洪範》闕文錯簡；然蘇子瞻已引其端，則亦非其所獨得。故謂崔氏之考據，並無足稱也。然則其書遂無足取乎？曰：否。宋學本有用之學，内致謹於身心，外勤求於政治風俗,而欲措之當世,實非漢學家所及。讀宋儒之書於今日,其論古事處不足取,此兩端則仍有益也。讀崔氏之書,亦當如是。試條舉之,以明吾說。

《豐鎬考信錄》云:"三代以上之治,皆恃人而不恃法;三代以下之治,則恃法而不恃人。由是不務擇人,惟期變法,是以其弊終不能革。何以言之？宋時州縣,皆以民供役,大户往往有破家者。執政者不知其由於任人之失也,而以爲法之過,遂改爲免役之法。民出錢而官自召役,歷代因之,以爲善矣。然吏胥遂横行於州縣,魚肉小民,而官又信任之,遂至事權旁出,獄訟顛倒。民有資産者,咸與交歡,以圖自保;無賴者結以爲援;而風俗遂大壞。明初州縣之賦,皆使大户輸之京師。其後大户亦多破家。執政者不知其由於任人之失也,而以爲法之過;遂改而令官自督賦,以爲善矣。然追呼煩擾,官吏更藉以侵漁,閭閻因之雕敝。此無他,得其人則法皆可行;不得其人,則用此亦弊,用彼亦弊,雖歲改而月易之,無益也。"案此條囿於昔人有治人無治法之見,非是。然謂民之有資産者,咸與吏胥相結以圖自保,無賴者結以爲援,而風俗遂大壞,則於貪官污吏、土豪劣紳互相勾結之爲害,若燭照而數計矣。

又曰:"後世惟務省費,省費則必省官,月減日少,遂至於數萬户而止付之一人;即有賢令長,亦不能以遍理;況賢者不可多得;非假手於吏胥,則置民事於不問耳。假手吏胥,故吏胥横行;賦斂獄訟,何一非吏胥操其權？倡賭盜賊,何一非吏胥爲之主？吏胥富而閭閻日以雕瘁矣。置民事於不問,則强陵弱,衆暴寡,良民日困,非兇悍無以自全;於是里巷之間,相率習爲豪强爭鬥,以自保其身家;無怪乎民日貧而俗日敝也。"案後世之縣,即古之國,縣令即國君也。漢世之三老,有秩、嗇夫、游徼,皆古之大夫,其里魁及什伍之長,則士也。後世此等人對官則淪爲廝役,在民間則儼然惟辟作福,惟辟作威,而於民事一無所與,興利除弊,一責之於令長。然則一國之大,下無士大夫之佐,惟責一孤立之君以爲治;而又多縱虎狼於民間，而責其以一手一足之盡捕治之也，其可得乎？政事日以廢弛，豪暴日以橫行，固其所矣。其論民非兇悍無以自全，因而習爲豪强争鬥，尤其洞見癥結之論。故風俗一壞，遂若頹波之不可復挽也。

《易卦圖説》云："法行既久，人多習而安之；不革固足以害民，革之或反以擾民，甚有害更甚於未革者。余爲吏，凡前任弊政，當革者，必與衆共議之；先自擬一章程，以咨於人；或言某條未善，則再擬之，務使盡善無弊，然後試行之；行之而人便之，然後悉取而革之；故余每變一法，常歷數月之久，然人皆以爲便。"此言在今日百端待理之秋，尤足爲任事者之殷鑒。

《讀風偶識》論《蟋蟀》之詩云："大抵人情處貧困則思慮多周，處安樂則奢佚易起。唐自叔虞至此，蓋不下數世百有餘年，太平日久，年豐人樂，正縱恣怠惰之時，而其言乃如是，則其居安思危，循分守義，不待言矣。後世人情頹薄，不耐處約，亦復不耐處樂，衣食饒足，則侈蕩頓生。乾隆四十三年，余鄉大饑，人不自存，甫豐收三年，而民即恣意暴殄。貧者亦美衣食，憚勤苦，近西山處，俗尚尤侈。婚葬之費，常至巨萬；城中演劇，幾無虚日；尤好爆竹之戲，聲常盈耳。每歲放烟火於城南，男女駢肩累跡，蠢屯蟻聚。有娶妻者，則姻友助以炮，緣途聲常不絕。其以繁華相尚若是，其居且不之思，況於思外？又況於思憂乎？然强者皆取人財以自奉，黠者百計謀人之財，而愚弱者一遇荒饑，即逃外郡，困踣道路間。烏乎！吾不知其何心而必如是然後快也。使能如《唐風》之好樂無荒，則皆有以自給，可以不必害人，亦不至於窮餓。然勇威怯，智欺愚，横暴鄉里，人皆習以爲常，而不之怪。數十年不葬者，十家而九；而少節浮費，則衆共非之。故諺曰：笑貧不笑倡，吾願爲政者慎所以導民，使風俗漸臻於淳厚，庶幾無愧於學詩也。"夫人生必有軌範，有規範，然後可久可大，此尤今日有治民及牖民之責者，所當常目在之者也。

讀書最忌買櫝還珠。讀崔氏之書,徒知激賞其疑古之處,而於其論政論俗處,瞠目若無所見,則不翅買櫝而還珠矣。靜夜偶憶及之,輒舉斯義,以爲青年告。

(本文寫於一九三四年)

陳志良《奄城訪古記》跋

奄城在吾邑南。夙知其有古城,然未嘗往游也。民國二十四年,江君上悟言其地多古物,乃偕錢君志炯及女翼仁往游焉。以不閑考古之學,無所得。衛君聚賢,當世績學士也。嘗再往蒐考,而陳君志良實與之俱,以其所得,筆之於書,曰《奄城訪古記》,以視予。予嘉二君用力之勤,暨其闡發南方古文化之志之篤也,乃書其後曰:文明肇啓,必在江海之交,埃及之有尼羅河,印度之有恒河、辛頭河是也。西方南方然,東方何獨不然。古者有巢氏治琅邪南,遂人氏出暘谷,分九河;宓犧氏之後,有任、宿、須句、顓臾,而大庭氏之庫在魯,實太古文明肇始東方之證。黃帝邑於涿鹿之阿,堯居晉陽,虞、夏因之,契封於商,棄即有邰,乃稍稍西北入,故古之言地運者,曰作事者必於東南,收功實者恒於西北也。大河之濱,地平夷,便往來,利馳突;又其土性疏,勤治溝洫,則便灌溉;不則憂旱乾水溢,故其民日強力;江海之交,火耕水耨,魚鱉饒給,民稍皆窳媮生;治化遂轉後北方。然稽其朔,則東南實文明所自肇,不可誣也。考古家言,民之用器,始於石,進於銅,更進於鐵。易言黃帝、堯、舜,弦木爲弧,剡木爲矢,而蚩尤氏實始制兵。《左氏》曰:"鄭伯朝於楚,楚子賜之金,既而悔之。與之盟,曰:無以鑄兵。"而吳、越之士,亦輕死好用劍,干將、莫邪之利聞天下。鹽鐵之利,詳於《管子書》。知黃帝、堯、舜之族,僅能斬木爲兵,用銅鐵實始東南。東南與西北,文化之優劣可見矣。東周之世,言禮義之邦者,必曰鄒、魯。魯之閑禮義也,説者曰"猶秉周禮",非也。周重適長，宗法莫嚴焉。而魯一生一及，自桓公以前皆然，實類殷之篤母弟。蓋伯禽之封，以商奄遺民，率其俗也。唯吳闔閭之先亦然，蓋太伯居句吳，亦率其俗也。吳俗類有殷者，其西北爲奄，密邇奄者，又有留，有蒲姑。奄在魯，蒲姑在齊，太公是因。留在河、汴間，鄭東遷乃野焉。其後或在豐沛，漢高祖所自出也。劉氏之先，以豢龍事虞、夏，亦濱江海狎水族者之所爲也。周公之踐奄也，殺其身，執其家，潴其宮。而邾婁定公之時，有弑其父者，公瞿然失席曰：寡人嘗學斷斯獄矣。臣弑君，凡在官者殺無赦；子弑父，凡在官者殺無赦。殺其人，壞其室，汙其宮而潴焉，然則周公伯禽之所行，皆東夷之法也。誰謂鄒、魯文教，由秉周禮哉？周之制作，乃在周公平東方之後，而其故何有焉？曷怪吳之率殷俗乎？東方之國，徐、奄爲大。徐雖敗於魯，其後有駒王者，嘗西討濟於河。駒王蓋即偃王也？偃王行仁義，朝者三十六國，將乘周穆王之好游，復東方之王業焉。秦之先造父，實御穆王東歸，致楚師以敗徐。然秦實徐同姓。楚之先，亦與徐同類。故《大戴記》述季連，《博物志》述徐偃王，皆坼副而生，與玄鳥之生商相類，知其先皆東南之族也，而忘受辛、飛廉、禄父之大恥，助姬姓以亡其宗國，亦可仇忿矣。然而昭王南征，舟卒覆於漢；而赧王頓首獻邑，國盡入於秦；天道固好還哉！傳曰：禹西羌之人。西羌之本，出自三苗；三苗姜姓，姜羌本一名也。越之亡也，其族或爲王，或爲君，濱於江南海上，服朝於楚，楚莊王之後蹻，義循牂牁江西王滇。而桀之子曰獯粥，妻桀之衆妾，以走朔野，其後爲匈奴。堯命羲仲宅嵎夷，嵎夷亦作鬱夷，鬱遲即委遲，然則倭奴即嵎夷，浮海而東者也。遐稽東方之文明，無不始於河海之交，其後乃被西南北三方，與埃及、印度無二致。地運之説，固不盡誣哉？書闕有間矣。周、秦以來之事，所存録者，蓋千百之十一也。而況於夏、殷以前，不藉考古之所得，以彌其闕，曷以知隆古開化之跡哉？二君之所搜考者，其庶幾乎？十一月二十四日，武進吕思勉。

（本文寫於一九三五年）

陳登原《歷史之重演》叙

惠施曰"萬物畢同畢異",此知道者之言也。驗諸並世然,徵諸異世,亦無不然。昔之人,昧於時勢之殊,嘗以爲今古之事雖異,而其所憑藉之境,則無不同;遂致執古方以藥今病。近世西人東來,我國交涉之敗績失據,職是故也。今之人,則又昧於其同,以爲古今之事,無一相類者。古今之事苟無一相類,復用讀史何爲?夫變與不變,非二事也。夏葛而冬裘,渴飲而飢食,其異也,正其所以爲同。故言《易》者,必兼"變易"、"不易"二義焉。陳君此書,繁證博引,所以正今人之失者,可謂至矣。天下之事理無窮,深入乎此,則不能無所忽忘乎彼。是以人之見,恒不能無所偏。生於其心,害於其事;作始也簡,將畢也鉅;其弊有不可逆睹者。是以君子慎焉!凡能逆一時之風氣,補其偏而救其弊者,大率皆豪傑之士也;此老子所謂復衆人之所過者也。是書其庶幾乎?循覽再三,欣嘆無已。民國二十五年十二月十四日,武進呂思勉拜序。

(原刊陳登原著《歷史之重演》,商務印書館一九三六年出版)

童書業《唐宋繪畫論叢》序

舉千百年來人事之蕃變，言其故，一一若別黑白而數米鹽，則可謂良史之材已。於政事風俗然，於一藝一術亦何獨不然。少知觀畫，偏好山水，聞人言，山水畫有南北宗，南宗始唐王右丞，而北宗始李將軍，予不習畫，故不知疑，接聞畫家議論，亦莫或以爲疑也。年逾五十，寄居上海，始識鄞童君丕繩。君善繪事，屢教授南北學校，久欲作《中國繪畫史》。一九三九年教授於上海之美術專科學校，乃卒成其業焉。讀其書，於他繪畫史臚舉名氏，罕詳事跡者皆署之，而於畫法之變遷，畫家風氣之同異，則一一考其源流，而著其所以然之故，若別黑白而數米鹽，庶幾足當史之名，非徒鈔撮排比而已。君之書有曰：謂畫法有南北宗，而溯其原於王右丞、李將軍者，妄也。畫法固有南北之殊，蓋得諸自然景色之異。荆浩、關同、李成、范寬，北派也。董源、巨然、米芾、友仁父子，南派也。宋徽宗始兼採二派之長。南宋馬遠、夏珪皆襲其法。唐則未聞有是。南北宗之說，始於明之莫是龍，蓋以禪家宗派喻畫家宗派，本非述畫家行事，而後人誤議論爲史實，傅之唐代之王李，妄矣。又曰：世多言徐熙作没骨法，黄筌創勾勒法，并非也。熙畫實善勾勒，筌畫實工没骨，熙孫崇嗣之作没骨圖，實學諸黄筌，非繩其祖武也。列舉舊聞，證以前賢遺墨，其說爲人人之所說懌，而自君以前，曾莫之發，則君誠可謂才士也已。予又聞君言：米氏父子前，人莫言董源工寫意；米氏父子後，人罕知董源善青綠；海岳嘗言：山水畫法，今古相因，至予乃變，則其先不應有董源；疑海岳以源爲江南名畫家,而以己法依托之也。予聞其言而韙之。今讀此書,不見是語,以問君,則曰:其説太創,不欲遽出之也,予然後知君之審慎。君爲吴縣顧君頡剛弟子,讀書以善疑聞於世,而其立言,矜慎如是,則知其所疑者,皆斷然有以自信,而非漫然爲之矣。予又舉以告世之疑君之善疑者。一九四〇年一月二十六日,武進吕思勉謹序。

柳存仁《俞理初先生年譜》序

世皆稱清儒長於考證之學，此語實似是而非。考證者所以爲學，而匪曰考證即學也。清儒之事考證者，亦有兩科：一身有所發見，而舉事實以明之者；一則但就前人已發之義，爲之收集證佐，或則彌縫其闕，匡救其蕳而已。由前之説，乃漢世所謂通人，由後之説，則其所謂經生。夫能身有所發明者，必其更歷世故，心知勝義，或者讀書之際，曠然有得，知今古之同符，然後能之，此佛家所謂緣覺；其徒能爲前人搜遺補闕者，則其所謂聲聞而已矣，其貴賤之殊科亦審矣。清世名儒若俞理初，則無愧於通人緣覺者也。孟子曰："誦其詩，讀其書，不知其人可乎？是以論其世也，是尚友也。"予年弱冠，即讀俞氏之書而好之，欲考校其行事，忽忽未果。柳君雨生於此致力甚勤，搜採排比，哀然成帙，受讀之下，歡喜何如？柳君又嘗得舊本《癸巳類稿》，眉端細書，皆補正正文語，蓋俞先生於刻成正文之後，續有所得，欲事補正而未竟者，柳君皆輯錄之，既可使讀是書者知先生最後所改定，又可見先賢治學，銖積寸累，自強不息之風，亦可寶矣！是書流落市肆，蓋閲百年，而柳君後邂遇之。物恒聚於所好，其亦俞先生之靈，有以陰相之歟！而柳君則可謂能尚友矣。三十年一月五日讀竟識，武進吕思勉。

柳存仁《上古秦漢文學史》序

"絲不如竹,竹不如肉,何也?曰:謂其漸近自然。"天下惟自然爲最美,人工修飾之物,總不如自然的有天趣,所以文章要貴天籟。但是自然之美,發達到一定程度時,加以人工的修飾,又是勢所必至的。這個,正代表着自上古至兩漢文學發展的趨勢。

最古的文字,我們現在已經看不見了,或者也可以説現在還没有發見。我們所看得見的最古的文字,大約可分爲三類:一種是金石刻文和《尚書》中真正出於古書的一部分,這是散文。一種如《老子》之類,這是口訣。一種如《詩經》中較古的一部分,詩歌的初起,其美只在其音節,辭句並無甚意味,而且往往三重四複,並没有説出什麼話來,如《詩經》中的《芣苢》即是。這是詩歌,都是很質樸的。散文要到《戰國策》,歌訣要到《易·文言》,韻文之類要到《楚辭》才算較爲發達。此以大體言,《詩經》中較後起的一部分,自亦包括在内。大抵《詩經》中,《風》是較元始的,《頌》、《雅》是較後起的。這都是春秋戰國時代的事。秦漢之世,還是循着這個趨勢前進。散文如賈、晁、董、司馬氏等,固然是意無不盡,詩歌出於較通文墨的人的,則由四言發展爲五言,其存於農夫野老婦人孺子之口的,則爲漢武帝時採的趙、代、秦、楚之謳,後人以其機關之名稱之,謂之樂府。

這時候的文章,完全是出於自然的,出口成章,並不加以修飾。然而經過一個時代,人工的修飾,就要隨之而起了。這一個運動,使文字的數目,大大增加。又把一部分古語,代替了當時的語言,使言文漸漸分離。這一個運動,把文字的内容擴大了,卻使其趣味減少。

秦漢時代的字書，我們所知道的，有李斯所作的《倉頡篇》，趙高所作的《爰曆篇》，胡毋敬所作的《博學篇》，合計三千三百字。其中本有復字，後已被揚雄換去。揚雄所作的《訓纂篇》，二千四十字。班固所作的十三章，七百三十二字。合計六千七十二字。現存的《説文解字》，則其總數爲九千三百十三，可見字數的逐漸增加。這種增加的字，果何從而來呢？我們試看東漢、魏、晉時崇尚古文學的人，每每訾議人家不識古字。如尚書僞孔安國傳序説：“科斗書廢已久，時人無能知者。”這固是野言，然其説亦必有所本。篆隸之異，只是筆畫形狀，識隸書的人，斷無不識篆書之理。然則所謂時人不識古文者，與其説是字體的改變，還不如説有許多廢而不用之字，又給好古的人去搬出來了。《漢書·藝文志》説：元始中，徵天下通小學者以百數，各令記字於庭中，揚雄取其有用者以作《訓纂篇》，而《揚雄傳》説：劉棻嘗從雄學作奇字。所謂有用，就是日常使用的，所謂奇字，就是不甚行用的，如現今所謂業經死去的文字了。這許多文字，給做文章喜歡博洽和生僻的人，又通統搬了出來。然而還不止此。《三國吳志·虞翻傳》《注》引《會稽典錄》説：孫亮時，有山陰朱育，少好奇字。凡所特達，依體象類，造作異字，千名以上。可見當時好奇字的人，還有自造新字的。當時好辭賦者，多稱其能多識鳥獸草木之名，此等名詞中，必多新造之字。把已廢不用的古字，通統搬了出來，再加以自己之所造作，其所做的文章中，人家不認得的字，自然多了。我們現在讀漢賦，生僻的字極多，就是爲此。這種趨勢，在做文章的人，除使人震驚其博洽，及感覺一種生僻之趣外，並無別種意味。

還有一種，便是所謂爾雅運動。雅與夏即係一字。大概古代音讀之殊，以楚夏爲兩大宗，亦即如今南北方言之異。因國家文明程度的高低，在古代，趨勢上早就以夏言爲正。所以《論語》上説子所雅言，詩、書、執禮，而孟子譏許行爲南蠻鴃舌之人。然而到漢代，所謂爾雅者，已非復近於夏言之謂，而爲合於古語之意。公孫弘請置博士弟子説："詔書律令下者，明天人之際，通古今之義，文章爾雅，訓辭深厚,恩施甚美,小吏淺聞,不能究宣,無以明布諭下。"《史記·樂書》說:"今上即位,作十九章,通一經之士,不能獨知其辭,皆集會五經家相與共誦講習之,乃能通知其意,多爾雅之文。"《漢書·王莽傳》:莽頒符命四十二篇於天下,"其文爾雅依托,皆爲作説"。這所謂爾雅,明明都是近古之義。雅字何緣有故字之義呢?顔師古説:"爾雅,近正也。"蓋初以雅言爲正,而雅字遂引伸而有正字之義,其後改以古語爲正,爾雅之義,就從近正變爲近古了。在此趨勢之下,修辭造句,都可以古爲準,不顧其與口語合否,不但不以之自謙,而且還以之自矜,而言文遂漸漸分離。

言文的分離,和作文爲用冷僻之字,不過使人見於覺得有一種新奇之感,順此趨勢,遂有造句亦求其特别的。譬如揚雄諫止哀帝拒絶烏珠留單于來朝書説:"往者嘗屠大宛之城,蹈烏桓之壘,探姑繒之壁,藉蕩姐之場,艾朝鮮之旃,拔兩越之旗,近不過旬月之役,還不離二時之勞,固已犁其庭,掃其閭,郡縣而置之,雲徹席捲,後無餘菑。唯北狄爲不然。真中國之勁敵也。三垂比之縣矣,前世重之兹甚,未易可輕也。"此中屠城,蹈壘,探壁,藉場,艾旃,拔旗,句句變换;以及犁庭,掃閭,雲徹,席捲等,都是有意選用的新奇可喜、富於刺激性的字眼;而句調亦極整飾;這都是有意爲之的。這種文字,在當時,大約惟懂得小學,而又擅長辭賦的人,乃能爲之,"達而已矣"的文學家,都不能爲。我們讀此等文字,亦未嘗不激賞其組織的精能,極人工修飾之美,然而比諸冲口而出,純任自然的文字,總還覺得天趣的不如。文章最精微之處,在於聲調。聲調之美,無過於太史公,這大約是講舊文學的人,十之八九,可以承認的。太史公的文章,聲調之美,原因何在呢?我敢説全在其基於口語。我們讀古書,覺得在先秦時代,句子的冗長,無過於《墨子》,在兩漢時代,則無過於《史記》。足與《史記》并稱的,其實不少,如王充《論衡》,其辭句亦甚冗蔓。《墨子》書句子所以冗長,即因其上説下教,只求人之易解,而不求其美麗之故。《史記》句子之冗長,是人人所知,其實已經鈔寫的人删節過了。真正《史記》的原文,比現在我們所看見的還要冗長一些,試看《史通·點煩篇》所引可知。史公文字句子的冗長,無疑的,乃由其按照當時的口語寫出。此等文字,在言文業經分離,行文力求簡潔之世,文學家怕多數覺得其該刪改的,不過拘於尊古的習慣,少有人敢繼劉知幾之後而言點煩罷了。然而文章筆調最美的,卻亦出於《史記》之中。試看《太史公自序》:"遷生龍門,耕牧河山之陽。年十歲則誦古文。二十而南游江、淮,上會稽,探禹穴,窺九疑,浮於沅、湘,北涉汶、泗,講業齊、魯之都,觀孔子之遺風,鄉射鄒嶧,戹困鄱、薛、彭城,過梁、楚以歸。於是遷仕爲郎中,奉使西征巴、蜀以南,南畧邛、笮、昆明,還報命。是歲,天子始建漢家之封,而太史公留滯周南,不得與從事,故發憤,且卒,而子遷適使返,見父於河、洛間。"此中"年十歲則誦古文"一句,崔飊甫《史記探原》疑爲後人竄入,我亦頗有同感。今即置此等考據問題於弗論,而這許多句子之中,除"年十歲則誦古文"、"於是遷仕爲郎中"、"是歲天子始建漢家之封"、"故發憤,且卒"數語而外,無一句不有地名。使有意於做文章之人爲之,其聲調豈復可誦?即使勉強做到可誦,亦至多不至於棘口,要求誦之而覺其和諧宛轉,必不可能了。而太史公卻能之。此豈其別有繆巧,不過即本於當時的口語罷了。無論哪一種語言,都有其自然的聲調,自然的聲調,無不和諧宛轉,曲盡其妙,爲學做文章的人窮老盡氣所不能至,此即所謂天籟,此即所謂自然,爲人工修飾不能及。現在守舊的人,極力反對語體文字,而不知其所認爲最美,奉爲典型,終身學之而不能至的,正即若干年前的語體文字,而現在的語體文字,過若干年後,其中精美的,亦必爲後人所欣賞,一如吾儕今日之於先秦兩漢之書,但鄙倍者除去,此則古文中亦有鄙倍者,不獨白話也。雖事非吾儕所能見,而理卻可以預決的了。

然當時的人,讀了此等文字,不過如我們今日之視語體文字,或者淺近文言,並不覺其如何美妙,而其所視爲美妙的,倒是加以人工修飾,使之與自然相遠的。於是用字務求新奇,造句務求齊整,遂漸形成漢、魏時代的駢文了。駢文初興之時,去口語尚不甚遠,未至完全不適於用。到後來愈離愈遠,不但不適實用,而且其所謂美者,亦實在覺得索然了。於是又有所謂剗除浮靡的運動,而韓退之遂被稱爲文起八代之衰。上古時代,文學漸次萌芽,到東周、西漢之世而達於極盛。其時人工修飾之弊漸興,亦即自然之文體漸壞。至於文體之壞達於極點,而文學上之所謂美者亦全亡,只剩些人工修飾的部分,索然無生氣了。自上古至南北朝之末,文學的變遷,實具有佛法上成、住、壞、空四種相,而先秦兩漢的文學史,該括著其中的前三種。

此時期的文學史,是非在文學上有相當修養的人不能做的。不懂舊文學不好,不懂新文學又不好。而且講到此時期的文學,非畧通古書義例不可,這又是不能不懂得考據的。要這三方面兼擅之才,卻眞不易得了。而這一部書,內容讀後自然見得,無煩我的徵引了。民國三十年一月,武進呂思勉識。

(本文曾以《論上古秦漢文學的變遷——序柳存仁〈上古秦漢文學史〉》爲題,刊於《宇宙風》乙刊第三十九期)

《古史辨》第七册自序

童君丕繩，撰次《古史辨》第七册既竟，而于役淮南，屬思勉終其校讎之役。疑古之說初出，世人大共非訾，然迄於今日，其理卒有不可誣者。蓋吾國古籍，著之竹帛者，大率自東周以來。其所稱述夏、殷、西周之事，蓋《荀子》所謂官人百吏，父子相傳，以持王公，以取祿秩者。閱世長遠，都邑屢遷，方策散佚，豈必其創制顯庸之舊？後世文物，無數十百年不遷變者，而故書述三代制度，大率斠若畫一，有是理與？自孔子已言杞、宋文獻不足，明其非故物也。堯、舜、禹身相接，古人億度，以爲其治法與夏無殊，故《尚書》虞、夏同科，而《堯典》列於虞書。世言孔子删《書》斷自唐虞，非孔子有意爲是限斷，《書》之存者，固止於是也。抑執筆者追述，不能甚遠，自此以前，不知其果嘗有書焉否也？莊周、鄒衍之倫，緬懷皇古，不以三代之治爲已足，乃盛稱容成、大庭諸君，又謂自黃帝已降，五德轉移，治各有宜焉。蓋述散無友紀之事者，往往以意爲之連綴，若貫珠然，後世史家之矜慎者不免，況於古人之輕事重言者乎？古史之傳於今者，探其原，蓋有神話焉，有十口相傳之辭焉，有方策之遺文焉，有學者所擬議焉，且有寓言無實者焉。其物本樊然淆亂，而由今觀之，抑若晷有條貫者，皆節經損益潤飾而成。其人不必相謀，而其事一若相續，此顧君頡剛所由謂古史爲層累造成。抑又未嘗無逐漸剥蝕，前人所能詳，而後人不能舉其事者，此其所以益不易董理也。先秦古籍既如此，其傳於今者，又皆漢人所爲。西京中葉以前，其同然稱述，不求其審，蓋一如先秦人。

及其末葉，乃有病舊説之淆亂，欲求其真者。然既不知求是之法，而措辭又不審諦，以意是正古事，不曰我以爲當如是也，而輒有所定，一若古事本如是者，則治絲而益棼之矣。魏晉以降，儒者多病篤謹，徒爲馬、鄭、賈、服作功臣。彌縫匡救，於理或不可通。宋儒病之，據其所謂理者以爲説，去古既遠，揣度彌艱。其摧破舊説處，或能妙解人頤，其所立説，則亦不足信也。清世儒者又病之，稍比古事而求其真。後人讀之，頗覺其犁然有當。何也？言皆有徵，則理若可信也。然徒能剖析漢、宋同異，更進則剖析漢人同異而已，未能舉先秦舊説，一一審正之也。今之所謂疑古者，特更進一步，辨析及於先秦而已。溯流者必窮其原，理固宜然，抑亦勢所必至，幾亦循前人之途轍而更進而已，又奚足怪？民國三十年三月九日，武進吕思勉識。

童丕繩《春秋史》序

自來言古制度者，多據《周官》、《王制》等書，若傳記諸子中整齊有條理與此類者。諸書之説，固非無所據依，然率以異時異地之事相糅雜，又以作者之意損益之，非古制之真也。且如封建之制，今文説大國百里，古文則爲諸男之封，大國擴至五百里。案《孟子》言今魯方百里者五；《管子》言齊地，亦曰方五百里；而《孟子》言齊地，則曰"海内之地；方千里者九，齊集有其一"矣。蓋周初大國之封，僅等秦、漢時之一縣，其後開拓，寖至倍蓰。凡著書者之見地，率較其時代少舊。今文多春秋時説，其所心儀者，蓋周初之制，故其説如此；《周官》則戰國時書，其所心儀者，乃在春秋之時，其時魯衛諸邦，疆域五倍於其初者，已無從削而小之，亦不必削而小之，故其説如彼也。舉此一端，餘可類推。然則讀經、傳、説記若諸子之書者，必以其所據之制度，及其人所生之時世，若其所懷抱，參伍錯綜而考之，然後可以知史事之真，徑據其説，以爲古制如此則繆矣。其一筆抹殺，以爲一切制度，皆古人恁億爲説，托古所改，則又矯枉而過其正者也。鄞童君丕繩，篤學好古，於乙部書尤邃。年來專治春秋史，最其所得，成此一編。其體例極謹嚴，而文字極通俗。徵引古書，率多隱括其辭，出以己意，蓋今世史家之例然也。其考證所得，著其立説之所以然，與此編相輔而行者，則取崔東壁之書之名以名之，曰《春秋考信録》。其言古事，多據金石刻辭及《詩》、《書》、《左》、《國》中散見之文，而不逕用經、傳、説、記諸子之成説。大體以金石刻辭證《春秋經》，以經定傳，以傳正説；

於《左氏》，取其紀事，而含其釋經之辭；則其法之可言者也。以余所見，言《春秋》者，考索之精，去取之慎，蓋未有逾於此書者矣。風塵鴻洞，同客海濱，殺青之時，喜得先睹，敢識數言，以告讀者。中華民國三十年十二月，武進呂思勉。

沈子玄《逸周書集釋》序

　　古之言文學者必稱鄒、魯，然魯之學非齊敵也。古人之著書也，非以要名利，而特欲以傳其道。故有不自名而求人名之者，《史記》言諸侯客進兵法者，魏公子皆名之是也。後人所指爲依托者，亦如是耳，非作僞以欺人也。信如是也，齊人著書，所欲依托者，宜莫如太公、管、晏。《戰國策》言，蘇秦發憤，得太公《陰符》之謀，伏而誦之。《陰符》之制，見於《六韜》，乃君與將所以陰相告語而不洩其機。兵法之家，謂其術微渺，可獨喻而不可共喻，故以是名其書。後人以蘇秦所揣摩者，有辭可誦，而指《六韜》是篇爲僞作，非也。《六韜》文辭，誠多平近，然古書之辭，較之《六韜》尤平近者，則有之矣。其所述度制，或非甚古，則古書孰無後人附益？要之謂非齊之言兵者依托太公之書，不可得也。《管子書》極雜，殆兼該九流；《晏子書》亦合儒、墨，其非一家言可知，蓋亦齊之學者所依托。抑古之承學者必守家法，非必暖暖姝姝於一先生之言也。交通未啓，民之相往來者少，學術之傳播非易，其勢固難於兼綜。故其所言，多彼此不能相通，觀其言，則可以知其流別焉，而於制度尤易見。《周官》及《大戴禮記》，言制度多與《管子》合。《考工記》，後人謂《周官》亡《冬官》，河間獻王以千金購之不得，乃以是補其處，夫《周官》六官，其屬各六十，今五官所屬，實不止三百，故或謂《周官》有錯簡而無亡篇，其説是也。即不論此，而《考工記》與《周官》不同物，安可相補？而其書多齊言。蓋二書并齊地學者所傳，故獻書者連類獻之，著録者亦連類舉之耳。《周書》七十一篇,其可見者:《職方》同《周官》,《文傳》、《大匡》、《糴匡》辭義類《管子》。王莽行六筦之詔曰:"《周官》有賒貸,而《樂語》有五均。"《樂語》,鄧展謂亦出河間獻王,今其書不傳,而五均之制,實見於《周書》之《大聚》。然則參伍句考,謂此諸書皆齊之學者所傳可也。言治者莫亟於厚民生。厚民生之道,均土田、抑末業而已。鄒、魯之學,徒言井地,於關市則欲譏而不徵,而《管子書》獨懇懇於輕重斂散。何者?魯有桑麻之業,亡林澤之饒。其衰也,雖曰好賈趨利,甚於周人,亦苟爲負販,以給朝夕而已,非能豪奪吾民也。而齊,自太公已來,即已勸女紅,通魚鹽,極技巧,人物歸之,繦至而輻湊,齊冠帶衣履天下。《漢書》謂太公爲周立九府圜法,退又行之於齊。據《史記》,則九府實出管氏。秦據周舊壤,其行錢,乃在惠文王二年,安在其爲周立者?然則齊之富商大賈,其能豪奪吾民不疑也。此輕重斂散之説所由興歟?漢世今古學,相疾如仇。推其原,則今學專於魯,古學兼用齊而已矣。所以必兼用齊者?以漢世儒生,多守魯學,徒知井地之亟,而不知裁擁厚資事末業者之併兼。王莽欲大革敝俗,則必兼斯二者,故必有取於《周官》、《樂語》也。今文言五等之封,大國百里,次國七十里,小國五十里。古文則諸公之地,方五百里,侯伯已下,遞損百里,至男邦,猶倍於今文之公侯。蓋今學出於魯,所欲復者爲周初之制,古學所據,則東周後事。孟子言"周公之封於魯,太公之封於齊,皆儉於百里,今魯方百里者五";管子亦謂桓公"齊之地方五百里",其明徵也。今學家所言制度,皆不越百里之封,《周官》之制,則地方數圻,非復鄒、魯之士所知矣。其所托之國則然也。孔子言"吾學周禮,今用之,吾從周";又曰"周監於二代,郁郁乎文哉!吾從周。"與《公羊》家通三統之説不類,而《史記》述鄒衍之學,五德轉移,治各有宜,其説顧極相似者。韋賢、夏侯勝、史高皆言:"穀梁子本魯學,公羊氏乃齊學也。"蓋《春秋》之學,傳之於齊,業已稍變其故矣。孔子序《書傳》,始《帝典》,而《尚書》虞、夏同科,蓋堯、舜治法,實與夏后氏同,故禮所損益,不過三代。而鄒衍之學,以黃帝已來爲學者所共術。太史公言:孔子所傳宰予問《五帝德》及《帝系姓》，儒者或不傳宰予者，闕止，嘗右齊君抑陳恒。功雖不成，齊之人蓋猶思慕之，故言五帝者托焉。又以明大戴爲齊學也。然而齊學之所知，視魯學爲恢廓矣。九流之學：雜家無所創獲，名家深玄而不切於人事；從衡家僅效一節之用；思以其道移易天下者，陰陽、儒、墨、農、道、法六家而已。神農之言，欲使人君與民并耕而食，饔飧而治，其所謂君，則烏丸大人，各自畜牧營產，不相䚻役之類耳。道家之恉，在於無爲。無爲者無化；無化者，戒辟陋之邦，無效文明之俗，猶今語西南土司勿學漢人，教中國人勿隨逐歐美耳。由余之告秦繆公，則斯恉也。人日食大牢，而欲使之復茹其菽也，不亦難乎？墨子背周道，用夏政，視許行、老聃，所欲法者，已爲後王。然人既知天道遠，人道邇矣，而日聒之以天志、明鬼；人既已各親其親，各子其子矣，而强要之以兼愛、非攻；其道亦有不易行者。兼衆條貫，金聲而玉振之者，惟儒家之通三統，陰陽家之言五德終始，而最切於時務者，則莫如法家之觀鄉而順宜，因事而制禮；可以强國，不法其故，可以利民，不循其禮。鄒子齊人，儒學入齊而恢廓；前已具説。法家顯學，莫如管、韓、申、商，其學亦有精粗。申子卑卑，施之名實，未足稱也。商君《耕戰》、《開塞書》，最得富國强兵之要，故秦用之，卒併天下，然狹隘酷烈已甚，民弗堪也，故孝公以是興，始皇亦卒以是亡。韓非《孤憤》，術兼申、商，而要眇究極之言猶少，惟《管子書》最深遠矣。豈稷下學士所會，齊之承其流者，取精用弘，競以其學托之管氏，故其怪偉有如是歟？學者莫不欲以其道移易天下，亦恒爲世所移易而不自知。言佛教者至於大乘，高矣美矣，蔑以加矣，然小乘實於佛説爲近，治其學者無異辭也。希臘大哲：曰柏拉圖，曰亞里斯多德。柏拉圖作《理想國》，欲率己意，編制其羣，若一家然，亞里斯多德則不敢，惟日汲汲求知人物自然之則而已。非其知有淺深，柏拉圖所居者，希臘之小邦，亞里斯多德所相者，馬其頓之大國也。孔子慨慕大同，蓋猶柏拉圖之志；《管子書》多因勢利道之言，則亞里斯多德之倫也。儒學入齊而漸變，亦猶佛教流衍於北而大乘興也。齊學其可不措意乎？《周官》、《戴記》，皆列經部，治之者多，章句粗備。《周書》、《管子》，則極難讀。往常恨之，欲致力而未果。杭縣沈君子玄，家學淵源，最長於校勘、訓釋。發憤治此二書。蒐採粗備矣。而瑞安陳君繩父，亦發憤肆力於《管子》，成集釋二十四卷。介吳縣顧君頡剛，求予校理。予於此愧非專門，乃轉以屬沈君。而沈君之《周書集釋》先成。方將以其全力，校理陳君之書。而陳君則遭逢兵燹，轉徙流離，以今年二月歿矣。易簀之際、猶殷殷以所著書爲念，豈不哀哉！冒君疚齋，序沈君書已詳，予更畧述所見，俾讀是書者有以相發焉；又以趣沈君亟爲陳君校理其遺著也。中華民國三十一年六月二十日，武進呂思勉序。

（原刊《文藝春秋叢刊·兩年》，一九四四年十月十日出版）

柳樹人《中韓文化》叙

環東南海而國,文化受諸我者,蓋以十數,莫能先韓。高句麗、百濟典籍淪亡,其詳不可得而聞矣。然倭人之文化,實受諸百濟,觀其彬彬稍能自通於上國,而百濟之文化可知也。自時厥後,我之文化有所啓發,韓人必能踵武之,佛教行於新羅,理學盛於朝鮮,其明徵矣。

民族之相契,必由語言之相通,文字則語言之擴而充之者也。東方諸國,多能通華文,然如日本者,其所爲之文辭,終不免於佶屈,雖彼亦自病其倭臭,越南更不逮日本矣。韓人則異是。

李氏之亡也,其義士曰秋景球,走中華。吾嘗一與相識。觀其書,甚俊逸,未及讀其文辭而景球死,後又識韓達官之來奔者曰金于霖。其文辭淵懿醇雅,雖吾邦之耆宿弗逮也。于霖居南通,至貧儉,猶節衣食,爲其國先輩刻書。讀其辭,無不淵懿醇雅,若于霖者。韓人之心魂,則中國人之心魂也。韓人何以至於是哉?曰:民族之深相契,非一朝一夕之故也,必積之久而後致。

世皆以箕子之封,在今朝鮮之地,非也。營州越海,蓋漢人附會之説。周初封城,北止燕、亳。燕者,南燕、姞姓,地在今河南之封邱。召公初封,亦當距此不遠,故并得燕名。亳者,有殷之故居,雖遷徙不恒,要不越大河兩岸。榆關之道未啓,箕子之封安得至今朝鮮?然朝鮮之民,嘗被箕子之文化不疑也。蓋其族本在今河北南境,紂所居沙丘之北則是也。其後北燕東北徙,朝鮮蓋爲所迫,亦徙而東北,故夫余耆老,自説爲古之亡人,而朝鮮亦在浿水之外也。後又有避秦役,入韓中居者，史稱之曰秦韓，謂新羅其遺人。實則秦韓之遺，多在百濟，觀南北朝時史籍所載，百濟語言文物，多類中華，新羅則否可知。然自朝鮮至秦韓，華人之播遷而東北者衆矣，閱時餘兩千年矣，中、韓之深相契，不亦宜乎？

文化不能無偏弊，受其利者，往往幷其弊而亦襲之。中國文化之弊，在於文勝而失之弱。自宋以後，陳義彌高，去事情彌遠，其人又氣矜之隆，黠者乘之，遂植黨以自利，此其弊，韓人亦皆襲之，觀李氏之行事可知也，然文化之演進深者，雖有其弊，久之亦必有以自救。故中國雖迭扼於遼、金、元、清，至近世，又見侮於西方諸國及東方之倭，今也卒能卻敵而中興。韓國之獲再建，亦其倫也。

人因有利不利時，唯國亦然。文化不能無偏弊，即不能無宜不宜。當其與所遇者宜，若甚發皇，時過境遷，則有轉受其害者矣。倭人以右武興，亦以黷武仆，非其效歟？然則中韓之文化，安知其不一變而大契於今後之時勢乎？

國家、民族之盛衰興替，文化其本也，政事、兵力、抑末矣。韓柳君樹人，居華有年，日以復興其國族爲務。強寇既夷，國將復建，不汲汲政事、兵力，而唯牖啓文化是謀，可謂知本矣。中、韓相將，共翼世運，期致大同，跂予望之。中華民國三十四年十一月三日，武進呂思勉謹序。

（原刊《中韓文化》創刊號，一九四五年十一月出版）

致光華大學校務委員會書

倭寇入犯，井里邱墟，光華亦蒙其禍，橫舍千間，悉成煨燼，追維締造，寧不痛心，然事貴因禍而爲福，轉敗而爲功，誠善圖之，則兵燹之摧殘，轉有足啓我發揚光大之路者，不揣禱昧，謹就光華復興之策，貢其一得之愚，惟諸君子垂鑒焉。

本校設立之初，故校董王省三先生慨捐地六十餘畝，以爲校基，前校長張咏霓先生續有購置，今有田百十餘畝矣。誠於舊墟，設立農學院，而劃校地三之二爲農場，可得七八十畝，此誠不爲大，然本校之立農場，非謂以此爲限，乃欲以是爲基，而勸誘農民，來相合作耳。來合作者愈多，則其地愈廣，作始雖簡，其方來，固莫能限其所至也。學校所立農場，足以勸誘農民使來合作者，舉其大端，蓋有五事：一曰蓄洩，二曰深耕，三曰選種，四曰施肥，五曰除害。五者利皆顯而易見。七八十畝之農場，所能施展者，雖云有限，然足示農民以模範，而起其歆羨之心，則無疑矣。抑本校之立農場，非徒曰立一農場於此，爾自來觀之云爾。所以勸誘之者，蓋可有多端，而其扼要而易舉者，則莫如合作之事，購買、消費、信用諸合作，無不可由本農場創始，而誘農民使來，又時招集之，示以蓄洩、深耕、選種、施肥、除害之法，其利既見，耕種合作，便可以成，耕種合作之既成，乃導之以積穀合作，運銷合作，如是而一地方之農業，煥然改觀矣。其效之見，蓋不越三年。民國二十年前後，有人在閩侯試行土地整理，入手時亦不過數十畝，不及三年，效即大著，農民之願合作者甚多，事見《東方雜志》，亂後圖書散佚，未能翻檢徵引，然大畧記憶，固不訛也。

農場既建，農民之合作可期，則本校校舍之再建，有可借箸前籌者。今日都會失之太大，太大，故居民太多，其情不親，而作奸犯科之人易於藏匿，村落則失之太小，太小，故居民太少，人與人不相習，知識無由啓發，才能無由磨煉。欲有興擧，人力財力，亦虞不足，斫都市而小之，別係一事，若謀改建農村，則必集小而爲大。《公羊解詁》及《漢書·食貨志》皆言古之居民，中里而爲校室。而《左氏》載鄭人游於鄉校，以議執政之善否，蓋農隙教學之所，亦即農民平時游息之地，此孟子所謂校者教也；又曰：庠者，養也。此行鄉飲酒禮之地也；又曰：序者，射也。此行鄉射禮之地也。孔子曰：君子無所爭，必也射乎？揖讓而升，下而飲，其爭也君子。又曰：吾觀於鄉，而知王道之易易也。蓋古之所謂學校者，皆行禮觀化之地。日與凡民爲伍，故其教化能深入於民間，此義漢人猶知之，故自武帝興學，至於東漢，踵事增華，論者猶皆以庠序未設爲憾也。然《記》言武王克殷，散軍而郊射，左射狸首，右射騶虞。又曰：祀三老五更於大學，天子袒而割牲，執醬而饋，執爵而酳。又曰：鄉黨有齒而老窮不遺，强不犯弱，衆不暴寡，此由大學來者也。則大學之教，亦未嘗與人民相遠也。今之言學問者，率曰爲學問而學問，無所蘄於致用，誠高矣。然人之性，實能治學者少，喜作事者多，故杜威言，能從事於學問者，大學生五百人中，一人而已，餘皆樂以事功自效者也。西儒某言，大學爲學術之府，此乃歐洲行事使然，以其中世，學問與高等教育皆操諸教會之手，相沿以至於今也。核其實，高等教育與研究學術，實爲兩事，宜於分官，觀此便知今之大學，不宜自外於事功也。經義治事分齋，其用意，在今日實猶可師法。吾國賦役之法，莫詳備於明初，其黃冊魚鱗冊之式，即明太祖命國子監生所定也。吾儕可讓古人專美於前哉？故吾謂既建農場，營立校舍，當使與鄉村合而爲一，本校之教職員學生，農場所雇工人及農民之來合作者，皆聚之一區，擇高爽之地，中之而立禮堂，亦即鄉人聚集議事之所也。居室若干，教職員居之，學生居之，農民亦居之,必使相雜。有育兒之室,有幼稚之園,有小學,有中學,則本校之附屬中學也。建公厨,有專司炊爨者,有公共食堂,教職員學生居民皆食於是。有浴室,有浣衣之所,有廁所,廁所必導以管,達於窖上,加掩蓋焉。則鄉間圊牏隨在皆是,臭穢不潔,青蠅羣集,散布病菌,因致疫癘之弊免矣。凡此者,皆本校與農民共之。有作工之室,學生之好手工者,亦可與農民聚而傳習焉。《解詁》及《漢志》曰:冬,民既入,婦女同巷相從夜織,必相從者,所以齊巧拙;齊巧拙者,乃巧者教導拙者,俾與巧者齊,此治手工者之急務。今之物雖尚機制,然自有不能機制者,此仍足以供民用。抑老弱婦女,皆可爲之,亦裨益農民生計之一道也。有俱樂部,學生與農民共游息焉,則賭博酗酒之弊可除。抑農民日習於禮文,而鄙野粗獷之習,亦可化矣。圖書館多備淺近之書,農民識字者,亦可借讀。打麥打稻之場,環繞居室之外,亦即運動之場,本校與凡居民共之。必繞居室之外者,使室之四周,地平實而無積潦,蚊蠅不生則傳染之疾可免也。然則學校深入乎民間,學生益知民物情僞,而人民亦於無意之中,皆受學校之薰陶矣。論者多謂農民頑固難化,此殊不然。民國二十三年,河北移民於包頭百餘戶,主其事者,憫農家婦女,力皆敝於炊爨,立公厨焉。農民初不樂,稍久即安之。德人之在青島,嘗爲人力車夫立寄宿之所,有電燈,有浴室,亦有食堂,願食於堂否聽便,食焉則必守規則,不得茹葷,車夫樂食焉者甚多。人孰不欲利,示之以利,誰不樂從?惡在其爲頑固也!農學院之設,農場之立,所費若甚多,然實不多也。何者?農場之規模不大,若其滋大,則在農人來合作之後,經費初不待自籌,即初立時,亦可招股,農場之利甚顯,以上海之大,游資之多,學校之信譽,數十畝之農場,所需資本,必可咄嗟而集。農場資本,出於股款,則有捐助者,可悉用諸農學院教學矣。語曰:作始也簡,將畢也巨,得地數十畝以爲農場,小試其技,事實非難,農學院畢業學生,必有樂於此者。畢業之學生愈多,散布於海內之農場愈廣,耕種合作之推行亦愈盛,千里往往皆爲改良農事,平均地權之中心,而本校之同學會,亦即隨之往往棋置,豈不盛哉!抗戰必資焦土,否則借寇兵賫盜糧也。今者徒有是言而已。江南兵燹,皆敵所爲,我曷嘗能自焦其土?然焦土亦有難焉者,蓋藏末秜,生活所資,既不能負之而行,孰肯付之一炬?喻之不能,驅之不可,亦且不給也。併小村落爲大聚集,必臨公路之左,或當大川之濱,倉窖公營,舟車夙具,不幸而有戰事,當棄之地,即可舉人物而遷移,必不可遷者,既已聚集,亦易焚毀,物毀人亦無可留戀,必相率而偕行,然後所棄之地,真如石田,敵雖得之而不可居矣。

(寫於一九四五年)

方德修《東北地方沿革及其民族》序

中國拓殖最有成績是哪裏？是東北。東北四省中，遼、熱兩省，雖然早是中國的郡縣，然而中國的實力，不能顧到他的時候也很多；吉、黑兩省，尤其是明以前，迄等諸羈縻；就是清朝也未嘗盡力經營。然而到九一八事變時，國際調查團——這並不是真正主持公道的團體，他的主意不過看着這一片豐饒的未開發的土地，不甘令其爲一國所獨佔，等於日俄戰爭前後，提倡什麽以東北爲永世中立地，到後來，則又變爲東北鐵路中立等等的説法而已。然而他也不能不説：東北是永遠應該屬於中國的。這是爲什麽？爲的是東北三十個住民中，倒有二十八個是中國人。中國人何以能有此種成績，這不是空言可以説明的。我們當先考其建置的沿革，以觀其政治勢力的消長；再看住居此地的，共有幾個民族？其離合融化之跡如何？就可以思過半了。爲要達到這個目的起見，看這本書是最適當的，因爲它叙述得簡明而不遺漏，而且很有條理。三十五年六月二十七日，武進吕思勉識。

馬先之《左氏纂讀》跋

　　文有矜練之美，有疏散之美。矜練之美，以《左氏春秋》爲極；疏散之美，以《太史公書》爲極。論者率以班、馬并稱，其實矜練之美，班書尚非《左氏》之倫也。

　　各國文學之發達，韵文率先於散文，吾國亦然。先秦古書，有句法簡短而整齊，而協韵者，韵文時代之作也。句法參差，合於口語者，散文時代之作也。散文之興蓋在東遷以後。先秦古書中之韵文，蓋前此口耳相傳授，至此而筆之於書。其散文，則此時代之人所自爲也。

　　散文興於東周而極盛於先漢。西京末葉，文學之風尚稍變，遂開東漢以後駢文之先河。駢散之轉變，一言蔽之曰，求文字之矜練而已。東周、西漢之文自今日觀之，誠天下之至美，然在當日，固人人所能爲。文不近口語，則不能達意，過近於口語，則又病其冗漫。行文者少加裁剪，又於所用之詞加以選擇，循此趨向，進而不已，而魏晉以後之文體成焉。侵淫至於齊梁，遂乃專務塗澤，駢文之繁蕪害意，遂爲論者所深譏。然此實末流之失，溯其初興，夫固談修辭者所不廢也。

　　文字之美，不外陰陽剛柔二端。口語之發揚者，過則毗於陽，節之以矜練，則有流麗婀娜之姿。其隱約者，過則毗於陰，振之以矜練，則有端莊剛健之致。故爲文者，駢散貴於兼濟，而不可以偏無。《樂記》曰："陽而不散，陰而不密，剛氣不怒，柔氣不懾，四暢交於中，而發作於外。"姚姬傳《答魯絜非書》，可謂深探文學之原而絜其要，語其實，則不外此數語而已。

　　明乎此，而《左氏》之文之所以美，乃可得而言焉。漢以前人之傳古書，所重在於大義，事實辭句，小有出入，弗較也。《左氏》不傳《春秋》，漢博士舊有此説。近世論者，謂《左氏》、《國語》，實爲一書，以其分國編纂，則謂之《國語》，以其著書之人名之，則謂之《左氏春秋》。劉歆易國别以編年，目爲春秋之傳者謬也。愚案《左氏》果爲《春秋》之傳與否，其緊要關鍵，實在其書與《春秋》有無關係。《漢書·歆傳》云："初《左氏》傳多古字古言，學者傳訓詁而已，及歆治《左氏》，引傳文以解經，轉相發明，由是章句義理備焉。"夫傳本解經，何待歆引？曰引以解，則其本不解經明矣。然則今《左氏》之凡例及其釋經之處，實皆歆之所爲。然歆在當日，初不自諱，若曰："《左氏》備《春秋》之本事，其意本以翼經，特發明經義處未備，而吾爲補之云爾。"然則此書本分國編纂，至歆乃易爲編年，在歆當日，亦或不自諱；而攻擊歆者，亦未嘗以爲口實；則以古人所爭不在此也。夫删移其書之篇章而重纂之，而爲之者初不自諱，攻之者亦不據爲罪案，則於其書之解句，有所損益更定，其視爲不足校計，抑又可知。故今日《左氏》之文字，必非左丘之舊，而有經西漢時潤飾之處，殆無疑也。

　　文字之由散趨駢，西京末造，揚子雲輩爲前驅。以此曹多讀古書，則覺當時之口語爲不雅，而思所以潤飾之；又能多識古字，則於用字選詞，亦必多所抉擇也。劉歆者，揚雄之友，亦能多讀古書，多識古字，觀其《移讓太常博士》之辭，其風格亦於子雲爲近。古書經其潤飾，亦能稍趨妍麗，畧帶西京末造之風，蓋亦無可疑者。大凡古書文字，多深厚典雅，而或病其佶屈。後世文字，較爲生動平易，而氣體則近於卑。惟以古書爲底本，由後人加以潤飾，則能集兩者之長而去其短。晚出之《古文尚書》，人人知爲魏、晉後物，然其文字之雅健，實能跨越東京，即以此故。然則《左氏》之樸而華，安而健，備陽剛陰柔之美，而幾於無所偏畸，殆亦以其本爲古書，而又經西漢末人之潤飾邪？

嘗以此意語亡友同邑劉君脊生，後又以語宜興潘君伯彥。二君皆深於文，精於考古，而皆不以予言爲河漢。知駭俗之論不必非，真理所存，好古深思者，固皆能以知其意也。

然則欲明《春秋》之義，斷不容捨《公羊》而他求，而《左氏》之文，則自爲江河不廢。大凡一種文字，登峰造極者，必有其獨異之精神面貌。《左氏》之精神面貌，則世所謂《左》、《國》風格者也。初學之士，求通文學門徑，必於各種文字之精神面貌，均能體認而後可。《左氏》不容不深研審矣。然歷來選本，便於初學之研求蓋寡。馬君此編，以賞會文學爲主，而以通知史事副之。惟於史事識其原流，則於文學益易探其奧窔。初學研求《左氏》，善本蓋無逾此。翻閱既竟，輒書所見以告讀者。

（原刊《東南日報・文史周刊》，一九四七年十月二十九日出版）

自　述

　　予生於中法戰爭之時，至甲午中日戰爭，年十歲。

　　家世讀書仕宦，至予已數百年矣。予年六歲，從先師薛念辛先生讀，至九歲。其間，薛先生因事他適，曾由史幼純先生代館月餘。十歲，薛先生服官揚州，改從魏少泉先生讀。十二歲夏，魏先生赴新疆。予父生平，不贊成人自教子弟。謂非因溺愛，失之寬縱，即因期望太切，失之過嚴；故予自入塾至此，皆延師於家。此時依予父之意，本欲再行延師，惟家庭經濟狀況，頗起變化。予家有田二十餘畝，向不收租，惟俾佃户耕種，照料先塋耳。在城市中，有住宅兩所，市房兩所，除住宅一所自住外，餘皆出租。親丁七口，予之繼祖母父母兩姑一姊及予也。其後兩姑皆出閣，則惟有五口。衣食粗足自給。而在予十歲時，再從伯父朗山君逝世江西。朗山君以官爲家，卒後一無所有，而親丁尚有九口。雖再從，而予家丁口少，已爲最親之一支。先君乃迎之同居。自此食指幾增一倍，生活遂告拮据。故魏先生去後，未能延師，由予父自行教授。予母及姊，皆通文墨，亦相助爲理。此時予已能作文字，予父嘗命予以所作，就正於石小泉先生，後又使從族兄少木先生游；先後凡三年。惟皆未坐塾，但以文字就正耳。薛以莊老先生者，念辛先生之伯父，而予父之師也，予父嘗從之學九年；清末，主蕪湖中江書院。予父又使予以所作文字，郵寄請正。生平就學之經過如此。予自十歲以後，家境即不佳；少時尚無公私立學校，十五後稍有之，然時視外國文及技術，均不甚重；故生平未入學校。於外文，僅能和文漢讀；於新科學，則僅數學、形學，嘗問業於徐點撰、莊伯行兩先生，畧有所知而已。今亦强半遺忘矣。十五歲時，嘗考入陽湖縣學，名義上爲舊式之縣學生。然舊式學校，從無入學讀書之事，實係科舉之初階而已。

至予之學術：則初能讀書時，先父即授以《四庫書目提要》。此爲舊時講究讀書者常用之法，俾於問津之初，作一鳥瞰，畧知全體學科之概況及其分類也。此書經史子三部，予皆讀完，惟集部僅讀其半耳。予年九歲時，先母即爲講《綱鑒正史約編》，日數葉。先母無暇時，先姊即代爲講解。故於史部之書，少時頗親。至此，先父又授以《日知錄》、《廿二史札記》及《經世文編》，使之隨意泛濫。雖僅泛濫而已，亦覺甚有興味。至十六歲，始能認真讀書。每讀一書，皆自首訖尾。此時自讀正續《通鑑》及《明紀》。先父授以湯蟄仙之《三通考輯要》。予以之與元本對讀，覺所輯實不完具，乃捨之而讀元本。此爲予能自讀書之始。甲午戰時，予始知讀報，其後則甚好《時務報》。故予此時之所向往者，實爲舊日所謂經濟之學。於政務各門，皆知概畧，但皆不深細；至於技術，尤必借他人之輔助；僅能指揮策畫而已。此在今日崇尚技術之時言之，實爲不切實用，但舊時以此種人爲通才，視爲可貴耳。予如欲治新學術，以此時之途轍言之，本應走入政治經濟一路。但予兼讀新舊之書，漸覺居今日而言政治，必須尊崇從科學而產生之新技術，讀舊書用處甚少。初從水利工程悟入，後推諸軍事，尤見爲然；又予論政治利弊，好從發展上推求其所以然；亦且性好考證，故遂逐漸走入史學一路。自二十三歲以後，即專意治史矣。予亦畧知經小學。此由在十七歲時受教於丁桂徵先生而然。先生爲予母從姊之夫，於經小學極深沈。但前人虛心，無著述，畧有讀書札記，暮年客廣東時，又毀於火耳。予從先生問業後，亦曾泛濫，畧有所得。但至後來，僅成爲予治古史之工具耳，不足專門名家，於思想亦無大關係。予於文學，天分頗佳。生平並無師承，皆讀書而自之。文初宗桐城，後頗思突破之，專學先秦兩漢，所作亦能偶至其境。詩少好宋詩，中年後亦好唐詩，但無功力，下筆仍是宋人境界耳。詞所造甚淺，亦宗常州而薄浙派。要之，予可謂古典主義文學之正統派。予於文學，未嘗用功，然嗜好頗篤；於新文學最無嗜好。讀新文學書，極少極少，因總覺其繁冗而乏味，故不終卷輒棄去也。予對一切學問之頑固而拒不接受，無如對新文學者。此於予亦爲一種損失。然習慣已深，恐不易改矣。此本不必與通知舊文學有關，然予自行檢點，此兩者似有關係。以兩物相形，厚於此，不得不薄於彼也。

予之經歷：一九〇五、一九〇六兩年，始執教於常州之私立溪山小學堂。此時予之家境，尚未大壞，但因設立此校之朱少堂君，於予頗加欽佩，托人來相延，故遂往執教耳。一九〇五年，予父嬰末疾。臥牀几一歲，卒不起。先是予父因食指繁多，收入不給，曾將兩所市房，賣去一所。至是，醫藥喪葬，所費甚巨，多出借貸。乃將先父生平善衣，賣得千三百元，以了債務。家況益壞，乃真不得不藉勞力以自活。而溪山因創辦人逝世停辦。一九〇七年，在蘇州東吳大學教國文歷史。因氣味不相投，至暑假辭去。是冬，在常州府中學堂教歷史地理，至一九〇九年。一九一〇年，至南通國文專修科教授。此國文專修科，爲張季直君所辦，培養辦理公文人才，屬屠敬山先生主持其事。其時求能教作公文者甚難。予雖無經驗，而讀近代奏議較多，下筆尚覺相合，敬山先生故找予幫忙。在南通一年半。辛亥革命起，予往來蘇常滬寧者半年，此時爲予入政界與否之關鍵。如欲入政界，覓一官職之機會甚多。若不樂作官，亦可以學者之資格，加入政黨爲政客。予本不能作官；當時政黨之作風，予亦甚不以爲然；遂於政治卒無所與。一九一二年，教授上海私立甲種商業學校，至一九一四年暑假前。所教者，除應用文字外，商業經濟，商業地理，因無人教，亦無教本，皆由予參考日文書教授。由今思之，甚爲可笑。然在當時，固各校多數如此。因其時此等教師，幾如鳳毛麟角也。此校爲上海商學公會所辦。因會員心力不齊，至此停辦。暑假後，予入中華書局任編輯。予本好弄筆，但在書局，所從事者，均係教科書教授書參考書之類，頗覺乏味。一九一八年秋間，中央在瀋陽設立高等師範學校。予內姊之夫楊星岑君，介予前往教授國文歷史。予其時亦欲遠游，乃辭去中華書局之事。已而該校因草創，人事關係，紛紜不定，遂未行。一九一九年，入商務印書館，助謝利恒君編輯中國醫學辭典。予於醫學，本無所知，而先外王父程柚谷先生，先舅氏均甫先生，先從舅少農先生，皆治漢學而兼知醫，故予於中國醫書之源流派別，署有所知。謝君本舊友，此時此書亟欲觀成，乃將此一部分屬予襄理，至暑假中事訖。暑假後，吳研因君介紹予至蘇州省立第一師範學校教授國文。是冬，瀋陽高等師範學校仍來相延。予仍樂遠行。一九二〇年，遂至瀋陽。至一九二二年，凡三年。一九二三年，時張作霖對中央獨立，瀋陽高等師範學校亦由其接收，改爲東北大學。教職員中，有若干人視爲不順，辭職而去，予亦其一。時江蘇省立師範學校，有數處辦專修科，招中等師範之畢業生，肄業兩年，後又延長半年，俾畢業後教授中學，第一師範亦其一。校長王飲鶴君相招。一九二三年，予乃復至該校。至一九二五年夏專修科畢業之時，凡兩年半。所教者爲國文歷史。一九二五年暑假後，因朱經農君介紹，至滬江大學教授國文歷史。滬江風氣，遠較從前之東吳爲佳。但予在教會學校中，終覺氣味不甚相投。而其時光華大學初創，氣象甚佳，確有反對帝國主義之意味。國文系主任童伯章君，本係常州府中學同事，再三相招。一九二六年暑假後，予遂入光華。此時光華無歷史系，予雖在國文系，所教實以歷史課程爲多。後歷史系設立，校中遂延予爲主任，予已不能確記其年歲矣。一九三二年，日人犯上海，光華延未開學者數月。其時光華欠薪甚多，予實難支持。適安徽大學開辦，光華舊同事孔肖雲任職其中，該校介之來相延，言明決不欠薪。予向光華辭職，光華相留，改爲請假，由陳守實君代課。予赴安徽，凡三個月，其欠薪亦與光華無異。予嘗有丈夫子四，女子子二，多夭折，存者一女而已，暑假後將讀書上海。予乃去安徽，復返光華。一九三七年，抗日戰爭起，光華遷租界開學。予携一妻一女，亦遁跡租界，仍在光華教授。一九四一年冬,租界亦淪陷,光華停辦。租界中居民,受敵壓迫,亦與内地無異。初常州之陷也,予所自居之住宅,全被炸毀。是時城門由敵兵看守,出入者必向其行禮,予因不願向敵兵行禮,故迄未歸。室中殘餘之物,爲人取携殆盡,惟書百三十六箱,雖經打破抛擲,經親族代爲哀拾,尚得五十七箱而已。此時居滬與居内地,同一麻煩,而敵兵之守城門者已撤。乃由予妻予女,先行回里,視察情形。覺能善自隱晦,尚可勉強居住。而另一所住宅,戰前租賃與人者,尚未滿期,房客不肯出屋。乃哀集殘餘瓦木,加以新買,在廢址蓋屋兩間,勉強暫住。而予於八月一日返里。此時游擊區中,尚有中國人自辦之中學,頗願延致知名之士。聞予還里,湖塘橋之青雲中學,坂上之輔華中學,均來相邀。予曾在該兩校教授一年。因爲無法居住鄉間,城鄉來往,總覺不便,於一年後乃均辭去。惟輔華仍於半年中去過三次,與學生隨意談話而已。在城中則深居簡出,信件多由親戚代爲收轉。與開明書店約定,編撰晉南北朝史,借以自活。一九四五年,日人降服,光華復校,予乃再來上海。

予之思想,凡經三大變:成童時,最信康梁之説。予生平不喜訪知名之士,人有願下交者,亦多謝絶之,以汎汎訪問,無益於問學修爲也。故於康梁兩先生,皆不識面。然在思想上,受兩先生之影響實最深,雖父師不逮也。此時所篤信而想望者,爲大同之境及張三世之説。以爲人莫不欲善,世界愈變必愈善;既愈變而愈善,則終必至於大同而後已。至於大同世界,究係如何情狀?當由何途以赴之?爾時年少,不知考慮也。年十七,始識從母兄管達如君,管君爲謝鍾英先生之弟子。鍾英先生者,利恒君之父,予識利恒君,亦在此時也。鍾英先生亦治史學,以考證名,而實好談舊日之經濟。其言治道,信法家及縱橫家之學。予自達如君獲聞其説。惟予與達如,均不信縱橫家,只服膺法家耳。法家之説,細别之,又可分法術兩派,而予所服膺者,尤爲術家。此時循中國舊説,以爲凡事皆當藉政治之力改良之,然政治上之弊病,則皆由於在執者之自利。故非有督責之術,一切政事,皆不能行;強行之,非徒無益,而又有害。蓋此時年事稍長,能就社會情狀,加以觀察,故其見解如此也。此時之見解,今加檢討,實有超階級之思想;而異時信階級及階級鬥爭之説,亦未嘗不於此伏其根原。何者?術家精義,在臣主異利四字。所謂臣者,非指一定之人,但指處一定地位之人耳。故先秦法家所謂朋黨,與後世所謂朋黨者,其義大異。後世所謂朋黨者,皆因一時之利害,有意互相結合,先秦法家書中之朋黨,則其人不必互相知,更不必有意相比,但所處之地位同,故其利害同,利害同,故其行動自然一致耳。此非今日所謂階級之義乎?何以去此階級?在今日,則重被壓迫階級之自行鬥爭,在昔時,則望有一大公無私者,立於最高之地位而制裁之。此大公無私者,何以能大公無私乎?則曰天下自有此一種人耳。故曰有超階級之思想也。予因此信仰,故在政治上,流爲開明專制主義,後雖聞歐美政治家言,此思想亦未曾變。以爲在君主專制之國,改善政治,所希望者爲賢明之君相,在立憲之國,則所希望者爲有賢明之中堅階級耳。予以中國舊説與西方舊民主主義革命之説互相結合,其畧如此。大同之希望及張三世之説,此時並未放棄,不過不暇作深遠之思考,但以改善政治,爲走向大同之第一步耳。此予第二期之思想也。馬列主義初入中國,予即畧有接觸,但未深究。年四十七,偶與在蘇州之舊同學馬精武君會晤,馬君勸予讀馬列主義之書,爾乃讀之稍多。於此主義,深爲服膺。蓋予夙抱大同之願,然於其可致之道,及其致之之途,未有明確見解,至此乃如獲指針也。予之將馬列主義與予舊見解相結合融化,其重要之點如下:(一)舊説皆以爲智巧日開,則詐欺愈甚。智巧不開,無以戰勝自然,詐欺日甚,亦將無法防治,此爲舊日言大同終可致者根本上最難解決之問題。得今社會學家之説,乃知詐欺之甚,實由於社會組織之變壞,非由於智識之進步;而智識之進步,且於社會之改善,大有裨益;將根本之難題解決。(二)超階級之觀點,希望有一個或一羣賢明之人,其人不可必得;即得之,而以少數人統治多數人,兩力相持,其所能改革者,亦終有一定之限度；此限度且甚小，只及於表面之一層；即其本意所求者，亦不過兩階級可以勉強相安，非真能徹底改革，求底於平；而即此區區，仍有人亡政息之懼。今知社會改進之關鍵，在於階級鬥爭，則只要有此覺悟，善之力量，隨時具足；且其改革可以徹底，世界乃真能走向大同。（三）國家民族之危機，非全體動員，不能挽救，而階級矛盾存在，即無從全體動員。（四）目前非愛國愛民族不可，而舊時之見解，愛國愛民族，易與大同之義相齟齬。得馬列主義，乃可以并行而不悖。（五）求諸中國歷史，則自王巨公以前，言政治者本重改革制度。爾時政治，所包甚廣，改革政治，亦即改革社會也。自巨公失敗後，言改革者，不敢作根本之圖，乃皆欲從改良個人入手，玄學時代已然，承之以佛學而益甚。宋儒雖辟佛，於此見解，亦未改變。然歷史事實證明此路實爲絕路。故今日之社會主義，實使人類之行動，轉變一新方向也。

　　對政局之見解：在戊戌變法時，贊成變法。政變之後，隨康梁主張保皇。亦知其時無實力推翻滿清政府，希望孝欽后死亡，德宗可以復行其志耳。庚子事變後，輿論對滿清政府，漸行絕望，予之見解，亦隨衆而變。君憲革命之爭起，予在手段上，隨康梁主張君憲，在感情上則主張革命。當時之希望，爲暫時保存滿清政府，以行改革，免致爭亂，而改革成功之後，則用政治之力，或加以僅少軍事之力，一舉將滿清王室推翻。因中國雖藉舊政府之力以行改革，其權必不在滿人。滿洲王室，並無根柢，推翻之必不難也。此見解實同於梁任公先生。因梁先生雖主君憲，然有一次，亦曾言中國戴滿洲人爲君主，即無實權，於政治上無害，於漢人之民族主義，終爲一缺憾也。民國以來，因予所希望者爲開明專制，共和之虛名，予知其無用，故頗希望實際有一能擔當國事之人。此見解，頗與嚴幾道先生相同。後來《學衡》雜誌所發表嚴先生與熊純如之書，多與予爾時之意見相合也。予之見解，凡能撥亂反正者，必爲文武兼資之人。文謂在政治上能開明，武謂能統御將帥。政治上不開明，根本不是以言治，然不能統御將帥，則必威權不振，雖有願治之意，亦一事不能行。歷代之開國君主，對此兩條件，在一定限度內，皆能具有。民國在名義上雖易爲共和，實際上仍未脫此局勢，故此種人不能不希望其應運而生也。然袁世凱、段祺瑞、吳佩孚，對此條件，皆顯然不足，故予於北洋軍閥所組織之政府，殊爲絕望。孫中山，予初嫌其武畧之不足，國民黨改組以後，氣象一新，予對南方，頗存希望。但自遷寧以後，對國民政府，亦漸次失望。其主要之原因：（一）由其與江浙財閥合流後，日益貪污腐敗。（二）逐漸與反動軍閥合流，既無誠意，又無實力，以收拾壞法亂紀之軍人。（三）政客亦爲民國以來，政局擾攘之一大因素，國民政府亦漸與之合流。國民黨則日益腐敗。（四）施用法西斯高壓手段，予認爲天下無如此可以治理之理。國民黨與共產黨之鬥爭，以及國民黨內自己的鬥爭，當時並不十分明白其真相。但國民黨專對共產黨用兵，雖口稱安內然後攘外，然其意實非如此，則當時亦知之，因國民政府一切所作所爲，皆與人以共見也。予認識共產黨之優良，首由共軍退出江西後，報館通訊員，有游歷其地者，詳述共黨在時政治之優良，及其地之人民對共黨之懷念。次則西安事變後，報館通訊，又有詳述蔣介石之獲釋，皆由共產黨之大公無私，一意抗日者。此兩通訊，大約非見於《大公報》，即見於《申報》。抗戰以前，予剪貼報紙甚多，惜皆因故居之被毀而毀滅矣。此時願望，專在抗日。西安事變後，以爲兩黨必能合作，不復注意其別一方面，故對共產黨之真相仍無所知。抗戰以後，予亦知日本人政治及軍事之力，皆遠較國民政府爲強，勝利必非易事，但有一中國必不滅亡之信心。以如元清之佔領中國，皆由中國只有一部分人與之抵抗，今既全國之人皆知敵愾，則日本必無力全佔中國；尤其西南地勢之險阻，西北路綫之悠長，日人必無力攻入，終可留爲中國反攻之根據地也。當國民政府退出武漢之際，西人有著論者，謂中國留在山地的軍隊，日人必無力消滅，但恐此等軍隊，苟安山區，不肯力戰。予仔細研究湖北戰事，亦覺其説非誣。但對於蔣介石及國民政府中位置較高之人，則信其必不降敵。共產黨之抗敵，較國民政府爲力，當時亦微有所知。（一）因在江南一帶見聞所及之處，新四軍作戰之力，確較國民政府之軍隊爲強。（二）則國民黨之官員、黨員、軍人，多有降敵者，共產黨則不聞有是。（三）則太行山區之戰績，逖聽使人神王。且國民政府，幾將河北山東放棄，而共產黨仍能進展至其地；最後且進展至灤州；並有少數展至遼吉邊境者。共產黨在東北作戰之事跡，爾時無所聞，此進展至灤州及遼吉邊境之消息，則日人亦不能諱，見於日本之報紙者也。（四）共產黨當時之策畧，什九無所知，惟毛主席《論持久戰》一文，則曾見之，亦深佩其戰畧。職是故，共產黨抗敵之志，更較國民黨爲堅，抗敵之力，更較國民黨爲強，在當時亦知之。但（一）總以爲共產黨正規軍不足，配備亦不如國民黨軍隊之良，欲驅逐日人，必不能不藉兩黨之合作。（二）又其時對於後方之情形，不甚了了。共產黨對於國民黨既合作又防閑之策畧，亦無所知。遇有兩黨磨擦之事，則以爲低級人員之所爲，高級人員，必不如此，特其力未足制止下級人員，使之不相衝突耳；然亦斷不致因此而破壞兩黨合作之局也。當時之見解如此。勝利以後，予對國民政府，轉較抗戰時期爲失望。蓋前此東西遙隔，該政府之劣跡，居於淪陷區者，不甚知之，至此則一一暴露矣。自後方來者，措置之混亂，及其貪污橫暴無論矣。日寇之敗北，國民政府何力焉？僥幸成功，自當下哀痛之令，深自刻責，方足以平民憤而厲民氣。乃每一下令，無不引敵寇之降服爲己功，然則如此惡劣之局面，在政府視之，業已心滿意足，尚何以激厲民氣？當蘇聯出兵之時，予不意其勝利如是之速。予亦知國民黨在河北已無軍隊，而共產黨則有之，私謂國民政府，必以共產黨軍爲前驅，而自發大兵以繼其後，會蘇聯兵共收東北。乃所聞者，則令日本人勿降國民黨以外之軍隊；藉美帝之力，空運軍隊，以據東北要地而已。不亦令人齒冷乎？與蘇聯之條約，身所訂也，而其黨人又攻擊之，然則其訂此條約也，誠悔禍與蘇聯相親善，而承認外蒙民族之自決乎？抑以此爲手段，謀納交蘇聯，以絕共產黨之援，而謀動干戈於邦内也？其肺肝如見矣。然至政治協商會議之開，予心又渴望其成，且以爲議必可成。渴望其成者？冀國共兩黨在議會內作鬥爭，以方新之共產黨，逐漸淘汰腐敗之國民黨，不必再訴諸兵力也。以爲可成者？謂史事不能重複，觀於往事，軍人不肯釋私怨而以身殉之者固多，然在今日，蔣介石當愚不至此也。而孰意其皆出慮外？蔣氏所以敢啓此滔天之釁者，蓋專恃美帝之援？至此則全與帝國主義合流，雖賣國而有所不卹矣。日暮途遠，不得不倒行而逆施，亦勢使然也。故自政治協商會議決裂後，予惟日望共產黨之成功。解放以前，消息皆被封鎖，故予對共產黨之政策，解放以後，方逐漸知之。予對今日之政治，根本上可謂百分之百贊成，何也？走社會主義之路，以達到世界大同，爲予之素志，而循馬列主義及毛澤東思想而行，亦予所認爲正確之路綫也。至於實際之措施，則可謂有百分之九十贊成。政府之政策正確，計劃周詳，且能屬精圖治；幹部亦多數振作清廉；皆與人共見者也。其效驗之可徵者，短期內停止通貨膨脹，統一財經管理，治久不能治之淮水，改革土地，振興工業，調劑貿易與生產，鎮壓反革命分子，三反五反，底定新疆西藏抗美援朝，三年之中，功效卓著，雖敵人亦不能誣也。所不足百分之十者，幹部不盡通知政府之意，奉行政府，或失元意，又宣傳之意太多，反映人民意見不足，厲行批評與自我批評，亦尚有欠闕。此意嘗與附中酈家駒君談及，酈君曰：宣傳太多者，國是初定，人民未盡瞭解，不得不然也。此說予亦謂然。又幹部衆多，自不能期其皆通知法意。古人有言曰：爲治不在多言，顧力行何如耳。予亦曰：爲治不在高論，顧力行何如耳，思慮周密深遠者，實行之力，往往不足，反不如頭腦簡單之人，此理亦予所能知。但糾正偏向，當在其未甚之時，既甚而後圖之，則將尋斧柯非復拔毛之易矣。此則區區憂盛危明之見也。

　　三反中之檢討。貪污之事實，予自問無之，因生平未曾經手過財物也。此次小組討論，認爲有兩件事，可算貪污。（一）在學校闕課不補，而薪水照領。（二）則所編撰之書，有本不願作，徒以稿費遂爲之者。此亦充類至義之盡耳。然貪污之思想，實不可云無。何者？人之所欲不同，而同爲有欲。予受舊教育較深，立身行己，常以古之賢士大夫爲模楷；又生平無甚嗜好；故如三反五反中所發見資產階級用以腐蝕幹部之手段，皆不足以腐蝕予。有行賄者，予必能拒之，使予作官，犧牲習慣上之收入而有利於民，亦必能爲之。此自度能之，不必僞爲謙抑，言其不能者也。然遂可云無欲乎？人之所欲，必有其最大者，最後者，受損害者未及於此，皆能犧牲，至於此則難矣。孟子所謂能讓千乘之國，而簞食豆羹見於色者也。其讓千乘之國，正其貪污也。臨眞利害而不渝者，惟眞有修養之士能之。故古人言慷慨捐軀易，從容就義難。前者猶或動於客氣，可以襲取，後者則不能也。且如劉蕺山先生，死明之難，不激烈而失之早，亦不因循而失之遲，而自擇一適宜之時，從容就義，絕無勉強，此非眞有功夫而能之乎？此眞所謂來去自由，數見迷信佛教之淨土宗者，妄言能豫知死期，以爲來去自由，惡矣。設使當此境界，自問能之乎？曰：不能也。或曰：子未至其境，焉知其不能也？此如考試，雖未至其期，而以平時成績，與同考者比較，一切皆不逮焉，至考試時能與之齊乎？且如金正希先生，游黃山，立懸崖上，足三分二分在外，心不動，吾輩今日能之乎？然則敢自詡曰：吾亦能如金先生之守徽州，至死不變乎？故曰：貪污思想不可云無也。設有行賄者來而拒之，正中於拒賄之欲耳，猶爲魏其沾沾自喜也。惟浪費則亦然，予生平未嘗經手公家財物，故亦無所謂浪費。此次檢討，惟在學校考試時，卷紙或有餘剩，不交還發紙處，後遂不知所往，此可以云浪費。亦其細已甚矣。然可云能不浪費乎？不能也，何也？浪費本無一定標準，視客觀環境而定。皖北鄉間，材木缺乏，雖長板凳不能家有，於其地立一機關，布置一辦公室焉，必求靠背椅而坐之，已爲浪費矣。今在上海，有一機關，故多沙發，棄之何義？雖坐之，庸得云浪費乎？然使真有己飢己溺之懷者，坐之，念人之并長板凳而不能具，而己坐沙發，必有戚然反不如坐長板凳之爲安者。使此等人在皖北布置辦公室，必不求靠背椅而坐之矣。今試自問：坐沙發時，有此蹙然不安之念乎？亦或有之，能持久而戰勝其相反之念乎？然則使之布置辦公室，能無浪費乎？右所檢討，皆近精微。至於官僚主義，則予徹底皆是，不必立較高之標準而後能見之也。何謂官僚主義？曰：凡事皆有名無實。當作之事，實不曾作，而又能巧立一說以推卸責任者則是矣。始焉巧立一說，乃所以避人督責，習之則心亦誠以爲然，故初爲法律問題者，後遂成爲道德問題，世人而皆如此，則萬事皆隳壞於冥漠之中。晉人清談，正係如此。其人思想雖或高超，其行爲實亦以守禮者爲多，然其詒害於國家社會，則不可諱，亦不可恕也。予自問此習甚深。其所由然，實由予本爲一墮落之世家子弟。昔日富貴之家，其創始之人，必出於艱苦之境。雖或爲鄙夫，或竟刻薄、兇惡，然其人必有能力。至一再傳後，則其子弟生而處於優裕之境，遂懶惰不作事而好享受。即或家道中落，而家庭之積習已成；又其戚族朋友，亦多係此等人；遂墮落而不能自拔矣。此等人中，有縱侈者，有兇暴者，人皆目爲惡人，久之，遂至爲人所不齒。其溫厚謹飭者，人亦不加責備。其中亦有少數，能讀書通知學問者，人并目爲好人。然其腐敗不能奮發有爲、趨事赴功則一也。而予即其人也。予自問，性最懶惰，因懶惰故，凡事皆立於旁觀地位，止於表示贊否而已，不肯身當其任。生平不欲作官，亦不肯加入政黨，此亦其大原因。人人有問予：在光華二十餘年，他校相招者甚多，條件多優於光華，何以終不遷改？其大原因，亦在懶惰，憚於遷改而已。雖切身之事，亦多出以敷衍，得過且過。人有以事問予者，答語多模棱，非欲持模棱免過咎，予視事不容已及必不可者本甚少也。所以如此者，以生平不親務，但持論，親務者不能不出於一途，持論者固可列舉多端，任人自擇，故養成此習慣也。世家子弟，在社會上流品本高；又舊時讀書人，有真能讀書者，亦有僅從事於科舉之業者，前者對後者，亦頗輕視；無意中養成自高自大之習，與人不親。與人不親，則自甘孤寂。在學術上不能與人合作，亦不能指導人。不訪人，亦憚人見訪。因與人不接故，凡事不知真相。不知真相則多疑，遇事須多考慮，考慮雖多，仍無眞知灼見，則不能堅持一是，而動搖妥協矣。以習於懶惰孤寂故，亦不思縱侈，但樂優閑。今人自行檢討，每云想住洋房，坐汽車，予無此念。予所神往者，龔定庵先生之詩，曰：紅日柴門一丈開，不須逾濟與逾淮。家家飯熟書還熟，羨殺承平好秀才。其所樂者異矣，其所繫戀則同也。以好優閑故，自由散漫之弊，自不能免，而不能服從紀律。又習處安全之境，故好說理而憚鬥爭，以此不能爲革命工作。予之學問，本非如今所謂純技術者流，亦非如今所謂爲學術而學術，遭直世變，本應隨自己之能力及所處之地位而有所靖獻。不能然者？不能自拔於環境之外，奚不自振也。何以自恕，如今人所云防空洞者乎？猶憶亡清捐例將停時，或謂予父：賢郎固能讀書，然今世道艱難，爲子弟計，當多備可走之路，如狡兔之有三窟。君應籌款，爲賢郎捐一職，將來若不需用，自可棄之，多備無患也。予父喟然曰：世變亟矣，予有子，不欲其作官。因謂予曰：隱居不仕，教授鄉里最佳。予父所謂教授鄉里，非如今之所謂大學教授。如予之所爲，自昔人之有德者視之，已爲鶩聲華而非悃愊之士矣。然予父不欲予作官，亦非謂人不當自效於當世，特謂不當如流俗，以作官爲啖飯之途徑耳。使予能隨才力地位而自靖，固亦予父所深喜，而予遇懶惰而欲有便私圖時，固嘗自恕曰：此非先人之所望於予。是欲自便私圖，而委其責於先人也。在民國元年時，章行嚴君，嘗在《獨立周報》中自道曰：人之有才，如貨物焉。貨物當致之需用之處，人才亦宜自度所宜。有宜實行者，有宜以言論唱道者。予自審不能實行，故遂不躬與革命之役也。此言予頗善之，故嘗自期，與其趨事赴功，寧以言論自見。設遇機會，可作幕僚而不可作官。作幕僚或曰無機會，言論不能云無，而有所懷亦什之九不下筆，此當自咎，不可以咎當世也。且古之强聒不捨者誰乎？

檢討予之思想之來源，何屬乎？曰：屬於資產階級也。予之立身行己，恒以古賢士大夫爲模楷，亦好稱誦其言，故人恒謂予有封建時代之餘習，其實不然，觀人必於其微。人之性質，在深處自有其根柢。所誦習之具體條件，與此根柢無傷害時，皆能行之，及其兩不相容，則爲此根柢所格，棄如敝屣矣。人類之德性，隨社會之發展而發展。封建主義時代曰勇，資本主義時代曰智，社會主義時代曰仁。人之始，與自然相搏鬥而生，非勇無以自存。歷奴隸社會以至封建社會，一部分人，不用其力以與自然爭，而用以剝奪人。勇足用也，而失之暴矣。然但以勇言，其德固有足稱者。此時代之人，厚其所厚而昧兼愛。於其所不愛者，視之如仇，賊之若草芥也。於其所厚者，則盡力以奉之，不復計是非利害。李廣爲衛青所賊，其子敢，又爲霍去病所殺，漢武帝徒芘椒房之親，不能正其誅，而廣孫陵猶爲之以步卒五千絕幕；無援敗降，欲得當報於漢也，而武帝又收族其家，不眞視臣如草芥乎？而隴西士大夫，猶以李氏爲愧；是則封建時代之典型人物已。後世猶有之乎？豈無志節之士，視死如歸者？彼自求其心之所安，非效忠於一人也。何也？資本主義興，則人日益智，知個人之不足爲之效忠矣。故所謂封建主義，久絕於中國矣，如死灰之不可復燃矣。今之世，有進於社會主義而滌除其資產階級之積習者，守封建時代之餘習而未達資產階級之思想者，則無有也。何也？舉世皆然，一人不能獨異也。或曰：親美，崇美，恐美，今之大學教授，比比然也，是資產階級思想也，子有之乎？無之則何云資產階級思想也？曰：親美，崇美，恐美，不足以云資產階級思想也，是直奴才耳。資產階級無親，惟利是圖。資產階級，特色在智，智則知人之所至，我亦能之，何足崇焉？惟利是圖，知己知彼，力足敵之，則抗之矣，又何恐焉？故眞資產階級，當贊成抗美。其不然者，其利依附美帝，所謂買辦階級也。

曹漢奇君云：子畢生從事教學、著述，當就此兩者，加以檢討。今從之。予於教學，夙反對今人所謂純學術及爲學術而學術等論調。何者？人能作實事者多，擅長理論者少。同一理論，從事實體驗出者多，且較確實，從書本上得來者少，且易錯誤。歷來理論之發明，皆先從事實上體驗到，然後借書本以補經驗之不足，增益佐證而完成之耳。故致力於書本,只是學術中一小部分。專以此爲學術,於學術實未有知也。予之宗旨雖如此,然予之性質,實近於致力書本之人。故歷來教學,亦只能教人讀書。此觀與我親近之舊同學,皆係好讀書之人可知。予雖教人讀書,並不主脫離實際。且恒戒學者：學問在空間,不在紙上。須將經驗與書本,匯合爲一,知書本上之所言,即爲今日目擊之何等事。此點自問不致誤人。然全然破除經生門面,只重知識,而於書本則視如得魚之忘筌,則病未能也。高深之學理,以淺顯之言出之,講授時亦能之。但將所授之内容,減低程度,亦嫌不足。向持中道而立,能者從之之見。此點,實尚未適宜於大多數人也。

予之述作,有下列諸書：（一）《中國文字變遷考》。論篆隸真行草之變遷。其中論漢代所謂古文一段,自謂頗有價值。（二）《字例畧説》。此書論六書之説,爲漢代研究文字之學者所創；字例實當別立；六書中惟象形爲文,指事亦字；及整理舊說,輔以新得材料,以論文字之增減變遷；自問亦足觀覽。（三）《説文解字文考》。文爲單體,其一部分成爲中國之字母,既非説文之部首,亦非普通所謂偏旁。當從現存之字中句求得之,然後用爲識未識文字之基礎。予就《説文》一書試爲之。（四）《章句論》。論章句兩字之本義,即今之標點符號。中國古亦有標點符號,而後鈔寫、印刷時,逐漸失之。今鉤求得若干種,於讀古書時補上,可使意義較明顯。此事前人雖畧引端倪,從未暢論。拙作出版後,亦未見有續論者；至少值得一覽也。（五）《白話本國史》。此書係將予在中學時之講義及所參考之材料,加以增補而成。印行於一九二一或一九二二年,今已不省記矣。此書在當時,有一部分有參考之價值,今則予説亦多改變矣。此書曾爲龔德柏君所訟,謂予詆毁岳飛,乃係危害民國。其實書中僅引《文獻通考·兵考》耳。龔君之意,亦以與商務印書館不快,借此與商務爲難耳。然至今,尚有以此事詆予者。其實欲言民族主義,欲言反抗侵畧,不當重在崇拜戰將。即欲表揚戰將,亦當詳考史事,求其真相,不當禁遏考證也。（六）《中國通史》。予在大學所講,歷年增損,最後大致如是。此書下冊僅資聯結。上冊農工商、衣食住兩章,自問材料尚嫌貧薄,官制一章,措詞太簡,學生不易明瞭,餘尚足供參考。(七)《先秦史》。此書論古史材料,古史年代,中國民族起原及西遷,古代疆域,宦學制度,自謂甚佳。(八)《秦漢史》。此書自問,叙西漢人主張改革,直至新莽;及漢武帝之尊崇儒術,爲不改革社會制度而轉入觀念論之開端;儒術之興之真相;秦漢時物價及其時富人及工資之數;選舉、刑法、宗教各章節,均有特色。(九)《兩晉南北朝史》。此書自問,總論可看。此外發見魏史之僞造及諱飾;表章抗魏義民;表章陳武帝;鉤考物價工資資産;及論選舉制度皆佳。論五胡時,意在激揚民族主義,稍失其平,因作於日寇入犯時,不自覺也。異日有機會當改正。(十)《中國民族史》。此書考古處有可取,近代材料不完備。論漢族一篇,後來見解已改變。(十一)《先秦學術概論》。近來論先秦學術者,多側重哲學方面,此書獨注重社會政治方面,此點可取。(十二)《理學綱要》。近人論理學之作,語多隔膜,此書自謂能得其真。惟只及哲學,未及理學之政治社會方面爲闕點。(十三)《史通平》。以現代史學觀點,平議,推論,亦附考據辯證。(十四)《經子解題》。論讀古書方法,及考證古籍,推論古代學術派別源流處,可供參考。(十五)《燕石札記》。考證尚可取。論晉人清談數篇,今日觀之,不盡洽意。以上一至五,十二至十五,商務出版。六至九開明出版。十、十一世界出版。三未出版。此外單篇散見報章雜志者,一時不能盡憶,然不多也。詩文附日記中,日記幾全毀於日寇,恐所存已僅,至今未能搜葺也。予所述作,多依附學校講義而行,故中多普通材料。現甚想將其刪去,全留有獨見之處,卷帙可簡什七,即成精湛之作矣。少時讀史,最愛《日知錄》、《廿二史札記》,稍長,亦服膺《十七史商榷》、《癸巳類稿》,今自檢點,於顧先生殊愧望塵,於餘家差可肩隨耳。今人之屑屑考證,非顧先生所不能爲,乃顧先生所不欲爲也。今人自詡搜輯精博,殊不知此等材料,古人既得之而後棄之者多矣,此意予亦老而後知。然後知少無名師,精力之浪費者多也。

今後之希望。道德貴於力行而已，不欲多言。學術上：（一）欲刪定舊作。（二）夙有志於將道藏之書，全讀一過，未能實行。今後如有此日力，仍欲爲之。所謂道教者，包括從古已來雜多之宗教；自亦有哲學思想；與佛教又有犬牙相錯處；與農民豪傑反抗政府之組織，及反動道門，皆有關係，而至今無人研究。使此一部分，成爲中國學術上之黑暗區域；政治史，社會史，宗教史，哲學史，亦咸留一空白。予如研究，不敢望大有成就，必能透出一綫曙光，開後人研究之途徑也。不知此願能償否？馬列主義，愧未深求。近與附中李永圻君談及。李君云：學馬列主義，當分三部分：（一）哲學，（二）經濟，（三）社會主義。近人多侈談其三，而於一二根柢太淺。此言適中予病，當努力補修。

（寫於一九五二年，原題爲《三反及思想改造學習總結》）